KB126734

북한 계획경제의 정치학

현존 사회주의 지배체제의 성격(1953~1969년)

현대사총서 060

북한 계획경제의 정치학
현존 사회주의 지배체제의 성격(1953~1969년)

초판 1쇄 발행   2021년 1월 30일

지은이	윤철기
펴낸이	윤관백
펴낸곳	도서출판 선인

등 록	제5-77호(1998.11.4)
주 소	서울시 마포구 마포대로 4다길 4(마포동 324-1) 곳마루 B/D 1층
전 화	02) 718-6252 / 6257
팩 스	02) 718-6253
E-mail	sunin72@chol.com

정가   50,000원
ISBN   979-11-6068-442-1   93340

현대사총서 060

북한계획경제의 정치학

현존 사회주의 지배체제의 성격
(1953~1969년)

윤철기 저

도서출판 선인

부모님의 은혜에 감사드리며

　사회주의는 19세기 사람들의 새로운 이상이었다. 이 시기에 새로운 유토피아(utopia)가 필요했던 이유는 자본주의의 척박한 현실 때문이었다. 산업혁명과 함께 본격적으로 시작된 자본주의는 분명 세상을 바꾸었다. 대중들은 노동할 '자유'를 얻었다. 그렇지만 그 자유의 대가는 혹독했다. 노동자들은 자신들의 노동력을 팔지 않으면 생계를 이어갈 수 없었다. 19세기 영국의 노동계급은 10시간이 넘는 장시간의 노동에도 불구하고 합당한 임금을 받지 못했다. 오히려 때때로 자본가들은 수익률이 떨어진다는 이유로 임금삭감을 강요했다. 칼 마르크스(Karl Marx)는 이러한 현실을 『자본』에서 자본주의의 발전이 노동계급의 궁핍화를 근간으로 한 것이라는 이른바 '궁핍화(pauperization) 테제'를 통해서 논리적으로 비판했다. 노동은 잉여가치를 생산하지만 이를 가질 수 없을 뿐만 아니라 노동의 대가로 지불받는 임금마저도 때때로 삭감되기 일쑤였다. 자본주의의 모순이다. 이러한 현실은 그즈음 영국 노동자들에게 축구가 새로운 활력소가 되는 이유였다. 본래 축구는 영국의 상층계급에 의해서 만들어졌다. 하지만 곧 노동계급 출신 팀이 구성되면서 노동자들에게 축구는 고통스러운 현실을 도피할 수 있는 해방구가 되었다. 영국 드라마, 〈잉글리시 게임(The English Game)〉(2020)은 19세기 후반 축구가 영국 노동자들에게 어떤 의미였는지는 잘 보여주고 있다. 축구가 자본주의의 현실에 존재하는 도피처였다면, 사회주의는 자본주의의 모순을 극복한 새로운 유토피아를 제시하는 이데올로기였다.

사회주의는 1917년 러시아 혁명을 시작으로 동유럽과 아시아 등으로 확산되면서 20세기에 비로소 현실이 되었다. 그러나 현실은 마르크스가 예측했던 모습과는 너무나 거리가 멀었다. 사회주의 세력은 2차 세계대전의 전범이었던 전체주의 세력을 강도 높게 비판했다. 하지만 스탈린주의 역시 권력을 독점하고 폭력적으로 사회를 억압하는 것은 마찬가지였다. 스탈린주의가 마르크스주의에 대한 편향된(혹은 왜곡된) 해석을 기반으로 하고 있다는 점 정도가 전체주의와 다를 뿐이었다. 계획경제는 경제사회적 지배체제를 구축하는 제도적 기초가 되었다. 현실에 실재하는 사회주의 국가들은 '노동자 국가(Workers' State)'를 자처했지만 노동자의 삶은 결코 나아지지 않았다. 마르크스의 궁핍화 테제는 자본주의보다 현존 사회주의의 경제 현실에서 오히려 더 잘 맞는 것처럼 보였다. 헝가리 경제학자 야노쉬 코르나이(Janos Kornai)는 현존 사회주의 경제를 '부족의 경제(economy of shortage)'로 명명한 바 있다. 마르크스에게 노동계급은 가장 완벽한 존재이다. 그에게 노동계급은 자본주의의 모순을 정확하게 인식하고 사회주의 사회를 실현할 혁명의 주체이다. 하지만 실제로 존재하는 사회주의에서 노동계급은 혁명의 주체나 정치의 주체가 아니었다. 노동계급은 억압과 착취의 대상일 뿐이었다.

사회주의가 하늘에서 땅으로 내려오게 되면서 별처럼 빛나기만 할 것 같았던 노동자의 삶은 새로운 모순으로 인해 고통받았다. 흐루시초프(Khrushchev)와 마오쩌둥(毛澤東)은 모두 선진 자본주의 국가들에 대한 추격발전을 호언장담하기도 했지만 모두 공언(空言)이 되고 말았다. 경제발전은 사회주의 이데올로기의 정당성을 입증하기 위해서도 매우 중요한 일이었지만, 성공하지 못했다. '생산력주의(productivism)'는 스탈린주의의 정체성을 상징하는 용어이지만, 노동자는 생산력을 증가시킨다는 명목하에 노동력의 공급자로 전락했다. 이러한 현실에 대해서 1960~70년대에 서구의 (네오)마르크스주의는 현존 사회주의를 통렬히 비판했다. 비판의 내용은 학자별로 조금씩 달랐지만 논리적 핵심은 이론과 현실의 괴리 문제였다. 현실에 존재하는 모순과 문제들은 다양한 각도에서 폭로되었다. 특히 동독의 네오마르크스주의자, 루돌프 바로(Rudolf Bahro)는 1977년 자신의 저서, *Die Alternative*에서 모순투성이인 동독사회의 현실을 마르크스의 이름으로 고발했다. 한 지식인의 용기 있는 비판은 당시 서독과 유럽 지식사회에 큰 반향을 일으켰다.

한반도에서 사회주의는 일본 제국주의에 대한 저항운동의 형태로 처음 등장했다. 식민지 시기, 독립운동 세력들은 다양한 이데올로기를 수용했다. 그들은 서로 대립하고 경쟁하기도 했지만, 그래도 일본 군국주의라는 공동의 적과 싸웠다. 하지만 해방과 함께 남과 북에 미군과 소련군이 주둔하게 되면서 사정은 달라졌다. 권력의 공백기에 모든 세력은 권력을 차지하기 위해서 경쟁했다. 그리고 결국 미군과 소련군이 지원하는 세력이 더 유리한 위치를 차지했다. 북한에는 1948년 9월 9일, 조선민주주의 인민공화국이라는 명칭의 사회주의 체제가 출범했다. 남한에는 그보다 조금 앞서 8월 15일 '대한민국'이라는 이름의 자유자본주의 체제가 수립되었다. 남북한에 각각 단독정부가 수립되면서 분단이 본격적으로 시작이었다. 얼마 지나지 않아 전쟁이 발발했다. 한국전쟁은 냉전 기간 동안에 발발한 첫 번째 실전(shooting war)이었다. 1953년 7월 27일 정전협정이 체결되면서 전쟁은 끝났지만, 이후에 남북한은 거의 모든 분야에서 경쟁했다. 군사적 대립은 물론 경제, 과학기술, 체육, 예술 등 거의 모든 분야에서 체제 우월성을 과시하기 위한 경주가 시작되었다.

분단은 한국사회가 북한을 정확하고 객관적으로 보기 힘들게 만들었다. 한국사회에서 북한은 '적'으로 규정되었으며, 적과 관련된 대부분의 것들은 비판과 비난의 대상이 되었다. 북한사회를 정확히 알고자 하는 노력에는 적지 않은 용기가 필요했다. 한국사회에서 북한은 오랫동안 결코 궁금해해서도 안 되는 '판도라의 상자'였다. 1948년 4월 제주에서, 1980년 5월 광주에서 무고한 많은 시민들이 북한과 관련된 '빨갱이'라는 이름으로 희생되었다. 그런데 1995년 '북한 바로 알기 운동'이 시작되었다. 북한에 대한 편향된 분석을 극복하기 위한 다양한 노력이 본격적으로 시작된 것이다. 어느덧 시간은 흘러 한국사회는 '민주화'되었으며 세계 10위권의 경제대국으로 성장했다. 또 냉전의 상징이었던 베를린 장벽은 무너졌고 소련과 동유럽은 체제를 전환했다. 중국과 베트남은 각각 1978년과 1986년 이후 개혁과 개방으로 새로운 길을 가고 있다. 한반도의 분단은 끝나지 않았지만 남북한의 체제경쟁은 큰 의미를 가지기 어렵게 되었다. 분단구조가 여전히 한반도에 살아가는 사람들의 삶을 지배하고 있다는 사실은 부인하기 어렵다. 하지만 사실 군사분야를 제외하고 거의 모든 분야에서 남북한의 체제경쟁은 더 이상 의미를 가지지 못하게 되었다. 대내외적 변화로 한국사회는 비로소 여유를 갖게 되었고, 북한사회를 정확하고 객관적으로 보려는 사회과학적 분석들이 세간의 편향적 곡해와 정치적 왜곡으로부터 조금은 자유로울 수 있게 되었다.

북한은 해방공간에서 사회주의를 선택했다. 북한은 '혁명'이라는 단어를 좋아하지만, 사회주의를 선택한 것은 결코 '아래로부터의 요구' 때문이 아니었다. 단지 소련군이라는 호랑이에 올라탄 김일성과 빨치산을 비롯한 사회주의 정치세력이 권력투쟁에서 승리한 결과일 뿐이었다. 북한의 사회주의 정치세력은 식민지 시기 억눌리고 가난했던 민중들의 삶을 근본적으로 변화시켜 줄 수 있는 대안을 제시해야 했다. 본래 모든 이데올로기는 자신만의 유토피아를 제시하고, 그를 기준으로 현실의 문제점을 비판하며 이를 극복할 실천적 대안을 제시한다. 북한의 사회주의 세력은 이데올로기적 정당성을 입증하기 위해서라도 한국전쟁의 상처를 치유하고 빈곤과 저발전을 극복할 구체적인 대안이 필요했다. 전후 북한의 지배권력은 지배체제를 형성하기 위해서 다양한 정책적 대안을 제시했다. 그런데 지배체제가 공고히 될수록 이론과 현실의 괴리는 더욱 커졌다. 여러 정책들이 대체 누구를 위한 것인가라는 물음을 던지지 않을 수 없게 된 것이다. 권력은 지배질서를 차츰 구축해 나갔지만, 그 과정에서 인민이라고 불리는 사람들은 정치의 공간에서도 경제계획에서도 철저히 배제되었다. 인민은 사회주의 이데올로기를 해석할 권한조차도 가지지 못했다. 북한체제는 '상품의 물신주의(commodity fetishism)' 대신에 이데올로기가 인간을 삼켜버린 '이데올로기의 물신주의(ideology fetishism)'란 문제를 가진 사회가 되고 말았다. 이데올로기가 절대화되면서 인간은 주체성을 상실하고 피동적인 존재가 되고 말았다. 북한은 '인민'들에게 사회주의적 정체성을 강요하지만, 인민들에게 사회주의가 무엇인지 비판적으로 사고할 기회를 주지 않는다. 북한체제는 거의 처음부터 사회주의란 무엇이며, 사회주의에서 노동자(인민)의 존재가치는 무엇인가에 대한 물음을 던지지 않을 수 없는 사회가 되고 만 것이다.

북한의 국가성격에 대한 논의는 주로 최고권력의 성격을 분석하는 데에 집중되어 왔다. '전체주의'와 '수령제'는 북한체제를 규정하는 대표적인 개념이다. 이 두 개념은 북한이 '최고권력자가 지배하는 사회'라는 공통된 인식을 가지고 있다. 분명히 북한사회는 최고권력자 1인의 영향력이 막대한 사회이다. 김일성은 해방 직후 소련군과 함께 평양으로 입성하면서부터 스스로를 우상화하려는 징후를 보였다. 조선희의 소설, 『세 여자』에서도 김일성이 확실히 권력을 장악하기 이전에 이미 '김일성종합대학'이 만들어진 점을 꼬집는 장면이 나온다. 김일성종합대학은 1946년에 건립된다. 그렇지만 북한체제의 모순과 문제는 '수령'이라고 일컬어지는 최고지도자만의 문제가 아니다. 체제 자체의 구조적인 문제가 있었다. 그 핵심을 간단히 요약하면 '이론과 현실'의 괴리였다. 사회주의 이론이 북한체제의 현실에 존재하는 구조적 모순들을 포착할 수 있는 준거점이 되는 것이다.

유럽에서 노동자들의 새로운 유토피아를 약속하면서 시작된 사회주의는 일본 제국주의의 폭압으로 시름하던 민중들의 삶을 해방시키고자 했던 독립운동가들에게 새로운 대안으로 인식되면서 한반도에 등장했다. 그러나 해방과 함께 분단의 역사가 시작되었고, 한반도의 북쪽에서 실재하는 사회주의는 노동자와 대중들을 동원하고 착취하는 또 다른 구조적 모순이 지배하는 사회가 되고 말았다. 북한사회에서 노동자와 대중은 억압과 감시 그리고 동원과 착취의 대상일 뿐이었다. 유토피아는 지배이데올로기가 되어 이러한 현실을 은폐하고 정당화했다.

꿈을 잃는다는 것은 슬픈 일이다. 이상과 현실의 괴리를 인정하는 일은 가슴 아픈 일이다. 누군가를 비판하고, 또 누군가는 후회하고 반성해야 할 일이 생길 수밖에 없기 때문이다. 그럼에도 현실의 문제를 직시해야 하는 것은 누군가를 책망하기 위해서가 아니라 내일을 위해서 한 걸음 더 나가기 위해서이다. 디스토피아(dystopia)적 현실을 인정하고 그것을 극복하지 못하면 미래는 기대하기 어렵다. 19세기 노동자들이 꿈꾼 사회주의는 사실 자본주의의 모순을 극복한 사회였듯이 21세기 한반도에서 살아가는 사람들이 꿈을 꾸기 위해서는 남북한 체제의 모순과 문제를 정확히 인식해야 한다. 남한체제에 대한 비판적 고찰은 지속적으로 이루어지고 있다. 시민사회의 지속적인 비판과 저항이 있기 때문이다. 2016년 겨울, 시민들은 촛불을 들고 광장에 모여 한국사회의 부정의, 불공평, 불공정을 성토했고 세상은 조금씩 변하기 시작했다. 반면 북한체제의 모순과 문제를 정확하게 인식하는 일은 여전히 쉽지 않은 일이다. 인민들은 지배이데올로기가 합리화하고 있는 현실을 비판적으로 볼 수 있는 저항이데올로기를 가지지 못했다. 또 여전히 인민들의 다수는 국가에 의존하며 삶을 영위하고 있다. 그래서 북한의 인민들이 체제의 모순과 정권의 억압을 비판할 역량을 갖추지 못한 상황에서 세계 사회주의 역사에서도 유례를 찾아보기 어려운 3대 권력세습이 이루어졌으며 인민들에 대한 억압과 동원은 지속되고 있다. 하지만 어렵다고 해서 포기하게 되면 한반도에서 살아가는 사람들의 미래를 보장할 방법은 없어지게 된다.

한반도는 여전히 분단되어 있다. 남북한의 대립과 반목은 아직 끝나지 않았다. 남북한 관계가 개선되었다고 해도, 한국사회에서 북한에 대한 비과학적 시선은 좀처럼 숨겨지지 않는다. 2020년 봄, 김정은의 위중설을 CNN이 보도한 이후 한국사회에서는 위중설을 넘어 사망설까지 대두되었다. 근거는 없었지만 관련 보도는 끊이지 않고 확대·재생산되었다. 시간이 흘러 위중설과 사망설은 모두 낭설로 확인되었다. 사실 한국사회에서 북한을 이해하는 방식에는 정치적 욕망이 노골적으로 들어나는 경우가 적지 않았다. 그런데 이러한 태도는 한반도의 미래를 위해서도 결코 바람직하다고 할 수 없다. 북한체제를 이해하고 분석하는 데에 있어서도 과학적 접근이 필요한 이유이다. 알프레드 마샬(Alfred Marshall)은 경제학자에게 '차가운 머리와 따뜻한 가슴(cool head and warm heart)'을 요구했다. 이는 비단 경제학자만이 아니라 모든 사회과학자들에게 요구되는 태도일 것이다. 특히 정치적 영향을 받기 쉬운 북한연구에는 반드시 유념해야 하는 지침이다. 북한연구는 북한사회를 과학적으로 분석하고 객관적으로 평가하고 합리적으로 적절한 대안을 마련하기 위한 노력을 지속해 나가야 한다. 그곳에도 사람이 살고 있기 때문이다.

21세기를 살아가는 사람들에게 꿈은 무엇일까. 현존 사회주의가 붕괴된 이후, 다니엘 벨(Daniel Bell)은 『이데올로기의 종언』을 이야기했다. 어쩌면 이제 현실에 살아남아 있는 이데올로기는 자유(자본)주의일 뿐일지도 모른다. 그렇지만 신자유주의적 현실은 우리가 바라는 세상이 아니다. 토마 피케티(Thomas Piketty)는 『21세기 자본』에서 불평등한 자본주의 현실을 고발한다. 이 책은 불평등이 해결해야 하는 시대적 과제라는 사실을 말해주고 있다. 또 다시 현존 사회주의가 붕괴된 지 30여 년 만에, "'평등'이란 가치를 어떻게 실천할 것인가?'란 물음이 논의의 중심에 놓이게 되었다.

사람들은 의례(儀禮)처럼 노을 지는 저녁 하늘을 바라보며 오늘보다 나은 내일을 소망한다. 꿈이란 현재보다 나은 미래를 희망하는 일이다. 그래서 꿈을 꾸는 일은 현실을 직시하는 일에서 시작된다. 토마스 모어(Thomas More)

의『유토피아』역시 디스토피아적인 현실에 대한 비판에서 출발한다. 이 책은 평등과 해방을 부르짖던 사회주의가 북한사회에서 어떠한 모습으로 구체화되는지 비판적으로 이해하는 데에 목적이 있다. 북한체제는 다른 현존 사회주의 국가들처럼 평등을 과학으로 만들겠다면서 호기롭게 출발했지만 실패했다. 여전히 한국사회에서는 북한사회의 '있는 그대로'의 현실을 알기가 어렵다. 한국전쟁 이후 북한체제는 권력투쟁을 거쳐 지배체제의 원형(prototype)이 완성된다. 결과적으로 북한에 실재하는 사회주의는 이데올로기의 이름으로 노동자와 대중들의 꿈을 빼앗고 말았다. 현실에서 이데올로기는 허울 좋은 명분에 불과했으며, 북한은 권력의 욕망만이 충실히 이행되는 사회가 되고 말았다. 북한사회에서 지배권력을 이해하고자 하는 이유는 그곳에서 인민이라고 일컬어지는 사람들의 삶을 보다 정확하게 이해하기 위함이다. 인민들의 현실을 이해하고자 노력하는 이유는 언젠가 그들과 만나게 되면 함께 '새로운 꿈'을 이야기하기 위해서이다. 새로운 꿈이 무엇인지 아직 구체적으로 말하기는 어렵다. 하지만 사회주의가 실천하려다 실패했고, 21세기 한국과 세계 사회의 시대적 과제로 부상하고 있는 '평등'의 실현과 관련된 것일 수밖에 없다는 점은 어렴풋하게나마 말할 수 있다. 사실 인류는 수많은 실패와 좌절에도 굴하지 않고 평등하고 정의로운 세상을 위해 끊임없이 도전해왔다. 지금도 지구촌 곳곳에서 평등을 실천하기 위한 새로운 실천이 시도되고 있다. 지난날의 실패를 또 다시 반복하지 않기 위해서는 실패의 원인에 대한 보다 정확한 분석이 필요하다. 역사에 대한 냉철한 평가와 반성은 새로운 유토피아를 꿈꾸고 실천하기 위한 자양분이다. 언제나 꿈은 현실의 자각에서 시작된다.

▋ 표

▌그림

이 책은 필자의 박사논문, "북한지배체제의 성격과 해석: '계획'과 '사회적 종합'을 중심으로"를 수정·보완한 것으로, 북한 사회구성체의 성격에 대한 해석을 핵심적인 내용으로 하고 있다. 이를 위해서 독일(구서독)의 1960~70년대 네오마르크스주의(neomarxism) 논쟁과 폴란드 경제학자 미하우 칼레츠키(Michal Kalecki)의 사회주의 경제성장모델을 접목하여 구성한 이론적 분석틀을 새롭게 구성했다. 주요 분석 대상은 계획경제 시스템이다. 계획은 북한체제를 비롯한 현존 사회주의의 가장 핵심적인 지배수단이다. 그래서 이 책은 계획경제(토대)에 배태된(embedded) 정치사회적 구조와 맥락(상부구조)을 해석한다. 이는 독일의 정치경제학자이자 제3세계 이론가인 하르트무트 엘젠한스(Hartmut Elsenhans)의 분석방식으로부터 아이디어를 얻은 것이다.

이 책은 계획의 정치, 경제, 사회적 측면과 사회적 종합의 수단으로서의 기능을 분석하기 위해서 영화 시나리오 가운데 옴니버스식 구성을 모방했다. 책의 3, 4, 5, 6장에서는 옴니버스 영화의 여러 에피소드들이 서로 연결되는 것처럼 오버랩(overlap)되는 지점이 나타나게 된다. 중복되는 부분들 가운데 중요 참고문헌은 반복되더라도 표기했다. 독자들은 처음부터 책을 읽지 않고 각 장을 별도로 읽게 되더라도 이해가 가능할 것이다. 사회과학연구에서 옴니버스식 구성은 실험적인 것이지만 독자들이 계획을 중심으로 하는 북한지배체제의 특성을 입체적으로 이해하는 데에 도움이 될 것이라 믿는다.

책에 나오는 북한 공간문헌들에 대한 인용을 할 때, 직접인용과 간접인용 모두 북한문법 그대로 표기하였다. 북한식 표현도 있지만 가장 흔히 눈에 띄는 것은 두음법칙이 되지 않는 것이다. 또 띄어쓰기 역시 한국문법과 다르더라도 북한문헌들의 표기를 그대로 따랐다. 그래서 인용된 문구 가운데 띄어쓰기가 되어 있지 않아 독자들은 혼돈스러운 부분이 있을 수 있다. 그렇지만 자세히 읽어보면 충분히 독해가 가능하다. 불편함을 느끼는 독자들도 계시겠지만, 독자들이 북한문헌의 표기를 아는 것 역시 북한의 현실을 아는 것이라고 생각해서 그대로 표기했음을 미리 밝혀 둔다.

마지막으로 이 책은 참고문헌과 보완할 내용은 내주와 미주로 되어 있다. 내주나 미주에서 참고문헌 표시에서 'cf.'는 라틴어 'confer'에서 온 말로 '비교 참조할 것'이란 뜻으로 사용된다. 이 책에서는 동일한 내용에 대한 다른 해석이 존재할 때 표시했다. 참고문헌 가운데 해외문헌들은 영어와 독일어 책과 논문들이다. 번역 과정에서 한국어에 적절한 표기가 없는 경우나 정확한 개념 전달이 필요한 용어에 대해선 한국어 해석과 함께 괄호 안에 원래 용어를 병기했다. 영어와 독일어를 구분하여 독자들에게 전달하기 위해 독일어는 이탤릭체로 표기하였다.

제1장

제1장

서론

제1절 문제 제기 및 연구 목적

북한체제에도 『사람이 살고 있었네』(황석영 1994)라는 사실을 확인하고
싶던 시절이 있었다. 그러나 그 사람들의 삶은 여전히 '판도라의 상자'에 갇
혀 있다. 북한체제에서 '공론장(public sphere)'은 정치권력의 영향력하에 있
으며, 때때로 사실이 은폐되거나 왜곡된다. 그 땅을 뛰쳐나온 몇몇의 증언이
있지만, 아쉽게도 그 증언은 부분적이며 전체를 아우르기에는 아직 역부족이
다. 다만 개별적으로 조각난 기억과 경험을 마치 퍼즐을 맞추듯이 하나씩 맞
추어 나가는 작업이 진행 중이기에 앞으로의 연구 성과에 기대를 걸어보는
수밖에 없다. 결국 여전히 북한의 현실을 알기 위해서는 많은 부분을 북한의
공간문헌에 의존하는 수밖에 없어 보인다. 사실 북한연구에서 공간문헌들을
이용하게 된 것도 그렇게 오래된 일은 아니다. 북한의 공간문헌들은 국내 북
한연구에 서독(독일)의 내재적−비판적 접근법이 소개·수용되면서 보다 적

극적으로 활용하게 되었으며, 그 결과 연구의 지평이 확대되었다.

그러나 북한의 공간문헌들은 스스로의 체제가 사회주의 사회라는 점을 전제하고, 자기체제의 특성들을 기술하고 있다. 공간문헌상의 체제 규정은 정권과 체제의 정당성을 대내외적으로 선전하기 위한 주요한 수단이기에 북한체제의 현실을 객관적으로 설명할 것이라 기대하기 힘들다. 그래서 북한의 공간문헌에 대한 해석에서 '비판적' 접근이 강조된다. 북한 공간문헌의 자기체제 규정을 비판적으로 수용한다고 할 때, 공간문헌과 일정한 거리를 유지하고 공식적인 설명들을 비판적으로 수용하는 기준이 필요하다. 서독(독일)의 내재적－비판적 접근법은 이를 위해서 다양한 이론의 수용을 제안했다. 그러나 국내 북한연구의 내재적－비판적 접근법은 이론의 수용에 다소 소홀했다. 북한체제의 특수성이 강조되었기 때문이다. 이에 이 연구는 1970년대 서독(독일)의 네오마르크스주의의 현존 사회주의 성격 논쟁을 수용·재구성하고, 이를 기초로 북한체제의 성격을 규명하고자 한다.

기존의 북한연구는 체제의 성격을 권력의 형태와 성격에 초점을 맞추어 분석하였다. 그러나 권력은 본래 관계적인 개념이다. 권력을 가진 개인과 집단에 대한 분석만으로 북한체제의 성격을 규명하는 데에는 한계가 있을 수밖에 없다. 따라서 권력과 지배의 관계 그리고 피지배집단 혹은 계급의 위상과 성격에 대한 분석이 병행되어야 한다. 왜냐하면 북한체제는 현존 사회주의 국가 가운데 하나로서 적어도 표면적으로 마르크스의 고전적 사회주의 개념을 모티브로 '노동자 국가'를 표방하기 때문이다. 노동계급이 권력을 가지는지, 그렇지 않다면 누가 권력을 가지며, 노동계급의 위상과 역할은 무엇인지, 그리고 권력이 어떻게 노동계급을 지배하고 있는지에 대한 분석이 필수적이다. 이에 이 연구는 네오마르크스주의의 이론적 성과를 토대로 북한지배체제의 성격을 분석하고자 한다. 특히 "북한체제에서 정치권력이 어떻게 사회경제 영역을 지배하는가?"에 초점을 맞추어 체제의 성격을 재조명하고자 한다.

네오마르크스주의 논의 가운데 일부는 마르크스의 고전적 사회주의 개념을 기초로 현존 사회주의를 자본주의나 사회주의로 규정 내릴 수 없는 독립적인(*sui generis*) 생산양식으로 규정한다. 독립적 생산양식으로서 현존 사회주의는 마르크스의 고전적 사회주의 개념을 기초로 할 때 사회주의로 규정 내릴 수 없으며, 자본주의적 모순을 극복한 사회가 아니라 또 다른 모순이 존재하는 사회이다. 북한체제 역시 현존 사회주의 국가로서의 보편적 특성을 가지고 있다. 이는 체제에 내재해 있는 현존 사회주의 사회의 구조적 모순들을 통해서 확인할 수 있다. 북한체제는 정치와 경제의 관계, 경제위기 메커니즘, 관료와 노동의 관계에서 계급모순 등 세 가지 층위에서 구조적 모순들이 나타난다.

물론 1970년대 네오마르크스주의의 이론을 북한체제에 그대로 적용하게 된다면, 이는 '새로운' 해석이 아니라 사실 '오래된' 해석의 반복이 될지도 모른다. 게다가 네오마르크스주의 논쟁이 분석의 대상으로 하는 소련 및 동유럽 국가에서 체제전환이 발생한 상황이란 점 역시 고려하지 않을 수 없다. 따라서 이 책은 현존 사회주의의 경제성장을 설명하는 칼레츠키(Kalecki 1986) 모델과 토대(경제)에 배태된 정치사회적 구조와 맥락(상부구조)을 분석하는 엘젠한스(Elsenhans 1996)의 정치경제학적 발상(*Ansatz*)를 네오마르크스주의의 논의와 접목하여 재구성하고, 이를 바탕으로 현 북한체제의 원형(prototype)이라고 할 수 있는 1950~60년대 지배체제의 형성 과정에 대한 분석을 시도한다.

현존 사회주의에서 '계획'은 사회경제 영역을 통제·관리하기 위한 가장 주요한 수단이다. 계획의 수립과 실행에 이르는 계획경제 메커니즘은 권력관계에 따라 결정된다. 권력은 계획을 통해서 잉여생산물의 수취와 배분을 결정하고, 대중을 동원하고 통제할 수 있는 권한을 가지게 된다. 북한체제에서 1950~60년대는 계획경제에 대한 권력의 통제와 관리가 체계화되는 시기이다. 대안의 사업체계와 계획의 일원화와 세부화로 대표되는 북한의 '경제관리 체계'가 형성되는 때로서, 이 시기에 계획이 시장의 요소들을 강제적으로 대체해 나가며 지배권력은 자원을 동원하고 통제하는 권한을 가지게 된다. 그래서 현존 사회주의에서 계획은 지배의 도구이다(Bettelheim 1989; Damus 1978).

현존사회주의에서 계획은 지배의 가장 중요한 수단으로서 구조적 모순들이 집약적으로 표출되는 제도적 공간이다. 권력은 계획을 통해서 대중을 동원하고 통제한다. 현존 사회주의는 민주적인 절차가 미비하거나 부재하기 때문에 대중은 권력의 공간으로부터 철저히 배제된다. 정치의 공간에서 대중이 권력과 의사소통을 할 수 있는 기회는 좀처럼 오지 않는다. 대중과 정치권력의 실질적인 만남과 교류는 계획의 수립과 실행 과정에서 이루어진다. 권력은 계획을 수립하면서 형식적으로라도 대중의 수요를 묻는다. 물론 대중의 요구는 대부분 수용되지 않는다. 그렇지만 계획의 수립과 집행의 과정에서 권력과 대중은 서로의 요구를 알게 된다. 그래서 현존 사회주의에서 계획은 또 다른 정치의 영역이다. 이 연구는 바로 이러한 점에 착안하여 1950~60년대 북한에서 계획경제 메커니즘의 원형이 완성되는 과정을 분석함으로써, 북한의 지배체제 형성 과정을 살펴보고자 한다.

제2절 기존 연구 검토

1. 쟁점 I : 북한체제의 성격

1) 쟁점 I-1: 북한체제의 보편성과 특수성

(1) 북한체제의 보편성

맥코맥(McCormack 1993, 46~47)은 기든스(Giddens 1986, 303~304)의 신

전체주의 개념을 토대로 북한체제를 감시, 테러, 국가 의식행사(rituals)를 통한 동원이 혼합된 전체주의적 체제로 보았다. 또한 맥코맥은 북한체제가 경제적 하부구조와 정치적 상부구조 간의 갈등 때문에 필연적으로 붕괴할 것으로 보았다. 그의 논의는 사회의 통제와 관리에 대한 보다 구체적이고 정확한 설명을 하고 있을 뿐만 아니라 기존의 전체주의적 접근법이 소홀히 다루었던 경제문제를 포괄적으로 논의하였다는 점에서 관심을 끌기에 충분했다. 그러나 신전체주의는 지배의 지속성에 초점을 맞추고 있기 때문에, '관계의 변화'에 대해서는 설명이 취약하다. 즉 위기를 발생시키는 것으로 간주되는 여러 요소들 간의 상호작용에 대해서 명확하게 설명하고 있지 못하다(Mueller 1998, 82~83). 신전체주의 또한 체제의 동학을 설명하고 있지 못하며, 여전히 일정 정도 가치판단에 의존하고 있다.

최완규(2001)와 박형중(2004)은 루마니아를 분석하기 위한 린쯔와 슈테판(Linz and Stephen 1999, 414~439)의 '전체주의 겸 술탄주의(Totaritarianism-cum-Sultanism)' 개념을 차용하여 북한체제를 분석한다. 루마니아에서 스탈린주의적 전체주의의 지속과 권력세습의 경향이 기본적으로 북한체제와 유사하다는 설명이다. 개념의 차용 과정에서 그 용어는 달라졌지만 최완규('스탈린주의적 전체주의와 술탄주의의 조합')와 박형중('왕권적 전체주의')은 동일한 개념을 북한체제에 적용하고 있다. 최완규는 국가와 사회 혹은 지도자와 대중 간의 관계에서 대중의 자발적 순응, 1인의 절대권력과 개인숭배, 권력의 부자세습, 군사국가화 현상은 북한사회의 특수한 현상이 아니라 모두 스탈린주의적 전체주의와 술탄주의체제에서 일반적으로 나타나는 현상이라고 주장한다(최완규 2001, 33~38). 결론적으로 그는 "북한의 국가체제는 특정시점이나 부문에서는 이른바 '북한적 특수성'이라고 부를 수 있는 현상이 있다. 그러나 이러한 현상은 기실 스탈린식 전체주의나 술탄체제라는 보다 일반적인 비교사회주의 체제의 맥락 속에 포함할 수 있는 특수성이지 완벽한 체제구분을 할 수 있는 배타적 특성은 아닌 것이다."라고 규정한다(최완규 2001, 39~40).

박형중(2004b)은 사회주의 유형론과 변화 단계론을 통해서 북한을 왕권적 전체주의라고 규정한다. 그 특성을 정리하면 다음과 같다. 첫째, 친족 족벌 중심의 지도부 구성과 권력의 왕조적 승계 시도인데, 이러한 경향은 소련의 스탈린 시기와 같이 일반적으로 전체주의에서 나타나는 인치주의와 북한식의 왕권주의를 구별하는 징표가 된다. 둘째, 왕권주의하에서 원래의 전체주의적 지배의 지향점이 일반적인 이데올로기 목표(공산주의 건설)로부터 지도자 개인에 대한 충성으로 변화한다. 셋째, 왕권주의의 특징 중에 하나는 지도자의 정책이 이데올로기적 규범 또는 전문적 지식과는 별개로 극도로 자의적으로 이루어지며, 극도의 작위적 상징조작이 일어난다는 것이다. 넷째, 북한에서의 이러한 왕권주의적 경향은 애초부터 전체주의의 변용으로 출발했으며, 전체주의에 기초해 있다는 것으로서, 북한체제는 정치, 경제, 이데올로기의 모든 차원에서 개인과 집단에 전면적 통제를 유지하고자 노력해 왔다는 것이다(박형중 2004b, 103~105).

최완규와 박형중은 북한체제의 특수성을 강조하는 다수의 논의가 가지고 있는 문제점을 날카롭게 지적했다는 데에 의의가 있다. 사실 수령제는 북한의 공식문헌에서 사용되고 있는 개념을 그대로 사용하는 것으로 북한체제의 성격을 이해하기 위한 분석 개념으로서의 역할을 담당하기 어려운 측면이 있다. 또한 '북한적 특수성론'이 제시하고 있는 수령제의 특징은 사실 전체주의 특징과 크게 다르지 않다. 특히 박형중은 유형론과 단계론을 통해서 '체제의 변화'를 설명하였다. 그동안 전체주의적 접근법은 체제의 변화를 설명하기 어려운 정태적 분석이라는 비판을 받아왔다는 점을 감안하면 괄목할 만한 성과이다. 하지만 사회주의 국가들이 모두 동일한 역사적인 변화 단계를 반복하지 않았으며, 체제 변화의 유형 역시 일관되지 않았다는 점에서 비판받을 수 있다. 예컨대 소련 및 동유럽 국가 가운데 사회주의 상품경제나 사회주의 시장경제를 경험하지 않고 중도에 체제 붕괴가 발생한 국가들이 더욱 많았다. 결정적으로 그의 논의 역시 사회경제 부문의 변화에 대한 분석에는 상대적으로 소홀했다. 북한체제의 변화는 사회경제 부문으로부터 시작되었으며, 실질적으로 체제 변화의 원동력은 경제위기라는 점을 감안하면 북한의 정치와 경제의 포괄적이고 총체적인 분석이 필요하다.

(2) 북한체제의 특수성

가. 수령제

수령제는 북한체제의 특수성을 강조하는 논의들 가운데 가장 대표적이다. 스즈키 마사유키(鐸木昌之 1994, 79)는 수령제를 "소련형의 당국가 시스템 위에 수령을 올려놓은 것"이라고 규정한다. 수령제 개념은 이후에 내재적 접근법을 사용하는 다수의 학자들에 의해서 수용되었다. 이종석(2000, 210~211)은 '유일체제'의 개념을 통해서 수령제의 개념을 수정·보완하였다. 유일체제는 절대권력자인 수령을 중심으로 전체사회가 일원적으로 편재되어 있는 것으로 인식하고 있다. 그 구체적인 특징은 다음과 같다. 첫째, 권력의 1인 집중이 강하게 나타난다. 둘째, 동원화되고 군사화된 사회체계를 강력한 재생산 기반으로 삼고 있다. 셋째, 자신을 합리화하는 담론과 행위양식을 재생산하는 광범위한 사회체계를 가지고 있다. 넷째, 문화적으로 광범한 개인숭배현상을 동반한다.

이종석의 유일체제 개념은 이후 북한연구에 가장 광범위하게 수용되었다. 정성장(1999), 정우곤(1997) 등은 이종석과 유사하게 이데올로기와 권력체계에 초점을 맞추어 설명한다. 그들은 북한체제가 지도이념인 주체사상과 김일성 부자의 권력 독점에 의해서 이해될 수 있다고 믿는다. 자연히 주체사상의 형성 과정과 권력투쟁을 통한 권력의 집중 과정에 대한 설명이 주를 이루게 된다. 그러나 이러한 설명은 주로 주체사상의 자기체제에 대한 규정과 인식을 북한체제의 현실과 혼돈할 수 있는 위험을 가지고 있다. 이론과 현실 사이의 간극이 존재할 수 있다는 점이 고려되어야 한다. 또한 주체사상이 북한체제에서 차지하고 있는 비중과 역할에 대해서도 구체적인 논의가 부재하다. 비록 주체사상이 북한체제의 유일한 공식 이데올로기라고 하더라도 주체사상이 북한의 정치와 경제 전반에 어떠한 영향을 주고 있는지에 대한 분석이 필요하며, 또 나아가 북한의 정치엘리트와 대중들에게는 어떠한 영향을 미치고 있는지에 대한 면밀한 검토가 필요하다.

그리고 북한체제의 성격은 상층부의 권력투쟁만으로 설명하기 어려운 측면이 있다. 권력투쟁 과정에서 대중이 소외되는 원인과 대중의 대응 방식에 대한 논의가 필요하다. 수령제론은 북한의 공간문헌을 통해서 대중의 자발적 순응이라는 점을 강조하고 있지만, 대중의 피동성(혹은 수동성)이나 자발성이라는 측면만으로 지도자와 대중 간의 관계와 그 상호작용을 이해하기는 어렵다. 게다가 북한체제를 지도이념과 권력체계를 통해서 이해하는 이러한 방식은 수령제 논의가 비판하고 있는 전체주의적 접근법과 큰 차이가 없다. 비록 방법론적 혹은 인식론적 차이는 존재하지만 이데올로기와 인물결정론으로 북한체제를 설명하려 했다는 점에 있어서는 동일한 문제를 안고 있다.

다른 한편 수령제의 사회경제적 기반에 대해서는 김연철(1996; 2001), 이태섭(2001), 이정철(2002), 김근식(1999) 등에 의해서 논의가 진행되었다. 이러한 접근은 수령제가 경제위기를 정치적으로 해결하는 과정에서 등장했음을 설명하고 있다. 경제위기의 원인에 대한 이해는 각각 다르지만, 경제위기의 해결 방식을 놓고 벌어진 권력투쟁의 결과로, 권력이 독점되었으며 수령제가 확립되었다는 설명이다. 이러한 논의는 수령제의 사회경제적 기반을 설명하고, 이를 통해 북한체제의 성격을 정치와 경제의 포괄적 분석을 통해서 분석하려 했다는 점에서 의의가 있다. 그러나 북한체제의 성격을 수령제로 전제하고 시작된 논의라는 점에 그 한계가 있다. 수령제의 실질적인 형성 원인은 경제위기가 아니라 권력투쟁에 의해서 결정된 것으로 파악하고 있기 때문에, 수령제의 형성 과정에서 사회경제 부문의 역할에 대한 분석이 미흡하다. 또한 사회세력의 성격에 대한 논의 역시 부재하다. 경제잉여의 수취와 배분을 결정하는 과정에서 노동계급을 비롯한 대중들은 소외되고 중하위 관료의 영향은 작지 않다. 중하위 관료의 렌트추구가 경제위기 원인 가운데 하나로서 분석되고 있지만, 중하위 관료를 비롯한 사회세력의 성격에 대한 논의는 다소 미흡하다. 또한 노동계급을 비롯한 대중들이 자원배분 과정에서 소외되고 희생을 강요당하고 있다는 점을 감안할 때, 대중의 자발적 순응이라는 개념을 통해서 노동계급과 대중의 성격을 이해하는 일은 설득력이 약하다.

나. 조합주의

커밍스(Cumings 2006)는 북한체제를 지도이념인 주체사상의 조합주의적 특성을 통해서 설명하고, 최종적으로 북한체제를 사회주의와 전통적인 유교이념에 근간한 조합주의로 규정한다. 그는 북한이 "스탈린의 소련보다는 성리학적 왕국에 더 가깝다."고 주장한다(Cumings 2006, 589). 그러나 커밍스는 북한체제의 성격을 지도이념만으로 설명하려 했다는 점에서 한계가 있다. 주체사상이 북한체제의 지배이데올로기라고 하더라도, 이데올로기의 사회적 역할 및 영향력에 대한 비판적 논의가 이루어질 필요가 있다. 또한 그는 개인숭배와 사회동원을 설명하기 위해서 북한체제를 동심원적 구조로 이해하고 있는데, 이는 현실이 아니라 공식문헌상에서 사용되고 있는 수사(rhetoric)를 재해석한 것에 불과하다. 북한체제의 특성과 우주만물의 질서를 예(禮)의 질서로 인식하는 유교적 전통과의 유사성을 설명하기 위해서, 북한의 공간문헌상에서 나오는 '김일성 주위에 뭉친다.' 혹은 '당 중앙'이라는 표현을 재해석한 것에 불과할 뿐 현실에 대한 분석은 아니다. 대중이 권력에 의존할 수밖에 없는 사회경제적 조건들이 고려될 필요가 있다.

다. 유격대 국가

와다 하루끼(和田春樹 1994, 139)는 북한체제를 "김일성이 유격대 사령관이 되고 전 국민이 유격대 대원으로 구성된 국가로 추진되었으며, 사령관의 명령에는 절대충성을 다짐하고 일심단결하는 체제"라고 규정한다. 유격대 국가는 가족주의 국가관(Cumings 2006)과 사회정치적 생명체관으로 보완된다. 그는 "북조선 사회주의는 전쟁 사회주의의 가장 순화된 극치를 보여준다."고 주장한다(和田春樹 1994, 140). 유격대 국가론은 북한의 권력체계 수립 과정에서 김일성을 중심으로 하는 만주파가 권력투쟁에서 승리하는 일련의 과정에 주목하고 있다. 그러나 유격대 출신의 만주파가 권력을 장악하게 되었다고 해서, 북한을 유격대 국가로 설명할 수 있는지 여부는 미지수이다. 권력 상층부가 공유하고 있는 역사적 경험을 곧 체제 전체의 성격으로 이해하는 것이 과연 적절한 것인지 생각해볼 필요가 있다. 하지만 유격대 국가론은 북한체제가 외부와의 갈등 때문에 그리고 국내의 정당성 확보를 위해서 군사국가와 전쟁사회주의적 특성을 가지고 있다는 점을 확인할 수 있게 도와주었다는 측면은 평가할 만하다.

이 연구에서는 북한체제가 현존 사회주의로서의 '보편적 특성'을 가지고 있다는 점에 기초해서 논의를 진행하고자 한다. 현존 사회주의 체제는 일반적으로 정치와 경제의 관계, 경제적 저성장과 불균형, 관료와 노동의 관계에서 구조적인 모순을 가지고 있다. 북한체제 역시 이와 같은 모순을 가지고 있다. 물론 북한체제는 다른 국가들과 비교할 때, 적어도 권력의 입장에서는 이러한 모순들이 보다 효과적으로 관리되고 있다는 점에서 차이를 보인다. 그렇지만 이는 북한체제의 구체적인 조건과 현실의 차이를 말해주는 것일 뿐, 체제의 보편적 특성이 사라지는 것은 아니다.

2) 쟁점 Ⅰ-2: 북한체제와 스탈린주의

북한연구에서 체제 성격을 둘러싼 쟁점 가운데 또 다른 하나는 북한체제를 '스탈린주의(stalinism)'로 규정할 수 있는가 하는 문제이다. 이 논쟁은 스탈린주의를 북한체제에 적용하는 과정에서 발생한 것은 아니다. 논쟁의 발단은 '스탈린주의'에 대한 일치된 견해가 없기 때문에(Kolakowski 2007, 31; Reichman 1998, 57), 스탈린주의 개념의 수용 과정에서 발생했다. 스탈린주의는 매우 다양한 의미로 해석되고 있으며, 국내 북한연구는 스탈린주의에 대한 각기 다른 해석을 내놓고 있다. 물론 스탈린주의에 대한 해석의 차이는 북한체제에 대한 해석의 차이와 맥락을 같이한다. 각기 다른 이론적 혹은 방법론적 입장을 기초로 북한체제를 해석하고, 그것과 맥락을 같이하는 스탈린주의에 대한 개념을 수용하고 있다. 이는 스탈린주의에 대한 일치된 견해가 없기 때문에 일정 정도 불가피하다. 따라서 "북한체제는 스탈린주의인가?"라는 문제보다 우선 "스탈린주의란 무엇인가?"에 대한 이론적 해석의 차이를 논의하는 것이 선행되어야 한다.

흐루시초프는 스탈린주의를 '개인숭배'로 규정함으로써, '당의 무오류성' 테제를 고수한다. '오류와 왜곡'은 모두 스탈린 개인의 성격 결함, 즉 권력 욕망과 독재 경향 때문이다(Kolakowski 2007, 31). 소련은 국내정치적 차원에서 스탈린주의를 스탈린 개인 차원의 문제로 환원시키고 싶어 했다. 하지만 '스탈린주의'라는 용어에 이미 스탈린 개인 차원의 문제로만 환원할 수 없는 무엇인가가 존재한다는 점이 내포되어 있는 것이다(Reichman 1988, 57). 스탈린주의로 일컬어지는 현상은 단순히 개인숭배가 아니라 러시아 전통과 경제적 후진성, 사회주의의 저발전, 관료의 지배, 독재라는 문제로 압축될 수 있다(Mausch 1977, 826~832). 게다가 스탈린주의는 단지 소련 국내정치 차원의 문제가 아니었다. 스탈린주의는 국경을 넘어 동유럽 및 아시아 지역에 중대한 영향을 미쳤다.

스탈린주의에 대한 해석은 전체주의적 접근법, 근대화 과정으로서 스탈린주의, 트로츠키 전통, 사회사적 접근법, 내재적—비판적 접근 등으로 구분할 수 있다.[1) 여기서는 트로츠키 전통은 2장에서 논의되기에 다루지 않는다.

(1) 전체주의적 접근법: 전체주의적 접근법은 스탈린 체제의 보편적 특성

에 주목하고 체제의 억압적 특성을 강조한다. 본래 전체주의는 나치즘이나 파시즘 체제의 성격을 분석하기 위한 개념이지만, 냉전시대에 사회주의 체제 (특히 스탈린주의)가 억압적 특성을 가지고 있으며, 이러한 특성은 기본적으로 파시즘 체제와 유사하다는 주장이 제기되었다(Friedrich and Brzezinski 1965, 22). 정교한 이데올로기, 1인 독재와 단일 대중정당, 당과 비밀경찰의 통제 및 물리적 또는 심리적 테러체계, 대중매체의 장악, 무기 독점, 경제의 중앙 통제 등의 특징들이 바로 그것이다.

비알러(Bialer 1980, 9)는 프리드리히와 브레진스키의 전체주의 개념에 반대했지만, 그가 제시하는 '성숙된 스탈린주의(mature stalinism)'의 특성은 프리드리히와 브레진스키의 전체주의 사회의 주요 특성과 유사하다.[2] 비알러의 성숙된 스탈린주의 개념은 스탈린주의 전 기간을 설명하지는 못하며 대량숙청이 종언되는 시점부터 독재자의 죽음에 이르는 시기(2차 대전 이후부터 스탈린의 사망 시기)까지만 포함한다(Reichman 1988, 60).

(2) 근대화 과정으로서 스탈린주의: 뢰벤탈(Löwenthal 1970)은 근대화에 관한 기능적 수요가 혁명적 비전을 차츰 약화시키며, 근대화를 위한 강제와 그것에 대한 저항이 발생하게 되고, 이 과정에서 스탈린주의가 등장하게 되었다고 설명한다. 터커(Tucker 1977)에 따르면, 스탈린의 '위로부터의 혁명'은 국가형성 과정에서 강력하고, 매우 중앙집권적이며, 관료적이고, 군산복합체적인 소련의 건설 과정인 동시에 과거 요소의 파괴 과정이다. 스탈린의 '위로부터의 혁명'은 새로운 사회의 건설이면서 파괴적 과정이다. 위로부터의 혁명은 '아래'로부터의 혁명으로 전환되지 않는 이상, 혁명적 요소는 권위주의적, 반혁명적, 그리고 전통적 구조를 통해서 탈취될 것으로 보았다.

(3) 사회사 접근법(social history approaches): 피츠패트릭(Fitzpatrick 1986)은 노동자와 농민의 사회이동성(social mobility) 증가로 인한 '새로운 엘리트'의 구성에 초점을 맞춘다. 이는 유토피아적 질서의 확립이 아니라 혁명을 통해 하층계급에서 벗어나려는 도피 수단이었다. 쉐츠(Shatz)는 스탈린주의를

사유재산과 특권에 대한 가혹한 저항의 최종적인 국면이라고 정의한다. 스탈린주의는 거대한 사회적 전환의 의미로 규정된다(Reichman 1988, 71~72).

레윈(Lewin)은 사회 이동성이라는 측면에 동의하지만, 그 이동은 상향이동만이 아니라 하향이동 역시 존재한다는 점을 강조한다. 또한 그는 사회사만이 아니라 정치사의 측면에 관심을 가지고 있다. 그에게 스탈린주의는 소련 정치제제가 역사적으로 경험한 하나의 국면이었다는 점에서 특히 치명적이었으며 심지어 병리학적인 것이기도 하였다. 레윈은 부하린의 용어를 차용하며, 스탈린주의 정체(polity)를 '군사-봉건적 독재(military-feudal dictatorship)'라고 명명했다(Reichman 1988, 72~73).

(4) 내재적-비판적 접근: 호프만(Hofmann 1969)은 이론적으로 마르크스주의를 통해서 그리고 방법론적으로 내재적-비판적 접근법을 통해서 스탈린주의를 규정한다. 그는 권력과 지배의 개념을 구분한다. 지배는 타인의 사회를 구성하는 한 부분이 다른 부분에 대한 제도적으로 보장된 향유(*Nutznießung*)를 의미한다. 향유란 타인의 노동생산물 일부를 일방적으로 수취(*Aneignung*)하는 것이다. 지배는 정치적인 것이 아니라 사회경제적 영역에 해당되는 개념이다. 권력은 사회적 지배를 토대로 할 수도 있고, 그렇지 않을 수도 있다. 그는 스탈린주의가 권력의 질서일 뿐, 지배질서는 구축되지 않았다고 판단했다. 스탈린주의는 마르크스주의나 레닌주의와 구별될 수 있는 이론이 아니다. 다만 마르크스주의를 교조화하고 형식화하였을 뿐이다.[3] 스탈린은 스스로를 마르크스-레닌주의에 근간한 사회적 실천으로 규정했다. 따라서 호프만은 스탈린주의에 대한 비판은 마르크스주의의 '프롤레타리아 독재' 이론부터 출발해야 한다고 강조한다. 호프만은 스탈린주의가 지배관계(*Herrschaftverhältnisse*)도 고유한 이론도 없지만 사회생활의 권력질서(*Machtordnung*)로서 사회 전체를 관통하고 있다고 규정한다. 스탈린주의는 권력사용이 과도하게 증가된 체제이다(Hofmann 1969, 13~20).

네오마르크스주의 입장에서 스탈린주의는 호프만과는 달리 지배관계가 형성된 것으로 이해한다. 슐쩨(Schultze 1973)는 새로운 계급 혹은 특권계급으로서 관료계급이 실재한다고 보았다. 이는 생산수단의 국유화에도 불구하고 당과 대중의 대립 가능성에 그 기원을 두고 있다. 중앙집권화된 조직구조에서 대중은 소외되며, 트로츠키에게 정치적 착취로 기술되는 어떠한 사실이 실재한다고 보았다. 바로(Bahro 1978) 역시 당과 대중의 관계로 표면화되는 관료와 노동 사이에 정치경제학적으로 독립적인(*sui generis*) 생산관계가 형성되었다고 보았다. 호프만(Hofmann 1968, 40)은 초기 사회주의 사회의 특별한 현상 형태로 권력행사(*Machtübung*)의 실천에서 그 완전한 모습이 드러나게 된다고 보았다. 이른바 사회적 '전위', 즉 도시와 농촌에서 직접 생산자(*Produktionschaft*) 내부의 지도와 피지도의 관계, 전위와 사회의 비프롤레타리아 계층 대표자와의 관계, 소비에트 지도권력과 마르크스주의 정당에 의해 통치되는 또 다른 국가와의 관계를 통해서 확인된다. 또한 권력의 실제(*Machtpraxis*)는 마르크스주의 이론에 영향을 미치게 되고, 이를 통해서 얼마간 사회의 모든 정신적−문화적 삶의 표현에 영향을 미치지 않을 수 없다고 보았다. 반면 네오마르크스주의는 정치와 경제의 관계에서 정치의 우위, 당과 대중의 관계로 표출되는 관료와 노동의 관계, 계획경제 등은 시기별로 차이가 발생하기는 하지만 현존 사회주의 사회의 구조적 특성으로 이해한다. 네오마르크스주의는 스탈린주의와 탈스탈린주의 등 시기별 변화에도 이러한 구조적 특성들이 유지된다고 보았다.

북한연구 가운데 란코프(Lankov 2006, 99)는 비알러(Bialer)의 스탈린주의 개념을 수용하고 있으며, 이태섭(2001)은 내재적 접근법에 기초하고 있지만, 그 내용은 비알러의 '성숙된 스탈린주의'의 개념과 맥락을 같이한다.[4] 란코프와 이태섭은 각각 전체주의적 접근법과 내재적−비판적 접근법으로 방법론상의 분명한 차이가 있음에도 불구하고 스탈린주의에 대한 이해는 유사한 측면을 가지고 있다. 란코프는 북한에서 1945년 이후 스탈린주의가 시작되었다고 보았다(Lankov 2006, 98). 그는 1953년 스탈린의 사망과 소련 국내정치의 변화, 1956년 헝가리 사태 등의 동유럽 변화와 함께 탈스탈린화가 이루어졌지만, 북한은 스탈린주의가 유지되었다고 판단한다. 그는 비알러의 성숙된 전체주의 개념이 소련보다 오히려 김일성의 시대, 특히 1961~86년까지 북한사회에 더 잘 적용될 수 있다고 보았다(Lankov 2006, 99~100).

이태섭(2001)은 소련에서 흐루시초프와 브레즈네프 시기까지는 스탈린의 경제주의적 발전전략이 유지된 반면 북한은 흐루시초프 등장 이후 스탈린식 모델로부터 그리고 소련으로부터 이탈하였다고 판단한다.[5] 그는 경공업과 중공업, 중앙집권과 분권의 문제는 결정적인 문제가 아니라고 보았다. 이태섭은 김일성의 전략을 다음과 같이 평가하고 있다. "김일성의 발전전략은 물질적 조건과 의식(이데올로기), 경제발전 목표와 이데올로기적 목표 가운데 그 어느 것도 절대화하지 않았다. 소련이나 중국과 달리, 김일성의 발전전략은 인간의 의식과 이데올로기적 목표를 우위에 두고 여기에 물질적 조건과 경제발전 목표를 밀접히 결합시키는 것이었다. 양 극단을 배제한 중용이었다." 이태섭은 소련의 탈스탈린주의 노선이 본격화되면서 북한체제가 독자적인 노선을 걷게 되었음을 강조하고 있지만, 그의 주장은 사실 비알러의 성숙된 스탈린주의 개념과 유사하다. 결과적으로 1961년과 1959년이라는 시기상의 차이는 있지만 란코프와 이태섭은 북한에서 성숙된 스탈린주의가 형성되었다는 점에는 동일한 의견을 피력하고 있다.

박형중(1994)은 스탈린주의를 경제적으로 중앙집권주의와 중공업 우위의 축적, 정치적으로 인물독재, 권력의 독점과 명령체계, 지적－문화적 영역과 사회영역의 정치영역으로의 종속으로 규정한다. 박형중은 1950년대 이후 북한에서 스탈린주의가 유지될 수 있었던 이유를 비교사회주의론적 관점에서 저발전 사회주의의 산물로 이해한다. 첫째, 2차 대전 직후 식민지체제를 스탈린주의적 사회모델이 대신한 것이기 때문에 후퇴한 것이 아니었다는 점이다. 둘째, 1950~60년대 외연적 성장의 원천이 아직 고갈되지 않았을 뿐 아니라 경제성장 역시 비교적 빠른 속도로 나아가고 있었다. 스탈린적 사회주의 공업화 전략은 그 나라 경제의 낙후성에 비례하여 효력이 증가했다. 셋째, 사회-정치적 저발전 때문에 사회를 국가화하려는 시도에 저항할 수 있는 사회세력이 동유럽에 비해 훨씬 취약했다. 넷째, 소련의 입장에서 동유럽 지역과 비교할 때 상대적으로 그 중요도가 떨어졌다. 다섯째, 여전히 하층민의 다수가 사회적 상향이동의 가능성에 대한 기대를 가지고 있었다.

　김연철(2001)은 북한의 수령제를 스탈린주의 체제의 하나로 구분하고, 수령제를 '인격적 지배형태의 제도화'로 정의한다. 그는 또한 '스탈린적 모델'을 세 가지 특성을 중심으로 설명한다. 첫째, 거대한 투자를 통한 급속한 산업화가 이루어진다. 둘째, 선택적 불균형 성장이 이루어진다. 셋째, 전통적 비용계산을 결여한 자본과 노동의 과잉 사용이다. 이러한 개념정립을 토대로 그는 수령제가 형성될 수 있는 사회적 기반에 대한 분석이 필요함을 강조한다. 김연철은 인격화된 지배형태로서의 수령제는 1956년 8월 종파사건과 천리마운동으로 이어지는 일련의 사회경제적 위기가 그 출발점임을 강조하고 있다.

　암스트롱(Armstrong 2006, 220~221)은 스탈린주의 산업화에 대한 바로(Bahro)와 왈더(Walder)의 해석을 수용하고 있다. 암스트롱은 소련에서 국가의 착취적 성격에 대해서는 독립적 생산양식으로 동독사회를 분석하는 바로의 논의를 수용하면서, 이를 신전통주의 이론에 기초하여 노동계급이 국가와 관료에 정치경제적으로 종속되어 있다고 판단한 왈더(Walder)의 분석을 병치시키고 있다. 그러나 바로(Bahro 1977, 198)는 독립적 생산양식으로 관료와 직접생산자(노동계급)가 정치경제학적으로 대립적 위치에 있음을 설명하고 있다. 이는 국가(관료)와 노동의 관계를 종속관계로 이해하는 신전통주의적 해석과 분명히 다른 것이다. 암스트롱은 소련군의 점령 기간 동안에 정치, 경제, 사회구조에서 스탈린주의 모델이 투영되었다고 보았다(Armstrong 2001, 43~44). 북한은 1929~1933년 스탈린이 수용했던 사회주의적 본원적 축적이 1946년 토지개혁 이후 시작되었으며, 1950년대 흐루시초프의 등장 이후에도 소련의 탈스탈린주의가 나타난 것이 아니라 스탈린주의를 근간으로 하는 '우리식 사회주의(Korean-style socialism)'가 형성되었다고 보고 있다.

선행 북한연구는 북한체제를 스탈린주의로 이해하는 데 있어서는 큰 이견이 없다. 이태섭은 스탈린주의와 북한체제의 특성을 비교하려 하지만 비알러의 논의에 가깝다. 비알러는 공식적으로 전체주의와 스탈린주의를 구별하고 있지만, 그가 제시하는 특성은 사실 전체주의에 가깝다. 그런데 그 시기에 대해서는 약간의 차이를 보인다. 김연철은 스탈린주의가 지속되었다는 점을 부각하면서도 대안의 사업체계는 북한경제 관리제도의 특수성을 대변하는 것으로 이해하고 있다. 하지만 차문석(1999)의 지적('절정기 스탈린주의')처럼 그것 역시 스탈린주의의 한 형태이다. 차문석이 차용하고 있는 케이플(Kaple 1994, 7)의 '절정기 스탈린주의(high stalinism)' 개념은 비알러의 '성숙된 스탈린주의' 개념에 기원을 두고 있다. 즉 국내 북한연구는 각각의 이론적 배경은 다르지만 북한체제의 스탈린주의적 특성에 대한 해석에 있어서만큼은 상당 부분 유사한 면을 보이고 있다.

이 책에서는 스탈린주의에 대한 네오마르크스주의의 해석에 기초하여 스탈린주의의 특성을 다음 세 가지 측면에 주목하고자 한다.

(1) 정치적으로 권력의 독점
(2) 중앙집권적 계획경제
(3) 계획을 근간으로 하는 지배체제

스탈린주의가 형성되면서 현존 사회주의의 주요모순이 동시에 구조화된다. 그런데 스탈린주의의 이러한 특성 가운데 개인을 원자화시켜 중앙집권적 지배체제에 기능적으로 종속시키려는 시도는 결국 완벽하게 성공하지는 못한다. 결과적으로 이는 스탈린주의가 이후 약화되는 원인으로 작동한다. 1956년 '헝가리 혁명'과 1968년 '프라하의 봄'은 스탈린주의적 지배체제에 대해서 항거한 아래로부터의 탈스탈린화 운동이다.

2. 쟁점 II: 경제위기의 원인

자본주의 경제위기에 대한 논의는 이론적 관점에 따라 다양하게 진행되었다. 시장이 최적의 자원배분을 가져올 것이라고 믿는 (신)고전경제학은 경제위기의 원인을 주로 시장 밖에서 찾으려 한다. 케인즈주의 경제학은 시장의 불완전성과 불안정성을 강조하고 '시장실패(market failure)'의 가능성을 인정한다. 마르크스주의 정치경제학은 자본주의 시장경제의 한계를 주장하면서 과잉축적, 과잉생산, 과소소비, 임금압박 등의 이유로 경제위기가 불가피하게 발생된다고 주장한다. 그런데 사회주의 경제위기에 관한 이론은 자본주의의 경제위기론과 같이 체계적으로 정립되지 못했다. 현실적으로 사회주의 경제 역시 반복적으로 위기에 직면했음에도 불구하고 관련된 논의가 이론적으로 발전하지는 못했다. 그렇다고 자본주의 위기이론을 그대로 사회주의에 적용하기도 힘들다. 왜냐하면 사회주의 계획경제는 수요와 공급의 원리에 따라 작동하는 경제가 아니기 때문이다. 자본주의 경제위기이론은 이론적 스펙트럼은 다양하지만 결국 문제의 원인을 '공급' 혹은 '수요' 가운데 하나의 측면에서 규명하려 시도한다.

사회주의 경제위기의 원인에 대한 분석은 크게 두 가지로 분류할 수 있다. 첫 번째 논의는 체제 내의 문제점에 주목한다. 이러한 논의는 사회주의 경제위기를 일시적이고 반복적인 것으로 이해하고 사회주의 계획경제 내에서 경기순환을 설명하려는 시도였다(Paraskewopoulos 1985, 58~76). 첫째, 계획기구와 집행기구 간의 갈등을 주요한 원인으로 꼽는 경우다(Olivera 1960). 둘째, 계획자-생산자-소비자 간 이해관계의 대립으로 설명하는 연구이다(Goldmann 1964; Zaleski 1971; Olsienkiewicz 1969). 셋째, 생산재 부분에 기술진보가 집중됨으로써 위기가 발생하게 된다는 설명이다(Cobeljic and Stojanovic 1963~64). 넷째, 경제위기는 일시적인 것으로 취급하면서 장기간의 경제위기는 부정하고, 일시적인 원인을 재투자 과정에서 발생하게 되는 생산재와 소비재 간 투자의 불균형과 이러한 불균형을 해소하기 위해서 소요되는 시간지연(time lag) 때문이라고 설명한다(Notkin and Lange 1961; Paraskewopoulos 1985, 66~67에서 재인용). 다섯째, 통화이론적 설명이다. 비록 사회주의 경제에서는 중앙기구에 의해서 화폐량이 통제되지만, 일시적인 통화량과 통화 회전속도의 감소가 경기순환을 발생시킬 수 있다는 설명이다(Thieme and Hartwig 1979). 여섯째, 사회주의 경제체제를 계획과 시장의 결합으로 이해하고, 경제적 이익과 정치적 이익 간의 갈등이 존재하기 때문에 정치적 순환과 경제적 순환이 발생하게 된다고 설명한다(Brainard 1974). 일곱째, 계획행위와 생산행위 간의 괴리를 주원인으로 설명하는 경우이다. 계획자는 계획 달성의 수준에 따라 계획을 잡게 되는 반면 기업은 계획 달성의 프리미엄 때문에 달성하기 쉬운 계획에 관심을 가지게 된다. 그 결과 계획성장률과 실질성장률이 역의 관계를 가지게 되며, 계획의 최대와 실질 생산의 최소가 공존하게 되는 경우가 발생한다(Vincenz 1979). 마지막으로 정치지도자와 경제주체 간의 이익갈등을 원인으로 핵심 원인으로 설명하는 경우이다(Paraskewopoulos 1985, 86~100).

다음으로 사회주의 경제위기를 계획경제체제의 한계라는 측면에서 분석하려는 시도이다. 현존 사회주의는 외연적 성장방식을 채택한다(Kornai 1992, 181~182). 외연적 성장방식은 투자의 확대와 동시에 노동공급의 확대를 바탕으로 경제성장을 추진하는 방식이다. 자본축적과 노동공급이 동시에 증가하지만, 고정자본은 상대적으로 노동보다 부족하다. 그래서 가능한 한 더 많은 노동을 공급하기 위해 노동시간을 연장한다. 노동시간의 연장은 성장률을 증가시키는 주요한 요소 가운데 하나이다. 뿐만 아니라 다른 자원들의 공급 역시 확대한다. 지금까지 경작되지 않던 지역도 농장으로 편입되고, 광물자원의 채취도 더욱 증가한다. 외연적 성장방식의 가장 두드러진 특징은 노동공급의 확대이다. 경제적으로 낙후되었거나 저발전 경제에서 자원이 제한되어 있기에 경제성장을 위해 노동공급을 확대하는 것이 가장 손쉬운 방법이다.

경제적 효과의 평가 잣대인 사회총생산물과 국민소득 역시 사용가치의 증가를 통해서 측정된다. 따라서 현실적으로 지속적인 노동투입의 증가는 성장을 위해서 반드시 해결해야 할 매우 중요한 과제이다. 현존 사회주의에서는 농업 집단화를 통해서 공업화에 노동공급의 확대를 증가시킨다. 특히 축적을 위해서 중공업 부문에 우선적으로 노동공급이 이루어져야 한다.

사회주의 경제위기는 이러한 외연적 성장방식의 한계 때문이라고 설명한다(Kornai 1992; Conert 1991). 외연적 성장이란 노동과 자원을 집중적이고 집약적으로 동원하여 경제성장을 추진하는 방식이다. 그러나 지속적으로 생산요소를 투입하는 데에는 분명한 한계가 존재한다. 이를 극복하기 위해서는 생산성 증가가 필요하다. 현존 사회주의는 노동동원과 강제동원 등을 통해서 생산성을 향상시키려 했다. 물론 이러한 방식의 노동생산성 증가에는 분명한 한계가 존재한다. 그런데 더욱 큰 문제는 자본생산성이 증가하지 못했다는 점이다(Kalecki 1972). 중공업 부문에 대한 투자의 집중은 과잉축적과 과잉투자를 초래했다. 강제로 수요를 억제하고 잉여를 생산재에 집중적으로 투자하게 되면서 생산과 소비의 불균형이 발생하게 된다(Elsenhans 2000).

국내학계는 북한 경제위기의 근본적 원인이 외연적 성장의 한계 때문이라는 점에 대해서는 대체적으로 의견이 일치한다(박형중 1994; 김연철 2001; 양문수 2001; 이영훈 2000; 이정철 2002; 차문석 2005; 전홍택 1999). 그러나 경제위기가 발생하게 되는 '계기'에 대해서는 이견이 존재한다. 먼저 행위자 변수를 강조하는 논의이다. 김연철(2001)은 외연적 성장의 한계가 계획경제의 모순과 만나 '위기의 구조화와 정치우위 방식의 제도화'가 초래된다고 설명한다. 계획경제의 모순은 계획지표의 왜곡, 내부예비, 기관본위주의 등의 모습으로 나타나게 되며, 본질적으로는 공장 내 권력관계이다. 중하층의 관료들의 렌트추구 행위가 핵심적 원인인 것이다. 이태섭(2001)은 '공장 내 권력관계' 대신에 '조직 이기주의'를 핵심적인 원인으로 꼽고 있다는 점을 제외하고는 김연철의 논의와 유사하다. 그는 계획경제 시스템에서 집단주의적 원칙하에 계획을 결정하게 되지만, 집행 과정에서 개인주의와 조직 이기주의가 발생하게 됨으로써 모순과 갈등이 발생하게 된다고 설명한다. 이태섭은 이러한 모순과 갈등을 해결하기 위해서 '수령제'가 형성되었다고 설명한다.

그러나 행위자 변수를 강조하는 기존 연구들은 다음과 같은 문제를 안고 있다. 첫째, 행위자의 성격 변화에 대한 설명이 미흡하다. 초기에 성장을 주도했던 행위자가, 어떻게 렌트추구 행위로 위기를 유도하게 되는지에 대한 설명이 다소 부족하다. 제도주의적 설명을 통해 행위자의 성격 변화를 제도적 문제점과 한계의 지적으로 설명하려 하지만 행위자와 제도 간의 관계와 상호작용에 대해서는 설명이 미흡하다. 제도적 문제점과 한계가 행위자의 성격을 변화시킬 수도 있지만, 반대로 행위자의 성격 변화가 기존 사회주의 시스템에 대한 변화를 요구하게 될 수도 있다.

둘째, 경제성장과 위기를 동시에 설명해주지 못한다는 점이다. 기존 연구가 지적하는 문제들이 해결된다고 해도 사회주의 경제가 회복되고 위기를 벗어나기는 어렵다. 이는 사회주의 경제체제가 가지고 있는 근본적 문제들과 각각의 연구가 지적하고 있는 문제들이 어떻게 서로 연결되고 있는지가 분명하지 않기 때문이다. 다수의 연구는 사회주의 경제체제의 문제로 외연적 성장방식의 한계를 인정한다. 그렇다면 개별 연구들이 지적하는 문제들과 외연적 성장 및 그 한계가 어떻게 연결될 수 있는지에 대해서 설명해야 한다.

셋째, 개별 연구가 지적하는 문제들은 북한 공식문헌들이 지적하는 문제들이라는 점 역시 유념해야 한다. 실제로 북한의 공식문헌들은 렌트추구 행위에 해당되는 이러한 문제들을 지적하고 극복해야 함을 강조해 왔다. '내적 예비'나 '사익추구 행위' 등은 대표적인 예이다. 그렇다면 북한이 스스로 이러한 문제들을 시인하고 있는 이유에 대해서도 고려해 보아야 한다. 우선 체제의 근본적 문제점을 지적하는 날카로운 문제 제기가 아니기 때문일 가능성이 있다. 혹은 문제의 원인을 호도함으로써 체제 불만 요소를 제거하고 체제 결속의 수단으로 사용하는 데 유리하기 때문일 가능성이 있다. 또는 북한 스스로 충분히 해결할 수 있는 문제라고 인식하기 때문일 가능성이 있다.

다음 구조적 변수를 강조하는 논의이다. 양문수(2001)는 초기조건, 개발전략, 경제실적 등의 조건을 '개발 메커니즘'으로 묶어 설명함으로써, 경제개발 성장과 침체를 동시에 설명하려 시도하였다. 거시적, 미시적, 대외적 측면에서 메커니즘의 전화를 통해 경제성장의 이유가 침체의 원인으로 변화되고 있음을 기술한다. 거시적으로 고축적 메커니즘의 기능저하, 미시적으로 중앙집권적 경제시스템의 기능 저하, 대외적으로 대내 경제에 대한 대외 경제의 제약 때문이라고 설명한다. 이렇게 메커니즘의 전화가 발생하게 된 이유의 하나는 현존 사회주의의 보편성, 곧 현존 사회주의의 중앙집권적 계획제도와 경제성장 전략 때문이다. 또 다른 하나는 북한 경제의 특수성, 즉 사상 중시 경제와 전시 경제라는 점 때문이다.

양문수의 설명은 성장과 침체의 동학을 연속선상에 설명하려 했다는 점에서 의미가 크다. 그러나 성장에서 침체로의 메커니즘 전화에 대한 설명은 뚜렷한 동인을 찾기가 어렵다. 고축적 메커니즘의 기능저하는 노동 인센티브의 하락, 제도·정책적 비효율성, 에너지 부족 등을, 미시적 측면에서 경제 규모의 확대와 경제 연관성의 복잡화를, 대외적으로 무역 정책의 실패와 초기 조건 제약 등에 따른 외화의 부족과 수입 제약 등을 이유로 들고 있다. 하지만 이러한 설명은 동학의 인과관계를 설명하지 못한다(박순성 2005, 140). 박순성은 이에 메커니즘 내부의 동학을 설명하기 위해서는 외부적 요인, 즉 계획 경제의 모순이나 정치 우선의 논리를 통해서 설명될 수밖에 없다고 지적한다. 결국 양문수는 성장과 침체를 하나의 과정으로 이해하고 분석했다기보다는 구조적으로 설명하고 있는 것이다.

마지막으로 이영훈(2000)은 칼레츠키의 '사회주의 경제성장 모델'과 포스트 칼레츠키주의(post-kaleckian)의 일반연산균형(CGE: computable general equilibrium) 모델을 재구성하여 북한의 경제성장과 위기에 대한 설명을 시도한다. 그는 1950년 경제위기를 경제원조의 단절로, 1960년대는 자금 부족 외에 노동력의 부족, 투입물의 수입수요 증대, 특정 산업의 병목현상 등을 경제위기의 원인으로 꼽았다. 이영훈의 분석은 칼레츠키 모델을 토대로 1950~60년대 국민계정을 추계하여 북한경제의 성장과 위기의 원인을 하나의 메커니즘으로 설명하고 있다는 점에서 의미가 있다. 그러나 칼레츠키 모델과 포스트-칼레츠키주의 CGE 모델을 재구성하면서, 저발전 국가와 현존 사회주의 국가의 질적 차이를 과연 얼마나 정확히 반영하고 있는지에 관해서는 논의의 여지가 있다. 주변부 자본주의와 현존 사회주의는 독점적 공급, 공급과 유효수요의 부족 등의 공통점을 가지고 있지만, 그 발생 원인이 근본적으로 다르다. 이영훈(2000, 30~33)의 분석 모델이 시장경제와 계획경제의 차이점들을 고려하고 있지만, 그것만으로 저발전 국가와 현존 사회주의 국가 간의 구조와 제도의 차이를 충분히 반영하고 있다고 할 수 있는가 하는 문제가 여전히 남는다.

경제위기와 발전은 분리된 것이 아니라 톱니바퀴처럼 맞물려 있다. 그래서 발전 이론은 대부분 위기의 원인과 발전의 원동력을 동시에 설명하는 논리적 형식을 가지고 있다. 이 연구는 북한의 경제발전과 위기를 하나의 메커니즘으로 설명하기 위해 칼레츠키의 사회주의 경제성장 모델을 보완하여 수용한다(1장 4절 참조).

제3절 연구방법과 연구자료

1. 내재적 비판적 접근법

내재적 접근법은 1960년대 서독의 동독연구에서 시작되었다. 내재적 접근법(*immanent Ansatz*)은 연구자가 범주와 가설을 연구 대상 자체로부터 도출하여 전개시키는 접근이다(Gransow 1980, 11). 내재적 접근법은 고전적 사회주의 개념을 기준으로 하는 접근을 비롯해서 현존 사회주의 국가의 정치권력이 제시한 이른바 '사회주의와 공산주의'로의 이행 과제에 대한 평가도 포함한다. 또한 내재적 접근법에는 마르크스주의와 비마르크스주의(non-marxism)적 논의가 모두 포함되며, 마르크스주의적 접근에는 현존 사회주의를 비판하는 조류와 권력의 정당성을 옹호하기 위한 조류도 포함된다. 내재적 접근법은 낮은 단계 혹은 높은 단계의 공산주의 이행 과정에서 발생하는 과도기 사회(transitional society)의 개념을 중심으로 논의를 진행했다. 이는 스탈린 사후 소련 및 동유럽의 변화를 계기로 촉발되었다. 현존 사회주의를 '자본주의'와 '사회주의' 가운데 어디에 위치시킬 것인가에 대한 논의가 주를 이루었다. 물론 이 책의 이론적 배경이 되는 서독 네오마르크스주의(neomarxism)의 일부 논의는 현존 사회주의를 자본주의나 사회주의가 아닌 독립적(*sui generis*) 생산양식으로 규정한다(Damus 1978; Bahro 1978).

국내에 소개된 내재적 접근법은 루츠(Ludz 1972; 1977)의 방법론에 기원을 두고 있다.[6] 그는 스스로를 내재적−비판적(*immanent-kritisch*) 혹은 비판적−경험적(critical-empirical) 접근으로 규정하였다. 여기서 '내재적'과 '실증적'은 가능한 한 자세히 그리고 포괄적으로 기술하고, 재현하여, 분석해야 하는 자료를 가리킨다. '비판적'은 일정한 거리(*Distanz*)를 표현한다. 아마도 장기적인 연구경험과 비판적인 논의의 결합을 통해서만 얻을 수 있는 거리일 것이다(Ludz 1977, 27~28; Ludz 1972, 23).

비판적−경험적 접근이 실증주의와의 차이점은 전자는 질적인 요소—즉 지식, 역사, 사회적 맥락—를 무시하지 않고 관찰 대상에 대한 사변적이고, 유토피아적 정향을 배제한다는 점이다. 포퍼(Popper)는 비판적−경험적 접근은 '시험적인 해결책(tentative solution)'의 방법론 혹은 '열려 있는 결론(open-ended conclusions)'의 방법론으로 간주했다. 하지만 여기서 경험과학은 유의미성(meaningfulness) 혹은 실증 가능성(verifiability)과 같은 어떠한 논리적 기준을 만족시키는 진술 체계로서 이해되지 않는다. 반대로 경험적

진술과의 차별점을 비판받을 수 있다는 사실로 인해 수정에 대한 민감성 (susceptibility to revision)을 가진다는 점이다. 결과적으로 실증 가능성이 아니라 오류(falsifiability)가 구분의 기준이다. 비판적－경험적 접근은 연구 결과의 지속적인 검증을 위해서 필요하다. 비판적－경험적 접근의 핵심은 영속적인 간주관적(intersubjective) 검증에 의해서 이론적 접근을 확인시켜 주는 '개방성(open-endedness)'이다(Ludz 1972, 23~24).

루츠를 비롯한 서독의 내재적 접근법의 주요 관심 사항은 다음과 같다(박 형중 2004a). 첫째, '가치평가'와 '분석'의 분리이다. 둘째, 동독 또는 사회주의 사회를 독특한 것으로 간주하면서, 동독의 '지배, 경제, 사회의 독특한 동태 성'이 무엇인가를 현실주의적으로 그리고 엄밀하게 연구해야 한다는 것이다. 셋째, 현대 사회과학의 이론적 자산을 한층 적극적으로 활용해야 한다는 것 이었다.

국내에 내재적 접근법은 재독학자인 송두율(1995, 208)에 의해서 처음으로 소개되었다. 그는 사회주의 사회의 내재적 접근은 "사회주의 이념과 현실을 내재적으로 '안'으로부터 분석 비판하여, 사회주의 사회가 자본주의 사회와는 다른 이념과 정책의 바탕 위에 있다는 것을 인정하고, 이 사회주의가 이룩한 '성과'를 이 사회가 설정한 이러한 이념에 비추어 검토·비판해야 한다는 입 장"이라고 규정하고 있다.

강정인(1995, 323~325)은 내재적 접근론자들이 내재적 접근법과 외재적 접근법을 편협하게 해석함으로써 양 접근법이 사실상 좌우 이데올로기의 대 립으로 치환되는 경향을 가진다고 비판하면서, 외재적 접근법의 필요성을 강 조했다. 첫째, 어떠한 접근법이든 현실을 총망라하며 해석·설명할 수 없는 것이기 때문에, 외재적 접근법은 그 사회를 이해하는 데 여전히 유효한 접근 법이 될 수 있다. 둘째, 내재적 접근론자들의 주장과는 달리 시민적 민주주의 나 자본주의의 가치와 기준을 절대화하지 않는 한, 이러한 척도에 근거하여 사회주의 사회의 현실을 설명하는 것은 무방하다. 셋째, 수렴이론이나 전체

주의 이론 외에도 외재적 접근법이 존재할 수 있음을 간과하고 있다.[7]

이종석(1995, 18~19)은 스스로의 방법론을 '내재적 비판적 접근법'으로 소개하고 '비판적'의 의미를 강조하면서 송두율의 내재적 접근법과 차별화하려한다. 내재적 비판적 접근은 사회 혹은 이론에 대한 내재적 이해가 충분히 전제된다면 그것에 대한 평가나 검토는 내재적 정합성만이 아니라 바깥의 다른 기준에 의한 평가도 가능하다는 입장이다. 그는 송두율이 북한체제의 긍정적 측면을 탐색하는 경향이 있기 때문에, 자신의 논의와의 차별성을 강조할 필요가 있다고 주장한다. 가치판단과 분석을 분리하려는 이와 같은 인식론적 입장은 독일(서독)의 내재적 접근법과 동일하다. 하지만 내재적과 비판적의 개념 정의에서는 독일의 내재적 접근법과는 차이를 보인다. 첫째, 독일의 내재적 접근법은 "분석의 기초가 되는 문제 제기, 개념, 범주들은 동독 공산당 지도부의 자기 이해, 그리고 당의 표어 및 강령, 국가 및 경제 관료의 상투어와 결코 동일할 수는 없다."는 점에서 출발하는 반면 이종석은 연구대상이 되는 사회나 집단의 내재적 작동 원리를 이념과 동일시한다. 또한 서독의 내재적 비판적 접근법에서 '비판적'이란 연구 대상을 분석할 때 대상과 거리를 유지해야 한다는 것, 자신이 대상의 분석을 위해 사용하는 개념과 이론의 적합성을 대상의 현실에 비추어 끊임없이 반성해야 한다는 것이다. 하지만 이종석의 비판적 의미는 북한 측이 이데올로기적 자화상으로 제시하는 북한 측의 개념 설정을 자신의 분석 개념으로 그대로 수용하며, 북측의 서술에는 역사적 사실이나 구조적 요인 중에 왜곡하거나 누락시킨 것도 없고, 분석적으로도 더 보탤 것이 없는 것으로 판단하고 있다(박형중 2004a, 26).

현재 내재적 비판적 접근법은 국내 북한연구의 주요 방법론으로 자리매김하고 있다. 내재적 비판적 접근법은 남북한 체제경쟁에서 남한체제의 우월성을 선전하는 도구로 사용되기 일쑤였던 북한연구에 새로운 전기를 마련해주었다. 비록 북한 공식문헌에 의존한 것이기는 했지만, 적어도 북한체제 스스로 설명하고 있는 지도이념, 권력체계, 경제체제, 발전전략 등에 대한 이해를 가능케 하였다. 또한 방법론적 논쟁은 전체주의적 접근법이 새롭게 해석되고 보다 객관적인 분석 도구로 이용될 수 있게 되는 계기를 마련해 주었다. 그러나 국내 북한연구의 내재적 비판적 접근법은 몇 가지 문제점을 안고 있다. 첫째, 내재적 비판적 접근법은 전체주의적 접근법의 정태적인 분석을 비판하면서 등장했지만, 그 역시 북한체제의 역동성을 설명하지는 못했다. 북한체제의 변화를 북한 측의 설명대로 인식하고 있을 뿐이다. 둘째, 북한체제의 자기인식과 북한 측의 공식문헌에 의존함으로써 북한체제가 가지고 있는 근본적인 한계와 문제점에 대해서는 다소 소홀했다. 셋째, 내재적 접근법은 전체주의적 접근법을 강조하지만, 강조하는 지도이념, 권력체계 등은 사실상 전체주의적 접근법과 크게 다르지 않다. 마지막으로 루츠는 내재적 접근법이 "현대 사회과학의 이론적 자산을 한층 적극적으로 활용해야 한다."고 했지만, 국내 내재적 접근법은 이론의 수용에 상대적으로 소홀했다. 북한체제의 특수성을 강조하면서 동시에 북한연구의 특수성 역시 강조되고 있기 때문에, 이론을 북한사회에 적용하는 일에 지나치게 신중한 모습을 보이고 있다. 그러나 북한연구의 독립성은 북한체제와 북한연구의 특수성이 인정된다고 해서 보장받을 수 있는 일이 아니다. 북한체제가 특수한 사회라면, 이론적 차원에서 논의는 더욱 더 중요한 의미를 가진다. 이론의 창조적 변용은 북한체제에 대한 과학적 설명에만 기여하는 것이 아니라 이론의 발전에도 기여할 수 있기 때문이다.

　이 책은 현존 사회주의를 새로운 생산양식으로 설명하는 1970년대 독일(서독)의 네오마르크스주의에서 논의를 기초로 내재적－비판적 접근법을 통해서 북한체제를 조명한다. 그 내용은 슐째(Schultze 1973), 다무스(Damus 1973, 1978), 바로(Bharo 1978)의 논의를 접목하여 재구성했다. 현존 사회주의의 이론과 현실의 괴리라는 문제에서부터 사회 내부에 존재하는 모순, 그리고 현실에서 발생하는 모순의 변증법적 종합을 새로운 사회적 종합(*gesellschaftliche Synthesis*, social synthesis)이라는 개념을 기초로 논의를 진행한다.

2. 연구자료

이 연구는 북한체제의 원형(stereotype)이 형성되는 1950~60년대에 대한 분석을 시도한다. 국내 연구에서는 다른 연구자들이 발견한 사실들을 재추적하고 그것을 언급·비판하는 것을 금기시하고 있지만 이는 바람직한 연구행태라고 하기 힘들다. 특히 분석 대상인 북한과 같이 폐쇄적인 사회였을 때 연구자료의 부족은 불가피하다. 이때 연구자들의 연계를 통해서 자료를 공유하고, 최대한 많은 자료들을 확보하는 일도 중요한 문제이다. 이 연구는 서동만, 이종석, 박형중, 김연철, 이영훈, 이태섭, 이정철, 김근식 등 기존연구의 궤적을 쫓아 연구를 진행했기 때문에 연구자료를 찾는 시간을 절감하고 새로운 해석을 시도할 수 있었다. 주요 연구자료는『김일성 저작집』,『김정일 선집』, 그리고『근로자』와『경제연구』등의 북한의 정기 간행물들과 통계자료들은『조선중앙년감』,『조선민주주의 인민공화국 인민경제발전 통계집(1946~60)』, 그리고 통일원이 1996년 발행한『북한경제통계집』등을 주로 참고했다. 역사적 사실에 대한 서술은『조선전사』를, 북한이 공식적으로 사용하는 개념에 대한 정의는『경제사전』,『철학사전』등을 주로 참조했다.

그러나 분석 대상의 폐쇄성으로 인해서 북한의 공간문헌을 주요 연구자료로 사용하지 않을 수 없지만, 그 한계를 지적하지 않을 수 없다. 북한사회에 대한 자체적인 분석은 지배이데올로기와 권력의 언어로 윤색(潤色)된 분석이기에 논리적 근거로 사용하는 데 일정한 한계가 있다. 특히 통계조작의 문제는 그 심각성에도 불구하고, 얼마나 조작하고 있는지 쉽게 가늠하기조차 힘들다. 사실 통계조작은 초험적(*transzendent*) 분석의 대표적인 현상이다.[8]

호프만(Hofmann 1969, 88)은 스탈린주의가 사유의 당파성(*Parteilchkeit*)과 객관성(*Objectivität*)을 분리하고 있다고 비판한 바 있다. 이는 스탈린주의적 사유가 내재적−비판적 접근에 실패했음을 비판하고, '초험적(*transzendent*)' 분석을 경계하고 있는 것이다. 스탈린주의에 대한 분석에서 스탈린은 다양하고 근본적인 검증을 통한 객관적인 분석의 시도를 '객관주의(*Objectivismus*)'로 낙인찍었다. 일단 "누가 적인가?" 하는 것이 결정되면, 반대자의 위치에서 생각해보는 것만으로도 이미 의심스러운 객관주의 혹은 심지어 숨겨진 묵계로 인정되었다. 그래서 반대자의 이해에 대한 '내재적(*immanent*)' 비판 대신에 다른 사람의 암묵적인 의도에서 시작되어 비판가 스스로의 목적을 드러내는 경솔한 '초험적' 비판이 들어서게 된다.

북한의 『철학사전』(1971, 83)은 객관주의를 "사물과 현상들을 계급적 립장에서 서서 분석평가하는 것을 반대하고 있는 그대로 보아야 한다고 하면서 실제에 있어서는 그것을 자본가 계급의 리익에 맞게 왜곡되게 분석 평가하는 립장과 태도"라고 규정하고 있다. 북한에서는 계급성을 탈피한 객관성은 인정되지 않는다. 여기서 계급성은 노동계급의 입장으로 정의되지만, 실제로는 '당의 입장'이다. 북한사회 역시 스탈린주의와 마찬가지로 당파성과 객관성이 구분되는 것이다. 비계급적인 객관적 분석은 적(자본가 계급 혹은 제국주의)을 이롭게 하는 행위로 간주되고, 객관주의로 낙인찍히게 된다. 객관주의는 대신에 그 자리에 권력의 의도가 숨겨져 있는 초험적 분석이 들어서게 된다.

북한체제에서는 아마도 정확한 통계조사와 발표 그리고 객관적 분석은 계급성이 결여된 '객관주의'로 취급받게 될 것이다. 정확한 통계조사 자체가 '적'을 이롭게 하는 행위가 될 수 있기 때문이다.[9] 따라서 그 자리를 권력의 의도가 숨겨져 있는, 소위 '당파성'을 가진 초험적 분석(대표적으로 통계조작)이 차지하게 된다. 이와 같은 문제가 있음에도 불구하고 북한연구는 연구 대상의 폐쇄성 때문에 북한의 초험적 분석을 사용할 수밖에 없다. 그래서 '비판적 해석'이 무엇보다 중요하다. 물론 비판적 해석에도 분명한 한계가 존재한다. 그러나 객관적 연구를 포기할 수는 없다. 이론의 힘을 빌려 보다 객관적인 연구를 시도해야 한다. 이 책 역시 북한체제가 가진 초험적 분석의 한계로부터 자유롭지 않지만, 네오마르크스주의 이론을 기초로 하는 비판적 해석을 통해서 자료에 숨겨진 권력의 의도를 찾아내기 위해서 노력하고자 한다.

제4절 분석틀: 계획과 사회적 종합

현존 사회주의의 '계획'에는 생산양식(혹은 사회구성체)의 주요한 특성이 반영된다. 계획은 이론적 맥락에서 가치법칙의 작동을 대신하며, 생산과 노동 과정의 직접적인 사회화를 실현하기 위한 수단이다. 또한 계획은 자본에 의한 지배를 대체하고 노동에 의한 자율적인 지배를 상징했다. 물론 이는 계획이 실현될 수 있는 조건, 즉 프롤레타리아 독재가 성취되었기 때문에 가능한 것으로 인식되었다. 계획은 그 자체로서 자본주의적 모순의 극복과 사회주의의 실현을 상징했다. 그러나 현실적으로 계획은 사회주의 유토피아 실현의 도구가 아니라 지배의 도구였다(Damus 1973; 1978). 그래서 계획에는 정치적 특성이 배태(embedded)되게 된다. 계획의 수립과 집행에 이르는 과정은 권력투쟁과 권력관계에 의해서 결정되기에 계획을 통한 경제잉여의 수취와 배분에 이르는 과정에는 정치적 관계가 반영되어 있다. 또 생산, 유통, 분배에 이르는 경제 메커니즘 역시 계획을 통해서 작동한다. 그리고 경제잉여의 수취와 배분 역시 계획을 중심으로 이루어진다. 생산수단의 국유화가 이루어졌기 때문에 경제잉여의 수취와 배분은 당에 의해서 결정된다. 그 결과 생산수단의 사적 소유가 폐지된 상황에서 당의 권력에 기초한 특권계급이 형성된다.

이 책은 북한 지배체제의 형성 과정을 지배체제의 태동기(1953~56), 형성기(1956~1959), 완성기(1960~1969) 등 세 시기로 나누어 설명한다. 이 시기는 북한 지배체제의 원형이 형성되는 시기로서 각각의 모순들이 역동적으로 변화하는 시기이다. 이러한 역동적 변화는 계획에 반영됨으로써 계획의 성격을 변화시킨다. 이 연구는 다무스(Damus 1973, 1978)의 계획과 사회적 종합의 개념을 밑그림으로 하여, 토대(경제)에 배태된 정치적 관계를 분석하는 엘젠한스(Elsenhans 1996) 연구의 발상, 슐쩨(과도기 사회의 모순), 칼레츠키(현존 사회주의의 경제성장모델), 바로(관료와 노동의 계급 관계)의

내용적 구성을 수용·접목하여 재구성한 것이다.[10]

1. 계획과 '사회적 종합'

『정신노동과 육체노동(*Geistige und körperliche Arbeit*)』에서 존-레텔(Sohn
-Rethel 1973)은 사회구성체의 변화에 따른 '사회적 종합'을 다음과 같이 정의
한다.

> "사회구성체(*Gesellschaftsformation*)가 발전하고 변화하듯이, 노동분업
> 에 따른 인간관계의 다양성은 서로 간에 생명력을 가진 하나의 전체에
> 결합되어 있는 종합(*Synthesis*)에 따라 역시 발전하고 변화한다. 모든 사
> 회는 개인들의 존재가 관계를 맺고 있으며, 이러한 관계는 행위로 구성된
> 다. 인간의 행위는 사회의 한 부분을 구성하기 위해서 상호 간에 관련되
> 어 있어야만 한다. 그리고 사회가 하나로 작동하는 존재로 표현되기 위
> 해서는 적어도 최소한의 통일성을 증명해야 한다. 이와 같은 상호 행위
> 의 근간은 의식적일 수도 있고 그렇지 않을 수도 있지만, 그것이 없다면
> 사회는 작동하지 않으며 인간의 상호의존성은 무너지고 만다. 이는 모든
> 사회구성체의 존재조건이며, 바로 이것이 사회적 종합이다(Sohn-Rethel
> 1973, 19~20)."

다무스(Damus 1978)는 기본적으로 존-레텔의 '사회적 종합'의 개념을 수용
하지만, 테일러주의를 통해서 사적 노동자들이 '기능적 집단노동(*funktionellen
Gesamtarbeit*)'[11]으로 용해됨으로써, 노동은 '직접적으로' 사회적 성격을 가진
다는 주장을 비판한다(Damus 1978, 169~170). 또한 그녀는 현존 사회주의에
대한 브록마이어(Brokmeier 1974)의 성격 규정, 즉 전유의 사회(*Aneigungs-
gesellschaft*)에서 생산의 사회(*Produktionsgesellschaft*)로의 이행기 국면이라
는 인식을 비판한다. 현존 사회주의에서 테일러주의의 수용과 생산력주의,
생산수단의 국유화, 중앙집권주의 등의 모습 등은 사회주의나 생산의 사회로

는 설명이 되지 않는다는 것이다(Damus 1978, 170~185). 사회적 종합의 수단을 감안할 때, 현존 사회주의는 자본주의나 사회주의 과도기 사회 혹은 사회주의로도 볼 수 없기 때문에, 존-레텔의 '사회적 종합'의 개념은 일정 정도 수정이 불가피하다.[12] 다무스(Damus 1978, 196~197)는 개인이 약화되고 제한되기에 자본주의로 볼 수 없으며, 사회적 종합이 개인의 사회화 과정을 보여주지 않기 때문에 사회주의라고 볼 수도 없다고 주장한다. 또한 직접적 지배의 실현과 부르주아적 교류형태(Verkehrsform)의 결합이라는 모순적 결과를 가지고 있기 때문에 과도기 사회로도 볼 수 없다고 설명한다. 결국 다무스는 현존 사회주의를 독특한 특성을 가진 사회구성체로 규정한다.

생산양식에 따른 사회적 종합의 핵심적 특성을 설명하면 다음과 같다. 첫째, 봉건제 사회에서 사회적 종합의 기제는 개인의 종속적 관계이다. 신분질서에 따른 위계구조에 따라서 종속적 관계가 성립됨으로써, 이는 생산 과정에도 직접적인 지배관계가 성립된다. 이로써 사회적 종합이 이루어진다. 둘째, 자본주의 사회에서 사회적 종합은 '상품의 교환'을 통해서 이루어진다. 상품의 교환은 봉건제 사회와는 달리 간접적 지배관계를 성립시킨다. 셋째, 사회주의는 노동자의 직접적 사회화가 성취되며, 지배가 존재하지 않는 생산의 사회이다. 넷째, 현존 사회주의는 중앙집권적인 직접 명령(Verfügung)에 의해서 종합이 이루어진다. 여기서 명령의 주체는 권력기구(당과 국가)이며, 그 성격은 정치적이다. 당의 정치적 명령은 개인(사회)을 직접 관리하고 '직접적' 지배관계를 형성한다.

현존 사회주의의 직접적 지배는 상품교환을 통한 자본주의의 간접적 지배관계의 형성과는 대비된다. 그렇다고 생산의 사회가 구현된 것도 아니다. 현존 사회주의의 사회화가 생산의 직접적인 사회화로 인식될 수도 있다. 하지만 현존 사회주의에서 생산의 사회화는 아래로부터가 아니라 위로부터의 '지도(명령)'에 의해서 관철되고 있다(Damus 1978, 194~196).

그림 1-4-1. 생산양식과 사회적 종합의 변화

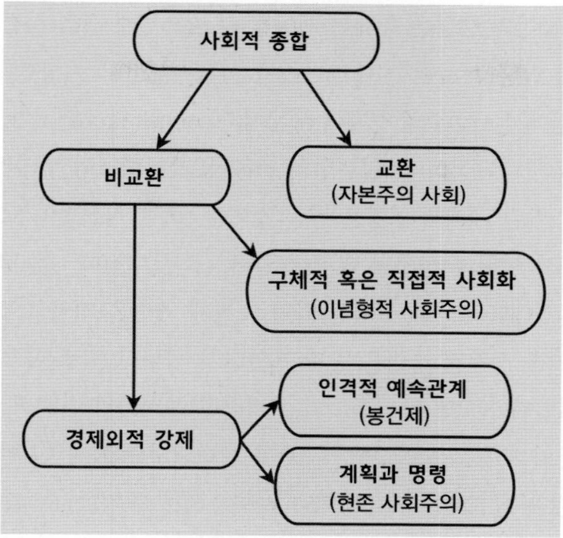

출처: Van der Linden(2007, 227).

다무스는 현존 사회주의의 사회적 종합과 다른 생산양식과의 차이점을 '사회화의 방식'을 통해서 설명한다. 존-레텔(Sohn-Rethel 1973, 123~124)은 전유의 형식에 대한 구분을 통해서, 사회화와 지배관계를 구별한다. 전유의 형식은 일방적(*einseitig*) 형태와 상호적(*wechelseitig*)인 형태가 있다. 잉여생산물의 일방주의적 전유형식은 '직접적인 생산관계 혹은 노예관계'의 형태를 발생시키게 된다. 반면 상이한 상품생산에 대한 '상호적 전유 혹은 교환'이 이루어지는 사회는 자본주의 사회이다. 전자는 봉건제 사회에서 개인적인 종속관계에 근간한 '직접적 사회화'로, 후자는 교환을 통한 '간접적인 전유 그리고 교환'을 통해서 간접적인 생산관계 및 사회화가 성취된다. 그런데 현존 사회주의는 전자본주의적인 직접적 사회화나, 자본주의적 간접적 사회화가 아니다. 계획은 가시적이고 실질적인 자유로운 힘이 작동하는 것을 단절시킨다. 중앙의 직접적인 명령은 인격적 예속관계에 기초해 있지 않기 때문에 간접적인 메커니즘의 관철을 필요로 하게 된다. 이를 위해서 현존 사회주의의 정치권력은 중앙의 명령을 통해서 제어될 수 있으면서 그리고 결정적이지 않은 수준에서 간접적 사회화 메커니즘이 이루어진다고 주장한다. 스탈린의 1951년 『소련에서 사회주의 경제의 제문제(Economic Problems of Socialism in USSR)』란 글이 대표적이다. 김일성의 1969년 '가치법칙의 형태적 작용' 테제도 사실상 스탈린 테제의 영향을 받은 것이다. 또한 직접적인 사회화는 개인적 예속관계가 아니라 정치적 명령에 의해서 이루어진다. 정치적 명령은 간접적인 교류형태(Verkehrsform)만 아니라 전체 개인을 직접적으로 관리하고 지배한다. 또한 정치적 명령은 단지 개인만이 아니라 전체사회의 자원을 통제하고 관리한다. 곧 현존 사회주의는 직접적 사회화와 간접적 사회화 메커니즘이 모두의 도움을 받게 되는 새로운 형식의 사회화가 이루어지게 된다. 그래서 현존 사회주의는 자본주의나 사회주의로 규정할 수 없다.

현존 사회주의의 사회화 과정에서 복합적 성격은 사회적 종합의 핵심적인 수단인 계획을 통해서 확인된다. 사실 '계획'이 사회적 종합의 수단이 될 수 있는 구체적인 이유는 계획에 내재하는 대립적이고 모순적인 요소들 때문이다. 계획은 (1) 형식 합리성과 실질 합리성 (2) 계획과 가격 (3) 가치와 가격 (4) 계획의 역설 (5) 추상적 사회화와 구체적 사회화 등 상호 대립적 요소들이 내재해 있다(Damus 1978, 129~164). 이러한 모순적 요소들은 사회적 종합의 수단으로서 계획이 가지고 있는 복합적 성격을 말해주는 동시에 모순적 요소들 간의 상호작용으로 인한 변화는 사회적 종합의 수단으로서 계획의 동태적 변화를 통해 과도기 사회의 변화를 설명하도록 도와준다. 스탈린주의에서 탈스탈린화, 부분 개혁, 개혁과 개방, 체제전환 등 역사적 변화에 따라 현존 사회주의의 사회적 종합의 수단인 계획의 성격 역시 변화하게 된다.[13] 스탈린주의부터 개혁과 개방에 이르는 과정은 사회적 종합의 수단으로서 계획의 중앙집권적 성격이 약화되고 대신에 형식합리성과 추상적 사회화가 강화되어 가는 과정으로 이해할 수 있다. 그리고 체제전환은 계획이 사회적 종합의 수단으로 역할을 하는 것의 한계에 직면했음을 의미한다. 물론 이러한 역사적 변화는 개별 국가의 조건에 따라 상이하게 나타나며, 북한의 경우는 다른 현존 사회주의 국가들과 다르게 1950~60년대 지배체제의 형성 과정에서 나타난 사회적 종합의 성격이 큰 변화 없이 오랫동안 유지되어 왔다. 또한 현존 사회주의에서 계획을 통한 사회적 종합은 이러한 사회가 자본주의나 사회주의와는 구별되는 독특한 생산양식이라는 점을 다시 한 번 확인시켜 준다 (Damus 1978, 196~197).

사회적 종합은 사회 내부에 존재하는 대립적인 요소들 간의 긴장과 모순 그리고 변증법적 통일이다. 현존 사회주의의 사회적 종합은 '계획'과 '명령'을 통해서 이루어진다. 설령 계획의 중앙집권적 성격이 강화되더라도, 계획 내부의 모순과 긴장은 사라지지 않는다. 이는 현존 사회주의에 내재한 강압성, 폭력성, 비민주성에 대한 논의 없이도 계획을 통한 사회적 종합의 특성을 이해하는 데 도움을 준다. 하지만 다무스의 논의는 두 가지 문제를 가지고 있다. 첫째, 현존 사회주의 사회에서 과연 가치법칙이 작동하는가에 대한 부분은 매우 논쟁적인 주제이다. 설령 가치법칙이 작동한다고 보더라도, 그것이 자본주의와 같은 것이라고 보기는 힘들다. 현존 사회주의에서 가치법칙의 논쟁은 이 책의 2장에서는 논의하게 될 것이다. 둘째, 사회적 종합의 개념이 현실을 설명하기에는 추상 수준이 지나치게 높다. 이렇게 되면 현상을 기술하는 것은 가능하지만 현실에 대한 동태적 분석이 어려워지게 된다. 따라서 이 연구는 이러한 문제를 극복하기 위해서 앞서 논의한 계획을 통한 현존 사회주의 사회의 구조적 모순에 대한 분석과 사회적 종합의 개념을 계획을 중심으로 결합시킨다. 다무스가 제시한 계획의 내용적 구성이 현존 사회주의 사회의 구조적 모순들 간의 역동적 변화로 인해서 어떠한 변화를 겪게 되는지를 살펴보기 위해서이다.

현존 사회주의 사회의 계획에는 사회 내부의 구조적 모순들이 반영된다. 현존 사회주의 사회의 구조적 모순들은 서로 분리된 것이 아니라 상호작용한다. 북한 역시 현존 사회주의 국가의 하나로서 체제의 구조적 모순들—즉 정치우위 사회, 경제위기와 경제성장의 지체, 계급모순—이 계획에 반영된다. 이러한 북한사회 내부의 구조적 모순들은 서로 상호작용하며 이 역시 사회적 종합의 수단인 계획에 투영된다. 이는 다시 사회적 종합(*gesellschaftliche Synthesis*)의 수단으로 계획의 성격을 변화시키게 된다. 계획의 성격 변화는 계획의 내용적 구성의 변화를 통해서 확인할 수 있다.

그림 1-4-2. 모순의 순환

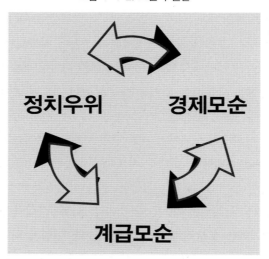

정치우위　　경제모순

계급모순

2. 계획과 정치의 우위

현존 사회주의 사회에서는 계획의 존재 그 자체가 경제에 대한 정치의 우위(primacy)를 상징한다. 계획의 수립부터 집행에 이르는 과정이 당의 명령에 의해서 결정되기 때문이다. 현존 사회주의 사회에서 정치의 우위는 당의 지배로 구체화된다. 계획경제 메커니즘에는 당내 권력투쟁과 권력관계가 반영되어 있으며, 이는 세 가지 차원에서 검증 가능하다. 첫째, 북한 사회에서 잉여생산물은 곧 권력자원이기에, 잉여생산물의 종류와 성격에 권력관계가 반영된다. 둘째, 계획의 편성과 실행 그리고 성과에 대한 평가에서 나타나는 계획 자체에 정치적 특성이 배태되어 있다. 셋째, 권력은 경제잉여의 수취의 권한을 가지며, 계획을 통해서 배분한다. 잉여생산물의 배분과 사용은 권력 투쟁과 권력관계에 따라 결정된다.

1) 잉여생산물의 종류와 권력관계

북한체제 역시 잉여생산물의 종류는 다른 현존 사회주의 국가들과 마찬가지로 세금, 이윤, 차액지대로 구분할 수 있다. 그러나 북한사회 역시 이러한 경제가 실재함에도 불구하고, 이와 같은 경제잉여를 누가 수취하고, 어디에, 어떻게 사용되고 있는지를 추적하기 어렵다. 따라서 이 연구는 세금의 형태 가운데 국가예산수입의 원천으로 사용되는 경제잉여에 주목하고자 한다.[14] 1950~60년대 북한체제에서 국가예산수입의 주요한 원천이 되는 경제원조, 거래수입금(거래세), 국가기업이익금, 농업 현물세와 예산수입 이외에 이윤과 기업소 순소득, 농업잉여, 저금 등은 모두 잉여생산물의 일부로서 그 수취와 배분에 대한 권한이 당과 국가에 있다. 이러한 잉여생산물 자체에는 권력관계가 배태되어 있다.

(1) 경제원조와 국제관계

경제원조에는 국제 정치경제적 조건 그리고 원조 공여국과 수혜국의 관계가 반영된다. 북한의 경우에는 해방 이후 국내 정치세력들이 주요한 원조 공여국들로부터 영향을 받고 있었기 때문에, 경제원조의 배분과 사용 과정에서 국제정치와 국내정치가 상호교차하며 영향을 미치게 된다. 소련군정기(1945

년 8월~1948년 9월)에 북한은 소련으로부터 식료품 1만 6,500톤, 쌀 1,500톤, 정류 5,000톤, 윤활유 400톤을 제공받았다. 1946년 5월부터 10월 사이에는 약 2만 5천 톤의 양곡을 지원받았다. 소련군은 공장, 기업, 철도산업, 광산 및 탄광을 복구하는 데 기여하였다. 1949년 북한은 소련과 '경제·문화 협력 협정'을 체결했으며, 이와 동시에 북한과 소련은 교역 및 지불, 2억 1,200만 루블의 장기 신용제공, 그리고 기술원조 제공에 관한 협정을 체결하였다(성원용 2001, 242~244). 소련의 대북 경제원조의 목적은 한편으로 미국과의 체제경쟁의 일환이었으며, 다른 한편에서 소비에트 모델을 신생 독립국인 북한에 이식하려는 것이었다(Lankov 1995, 63; Amstrong 2006, 219~221). 그러나 한국전쟁을 기점으로 원조의 성격이 달라졌다. 이는 스탈린 사망 이후 소련 국내의 권력투쟁으로 인한 노선 변화가 원조에도 반영되었기 때문이다. 전후 소련의 도움으로 신설된 공장은 소비재 공장이었다(Szalontai 2005, 49). 소련은 원조를 통해서 '탈스탈린화(destalinization)'를 북한에도 전파하려 하였다.

(2) 거래수입금(거래세)과 노선투쟁

거래수입금은 "생산물 가격에 일정한 비율로 고정되어 있으며 생산물이 실현됨에 따라 국가예산에 바치게 되는 사회순소득"이다(『경제사전 1』 1970, 35). '가격차금'과 '거래세'로 존재하다, 1957년 "제품의 도매가격 및 료금의 개정실시"로 거래세로 통합되었다가, 1960년부터 거래수입금으로 불리게 된다(안광즙 1964, 160~165). 1957년 생산수단에 대한 거래수입금이 전면 폐지된다(안광즙 1964, 163). 거래수입금이 소비재에 부과된 것은 1956년 '8월 전원회의' 사건 이후 노선투쟁의 결과이다. 이 시기는 전후복구가 완료되고 본격적으로 중공업 부문에 대한 투자가 확대되는 시기이다. 거래수입금은 1959년 이후 증가하여 국가예산수입의 50% 이상을 차지하게 된다(안광즙 1964, 161).

소련에서도 거래세(turn-over tax)는 매우 중요한 국가의 수입원이었다. 소련에서 거래세는 크게 네 가지 부문에 부과되었다(Raiklin 1988, 3~10). 첫째, 판매세(sales tax) 혹은 유통세(exercise tax)이다. 소련에서도 소매가격에 부과되어 소비재의 판매를 제한하는 역할을 담당했다. 둘째, 석유와 같은 광물자원과 전기에도 부과되었다. 이들 생산물은 이른바 '차액지대 (differential rent)'가 발생하는 분야이다. 거래세는 차액지대가 발생하는 이러한 분야의 생산물의 소매가격에 부과되었다. 셋째, 농업잉여가 공업으로 이전될 때 거래세가 부과되었다. 노브(Nove)는 국가가 낮은 가격으로 수매하는 농산물에 거래세가 부과되었다고 설명한 바 있다. 넷째, 소련의 경제학자들은 거래세가 공업과 농업의 잉여생산물에 부과되었다고 주장했다. 실제로 소련의 경우에 산업도매가격에는 거래세가 일반적으로 부과되지 않았다. 다만 석유, 가스, 전기 그리고 트랙터, 트럭, 콤바인과 같은 농업기구는 예외였다.

북한에서 거래수입금은 궁극적으로 중공업 부문에 경제잉여가 투자될 수 있게 하는 기능을 수행한다. 그 방식은 소비재 산업과 농업의 잉여를 거래세를 통해서 추출하는 소련의 방식과 유사하다. 첫째, 국가가 거래수입금을 중공업 부문에 대한 투자에 우선 사용함으로써 경공업의 잉여가 이전된다(안광즙 1964, 157). 둘째, 거래수입금은 소비재의 도매가격과 소매가격에 부과되어 일정 정도 소비를 억제시키는 기능을 수행했고 결과적으로 중공업의 투자를 견인하는 역할을 하게 된다(이영훈 2000, 209). 셋째, 농업부문에 사용되는 소비재에 거래수입금이 부과되어 소비재 산업을 거쳐 중공업부문으로 잉여가 이전되도록 한다(이태섭 2001, 29). 넷째, 농업용 생산수단에 1960년대 이전까지 산업도매가격(기업소 도매가격 + 거래수입금)이 적용되어 농업 생산수단에 거래세가 부과되었다. 즉, 거래수입금은 경공업과 농업의 경제잉여를 추출하여 중공업으로 이전시키는 기능을 수행했다.

(3) 이윤 및 국가기업이익금: 생산수단의 국유화와 국가-기업 관계

이윤은 국영기업소의 순소득으로 해당 기업소 및 산업부문의 생산확대에 사용된다(안광즙 1964, 168). 이윤은 가격과 품종이 동일하다면 '생산성 증가, 원가 저하, 제품의 질 제고' 등의 영향을 받는다. 이윤의 폭은 도매가격, 소매 가격, 운임 등의 '계획원가'를 계산함에 있어서 독립채산제 등에 필요한 수익 성을 보장하기 위해서 일정한 비율을 국가가 결정하게 된다. 이윤의 일부는 국가기업이익금의 형태로 국가예산에 납부되고, 나머지가 기업소 및 산업부 문에 사용된다.

이윤은 계획원가에 일정한 비율로 부가된다. 따라서 생산성과 생산비용에 직접적인 영향을 받게 된다. 계획경제에서 생산성과 생산비용은 결국 당과 국가의 계획과 자원 및 노동의 배분에 의해서 결정된다. 따라서 이윤은 정치 적으로 결정될 수밖에 없다. 그리고 이윤의 일부가 국가기업이익금의 형태로 국가예산으로 충당된다. 국가기업이익금은 이윤 증가와 이윤의 자체 충당 비 율 등에 영향을 받게 된다. 전체 이윤 가운데 국가예산에 납부하는 부분은 60%를 상회할 정도로 큰 부분을 차지한다(안광즙 1964, 169). 국가기업이익 금은 기업소가 스스로 일정 수준 이상 자금을 운영하지 못하도록 하면서 이 윤의 상당 부분을 국가가 분배하는 권한을 갖는다. 국가기업이익금은 국가에 대한 기업소에 대한 조정과 관리 수단이다. 이를 통해서 북한의 계획경제에 서 국가에 의한 자원배분의 권한과 수준을 알 수 있다.

국가기업이익금은 이윤 가운데 기업소와 산업부문에 자체적 생산의 확대 에 사용되고 남은 부분을 국가예산으로 수취한 것이다. 국가기업이익금은 생 산수단의 국유화가 이루어진 상태에서 국가와 기업 간의 관계를 상징적으로 보여준다. 1959년 '이익공제금납부제도의 개편'으로 국가기업이익금의 납부 비율 조정과 1961년 내각결정 17호 「국영기업소, 기관의 독립채산제, 재정 계획 및 국가예산과의 호상관계에 관한 규정」 제34조를 통해서 기업소의 자체 충당이 강조된다. 국가예산에서 국가기업이익금이 차지하는 비중은 1956년 23%에서 59년 14.1%, 60년 14%로 감소한다. 국영부문 이윤의 자체 충당 비율은 1954년 중공업성 23%, 경공업성 15%에서 1960년 인민경제 전체적으로 37%로 증가한다(안광즙 1964, 164~168).

그러나 재정계획에서 국가기업이익금의 비중 감소가 독립채산제 때문이었는가 하는 부분에 대해서는 이와 같은 북한의 공식 논의를 그대로 수용하기 힘든 측면이 있다. 1957년과 1962년 도매가격의 조정으로 수익률이 3~5%로 변경된 상황에서 국가기업이익금의 감소가 기업소 자체의 충당 비율 때문이라는 주장은 모순되기 때문이다.[15] 오히려 기업소의 수익률이 감소했다고 보는 것이 타당하다. 물론 여기서도 도매가격의 조정이 무엇인가에 따라 원인은 달라진다. 도매가격에서 거래수입금이 차지하는 비중은 증가한 반면 이윤이 차지하는 비중이 감소했다. 이는 중공업 우위의 축적을 위한 것이다. 이윤의 폭이 감소된 이유는 거래세 폐지와 더불어 생산수단의 생산과 거래에 유리하게 하기 위해서이다. 이는 첫째, 1956년 이후 소련원조가 급감하기 시작하는 상황에서 중공업 우위의 축적전략을 지속시키기 위한 방안으로 판단할 수 있다. 물론 8월 종파사건 이후 김일성계의 권력장악과 직접적으로 관련된다. 둘째, 1961년 대안의 사업체계의 등장 이후 생산 과정은 물론 자재 공급과 후방공급까지 당의 지배가 이루어짐으로써 기업유보이윤을 상대적으로 높일 수 있었던 것이다.

(4) 농업잉여: 산업화 과정에서 농업과 공업의 관계

현존 사회주의의 산업화 과정에서 농업잉여의 추출과 사용을 어떻게 평가할 것인가 하는 문제는 매우 논쟁적인 주제이다. 농업잉여가 실제로 산업화에 과연 얼마나 기여했는가 하는 부분에 대한 문제이다. 곧 이는 농업과 공업 간의 '부등가 교환'을 인정할 것인가에 대한 논쟁이다. 엘만(Ellman 1975)과 밀러

(Millar 1974)는 농업에서 공업으로 농업잉여의 이전에 대한 가정이 실제로 검증되지 않는다고 주장했다. 그러나 두 논의는 의견이 일치하지 않는다. 밀러는 공업에 대한 농업의 기여를 전반적으로 인정하지 않는 반면 엘만은 노동력의 이동으로 그리고 매매되는 임금재 산출의 증가를 자극함으로써 산업화에 기여했다는 점은 인정한다. 이에 노브(Nove [1968]1998, 209~211)는 농민만이 아니라 노동자들의 희생이 있었다고 주장한다. 하지만 노브는 엘만과 밀러의 글이 인용하고 있는 바소프(Barsov)의 논의가 오도되고 있으며, 농업과 농민에 대한 피해는 부인할 수 없다고 밝히고 있다. 그는 밀러와의 논쟁을 위한 또 다른 글(1971)에서 밀러의 의견에 대한 반대 의사를 분명히 하고 있다.

북한경제에서 농업잉여는 1950~60년대 산업화를 위한 중요한 자원이었다. 농업잉여의 추출은 '농업현물세'와 '협상가격차'를 통해서 이루어진다. 농업현물세는 25%였으나 전후 평균 20.1%로 감소되었고 다시 농업집단화가 완결되는 1959년 8.4%로 감소하였다(김일성 1964, 72). 가장 주요한 농업잉여의 추출방법은 협상가격차였다. 1957년 곡물을 국가가 수매하는 방식으로 전화하면서 국가에 의한 독점적 가격 설정이 가능해졌고 곡물 가격은 시장가격보다 낮게 측정되었다(이영훈 2000, 209~210). 협상가격차를 통한 부등가 교환에 대해서는 이견이 존재한다(김연철 1996, 80~81). 협상가격차는 농산물의 수매가격을 가치와 괴리시킴으로써 잉여를 추출하는 방식이다. 북한에서는 중공업에 대한 투자를 위해서 농산물의 가격을 정책적으로 하락시키는 경향을 보였다. 이는 일종의 '정치적 부등가 교환'이다.

2) 경제조정양식의 선택과 권력투쟁

(1) 계획의 정치적 의미

계획의 가장 중요한 특성은 '중앙집권적 성격'이다. 계획의 중앙집권화 정도가 강할수록 가치범주(화폐와 가격)는 배제되고, 현물 단위를 기준으로 하는 계획이 수립된다(Hennicke 1973, 94~95). 계획의 중앙집권적 성격이 강화되기 위해서는 (1) 권력의 집중, (2) 권력의 자원동원, (3) 정보의 독점 등의 조건들이 충족되어야 한다. 먼저 현존 사회주의 국가 가운데에서도 권력의 독점화가 강하게 나타나는 국가에서 계획의 중앙 집권적 성격이 강화된다. 반면 권력의 집중화 경향이 약화될수록 가치범주와 가치법칙을 수용하는 경향을 띠게 된다. 둘째, 권력에 의한 자원동원은 기본적으로 생산수단의 국유화를 통해서 가능해졌지만, 보다 근본적으로 권력 상층부가 중하위 관료의 렌트추구를 통제하고 관리할 수 있기 때문에 가능한 일이다.[16] 또한 권력은 그 밖에도 거래세(거래수입금), 농산물 수매, 저금 등 다양한 방법을 동원한다. 셋째, 국민경제 수준에서 수요와 공급에 대한 정보는 계획수립의 최종적인 권한을 가진 권력의 상층부 외에는 알기 어렵다.

(2) 시장의 정치적 기능

권력의 집중이 약화될수록 권력의 자원동원 능력은 약화되며, 이는 가치범주와 가치법칙의 수용이라는 형태로 나타나게 된다(Damus 1978, 142~143). 현실적으로 현존 사회주의 사회에서 계획은 시장을 완전히 배제하지 못한다. 스탈린(Stalin)은 당과 국가의 계획과 명령에 의해서만 작동되는 계획경제 시스템을 원했지만 현실은 그렇지 못했다. 스탈린마저도 1951년이 되면 계획경제에서 가치법칙의 존재를 인정한다. 스탈린(Stalin [1951]2005)은 『소련에서의 사회주의 경제문제(Economic Problems of Socialism in the USSR)』란 글에서 소련경제는 가치법칙이 존재하지만 작동하지 않는다고 주장했다.[17] 가치법칙은 상품생산이 존재하는 곳에서는 어디에서나 존재해야만 한다. 가치법칙이 작동하는 영역은 무엇보다 먼저 소비재 부문이다. 가치법칙은 상품순환(commodity circulation)에서만 아니라 생산에도 영향을 미친다. 스탈린은 가치법칙이 사회주의 생산에서 규제자(regulator)의 역할을 할 수는 없지만, 생산을 지시할 때 가치법칙이 존재한다는 사실을 무시해서는 안 된다고 강조했다. 또한 그는 소련의 기업에게는 비용계산, 수익성, 생산비용, 가격 등이 중요하기 때문에, 가치법칙에 대해서 고려하지 않고는 기능할 수도 없고 기능해서도 안 된다고 보았다. 국가 간에 시장적 요소를 수용한 수준의 차이는 존재하지만, 현존 사회주의 국가들 가운데 시장의 요소를 수용하지 않은 국가는 없다. 이때 계획과 시장은 무조건 대립적인 존재가 아니다. 오히려 계획은 시장의 요소를 통해서 보완된다. 시장의 요소는 계획의 비효율성으로 인해서 발생하게 되는 사회적 불만들을 무마시키면서, 권력과 대중의 잠재적 갈등을 중재하는 역할을 하게 된다.

(3) 계획 편성과 실행의 관계: 관료계급 내부의 권력관계

계획의 편성과 실행은 중앙집권적 위계구조에 의해서 통제되고 관리된다. 계획은 아래로부터의 의견을 수렴하여 위계적 권력구조에서 상층에 위치한 당과 국가에 의해서 편성된다. 반면 계획의 집행은 당과 국가의 통제에 따라 최종적으로 기업과 공장 단위에서 이루어진다. 계획의 편성과 집행은 당과 국가에 의해서 통일되어 있지만, 그 권한과 역할이 위계구조에 따라 구분되어 있다. 계획의 편성과 집행 과정은 이론적으로 민주적이어야 하지만 실제로는 위계구조에 따라 상명하복의 형태로 이루어진다. 그런데 중앙집권적 위계구조는 계획 편성 단위와 실행 단위의 이해관계 차이로 균열될 수 있는 잠재적 가능성을 가지고 있다. 계획 편성 단위는 계획실행 단위를 불신하고 있으며, 기업과 공장에 대한 감시를 통해서 생산비용을 축소시키려 한다(Damus 1978, 140). 그래서 계획의 하급단위는 상급단위에 더 많은 자재를 요구할 때 그 요구가 정당하다는 점을 입증해야 한다(Gregory and Stuart 1992, 241).

코르나이(Kornai)의 이러한 현상을 '연성예산제약(soft budget restraints)'으로 규정한다. 연성예산제약은 수입을 초과하는 지출이 일부 다른 제도, 전형적으로 국가에 의해서 지불됨으로써 지출과 수입 간의 엄격한 관계가 느슨해지는 것을 의미한다(Kornai 1986).[18] 연성예산제약은 연성 보조금(soft subsidies), 연성 세금(soft taxation), 연성 신용(soft credit), 연성 관료 가격(soft administrative prices) 등의 형태로 이루어진다(Kornai 1986, 5~6). 그 특성은 모두 시장의 원리에 따라 결정되는 것이 아니라 협상에 의해 정치적으로 결정된다는 점이다. 다시 말해서 연성예산제약은 시장의 자기조정적(self-regulation) 기능이 약한 경제에서 일반적으로 나타날 수 있으며, 현존 사회주의는 가장 대표적인 사례라고 할 수 있을 것이다.

현존 사회주의에서 연성예산제약이 발생하는 가장 핵심적인 원인은 계획경제 메커니즘의 정치적 특성 때문이다. 계획의 편성과 집행은 협상을 통해 결정된다. 특히 국가와 기업 간의 관계가 중요하다(Kornai 1986). 기업은 생산성보다는 산출목표의 달성을 통해 평가받기 때문에, 생산비용의 절감과 생산성 향상이라는 문제로부터 일정 정도 자유롭다. 기업은 한편으로 산출량을 결정함에 있어 목표달성이 쉬운 목표치 설정을 위해 생산능력을 적게 보고하고, 다른 한편으로 생산에 필요한 생산요소를 최대한 확보하기 위해 노력하게 된다.

연성예산제약은 기업의 수익성 계산에서 보다 명확해진다. 기업은 생산비용과 생산물의 판매를 염려하지 않는다. 생산성이 높은 기업의 수익은 평균 생산비용보다 높은 기업의 손실을 메우는 데 사용되기 때문이다. 자본주의에서와 같이 수익성에 따른 기업의 창조적 파괴(creative destruction)는 존재하지 않는다. 또한 연성예산제약이 발생한 경제에서는 초과수요가 존재하기 때문이다. 연성예산제약이 완전히 극단적으로 발생하게 될 경우 수요의 가격탄력성은 영(0)이 된다. 이 경우에 가격은 독점적으로 임의로 결정될 수 있을 뿐만 아니라 기업은 생산물의 판매를 걱정하지 않게 된다. 즉 계획경제는 명령경제로 칭해지지만 실제로는 연성예산제약이 발생하는 것이다.

연성예산제약이 경제위기를 발생시키는 원인으로 제기되는 이유는 그것이 다음과 같은 결과를 초래하기 때문이다.

(1) 부족: 현실 사회주의 경제는 '부족의 경제(economy of shortage)'이다(Kornai 1980). 연성예산제약은 부족의 주요한 원인 가운데 하나이다. 국영기업은 지출에 대한 국가의 금융지원을 충분히 받을 것으로 예상하기 때문에 생산요소에 대한 수요는 비탄력적이다. 따라서 가격과 무관하게 총공급과 총수요가 일치하는 가격은 일반적으로 존재하지 않는다. 반면 퀴안(Qian 1994)은 시장청산 가격(market-clearing price)이 존재하지만, 연성예산제약 때문에 국가는 시장청산 가격의 설정을 원하지 않는다고 주장한다. 퀴안은 소비재의 부족을 국영기업에 대한 수요 때문이라고 주장한다. 기업의 수요는 금융제약(financial constraints)과 관련된다. 곧 연성예산제약은 부족의 주요한 원인이다. 현실 사회주의에서 잘못된 프로젝트(bad project)에 대한 재투자, 보조금, 긴급대출(bail-out)이 기업의 생존을 위해서 발생하게 된다. 이는 투자를 위한 수요를 증가시키게 되고, 자본주의의 기업과 비교하여 더 많은 생산요소를 필요로 하게 된다(Qian 1994).[19]

(2) 기술혁신의 부재: 연성예산제약에서는 우주과학 기술은 발전하지만, 컴퓨터 산업과 같은 기술혁신이 발생하기 어렵다. 연성예산제약에서 연구단계에서는 투자액(investment requirements)이 많이 필요할 때 상대적으로 더 유리하기 때문이다. 연성예산제약이 작은 기업보다 큰 기업에서 발생하게 된다면, 대기업은 더 큰 투자액이 들면서 불확실성이 적은 혁신을 선호하게 된다. 중앙집권화된 경제에서 관료는 불확실성이 높고 연구단계에서 투자액이 적은 프로젝트를 줄이려한다(Qian and Xu 1997).

(3) 톱니효과(the ratchet effect): 계획 수립 단계에서 전년도에 달성된 목표는 다음해의 계획 수립에 근거가 된다. 새로운 계획은 현재의 산출 수준에서 일정한 성장요소에 의해서 증가(ratchet)시켜 형성되

기 때문이다. 하지만 기업의 지배인(manager)은 목표의 꾸준한 상
승(ratchet)이 다음해의 계획을 달성하기 어렵게 한다는 점 때문에,
현재의 생산능력 이하로 생산을 하려한다. 이러한 생산지체가 바로
'톱니효과(ratchet effect)'이다. 물론 소비 측면에서도 이러한 현상
이 발생한다. 기업은 국가로부터 더 많은 생산요소를 조달받기 위
해 생산요소를 낭비하는 경향을 보인다. 생산요소의 투입이 적으면
국가는 생산요소의 투입을 더 적게 제공하려 할 것이기 때문이다
(Roland and Szafarz 1990, 1079~1080).

실제로 계획의 집행 과정에서 자기 이익(self-interest)을 추구하는 일이 발
생하게 된다(Damus 1978, 140). 이는 일종의 렌트추구(rent-seeking) 행위라
고 할 수 있다. 권력 상층부는 주로 중하층의 문제를 지적하지만 상층부에서
도 역시 렌트추구 행위가 발생한다. 현존 사회주의에서 렌트추구는 행위자의
정치·도덕적인 문제로 취급된다. 하지만 렌트추구 행위는 일시적인 문제가
아니라 계획경제에서 발생하는 구조적인 문제이다. 계획경제에서 렌트추구
행위가 발생하는 구조적 원인은 두 가지이다.[20] 하나는 연성예산제약 때문
이다(Kornai 1986). 물론 연성예산제약이 발생하는 주요한 이유 가운데 하나
는 중하위 수준의 기업관료의 렌트추구 행위 때문이다. 연성예산제약과 렌트
추구 행위는 상호 간에 원인이면서 동시에 결과이다. 다른 하나는 독점적 생
산구조와 비탄력적 수요 때문에 렌트가 발생하기 때문이다(양운철 2006, 184
~185). 관료주의는 이로 인해 발생한 렌트를 사유화하려는 경향이다.

당과 국가 역시 주관주의와 관료주의로 비판하지만, 구조적 문제이기에
쉽게 근절되지 않는다. 내부예비, 관료주의, 본위주의 등은 렌트추구 행위에
대한 북한식 규정이다. 이를 근절해야 한다는 주장은 김일성 저작집을 비롯
한 북한의 공간문헌들에서 어렵지 않게 찾아볼 수 있다. 이는 하층단위의 자
율성을 완벽하게 제약할 수 없다는 증거인 동시에 경제적 난맥상의 책임을
모두 '아래'로 전가하려는 것이기도 하다.

3) 잉여생산물의 배분과 사용의 정치적 의미

(1) 투자와 소비의 관계: 생산우위의 정치

현존 사회주의에서 투자의 확대는 곧 권력의 외연이 확대되는 것을 의미
한다(Selucky 1972, 23). 지배권력이 잉여를 생산에 우선적으로 투자하는 이
유는 단기간의 급속한 경제성장을 통해 대외적으로 체제경쟁에서 우월성을
과시하고, 대내적으로 권력의 외연을 확대하면서 동시에 정당성을 확보하려
하기 때문이다. 물론 당과 국가는 무조건적으로 소비를 억제하지 않는다. 부
족은 '상대적'인 개념이다(Rösler 2005, 38). 잉여생산물의 투자와 소비는 권
력관계에서 결정된다. 투자는 사회주의 경제에서도 확대와 재생산을 위해 가
장 중요한 경제행위이다. 하지만 과도한 투자는 결국 소비의 희생을 기초로
한다. 따라서 투자와 소비의 관계는 '권력(위)과 대중(아래)'의 권력관계를 말
해준다. 경제잉여가 생산수단의 생산부문에 집중적으로 투자된다면 권력관
계에서 사회의 요구가 당과 국가에 의해 잘 받아들여지고 있지 않다는 점을
말해준다. 역설적으로 이는 권력이 사회적 수요를 무시한 채, 외연을 경제
사회영역으로 확대하여 지배체제를 형성하거나 공고히 하고자 한다는 점을
말해주는 것이기도 하다. 반면 소비가 확대된다면 사회적 수요가 충족되고
있다는 것으로 아래로부터의 요구가 반영되고 있음을 말해준다. 물론 생산
과 소비의 과정 모두에서 렌트추구가 발생할 수 있으며, 렌트추구는 표면적
으로 드러나는 권력관계 이면에 또 다른 공식적 혹은 비공식적 권력관계가
존재함을 의미한다.

(2) 소비의 정치적 의미: 당과 대중의 관계

계획에서 '소비'는 민주주의가 제도적으로 발전하지 못한 상황에서, 대중에
게 거의 유일하게 남아 있는 의사전달 창구이다. 권력은 단기간의 급속한 경

제성장을 통해 정당성을 확보하려 하며, 이를 위해 수요를 억제한다(Kalecki 1986, ch.9). 생산계획에 권력과 관료 혹은 계획과 기업소 간의 권력관계가 반영된다면, 사회적 수요를 얼마나 충족시키는가의 여부는 권력과 대중 간의 권력관계에 따라 결정된다. 일반적으로 아래는 소비의 확대를 요구하는 반면 위는 수요를 억제하고 축적을 강화하려 한다. 결국 위와 아래의 상반된 이해관계는 권력에 의한 소비재 수요억제로 이어진다.

현존 사회주의에서는 수요가 충족되지 못할 때 사회적 불만이 제기될 수 있다. 하지만 이는 직접적으로 표현되기보다는 '인플레이션(inflation)'을 통해서 간접적인 방식으로 표출된다(윤철기 2011). 현존 사회주의는 수요를 억제하기 위해 다양한 방안을 강구했다. 북한사회에서는 일상적으로 배급제, 거래수입금(거래세), 후방공급체계의 형성 등을 통해 사회적 수요에 대한 통제가 이루어진다. 기업소 단위의 후방공급체계 형성은 산업화가 일정 정도 성취된 이후 당에 의한 생산의 관리가 이루어지고, 완전고용이 이루어졌을 때 가능한 일이다. 소련의 정치경제학 교과서는 완전고용이 사회주의적 축적에 의해서 가능해진다고 설명한다(Zagolow 1990, 245~246). 완전고용은 전반적인 복지의 불가결한 조건이기 때문에 사회주의적 축적을 통한 완전고용은 배치되지 않는다는 것이다. 이 책에서는 이러한 현상을 '정치적 완전고용'으로 명명하고자 한다.[21] 물론 모든 현존 사회주의 국가들이 완전고용 정책을 취한 것은 아니다. 유고슬라비아는 완전고용 정책을 추진하지 않는다. 유고슬라비아의 경우 1950년대에 실업을 공식적으로 발표한다(Woodward 1995, 11~12). 그리고 현존 사회주의에서는 완전고용 덕택에 고용이 완전히 가동되지 못한다(Jan 1982, 125~129). 자본주의에서는 실업을 통해서 문제를 해결하지만, 현존 사회주의는 정치적으로 완전고용정책이 추진되기 때문에 불필요한 고용으로 인해 노동이 완전히 작동하지 못한다. 물론 그 대가로 노동은 낮은 임금을 지불받게 된다. 북한의 경우에는 '노력부족법칙'을 강조하지만, 1950~60년대 최고 10%에 육박하는 결석률은 완전고용이 허울에 불과하다는 점을 확인시켜준다.

이와 같이 다양한 수요억제 정책에도 불구하고 현존 사회주의 경제에서 인플레이션은 반복적으로 가파르게 상승한다. 현존 사회주의의 인플레이션은 억압적인 수요억제에 대해 대중들의 불만을 확인할 수 있는 징후 가운데 하나이다. 이에 대해서 정치권력은 '화폐개혁' 등을 통해 대중들의 구매력을 강제로 낮추려는 모습을 보이게 된다. 이러한 방식의 강제적 수요억제는 단기적으로 일정한 성과를 거둘 수 있지만 장기적으로 반복적인 인플레이션을 경험하게 만든다. 공급이 충족되지 않은 상황에서 사회적 불만을 완전히 잠재울 수는 없다. 대중은 사회적 불만을 간접적으로도 표출한다. 실제로 인플레이션은 체제 변화 과정에서 정치사회적 변화를 촉발하는 중요한 이유가 되기도 했다.

(3) 축적의 정치: 발전전략과 당내 권력투쟁

경제잉여를 생산부문 가운데 어디에 투자할 것인가의 문제는 당내 권력투쟁의 가장 중요한 이슈이다. 당내 권력투쟁은 발전전략을 둘러싼 노선투쟁과 동반되는 경향을 가진다. 이 차이는 생산부문 간의 균형과 발전 속도를 둘러싼 논쟁으로 귀결된다. 논쟁의 핵심은 잉여생산물의 집중과 분산에 대한 내용이다. 하나는 중공업에 대한 투자의 집중을, 다른 하나는 산업부문 간의 균형을 강조하였다. 전자는 불균형 성장론, 후자는 균형 성장론에 근간으로 하고 있다.[22]

불균형 성장론은 프레오브라젠스키(Preobrazhensky)의 '사회주의적 시초축적론'에 의해서 제기되었다(Hennicke 1974, 65~66). 프레오브라젠스키는 사회주의 이행 과정을 사회주의적 시초축적 단계와 사회주의적 축적 단계로 구분하다. 시초축적 단계에서는 부분적으로 혹은 주로 국가 경제 외부에 존재하는 원천으로부터 축적이 이루어진다. 다음 사회주의적 축적단계에서는 기업에서 생산수단이 추가되고 사회주의 경제 내부에서 발생한 잉여생산물에 의해 축적이 이루어진다(Hennicke 1974, 76). 프레오브라젠스키는 축적 단계의 이행 과정에서 일시적인 불균형(생산력의 재편성)이 필요하다는 점을 증명한다. 프레오브라젠스키가 사회주의적 시초축적을 주장하게 된 원인은 인플레이션을 안정시키고 급속한 산업화를 추진하기 위해서였다. 인플레이션을 진정시키기 위해서는 농업의 유효수요를 흡수할 투자가 필요하며, 이는 경공업에 대한 투자보다 중공업에 대한 투자가 빠른 성장을 유도할 수 있다고 가정된다(Gregory and Stuart 1992, 132~136).

결국 불균형 성장론은 펠트만(Fel'dman)의 성장모델로 나타난다(Spulber 1967, 40~43).[23] 자본재 부문에 대한 투자가 장기적으로 제조 소비재나 농업 기계의 생산력 확대에 기여할 것이라고 예견했다. 인플레이션을 억제하기 위해서 사회주의적 시초축적(primitive socialist accumulation) 체제를 제안했다. 사회주의적 시초축적은 농업과 공업 간의 부등가 교환을 통해서 성장을 도모한다. 중공업 우위의 축적전략은 농민과 개인 상공업자를 빠르게 노동계급으로 전화시킴으로써 자본주의적 잔재를 제거하여 자본주의로의 복원 가능성을 차단하고, 마르크스-레닌주의의 언명인 완전히 중앙집권화된 정치적·경제적 권력을 완성하기 위한 것이다(Kolakowski 2007, 81).

반면 균형 성장론은 공업과 농업의 균형과 중공업과 경공업의 균형을 강조한다. 부하린은 경제의 과도한 확장이 다른 부분을 희생시키게 된다면 결국 경제발전을 늦추게 된다고 주장했다(Gregory and Stuart 1992, 139~142). 농업잉여의 확대를 통한 자본축적만이 아니라 상품 부족 현상을 방지하기 위해서 경공업 역시 발전해야 한다고 주장했다. 그의 주장을 요약하면 다음과 같다. 첫째, 농업잉여의 축적이 자본축적의 토대가 된다. 둘째, 소규모 제조공업이나 수공업은 과학기술적인 합리화를 실행하여 보다 효율적인 생산협동조합에서 재편성되어야 한다. 셋째, 자본의 투자는 노동으로 대체할 수 있는 수준을 넘어 효율적으로 운영되어야 한다. 넷째, 국가의 가격정책은 독점이윤을 배제함으로써 경비절약과 자원의 효율적 사용을 자극해야 한다.

　균형 성장론은 말렌코프 등에 의해 논의되고 탈스탈린화와 개혁 과정에서 소련 및 동유럽 국가들에게 부분적으로 수용된다. 물론 이는 스탈린 사후 당 내 권력독점이 사라지고, 다시 권력투쟁과 노선투쟁이 있었기 때문에 가능한 일이었다. 북한에서도 이와 유사한 논쟁이 존재했으며, 결과적으로 경공업과 농업 부문의 발전이 필요하다는 점이 수용되어 이른바 '동시발전 테제'로 나타난다. 그러나 기본적으로 권력과 노선투쟁의 결과 스탈린주의적 공업화 노선이 지속됨으로써 속도와 불균형이 강조되었다.

표 1-4-1. 계획과 권력관계

경제	경제(토대)에 배태된 정치(상부구조) (권력투쟁과 권력관계)	
잉여생산물	• 농업잉여 • 거래세(거래수입금) • 국가기업이익금 • 해외원조	• 농업과 공업의 관계 • 경공업과 중공업의 관계 • 기업과 당·국가 간의 관계 • 원조 공여국과 수혜국의 관계
경제조정양식	• 계획과 시장	• 권력 상층부의 수평적 균열 (권력투쟁)
잉여생산물의 배분	• 중공업과 경공업 • 공업과 농업 • 투자와 소비	• 권력 상층부의 권력투쟁 • 권력과 대중의 관계

3. 계획경제의 성장과 위기: 칼레츠키의 경제성장 모델

　칼레츠키(Kalecki 1986, 70~96)는 현존 사회주의에서 국민소득(Y)은 생산적 투자(고정자본, I), 가동자본(working capital, 자본스톡, S), 소비(C)로 구성된다고 설명한다.

(1) $Y = I + S + C$

(2) $\frac{\Delta Y}{Y} = \frac{1}{m} \cdot \frac{I}{Y} - a + u$

m은 자본계수($\frac{K}{Y}$), a는 감가상각비율, u는 투자 과정과는 별도의 기술적 향상이나 노동조직의 향상 등으로 증가하는 경향을 대표하는 계수이다.[24]

칼레츠키의 논의를 기초로 사회주의 성장이론의 특성과 문제점을 정리하면 다음과 같다(Kalecki 1986, 70~96).

(1) 투자와 국민소득의 관계: 국민소득의 증가는 계수 m, a, u가 일정할 때, 투자분배율($\frac{I}{Y}$)이 국민소득 증가율을 결정한다.

(2) 투자, 국민소득, 소비의 균등한 증가: m, a, u가 일정하다는 가정하에 투자분배율 역시 일정하다면, 국민소득 증가율($\frac{\Delta Y}{Y}$) 역시 일정하다.[25]

(3) 급속한 성장의 한계 국면에서 투자, 소비, 노동의 관계: 국민소득 증가율의 빠른 상승은 투자분배율이 국민소득 증가율보다 빠를 때 성취된다. 이와 같은 급속한 투자의 확대로 인해서 소비분배율($\frac{C}{Y}$)이 떨어지고, 소비수준은 단기간에 낮아진다. 하지만 단기간의 급속한 경제성장은 노동의 부족(shortage of labor)이라는 장벽에 부딪히게 된다. 자본계수(m)가 일정하게 유지되는 한 노동의 부족은 국민소득 증가율의 상승에 장애요인이 된다. 이를 극복하기 위해서는 투자분배율의 증가가 필요하다. 결과적으로 소비분배율의 하락은 노동 부족에 도달할수록 광범위하게 경험하게 된다.

(4) 자본집약적 기술혁신과 투자, 국민소득, 소비 간 관계: 자본집약적 기술혁신이 지배하는 경우에 자본계수가 지속적으로 상승하게 된다.[26] 이를 상쇄하기 위해서는 투자가 국민소득보다 더 빠르게 증가할 필요가 있다(등식 (2)참조). 그 결과 소비분배율은 하락하게 된다.[27] 자본계수가 일정할 때와는 달리, 투자분배율의 확대가 국민소득 증가율보다 빠르더라도 노동 부족에 직면하지 않는다. 노동을 자본이 대체함으로써 자본집약도($\frac{K}{L}$)가 상승하기 때문이다. 하지만 자본계수가 제약 없이 상승하는 경우에도 투자분배율이 무제한적으로 증가될 수 없기 때문에, 국민소득보다 투자분배율의 더 빠른 증가는 무제한적으로 이루어질 수 없다.

(5) 투자와 소비의 관계: 자본계수가 상승하고 투자분배율이 국민소득 증가율보다 빠르게 증가할 때, 단기간에 소비는 희생된다. 하지만 장기간에 투자분배율의 증가로 국민소득이 증가함으로써, 소비수준의 향상에 기여하게 된다. 그러나 장기간에 투자 확대가 경제성장을 성취하지 못할 때 그 의미는 퇴색된다. 노동의 부족과 수입의 증가로 발생하는 문제를 집약적 기계화, 당의 독재, 수익성 없는 수출의 강요 등의 방식으로 극복하는 것은 강제적인 투자지출을 요구한다. 이러한 경우 미래를 위해 단기간의 소비를 희생하는 것은 부담이 되므로 국민소득 증가율의 억제를 통해서 문제를 해결하려 한다. 뿐만 아니라 투자지출의 확대조차도 일정 수준이 지나면 경제성장에 비효과적이다. 기술적·조직적 어려움으로 인해서 특정 부문의 병목현상이 발생하고, 결국 그것이 전체 경제 수준의 성장을 제한하기 때문이다. 병목 현상을 해결할 수 있는 유일한 탈출구는 그 부문의 수입을 증가시키거나 적절한 생산물의 수출을 감소시키는 것이다. 이는 무역균형을 붕괴시킨다.

칼레츠키 이론은 현존 사회주의 국가 가운데 하나인 북한의 성장과 위기가 '과잉축적과 수요억제'라는 점을 말해준다. 과잉축적과 수요억제는 단기간에 급속한 성장을 안겨주었다. 북한의 초기 경제성장은 투자지출의 확대와 잉여노동의 공급확대가 존재했기 때문에 가능했다. 하지만 곧 노동이 부족하게 되어, 자연히 투자의 확대(축적과 노동생산성)에 의존하게 되었다. 그러나 무제한적 투자의 확대는 불가능하다. 노동생산성의 증가에도, 자본에 의한 노동의 대체에도 한계가 있다. 또한 중공업 부문에 대한 투자는 이 부문의 집중적인 발전과 나아가서 국민소득의 증가로 이어지지만, 동시에 불균형으로 인한 투자의 병목현상을 촉발하는 원인이 된다. 결국 과잉축적과 수요억제는 반복적 경제위기와 그로 인한 저성장과 저발전을 초래하게 된다.

다만 칼레츠키 모델이 다루고 있지 않은 다음과 같은 요소들이 함께 고려되어야 한다.

(1) 북한의 초기 성장에는 해외원조와 농업의 부등가 교환이 중요한 역할을 담당했다는 점을 감안해서 논의가 진행되어야 한다.

(2) 현존 사회주의 경제에서도 설비가 완전히 가동되지 않았다는 점을 고려해야 한다. 북한의 경우 설비가동률(capacity utilization)에 대한 공식적인 통계는 없지만, '설비이용률'의 개념을 통해서 일정 정도 유추해석할 수 있다. 설비가동률을 감안하게 되면 자본계수 역시 변화하게 된다.[28]

(3) 설비가 완전히 가동되지 않는 상황에서, 완전고용이 가지는 정치경제학적 의미를 정리하면 다음과 같다. 첫째, 과잉축적을 의미한다. 둘째, 자본집약도가 높다는 것을 말해준다. 셋째, 자본계수가 상승하므로 자본생산성이 낮다는 것을 의미한다. 넷째, 노동생산성이 낮다는 것을 의미한다.[29] 다섯째, 공장가동을 위해 필요한 자원의 부족을 의미한다. 여기에는 노동의 부족도 포함된다. 여섯째, 결정적으로 확대재생산이 어렵다는 것을 말해준다. 일곱째, 잠재적 실업(disguised unemployment) 형태로 주변계층(marginality)이 존재한다는 것을 의미한다. 여덟째, 노동의 실질소득이 현저히 낮다는 것을 의미한다. 마지막으로 고용이 '정치적으로' 결정된다는 것을 의미한다.

(4) 연성예산제약과 렌트추구로 인한 자원배분의 왜곡도 고려해야 한다. 특히 설비가 완전히 가동되지 않는다는 것을 고려했을 때 이와 같은 사실과 직·간접적으로 관련되어 있을 가능성이 높다. 공식적인 통계가 존재하지 않기 때문에 많은 한계가 있겠지만, 이른바 '내부예비의 동원'을 강조하거나 관료의 이익 사유화 문제에 대해서 가능한 한 고려해야 한다. 단, 이 연구는 이를 경제성장과 위기에 결정적인 변수로 다루지 않는다.

4. 계획과 정치적 계급체제

현존 사회주의에서 계급모순은 소유가 아니라 '권력'으로부터 시작되며 (Lenski 1966, 44), 당과 대중의 관계로 표출된다(Schultze 1973, 161~162;

Bahro 1977, 198~199). 현존 사회주의의 계급관계는 당을 중심으로 하는 위계적인 권력구조에 의해서 결정되기 때문에, '등위적인 성격'을 가진다. 등위적인 계급개념은 마르크스의 계급개념과 같이 종국적인 관계(determinate relation) 내의 위치에 의해서 결정되는 것이 아니라 몇몇 속성(소득, 지위, 교육 등)의 질적 정도의 차이로 결정된다(Wright 2005, 62). 현존 사회주의의 계급관계는 당을 중심으로 편재된 위계적인 권력구조에서 개별 지위에 따라 각각의 권한과 역할이 결정되는 '정치적 계급체제'이다(Lenski 1966, 327~337).

그림 1-4-3. 정치적 계급체제

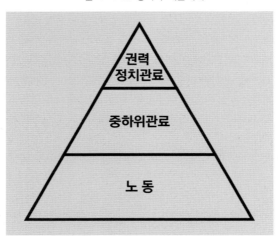

정치적 계급체제는 계획경제에 반영되며, 구체적으로 이는 계획의 편성과 집행 그리고 잉여생산물의 수취와 배분 과정을 통해서 확인된다. 권력은 계획 편성을 결정하는 최종적인 권한을 가지고 스스로 특권계급이 되거나 새로운 특권계급을 형성한다. 정치관료는 잉여생산물과 노동에 대한 권한을 바탕으로 생산, 유통, 분배를 통제하고 관리할 뿐만 아니라 발전전략과 경제조정양식(계획과 시장)까지 통제하고 관리한다. 정치관료는 기본적으로 계획의 중앙집권적 권한을 강화하려 한다. 중간관료는 실제로 집행하는 역할을 담당하며, 잉여생산물의 배분과 사용의 권한을 가진다. 물론 기본적으로 정치관료의 영향을 받지 않을 수 없지만 정치관료와의 관계에 따라서 자신의 이익을 추구하려는 경향을 내재하고 있다. 이는 관료의 렌트추구와 연성예산제약 등을 통해서 확인할 수 있다. 마지막으로 노동계급은 경제잉여를 생산하지만 잉여의 배분과 사용에 대한 결정에서 배제된다. 이는 북한사회에서 중앙집권적 '경제관리 체계'를 통해서 확인될 수 있다.

자본주의적 생산관계에 대한 마르크스의 계급개념은 인과적인 착취관계를 가진다(Wright 2005, 65). 여기서 인과적인 착취관계란 자본주의 사회에서 자본의 이익(이윤)과 노동의 이익(임금) 간의 관계처럼 상호 대립적이며 반비례 관계에 있는 관계를 의미한다(Edgell 2007, 24). 정치적 계급체제에서 관료와 노동 간의 관계는 자본주의 사회와 같은 인과적인 개념의 착취관계와는 구별되는 계획을 중심으로 하는 '새로운 착취관계'이다. 관료는 '당의 이름으로' 계획 메커니즘을 통제하고 관리하는 과정에서 노동과 잉여를 통제하고 관리한다. 그 결과 관료와 노동 사이에는 새로운 형태의 착취관계가 형성된다. 관료와 노동 사이에는 자본과 임노동 같은 인과적 개념의 착취관계가 성립되지 않지만 현존 사회주의 사회에서는 노동계급이 잉여를 생산함에도 경제잉여의 수취와 배분에서 배제된다. 현상적으로 이는 계획에서 소비자의 주권이 무시되는 형태로 나타난다(Bryson 1995, 222). 물론 관료의 위계구조는 스스로를 '지식의 위계(*Hierarchie des Wissens*)'로 파악하고, '위'는 보편적인 통찰력을 가지며 '아래'가 위를 따르는 것으로 이해한다(Bahro 1977, 180~181). 그러나 실제로 지식의 위계에서 상층에 위치한 계획자에 의해 계산된 사회적 필요는 사회적 수요를 정확히 반영하지 않는다. 대신에 계획자는 경제잉여를 권력의 공고화를 위해 사용한다(Bryson 1995, 222).

물론 계획을 통한 노동계급 착취는 철저히 은폐된다. 현존 사회주의 사회에서 계획경제는 사회주의와 동일시되고, 따라서 계획경제는 노동계급의 궁극적인 이익을 실현하는 수단이 된다. 구체적으로 계획은 당에 의한 중앙집권적 잉여의 수취와 배분, 생산에 대한 투자를 통해서 노동계급의 집단적 이익을 실현할 수 있는 가장 효과적인 수단이 되는 것이다. 중앙집권적 계획경제가 성립되려면 경제잉여의 사유화가 금지되어야 한다. 이를 위해서는 사적 소유의 폐지가 필요하다.[30] 하지만 분명히 사적 소유는 폐지되었지만, 생산수단의 국유화는 노동계급의 이익을 실현하는 데에 도움이 되지 못했다(Süß 1985, 9). 생산수단의 국유화는 노동계급의 궁극적인 이익 실현에 도움이 되지 않았을 뿐만 아니라 기본적 생계유지를 위해 정치적 의존도를 높임으로써 오히려 노동계급의 자율성을 약화시켰다. 소비재의 부족과 그로 인한 노동계급의 비참한 현실을 모두 생산수단의 국유화 탓으로 돌릴 수 없겠지만, 생산수단의 국유화가 생산과 노동의 사회화와 노동계급 이익의 실현에도 도움이 되지 못한 것은 부인할 수 없는 사실이다.

제5절 책의 구성

이 책은 현존 사회주의에 관한 네오마르크스주의 논쟁을 토대로 칼레츠키의 '사회주의 경제성장모델'과 토대에 배태된 상부구조의 특성을 분석하는 엘젠한스의 생산양식 개념과 발상(Ansatz)을 접목하여 북한지배체제의 성격을 재조명하고자 한다. 이 책은 현존 사회주의의 지배도구인 동시에 '사회적 종합'의 수단인 계획을 통해서 권력의 외연 확대와 사회경제 영역에 대한 지배(Herrschaft)에 초점을 맞추어 논의를 진행하고자 한다.

2장에서 현존 사회주의의 성격을 둘러싼 일련의 논쟁을 개관하고 평가한다(1절). 2절에서는 이러한 논쟁 가운데 현존 사회주의를 독립적인 생산양식으로 규정하는 네오마르크스주의의 논의에 천착하여, 독립적 생산양식으로서 현존 사회주의 사회의 특성을 설명한다. 이를 기초로 3절에서는 북한체제가 '현존 사회주의'로서의 보편적 특성을 가지고 있는 사회라는 점을 개괄적으로 살펴보고자 한다.

3장에서는 1950~60년대 계획화 과정을 통해 계획에 배태된 권력관계와 권력투쟁을 살펴봄으로써, 북한체제가 정치우위의 사회라는 점을 분석한다. 1절에서는 1953~56년 전후복구 과정에서 계획화의 속도와 축적전략을 둘러싼 소련과의 대외관계 및 국내권력 투쟁을 설명한다. 2절에서는 8월 전원회의 사건 이후 권력이 독점되고, 권력의 외연이 사회경제 영역으로 확대되는 과정을 살펴보고자 한다. 3절에서는 1960~69년 사이에 북한의 계획경제 체제가 제도화되는 일련의 과정을 통해서 북한지배체제의 원형이 형성되는 과정을 살펴본다.

4장에서는 칼레츠키 사회주의 성장모델을 통해서 북한경제의 성장과 위기의 원인을 분석하고자 한다. 먼저 전후 복구기간 동안 단기간의 급속한 성장이 가능할 수 있었던 원동력은 해외 경제원조를 통한 투자 확대 때문이다(1절). 그러나 경제원조의 감소로 인해 1956년 재정위기를 경험하게 된다. 재정위기 이후 권력은 '증산과 절약'이라는 구호 아래 내부예비와 대중동원을 통해서 단기간의 경제성장을 실현한다(2절). 3절에서는 1960년 완충기 이후 중공업 부문의 과잉축적과 수요억제로 발생하게 되는 경제위기와 경제성장의 지체를 살펴본다.

5장에서는 당과 대중의 관계로 표출되는 관료와 노동 간의 새로운 계급모순이 형성되는 과정을 살펴보고자 한다. 전후복구 기간에는 권력투쟁 과정에서 중하위 관료들은 일정한 자율성을 향유할 수 있었지만, 김일성계는 권력투쟁의 과정에서도 하위조직을 통제하고 관리하기 위한 일련의 정책들을 추구하게 된다. 또한 이 시기에는 농업집단화와 산업화가 추진되면서 농민들이 노동계급으로 전화(轉化)한다(1절). 2절에서는 현지지도와 천리마 운동을 통해 관료계급이 교체되어 관계적 위계제가 형성되고 권력의 직접적인 대중동원으로 노동계급의 정치적 의존도가 높아지는 과정을 분석한다. 3절에서는 계획의 중앙집권화를 통해서 관료의 자기특권화 경향이 강화되는 반면 노동계급은 원자화, 탈계급화, 탈정치화되어 관료-노동 간에 후견-피후견 관계가 공고히 되는 과정을 살펴본다.

6장의 1절과 2절에서는 각각 1956년 재정위기와 60년대 경제위기가 발생하게 되고, 이를 정치의 우위로 무마하는 과정에서 관료와 노동 간의 계급모순이 형성되어 공고화되는 과정을 개괄적으로 살펴본다. 이러한 모순의 상호작용의 결과, 지배의 도구이면서 '사회적 종합'의 수단인 계획의 성격이 변화된다. 계획은 이와 같은 모순의 순환의 결과 양적 성장을 강조하고, 제한적이지만 시장의 요소를 수용하게 된다. 3절에서는 북한체제에서 모순의 순환과 지배의 도구로서 그리고 사회적 종합의 수단으로 계획의 성격 변화를 통해서 위기가 관리된다고 해도, 위기가 해결되는 것이 아니라 체제 내에 엄연히 내재해 있다는 점을 확인한다.

—

제2장

—

현존 사회주의의 논쟁과 쟁점: 북한적 현상의 성격과 해석

제1절 과도기 사회 논쟁의 기원과 역사적 전개

마르크스의 고전적 사회주의 개념은 현존 사회주의의 성격에 관한 논쟁의 출발점이다. 국가 사회주의(state socialism)가 국가의 절대적 지배권과 편재에 주목하는 개념이라면(정흥모 2001, 35~36), 현존 사회주의는 마르크스의 고전적 사회주의 개념을 기초로 하는 이른바 '진정한 사회주의'와 구별되는 '실제로 존재하는 사회주의'를 의미한다(Kornai 1992, 9~11). 이 책은 마르크스의 고전적 사회주의 개념과 구별되는 독립된 생산양식으로 현존 사회주의를 분석하기 때문에, 현존 사회주의라는 개념을 사용한다. 마르크스의 고전적 사회주의 개념을 시작으로 현존 사회주의에 대한 다양한 분석이 이루어져 왔다. 그 가운데 현존 사회주의 국가 내부의 과도기 논쟁, 트로츠키주의 논쟁, 마오주의 논쟁, 비마르크스주의, 네오마르크스주의 논쟁을 개관하고 평가한다.

1. 마르크스의 고전적 사회주의 개념

마르크스([1875]1985)는 『고타강령 비판(*Kritik, des Gothaer Programms*)』
에서 자본주의에서 공산주의로의 이행 과정을 두 단계로 구분함으로써, 새로
운 생산양식의 성립을 통한 모순의 해결이 단계별로 진행될 것이라고 설명한
바 있다. 비록 낮은 단계의 공산주의는 과거 자본주의 사회의 경제적, 윤리
적, 정신적인 흔적이 남아 있지만, 자본주의 사회의 모순이 차츰 해결되어
높은 단계의 공산주의로 이행하기 위한 과정이다. 공산주의가 높은 단계에
이르면, 개인이 노동분업에 예속된 상태가 사라지고 육체노동과 정신노동 간
의 차별이 사라지게 된다. 또한 이 시기가 되면 능력에 따라 일하고 필요에
따라 분배가 이루어진다.

레닌(Lenin)은 사회주의와 공산주의를 구별하여 사용하기 시작했다(Saba
1989). 레닌의 사회주의는 마르크스의 '낮은 단계의 공산주의'에 해당하는
개념이다. 사회주의는 자본주의에서 공산주의로의 이행 과정 가운데 존재
하는 '과도기 사회'이다. 사회주의 사회에서는 자본주의적 요소가 존재하더
라도 내용과 형식이 달라지며, 또 특정 부분에서는 자본주의적 모순이 지양
된 사회이다. 그러나 마르크스의 고전적 사회주의 개념에 대한 해석을 둘러
싼 논쟁이 존재한다. 일차적으로 그 이유는 공산주의 혹은 사회주의에 대한
그의 서술이 불명확한 측면을 가지고 있기 때문이다. 보다 근본적인 이유는
현실에 실재하는 사회주의가 이론적 사회주의와는 다른 양상을 보였기 때
문이다. 어쨌든 마르크스의 사회주의 개념은 논쟁의 발단이 된다는 점에서
중요한 의미를 가진다. 그러므로 여기에서는 논쟁의 주요한 축이 되는 다음
세 가지 문제들을 마르크스의 고전적 사회주의 개념을 중심으로 간략하게
살펴보고자 한다.

1) 사회주의에서의 가치법칙 관철 여부에 관한 문제

> "생산수단에 대한 공동소유를 근간으로 하는 집단주의 사회 내부에서
> 생산자는 생산물을 교환하지 않는다. 여기서 생산물에 체현된 노동은 이
> 러한 생산물의 가치로서, 즉 그것이 가지고 있는 물질적 속성으로서 나타
> 나지 않는다. 왜냐하면 이제 자본주의 사회와는 대조적으로 개별 노동은
> 간접적이 아닌 직접적으로 총노동의 구성요소로서 존재하기 때문이다
> (MEGA 25, 13)."

마르크스는 『고타강령 비판』에서 사회주의에서 생산물이 가치로서의 속
성을 지니지 않게 된다는 점과 총노동시간의 노동분할이 시장기구를 통해서
간접적으로 이루어지는 것이 아니라 '직접적'으로 이루어진다는 점을 분명히
하고 있다.

마르크스는 사회주의에서 가치법칙이 작동하지 않는다고 보았다. 가치법
칙은 오직 상품생산 체제에서만 작동하며, 상품생산의 종언과 함께 그것의
작동 역시 멈추게 된다(Meek 1956, 257). 『반뒤링론(*Anti-Dühring*)』에서 엥겔
스(Engels 1987)는 뒤링(Dühring)이 상상속의 사회(*Phantasiegesellschaft*)에서
기존 사회의 법칙, 즉 가치법칙이 관철될 것이라고 생각하고 있다는 점을 명
확하게 비판하면서, 가치법칙의 작동은 자본주의적 생산양식을 구별짓는 특
징임을 강조하고 있다(MEW 20, 291). 미크(Meek)는 마르크스의 견해 역시
엥겔스의 입장과 다르지 않다고 보았다. 그는 아돌프 바그너(Adolf Wagner)에
대한 연구—마르크스의 가치론은 그의 사회주의 체제의 초석(cornerstone)을
구성한다—의 답변에서 마르크스 자신의 가치론에 대한 연구는 사회주의 국
가에 적용되는 이론이 아니라 부르주아 관계에 대한 언급이라는 점을 분명히
하였다(Meek 1956, 259에서 재인용).

물론 반대로 마르크스가 사회주의에서도 가치법칙이 지속적으로 작동하
는 것으로 인식하고 있었다는 해석 역시 존재한다. 이러한 해석은 마르크스

가 자본주의에서 공급, 수요, 그리고 가치 사이의 관계를 논의하는 과정 중 "(단지 생산이 사회의 의식적이고 미리 계획된 통제하에 있을 때, 사회가 특정한 품목의 생산에서 사용할 노동시간의 양과 그러한 품목에 대한 사회의 수요량 사이에 직접적인 관계를 정립할 것이다)"라는 괄호안의 문구를 인용하면서 가치법칙이 사회주의에서도 지속적으로 관철될 것이라고 보았다는 해석을 내놓았다(Meek 1956, 260). 그러나 이는 마르크스에게 있어서 가치법칙이 인간의 의지와 무관하게 작용하는 법칙이며(Meek 1956, 261), 따라서 생산적 활동의 배분이 의식적인 통제하에 있는 한 가치법칙은 적용될 수 없고 그 타당성과 중요성을 상실하게 됨을 의미한다(Sweezy 1956, 53). 가치법칙이 시장기구를 통해서 '간접적'으로 작용하고 있는 법칙이라는 점을 간과한 해석이다(정운영 1993, 115).

2) 사회주의에서 계급의 존재에 관한 문제

마르크스의 사회주의에서는 개인적 소비재를 제외하고는 사적 소유가 허용되지 않으며, 생산수단에 대한 사적 소유가 폐지되고 사회화가 실현된다. 비록 낮은 단계의 공산주의는 아직 "능력에 따라 일하고, 필요에 따라 분배"가 이루어지는 사회는 아니지만, 생산수단의 소유를 기초로 하는 특권계급에 의한 잉여생산물의 수취와 분배도 발생하지 않는다. 대신 개인은 전체 사회적 노동 시간 가운데 자신이 제공한 노동시간만큼 보상을 받게 된다. 물론 결과적으로 이는 평등하지 못하다. 마르크스는 개인들 사이에 노동능력의 차이가 존재하며, 이를 자연적 특권으로 인정하는 것은 낮은 단계의 공산주의에서 불가피한 것으로 이해했다. 하지만 적어도 생산자로서 노동에 따라 권리를 획득하게 된다는 점에서 노동자들은 모두 평등하다(MEGA 25, 13~14).

마르크스는 『공산당 선언(*Manifest der Kommunistischen Partei*)』에서 프

롤레타리아가 권력을 장악함으로써 모든 잉여생산물의 수취가 사라지고, 그 대신 개인의 발전과 모두의 발전이 대립되지 않는 연합체가 형성될 것임을 예고하고 있다.

> "프롤레타리아는 지금까지의 자신의 수취방식과 기존의 모든 수취방식을 모두 폐지해야만 사회적 생산력을 끌어올릴 수 있다(MEW 4, 472) … (중략)… 발전 과정에서 계급적 차이가 사라지고, 모든 생산은 연합한 개인들의 수중에 있게 된다. 그래서 공적권력(*öffentliche Gewalt*)은 그 정치적 성격을 잃는다. 정치권력은 본래의 또 다른 계급을 억압하기 위해 조직된 한 계급의 권력이다. 프롤레타리아가 부르주아와의 투쟁에서 반드시 계급으로 통일되고 혁명을 통해서 지배계급이 되며, 지배계급으로서 과거의 생산관계를 폭력적으로(*gewaltsam*) 폐지시킨다면, 그 결과 이러한 생산관계와 함께 계급대립의 존재조건, 주로 계급의 존재조건, 그리고 이에 따라 계급으로서 자신의 지배까지 폐지시킨다. 계급과 계급대립이 존재하는 낡은 부르주아 사회 대신에, 각자의 자유로운 발전이 모든 자유로운 발전의 조건이 되는 연합체가 나타나게 될 것이다(MEW 4, 482)."

엥겔스 또한 사회주의에서 생산력은 '연합된 생산자들의 손(*Händen der assoziierten Produzenten*)'에 있게 되고(『반뒤링론』 MEW 20, 261), 생산은 '생산자들의 자유롭고 동등한 연합'(『가족, 사유재산, 국가의 기원(*Der Ursprung der Familie, des Privateigentums und des Staats*)』 MEW 21, 166)에 기초하여 조직된다고 주장했다(Marcuse 2000, 37).

개인의 사적 소유가 허용되지 않기 때문에 잉여생산물은 노동자 연합에 의해서 사회적으로 수취된다. 노동자 연합은 공동체의 생산수단으로 노동하고 또 수많은 개인들의 노동력이 하나의 사회적 노동력으로 지출되는 '자유로운 개인들의 연합'이면서 동시에 '개인의 자유로운 발전이 모두의 자유로운 발전의 조건이 되는 연합'을 말한다(MEW 4, 482). 또한 잉여생산물의 분배는 이미 언급한 바와 같이 노동시간으로 측정되는 노동량에 의해서 결정된다.

마르크스와 엥겔스는 공산주의 혹은 사회주의에서 프롤레타리아의 국가 권력 획득을 통해 정치적 지배가 가능했기 때문에 계급관계가 소멸된다고 설명한다. 마르크스와 엥겔스는 『공산당 선언』에서 다음과 같이 적고 있다.

> "노동자혁명의 첫 단계는 프롤레타리아를 지배계급으로 상승시키고 민주주의를 쟁취하는 것이다. 프롤레타리아는 정치적 지배를 이용하여 부르주아로부터 모든 자본을 빼앗고 모든 생산수단을 국가의 수중에, 즉 지배계급으로서 조직된 프롤레타리아에 집중시키면서, 가능한 급속하게 생산력의 규모를 증대시킨다(MEW 4, 481)."

또한 엥겔스 역시 『반뒤링론』에서 계급적 차이가 사라진다는 점을 분명히 하고 있다.

> "프롤레타리아는 국가권력을 장악하고, 우선 생산수단을 국유화한다. 하지만 프롤레타리아는 프롤레타리아로서 스스로를 폐지시키고, 따라서 계급적 차별과 계급적 차이를 폐지시킨다. 그리고 국가로서의 국가도 폐지시킨다(MEW 20, 361)."

3) 프롤레타리아 독재와 국가소멸

마르크스는 『고타강령 비판』에서 "자본주의와 공산주의 사회 간에 하나에서 다른 하나로 변화되는 혁명적 변화기가 존재한다. 그것은 정치적 과도기로 언급되고, 그와 같은 국가는 프롤레타리아의 혁명적 독재와 다를 수 없다(MEGA 25, 22)."고 기술하고 있다. 여기서 프롤레타리아의 독재는 『공산당선언』에서 이미 언급되었던 바와 같이 프롤레타리아의 정치적 지배를 의미한다. 일부에서는 프롤레타리아 독재를 하나의 계급에 의한 독재로 해석함으로써 이러한 개념이 가지고 있는 비민주적 특성을 부각시키기도 한다. 하지만 생산수단의 사적소유가 폐지되고 특권계급이 사라지는 사회에서 사실 특정계급에 의한 지배는 의미가 없는 것이라는 점을 감안하면, 비민주적 특성을 강조하는 논의는 무리한 해석이라고 할 수 있다. 마르쿠제(Marcuse [1958]2000, 41)는 마르크스의 사회주의 개념은 일정 정도 '대의제' 형태를 함의하고 있다고 해석하고 있다. 프롤레타리아가 '하나의 계급'으로 행동하기 위해서는 조직과 기능의 분담이 요구되며, 이를 위해서 마르크스는 '직접 생산자'를 대표로 임명하고, 직접적으로 책임을 지는 대의제를 생각했다는 입장이다.

국가는 궁극적으로 공산주의의 높은 단계에 이르게 되면 '폐지(Abchaffung)'되는 것이 아니라 '소멸(Aufheben)'된다(MEW 20, 263). 사실 마르크스주의에 있어서 계급이 존재하지 않는 사회에서 국가소멸은 당연한 귀결이다. 마르크스주의에서 국가는 기본적으로 지배계급의 도구이므로, 더 이상 계급이 존재하지 않는 공산주의 사회에서 국가는 소멸하게 된다. 그런데 국가의 소멸은 높은 수준의 생산 발전을 전제로 한다. 엥겔스의 『반뒤링론』에서 이에 대해 명확히 설명하고 있다.

> "사회계급의 폐지(Abchaffung)는 단지 이러저러한 특정 지배계급의 존재가 아니라 주로 하나의 지배계급의 존재를, 또한 계급차별의 존재를 시대착오적인 것이 되고 낡은 것이 되는 사회적 발전 수준을 전제로 한다. 또한 그것(역자: 사회계급의 폐지)은 어떠한 하나의 지배계급에 의한 생산수단과 생산물의 수취와 그에 따르는 교육과 정신적 지도의 독점을 통한 정치적 지배가 불필요할 뿐만 아니라 경제적, 정치적, 지적으로 발전에 방해가 될 정도의 높은 수준의 생산 발전을 전제로 한다(MEW 20, 263)."

마르크스는 자본주의와 공산주의 사이의 과도기에 국가를 가정하는 새로운 정치형태를 1871년 파리코뮌에 발생했던 것과 같은 코뮌의 상황(Kommunalverfassung)과 동일시하였다. 그리고 그는 '중앙집권적인 국가권력(Staatsmacht)'

—부르주아 정부형태(*Bourgeoisregierungsform*)— 붕괴의 필연성을 강조한다(MEW 17, 341). 다른 한편 마르크스는 코뮌만이 사회혁명의 정치형태가 될 수 있다고 지적하였다. 그것은 스스로 노동계급의 사회운동이 아니라 노동계급의 행위를 조직하는 수단이 될 수 있다(Hennike 1973, 82).

> "코뮌은 노동계급이 계급과 그에 따르는 모든 [계급지배]의 폐지에 도달하는 것을 통해서 계급투쟁을 제거하는 것이 아니다 …(중략)… 하지만 그것은 이러한 투쟁이 합리적이고 인간적인 방식으로 상이한 단계를 관통하는 합리적 중간단계(*Zwischenstadium*)을 형성한다(MEW 17, 545~546)."

2. 과도기 사회 논쟁

1) 중국과 소련의 논쟁 그리고 북한

(1) 소련의 과도기론: 흐루시초프의 과도기 개념을 중심으로

1950년대 중국과 소련 간 논쟁(중·소 논쟁)의 쟁점은 스탈린의 과도기론에 대한 흐루시초프 해석의 변화에서 시작되었다. 흐루시초프는 과도기를 스탈린과 마찬가지로 '자본주의에서 사회주의로의 이행기'로 이해하고 있지만, 그 목적과 내용이 다르다. 흐루시초프는 소련 사회에서 과도기가 종료되고 사회주의가 공산주의로 이행을 위해서는 프롤레타리아 독재국가에서 '전 인민의 국가'로 성장·전화한다고 주장한다. 이 점이 바로 과도기에 대한 중·소논쟁의 중심 논점이다(江副敏生 1986, 59). 생산수단의 국유화와 농업 집단화를 통해서 착취계급이 사라졌기 때문에 프롤레타리아 독재는 더 이상 필요치 않다는 것이다. 반면 스탈린은 과도기가 종료된 이후에도 제국주의로부터의 포위를 조건으로 프롤레타리아 독재가 존속해야 한다고 주장하였다. 물론 흐루시초프 역시 스탈린의 과도기론을 받아들였기 때문에 형식적으로 이

점을 인정한다. 그러나 그는 6차 5개년 계획을 추진하면서 소련에서 "사회주의가 완전히 최종적으로 승리"하였다고 주장했다. 소련 사회에서 사회적, 정치적, 사상적으로 통일된 근로자만이 존재하기 때문에 계급독재의 기반이 소멸했다는 주장이다. 따라서 흐루시초프는 공산주의 사회를 건설하기 위한 프롤레타리아 독재는 더 이상 필요하지 않으며 전 인민적 국가로의 개혁이 필요함을 역설한다(江副敏生 1986, 60~61).

흐루시초프의 과도기 설정과 사회주의에 대한 이해는 소련 사회에서 계급투쟁보다는 '생산력의 증가'를 강조하는 주장이다. '사회주의적 전 인민국가'에 의한 공산주의의 건설을 위해서는 한층 더 생산력을 높이고, 필요에 의한 분배가 가능할 수 있도록 소련의 국민경제를 급속히 발전시키는 일이 주요한 과제로 제시되었다. 사회주의에서는 생산수단의 사적소유, 임노동제도, 상품으로서의 노동력 등이 존재하지 않기 때문에, 그리고 상품생산이 자본주의적 생산으로 전화할 수 있는 조건이 존재하지 않기 때문에, 상품·가치관계나 물질적 인센티브를 이용하여 경제발전을 도모하여도 자본주의로의 회귀 가능성이 존재하지 않는다고 보았다. 따라서 흐루시초프는 사회주의가 실현된 소련 사회가 국민경제를 급속하게 발전시키기 위해서는 자본가와 서구의 훌륭한 모범과 유익한 경험을 적극적으로 도입해야 한다고 주장했다(江副敏生 1986, 61~62).

흐루시초프는 표면적으로 스탈린의 과도기 개념을 수용했지만, 오히려 이를 이용하여 소련 사회를 사회주의가 실현된 사회로 규정하고 자본주의적 요소를 적극적으로 도입함으로써 생산력의 발전에 더욱 더 집중하였다. 그는 스탈린의 과도기 개념을 이용하여 스탈린주의 노선으로부터 벗어나 정책적 자율성을 확보하는 동시에 탈스탈린주의 노선을 추진함으로써 정당성을 확보했다. 즉 흐루시초프는 스탈린으로부터 벗어나기 위해서 스탈린을 이용한 것이다.

(2) 중국의 과도기론: 마오쩌둥의 과도기론

마오쩌둥(毛澤東)의 과도기론은 자본주의에서 높은 단계의 공산주의로의 이행기를 의미한다. 마오쩌둥은 1953년 '과도기 총노선'에서는 스탈린의 과도기 개념을 수용하고 있다.[1] 하지만 스탈린 사후 중·소분쟁을 기점으로 마오쩌둥의 '과도기' 개념은 변화되었다. 마오쩌둥은 과도기를 사회주의와 일치시키고, 프롤레타리아 혁명부터 높은 단계의 공산주의까지 이르는 전 기간을 과도기로 설정한다. 과도기에는 프롤레타리아 독재가 지속되며, 사회주의 혁명과 건설을 계속 추진해야 한다고 주장했다(江副敏生 1986, 96).

마오쩌둥은 과도기 전체를 사회주의로 규정하고, 이를 다시 세 단계로 구분한다. 제1단계(1949~56)는 사회주의 경제, 소상품 경제, 자본주의 경제가 동시에 병존하는 경제이며, 제2단계(1957년 이후)는 전 인민적 소유제와 집체 소유제가 중심이 되는 경제형태이며, 제3단계는 공산주의로 이행하는 단일한 전민소유제를 갖는 경제형태이다.[2] 여기서 과거 '신민주주의 혁명'으로 규정되는 역사를 사회주의의 긴 노정으로 편입시켰다. 이는 소련으로부터 독립된 사회주의 형성의 역사를 강조함으로써 권력의 정당성을 확보하는 과정으로 이해된다.

> "마르크스-레닌주의와 소련, 중국, 다른 사회주의 국가들의 실제가 모두 우리에게 사회주의 사회는 매우 긴 역사적 단계라는 점을 가르쳐 주고 있다. 이러한 단계를 통해서 부르주아와 프롤레타리아 사이의 계급투쟁은 지속되고, 자본주의 복원의 위험이 남아 있듯이, 자본주의와 사회주의의 노정 가운데 "누가 이길 것인가" 하는 문제가 남아 있다."[3]

> "사회주의 사회에서는 오랫동안 쇠락한(overthrown) 부르주아와 다른 반동적 계급이 오랫동안 존재하며, 어떤 국면에서는 매우 강력하다. 그들과 프롤레타리아와의 숨겨진 갈등이 존재한다. 정치적으로 프롤레타리아 독재를 전복시키기 위한 시도들이 지속적으로 존재한다. 경제적으로 자본

주의의 영향력을 강화하기 위해서 전 인민적 소유와 사회주의적 집단적 소유를 약화시키려는 시도가 존재한다 …(중략)… 이데올로기, 문화, 교육 분야에서 부르주아의 세계관과 프롤레타리아 세계관이 대립하고, 프롤레타리아를 부패하게 만들고 노동대중에서 부르주아 이데올로기를 가지게 만든다 …(중략)… 농업집단화는 농민들을 변화시켰지만, 집단적 소유가 전 인민적 소유로 발전할 때까지 그리고 사적 경제가 완벽하게 사라질 때까지, 필수불가결하게 자발적인 자본주의 경향이 존재한다 …(중략)… 제국주의 국가가 존재하는 한 국내외에서 부르주아와의 투쟁은 불가피하다(Mao [1964]2004)."

이 글에서는 '과도기 = 계속혁명기 = 사회주의 = 프롤레타리아 독재'라는 마오쩌둥의 뚜렷한 사회주의관을 읽을 수 있다(이희옥 2004, 62). 마오의 과도기 개념에 내재해 있는 가장 두드러진 특성은 '프롤레타리아의 계속혁명'이라는 이름으로 '계급투쟁'을 강조한다는 점이다. 마오쩌둥이 이와 같이 계속혁명을 강조하는 것은 탈스탈린주의(destalinism)에 대한 반대인 동시에 국내에서 지속적인 계급투쟁을 강조하여 권력투쟁에서 우위를 차지하고 정당성을 확보하기 위함이다. 그는 사회주의는 무계급사회가 아니며 지속적으로 부르주아와 반동세력의 등장 가능성이 있다고 주장한다. 이는 당내의 경제성장을 강조하는 당관료파—류샤오치(劉少奇)와 덩샤오핑(鄧小平)—와의 권력투쟁에서 우위를 차지하기 위한 전략이다. 또한 대약진운동과 인민공사화 운동의 실패로 인해서 발생한 문제들을 희석시키기 위한 것이다.[4]

(3) 북한의 과도기론: 김일성의 과도기론

북한의 과도기론은 흐루시초프와 마오쩌둥의 과도기론과의 차별성이 강조된다. 김일성은 마르크스와 레닌의 과도기 개념을 수용하는 듯 보이지만, 과도기 개념 자체에 북한사회의 특수성을 강조하면서 자신의 정책을 합리화할 준비를 하고 있다. 먼저 김일성은 마르크스의 자본주의에서 사회주의로의 과도기 개념에는 '발전된 자본주의'가 전제되어 있다고 주장한다. 발전된 자본주의는 "도시뿐만 아니라 농촌까지도 완전히 자본주의화되어 자본주의적 관계가 전 사회를 지배하게 됨으로써 농촌에 농민은 이미 존재하지 않고 공업로동자와 함께 농민로동자가 있게 되는 그러한 자본주의 나라"를 말한다(김일성 [1967]1983a, 260). 마르크스의 과도기가 이미 도시와 농촌의 차이가 없어지는 발전된 자본주의 사회에서 출발했다는 주장이다. 그러나 마르크스가 노동자와 농민 그리고 도시와 농촌의 차이가 사라지는 것은 자본주의 사회가 아니라 협의의 공산주의에서 성취된다고 보았다는 것이 일반적인 견해이다.

레닌의 과도기는 러시아가 발전된 자본주의가 아니었기 때문에 마르크스의 그것과는 달리 비교적 오랜 기간 지속될 것이라고 보았다는 것이다. 김일성은 레닌의 과도기가 노동자와 농민의 차이가 남아 있는 공산주의도 아닌 그렇다고 완전한 사회주의도 아닌 사회라고 주장한다(김일성 [1967]1983a, 262~263). 그러나 레닌 역시 마르크스를 인용하면서 자본주의와 공산주의 사이에 과도기가 실재한다는 점을 인정하였다(Lenin 1994; Lenin [1919]2002). 하지만 마르크스와 마찬가지로 사회주의로 해석되는 경우도, 자본주의로 해석되는 경우도 존재한다(江副敏生 1986, 35). 김일성은 이점을 이용하여 '공산주의'와 '완전한 사회주의'도 아닌 사회를 레닌이 과도기 사회라고 말한 것처럼 인용하고 있다.

그러나 그의 과도기에 대한 해석은 결코 새로운 것이 아니다. 그는 스탈린의 과도기론을 많은 부분 수용하고 있다. 첫째, 스탈린의 일국 사회주의론(socialism in one country)을 수용하고 있다. 김일성은 "한 나라 또는 일부 지역에서 사회주의가 건설되고 무계급사회가 실현되면 전 세계적 규모에서 혁명이 승리하지 못한다 하더라도 과도기는 끝나는 것"으로 보았다. 둘째, 자본주의 국가들이 포위한 상태에서 프롤레타리아 독재가 지속된다고 보았다. 이러한 입장은 과도기가 종료되면 프롤레타리아 독재도 종료되는 것으로 해석하는 견해와는 차이점을 보이게 되며, 과도기를 협의의 공산주의로까지 보게 되는 마오쩌둥의 해석과도 결별하게 된다(김일성 [1967]1983a, 263~264).

김일성은 북한의 사회주의가 식민지 농업국가에서 시작된다는 점을 강조하면서 북한 사회의 특수성을 강조한다. 이와 같은 조건에서 사회주의가 형성되었기 때문에 마오쩌둥의 해석처럼 사회주의 전 기간을 과도기로 보게 된다면 과도기가 지나치게 길어지게 된다고 지적하면서 과도기를 사회주의 단계까지로 보았다. 그러나 사회주의 혁명이 승리하고 사회주의 제도가 수립되면 곧 과도기가 끝난다고 보는 것에 대해서도 동의하지 않았다. 따라서 김일성은 '완전한 사회주의'라는 개념을 만들어내고, 과도기는 사회주의가 완전히 승리하는 단계까지로 보았다. 김일성([1967]1983a, 267)은 완전한 사회주의가 "노동계급과 농민의 계급적 차이가 없어지고, 중산층, 특히 농민대중이 위를 적극 지지하게 되어야 비로소 실현된다."고 규정하고 있다.

프롤레타리아 독재는 완전한 사회주의 단계를 넘어 공산주의로의 이행기까지 지속된다. 김일성의 이러한 견해는 일반적으로 프롤레타리아 독재를 과도기와 일치시키는 다른 견해와는 차별성을 보인다. 그 이유는 "사회주의가 완전히 승리하더라도 생산력 수준이 각자가 능력에 따라 일하고 수요에 따라 보수를 받는 공산주의의 원칙을 실현하는 데까지 이르지 못하기 때문이다(김일성 [1967]1983a, 271)." 또한 한 국가에서 높은 단계의 공산주의가 실현된다고 해도 세계에 자본주의가 남아 있게 되면, 국가는 소멸되지 않으며 프롤레타리아 독재는 지속된다.

김일성의 이와 같은 과도기 설정을 현실에 적용하게 되면, 북한사회는 1947년 2월부터 1958년 8월까지의 사회주의 혁명기를 거쳐, 완전한 사회주의 혹은 사회주의의 완전승리 단계로 이행하는 과도기가 된다(한국정치연구회 1990, 45~67). 이는 북한사회에서 사회주의가 실행되고 있다는 점을 부각하는 동시에 과도기로서 지속적인 계급투쟁 혹은 계속혁명의 필요성을 강조하는 것이다. 이점에 있어서 마오쩌둥의 해석과 일정 정도 유사성을 보인다. 그리고 김일성이 스탈린의 과도기 개념을 수용하면서도 상대적으로 과도기

의 기간을 길게 설정하고, 프롤레타리아 독재 기간을 높은 단계의 공산주의
로 확장할 것을 강조하는 이유는 프롤레타리아 독재의 이름으로 김일성의 권
력독점 지속을 정당화하기 위해서이다.

결국 소련, 중국, 북한의 과도기 사회론은 각국의 상황을 사회주의가 실현
된 것으로 합리화하면서 정책의 전환(흐루시초프)이나 권력의 정당성(마오
쩌둥과 김일성)을 강조하는 것이다. 흐루시초프는 탈스탈린주의 노선과 과도
기론을 연결시켜 정책의 전환을 합리화하고 있다. 이는 상품-화폐와 같은
시장의 요소를 수용하는 것에 대해서 자본주의적이라는 비판으로부터 일정
정도 자율성을 확보하기 위한 전략이다. 반면 마오쩌둥과 김일성은 프롤레타
리아 독재의 이름으로 권력의 정당성을 확보하기 위해서 과도기를 높은 단계
의 공산주의로까지 길게 설정하거나, 심지어 높은 단계의 공산주의에서도 프
롤레타리아 독재가 유지된다고 주장했다.

2) 마오주의 논쟁

1961년 10월 소련공산당 22차 당대회 이후 중국과 소련의 분쟁이 발생하
면서, 국제 마오주의자들은 소련에서 자본주의가 복원되었다는 중국의 입장
을 정치적으로 그리고 이론적으로 옹호하였다. 정치적 지지는 스웨덴의 마
오주의자인 홈베르지(Holmberg 1975; Van der Linden 2007, 185 재인용)에
의해서 이루어졌다. 이론적 논의는 22차 당대회 이후 소련과 동유럽의 변화
에 대한 스위지와 베틀렝(Sweezy and Bettelheim 1989) 사이의 논쟁이 대표
적이다.

스위지는 화폐와 가격을 포함한 시장관계가 사회주의하에서 존재하며, 이는
고정적인 위험 요소이기 때문에 관리되고 통제되어야 한다고 주장했다. 그렇
지 않으면 자본주의로의 후퇴 혹은 퇴보를 초래하게 될 것으로 보았다(Sweezy
1989, 33). 그는 소련과 동유럽 국가들에서 신부르주아가 권력을 장악하게

되었으며, 이는 일정 기간 시장관계의 확대와 밀접하게 관련되어 있다고 보았다. 신부르주아의 발전과 시장의 존재 사이에는 인과관계가 아니라 상호작용이 존재한다는 주장이다(Sweezy 1989, 35). 중앙집권적 계획은 경제위기로 인해 차츰 관료주의로 경직되어 가는 반면, 지배권력은 이러한 문제들이 심각해질수록 자본주의 기술에 대한 의존도와 기업의 경영자들에 대한 영향력 확대를 허용하게 된다. 즉 계획에 대한 의존도는 줄어든 반면 시장에 대한 의존도는 상승하게 된다. 그 결과 국가소유의 법률적 형태는 차츰 의미가 퇴색하고, 경제엘리트가 실질적인 지배력을 가지게 된다. 스위지는 현존 사회주의를 새로운 형태의 계급사회로 인식하였다. 스위지는 관료주의적 계획의 실패에 대처하기 위해서 시장에 대한 의존도를 높이는 방식과 중국 문화혁명이 하나의 대안이 될 수 있다고 보았다.

베틀렝은 사회주의를 규정하는 것은 프롤레타리아의 지배와 프롤레타리아 독재의 존재에 의해서 결정된다고 보았다. 그는 사회주의를 자본주의에 반대되는 것으로 규정할 수 없음을 강조한다(Bettelheim 1989, 26). 그는 시장관계 이전에 사회관계가 선행함을 강조한다(Bettelheim 1989, 27). 베틀렝은 소련의 20차 당대회 이후 부르주아가 권력을 획득할 수 있었던 것은 프롤레타리아 독재에 불리한 사회적 관계가 형성되었기 때문이라고 해석한다. 그는 시장의 소멸을 주장하는 것은 실현 불가능한 환상에 불과하다고 주장한다. 현존 사회주의는 화폐와 가격의 요소를 필요로 하며, 이러한 것들의 존재를 거부하게 되면 반대의 결과—특히 암시장의 발전—가 발생하게 된다고 보았다. 베틀렝은 계획과 시장이 사회의 모순을 표현하기 어렵다고 판단했다. 그는 사회주의적 생산관계는 오직 노동조건과 노동생산물에 대한 생산자들의 통제가 가능할 때 비로소 실현된다는 점을 간과해서는 안 된다고 역설한다. 그에게 이를 실현할 수 있는 방법은 생산수단의 국유화를 토대로 하는 프롤레타리아 독재와 숨겨진 부르주아적 관계를 찾아내기 위한 계급투쟁일 뿐이다. 사회주의에서 가장 중요한 문제는 경제를 통제하는 권력의 성격이라는 주장이다. 그래서 궁극적으로 베틀렝은 새로운 유형의 국가, 즉 노동계급의 국가를 사회주의의 주요한 구성요소로 꼽고 있다(Bettelheim 1989, 46~50).

베틀렝에게 사회주의 사회를 판가름하는 열쇠는 '프롤레타리아 독재'이다(Bettelheim 1989, 62~63). 노동자가 권력을 장악했는가의 문제와 부르주아의 문화와 교육이 근본적으로 제거되었는가의 문제가 생산양식을 결정짓는 핵심적인 변수이다. 하지만 그렇지 못할 경우 신부르주아가 다시 등장한다. 신부르주아는 과거의 공산당 간부와 기술관료들을 포함한다(Bettelheim 1976; Van der Linden 2007, 187 재인용). 그들은 자신의 지위를 이용하여 생산 과정의 위계구조에서 특권을 향유하게 되고, 기업을 운영하는 관료는 부르주아 계급이 된다. 기업의 독립성과 자율성이 시장관계의 확대와 가치법칙을 복원시킨다(Bettelheim 1970, 8). 이로써 노동계급은 권력을 상실하게 되며, 국가부르주아가 계획기구 내에서 성장하게 된다. 신부르주아 계급의 권력은 확대되고 1950년 후반부터 60년대 중반에 자본주의 복원은 완성된다(Bettelheim 1976; Van der Linden 2007, 188 재인용).

스위지는 소련을 자본주의로 규정하는 베틀렝의 논의에 반대한다. 그에게 있어 소련은 자본주의가 아닌 '새로운 계급사회'이다. 우선 그는 지배계급에 대한 논의에서 베틀렝과 뚜렷한 차이를 보인다. 스위지는 국가 부르주아의 존재를 공식적으로 인정하지 않는다. 지배자의 권력은 소유가 아니라 국가기구에 대한 통제와 전체 사회적 자본에 대한 통제에서 왔다(Sweezy 1999, 53). 소련은 자본주의에 비견할 많은 경제적 작동 법칙을 가지고 있지 않았다. 그러나 그는 만델과의 논의 속에서 관료를 계급과 지배계급으로 보지 않는다는 점을 명백히 했다(Sweezy 1989, 219). 자기재생산 능력을 가진 당, 국가, 군대의 상급관리만이 지배계급에 해당된다고 보았다(Sweezy 1989, 220).

스위지와 베틀렝의 논쟁은 다음과 같은 몇 가지 중요한 문제점이 있다. 첫째, 스위지의 경우 시장의 정치적 의미를 논의하기 위해서는 가치법칙, 상품, 화폐, 가격 등이 가지는 정치적 의미에 대한 논의가 필요했다. 현존 사회주의 사회에서 상품관계가 일정 기간 필요하다면, 구체적으로 시장의 어떠한 성격이 사회주의로의 이행의 걸림돌이 되는 것인지에 대한 서술이 없다. 둘째, 현존 사회주의에서 계획, 당, 국가에 대한 비판의식이 부족하다. 계획, 당, 국가가 곧 사회주의와 동일시될 수 없으며, 따라서 절대시 될 수 없다면 과연 어떻게 노동계급의 이해관계를 실현할 수 있는지에 대한 비판적 논의가 이루어졌어야 했다. 하지만 베틀렝의 설명처럼 계획이 단지 프롤레타리아적이거나 사회주의적이 아니며, 계획이 지배의 도구로 이용될 수 있다는 인식은 현존 사회주의를 분석하는 데 있어 의미가 적지 않다. 계획이 지배의 도구로 이용될 수 있다고 할 때, 이는 계획 자체가 가진 정치적 성격이 존재한다는 점을 의미한다. 계획에 대한 베틀렝의 인식에 계획의 정치적 특성에 대한 논의가 보완된다면, 계획을 통해서 현존 사회주의 사회의 성격분석에 기여할 수 있을 것이다.

3) 트로츠키주의 논쟁

(1) 타락한 노동자 국가

트로츠키(Trotsky)는 소련을 사회주의 체제(socialist regime)가 아니라 자본주의에서 사회주의로 이행을 준비하는 예비적인 체제(preparatory regime)에 있다고 보았다(Trotsky 1972, 47). 그는 노동자 국가(worker's state)가 이중적인 성격을 가진다고 보았다. 프롤레타리아 독재는 부르주아 사회와 사회주의 사회 사이의 '교량(bridge)'이다. 이러한 과도기에서 사회주의 국가는 처음부터 '이중적인 성격'을 가진다. 생산수단의 사회적 소유를 지키려고 하는 한 사회주의적이고, 생활필수품의 분배가 자본주의적 가치척도와 그에 따르는 결과를 가지고 분배가 이루어지는 한 부르주아적이다. 노동자 국가의 최종적인 성격은 부르주아 경향과 사회주의 경향 사이에 변화하는 관계에 의해서 결정된다(Trotsky 1972, 54).

트로츠키는 볼셰비키의 강령(program)과 소비에트의 현실 간의 괴리를 강도 높게 비판했다(Trotsky 1972, 49~52). 그는 국가가 사라지지 않고, 더욱 더 전제적이 되었으며, 노동계급의 전권을 위임받은 대표들(plenipotentiaries)은 관료화되었으며 관료는 새로운 사회를 지배했다고 보았다(Trotsky 1972, 55). 그런데 그는 관료주의를 비판하면서도 관료를 계급으로 판단하는 것에 대해서 반대했다. 이는 소련을 국가자본주의로 규정하는 논의에서 주요 쟁점 가운데 하나이다. 트로츠키에게 있어서 관료가 지배계급이 아닌 근본적인 이유는 관료가 생산수단을 소유하지 못했기 때문이다. 관료는 아직 자신의 지배(dominion)를 사회적으로 지지하는 특별한 유형의 소유 형태를 창조해내지 못했다(Trotsky 1972, 249). 관료주의는 '일시적으로 성장'한 것이며, 특히 서구의 혁명 실패로 인한 "역사적 상황에서 '우연적인' 난관의 산물"이었다(Trotsky 1973, 6; Callinicos 1990, 6 재인용). 기본적으로 트로츠키는 소련 사회의 역사적 의의를 강조했다. 다만 관료적 절대주의 체제에 대항하는 2차 보완적 혁명이 필요함을 역설했다(Trotsky 1972, 288~289).

만델(Mandel [1990]1995a, 66)은 트로츠키 논의의 연속선상에서 관료가 잉여를 통제하고 분배하지만, 그것이 곧 잉여를 전유하는 것과 동일한 것은 아니라고 주장한다. 관료는 노동자의 권력을 찬탈하여 자신들의 즉각적이고 물질적인 이해관계를 관철시키기 위한 '관료적 계획'을 수립하게 된다. 만델은 관료적 계획의 핵심적 특성을 불비례성으로 설명하고, 결국 이 점이 공급의 불규칙성, 만성적 기근, 생산의 끊임없는 중단 등의 문제를 발생시키게 된다고 지적했다. 관료는 자신들의 이해관계를 관철시키기 위해 한편으로 비용문제와 상관없이 자원과 설비를 더 많이 확보하려 하면서, 다른 한편으로 중앙에 생산능력을 낮게 보고함으로써 목표의 초과 달성을 통해 지위의 안정성을 확보하려 한다. 관료는 자원의 사전적 배분경제에 기반하여 움직인다. 그들은 다음 연도에 자신들의 할당 몫이 자동으로 감소하지 않을 까 우려해서 성과를 고려하지 않은 채 자원을 완전히 소비해버린다. 이에 중앙은 관료의 행태가 가진 문제를 인지하고, 관료가 보고하는 정보가 부분적으로 거짓일 것이라는 가정에서 출발한다. 중앙 계획당국은 생산과 배분의 단위에 통제자를 파견하고, 아래로부터의 통계에 대해서 독단적인 수정을 가하게 된다. 이와 같은 관료적 계획은 결국 실질적인 계획의 부재로 이어지고 만다(Mandel [1992]1995b, 169~172).

만델은 소련 경제에서 가치법칙이 소멸되지는 않았지만 결코 지배적이지 않았다는 점을 강조한다(Mandel [1992]1995b, 162). 그는 세계시장을 통한 지배력이 가치법칙이 작동하는 근거가 된다는 점을 인정하면서도, 소련 경제와 세계시장 간의 관계를 통해서 가치법칙이 관철되고 있다는 '국가자본주의론'의 견해에 대해 강력히 반박한다. 그는 러시아와 동유럽이 해외권력들과의 경쟁을 일방적으로 단절시킴으로써 근대화를 막았던 종속성으로부터 벗어났으며, 따라서 가치법칙의 지배로부터 벗어날 수 있었다고 주장한다(Mandel [1992]1995b,175).

(2) 국가자본주의

클리프(Cliff 1993)는 소련 사회가 1928년 1차 5개년 계획 이후 노동자 국가에서 '국가자본주의'로 전화되었다고 규정한다. 국가자본주의는 자본주의가 도달할 수 있는 이론적 극한으로서, '자본주의의 부분적 부정'이라고 설명한다. 그 내용을 요약하면 다음과 같다.

첫째, '가치법칙'은 세계자본주의와의 관계를 통해서 관철된다. 노동자 국가에서 가치법칙은 자본과 노동력의 배분, 상품 가격 등을 규제하기에 폐지되어야 한다. 하지만 국가자본주의는 자본주의의 부분적 부정이기에 '가치법칙의 부분적 부정'이다. 하지만 가치법칙이 부분적으로 부정된다고 해서 경제가 이 법칙으로부터 자유로워지는 것은 아니다. 반대로 경제 전체는 가치법칙에 종속된다. 차이가 있다면 가치법칙이 자신을 표현하는 형태에만 있다. 국가는 생산수단을 소유하고, 노동자를 착취하게 되는데, 이때 사회적 총노동시간, 착취율, 잉여가치율을 가치법칙에 의존하여 결정한다(Cliff 1993, 154~156).

둘째, 클리프는 소련의 관료를 '계급'이라고 규정한다. 그는 소련의 관료가 실제로 국가를 '소유'하고 있으며 축적 과정을 통제하고 있기 때문에, 가장 순수한 형태로의 '자본의 인격화'라고 규정한다. 그는 소련의 관료가 자본가 계급과는 다르지만 동시에 자본가 계급의 역사적 본질에 가장 근접했다고 판단했다. 그래서 소련은 독점자본주의로부터 발달한 국가자본주의와는 다른 '관료적 국가자본주의(bureaucratic state capitalism)'이다(Cliff 1993, 164). 하지만 관료는 경영자로서의 역할을 담당할 뿐, 직접적으로 생산수단을 소유하지 않는다. 생산수단의 소유는 국가의 몫이다. 클리프는 국가와 관료의 이러한 역할 분담을 소유와 경영의 분리로 설명하고 있다. 관료는 생산 과정을 지휘하므로 그 특성이 자본의 인격화라고 할 수 있지만, 생산수단을 소유하지 않았기 때문에 노동자로서 그리고 가치의 생산자로 보이게 된다는 주장이다. 클리프는 국가와 개별 관료 사이의 잉여가치 분할을 통해서 관료가 인격화된 자본이라는 점을 확인할 수 있다고 보았다. 국가와 개별 관료 혹은 관료들 사이의 잉여 분할은 자본주의에서 이윤이 기업이윤과 이자로 분배되는 것 혹은 주식소유자에게 분배되는 것과 마찬가지로 일정한 법칙이 없다고 주장한다. 물론 잉여의 분할에는 일정한 경향이 정립될 수 있다. 여기에는 축적의 가속화를 요구하는 세계자본주의 압력, 생산이 이미 도달한 물질적 수준, 축적의 원천을 감소시키는 이윤율 저하경향 등이 영향을 줄 수 있다. 그 결과 관료계급은 축적과 소비의 경향을 보이게 된다.

셋째, 클리프는 소련이 '노동자 국가'가 아니라는 점을 증명하기 위해 소련 사회의 노동계급이 '억압과 착취의 대상'일 뿐이라는 사실을 보여주는 다양한 사례들을 제시하려 했다. 소련 사회에서 노동조직은 노동계급의 이익을 대변하는 일 자체가 법적으로 금지된다. 노동계급의 자율성은 법적으로도 통제된다. 또한 노동계급은 '사회주의 경쟁'으로 인해 원자화된다. 결정적으로 축적을 위해서 여성 노동의 인입이 지속적으로 증가하였으며, 심지어 '강제노동'이 이루어지기도 했다. 축적을 위해 소비의 희생이 강요되었으며, 노동계급의 궁핍화가 지속되었다(Cliff 1993, 27~61). 또한 클리프는 소련에서 가치법칙이 작동하지 않지만, 상품이 될 수 있는 필요조건을 충족시키는 것처럼 보이는 것으로 '노동력'을 꼽고 있다. 소련에서 노동력은 자본주의적 생산양식에서 노동자가 가지고 있는 '이중의 자유'를 가지고 있는 것처럼 보인다. 대신 노동력의 구매자가 '하나' 밖에 존재하지 않기 때문에 구매자와 판매자 사이의 계약관계에서 판매자가 더욱 더 불리해질 수밖에 없다. 하지만 소련 사회에서 내용은 형식과 모순된다. 임금은 시장을 통해서 결정되지 않고, 계획을 통해서 결정된다(Cliff 1993, 194~196).

4) 비마르크스주의

레인(Lane 1996)은 비마르크스주의(non-marxism)적 입장에서 국가사회주의를 마르크스의 유토피아와는 다르고 또한 자본주의와는 구별되는 '산업사회'로 규정한다. 그의 논리적 전개방식은 마르크스와 구별되는 마르크스-레닌주의의 특성을 부각시키고, 이를 통해서 소련의 정치권력과 이론가들의 소련 사회에 대한 자체적 평가를 산업사회론을 통해서 재평가하는 형태를 취하고 있다.[5]

마르크스-레닌주의는 마르크스주의와 같이 부르주아 사회의 비판이 아니라 스탈린하에서 취해진 정책에 관한 지적 합리성을 제공하는 발전이데올로기라고 규정한다.[6] 그러나 소련 사회의 제도는 서구 자본주의의 그것과는 몇 가지 중요한 차이점을 가지고 있다. 완벽한 생산수단의 국가소유, 국가에 의한 경제잉여의 투자, 이윤의 유출 등이다. 이는 시장 메커니즘 대신에 행정적(administrative) 지도와 통제를 의미한다. 생산과 분배는 중앙계획기구에 의해서 이루어졌으며, 급속한 산업화를 위해서 국가는 자원을 집중했다. 1929년 농업집단화가 시작되었다. 집단화의 추진 목적은 두 가지이다. 첫째 도시로 이주한 새로운 노동력의 생계유지를 위해서 필요한 자원을 농업잉여의 추출을 통해 충당하기 위함이다. 둘째, 농촌지역에서 존재하는 잠재적인 반혁명세력들을 제거하기 위해서이다. 또한 문화혁명과 사회발전을 추진한다. 혁명 이후 세 가지 주목할 만한 목적이 설정된다. 첫째, 임금차별화이며, 둘째, 구조적 실업을 차단하고, 완전고용의 유지를 주요한 사회정책의 목적으로 삼는다. 셋째, 복지(교육과 건강), 국가 연금, 보조금(식량과 주택)이 생계의 중요한 구성요소가 된다(Lane 1996, 40~47).

소련의 정치권력에게 이와 같은 혁명 이후의 모습들은 소련 사회가 사회주의, 즉 1단계 공산주의에 도달했음을 의미했다. 자본주의적 계급관계를 극복하고, 생산은 '교환'이 아니라 '사용'을 위한 것이었으며, 자본축적은 노동착취의 결과물이 아니었다. 국가가 투자자였으며, 계획 메커니즘이 시장을 대체했다. 분배는 국가의 영향력 아래에서 진행되었다. 1936년 스탈린 헌법은 공식적으로 소련사회를 사회주의 사회로 공표했다.[7] 스탈린주의로 인해서 사회주의는 발전이데올로기가 되었으며, 사회는 공산당에 의해서 동원되었다. 또 공산주의적 생산양식의 발전은 국가 소유, 통제, 강압에 의해서 성취되었다(Lane 1996, 47~48).

레인은 국가 사회주의 모델에 따르면 생산수단의 국유화로 대립적 모순은 사라졌지만, '비대립적' 모순—정신노동과 육체노동, 도시와 농촌 사이의 모순—이 지속되었고, 젠더(gender), 민족, 인종으로 인해서 발생하는 대립이 여전히 남아 있다고 보았다. 이러한 차이는 노동분업, 생활양식, 상품과 서비스(특히 교육)에 대한 접근, 정치적 영향력에서의 불평등과 관련되어 있다. 광범위한 경제·문화 정책은 중앙 국가기구에 의해서 실행된다. 정치 메커니즘이 지배적이 되었고, 계획의 달성이 정치적 인디케이터(indicator)가 되었다. 정치적 시장은 사라지고, 행정적 통제가 이루어졌다. 짜르정권으로부터 물려받은 유산인 경찰에 의한 통제가 서구 자본주의보다 광범위하게 이루어졌다. 계획은 당과 국가의 통제하에 있었으며, 그 결과 계획기구는 세계 최대의 관료조직이 되었다. 또한 광범위한 경찰과 감시망을 통해서 반대세력에 대한 감시와 처벌이 이루어졌다(Lane 1996, 49~51).

레인은 국가 사회주의 특성을 자본주의와 비교하여 표 2-1-1와 같이 요약한다(Lane 1996, 52). 이를 통해서 그는 국가 사회주의가 자본주의와는 또 다른 형태의 산업주의의 조직형태라고 결론을 내린다. 국가 사회주의는 부르주아가 취약한 이행기에 적절한 국가와 사회 형태라는 주장이다(Lane 1986, 53). 그는 베링턴 무어(Barington Moore)의 테제—"부르주아 없이, 민주주의 없다."—를 인용하면서 러시아에서 부르주아가 취약했기 때문에, 당과 국가의 영향력이 강해질 수 있었으며, 그 결과 국가가 생산력 발전에 지배적인 영향력을 행사하게 되었다고 주장한다. 그는 이러한 점들을 짜르의 전통이 실현된 것으로 보았다. 또한 그는 이데올로기의 역할을 강조한다. 사회주의 이데올로기는 산업주의와 근대사회의 출현을 정당화했다(Lane 1996, 52~53).[8]

표 2-1-1. 자본주의와 국가사회주의의 조직 원리

자원	자본주의	국가 사회주의
재산	사적	공동(public)/국가
목적	자유	평등
효율성	시장	계획
효과(effectiveness)	민주적 경쟁	중앙 통제
연대	다원주의적	집단주의적
통합	사적	공적
지배	법	정치
만족	여가	노동

출처: Lane 1996, 52.

5) 네오마르크스주의: 새로운 생산양식으로서의 '현존 사회주의'

현존 사회주의를 자본주의나 사회주의가 아닌 또 다른 성격을 가진 사회로 분류하는 일련의 논의들이 존재한다. 대표적으로 이는 1970년대 서독(독일)의 네오마르크스주의(Neomarxism)의 논쟁을 중심으로 진행되었다. 그 가운데 이 책에서는 바로(Bahro), 헨니케(Hennicke), 슐쩨(Schultze), 다무스(Damus) 등의 논의를 소개한다. 마찬가지로 비슷한 시기에 영국의 마르크스주의자인 틱틴(Ticktin)은 만델과 베틀렝의 논의를 모두 비판하고, 현존 사회주의를 자본주의와는 다른 새로운 생산양식으로 이해한다는 점에서 서독의 네오마르크스주의 논쟁과 유사성을 가지기에 그 내용을 소개한다. 물론 이 책에서 소개하는 논의가 네오마르크스주의의 전부는 아니다. 네오마르크스주의 내부에서도 현존 사회주의를 새로운 생산양식으로 규정하지 않는 논의도 적지 않다. 다만 네오마르크스주의는 스탈린주의에 실망했으며, 마르크스의 고전적 사회주의 개념을 기초로 현실에서 실제로 존재하는 사회주의를 비판했다는 공통점을 가지고 있다. 1970년대 서유럽의 네오마르크스주의자들은 이론과 현실의 괴리 앞에서 다시 이론의 깃발을 높이 들었다.

(1) 서독(독일)의 네오마르크스주의

가. 바로의 '실제로 존재하는 사회주의'

바로(Bahro 1978)는 동유럽 사회와 소련을 마르크스의 고전적 사회주의 개념과 구별되는 '실제로 존재하는 사회주의(real existierender Sozialismus; *actually existing socialism*)'로 규정한다. 실제로 존재하는 사회주의가 마르크스의 공산주의 개념과 다른 점은 관료화와 불균등 발전, 그리고 공산주의의 물질적 조건, 노동의 성격, 노동분할의 결과로부터 찾을 수 있다고 보았다(Bahro 1978, 30~31). 무엇보다 먼저 실제로 존재하는 사회주의는 그 출발점부터 이론과는 달랐다. 실제로 존재하는 사회주의는 저발전(반(半)봉건제 혹은 반(半)아시아적 생산양식) 상태에서 시작되었으며, 따라서 생산력의 발전을 위한 산업화가 우선적인 과제가 되었다(Bahro 1978, 50). 그러나 사적 소유의 폐지는 발전의 길이 아니라 오히려 과거의 아시아적 생산양식(Asia's mode of production)이나 경제적 전제주의(economic despotism)와 유사한 지배형태가 등장하는 배경이 되었다(Bahro 1978, 67). 그래서 바로는 소련을 '산업적 전제주의'(industrial despotism)로 규정한다. 물론 산업적 전제주의는 진정한 사회주의로의 이행을 위해 필요한 생산력의 발전을 추진하는 과정에서 발생한다(Bahro 1978, 119). 이 과정에서 관료적인 '강한 국가'가 등장하게 된다(Bahro 1978, 128~129). 이는 마르크스주의에 대한 바쿠닌(Bakunin)의 비판—마르크스주의는 소수지배자의 전제주의(a despotism of the governing minority)이다—이 아직 끝나지 않았으며, 헤겔(Hegel)의 전통—강력한 국가권력—을 다시 등장시켰다(Bahro 1978, 40~43).

바로는 실제로 존재하는 사회주의에서 국가 자체가 노동분업에 따라 작동한다고 보았다. 국가는 다양하고 상이한 수준을 반영하고, 전체 사회적 재생산 과정의 구조를 파생시킨다. 결정적으로 관리의 기능을 담당하는 것이 '계획'이다. 계획은 국민경제를 감독하고, 계획을 통한 명령의 위계가 시작되기에 비자본적이지만, 계획의 과학적인 성격은 실현되지 않는다. 계획을 관리하는 관료를 위한 특별한 이익이 출현하기 때문이다(Bahro 1978, 151~156). 그러나 관료의 지배와 이익추구는 쉽게 노출되지 않는다. 관료의 지배가 은폐됨으로써, 현존 사회주의 경제가 모든 것을 낭비함에도 불구하고 붕괴되지 않는다는 자부심을 가지게 한다(Bahro 1977, 134).[9]

실제로 존재하는 사회주의에서 관료의 지배는 국가와 당기구를 통해서 표현된다. 당과 국가기구에서 관료의 업무는 정치경제학적으로 직접생산자와 대립적인 관계를 가지게 된다. 국가소유는 정치관료적 그리고 행정적 처분권의 지배로서, 독특한(*sui generis*) 생산관계를 표현한다. 반면 노동자는 당과 국가기구의 처분권을 위한 잠재력을 강화시키는 반면 자신의 무능력(*Ohnmacht*)을 더욱 더 심화시킨다(Bharo 1977, 198~199). 노동대중은 실권을 가진 지위에 접근하지 못한다. 노동자는 처분 과정에서 단지 선택적으로 그리고 우연히 영향을 미칠 수 있을 뿐이다. 이와 같은 관료와 대중의 대립은 현존 사회주의의 생산관계를 표현한다. 당의 리더십은 계급사회를 극복하기 위해서 작동하는 것이 아니라 오히려 그것을 고착화하고 영속화시킨다(Bahro 1978, 241~242).

당과 대중의 인전대는 교육적이기보다는 오히려 주로 행정적이고 억압적이었다(Bahro 1978, 242~243). 노동조합은 노동계급의 이익이 아니라 국가기구를 지지하는 기능을 담당하게 된다. 이에 노동계급은 원자화되고 탈정치화된다(Bahro 1978, 189~190). 당기구는 정치관료에 종속되어 있으며, 이는 교회적 위계제(*Kirchenhierarchie*)이면서, 강력한 중앙집권적 국가(*Überstaat*)이다. 전체구조는 유사-신권정치적(*quasi-theokratisch*)이다(Bahro 1977, 201). 모든 경제적, 정치적, 정신적 결정권의 중앙집권적 독점화는 당의 사회적 명령과 그것의 정치적-조직적 존재형태 사이에 존재하는 극복할 수 없는 모순을 지도한다(Bahro 1977, 203).

나. 헨니케의 '과도기 사회 이론'

헨니케(Hennicke 1973)는 사회주의를 공산주의로의 이행을 위한 과도기로 규정하고, 마르크스의 공산주의 개념이 가지고 있는 한계로 인해서 궁극적으로 생산양식 사이의 이행기에 대한 이론의 정립이 필요함을 제기하고 있다. 먼저 그는 사회주의와 공산주의에 대한 마르크스의 논의가 상대적으로 정확하지 못한 측면을 가지고 있음을 비판한다. 첫째, 마르크스의 논의가 발전된 자본주의 생산양식을 토대로 했기 때문이다. 둘째, 공산주의 사회가 자본주의의 정치·경제를 비판하기 위한 것이기 때문이다. 셋째, 마르크스는 자본주의 이후의 생산양식에 관한 이론에 관해서 방법론적이고 내용적인 출발점만을 이해하고 있기 때문이다. 넷째, 역사적 전제조건과 출발점을 분석에 포함하고 있지 않다면 마르크스와 엥겔스의 주장은 과도기 사회발전의 척도로 직접적으로 사용하기 어렵다. 또한 대립이 사라지는 것이 필연적이고 객관적인 가능성을 가지고 있다는 설명은 압축적으로 기술되어 있다. 이는 자본주의와 전자본주의적 생산양식에 대한 역사적 변증법적 분석으로부터 유추된 것이다(Hennicke 1973, 82~85).

헨니케는 과도기 사회에서 가치법칙은 관철되지 않는다고 결론을 내린다. 가치법칙은 상품을 생산하는 사회의 법칙으로서, 중앙집권주의에서는 관철되지 않는다고 보았다. 또한 상품－화폐관계, 수정된 작동, 가치법칙의 이용에 대해서도 전체적으로 서술하기 어렵다고 판단하였다. 예컨대 1965년 경제개혁 이후 소련에서처럼 기업결정의 자율성이 제한된다면, 소련경제가 가치법칙에 의해서 조정된다고 주장할 수도 없고, 계획경제가 가치법칙을 이용한다고도 할 수 없다. 그리고 비용에 대한 이익(*Gewinn*)을 잉여가치가 실현된 형태로서 이윤(*Profit*)의 범주로 해석할 수도 없다(Hennicke 1973, 107~108).

헨니케는 발리바르(Balibar 1972)의 생산양식과 이행기의 특성에 관한 개념을 바탕으로 과도기의 생산양식에 관한 이론 정립의 필요성을 제기한다.[10] 그는 '국가소유'라는 법적 소유 형태를 바탕으로 과도기의 생산양식 개념이 설명되어야 한다는 점을 강조한다. 국가소유라는 법적 소유의 형태는 노동력과 생산수단을 사적으로 혹은 집단적으로 소유하거나 실질적으로 전유하는 것을 은폐하게 된다. 국가소유라는 형태 때문에 과도기에 발생하는 지배와 종속관계는 신비화되고 있다. 하지만 한편 혁명 이전에 전자본주의적 생산양식이 지배했음에도 불구하고, 국가소유는 사회적 기준에 따른 계획된 자원분배와 정치적 권위의 개입을 통해서 사회주의적 생산관계로의 전환을 발생시킨다. 생산수단에 대한 사적 소유가 국가소유 혹은 집단소유로 변화되는 일은 혁명 이전의 생산양식이 점진적으로 전환되기 위한 정치적 전제조건을 형성한다(Hennicke 1974, 123).

헨니케에 따르면 생산양식이 이행하는 과도기의 국가형태(*Staatsform*)는 정치권위의 역할에 따른 문제일 뿐이기 때문에, 과도기 사회의 국가유형 (*Staatstyp*)은 자본주의 국가가 될 수 없다.[11] 처음으로 국유화를 토대로 경제적 그리고 정치적 기구가 모든 측면에서 침투하여 새로운 국가유형으로의 이행이 발생하게 된다. 새로운 국가유형에서 가능한 국가형태를 이론적으로 제시하기 위해서, 그리고 과도기 사회의 특정한 발전단계에 관한 적절한 구체적 형태를 도출해 낼 수 있기 위해서, 특정한 생산 과정에서 잉여생산물의 생산방식과 내용 그리고 집단적 전유의 전제조건을 분석해야만 한다. 역사적으로 중국과 소련의 농업경제에서 잉여생산물의 전유는 사회주의 건설과 그것이 실현된 본질적 특성에서 핵심적인 문제로 이해된다. 농업생산물을 수취하는 문제는 어떠한 정치적 권위가 그것을 수취하며, 누구의 이익을 위해서 사용할 것인가 하는 정치적 문제이다(Hennicke 1973, 124~125).

다. 슐쩨의 '프롤레타리아 독재기로서의 과도기 사회'

슐쩨(Schultze 1973)는 과도기를 프롤레타리아 독재기로 이해한다. 자본주의적 생산양식의 붕괴와 함께 대체되는 과도기—'프롤레타리아 독재' 기간—는 기존의 경제, 이데올로기, 사회적 관계와 구조에 대한 전체적 변화가 아니라 사회주의적 의미에서 생산관계의 전화를 위해 필요한 정치적 전제조건이 형성될 수 있을 뿐이다. 프롤레타리아 독재기는 자본주의적 모순의 해결이 아니라 그 자체가 모순의 표현이자 결과이다. 이 기간 동안 구사회의 태반 (胎盤)에서 벗어나지 못하게 되며, 상품범주는 일부 영역에 '잔존(*Überleben*)' 하는 것이 아니라 '존속(*Weiterexistenz*)'되고 있는 것이다(Schultze 1973, 158).

슐쩨는 사회적 생산수단에 관한 사적인 조정을 제거하는 것이 곧 사회주의라고 규정한다. 따라서 그는 사회주의적 생산관계의 관철이 본질적으로 정치적 수준에서 착취계급을 상대하는 투쟁을 반영하고 대중의 문화적 기준을 전체적으로 상승시킨다는 논리에 대해서 동의하지 않는다. 생산수단의 국가 소유로의 이전은 존속되고 있는 생산형태와 생산관계의 내용을 거의 표현하지 않는 사회주의적 생산관계의 형성을 위한 조건이다. 그러나 이러한 논의는 기본적으로 자본주의적 기능의 역사적 형태 변화와 생산수단의 소유(*Eigentum*)와 사용(*Besitz*) 사이의 차이점을 반영하지 못한다. 그리고 토대와 상부구조의 관계, 즉 경제와 정치가 분리되어 이해되고 있기 때문에, 이러한 문제의식에 대해서 의문을 제기하지 않을 수 없다. 그래서 슐쩨는 토대와 상부구조를 중심으로 하는 구조적 이해를 강조한다(Schultze 1973, 159~160).

과도기 사회에서는 토대와 상부구조의 관계에서 '정치의 우위'가 나타난다. 과도기는 공식적인 정치권력의 인수, 부르주아 국가기구의 파괴 시도, 사회적 생산수단에 대한 프롤레타리아 국가의 공식적인 인수라는 일련의 과정을 거치게 된다. 이러한 과정에서 자본주의적 착취를 끝내기 위해서 정치적−조직적 권력이 결정적인 역할을 하게 된다. 그리고 '정치적 지배'는 사회주의적 생산구조의 형성을 위한 혁명적 행위에 따르는 목적의식적 행위로 이해된다. 과도기에서 토대와 상부구조는 정치적 지배라는 특성을 가지게 되며, 이는 상이한 생산양식이 존속하는 근간이 된다. 과도기 사회에서 정치우위는 단지 의식적인 계획과 관리를 통해서 자본주의적 시장법칙의 형태와 그것의 작동이 존재의 근간이 아니라는 점을 말해줄 수 있을 뿐이다. 반대로 정치는 초기에 필수적인 생산수단의 국유화와 가치법칙의 작동에 대한 제한을 통해서 암묵적으로 그리고 상대적으로 경제에 복종하는 것이 아니라 생산의 조정을 통해서 의식적인 사회적 계획을 추진한다(Schultze 1973, 161).

국가는 직접 생산자에 대한 사회적 소유의 중재자로서, 과도기 사회의 가장 중요한 지지자이다. 국가의 계급적 성격은 대중의 위상과 역할을 통해서 결정된다. 대중이 어느 정도까지 사회적 집단 혹은 직접적인 통제를 바탕으로 정치경제 과정 전체에 영향을 미칠 수 있는지, 아니면 국가소유제하에서 전체적인 결정 과정에서 나타나는 직접 생산자와 생산수단의 분리가 대중의 참여와 통제를 통해서 제거될 수 있는지 여부에 의해서 국가의 계급적 성격이 결정된다. 국가기구가 대중의 이러한 참여와 조정으로부터 벗어나고, 따라서 직접 생산자가 생산수단에 대한 처분권과 분리되는 사회에서는 국가수준과 생산영역에서의 대중과 국가 간 대립이 존재할 수 있다. 관료적, 정치적, 이데올로기적 역할을 담당하는 공무원들(*Funktionsträger*)은 국가소유에 경향적으로 추가적 소유를(법적으로 공식적인 것은 아니다) 할 수 있고, 계급을 구성할 수 있다. 공무원(*Funktionsträger*) 혹은 관료의 지배는 직접적으로 재생산을 위한 자본주의 생산관계와 계획관계에서 이중적으로 존재한다. 계획관계는 더 이상 사회주의를 위해서 사회를 전환시키는 역할을 하지 않는다. 경제상황의 모순적 성격은 공식적 경제이론에서 부인되고, 대신에 개념적으로 '사회주의적 상품생산'과 '사회주의적 가치법칙'과 같은 운동형태에서 발견된다. 그리고 이는 효율성과 수익성을 지향하는 제한적인 해결책을 발견하게 된다(Schultze 173, 161~162).

라. 다무스의 '현존 사회주의의 사회적 종합'

다무스(Damus 1973; 1978)는 현존 사회주의(*realer Sozialimus*)의 지배도구인 '계획'에 주목한다. 그녀는 존―레텔(Sohn-Rethel)의 '사회적 종합(*gesellschaftliche Synthesis*)' 개념을 현존 사회주의에 적용한다. 현존 사회주의는 계획을 중심으로 하는 '명령'에 의해서 사회적 종합을 성취한다. 이는 자본주의의 상품교환에 의한 사회적 종합과는 분명히 구분되며, 봉건제의 명령과 같이 개인적인 예속관계에 근간하고 있지 않다는 점에서 차이를 보인다(Damus 1978, 194~195). 계획은 '교환'을 근거로 하는 형식 합리성에서 완전히 벗어나려 애쓰지만 시장적 요소를 포함하게 된다. 자본주의와 같이 완벽하게 형식 합리성에 기초한 사회는 존재할 수 있지만, 형식 합리성을 완전히 배제한 사회는 역사적으로 존재하지 않는다(Damus 1978, 131~132).

현존 사회주의에서 '사회적 종합'의 수단인 계획은 상호 모순적 요소들로 구성되어 있다. 첫째, 이념형적 사회주의는 화폐와 시장으로 대표되는 형식 합리성(*formale Rationalität*)이 배제되고 사회주의적 가치가 실현된 실질 합리성(*materielle Rationalität*)이 지배하는 사회이지만 현존 사회주의의 계획에는 형식 합리성과 실질 합리성이 공존한다.[12] 둘째, 계획은 가격과 가치범주를 배제하려 하지만 현물계획의 지배는 실현되지 않는다. 물론 가격에는 생산비용(감가상각비, 기본폰드, 노동력의 재생산 비용)이 정확하게 반영되어 있지 않다. 다만 가격은 탈중앙집권화의 시도를 의미하는 것으로 기업들 사이에 그리고 중앙과 기업 간에 추상적 사회화의 국면으로서 형식 합리성에 의한 정당화의 압력에 대한 대응이다. 즉 중앙의 권위가 상대적으로 약화되었음을 말해준다. 셋째, 가치와 가격의 관계를 통해서 지배관계를 파악할 수는 없다. 현존 사회주의에서 계획을 통해 사회적 관계를 파악할 수 있으며, 계획은 부르주아적 사회관계(교류형태)의 형태와 내용—(역자: 자본주의로부터) 전승된 노동분업, 노동시간과 자유시간의 분리, 물질적 사적 이익의 추구, 추상적 도덕에 대한 물질적 사적 이익의 우위—을 유지시키고, 형식 합리성을 지속시킨다. 넷째, 계획은 관습적인 목적인 '양적 성장'에 벗어나지 못했으며, 자연스럽게 관습적인 수단을 강요한다. 이는 추상적 수준에서 확정된 사회적 목적, 곧 사회주의와 공산주의로 의도하지 못한다. 지배관계를 유지하기 위해서 양적 성장이 필요하지만, 결국 이는 사회적 종합과 지배관계 그리고 양적 성장마저 방해하게 된다는 '계획의 역설'이 발생한다. 마지막으로 자본주의 사회에서 개별 노동의 사회화는 추상적 노동을 근간으로 하는 시장에서의 교환을 통해 이루어지는 간접적 혹은 추상적 사회화(indirekte oder *abstrakte Vergesellschaftung*)라면, 사회주의 사회에서 교환이 배제되며 개인의 노동은 직접적으로 총노동의 구성요소로서 존재하기 때문에, 인간의 구체적 노동은 처음부터 사회화가 이루어지는 직접적 혹은 구체적 사회화(direkte oder *konkrete Vergesellschaftung*)이다.[13] 그러나 현존 사회주의에서는 비민주성, 개인과 전체 이익의 부조화, 개인의 객체화, 추상적 사회화의 국면으로서 형식 합리성이 필요하게 됨에 따라 구체적 사회화는 실현되지 않는다(Damus 1978, 130~164).

즉 현존 사회주의에서 지배의 도구인 동시에 사회적 종합의 수단인 계획은 이와 같이 대립적이고 모순적인 요소들이 결합된 결정체이다. 따라서 다무스는 계획을 사회주의와 동일시할 수 없으며, 이를 토대로 현존 사회주의가 자본주의도, 사회주의도, 그리고 자본주의에서 사회주의로의 이행기 사회라고도 할 수 없는 '새로운 생산양식'이라는 점을 강조한다(Damus 1978, 196~197).

또한 다무스에게 '계획'은 사회적 변화의 바로미터이다. 그녀는 계획체제의 성격 변화를 통해서 동독의 사회적 변화를 읽어낸다. 예컨대 1963년 이전의 계획은 중앙집권적 성격이 상대적으로 더욱 더 강했다. 이는 양적 지표(*Volumenskennziffern*)에 의한 중앙의 조정을 통해서 확인된다. 하지만 기업은 양적 목표 달성을 위해서 생산물의 질적인 수준을 고려하지 않고, 비용과 가격 간의 관계와 상관없이 계획된 적자로 운영하게 된다. 결과적으로 계획 과정은 중앙계획모델로서, 중앙에 의한 직접적 조정으로 경제 과정의 목적의식적인 사회적 과정의 형성을 제공해야 하지만 실질적으로 거의 근거가 없다. 1963년~1970년 사이에 계획의 중앙집권적 성격이 약화되면서 이익(*Gewinn*)을 기준으로 기업이 운영된다. 가치범주가 수용되며 효율성의 문제가 더욱 더 강조된다. 개별 생산 단위의 자율성이 상대적으로 증가하며, 결과적으로 사회적 이익과 개인적 이익이 분산된다. 이론적으로 중앙은 개인의 이익을 통제하고 관리하지만, 실제로는 이익의 분산은 중앙과 개인의 갈등 요인으로 작동한다. 이에 결국 1970년 이후 동독에서 중앙계획이 다시 강조되는 모습이 발생하게 된다. 계획체제의 이와 같은 일련의 변화는 계획의 효율성에 대한 평가에서부터 중앙과 개인의 관계, 개별 행위자의 자율성, 계획의 사회적 통제와 관리기능의 변화, 도덕적(이데올로기) 요소와 물질적 이익 간의 충돌 등의 변화를 대변한다(Damus 1973, 215~241).

(2) 틱틴의 '과도기 사회'

틱틴(Ticktin 1973)은 소련 사회를 자본주의도 사회주의도 아닌 과도기 사회로 규정한다. 그는 소련 사회의 모순과 그로인해서 발생하는 역동성(dynamics)에 주목한다. 먼저 경제적 모순은 '낭비'(waste)를 발생시킨다(Ticktin 1973, 24~32). 소련에서 낭비는 중공업 우위의 축적전략이 가져온 오류로서 생산물의 질, 기술혁신의 속도, 노동력의 낮은 기술 수준, 낮은 설비가동률 등이 주요한 현상이다. 낭비의 원인은 계획과 시장의 모순이 아니라 위와 아래의 갈등과 대립 때문이다. 위(엘리트)와 아래(인텔리)의 모순의 근간은 각각이 자신의 이익을 추구하기 때문이다. 따라서 엘리트는 체제를 유지하기 위한 방편으로 원자화(atomization)를 이용한다.

원자화는 직접적인 통제와 감시 때문이기도 하지만 노동자 간의 경쟁 때문이기도 하다. 원자화로 인해서 엘리트에 대한 의존성이 높아지고 사회적 안정성이 유지된다(Ticktin 1992, 24~26). 여기서 엘리트에 대한 의존성이 높아지는 이유는 노동자가 잉여생산물을 수취할 권한을 가지고 있지 못하기 때문이다. 그런데 원자화를 통한 사회의 안정성 확보는 '저성장'이라는 대가를 지불하게 된다. 연성예산제약과 같이 개별화로 인한 사회적 비용의 지출이 확대되기 때문이다. 원자화의 이와 같은 경제적 한계는 사회적 균열을 증대시키는 원인이 된다.

틱틴은 소련경제에서 가치법칙은 작동하지 않는다고 판단했다(Ticktin 1973, 36~38). 그 이유는 첫째, 분배는 가치법칙이 아니라 현물 형태로 이루어졌다. 둘째, 국가가 결정한 가격은 비용과 관련이 없으며, 대부분의 소비내구재 경우에 대량구매를 회피하려 하기 때문에 화폐는 거의 가치가 없다. 셋째, 사회세력들 사이에 분배의 차이는 직접적이고 자연적인 형태를 띠고 있다. 일부 세력에 대한 특혜는 국가에 의한 할당이나 직접적인 접촉을 통해서 이루어진다. 요컨대 경쟁이 없는 상태에서의 이윤은 계획 목표의 인디케이터로서, 기업의 비용과 이익을 계산하는 기술적 현상에 불과하다. 그는 소련 사회를 "역사적으로 자본주의를 전복시켰지만, 프롤레타리아 독재가 제거된 사회"로 간주하는 것이 더 정확하고 유용하다고 주장한다. 그 결과 두 사회구성체(자본주의와 사회주의)의 요소가 모두 잔존해 있다.

틱틴은 특권세력의 존재를 인정하면서도, 그들은 계급이 아니라 '엘리트'라고 규정했다. 그 이유는 첫째, 과거에는 엘리트로의 이동성이 높았다. 엘리트는 불안정한 세력이다. 1970년대에 엘리트 내부에는 조직과 사적 이익 간의 사회경제적 갈등이 존재했다(Ticktin 1973, 38~39). 둘째, 인텔리의 일부는 엘리트가 되지만, 나머지는 권력으로부터 배제되며 노동자보다 못한 삶을 영위하게 되어 불만을 해소하기 위해 개혁을 지지하게 된다(Ticktin 1973, 39). 노동자와 인텔리 간의 이와 같은 이해관계의 차이는 원자화의 결과로서, 사회적 불안정성의 요인인 동시에 사회적 안정성을 유지하게 되는 이유이기도 하다. 노동계급은 인텔리가 아니라 엘리트를 지지하게 된다. 셋째, 노동계급과 엘리트 사이의 모순에 관해 생각해보면, 노동계급은 인텔리와 같이 이익을 추구하지 못하고 생산에서 어떠한 인센티브도 획득하지 못한다. 생산관계는 투명하며 엘리트의 특권은 명백하지만, 노동계급은 원자화되어 있기 때문에 단지 우발적이고 충동적인 행위만이 가능하다(Ticktin 1973, 40~41). 경제·사회적으로 낭비를 극대화하는 방식으로 인해 노동계급은 자신의 노동에서 소외된다. 노동계급은 주거지에서 그리고 공장에서 효과적으로 감시된다. 또한 잉여는 분명히 노동계급으로부터 나오지만, 소련 사회에서 추상적 노동은 존재하지 않는다. 따라서 가치도 상품도 존재할 수 없다(Ticktin 1992, 86).

3. 논쟁의 평가

1) 가치법칙 개념의 모호성

토니 클리프는 소련 국내경제의 차원에서는 가치법칙이 관철되지 않지만, 세계시장과의 관계에서 발생하는 국제경쟁, 특히 군비 경쟁으로 인해 작동하게 된다고 판단했다. 하지만 그의 견해에서 세계시장 수준에서의 가치법칙에 대한 개념이 명확하지 않다. 클리프의 견해는 국제경쟁으로 인해서 소련 국내경제가 착취율과 자본의 구성에 영향을 받게 됨으로써, 세계시장의 지배를 받게 된다는 논리로 이해될 수 있다. 그러나 국제경쟁과 국내 경제에 대한 압력을 통해서 세계시장에 대한 지배와 가치법칙의 관철을 판단하기는 힘들다(木原行雄 1982; 이채언 2008, 388~389에서 재인용). 가치법칙의 작동을 인정한다고 해도, 콜메이(Kohlmey 1962, 44; 56)의 주장처럼 자본주의 국가와 현존 사회주의 국가에서 국제적 가치와 국제시장가격의 괴리로 인한 국제시장에서의 가치법칙 수정은 불가피해 보인다. 더욱이 네오마크스주의의 논의처럼, 환율의 문제 역시 고려되어야 한다(Busch, Schöller, Seelow 1971, 27~28; Neusüss 1972, 146; 182). 세계시장에서 가치법칙의 작동이 통화의 상대적 가치(환율)를 통해서 한 국가의 절대적인 우위를 무너뜨리게 된다는 설명이다. 환율이 국가경계의 역할을 하고 있다는 점을 감안한다면, 국제경쟁으로 인한 국내경제에서의 착취율과 자본 구성의 변화에 관한 클리프의 설명은 설득력이 약하다. 특히 군비경쟁으로 착취율과 자본의 구성이 변화되었다면 기본적으로 그 성격이 체제 간의 이데올로기적 그리고 정치적 경쟁이라는 점을 고려해야 한다. 체제경쟁으로 인한 착취율과 자본의 구성이 변화되었다면, 오히려 이는 소련경제에서 정치의 우위와 계획경제의 중앙집권적 성격을 말해주는 것으로 판단하는 것이 타당하다.

또한 자본주의적 '시장'과 비자본주의적 시장이 구분되어야 한다. 시장은 결코 자본주의만의 특성이 아니다(Polanyi [1957] 1997). 비자본주의적 시장에서 유통되는 생산물은 상품이 아니다. 그러한 생산물은 교환가치의 생산을 전제로 하지 않으며, 이윤 획득이 아니라 욕구(need)의 충족을 목적으로 한다. 전자본주의 시장에서의 교환은 개별 생산자가 자신의 생산력 한계로 인해 발생한 필요(need)와 부족(shortage)을 해결하기 위한 수단일 뿐이다. 반면에 자본주의적 시장경제는 교환가치의 생산을 전제로 하며, 이윤의 획득을 목적으로 한다. 또한 (신)고전주의 경제학은 시장메커니즘이 '자기조정적' 기능을 가지고 있다는 믿음을 가지고 있다. 수요와 공급의 원리에 따른 자기조정적 기능은 마르크스주의적 의미에서 가치법칙이 관철되고 있음을 의미한다.

그렇다고 단지 화폐−상품의 범주를 가치법칙과 동일시해서는 곤란하다. 브루스(Brus 1972)는 현존 사회주의에서 가치법칙의 개념이 이론적으로 정확성을 갖추지 못했다고 설명하고 있다. 대신에 그는 가치와 가격이 경향적으로 일치되는 경향을 가치법칙으로 정의한다. 물론 그는 스스로 이러한 개념 규정 역시 정확성을 가지고 있다고 볼 수 없다는 점을 시인한다. 가치가 사회적으로 필요한 노동의 양에 의해서 결정된다고 할 때, 그러한 사회적 필요 노동시간이 누구에 의해서 어떻게 결정되는지에 대한 고려가 없다는 점은 문제가 될 수 있다는 것이다(Brus 1972, 90~96).

화폐−상품의 범주를 가치법칙과 동일시하는 것은 시장의 존재를 모두 자본주의와 동일시하는 것과 다를 바 없다. 특히 이러한 인식이 현존 사회주의에서 현물계획이 일정 정도 한계에 부딪히면서 등장했다는 점을 유념해야 한다(Hennicke 1973, 86~87). 화폐−상품의 범주는 현존 사회주의 경제에서도 교환이 필수적으로 요구되기 때문에, 그리고 현물계획에서 비용계산의 어려움 때문에 등장한 것이다. 이는 권력이 계획의 원리만을 고수할 때 오히려 정당성의 위기에 직면하게 되어, 스스로 정책 변화를 도모하여 정당화의 압력으로부터 벗어나기 위한 방법의 일환이었다. 따라서 화폐−상품의 범주를 가치법칙과 동일시하는 것은 자칫 현존 사회주의의 권력에 대한 무비판적 옹호로 이어질 수 있음을 간과해서는 안 된다.

실제로 현존 사회주의에서 상품은 존재하는가, 만약 그렇다면 그 성격은 무엇인가, 자본주의적 생산양식의 상품과 어떤 차이가 있는지에 대한 명확한 논의가 없었다. 스탈린과 김일성은 상이한 소유 형태에서 교환되는 생산물을 상품으로 정의했으며, 소유제가 전 인민적 소유로 통일되면 상품은 더 이상 상품이 아니라고 주장하였다(Stalin [1951]2005; 김일성 [1969]1983a, 455). 그러나 상품의 가치는 교환의 영역에서 발생하는 것이 아니다. 가치의 실체는 교환을 통해서 확인되지만, 인간의 추상적 노동은 생산 과정에 내재되어 있는 것이다.

또한 현존 사회주의에서도 가치척도로서 화폐가 상품의 내재적 가치척도의 필연적 현상 형태라는 정의가 적용될 수 있는지에 대한 논의는 충분히 진행되고 있지 못하다. 화폐가 상품의 가치를 충분히 반영하고 있는지에 대한 논의가 진행되어야 한다. 그리고 현존 사회주의 내부의 연구를 비롯한 기존 연구는 주로 가치는 사회적 필요노동시간에 의해서 결정되며 이는 가격으로 표현된다고 할 때, 일반적으로 가치와 가격의 관계에 대해서만 논의해 왔다. 그런데 현존 사회주의에서 가치법칙이 관철되는가의 문제에 대한 답을 위해서는 가치가 가격에 어떻게 반영되고 있는지에 대한 분석만으로는 불충분하다. 가격이 가치를 반영한다고 할 때, 사실 이는 계획가격의 과학성을 옹호하기 위한 것이다.

현존 사회주의에서 사회적 필요노동시간이 어떻게 결정되는가에 대한 보다 근본적인 연구가 동반되어야 할 필요가 있다. 현존 사회주의에서 사회적 필요노동시간의 결정에 영향을 미치는 기술혁신, 노동집약도, 총노동시간의 분배가 어떻게 이루어지는에 대한 연구가 필요하다. 기본적으로 이는 계획을 통해서 중앙집권적으로 결정되며, 소비재와 농민시장과 같이 계획의 원리가 상대적으로 적용되기 힘든 부문도 생산력의 한계와 생산부문 간의 불균형으로 공급이 제한되어 있다. 따라서 사회적 필요노동시간은 기본적으로 정치적 결정과 구조적인 변수들에 영향을 받지 않을 수 없다. 현존 사회주의에서 가치법칙은 정치적으로 그리고 구조적으로 수정된 형태로 작동한다. 물론 여기서 수정된 형태의 가치법칙이 스탈린주의적 해석의 타당성을 의미하지 않는다.[14] 가치법칙의 작동에 정치가 영향을 미치는 것이 부인하기 어려운 사실이듯, 가치법칙의 작동 자체가 계획 내부에 탈중앙집권적 요소가 엄연히 존재하고 있음을 말해주기 때문이다.

그렇다면 수정된 가치법칙을 과연 가치법칙이라고 규정할 수 있는가 하는 문제가 남는다. 기본적으로 현존 사회주의에서 가치법칙은 앞서 논의한 세계적 수준에서의 가치법칙 수정이나 독점 자본주의에서의 수정된 형태의 가치법칙과는 질적으로 구별되어야 한다. 독점자본주의에서 평균이윤은 형성되기 어렵기 때문에 생산가격은 형성되기 어려우며 가치와 가격의 괴리가 발생하게 된다. 독점자본은 시장 지배력을 이용하여 다른 자본으로부터 가치의 이전을 받게 되며, 초과이윤을 획득한다. 그러나 독점자본에서도 경쟁은 존재하며 시장에 대한 지배력은 가치법칙에 의해서 제한될 수 있는 가능성을 가진다. 따라서 독점자본주의에서 가치법칙은 수정된 형태로 작동한다(Meek 1956; Sweezy 1956; Altvater 1976).

헨니케의 판단처럼 원칙적으로 가치법칙과 가치법칙의 수정이 현존 사회주의에 그대로 적용되기 힘들다(Hennicke 1973, 107~108). 그러나 현존 사회주의의 역사적 과정을 살펴보면, 계획을 통한 정치적 통제가 약화되고 시장의 요소가 확대되면서 상황은 달라진다. 현존 사회주의 경제에서 자본주의 경제의 가치법칙 개념을 그대로 사용할 수는 없다. 하지만 현존 사회주의에서도 화폐와 가치범주가 실재했으며 교환이 이루어지고 있다는 점을 감안할 때 수정된 형태의 가치법칙이 관철된다고 할 수 있다. 이때 갑작스럽게 가치법칙이 관철되는 것이 아니라 계획경제에서 엄연히 존재하는 교환과 시장적 요소의 탈중앙집권적 성격이 변화를 촉발한 것으로 이해해야 한다. 따라서 지배권력이 계획의 수립과 집행을 결정하고, 특정 산업부문에 대한 집중적인 투자로 산업구조의 불균형이 발생했기 때문에 가치법칙의 수정은 불가피하다. 이는 독점자본주의에서 시장 지배력과 경쟁의 가능성이 공존함으로써 수정된 가치법칙과는 질적으로 다르다. 또 세계시장에서 환율로 인해 발생하는 가치법칙의 수정과도 역시 다른 것이다. 현존 사회주의에서 가치법칙의 작동은 계획의 한계와 구조적으로 이를 수용할 수밖에 없는 정치권력이 선택한 결과이다. 그래서 이 연구는 현존 사회주의에서 정치적으로 그리고 구조적으로 수정된 형태의 가치법칙이 작동한다고 규정한다.

2) 관료의 성격과 계급의 존재 유무

현존 사회주의의 정치권력은 자본주의적 계급모순이 극복된 사회로 스스로를 묘사했다. 프롤레타리아 독재는 계급적 지배와 착취가 사라졌음을 의미하지만 현실은 그렇지 못했다. 무엇보다 경제잉여를 관리하고 통제하는 권한을 가진 관료의 성격을 놓고 논의가 진행되었다. 관료는 하나의 사회적 지위를 나타내는 계층, 카스트, 엘리트 등으로 설명되거나 부르주아를 대체하는 국가 부르주아 혹은 새로운 지배계급으로 이해되었다(Ahlberg 1979, 16~46; Nove 1986, 224~227).

현존 사회주의에서 이와 같은 논쟁의 발단은 노동계급과 대중의 소외에 있다. 관료의 성격에 대해서는 이견이 존재하지만, 노동계급과 대중의 소외에 대해서는 큰 이견이 존재하지 않는다. 관료를 계급으로 이해하지 않을 경우 대개 노동계급의 소외와 착취는 관료의 부정과 부패와 같은 렌트추구 행위의 결과로 이해한다(Trotsky 1972). 이 경우 대중의 소외는 관료의 부패로 인해 우연적으로 발생한 것으로 묘사된다. 트로츠키와 만델이 소련 사회가 여전히 사회주의 국가임을 강조하는 가장 핵심적인 근거는 '소유관계'이다. 소유관계는 생산관계를 대표하는 것으로, 소련 사회에서 생산수단과 잉여생산물의 국가에 의한 사회적 소유가 이루어지고 있다는 설명이다. 관료는 잉여생산물의 통제와 분배에 영향을 미치지만, 궁극적으로 잉여생산물을 전유할 수 없기 때문에 계급으로 이해할 수 없다고 주장한다. 하지만 생산관계는 단순히 소유관계만이 아니라 생산 과정에서의 위치, 교환관계, 분배관계, 소비관계 등을 포괄하는 사회적 관계로서 이해되어야 한다. 관료는 생산수단을 소유하고 있지 않지만 위계적인 권력구조에서의 우위를 바탕으로 생산 과정을 통제·관리하고, 잉여생산물의 수취와 배분을 관리하는 지배계급이다.

반면 관료를 계급으로 이해할 경우에 관료는 부르주아를 대체한 새로운 착취계급으로(Bettelheim 1989; Cliff 1993) 혹은 자신의 특권과 지위를 유지하기 위해서 대중을 이용하는 새로운 지배계급으로 이해되고 있다(Schultze 1973). 지배계급의 착취가 사회적 특성상 필연적으로 발생할 수밖에 없음을 설명하고 있다. 베틀렝의 '국가 부르주아'는 국가소유로 인해서 발생하는 것으로 이해되지만, 사실 관료와 부르주아의 차이에 대한 설명이 다소 미흡하다. 클리프는 관료가 자본가 계급의 역할을 대신하였다고 판단한다. 그러나 자본가는 자본의 증식(이윤의 극대화)을 위해서 자본의 확대재생산을 위한 투자를 추진하지만, 관료는 자본가와 같은 목적으로 잉여생산물을 배분하고 투자하지 않는다. 관료는 잉여생산물을 정당성의 확보를 위해서, 그리고 자기특권화를 위해서 통제하고 관리한다(이 책의 제5장 참조). 자본가는 이윤의 확보를 위해서 자원을 분배하지만, 관료는 정당성을 확보하기 위해서 손실이 발생하더라도 잉여를 투입하는 경우가 존재한다. 또한 관료는 스스로의 특권을 유지하고 강화하는 차원에서 잉여를 사용하기도 한다.

관료의 성격은 관료와 노동계급 및 대중의 관계를 통해 이해되어야 한다(Schultze 1973, 161~162; Bahro 1978, ch. 9). 관료는 당과 국가기구의 핵심적인 역할을 담당하며, 생산과 분배에서도 계획기구를 통해 지배적인 위치를 차지하고 있다. 노동계급과 대중은 사회주의 건설의 초석으로 묘사되지만, 실질적으로 사회동원의 수단일 뿐 정치·경제적으로 소외된다. 특히 대중동원이 필요한 시기를 제외하고, 대중은 정치적으로 아무런 권한이 없다. 선거나 투표와 같은 제도적 절차가 미비하기 때문이다. 따라서 경제는 관료와 대중의 실질적인 만남의 장이다. 관료는 계획의 수립과 실행을 직접적으로 통제하는 역할은 물론 생산물의 배분과 사용을 결정하는 역할을 담당한다. 반면 노동계급은 직접적인 생산자일 뿐이다. 관료는 정치적으로 부여받은 권리를 이용하여 경제적 지배력을 장악하고 노동계급을 통제하고 관리한다. 또한 관료는 노동자가 생산한 잉여생산물의 수취와 배분에서 지배적인 권한을 부여받는다. 당과 대중의 실질적인 만남의 장인 계획에서 노동계급은 결국 착취의 대상으로 전락하고 만다.

관료와 노동계급의 관계를 통해서 볼 때, 관료를 단순히 카스트나 엘리트로 볼 수는 없다. 특히 노동계급은 실질적으로 당과 국가기구의 명령에 따라 생산하고, 관료들이 제시한 기준에 따라 분배받게 된다는 점을 감안할 때, 관료는 실질적으로 잉여생산물의 수취, 배분, 사용에 지배적인 권한을 가지고 있다. 따라서 관료는 분명 계급으로서의 역할을 담당하고 있다. 하지만 관료의 역할은 자본가 계급의 성격과는 다르다. 자본가 계급은 일차적으로 자본증식을 위해서 이윤의 상당 부분을 투자하지만, 관료는 특권과 지위를 유지하기 위해서 잉여생산물을 사용한다. 따라서 관료는 자본가와는 성격이 다른 새로운 지배계급이다.

3) 계획과 사회주의

마오주의 논쟁은 '계획'과 '시장'의 범주를 통해서 현존 사회주의 성격을 규정할 수 있는가 하는 문제가 핵심적인 쟁점이었다. 이때 계획은 사회주의를, 시장은 자본주의를 대표한다. 사실 현존 사회주의 내부의 논의 역시 이와 같은 내용을 취하고 있다. 그런데 1951년 스탈린이 가치법칙의 작동을 사실상 인정했고, 탈스탈린화 과정에서 소련과 동유럽 국가들 가운데 대부분이 시장적 요소를 도입했다. 또 북한은 스탈린 사후에도 스탈린주의적 발전전략을 지속적으로 추진했음에도 불구하고 1969년 가치법칙의 형태적 작용 테제를 발표했다. 이러한 사실들은 '계획과 시장의 이분법'으로는 자본주의와 사회주의를 구별하기 어렵다는 점을 말해준다.

다무스(Damus 1978, 129~164)는 계획의 성격에 대한 분석을 통해서 논리적으로 계획이 사회주의와 동일시될 수 없음을 강조한다. 계획은 사회주의의 가치를 실현하기 위한 형식 합리성이 완벽하게 배제된 실질 합리성만이 구현된 것으로 선전되지만, 실제 계획의 성격은 전혀 다르다. 계획은 교환을 필요로 하며, 계획에 대한 평가를 위해서 가치범주가 필요하다. 현물계획이 지배적일 때조차도 형식 합리성은 포기되지 않는다. 또한 계획을 통해서 직접적 혹은 구체적 사회화가 발생할 것이라 기대했지만 실상은 그렇지 못했다. 시장과 교환을 통한 간접적 혹은 추상적 사회화가 이루어졌다. 계획은 자본주의나 사회주의로 규정하기 어려운 복합적인 성격을 가지고 있다.

분명 현존 사회주의에 관한 분석에서 계획은 결코 빼놓을 수 없는 분석 대상이다. 그러나 계획을 사회주의와 동일시할 수는 없다. 계획을 사회주의와 무조건 동일시할 경우 현존 사회주의의 지배권력에 대한 적실한 비판이 어려워진다. 현존 사회주의에서 '계획'은 사회주의 이데올로기를 상징한다. 계획은 사회주의를 실현하고 공산주의로의 이행을 위해 경주하는 제도적 장치로 이해되었다. 하지만 실제로 계획은 그 자체가 권력으로 기능하면서, 권력의 지배를 실현하기 위한 도구였다. 계획은 결코 사회주의와 동일시 될 수 없다.

4) 저발전 사회에 대한 이해의 부족

현존 사회주의 가운데 일부 국가를 제외한 상당수의 국가들은 '저발전 사회'였다. 현존 사회주의는 마르크스의 예상과는 달리 생산력이 고도로 발전된 자본주의에서 이행된 사회가 아니었다. 그런데 현존 사회주의에 대한 대부분의 분석은 전반적으로 저발전 사회에 대한 이해가 부족하다. 비록 현존 사회주의 국가는 저발전 상태에 있지만, 자본주의의 일반적인 특성을 가지고 있는 것으로 간주된다. 따라서 저발전 사회 혹은 주변부 사회의 질적인 차이를 이해할 필요가 있다.

주변부 경제에서는 경쟁 자본주의에서와 같은 온전한 의미에서의 가치법칙이 관철되지 않는다. 가치법칙은 잉여노동에 대한 필요노동의 진보적 감소를 유도하는 데에 있어서 제 역할을 다하지 못한다(Weeks 1998, 16~18). 주변부 경제에는 전통적 요소가 여전히 잔존하고 있고, 따라서 경제체제 내부에 구조적 이질성(structural heterogeneity)이 발생하게 된다.[15] 자본주의적 요소와 전통적 요소의 공존은 생산부문 간의 불균형을 의미한다. 그로 인해서 공급의 제한이 발생하게 될 뿐만 아니라 소득의 불평등과 실업의 문제가 발생할 가능성이 높게 된다. 실제로 저발전 사회는 대부분 실업, 기아, 빈곤, 불평등이라는 특성을 가지게 된다(Seers 1974). 인구의 다수가 최저생계소득 이하의 주변계층(marginality)이다. 자본의 성격 역시 노동력에 대한 고용과 잉여가치의 생산을 통해서 이윤을 확보하는 산업자본이라고 보기 어렵다. 오히려 원거리 무역과 사치재의 판매를 통해서 초과소득(렌트)을 추구하는 상업자본의 성격을 강하게 가지고 있다.

즉 현존 사회주의 국가들 가운데 상당수는 혁명 이전에도 저발전 경제였으며, 혁명 이후에도 일정 정도 성장했지만 생산부문 간의 불균형이 더욱 더 심화되어 결국 '부족의 경제'로부터 벗어나지 못했다. 현존 사회주의 국가들은 스스로 자본주의 모순을 극복한 사회로 규정하지만 현실과 다르다. 또한 현존 사회주의 국가에서 때때로 지배권력의 필요에 의해서 자본주의의 복원 가능성이 점쳐지지만, 개별 국가의 역사적 경험을 감안할 때 이러한 예상 자체가 타당성을 가지고 있지 못할 확률이 높다. 현존 사회주의가 고도로 발달된 자본주의 국가에서 출발하지 않았다는 점을 간과해서는 안 된다.

5) 현존 사회주의와 역사의 진보

사회주의는 역사의 진보를 전제하고 있는 개념이다. 자본주의 사회에서 경제외적 강제는 사라졌지만 여전히 모순은 존재했다. 과거와 비교하여 물질적인 풍요는 성취되었지만 빈곤과 불평등은 여전히 사라지지 않았다. '자본의 물신성(fetishism of capital)'이 나타나면서 인간은 소외되었다. 사회주의는 이러한 문제를 극복한 유토피아였다. 사회주의는 곧 역사의 진보를 의미했다.

논쟁은 이론적 맥락에서의 진보를 실제 역사에 대한 평가로까지 이어갈 수 있는가 하는 문제였다. 타락한 노동자 국가는 비록 지배계층이 타락했지만 여전히 노동자 국가임을 천명하고 있다. 국가자본주의는 자본주의의 발전 단계로부터 발생한 것은 아니지만, 자본주의의 지난 단계와 비교할 때 진일보 한 것으로 평가한다.

그러나 현실은 달랐다. 이제 사회주의는 역사 속에서 존재한다(和田春樹 1994). 지난 역사에 대한 평가는 신중하고 정확하게 이루어져야 한다. 하지만 현존 사회주의는 어떠한 모순도 해결하지 못했다. 인간 해방은 선언적 구호에 지나지 않았다. 현존 사회주의에서 인간의 억압과 감시는 매우 심각한 문제였다. 기본적인 인권마저도 유린되었다. 평등은 실현되지 않았다. 불평등은 현존 사회주의의 가장 심각한 문제 가운데 하나였다. 노동계급과 대중은 권력에서 배제되었으며 동원과 착취의 대상이었다. 게다가 그들은 생필품의 부족으로 생존의 위협을 느껴야 했다. 생산력의 발달은 미비했으며 부족의 경제에서 헤어 나오지 못했다.

현존 사회주의를 역사의 진보로 판단한다면, 그것은 단선적 믿음에 불과하다. 결코 현존 사회주의는 자본주의 모순을 극복한 사회로 판단할 수 없다. 현존 사회주의는 자본주의와는 또 다른 심각한 문제와 모순을 가진 사회였다(Schultze 1973, 158). 즉 현존 사회주의를 자본주의를 뛰어넘는 역사의 진보로 판단할 수 있는 근거는 없다.

제2절 현존 사회주의의 독립적 생산양식으로서의 성격

현존 사회주의는 마르크스의 고전적 사회주의 개념을 이론적 모티브로 한 사회이다. 하지만 현실에서 이 사회는 계획을 중심으로 하는 지배체제가 형성됨으로써 잉여의 수취와 배분에서 노동계급이 배제되어 사회주의 사회로 규정하기도, 그리고 공산주의로의 이행을 전제로 한 사회로 판단하기도 어려운 사회가 되었다. 또한 지배체제의 형성 과정에서 구조화된 모순들의 특성을 볼 때, 자본주의 사회의 모순과는 근본적으로 그 성격이 다르다. 본래 마르크스주의에서 과도기 사회는 공산주의로의 이행 과정에 있는 사회를 의미했다. 마르크스주의에게 있어 과도기는 좁은 의미로 자본주의에서 사회주의로의 이행시기, 넓은 의미로 자본주의에서 공산주의로의 이행시기로 사회주의(낮은 단계의 공산주의)를 포함한다(Marx [1875]1985). 이는 사회주의를 역사의 진보로 상정하고, 사회주의로의 이행이 역사발전의 필연적인 경로로 이해하고 있는 개념이다. 그러나 자본주의의 발전과 모순의 심화를 노동계급의 혁명을 통해서 해결한 사회주의로의 이행은 존재하지 않았다. 역사에서 서구의 선진 자본주의 국가에서 사회주의로의 이행은 발생하지 않았다. 게다가 현존 사회주의는 이른바 '진정한 사회주의'와는 상당한 거리가 있었으며, 공산주의로의 이행을 전제로 하는 과도기 사회로 보기 어렵다. 현존 사회주의는 공식적으로 공산주의로의 이행을 위한 계속혁명을 강조함으로써 '과도기 사회'로 스스로를 규정하면서도, 실제로 자본주의도 사회주의도 아닌 독립적인 생산양식으로서 오랫동안 존재했다. 결과적으로 1989년 이후 소련 및 동유럽 사회주의 국가들은 체제전환과 함께 자본주의로 이행했다.

일반적으로 마르크스주의에서 생산양식은 노동자, 생산수단, 비노동자(생산수단의 소유자) 등의 세 요소와 이러한 요소들 간의 두 관계(소유관계와 실질 전유관계)를 통해서 결정된다. 다음 생산양식의 특수한 구조는 다시 요소의 본질을 변화시키는 관계적인 변수로부터 유추해석된다. 생산관계와 생산력 분야(물질적 토대)를 포괄하는 생산양식의 특수한 구조는 한편으로 좁은 의미에서 생산, 분배, 순환, 소비 등의 국면을 통해서 인식된다. 다른 한편으로 물질적 토대와 권위기구(정치, 법, 이데올로기 등)를 비롯한 상부구조 간의 관계구조, 권위기구의 상대적 자율성과 상부구조의 생산양식의 재생산과 통일에서의 기능 등을 통해서 설명된다(Hennicke 1973, 113).

　　그러나 생산양식에 관한 이러한 마르크스의 개념만으로는 실질적인 전유 관계를 이해하기 어렵다. 브루스(Brus 1975)는 생산수단의 사회적 소유(socialist ownership)와 국유화를 구분한다. 그는 생산수단의 사회적 소유의 기본적인 기준으로 두 가지를 제시한다. 생산수단의 사회적 소유는 첫째, 생산수단이 사회적 이익을 위해서 사용되어야 하고, 둘째, 사회는 자신이 가지고 있는 생산수단에 대한 효과적인 처분권을 가지고 있어야 한다. 브루스는 유효한 사회화는 정치체제의 민주화를 필요로 한다는 점을 지적한다. 그는 민주주의의 발전이 사회주의 초기단계에 혁명적인 사회경제적 변화를 지속·강화시키게 된다고 보았다. 현존 사회주의에서 정치경제적 혁명의 결과로 공적 소유가 형성되었다. 하지만 그 관리자는 (명목상의) 실제 소유자(사회)가 아니라 국가였다. 브루스는 이를 소유와 권력의 분리로 이해했다. 그는 마르크스의 관점에서 보면 이러한 사회가 사회주의적이 되기 위해서는 민주화를 통한 소유와 권력의 통합이 경제적으로 그리고 정치적으로도 바람직하다고 주장했다. 유효한 사회화를 위한 생산력 증가의 욕구와 기존의 생산관계 사이에는 모순이 존재하기 때문이다.

　　사회주의에서 사회화와 생산수단의 국유화는 구별되어야 한다. 『고타강령비판』에서 마르크스는 낮은 단계의 공산주의에서 개별 노동이 처음부터 총 노동의 구성요소가 됨으로써 처음부터 직접적으로 사회화가 실현된다고 보았다. 그런데 생산수단의 국유화가 구체적 사회화의 전제조건이 될 수 있는 것은 아니다. 물론 생산수단의 국유화를 곧 스탈린주의적 강제와 착취의 근원으로 이해할 수는 없다(김성구 2008, 284). 하지만 생산수단의 국유화가 사회화에 기여하기 위해서는 '프롤레타리아의 지배'가 전제되어야 한다. 현존 사회주의에서 생산수단의 국유화는 이루어졌지만, 프롤레타리아의 지배가 성취되지 않았다. 결과적으로 생산수단의 국유화는 중앙집권적 계획경제의 형성에 기여함으로써, 사회화가 아니라 현상적으로 당과 국가의 지배 그리고 실질적으로 관료계급의 지배가 형성되는 데에 기여했을 뿐이다.

그래서 네오마르크스주의 논의 가운데 일부는 현존 사회주의를 독립적인 생산양식으로 규정한다. 네오마르크스주의는 현존 사회주의의 구조적 특성을 정치와 경제의 관계에서 정치의 우위, 경제위기와 경제성장의 지체, 당과 대중의 관계로 표면화되는 관료와 노동 간의 계급관계 등으로 설명한다. 하지만 네오마르크스주의는 현존 사회주의를 독립적인 생산양식으로 규정하면서도, 생산양식 개념에 대해서는 구체적으로 정의하고 있지 않다. 이에 이 연구는 경제잉여의 수취와 배분을 중심으로 하는 엘젠한스(Elsenhans 1996)의 생산양식 개념을 수용하여 적용하고자 한다. 생산수단의 소유 여부를 토대로 하는 전통적인 마르크스의 생산양식 개념으로 할 때 과도기 사회의 실질적인 생산관계를 진단하기 어렵다. 그러나 비록 생산수단의 사적 소유는 폐지되었지만 노동계급의 소외는 여전히 해결되지 않았으며, 이는 잉여의 수취와 배분 관계를 통해서 확인된다. 따라서 이 책은 현존 사회주의 사회에서 잉여생산물을 "누가(who)" 수취하며, "어디에(where), 어떻게(how)" 사용하는가에 대한 분석을 통해 현존 사회주의를 자본주의나 사회주의로 구분할 수 없는 독립적인 생산양식으로 규정한다.

1. 경제잉여의 종류와 성격

현존사회주의 사회에서 주요 잉여생산물은 세금, 이윤, 차액지대이다. 북한의 『경제사전』은 세금을 국가의 재정적 수입을 보장하기 위한 하나의 원천으로 설명하면서도, 그 의의가 작다고 기술하고 있다. 다만 세금이 이행 초기에 가격정책과 함께 자본주의적 요소의 발전을 통제하고 제한하는 요소로 작용하였다는 점 정도를 인정하고 있을 뿐이다(『경제사전 2』 1971, 337~338). 그러나 현존 사회주의에서 가장 주요한 재정수입원 가운데 하나가 '거래세(turnover tax)'이다. 물론 마르크스-레닌주의 정치경제학 교과서는 거래세를 세금으로 취급하지 않는다. 거래세가 국가 재정 수입의 주요한 원천 가운데 하나이지만 이윤의 일부가 공제된 것이 아니라 미리 결정된 값이라는 설명이다(Kozlov 1977, 266).

현존 사회주의 사회에서 이윤은 자본주의에서처럼 잉여가치가 실현된 것이 아니라 이익과 비용을 계산하기 위해서 도입된 개념적 범주이다. 소련의 정치경제학 교과서는 이윤 범주가 이윤과 손실을 계산(profit and loss accounting)하기 위한 것으로서, 이윤은 계획된 생산 과정과 상품의 실현을 토대로 형성된다고 보았다. 실제로 이윤은 기업의 도매가격(wholesale price)에서 원가(prime cost)를 제외한 값이라고 설명하고 있다(Kozlov 1977, 266~267). 여기서 이윤은 가격결정 과정에서 국가에 의해 미리 결정된다. 그러나 경제적 효과성(effectiveness)을 위해 가격은 가치와 일치하는 수준에서 결정되어야 한다고 기술된다. 곧 이는 가치법칙의 작동을 의미한다(Kozlov 1977, 271~272). 그리고 이윤은 축적, 소비, 국가예산수입의 주요한 원천이 된다(Kozlov 1977, 268~270).

마지막으로 현존 사회주의 사회에서 지대는 토지의 사적소유가 존재하지 않기 때문에 자본주의적 생산양식에서와 같이 절대지대가 아니라 '차액지대(differential rent)'만이 존재한다. 차액지대의 발생 원인에는 토지의 독점적 경작, 자연적 힘의 배타적 사용, 산출 단위당 더 낮은 생산 비용 등이 있다. 토지의 제한성은 실제로 토지의 독점을 전제로 한다. 그러나 그것은 소유권의 대상이 아니라 경제의 대상으로서 토지의 독점을 전제로 한 것이다(Lenin [1901]2003). 차액지대의 형태는 두 가지이다. 하나는 자연적 비옥도의 차이이고, 다른 하나는 생산수단과 노동의 지출을 통한 인위적 비옥도의 차이이다. 차액지대는 국영농장과 협동농장 사이에서 발생하며, 차액지대는 상대적으로 비옥도가 높은 국영농장으로 이전된다(Kozlov 1977, 281). 이는 집단적 소유에서 국가소유로의 이전을 의미하는 것으로 차액지대의 사회적 소유로의 이전으로 이해된다(Kozlov 1977, 280). 차액지대는 사회의 잉여생산물의 하나로서 주로 계획을 통해서 사회주의적 확대재생산에 투자된다. 그래서 차액지대의 분배는 사회주의에서 도시와 농촌 사이의 형제적 협력관계를 표현하는 것으로 미화된다.

2. 지배도구로서 계획의 성격과 계획경제 메커니즘의 특성

현존 사회주의의 경제체제는 계획경제이다. 계획경제는 편성부터 실행에 이르는 과정이 당과 국가에 의해서 통제되고 관리된다. 계획경제의 통제와 관리는 기본적으로 하향식이다. 이론적으로는 계획의 수립 과정에서부터 사회적 수요를 고려하기 위해서 아래로부터의 요구를 수렴해야 하지만, 실질적으로 사회적 수요가 위로부터 통제되고 관리된다. 상향식 의견 수렴은 형식적인 절차에 불과하다. 당과 국가는 잉여생산물을 수취하고, 계획을 통해서 직접적으로 배분하고 사용한다. 원칙적으로 잉여생산물에 대한 개인적인 수취는 인정되지 않는다. 또한 생산수단은 국유화되었으며, 이는 생산에 대한 프롤레타리아의 지배와 동일시되었다. 프롤레타리아 독재가 성취되었기 때문에, 계획을 통한 국가의 직접적인 통제와 관리는 곧 프롤레타리아의 지배가 실현된 것으로 이해되었기 때문이다. 그러나 실제로 계획은 새로운 지배계급(관료)에 의해서 통제되고 관리되었다. 관료는 생산수단을 소유하지 않았지만, 잉여생산물의 통제와 관리에 대한 실질적인 권한을 가지고 있었다. 마지막으로 현존 사회주의 사회에서 노동의 사회화는 마르크스의 예상처럼 처음부터 직접적으로 총노동의 구성요소가 되는 구체적(혹은 직접적) 사회화가 성취되지 않았다. 계획의 명령에 의한 위계적이고 비민주적인 조건에서 구체적 사회화는 성취되기 어려웠다. 오히려 노동의 사회화는 계획과 명령만으로 역부족이었으며 여전히 교환이 필요했다. 결국 계획을 매개로 하는 구체적 사회화는 한계에 부딪히게 되고 시장과 교환을 통한 추상적 사회화가 나타나게 된다(Damus 1978).

현존 사회주의 사회에서 계획은 지배의 가장 주요한 수단이다. 정치권력은 계획을 통해서 권력의 외연을 확대하고 사회경제적 지배체제의 형성을 시도한다. 그래서 계획의 존재는 그 자체로 현존 사회주의 사회가 정치우위의 사회라는 점을 증명하는 일이 된다. 권력은 계획을 통해서 계획 수립과 집행 단위별로 각각의 역할을 부여하는 기능적 분업체계를 형성함으로써, 계획을 중심으로 하는 중앙집권적 지배체제를 형성하려 한다. 그러나 계획을 통해 당과 국가의 명령에 의해 이루어지는 기능적 분업은 결과적으로 성공하지 못한다. 오히려 계획 내부에 존재하는 탈중앙집권적 요소들로 인해서 중앙집권적 성격은 일정 정도 제한을 받게 된다. 계획 내부에 탈중앙집권적 요소가 존재한다는 사실은 연성예산제약과 렌트추구 행위를 통해서 확인된다. 개별 생산 단위와 개인은 전체 사회의 이익보다는 스스로의 이익을 추구한다. 계획을 통한 사적 이익의 통합이 일정한 한계를 가지고 있다는 점은 계획체제의 역사적 변화 과정을 통해서 보다 명확히 확인할 수 있다. 계획의 변화는 그 시기와 수준이 개별 국가마다 차이를 보이지만 기본적으로 계획이 탈중앙집권적 요소의 수용이라는 측면에서는 크게 차이를 보이지 않는다.

현존 사회주의의 계획경제는 권력의 정당성 확보를 위해서 단기간에 급속한 성장을 추진한다. 현존 사회주의 성장이론의 가장 핵심적 특성은 자본축적이 경제성장과 발전의 원동력으로 이해되고 있으며, 이를 위해서 노동공급의 지속이 강조된다는 점이다. 현존 사회주의는 경제성장과 발전의 가장 주요한 조건으로 자본축적을 꼽는다. 경제발전 과정에서 자본축적을 강조하는 것은 비단 현존 사회주의만이 아니다. 대표적으로 현존 사회주의와 이념적으로 반대에 위치해 있다고 할 수 있는 고전적 발전이론가들—로젠스타인-로댕(Rosenstein-Rodan 1943), 넉시(Nurkse 1953), 루이스(Lewis 1954), 라이벤슈타인(Leibenstein 1957), 허쉬만(Hirschman 1958)—도 자본축적을 강조한다. 경제발전을 낮은 생산성에서—즉 대부분 전통적 기술을 사용하고 있으며 이윤(return)이 감소하고 있는 1차 산업(primary industry)— 높은 생산성, 즉 현대적이고 대부분 이윤이 증가하는 산업분야로 생산요소의 체계적 재분배가 요구되는 것으로 이해한다(Adelman 2001, 106~107).

그러나 자본축적의 확대는 자본계수의 상승을 초래하여 축적의 위기를 가져올 수 있다. 자본축적이 생산성의 증가가 아니라 자본과 노동의 비율에서 자본의 비중만을 증가시키고 산출량의 증가에 기여하지 못하게 되는 경우가 빈번하게 발생한다. 결국 이는 과잉축적으로 인한 설비가동률을 저하, 그에 따른 생산성 하락이라는 결과를 초래하고 만다. 현존 사회주의에서 자본계수의 상승은 이와 같은 결과를 검증해준다(Easterly and Fischer 1994). 마르크스-레닌주의 정치경제학 교과서들은 불변자본의 저렴화와 노동생산성의 상승으로 이를 방지할 수 있을 것이라고 주장하지만, 현실은 그렇지 못했다. 또 외연적 성장방식은 노동절약적 기술혁신이 전제되지 않으면 '노동의 부족'이 발생할 수밖에 없다.

3. 가치법칙의 작동 형태와 그 성격

현존 사회주의 경제에서도 화폐, 상품, 가격, 이윤 등과 같은 가치범주는 필수적인 것으로 보인다. 가치범주의 도입은 현물계획이 지배적인 상황에서도 현실적으로 교환이 불가피했기 때문에, 기업과 공장에 대한 효과적인 통제와 관리를 위해서 그리고 계획에 대한 효과성 평가를 위해서 필수불가결한 것으로 이해되었다(Zagolow 1990, 344). 따라서 가치범주의 도입은 계획과 모순 혹은 대립되는 요소가 아니라 조화로운 요소로 선전되었다. 하지만 사실 가치범주의 도입은 현물계획과 비교할 때 개별 행위자(기업과 개인)에게 상대적으로 자율성을 부여하게 된다. 이는 계획의 중앙집권적 성격이 상대적으로 약화되었음을 말해준다는 사실을 부인하기 어렵다.

스탈린은 상품-화폐 관계의 존재로부터 사회주의에서 가치법칙이 필요하다는 명제를 도출한다. 소련과 북한의 정치경제학 교과서들은 스탈린의 이와 같은 명제와 크게 다르지 않은 내용을 명기하고 있다(Kozlov 1977; Zagolow 1990; 아발낀 1989; 리기성 1992). 현존 사회주의 국가들의 정치경제학 교과서는 다소의 차이점은 있지만 일반적으로 상품의 존재로부터 사회주의에서의 가치법칙과 가격형성을 도출한다. 가치는 사회적 필요노동 지출에 의해서 결정되고, 가치의 화폐적 표현인 가격에 반영된다. 이때 가격은 수요와 공급의 원리에 따라 결정되는 것이 아니라 계획을 통해서 결정된다. 그래서 가격은 가치에 상응하여 결정되는 동시에 가치로부터 괴리될 수 있다. 또한 사회적 필요노동지출에 영향을 미치는 사회적 노동분배, 기술혁신과 노동생산성에 영향을 받게 되는데, 이는 계획의 원리에 영향을 받게 된다. 짜골로프(Zagolow 1990, 360)는 사회주의에서 필요노동지출은 자본주의와 같이 평균적 수준에서 이루어지는 것이 아니라 "상대적으로 열등한 조건에 객관적으로 놓여 있는 기업, 그러나 그 생산물이 사회적 욕구를 충족시키는 데 불가결한 기업의 개별적 지출과 동일하다"고 설명한다. 환언하면 현존 사회주의 국가의 공식적인 정치경제학 교과서들은 사회주의에서 가치법칙이 존재하지만 이는 계획의 원리에 의해서 통제되고 규제된다고 주장한다.

현존 사회주의에서 가치법칙은 분명 자본주의에서의 그것과는 그 성격이 근본적으로 다르다. 가격과 가치의 관계 그리고 사회적 필요노동지출의 결정은 당과 국가의 영향하에 있는 계획에 영향을 받지 않을 수 없다. 그래서 이 연구는 알트파터(Altvater 1976)의 독점 자본주의에서의 '가치법칙 수정' 개념을 차용하고자 한다. 알트파터는 독점 자본주의에서 '시장지배력(*Marktmacht*)'이 존재하면서도 동시에 시장 내부에 '경쟁의 경향이 공존하기 때문에 '가치법칙이 수정'될 수밖에 없다고 설명하고 있다. 알트파터의 설명을 빌려 현존 사회주의의 경제를 이해할 경우, 기본적으로 계획에 의한 경제잉여의 수취와 배분이 이루어지지만, 계획 내부에 존재하는 시장의 요소 때문에 가치법칙은 수정된 형태로 작동하게 된다. 여기서 가치법칙의 수정에는 개별 행위자를 통제하고 관리하려는 정치적 영향력과 계획에서 벗어나려는 탈중앙집권적 경향이 공존하고 있음을 설명하는 개념이 된다. 현존 사회주의에서 사용하고 있는 가치법칙의 개념에는 권력이 시장의 요소를 모두 통제할 수 있는 능력을 가진 것처럼 묘사되지만, 가치법칙의 개념을 수용하게 된 원인은 산업구조의 불균형과 계획을 통한 계산의 어려움 등 때문이라는 점을 감안해야 한다. 현존 사회주의에서 가치법칙은 권력의 의도와 그로부터 벗어나려는 개별 행위자의 경향이 개념적으로 타협·중재된 결과이다. 이 책에서는 현존 사회주의에서 가치법칙이 정치적으로 그리고 구조적으로 수정된 형태로 작동한다고 규정한다.

4. 정치우위의 사회

현존 사회주의는 사회경제적 발전의 결과가 아니라 '정치 혁명'과 함께 시작되었다. 그 결과 정치는 사회경제 영역을 새롭게 재구성하였다. 경제적으로 사적 소유를 철폐하고 전 인민적 소유의 명목으로 국가가 생산수단을 소유하였다. 농업 집단화와 생산수단의 국유화를 기반으로 자원배분부터 생산과 유통을 모두 국가가 관리하고 통제하게 되었다. 계획의 편성과 실행에서 사회부문의 의견이 일정 정도 수렴되었지만 그것은 극히 제한적이었다. 노동계급은 형식적으로만 새로운 사회의 주역이었을 뿐 실제로는 동원과 통제의 대상일 뿐이었다. 사실 현존 사회주의 사회에서 노동계급은 형성단계부터 철저히 국가의존적이었다. 노동계급은 계획에 의한 산업화 과정에서 비로소 형성되기 시작했다. 노동자 국가를 표방하는 사회주의가 오히려 자본주의보다 더 노동계급의 자율성에 있어서 취약할 수밖에 없었던 이유이다. 즉 현존 사회주의 사회는 정치가 사회경제 부문을 새롭게 구성할 뿐만 아니라 지속적으로 관리하고 통제하는 '정치우위(primacy of politics)의 사회'이다.

정치우위와 '국가의 상대적 자율성'을 가진 사회와는 구별되어야 한다. 국가의 상대적 자율성은 토대의 영향력을 인정한 상황에서, 상부구조가 토대를 일정 정도 규정할 수 있는 힘을 가지고 있음을 의미한다. 반면 정치우위는 토대에 대한 상부구조의 규정력이 인정되지 않고, 상부구조가 토대를 재정립하는 일을 의미한다. 소련의 마르크스주의 이론은 "볼셰비키 혁명은 생산수단의 국유화를 통해 경제발전에 대한 중앙집권적 통제를 가능하게 함으로써 정치적 상부구조가 경제적 토대와 '일치'되게 되었다"고 주장한다(Marcuse [1958]2000, 123). 소련의 마르크스주의 이론은 이러한 점이 토대와 상부구조 간의 관계에 있어서 자본주의와 사회주의의 차이점이라고 강조한다. 국가가 매개요소 없이 생산기구의 직접적인 정치조직, 국유화된 경제의 전반적인 관리자, 그리고 실체화된 집단적 이해관계가 되었기 때문에, 정치우위는 토대와 불균형이 아니라는 설명이다(Marcuse [1958]2000, 125). 하지만 정치우위는 우선적으로 정치적 변화가 이루어지게 되면서 토대의 그러한 변화를 뒤쫓을 수 없는 상태에서 불가피하게 정치가 사회경제 변화를 관리하고 통제했음을 의미한다. 또한 토대와 상부구조 간의 불균형 상태에서 상부구조가 인위적으로 불균형을 해소하려 했음을 의미한다. 특히 상부구조의 결정으로 토대가 변화되어 경제성장과 발전이 제한적 수준에서만 성취되었기 때문에 토대와 상부구조의 불균형이 해소되었다고 보기 힘들다. 이와 같이 현존 사회주의 사회가 정치우위의 사회가 될 수밖에 없었던 핵심적인 원인은 이행 과정에 있는 대부분의 국가들이 경제적으로 낙후되어 있었기 때문이다. 현존 사회주의는 이행 이전에 시장이 존재했지만 일부 국가들을 제외하고 자본주의적 시장경제의 형성에 실패했으며, 전자본주의적 요소들을 많이 가지고 있었다. 정치는 이와 같은 상황에서 단기간에 벗어나기 위해 사회적으로 봉건적 요소들을 제거하고, 경제적으로 시장을 계획경제로 대체시켰다. 결국 정치에 의해서 사회경제 영역이 재구성되었다.

5. 관료의 계급적 성격

현존 사회주의에서 관료의 성격에 관한 문제는 가장 논쟁적인 주제 가운데 하나이다. 현존 사회주의 국가들 내부의 논의는 물론 생산수단의 소유관계를 토대로 이익의 사유화와 세습 등의 문제에 기초해서 계급을 정의하는 논의들 역시 관료를 계급으로 인식하지 않는다(Bottomore 1966, 43; Ahlberg 1979, 7에서 재인용; Nove 1986, 225; Lane 1982, 159~160). 관료는 사회경제 영역을 지배하지 못한다고 보았다(Hofmann 1969, 13~20). 그러나 생산수단의 국유화가 곧 계급의 존재를 부정할 수 있는 충분한 근거는 되지 못한다. 생산수단의 국유화가 계급소멸의 근거가 되기 위해서는 프롤레타리아의 지배가 실현되었음이 증명되어야 한다. 물론 이때 국가는 지배계급의 도구라는 점이 전제된다. 현존 사회주의 국가에서 계급의 존재 유무에 대해서는 이견이 존재하지만 노동계급의 지배가 실현되지 않았다는 점에 대해서는 트로츠키 이후 현존 사회주의에 대한 거의 모든 비판이 일치한다. 노동계급은 잉여를 생산하는 역할을 담당할 뿐 잉여의 수취와 배분에서 배제되었다. 즉 현존 사회주의에서 노동계급은 착취와 지배의 대상일 뿐이었다.

생산양식의 소유 여부를 기준으로 하는 전통적인 계급개념을 토대로 할 때, 현존 사회주의 사회의 실질적인 전유관계를 파악하기 어렵다. 그래서 렌스키(Lenksi 1965), 바로(Bharo 1978), 슐쩨(Schultze 1973), 질라스(Dijlas 1985) 등은 현존 사회주의의 계급관계가 '당의 지배'라는 형태로 표출되고 있음을 설명하고 있다. 다시 말해 현존 사회주의 사회에서 계급의 근간은 생산수단의 소유 여부가 아니라 '권력'이다. 사회경제 영역에 대한 당의 지배는 '계획의 수립부터 집행'에 이르는 과정이 당에 의해서 통제·관리되고 있음을 의미한다. 계획의 편성과 집행 과정에서 당의 지배는 실질적으로 관료적 특권으로 구체화된다. 관료적 특권의 핵심은 계획을 매개로 경제잉여의 수취와 배분에 대한 실질적인 권한을 가진다는 점이다.[16] 이는 호프만의 설명처럼 초기 사회주의에서 '과잉권력'의 현상이 아니라 현존 사회주의의 계급모순이다(Bahro 1978; Schultze 1973).

현존 사회주의의 지배계급인 관료는 권력을 근간으로 하는 독립적인 생산관계를 가지고 있다(Bahro 1977, 198). 현존 사회주의 사회에서 관료는 정치적 지배계급이면서 동시에 사회적 특권계급이 된다. 관료의 지배는 당의 지배라는 형태로 나타난다(Dijlas 1985, 39). 이론적으로 당은 모순을 과학적으로 인식하고, 그것을 토대로 대중을 지도하여 그들과 함께 혁명과 궁극적으로 공산주의로의 이행을 실현시킬 '전위'이다. 마르크스-레닌주의의 당(전위) 개념은 베버의 관료 개념과 일맥상통한다. 이념형적으로 합리적 존재인 베버의 관료기구는 마르크스-레닌주의에서 이념형적 조직과학과 크게 달라 보이지 않는다(Bahro 1978, 154). 그러나 마르크스-레닌주의의 전위나 베버의 관료개념으로는 현실을 분석하기는 어렵다. 당은 대중을 단지 지도하거나 관리하는 것이 아니라 계획을 매개로 잉여와 노동에 대한 통제와 관리의 권한을 가짐으로써 '지배(Herrschaft)'한다.

생산수단의 국유화는 관료가 행정적 처분권을 가지고 있음을 의미한다. 이로써 관료는 정치경제적으로 직접 생산자와 대립적인 위치에 서게 된다(Bahro 1977, 198). 관료는 노동과 잉여를 통제하고 관리한다. 노동에 대한 통제는 무엇보다 정치적 완전고용을 통해서 이루어진다. 완전고용은 당의 지배를 정당화하고 보다 효과적으로 성취하기 위한 방안이다.[17] 뿐만 아니라 대중동원을 통해 당내에 존재하는 반대세력을 제거하고 당에 대한 충성도가 높은 새로운 관료계급을 충원한다.[18] 노동계급에서 관료를 선발하여 노동에 의한 지배가 실현된 것처럼 보이게 된다. 당연히 이는 당의 지배에 대한 정당성을 확보하기 위한 전략이다. 이때 당에 대한 충성도는 생산력의 증가를 통해서 확인된다. 이로써 관료는 두 가지 이득을 얻게 된다. 반대세력에 대한 제거를 통해서 권력을 공고히 함과 더불어 착취율을 증가시킨다. 다음 관료는 계획을 통해서 잉여생산물의 수취와 배분을 결정한다. 이론적으로 계획 수립 과정에서 사회적 수요가 조사되고 계획은 아래로부터의 요구를 반영해야 한다. 하지만 현실적으로 사회적 수요는 빈번히 무시되고 대중은 계획의 편성과 집행 모든 과정에서 소외된다(Bryson 1995, 222).

현존 사회주의에서 관료는 당을 중심으로 단일한 위계구조를 형성한다. 관료의 위계구조는 모든 사회적 업무의 통제에 관심을 가지며 반드시 '절대적 지식'에 대한 권리를 주장한다. 관료의 피라미드에 의해서 만들어진 계획은 실질적인 사회적 필요를 특정기구의 인식 과정을 통해서 종합한다. 그러나 관료적 방법론은 단지 구체에서 추상으로의 상승일 뿐 다시 사유의 구체화로 진전되지 않는다. 개별 관료는 대자적인 철학자가 될 수 있을지 모르지만, 관료 기구는 집단적 철학자가 될 가능성이 없다. 하지만 관료의 공통적인 정신(*allgemeine Geist*)은 위계적인 구조를 통해서 보호된다. 그것의 지식원리는 권위이고, 권위의 신격화가 관료의 에토스이다(Bahro 1977, 180~181).

관료는 권력과 특권의 질서를 유지·강화하기 위해서 두 가지 행동의 패턴을 보이게 된다. 관료의 정당화와 자기특권화 경향이 바로 그것이다.[19] 그래서 이 책에서는 현존 사회주의 관료계급 개념을 다음과 같이 정립한다.

(1) 관료의 정당화

(1) 당의 지지층을 지속적으로 확대하기 위한 정책의 일환으로 관료의 구성원을 확대한다(Djilas 1985, 49~50). 현존 사회주의에서도 '파킨슨의 법칙(Parkinson's Law)'[20]이 관철된다(Mieczkowski 1991, 149). 관료는 이데올로기의 실현이라는 명목하에 당과 국가의 이름으로 그 구성원을 확충함으로써 영향력을 확대한다. 실제로 관료의 수가 증가하는 일은 곧 권력의 외연이 확

대되는 과정으로 이해된다. 또한 관료의 충원이 부분적으로 아래로부터 이루어지기 때문에, '아래'에 위계적인 권력구조의 상층부로 올라갈 수 있다는 기대를 심어주어 관료의 특권에 대한 아래로부터의 지지를 이끌어낸다.[21] 그러나 관료의 위계적인 구조에서 아래에서 위로 상승하는 일은 생각보다 용이하지 않다. 게다가 관료의 증가는 사회적 비용을 증가시키고, 관료적 비효율성이 발생할 수 있는 가능성을 높이게 된다. 그럼에도 불구하고 관료의 수가 증가할 수 있는 이유는 관료에 대한 대중의 의존도가 높기 때문이다. 반면 관료는 상대적으로 자율성이 높다. 관료의 자율성은 처음에는 혁명 과정에서 형성되고, 이후에는 산업화 과정을 통해서 강화된다.[22] 관료는 권력을 가지고 있을 뿐만 아니라 경제잉여에 대한 실질적인 처분권을 가진다.

(2) 관료가 정당성을 확보하기 위한 또 다른 수단은 '이데올로기'이다. 이데올로기에 대한 해석은 '당'에 의해서만 가능하다. 물론 초기에는 이데올로기에 대한 해석을 둘러싼 논쟁이 존재하지만, 차츰 이데올로기에 대한 해석은 당을 중심으로 하나로 통일된다. 이 과정에서 관료는 당의 이데올로기적 해석권을 이용하여 스스로의 권력과 특권을 보존한다. 관료는 '왜곡된 마르크스주의'를 필요로 한다(Bahro 1977, 197). 혁명의 유토피아적 성격은 약화되고, 사회는 단지 관리와 통제의 대상일 뿐이다. '위'는 분명 '아래'의 요구에 대해서 반응하지만, '아래'의 요구는 좀처럼 받아들여지지 않는다. 헤지더스(Hegedus 1976, 20)는 러시아 혁명 이후 '지배'가 사라질 것이라는 기대는 예상을 빗나갔다고 통렬히 비판한다. 그는 혁명 이후 외부 침입으로부터의 방어를 위해 그리고 경제 발전 및 다른 사회생활을 위해 정부를 필요로 했으며, 다시 이는 관료적 관계를 출현시켰고, 정부와 행정기구는 자신의 목적과 이익을 발전시켰다고 설명한다. 혁명은 유토피아의 실현이 아니라 새로운 권력의 획득, 유지, 강화라는 지극히 현실적인 현상이었던 것이다. 이데올로기는 혁명과 유토피아의 발원지가 아니라 권력과 특권의 질서에 복무하는 '허위의식'으로 전락한다.[23]

이데올로기에 대한 실질적인 해석권은 관료 가운데에서도 위계구조의 상층부에 있는 정치관료가 가진다. 정치관료는 당의 정점에서 한 손에는 권력을, 다른 한 손에는 이데올로기를 가지고 사회를 통제하고 조정한다. 바로(Bahro 1977, 201)는 이와 같은 현상을 '유사－신정주의적(quasi-theokratisch)'이라고 정의한다. 정치관료는 강제적인 경찰기구 외에도 영속적으로 종교재판의 경향을 가진 정신적인 권력까지도 가지고 있다. 즉 정치관료는 세속적인 권위와 영적 권위를 통일하였다. 이데올로기에 대한 해석에서 정치관료와 다른 해석을 할 경우에 그러한 해석을 한 개인이나 세력은 곧 '이단'으로 규정되었다. 자연히 사회는 정치관료에 순응하지 않을 수 없다. 결국 이데올로기는 현실을 왜곡하여 관료의 권력과 특권을 옹호한다. 심지어 관료의 부패와 같은 정당성을 위협하는 요소들을 은폐하고 모두 정당화시킨다.

(3) 관료는 정당성을 확보하기 위해서 '인전대(transmission-belt)' 메커니즘을 적극적으로 활용한다. 노동조합은 대표적인 예라고 할 수 있다. 본래 노동조합은 노동계급의 이해와 요구를 대변하는 조직이지만 혁명과 이행 과정에서 그 성격이 변화된다. 무엇보다 먼저 노동조합의 자율성이 약화된다. 노동조합은 혁명 이후 '프롤레타리아 독재'가 성립되었다는 명목하에 당과 국가에 대해서 이견을 가지기 어렵게 된다. 당과 국가가 프롤레타리아를 대표하고 그들의 이해관계를 대변하는 조직으로 간주되기 때문에, 노동조합에게는 당과 국가의 뜻에 따를 것이 강요된다. 노동조합은 당과 국가의 영향력 아래에서 과거와는 달리 위의 뜻을 아래에 전달하는 인전대의 역할을 부여받게 된다. 노동조합은 더 이상 노동계급의 이해관계를 대표하지 않는다. 노동조합은 사회조직이 아니라 사실상 국가기구가 되고 만다(Wilczynski 1983; Mieczkowski 1991, 156에서 인용). 물론 노동조합이 국가기구화된 원인을 당과 국가의 강제력 때문만으로 치부할 수는 없다. 오히려 노동조합의 국가화는 현존 사회주의 생산양식의 특성과 관료와 노동의 관계를 통해서 이해되어야 한다. 바로(Bahro 1977, 199)는 노동조합이 노동계급의 연합체가 아니라

국가소유를 위한 연합체이기 때문에, 오히려 개인은 사회적 조직 속에서 원자화된다고 설명한다. 노동조합은 계급의 이익을 대변하는 것이 아니라 국가의 이익을 대변하는 기구로 변화되어, 노동계급의 연대에 기여하는 것이 아니라 오히려 원자화시킨다는 설명이다. 결과적으로 현존 사회주의 사회에서 관료와 노동 간에는 관료에 대한 노동의 의존도가 높은 후견―피후견 관계(patron-clients)가 형성되기 때문에, 자연히 노동조합의 자율성을 기대하기는 어렵다.

(4) 관료는 정당성을 확보하기 위해서 잉여생산물을 '투자'한다.[24] 투자의 표면적인 목적은 '경제성장'이다. 비록 관료는 때로 비생산적이며, 계획을 중심으로 하는 성장전략은 결과적으로 비효율적이었지만, 관료는 지속적으로 급속한 경제성장을 추진했다. 이른바 '축적의 정치(politics of accumulation)'이다. 혁명 이후 초기에는 대부분의 국가들이 현저한 성과를 보였다. 선진 자본주의 국가들과의 경쟁을 공식적으로 선포하고, 빠른 시일 내에 추격발전에 성공하겠다는 포부를 밝히기도 했다. 그 결과는 참혹했지만 권력과 특권을 유지하기 위해서 경제성장은 포기할 수 없는 과제였다. 덕분에 그 성과와 무관하게 지속적인 '투자와 노동동원'이 이루어졌다. 투자의 방향과 성과보다는 투자 자체에 의미가 부여되었다. 당과 국가(관료)의 투자는 언제나 급속한 경제성장을 위한 필수적인 투자로 합리화되었다. 투자의 성과가 기대에 미치지 못할 경우에는 계획 메커니즘이나 구조적인 문제보다는 주로 '행위자'의 탓으로 돌려졌다. 그리고 투자와 소비는 양립할 수 없는 것으로 취급되었다. 투자 자체가 의미가 있는 행위이기 때문에 대중의 수요는 소홀히 되기 쉬웠다. 투자는 혁명 직후 외에도 가시적인 성과를 보여주기도 했다. 주로 대중의 수요보다는 군사부문이나 첨단산업 분야와 같이 체제경쟁에서 우월성을 과시하기 위한 분야에서였다. 그 결과 생필품이 부족한 사회에서 핵무기와 인공위성이 개발되는 모순적인 상황이 발생하고 말았다.

(5) 관료의 정당화를 위한 가장 핵심적인 방법은 당과 대중 혹은 관료와

노동 간의 후견－피후견 관계(patron-clients)를 형성하는 것이다. 후견－피후견 관계가 형성될 수 있는 원인은 한편으로 강제력을 다른 한편으로 계획을 통해서 가능하다. 특히 계획의 역할이 중요하다. 관료는 계획을 통한 잉여자원의 수취와 배분에 대한 권한을 가지고 있다. 노동은 생존을 위해서 관료의 잉여자원 배분에 의존하지 않을 수 없다. 시장이 존재하지만, 공급이 부족한 상황에서 시장은 소수의 특권계급에게만 유리할 뿐 대중의 수요를 만족시키기 어렵다. 곧 노동은 계획을 벗어나서는 생존할 수 없다. 때로 노동은 일탈과 저항을 하지만 생존을 위해서 계획을 통한 당의 명령에 복종해야 한다. 현존 사회주의 국가들은 이를 당에 대한 충성도, 곧 '당성'이라고 선전한다. 하지만 실상은 그렇지 않다. 잉여자원에 대한 관료의 처분권은 때로는 총과 칼보다 더욱 더 무서운 힘을 발휘한다. 즉 관료와 노동 간의 독특한 생산관계의 형성은 정당성 확보의 수단이 된다.

(2) 관료의 자기특권화 경향

(1) 관료적 특권은 '권력'으로부터 나온 것이다. 따라서 자기특권화를 위해서 '권력의 보호'는 필수적이다.[25] 바로 이 점 때문에 관료의 정당화와 자기특권화는 양립 가능하다. 과도기 사회에서 권력을 보존하기 위해서 이데올로기, 계획, 경찰과 군대와 같은 강제적 물리력 등 가능한 모든 수단을 총동원하게 된다. 이와 같은 수단들은 물론 권력의 보존만이 아니라 정당성을 확보하는 데 기여할 수도 있다. 사실 관료의 정당화가 보다 적극적으로 자기특권화를 위한 최선의 수단이 될 수 있다.

(2) 관료는 스스로의 일자리를 유지하고 보호한다(Mieczkowski 1991, 145). 당과 국가에 의해서 노동분업이 이루어지고, 그 결과 배정된 일자리의 수와 규모는 일정하게 유지되거나 확대된다. 관료의 일자리가 유지될 수 있는 가장 중요한 이유는 '당의 무오류성 테제'가 강요되고 있기 때문이다. 권력의

독점과 경제적 낙후성과 저발전 등의 중요한 문제가 있지만, 이는 관료주의와 같이 체제나 정권의 문제가 아니라 개인차원의 도덕적 문제로 취급된다. 특히 중앙집권적 계획체제에서 경제위기가 반복적으로 발생했음에도 불구하고, 계획이 가진 구조적인 문제들은 모두 공식적으로 인정되지 않는다. 계획의 비효율성에도 불구하고 계획에 의해서 만들어진 일자리는 유지되거나 심지어 더욱 더 확대된다. 관료들의 일자리는 한 번 만들어지면 '신성불가침(sacred cow)'의 영역이 된다(Mieczkowski 1991, 145).

(3) 관료적 권력과 특권은 강제력의 보호를 받게 된다. 사회에 대한 일상적인 감시와 처벌은 관료적 특권을 보호한다. 물론 국가기구는 강제력을 근간으로 스스로 특권계급화된다. 국가기구는 특권계급을 보호하는 동시에 스스로 특권계급이 되는 것이다. 감시와 처벌의 제도에는 개별 국가에 따라 다양한 방식이 존재한다. 군과 경찰은 물론 정치적 숙청, 강제노동수용소, 여권과 비자발급 제한, 비밀경찰 등 여러 제도들이 존재한다. 또한 물리력을 가진 국가기구들에 의한 일상적인 감시와 처벌의 수준은 개별 사회내부의 권력관계에 따라 상이하게 나타난다. 권력의 독점과 집중이 강할수록 대중에 대한 감시와 처벌은 더욱 더 강력하다. 이는 정치적 숙청, 사회통제와 동원을 통해서 확인할 수 있다. 이른바 '스탈린주의'적 요소가 강한 국가일수록 사회에 대한 감시와 통제 그리고 처벌은 일상적으로 나타난다.[26] 그렇지만 탈스탈린화 이후에도 사회에 대한 통제와 감시는 결코 소홀히 되지 않았다. 미에츠코프스키(Mieczkowski 1991, 156)는 폴란드에서 노동조합의 감시 기능을 언급하고 있다. 통제와 감시의 방식만이 변화된 것이다. 오히려 사회부문의 자율성이 제한적이지만 증가할수록 역설적으로 사회에 대한 통제와 감시의 필요성은 더욱 증가했다.

(4) 관료의 권력과 특권을 유지하는 수단은 '계획'이다. 현존 사회주의 사회는 정치우위의 사회이며, 계획의 존재 자체가 이를 증명해준다. 계획은 순경제적 의미로만 해석할 수 없으며 언제나 정치사회적 의미를 내포한다. 그

이유는 무엇보다 계획수립부터 집행에 이르는 과정이 당을 중심으로 하는 권력관계에 따라 결정되기 때문이다. 계획은 최고권력부터 대중에 이르기까지 거의 모든 구성원을 포괄하며, 그 구성원들은 당이 결정한 노동분업에 따라 계획에서 각자의 역할을 배정받게 된다.[27] 노동의 분할은 한편으로 당에 대한 충성도에 따라, 다른 한편으로 교육과 기술적 능력에 따라 결정된다. 관료는 이와 같은 노동분업 구조에서 정책결정, 관리, 통제의 역할을 담당하게 된다. 관료는 노동력과 잉여를 통제하고 관리할 있는 권한을 가진다. 구체적으로 이는 생산, 배분, 고용, 투자, 자리의 선정, 배급을 결정하는 권한이다(Mieczkowski 1991, 157~158). 반면 대부분의 구성원은 직접 생산자로서 관료의 통제와 영향력 아래에 있게 된다. 직접 생산자가 계획을 통한 노동분업에서 자유로울 수 없는 이유는 단순히 강제력 때문이 아니라 계획에서 일탈할 경우 기본적인 생계마저 유지하기 어렵기 때문이다. 혁명 이후 계획초기에 노동이 낮은 한계생산력에도 불구하고 고용될 수 있었던 원인은 '계획' 덕택이다. 초기에 지배체제가 형성되지 않고 노동규율이 취약한 상황에서 노동은 미약하나마 일탈과 저항을 했지만, 계획의 철폐를 주장하는 것은 아니었다.[28] 적어도 일정한 시기동안 노동은 계획을 통해서 생계를 유지했으며, 계획이 지속되는 한 관료에 대한 노동의 의존도는 높을 수밖에 없다. 즉 계획은 지배체제와 지배관계의 상징이다(Damus 1978, ch. 3). 물론 계획의 명령과 집행 사이에는 '흥정(bargaining)'이 존재한다(Kornai 1992, 121~124). 하지만 흥정은 아래로부터의 의견 수렴이라기보다는 상층관료(정치관료)와 중간관료 사이에 잉여자원의 배분을 둘러싼 갈등과 조정의 과정이다.

(5) '소비 억제'는 관료의 자기특권화 경향을 가장 명백히 보여주는 지점이다. 현존 사회주의 경제는 투자와 소비를 대립적 요소로 이해한다. 일반적으로 단기간의 급속한 성장을 위해서 잉여자원의 집중적인 투자가 불가피함을 선전한다. 반면 소비에는 희생이 강요된다. 이 자체가 관료의 자기특권화에 기여한다(Mieczkowski 1991, 159~161). 첫째, 투자의 집중은 노동을 위한 일

자리만을 증가시키는 것이 아니라 관료의 수를 증가시킬 필요성 역시 증대시킨다. 관료 수(數)의 증가는 적극적인 지지층을 증가시켜 정당성 확보에 기여할 뿐만 관료의 특권을 보호하는 데에 기여한다. 둘째, 소비재의 부족은 관료의 권한을 강화시킨다. 먼저 소비재가 희소하므로 효과적인 배분을 위한 계산이 필요하며, 이를 위해서 더 많은 관료들을 필요로 하게 된다. 또한 소비재가 부족하기 때문에 배분에 대한 권한을 가진 관료에 대한 의존도가 상승한다. 관료의 입장에서 소비재의 부족은 효과적인 노동 통제의 수단이 된다. 셋째, 관료는 소비재가 부족한 상태에서 그것의 분배와 계산에 대한 통제 권한을 이용하여 스스로의 이익을 추구한다. 관료는 자신에게 유리하도록 자원을 배분한다. 물론 정당성을 확보하기 위해서 자원배분의 왜곡을 노골적으로 추구하지는 않는다. 하지만 자원배분의 왜곡을 무조건 은폐하지도 않는다. 대신에 사회주의(낮은 단계의 공산주의)는 능력에 따라 일하고 필요에 따라 배분이 이루어지는 사회가 아니라 '능력에 따른 배분'이 이루어지는 사회라는 점을 강조한다. 관료에게 더 많은 이익이 분배되는 것은 능력에 따른 것이라고 합리화되는 것이다.

(6) 관료의 자기특권화는 부패를 포함하는 렌트추구 행위로 이어질 수 있는 가능성을 가진다. 현존 사회주의 사회에서 적어도 이론적으로 관료는 이익을 사유화할 수 없다. 현존 사회주의 사회에서 관료는 구(舊)특권계급의 폐지를 주장하면서 혁명과 사회주의 및 공산주의로의 이행을 주장하는 전위 세력이다. 따라서 관료가 잉여자원을 수취하고 배분하는 권한을 가지고 있다고 하더라도, 이 과정에서 이익을 사유화하는 것은 합리화되기 어렵다. 그러나 관료는 공적인 권력과 권한을 이용해서 이익을 사유화했다.[29] 이는 일회적인 문제가 아니라 구조적인 문제였다. 대중이 잉여를 수취하고 배분하는 관료의 권한을 견제하고 감시할 수 없기 때문에, 관료의 렌트추구는 반복적으로 발생할 수밖에 없다.

물론 관료계급은 단일한 이해관계를 가지기 어렵다. 관료계급 내부에는 복잡하고 다양한 이해관계의 대립이 존재한다. 수직적 그리고 수평적인 이해관계의 대립은 권력과 잉여생산물을 차지하기 위한 경쟁 혹은 투쟁이다. 박형중(2002, 113)은 '공적 권력의 사유화'라는 개념을 통해서 각 계층 간 이익추구 현상을 설명하고 있다. 수평적인 이해관계의 대립은 상층부에서는 권력투쟁과 노선투쟁이, 수직적 이해관계의 대립은 연성예산제약과 관료의 렌트추구 형태로 기업과 공장 수준에서 경제잉여의 배분과 사용을 둘러싼 대립이 발생한다. 그러나 이해관계의 대립은 외부에 쉽게 노출되지 않는다. 주로 사후에 권력의 재편과 발전노선의 변화 및 잉여생산물의 배분 등을 통해서 확인된다. 공식적인 이해관계의 대립이 존재하지 않기 때문에 공식적인 이해관계의 조정메커니즘—협상, 조정, 타협—이 매우 취약하다.[30]

6. 노동계급의 성격

현존 사회주의 국가들 가운데 다수는 저발전 사회에서 출발했다. 저발전 사회에서 인구의 다수는 여전히 농촌에 잔류하고 있었으며, 도시에 거주하는 인구 가운데 상당수는 노동 한계생산성이 낮았다. 저발전 사회에서 사회주의 국가로 이행하게 되면서 가장 중요한 과제 가운데 하나는 산업화를 추진하는 것이었다. 산업화는 노동력에 대한 수요를 갑자기 증가시켰다. 농촌에 잔류하고 있던 농민들은 노동계급으로 전화되었다. 또한 도시에 거주하던 주변계층(marginality)도 흡수할 수 있게 되었다.[31] 주변계층은 임금이 한계생산성에 의해서 결정된다고 할 때, 낮은 생산성 때문에 최저생계비 수준 이하의 소득으로 살아가는 계층을 의미한다(Elsenhans 1994, 394~399). 그래서 주변계층의 존재는 다음과 같은 사실을 말해준다. 첫째, 농업생산성이 낮았다는 점을 말해준다. 최저생계소득을 낮추기 위해서 필요한 농업잉여가 부족했다는 점을 의미하기 때문이다. 물론 농업잉여는 존재하지만, 그것은 특권계급을 비롯한 소수가 전유한다. 둘째, 한계 생산성이 현저히 낮다는 점(한계생산성이 0에 가깝다)을 의미한다. 이는 기술과 지식의 부족을 의미한다. 이러한 상황에서 인구의 다수는 노동시장에 진입조차 할 수 없다. 따라서 이는 실업(unemployment)과 구별되어야 한다. 실업은 노동한계 생산성이 임금수준보다는 낮지만 노동력에 대한 수요가 증가하게 되면 곧 실업상태에서 벗어날 수 있다. 주변계층을 실업의 개념으로 설명한다면, 위장 실업(disguised unemployment)이나 잠재적 실업(underemployment)과 유사한 상태이다. 셋째, 주변계층의 존재는 노동에 대한 수요가 부족하다는 사실을 말해준다. 물론 노동수요가 부족하다고 해서 기술과 지식을 가진 노동자에 대한 수요가 낮은 것은 아니다. 오히려 그러한 노동자에 대한 수요가 증가하여 노동계급 내부의 소득분화가 불가피하다.

현존 사회주의 사회에서 주변계층이 노동계급으로 전환될 수 있었던 원인은 '정치적 완전고용' 때문이다. 완전고용이 실현될 수 있었던 구체적인 이유를 정리하면 다음과 같다.

(1) 체제경쟁이 주요한 동인이다(Lane 1987, 27). 마르크스-레닌주의 교과서와 주체의 정치경제학 교과서는 자본주의가 경제위기와 '산업예비군'이 필연적으로 발생할 수밖에 없는 반면 자기체제를 '사회주의'로 규정하고 이와 같은 자본주의의 문제를 극복한 사회라는 점을 강조한다(Zagolow 1990, 245~246; 한득보 1992, 495~508). 완전고용은 곧 체제의 우월성을 과시하기 위한 주요한 수단이다.
(2) 외연적 성장방식 때문이다(Kornai 1992, 181~182). 노동은 사회주의 사회의 형성과 생산력 발전에 가장 핵심적인 원동력으로 이해된다. 외연적 성장방식으로 통칭되는 발전전략과 함께 노동력 공급확대의 중요성을 강조하게 됨으로써, 노동의 부족 혹은 완전고용이 이루어질 수 있었다.
(3) 기업과 공장이 계획 목표 달성을 위해서 '노동예비'를 필요 이상으로 보유하고 있기 때문에 발생했다(김연철 1996, 111). 개별 기업과 공장은 거시적 수준의 정책결정과 경제적 성과에 크게 관심이 없

다. 계획을 통해서 전달된 명령과 지시된 계획 목표를 초과 달성함으로써, 물질적 혹은 비(非)물질적 인센티브를 받으려 경주하게 된다. 이 과정에서 원자재와 생산재는 물론 노동력 역시 필요 이상으로 보유하려 한다. 개별 기업의 차원에서 노동의 비용을 낮추어야 할 이유가 없기 때문이다. 이는 노동비용을 낮춰 이윤을 극대화하려는 자본주의의 기업과는 근본적으로 다른 점이다.

(4) 완전고용은 위장실업(disguised unemployment) 혹은 잠재적 실업(underemployment)의 존재 때문에 가능한 일이다. 잠재적 실업은 소득과 직업 그리고 그에 따른 노동을 하지만, 노동가동률(labor utilization)이 낮기 때문에 생산에 대한 기여도 그리고 그에 따른 소득도 부족한 경우이다.32) 즉 한계생산이 임금보다 낮은 주변계층을 고용하는 경우이다. 이는 자본주의와는 합리성의 기준이 다르기 때문에 가능한 일이다(Ellman 1979, 497).

(5) 현존 사회주의 사회는 자본주의와 다른 기준을 가지고 기술을 선택하게 된다(Kalecki 1972; Robinson 1977; Ellman 1979, 500에서 재인용). 선택의 주요한 기준이 산출과 고용의 증대이기 때문이다. 이는 때때로 대규모 투자 프로그램을 형성하여, 노동력에 대한 수요를 급속하게 증대시키기도 한다. 또한 이는 기술선택에 있어서도 마찬가지이다. 자본주의적 경제합리성이 이윤율을 비롯한 비용 – 편익을 기준으로 한다면, 현존 사회주의에서 경제적 합리성은 체제의 유지와 공고화라는 정치적 목적과 직접적으로 결부된다.

(6) 저임금정책이다(Lane 1987, 25~27). 중국에서는 이를 공식적으로 '합리적 저임금정책'이라 한다(Ellman 1979, 502~503). 고용과 산출을 극대화 하고 필요한 임금펀드를 증가시키기 위해서 개인당 임금을 낮게 유지하는 정책이다. 이는 임금재에 대한 수요를 제약하고 도시와 노동에 대한 소득불균형을 방지한다. 하지만 이 정책은 두 가지 문제에 직면하게 된다. 하나는 노동생산성이 낮아지거나 낮게 유지된다는 문제이다. 다른 하나는 노동계급의 소극적 혹은 적극적 반대에 직면하게 된다.

(7) 수요제약이 부재하다(Ellman 503~504). 현존 사회주의 사회에서는 유효수요의 부족으로 인한 실업은 존재하지 않는다. 이는 계획경제가 자본주의적 시장경제와 달리 수요제약이 없기 때문이다. 물론

심각한 경제위기가 발생하게 되면 고용이 감소하거나 혹은 영속적
인 노동의 과잉공급이 발생하게 된다.

(8) 전체 고용규모를 국가가 직접 통제하고 관리한다. 이는 정년퇴임의
나이를 결정하고 정규교육 기간의 결정을 통해서 이루어진다(Ellman
1979, 504; Lane 1987, 29).

마르크스에게 노동계급은 가치의 생산자이다. 자본주의적 생산양식에서
상품은 대립물의 통일체이다. 상품에는 구체적 노동과 추상적 노동, 사용가
치와 가치, 죽은 노동과 산 노동이 통일되어 있다(Marx 1976, 49~61; Marx
1976, 201). 상품이 담지하고 있는 대립적 요소 가운데 추상적 노동과 교환가
치가 자본주의를 특징짓는다. 자본주의적 생산양식에서 상품의 생산은 교환
을 전제로 하기 때문이다. 상품교환의 근간은 가치이며, 그 실체는 인간의
추상적 노동이다(Marx 1976, 61). 즉 인간의 노동이 없다면 상품의 생산은
물론 교환 역시 불가능하다.

마르크스에게 노동계급은 또한 자본주의적 착취의 대상이다. 자본주의적
상품교환의 목적은 이윤을 목적으로 한다. 이윤은 자본주의적 생산양식에서
필수적인 것으로 잉여가치의 신비화된 형태이다(Marx 1976, 41) 물론 잉여가
치의 생산자는 역시 노동계급이다. 하지만 노동계급은 잉여가치를 전유할 수
없다. 다만 노동력 판매의 대가로 임금을 받을 수 있을 뿐이다. 대신 자본가
가 잉여가치를 전유한다. 마르크스는 잉여가치에 대한 자본의 수취를 '착취'
로 그리고 노동의 배제를 '노동소외(Entfremdete Arbeit)'로 표현한다.[33] 자본
의 착취와 노동소외는 경제외적 강제에 의한 과거의 착취와는 구별되는 특징
이면서 동시에 자본주의적 계급모순의 핵심적인 문제이다.

마르크스의 노동계급은 궁극적으로 자신의 위치와 계급모순을 정확하고
객관적으로 의식하게 된다. 이와 같이 계급의식이 성숙하게 되는 일은 한편
으로 자본주의 위기와 모순의 첨예화라는 객관적 조건은 물론 '세계를 변혁
시키려는' 철학의 역할이 중요하다(MEW 1976, 65). 결국 노동계급은 과학적

이면서 혁명적인 철학을 근간으로 공산주의를 실현한다. 마르크스에게 있어서 노동계급은 유토피아를 현실로 변화시킬 이론과 실천적 능력을 모두 겸비한 계급이다. 그리고 혁명의 성공과 함께 지배계급이 사라짐으로써 계급모순과 대립과 투쟁은 사라지게 된다. 마르크스는 노동계급이 혁명 이후 사회를 자율적으로 사회를 관리할 권한과 능력을 가지고 있다고 믿는다.

마르크스–레닌주의(Marx-Leninism)는 마르크스의 노동계급 개념을 수정했다. 노동계급의 의식 수준과 실천성에 대한 마르크스의 믿음은 레닌에 의해서 혁명의 '전위'를 상징하는 '당'에 대한 높은 신뢰로 대체되었다. 현실에서 노동계급은 '대자적 계급(class for itself)'이 아니었다. 프롤레타리아 독재는 사실상 노동계급의 혁명적 에너지를 흡수할 수 있는 '전위', 곧 '당'에 의해서만 성취될 수 있다(Lenin 1920; Kubat 1961, 6재인용). 당은 노동계급의 '초자아(super-ego)'로 인식되었다(Kubat 1961, 6). 현실에서 노동계급의 가장 핵심적인 문제는 정치·사회적 자율성이 취약했다는 점이다. 무엇보다 '노동자 국가'를 자처하는 사회에서 역설적이게도 노동자는 정치의 주체가 아니었다. 레닌은 1919년 8월 "노동계급의 독재는 볼셰비키당에 의해서 수행되고 있다."고 말했으며, 『좌익 공산주의 소아병』에서 "계급독재가 당의 지도하에" 수행되고 있음을 확인했다. 레닌은 당이 국가의 업무를 대행하는 현상을 지적하기도 했지만, 1921년 3월 10차 당대회 이후 당내 민주주의가 사라졌다(Liebman 2007, 347; 352~383). 또한 경제의 주체도 아니었다. 노동계급은 직접 생산자로서 계획에 참여했을 뿐 계획의 수립과 집행에서 영향력을 가지지 못했다. 스탈린은 노동자를 단순히 '노동력의 공급자(Arbeierversorgung)'로 전락시켰다(Buchenberg 2003, 14).

노동계급은 자신의 지위와 현실의 모순을 인식할 수 있는 의식수준을 가지지 못했다. 오히려 당은 정보를 차단하고 사실을 왜곡해서, 노동계급의 의식수준이 성장하지 못하도록 했다. 노동계급은 현실을 합리화하는 교육, 제한된 정보, 이데올로기적 왜곡 덕분에 자신의 위치와 현실의 모순을 정확하게 인식하기 어려웠다. 관료에 의한 '왜곡된 마르크스주의'는 당이 노동계급의 의식수준 향상을 지도한 것이 아니라 노동계급의 눈과 귀를 막아 비판적 의식수준의 형성을 차단하려 했다는 사실을 말해준다(Bahro 1997, 197). 노동계급에게 체제 비판을 위해서 사용될 수 있는 마르크스와 마르크스주의의 비판적 인식론 및 방법론에 대한 학습과 연구는 금기시되었다.

노동계급이 원자화되어 정치사회적으로 고립되었다. 그 이유는 첫째, 노동계급에 대한 억압과 감시 때문이다(박형중 2002, 165). 둘째, 노동조합이 인전대라는 명목하에 당과 국가의 영향력하에 놓여 있기 때문이다. 노동조합은 노동계급이 아니라 국가의 이익을 대변했으며, 그 결과 노동계급은 원자화되었다(Bahro 1977, 199). 하몬드(Hammond 1986, 101)는 레닌이 혁명 이전에 이미 노동조직의 자율성보다는 당의 '조력자'로서의 역할을 강조했음을 지적한다. 물론 혁명 이후 레닌의 생각이 변화되었다고는 하지만 결국 스탈린에 의해서 노동조직의 자율성은 사라진다. 물론 노동조합이 노동계급에게 일정한 물질적 혜택을 주기도 한다. 그러나 이는 노동조직이 노동계급의 이익을 대변해서가 아니라 노동계급의 노동조합 가입을 유도하기 위한 정책의 일환이다. 체코슬로바키아, 폴란드, 헝가리, 불가리아, 루마니아 등의 국가들이 2차 세계대전 이후 노동조합의 가입자 수 증가는 바로 이 때문이다(Fejto 1957, 427~428). 셋째, '사회주의 경쟁' 때문이다. 피쩌(Fitzer 1986, 96~102)는 1930년 소련에서 노동계급의 원자화 과정을 경쟁과 사회적 불평등의 결과로 설명한다. 또한 틱틴(Ticktin 1973, 24~26)은 소련 사회에서 노동계급의 원자화는 한편으로 사회주의적 경쟁과 다른 한편으로 엘리트에 대한 의존성이 높아짐으로써 발생하게 된다고 설명한다.

노동계급의 원자화는 곧 탈정치화로 귀결된다. 마르크스(Marx 1955)는 『철학의 빈곤(The Poverty of Philosophy)』에서 대자적 계급이 되기 위한 정치투쟁의 필요성을 강조했다.

"경제적 조건은 처음에 국가의 대다수를 노동자로 전환시킨다. 자본의 결합은 이러한 대중에 대하여 공통의 상황, 공통의 이익을 만들었다. 따라서 이러한 대중은 이미 자본에 반대하는 계급이지만, 아직 대자적(for itself)이지 않다. 우리가 단지 몇몇 국면에서 주목했던 투쟁에서, 이러한 대중은 통합되고 스스로를 대자적인 계급으로 구성한다. 계급이 방어하려는 이익이 계급이익이 된다. 그러나 계급에 대항하는 계급투쟁은 정치투쟁이다(Marx/Engels Internet Archive ed. 1999)."[34]

레닌(Lenin 1988, 89~90) 역시 『무엇을 할 것인가(What is to be done)?』이란 팸플릿에서 경제주의를 비판하며 정치의식을 강조한다. 레닌은 계급의 정치의식을 경제투쟁의 외부에서만 노동자들에게 가져다 줄 수 있다고 보았다. 그는 노동자들에게 정치지식을 노동자들에게 가져다주기 위해서 사회민주주의자는 모든 계급 속으로 들어가야 한다고 주장했다. 하지만 정작 현존 사회주의에서 노동계급은 정치세력화하지 못했다. '프롤레타리아 독재'는 노동계급을 당에 의해서 조정되고 관리되는 피동적인 존재로 만들었다. 노동계급이 자율성을 성취하기 위해서는 정치적 억압과 감시로부터 벗어나야 할 뿐만 아니라 사회경제적으로 당과 국가의 영향력에서 벗어나야 한다.

그렇다면 현존 사회주의에서 노동력은 상품인가? 결론부터 이야기하면 노동력은 상품이 아니다. 현실 사회주의의 공식 이론은 노동계급이 생산수단을 소유하고 있으며, 따라서 생산자가 생산수단과 노동력을 직접 통제하고 관리하게 된다고 주장한다. 곧 노동계급은 더 이상 노동력에 대한 판매를 필요로 하지 않는다. 하지만 이는 프로파간다(propaganda)일 뿐 사실이 아니다. 노동력이 상품이 될 수 없는 실질적인 이유는 노동계급이 노동력을 판매할 권한을 가지고 있지 못하기 때문이다. 노동계급의 노동력은 '이중적 성격'을 가진다. 노동력은 국가가 가장 핵심적인 고용자로서 사회의 재산인 동시에 임금을 지불받는 대가로 노동력을 공급하기에 노동자의 재산이다(Sorokina 1979, 25; Lane 1987, 13에서 재인용).

노동력의 이중적인 성격은 인격적 예속관계에 묶여 있지 않으면서도, 노동 이동성이 제한되는 이유를 설명해준다. 레인(Lane 1987, 44~63)은 소련 사회에서 노동이동 현상을 여섯 가지 유형으로 분류하고 있다. 그 가운데 자발적 실업이나 자영업(shabshniki)를 제외하면 다섯 가지이며, 정도의 차이는 있지만 모두 강제적인 이동이다. 첫째, 1931년 시작된 오르그나보르(Orgnabor: 조직적 충원)로 집단농장에서 도시 산업으로 이동하게 되면서 노동력을 채용하는 과정이다. 노동자의 개인적인 이동은 거부되었으며, 대신에 구조적 실업은 차단되었다. 또한 1930년대에 수형자에 대한 강제노동을 통해서 노동력 공급의 부족을 메울 수 있었다. 1953년에 오르그나보르는 잉여노동을 노동력이 부족한 지역으로 이동시키는 역할을 했다. 예컨대 1951년~69년 사이에 시베리아로 노동력을 이동시켰다. 둘째, 산업부문 간의 이동이다. 보통 이는 새로운 기업이나 산업의 건설로 인한 노동자들의 이동이다. 이때 이동한 노동자들에게 인센티브가 있었던 것은 사실이지만, 이는 노동자들의 선택이라기보다는 기업의 필요에 의해서 이루어진 것이다. 셋째, '사회적 호소(social appeals)'를 통한 노동의 부족을 해결하는 방식이다. 이는 1956년 꼼소몰(Komsomol: 공산주의 청년동맹)에 의해서 최초로 조직된 것으로 북동부 지역의 건설과 기업에 참여시키는 것이다. 또 다른 사회적 호소를 통한 고용형태는 여름에 학생들을 건설 프로젝트에 파견하는 것이다. 외견상 이는 자발적인 청년들의 노동참여로 보이지만, 구체적인 내용은 청년들에게 당에 대한 충성심을 강조함으로써 상대적으로 노동력이 부족한 지역에 청년들을 파견하는 형태이다. 넷째, 1950년대 노동력이 부족한 농촌지역에 노동력을 재정착시키는 것이다. 1950년대 이후에는 참여 인원이 감소했다. 다섯째, 1967년 직업소개소(employment bureaux)가 다시 시작되었다. 이는 국가계획위원회(Gosplan)와 직접적으로 관련되어 있다. 이는 노동가동률을 증가시키기 위한 것으로, 사회적 약자들에 대한 고용의 확대에 기여한다. 직업소개소의 역할은 노동자와 기업 사이를 중개하는 역할을 하는데, 직업소개소 자체가 이해관계를 가진다. 노동력을 기업에 소개해줄 때마다 기업들이 소개소에 일정한 액수를 지불하기 때문이다. 하지만 직업소개소를 통해서 직업을 얻은 사람의 수는 적으며, 그중에서도 다수는 직업, 임금, 노동조건 등에 불만을 가지고 있다.

노동력이 상품이 될 수 없는 또 다른 이유는 노동생산성과 비교할 때 낮은 임금, 즉 생계비 수준의 소득을 받기 때문이다. 노동계급은 노동력을 공급하고 임금이라는 명목으로 일정한 소득을 보장받지만 이는 사실상 노동생산성과 비교할 때 생계비 지불(*Unterhaltzahlung*)밖에 되지 않는다(Buchenberg 2005, 14). 특히 배급제는 임금이 사실상 생계비 지불에 지나지 않음을 보여주는 상징적인 제도이다. 이는 노동력을 제공한 대가 역시 수요와 공급의 원칙에 따라 결정되거나 혹은 생산성에 의해서 결정되지 않는다는 사실을 말해준다. 현존 사회주의 사회에서 노동계급은 오히려 자본주의적 생산양식의 노동계급보다 더 적은 자유와 권한을 가지고 있다. 사실 부하린과 레닌에게 노동계급은 책임 있는 생산자나 생산의 지배자가 아닐 뿐만 아니라 노동을 스스로 결정할 수 있거나 노동생산물에 대한 처분권을 가지고 있는 계급이 아니었다. 단지 노동계급은 당과 국가의 결정에 따르는 피동적 수용자에 불과했다.

본래 고전적 사회주의 이론에서 노동계급은 착취와 소외로부터 해방된 존재이다. 사회주의로 이행하게 되면 노동계급은 경제적으로 그리고 정치적으로 더 이상 계급투쟁을 필요로 하지 않는다. 그렇다고 노동계급이 새로운 특권계급으로 군림하지도 않는다. 오히려 노동계급은 생산자로서의 지위를 유지한다. 이는 프롤레타리아가 부르주아와 다른 결정적인 차이점이다. 사회주의에서 노동계급의 이익은 단지 경제잉여에 대한 노동의 몫을 증가시키는 데 있지 않다. 고전적 사회주의 이론에서 노동계급의 이익은 계급 폐지와 사회주의를 넘어 공산주의로의 이행을 실현하는 데에 있다. 쥐스(Süß 1985, 7)는 사회주의에서 노동계급의 궁극적인 이익은 특정한 물질적 이익과 결합된 계급이 폐지되는 일이라고 설명한다. 바로 이 점이 자본주의 사회의 노동계급과 다른 점이다.

현존 사회주의 사회에서 노동계급의 존재는 이론과 현실의 모순을 가장 극명하게 보여준다. 현존 사회주의 사회에서 노동계급의 현실은 이데올로기가 현실이 되는 과정에서 발생하는 불가피한 과정으로 이해하기에는 그 간극이 너무 크다. 물론 현존 사회주의 사회에서 노동계급은 새로운 특권계급이 아니며 생산자로서의 지위가 유지된다는 점에서 고전적 사회주의 이론과 크게 다르지 않아 보인다. 하지만 이는 사회주의의 이행과 함께 노동계급의 이해관계가 변화되었기 때문이 아니다. 현존 사회주의 사회에서 노동계급은 또 다른 방식으로 착취되고 소외된다.

결과적으로 노동자 국가를 자처하는 사회에서 살아가는 노동계급은 '사회주의'에 대한 뚜렷한 이해관계를 가지지 않는다. 현존 사회주의 사회에서 관료계급은 지속적으로 사회주의를 언급하지 않을 수 없다. 현실이 고전적 사회주의 이론과 간극이 벌어질수록 더욱 그러하다. 현존 사회주의에서 관료계급의 정당성은 분명 사회주의 이데올로기에 있다. 그래서 관료는 새로운 특권계급으로서 스스로의 존재를 부정할 수밖에 없다. 현존 사회주의 국가들은 '무계급사회'임을 자임하고 있다.[35] 반면 노동계급은 자기기만과 자기부정을 필요로 하지 않는다. 이데올로기적 정체성과 현실이 모순될 때 노동계급은 이데올로기적 정체성을 포기한다. 즉 사회주의 이행을 통해서 노동계급의 이익을 실현할 수 있다는 믿음은 유지되지 않는다. 노동계급은 계급의 폐지를 통해서 궁극적인 노동계급의 이익이 실현될 수 있다고 생각하지 않는다. 오히려 위계적인 권력구조에서 상향이동하려는 욕구가 더 강하다. 계획의 중앙집권적 기능이 약화되고 개혁의 시대가 도래하게 되면, 사회주의적 정체성을 포기하려는 경향이 더욱 더 강해진다는 사실을 역사는 말해주고 있다.

그림 2-2-1. 현존 사회주의의 구조적 특성

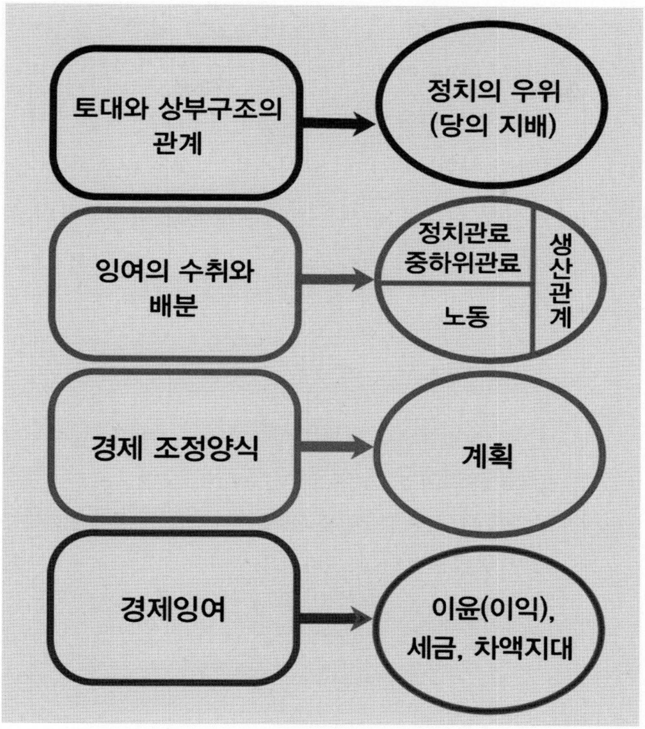

제3절 북한체제의 자기규정
    : 사회주의 이데올로기의 재구성과 구조적 모순의 은폐

1. 마르크스와 북한체제

(1) 마르크스의 고전적 사회주의 개념의 재구성

마르크스의 고전적 사회주의 개념은 현존 사회주의 성격 논쟁의 출발점이지만, 독립된 하나의 생산양식으로서 현존 사회주의를 설명하기에는 부족하다. 특히 낮은 단계의 공산주의, 즉 사회주의는 높은 단계의 공산주의로 가기 위한 하나의 과도기로 설정되어 있기 때문에 더욱 더 그러하다. 따라서 마르크스의 고전적 사회주의 개념을 통해서 이념형적 사회주의를 재구성해야 할 필요가 있다. 이념형적 사회주의는 현실 사회의 성격을 구분하는 생산양식이 될 수 없겠지만, 현실에 실제로 존재하는 사회주의와 마르크스의 고전적 사회주의 개념의 구체적 차이를 이해하는 데 도움을 줄 것이다. 그 특성을 정리하면 다음과 같다.

(1) 사회주의는 자본주의적 생산력의 발전에 따른 생산관계의 모순으로 발생한다는 점을 감안한 할 때, 사회주의로의 이행은 높은 생산력을 전제로 한다(Ollman 1979; Nove 2001, 2~3 재인용).

(2) 사회주의에서는 생산은 교환을 전제로 하지 않기 때문에 가치법칙은 작동하지 않는다(Meek 1956, 257; Ticktin 1973, 36~38).

(3) 사회주의에는 교환을 통해서 간접적 혹은 추상적으로 사회화가 이루어지는 것이 아니라 처음부터 총노동의 구성요소가 되어 직접적 혹은 구체적 사회화가 이루어진다(MEGA 25, 13; Damus 1978, 160~164).

(4) 생산은 교환을 전제로 하지 않으며 노동력을 구매할 자본가도 더 이상 존재하지 않기에, 노동력은 더 이상 상품이 아니다.

(5) 사회주의는 아직 "능력에 따라 일하고 필요에 따른 분배"가 실현되지 않았지만, 잉여의 생산과 분배가 생산자인 노동자에 의해서 이루어지는 '무계급사회(classless society)'이다.

(6) 사회주의는 정치적 과도기로서 계급은 사라졌지만, 국가는 사라지지 않았다. 단 프롤레타리아 독재를 통해서 노동계급은 권력을 장악하며, 국가는 노동계급의 영향력 아래에 있다.

(7) 사회주의는 높은 단계로의 공산주의 이행을 실현하기 위한 과도기이다.

(2) 북한체제에서 마르크스

현존 사회주의 내부의 논의에서 마르크스주의와 마르크스－레닌주의는 명확하게 구분되지 않는다(Bochenski 1975, 31). 이는 북한 사회 역시 마찬가지이다. 실제로 북한의 공간문헌상에서 '맑스주의'는 일반적으로 마르크스주의와 마르크스－레닌주의를 통칭한다. 사실 북한에서 마르크스주의는 마르크스－레닌주의를 의미하며, '맑스－레닌주의'라는 표현이 더 보편적으로 사용되고 있다. 물론 북한에서 마르크스 혹은 마르크스주의가 전혀 언급되지 않는다는 것은 아니다. 그러나 마르크스는 극히 제한적으로 언급되고 있다. 특히 마르크스 논의 가운데에 사회주의와 관련된 부분은 매우 제한적으로 해석되고 수용되고 있다.

북한체제는 마르크스의 고전적 사회주의 개념이 가지는 의의를 다음과 같이 이해한다. 첫째, 사회주의를 공상으로부터 과학으로 전환시켰다는 데에 있다(박민성 1999, 41~42).[36] 역사적 유물론과 정치경제학을 통해서 자본주의의 전복과 사회주의 이행의 현실적인 물질적 조건, 그리고 혁명적 계급의 사명을 과학적으로 해명하였다. 사회주의는 사회발전의 필연적 결과에 의하여 발생, 발전하는 사회라는 점을 논증하였으며, 자본주의 멸망의 불가피성과 사회주의 승리의 필연성을 과학적으로 논증하였다(김란희 2002, 41; 오성길 2006, 7). 둘째, 사회주의 사상의 노동계급적 성격을 명백히 했다는 데에 있다(박민성 1999, 42). 사회주의 사상의 혁명적 본질은 바로 그 노동계급적 성격에 있다. "마르크스주의의 사회주의 사상은 인류 사상 처음으로 가장 혁명적인 노동계급의 계급적 요구와 이익을 반영하고 노동계급의 역사적 사명과 역할을 밝혀주었다." 셋째, 사회주의 사상이 정치사상으로서의 체계와 면모를 갖추게 되었고 이후 발전을 위한 이론적 토대가 되었다(박민성 1992, 42). 마르크스의 사회주의 사상은 사적 소유와 계급 발생에 대한 문제, 자본주의 멸망의 역사적 필연성에 대한 문제, 사회주의 혁명의 본질과 성격, 조건에 관한 문제 등 사회주의 이론의 기초적 문제들을 역사적으로나 논리적으로 하나의 체계 속에서 밝혔다. 뿐만 아니라 노동계급의 혁명정당과 프롤레타리아 독재에 대한 문제, 과도기에 대한 문제, 노동계급의 국제적 단결에 대한 문제 등 혁명실천에 대한 문제를 과학적으로 증명하였다.

그러나 북한에서 마르크스의 사회주의 사상은 '시대적 제한성'을 가지고 있다고 비판받는다(박민성 1999, 42~43). 첫째, 유물사관의 자연사적 사회주의로의 이행 과정에 대한 이해는 "사회주의에 대한 물질경제적요인의 작용과 역할을 설명했다."는 점에서 의미가 있다(김란희 2002, 41). 하지만 노동계급과 인민대중의 주체성을 인식하지 못했다는 점에서 비판받는다(리성옥 1997; 명은이 1997). 둘째, 마르크스 사회주의 사상이 유럽 위주의 관점이었다는 점에 한계가 있다고 주장한다. 이러한 한계들은 이후 레닌을 거쳐 주체사상의 확립을 통해서 극복되는 것으로 해석된다.

북한체제에서 마르크스의 사회주의 개념에 대한 인식은 스스로의 체제를 합리화하기 위한 것이다. 마르크스의 의의나 시대적 한계는 북한체제에 유리하게 해석될 수 있는 근거가 된다. 또한 주체사상의 우월성을 증명하는 근거이기도 하다(표광근 2007, 20). 물론 마르크스의 사회주의 개념에 대한 이와 같은 해석은 마르크스가 사회주의 형성을 예측할 수 없었던 북한사회에서 마르크스를 넘어 새로운 시대에 맞는 주체사상을 토대로 '사회주의 사회'가 형성될 수 있었다는 주장을 하기 위한 근거가 된다. 하지만 역으로 마르크스의 고전적 사회주의 개념을 토대로 북한체제를 분석할 때, 동일한 결과를 도출할 수 있을 것인가는 여전히 문제로 남는다.

(3) 마르크스와 북한체제

북한의 공식문헌에서 마르크스와 마르크스주의를 심도 깊게 논의하는 것을 찾아보기 힘들다. 마르크스의 주요 원전들에 대한 번역도 일정 시기 이후에는 진행하지 않는 것으로 보인다. 마르크스와 마르크스주의를 언급하고 있는 몇몇 문헌마저도 대부분이 그것의 한계를 논의하는 데에 집중되어 있다. 이는 마르크스주의가 가진 비판적 사고에 대한 경계로 이해할 수 있을 것이다. 대표적으로 1977년 8월 22일 서독 언론, 슈피겔(Spiegel)은 루돌프 바로의 저서, *Die Alternative*의 초록을 바로의 인터뷰에 함께 보도한다(Der Spiegel 1977, 30~32). 루돌프 바로(Rudolf Bahro)는 서독 언론과의 인터뷰 문제로 곧 투옥되지만, 그의 책은 서독에서 출간되어 판매되었다. 바로는 이 책에서 네오마르크스주의적 관점에서 동독 사회의 구조적 모순을 통렬히 비판한다. 동독사회를 비판하는 바로의 준거점은 마르크스의 고전적 사회주의 이론이다. 서독의 마르크스주의자들은 이 책이 출간된 이후 현존 사회주의 본질에 대한 논쟁을 벌이게 된다. 그리고 서독사회는 바로의 석방운동을 전개했다. 이에 동독정부는 1979년 10월 11일 바로를 사면했다. 대신 동독정부는 10월 17일 가족들과 함께 추방한다.[37] 반면 현재까지 북한체제 내에서 이와 같은 연구를 찾아보기 힘들다. 북한이탈주민 가운데 북한체제를 비판하는 사람들은 언론에 자주 등장하고 있지만 루돌프 바로와 같은 마르크스의 고전적 사회주의 개념을 기초로 북한체제의 모순을 비판하는 이론가들은 전무하다.

선우현(2000, 34~36)은 1974년 2월 19일 김정일의 이름으로 발표된 "온 사회를 김일성주의화하기 위한 당 사상 사업의 당면한 몇 가지 과업에 대하여"는 곧 마르크스주의 철학의 종언이었다고 설명한다. 여기서 마르크스주의는 마르크스-레닌주의를 포괄한다. 선우현에 따르면 이 무렵부터 대학이나 연구소, 도서관 등에서 마르크스주의 철학과 관련된 원전 등에 접근하는 것이 제한되었다고 한다. 또한 마르크스주의 철학의 쇠퇴는 문헌 열람의 통제와 금지뿐만 아니라 김일성 대학 철학 개설 강좌에서도 빠지기 시작했으며, 마르크스주의 철학의 내용이 철학사의 일부로 편입되었다고 한다. 그런데 여기서 흥미로운 점은 이 시기에 주체사상에 대한 비판적인 일군(一群)의 학자들이 존재했다는 점이다. 선우현에 따르면 그들은 '사회과학원 철학연구소'에 소속된 학자들로서, 마르크스의 '계급투쟁론'을 지지하는 성향을 가지고 있다고 한다. 실제로 리성주, 김화종, 박충배 등은 주체사상에 대해서 비판적 혹은 비우호적인 입장을 견지하고 있었다고 한다. 그러나 북한체제 내부에서 반대되는 입장이 체계적인 체제 비판으로까지 발전하지는 못했던 것으로 보인다. 이론적 맥락에서 이들 역시 마르크스-레닌주의 입장에 서있었기 때문에 북한체제에 대한 근본적인 비판은 어려웠던 것으로 보인다. 선우현에 따르면 이들은 오히려 이후 김정일(주체사상)과 황장엽(인간중심 철학)의 논쟁에서 황장엽을 비판했다고 한다.

마르크스의 고전적 사회주의 개념을 기초로 북한체제를 분석하게 되면, 과연 북한체제의 성격을 어떻게 규정할 수 있을 것인가? 마르크스의 개념을 근간으로 재구성된 이념형적 사회주의와 북한체제를 비교·평가하는 일은 북한사회에서 '이론과 현실의 괴리'를 인식하는 첫걸음이 될 것이다. 이념형적 사회주의는 현존 사회주의를 분석하는 도구가 되기 어려우며 자칫 사회주의에 대한 도식적인 이해가 될 수 있는 위험이 있지만, 적어도 북한체제를 평가하는 기준은 되어줄 것이다.

(1) 생산력의 수준이 높지 못하다. 1950년대 후반부터 한때 고도성장을 달성했다고는 하지만 자본주의와 비교할 때, 특히 남한과 비교해도 생산력의 증가는 일정한 한계가 있었다. 반복적으로 경제위기가 지속되었으며, 식량과 소비재에 대한 부족이 심각했다. 비록 사회주의가 물질적 가치를 기준으로 성립되는 것이 아니라 하더라도, 반복적인 경제위기 그리고 경제성장의 지체는 그 자체가 주요한 모순이다. 북한체제는 저발전 사회에서 출발했고 게다가 한국전쟁으로 심각한 피해를 입었다. 전후 단기간의 빠른 산업화를 통해서 이를 해결하려 했지만, 반복적인 경제위기를 경험하게 된다. 경제위기의 직접적인 원인은 과잉축적과 수요억제 때문이다. 그리고 그 근본적 원인은 산업구조의 불균형과 투자와 소비의 불균형, 그리고 소득불평등에 있다.

(2) 북한경제에서 가치법칙은 수정된 형태로 작동한다. 북한경제는 계획경

제이다. 계획경제를 시도하면서 북한은 경제적으로 생산수단의 국유화와 농업집단화를 완성하고, 정치적으로 8월 종파사건 이후 김일성계로 권력이 집중되면서 중앙집권적 성격이 강화되고, 현물계획이 지배하게 되었다. 그러나 현물계획은 한계에 부딪히게 되고, 김일성은 1969년 '가치법칙의 형태적 작용' 테제를 발표하게 된다. 여기서 가치법칙은 경쟁 자본주의에서의 가치법칙과 동일시될 수 없다. 또한 가치범주의 도입과 가치법칙을 동일시해서는 안 된다. 그리고 북한의 공식적인 정치경제학 교과서들이 주장하고 있는 바와 같이 단지 가치법칙이 계획에 의해서 규제되고, 제한적으로 작동하고 있다고 이해하는 것 역시 적절하지 못하다.

가치법칙의 형태적 작용 테제는 계획을 통한 자원배분의 어려움을 인정하고 교환의 불가피성을 인정하며 가치범주를 도입하게 되었다는 것을 의미한다. 또한 비용과 이익에 대한 계산이 어려운 현물계획의 문제를 인정하고, 가치범주(상품, 화폐, 가격 등)를 도입하지 않을 수 없었음을 의미한다. 그리고 이는 대안의 사업체계 및 계획의 일원화와 세부화가 한계에 부딪혔음을 의미하는 것으로서, 권력은 계획을 통해서 중앙집권적 지배체제를 형성하려 했지만 탈중앙집권적 요소들이 존재했음을 의미한다. 가치법칙의 형태적 작용은 권력의 중앙집권적 지배 의도와 탈중앙집권적 요소들의 자율성을 확대하려는 시도 사이에 중재된 결과이다.

북한경제에서 가치법칙의 작동은 자본주의적 생산양식의 가치법칙과는 동일하게 취급할 수는 없다. 사회적 필요노동시간은 기본적으로 계획에 영향을 받지 않을 수 없다. 사회적 노동의 배분은 국가에 의해서 이루어지며, 기술혁신과 노동생산성 역시 기본적으로 당과 국가의 관리하에 있다. 그렇지만 이것이 계획에 의한 가치법칙을 완전히 규제한다는 것을 의미하지 않는다. 생산부문의 불균형, 투자와 소비의 불균형, 생필품의 부족 등의 구조적 요인들 역시 가치법칙에 영향을 미치게 된다. 그래서 북한경제에서 가치법칙의 작동은 정치적 그리고 구조적인 요소들에 영향을 받아 수정된 형태로 작동한다고 볼 수 있다.

(3) 노동의 구체적 사회화는 실현되지 못한다. 계획의 명령에 따른 노동에 대한 당의 직접적 지배는 마르크스가 사회주의에서 실현될 것이라 예상했던 구체적 사회화와는 거리가 먼 것이었다. 당의 지배는 비민주적이었을 뿐만 아니라 노동계급의 개별적 이익은 전체의 이익을 위한다는 명목으로 철저히 배제되었다. 게다가 계획과 명령을 기초로 하는 구체적 사회화 과정은 지배 권력의 의도였을 뿐 현실이 아니었다. 교환과 가치범주을 완전히 배제하지 못했다. 교환이 지속된다는 점은 노동의 추상적 사회화가 이루어지고 있다는 점을 말해주는 것이었다.

(4) 노동력은 상품이 아니었지만, 그렇다고 해서 노동계급이 혁명의 '령도' 계급도, 정치의 주체도 아니었다. 노동의 소외는 심각했다. 소비의 억제는 그 것을 증명하는 단적인 증거이다. 노동자의 자율성은 극히 취약했다. 노동계급의 연대도 어려웠다. 노동계급은 한편으로 감시와 처벌을 통해서, 다른 한편으로 '사회주의적 경쟁'을 통해서 원자화되었다. 노동자는 단순히 노동력의 공급자에 불과했다.

(5) 노동자는 직접 잉여생산물을 생산했지만, 그것의 통제와 관리의 권한을 가지지 못했다. 생산은 생산자들의 자유로운 조직을 통해서 운영되지 않았다. 또한 노동조직의 자율성 역시 매우 취약했다. 노동조직은 인전대라는 이름으로 사실상 당과 국가의 영향력하에 있었다. 대신 당이 직접적으로 생산 과정을 지배했으며, 경제잉여와 노동 통제에 대한 실질적인 권한을 가지고 있었다. 당은 노동계급의 당으로 스스로의 정체성을 밝히고 있지만, 실제로는 그렇지 못했다. 북한체제는 자본주의나 전자본주의와는 다른 새로운 계급사회이다.

(6) 프롤레타리아 독재라는 이름으로 당의 지배가 이루어지고 있었으며, 당은 8월 종파사건 이후 김일성계에 의해서 권력이 독점되고 있었다. 노동계급은 철저히 권력으로부터 배제되었다. 과도기 논쟁에서 프롤레타리아 독재

는 높은 단계의 공산주의로 이행하게 되더라도 유지될 수 있다고 합리화되었다. 또한 제국주의에 의해서 포위되어 있다는 의식을 이용하여 권력의 유지를 강화했다.

국가의 성격은 프롤레타리아 독재국가로서 노동자 국가로 선전되었다. 그러나 국가권력은 노동자의 수중에 있지 않았다. 노동계급은 경제적으로 뿐만 아니라 정치적으로도 배제되었다. 국가권력은 소수에 의해서 독점되었으며, 프롤레타리아의 이름으로 노동을 감시하고 처벌했으며 소외시켰다.

(7) 사회주의 이념의 가치가 실현되고 있지 못했다. 노동계급의 소외는 심각했으며, 특권계급이 실재했다. 노동 과정의 구체적 사회화는 실현되지 못했으며, 정치권력에 의해 생산 과정에 대한 직접적 지배가 이루어지고 있을 뿐이었다. 북한체제에서 완벽한 형식 합리성의 배제는 성공하지 못했으며, 가치범주와 가치법칙의 도움이 필요했다.

2. 마르크스-레닌주의의 사회주의 정의

마르크스-레닌주의(Marxism-Leninism)는 마르크스(Marx)와 엥겔스(Engels)에 대한 레닌(Lenin)의 해석을 의미한다. 레닌의 해석은 두 가지 주요한 특성을 가지고 있다. 우선 레닌은 정통파 마르크스주의자(orthodox Marxist)로 분류된다. 그는 『자본(Das Kapital)』의 경제 분석과 프롤레타리아 혁명을 유도하는 계급투쟁론을 서로 관련시키려는 변증법적 유물론을 통해서 혁명적 세계관을 확립한다. 다른 한편 레닌은 마르크스와 엥겔스와는 다른 입장을 가지고 있다. 레닌은 단지 러시아와 동유럽 지역만의 특수한 문제가 아니라 경쟁 자본주의에서 독점자본주의와 제국주의로의 이행이라는 차원에서 혁명 전략과 임무에 관한 논의를 진행시킨다(Deppe 1999, 305).

독일의 정치이론가, 데페(Deppe 1999, 306~311)는 레닌 이론의 주요 의의를 다음의 네 가지로 요약하고 있다. 첫째, 혁명적 비타협은 단지 러시아만이 아니라 독일 사회민주주의와 제2 인터내셔날 등 국내외적으로 조직적 노동운동을 재편성하는 데 기여했다. 둘째, 레닌은 정치에서 당의 역할을 강조했다. 그는 프롤레타리아 혁명과 독재를 통한 사회주의의 이행 과정에서 프롤레타리아의 전위대로서 중앙 집중화된 당의 역할을 강조한다(Neumann 2000, 27~32; Marcuse [1958]2000, 53). 셋째, 레닌은 소련의 인민민주주의(*Rätedemokrtie*)를 마르크스의 프롤레타리아 독재의 정치형태로 선전하였다(Deppe 1999, 309). 넷째, 레닌의 제국주의는 마르크스 이후의 자본주의 발전을 분석하였다. 그는 자본주의 내부의 발전(독점의 형성), 그리고 새로운 형태의 제국주의 간 경쟁과 새로운 형태의 착취와 억압을 통해서 형성된 자본주의 세계체제의 형성을 설명하려 시도했다.

레닌의 이론은 처음에는 '레닌주의(Leninism)'로 불리다가, 1924년 처음 마르크스-레닌주의(Marxism-Leninism)라는 용어가 사용되기 시작되어 1928년 이후 스탈린에 의해 공식적으로 마르크스-레닌주의로 불리게 된다(Brunner eds. 1982, 963~966; cf. Bochenski 1975, 31~41). 이후 마르크스-레닌주의는 스탈린에 의해서 20~30년을 걸쳐 완성된다. 마르크스-레닌주의는 무엇보다 산업화 투쟁과 농업 집단화를 합리화하는 이데올로기이다. 이러한 이론의 근간은 변증법적 유물론과 사적 유물론이며, 이는 인간의 사유와 행위를 설명할 뿐 아니라 조종하고 결정하는 것으로 이해된다. 이와 같은 스탈린의 경직된 이론은 직접적인 정치적 기능을 수행한다(Brunner eds. 1982, 966~977). 결국 마르크스-레닌주의는 국내적으로 스탈린주의의 강력한 국가권력과 관료의 역할을 합리화한다. 대외적으로 레닌의 제국주의적 분석은 소련 및 동유럽 국가들과 자본주의 국가와의 관계에서 단절, 반목과 대립의 이론적 토대가 되었다. 즉 스탈린은 마르크스-레닌주의를 권력의 공고화 수단으로 전락시켰으며, 권력독점과 사회경제적 통제와 억압을 합리화하는 데 기여했다. 스탈린 사후 마르크스-레닌주의는 사실상 레닌주의로 회귀한다. 흐루시초프의 등장 이후 일련의 변화에 대한 이데올로기적 변화라고 할 수 있다.

마르크스-레닌주의(Marxism-Leninism)는 소련 및 동유럽 사회의 지배이데올로기로서 스스로의 체제를 사회주의로 규정한다. 마르크스-레닌주의는 형식적으로 국가 사회주의의 이정표이지만, 실질적으로 국가 사회주의가 사회주의 개념이 현실화된 것임을 선전하는 도구이다. 마르크스-레닌주의는 현실이 사회주의 이론과 잘 부합하고 있음을 알리면서 현실의 문제들을 은폐하고 합리화하기 위한 것이다. 그러나 마르크스-레닌주의는 스탈린주의부터 티토주의(Titoism)까지 다양한 해석이 존재한다. 여기서는 현존 사회주의 국가들의 공식적인 정치경제학 교과서들에 나타난 사회주의 개념을 요약·정리한다.

　마르크스-레닌주의는 소유 형태를 전 인민적 소유, 협업적 소유, 개인소유로 구분하고, 국가 사회주의 기초를 전 인민적 소유와 협업적 소유를 중심으로 하는 생산수단의 사회적 소유에서 찾는다(Kozlov 1977, ch. 2). 첫째, 사회적 소유는 무계급 사회의 근간이 된다. 착취계급이 사라지고 노동자 계급, 협동조합 농민, 기타 사회계층 사이에 긴밀한 동맹과 협력의 관계나 주요지점—사회주의 제도의 강화와 개선, 완전한 사회적 평등으로의 점진적 전진—에서 이해관계의 일치가 수립된다. 둘째, 사회적 소유관계는 생산 과정의 사회화만이 아니라 분배, 교환, 소비의 기준이 된다. 사적 소유가 존재하지 않기 때문에 개인의 이익을 근간으로 하는 생산은 처음부터 사회화되며, 이를 기준으로 분배와 소비가 발생하게 된다. 셋째, 사회적 소유는 '전 인민적 협업'과 '단일한 사회적 경제운영'의 필연성을 초래하는 것으로 이해된다(아발낀 1989, 102~103).

　현존 사회주의 경제는 '계획원리'에 따라 작동한다. 계획은 당과 국가기구(특히 관료)에 의해서 편성되고 실행된다. 계획의 가장 중요한 원칙은 당성(party spirit)이다(Ryndina eds. 1989, 235). 계획은 당의 경제정책을 구현하기 위한 도구이며, 사회주의와 공산주의 건설을 목적으로 한다. 계획은 최고 의결기구에 의해서 승인되며, 모든 조직과 시민을 규제하는 원칙이 된다. 당과 국가는 사회적 생산을 통제하고, 지시를 통한 중앙집중화된 지도와 손익회계, 가격, 신용 등과 같은 경제성장에 경제적 유인들을 결합시킨다. 계획화의 기본방법은 균형방법(method of balances)이다(Ryndina eds. 1989, 237~238). 이는 상호 관련된 지표들의 체계—물자, 비용, 노동—이며, 사회적 수요를 충족시키기 위해서 자원이 조정되는 것으로 여겨진다. 축적과 재생산을 통해 산업 간 균형이 조정되며, 이를 위해서 생산재 산업의 우위를 강조한다. 이는 사회주의적 생산의 공황 없는 발전, 안정된 발전 속도, 인민 생활수준의 부단한 향상으로 나타나게 된다고 선전된다.

마르크스-레닌주의는 사회주의에서 가치법칙의 내용과 역할이 변화된다고 주장한다. 마르크스-레닌주의는 상이한 소유 형태가 존재하기 때문에 불가피하게 상품-화폐 관계가 존재하고, 자연히 가치법칙이 작동된다고 설명한다(아발낀 1989; ch.8; Kozlov 1977, ch Ⅳ 참조). 그러나 가치법칙은 규제자로서의 역할을 상실하게 된다. 가치법칙은 경제의 계획적인 기능 메커니즘에 종속되어 부차적이고 종속적인 역할을 한다. 사회주의 경제에서 계획을 보완하기 위해 상품-화폐가 존속되며 여기에서 가치법칙이 작동한다. 사회주의 경제에서 노동가치의 계산은 계획에 의해 이루어지며, 이를 위해 합리적이고 조직적인 계산과 통제가 필요하다. 가치법칙은 바로 이러한 합리적이고 조직적인 계산을 수행하기 위해서 존재한다. 또한 가치법칙은 개별적 지출을 줄이기 위해서 과학기술의 최신성과를 이용하고, 노동과 생산조직의 부단한 개선을 가져오는 것으로 이해된다. 가치법칙은 자본주의와 달리 이윤확대를 위한 경쟁 과정에서 발생하는 것이 아니라 인민의 복지향상, 기타 사회적 목적 실현, 물적 자원 및 천연자원의 가장 합리적이고 효율적인 이용을 목표로 한다.

마르크스-레닌주의는 공식적으로 계급 없는 사회를 천명한다. 그러나 이러한 사회의 실현은 노동계급에서가 아니라 노동자와 농민 간의 계급동맹에 의해서 성취되는 것으로 이해된다. 기본적으로 농민은 정치적으로 노동계급과 동일한 이해관계를 가지고 있으며, 혁명 이후 농민은 차츰 프롤레타리아화된다고 이해된다. 그러나 당과 국가의 영도가 없다면 노동계급은 '대자적 계급'으로서 역할을 할 수 없는 것으로 이해된다. 즉 사회주의가 노동계급의 주도에 의해서 이루어지는 것으로 선전되지만, 사실상 전위정당(vanguard party)과 국가 관료의 지도가 반드시 필요한 것으로 이해된다. 마르크스-레닌주의는 '관료주의'를 경계하면서 당과 국가의 지도와 관료주의를 구별한다.

마르크스-레닌주의에게 국가는 착취계급의 도구인 반면 사회주의 국가는 노동계급과 그 동맹의 정치적 도구이다. 마르크스-레닌주의는 사회주의에서 국가는 착취의 근간을 제거시키고, 사회주의의 목적을 실현시키기 위해 대중을 조직하는 기능을 수행한다(Mollnau et al. 1975, 235). 발전된 사회주의 사회를 건설할 때까지 사회주의 국가는 프롤레타리아 독재의 국가이다. 국가는 잔존해 있는 계급대립을 제거하고 부르주아 정치권력의 복원을 막기 위해서 노력한다. 또한 경제적으로 사회적 생산관계의 변화와 대중의 물질적이고 문화적인 욕구를 실현하기 위해서 관리하고 계획을 수립한다.

레닌(Lenin)은 프롤레타리아 독재를 정치적 지배형태로 재해석하였다(Jahn 1982, 79). 마르크스에게 프롤레타리아 독재는 부르주아의 전제(despotism)를 극복하기 위한 사회경제적 변화를 근간으로 한다. 반대로 레닌은 정치적 지배를 바탕으로 사회경제적 변화를 추구한다(Lenin 1994). 프롤레타리아 독재를 확립함으로써 정치혁명을 완성하고, 이를 토대로 사회경제적 변혁을 추진한다. 이를 바탕으로 민주주의는 정치에서 사회경제로 확산된다. 프롤레타리아 독재는 부르주아를 비롯한 다른 계급에 대해서 독재를, 계급 내에서 민주주의를 지향하는 것으로 이해된다.

3. 주체사상의 사회주의 정의

주체사상은 "주체의 사회주의리론의 근본 특징은 사람 중심의 사회주의리론"이며, 이는 "사회주의이론 발전사에서 가장 높은 자리를 차지하는 독창적이고 완성된 이론"이라고 스스로를 평가한다(오성길 2006, 52~53). 그러나 주체사상은 북한체제를 합리화하기 위해서 마르크스－레닌주의를 변용한 지배이데올로기이다. 좁은 의미에서 주체사상은 철학적 원리, 사회역사 원리, 지도적 원칙으로 구성되며, 넓은 의미에서는 이러한 주체사상을 중심으로 형성된 혁명이론과 영도 방법을 포괄하는 김일성주의를 의미한다(이종석 1995). 이 책에서 주체사상은 넓은 의미의 주체사상, 곧 김일성주의를 의미한다. 특히 주체사상은 1990년대 초 대외적으로 소련 및 동유럽의 붕괴와 대내적으로 심각한 경제난과 식량난에도 불구하고 여전히 북한체제가 건재함을 적극적으로 알리기 위한 체제 옹호 논리로 변화되었다(오성길 2006; 조성철 2001).

주체사상 역시 마르크스－레닌주의와 마찬가지로 생산수단의 사회적 소유를 사회주의 경제의 근간으로 이해한다. 사회주의 경제발전의 기본 방식은 생산수단의 사회적 소유를 바탕으로 하는 '계획성'이다(리기성 1992, 298). 먼저 계획성은 목적의식성을 갖는다. 자본주의 경제발전이 '상품시장기구'에 의한 자연발생적인 것이라면, 사회주의 경제발전은 주체의 목적의식적인 운동 과정으로 규정된다. 계획성은 이러한 목적의식성이 실현되는 형태이기 때문이다. 계획성의 두 번째 특징은 생산수단의 사회적 소유라는 형태에 기초한 생산자들의 모든 경제적 관계와 생산적 연계가 직접적이고 사회적이라는 것이다(리기성 1992, 295). 세 번째 특징은 계획성의 실현 과정과 사회주의 사회에서 객관적으로 작용하는 모든 경제법칙들의 요구의 실현이 내용상 하나로 통일된다는 데에 있다(리기성 1992, 296).

사회주의 경제발전의 특징은 계획성과 밀접하게 관련되어 있는 '균형성'이다(리기성 1992, 307). 균형성은 개별적인 균형들을 전제로 하지만 "전사회적, 전 인민경제적 범위에서 부단히 이루어지는 다양한 균형들 사이의 적응과 조화성"으로서 균형과는 구별되는 개념이다. 경제적 균형설정은 사회적 분업과 함께 발생하며, 경제발전의 균형성 역시 사회경제제도, 특히 생산수단의 소유관계에 의해서 규정된다(리기성 1992, 308). 인민경제균형성의 기초는 "사회적수요구조와 사회적 생산구조의 호상작용이다(리기성 1992, 309)." 여기서 사회적 수요는 "사람들의 경제적 요구 그 자체인 것이 아니라 일정한 시기의 생산가능성과 련관 속에서 제기되는 현실적수요이다. 경제발전의 균형성은 본질에 있어서 현실적수요구조에 상응한 사회적생산요소, 생산구조의 조화로운 량적 및 질적 적응관계를 의미한다. 사회주의적생산의 목적을 가장 원만히 달성할 수 있게 하는 균형성이 가장 합리적인 균형성이다(리기성 1992, 310)." 현실적 수요는 인민들의 필요를 충족시키기 위한 개념이 아니라 사회적 수요를 사회적 생산에 맞추기 위한 '공급 중심'의 개념이다.

균형성의 실현 형태는 사회주의 기본경제법칙과 가치법칙의 작용에 규정되는 비등가적 경제적 균형의 형태 및 등가적인 경제적 균형의 형태에 의하여 보장되고 실현된다. "사회적 로동의 분배, 소비폰드의 분배, 사회를 위한 생산물의 축적과 재분배, 축적된 경제자원들의 분배와 재분배가 다 가치 및 가치형태적, 화폐적 형태로 그 운동이 공통성을 가지고 진행되지만 그의 본질적 내용에 있어서는 등가보상이 없는 것과 등가보상이 이루어지는 것으로 명백히 구분된다(리기성 1992, 311~312)." 등가보상이 이루어지는 것은 가치법칙이 작동하는 것이라면, 비등가적 형태는 계획에 의해서 이루어진다. 당연히 사회주의 경제발전에서 계획에 근간한 비등가적 균형이 강조된다.

본래 사회주의에서 생산수단의 사회적 소유와 이를 바탕으로 하는 계획 및 균형에 의해 경제발전이 이루어지기 때문에 가치법칙은 관철되지 않는다. '전 인민적 소유의 유일적 지배'가 관철되지 않았기 때문에(리기성 1992, 411), 그리고 '국가기업소들의 상대적 독자성' 때문에(리기성 1992, 418), 상품적 형태의 교환이 존재한다. 이때 교환은 가치가 아니라 '가치 형태'를 가진다. 사회주의에서 '가치법칙이 내용적으로 작용'하는 것은 '화폐류통법칙이 작용하는 고유한 상품거래영역'으로 제한된다(리기성 1992, 431). 대개 '내용적으로' 작동하는 분야는 수요를 현물적으로 충족시킬 수 없는 소비재 부문에 해당된다.

다음 주체사상은 사회주의 사회가 무계급 사회임을 주장한다. 주체사상은 계급을 "생산수단과 국가주권에 대한 소유관계에 의하여 구별되는 사람들의 집단이며 그것은 사람들을 처지에서 서로 구별하게 한다."고 정의하였다(김천식 2001, 7). 이는 생산수단의 소유 여부를 중심으로 하는 마르크스－레닌주의의 계급적 이해에 국가주권에 대한 소유관계라는 정치적 이해관계를 첨가한 것이다(김천식 2001, 12). 주체사상은 사회주의 사회에서 '로동계급'의 역할을 강조하지만, 마르크스－레닌주의와 마찬가지로 노동계급의 영도하에 농민과의 계급동맹을 인정한다. "사회주의 제도가 수립되면 계급적 대립은 청산되지만, 계급적 차이는 남아 있게 된다(김정일 [1983]1996, 438)." 혁명 이후 농민은 차츰 '로동계급화'하게 된다. 그러나 '로동계급'은 스스로 대자적 계급이 될 수 없으며, 반드시 수령과 당의 '령도'가 필요함을 강조한다.

한편 주체사상은 혁명 이후에도 제국주의와 결탁하는 부르주아 계급이 잔존할 수 있음을 강조하면서 계급투쟁의 필요성을 역설한다. 하지만 사실 이는 특정 정치세력의 제거를 정당화하기 위한 해석이다. 사회주의 사회에서 계급투쟁의 존속은 '국가의 필연성'을 도출시킨다. 본래 사회주의 사회에서 국가소멸을 주장하지만, 주체사상은 계급투쟁만이 아니라 제국주의가 계속 존재하기 때문에 그리고 모든 계급을 '로동계급화'하기 위해서 국가가 필요함을 역설한다(김억락 1985, 88). 주체사상은 마르크스－레닌주의와 마찬가지로 프롤레타리아 독재를 근간으로 사회경제적 변화를 추구한다. 북한체제에서 사회주의는 "프롤레타리아 독재가 지배하여 생산수단에 대한 사회적 소유에 기초하고 각자는 능력에 따라, 각자에게는 로동에 따라라는 원칙이 실시되는 사회"로 정의된다(『경제사전 2』1970, 96). "프롤레타리아독재 체계에서 국가는 '수령의 사상과 령도'를 사회적 범위에서 실현하는 위력한 무기이다

(김억락 1985, 108)."

북한의 정치경제학, 계급론, 국가론에 대한 부분은 마르크스―레닌주의로부터 크게 벗어나지 않는다. 모두 '주체'라는 수식어를 앞에 붙이고 있지만 그 내용은 마르크스―레닌주의 교과서에서 온 것들이다. 북한은 주체사상의 독창성을 강조하고 있다. 하지만 이는 철학적·이데올로기적 측면에서는 일정 정도 타당성을 지닌 주장일 수 있지만, 적어도 사회구성체에 관한 이론들은 마르크스―레닌주의의 보편적 특성을 수용하고 있다. 마르크스―레닌주의 교과서들과 마찬가지로 북한의 '주체 이론' 역시 각 이론별로 북한의 현실을 사회주의와 동일시하고 있다. 그러면서 북한 사회 내부에 존재하는 문제들을 은폐 혹은 옹호한다. 먼저 정치경제학 교과서들에서의 계획과 균형의 원리는 산업구조의 불균형과 투자 및 소비의 불균형이라는 문제와 동떨어져 보인다. 가치법칙은 생산수단 부문에서는 '형태적'으로 작동하며, 계획에 의해서 통제되고 관리된다고 설명한다. 이는 계획경제 내부에 존재하는 탈중앙집권적 요소의 균열을 은폐하는 것이다. 다음 계급이론은 현상적으로 수령과 당의 지도라는 형태로 존재하는 관료의 지배를 옹호한다. 마지막으로 프롤레타리아 독재와 국가는 높은 단계의 공산주의로 이행할 때까지 필요한 제도로 취급하면서, 북한의 정치권력을 옹호한다.

4. 주체사상의 체제 규정

주체사상의 이와 같은 특성들은 북한체제의 규정에서 명확하게 나타난다. 주체사상은 지배이데올로기로서 북한체제를 정당화하고 있다. 주체사상은 북한체제의 특수성을 강조한다. '우리식 사회주의'에 대한 총론적 설명은 주체사상의 독창성과 북한 사회의 특수성에 대한 강조이다. 반면 사회구성체에 관한 구체적 설명은 마르크스―레닌주의적 이론틀(theoretical frame)이 기본 골격을 구성하고 있다.

북한은 과도기의 시기 규정에서부터 소련과 중국의 견해를 거부한다. 과도기의 시기규정이 사회주의에 대한 규정의 시작이라는 점을 감안하면, 북한 사회의 특수성을 강조하는 북한체제의 입장에서 이는 일정 정도 당연한 결과이다. 소련의 탈스탈린화 과정에서 발생한 수정주의적 이해는 우경 기회주의적 편향으로, 중국의 마오쩌둥의 입장을 좌경 기회주의적 편향으로 규정한다(김일성 [1967]1983a, 263~264).

김일성([1967]1983a, 267)은 과도기가 '완전한 사회주의 승리'가 성취될 때 비로소 종료된다고 주장한다. 사회주의의 완전한 승리는 노동자와 농민 간의 계급적 차이가 없어지고 중산층, 특히 농민층의 지지와 이후 농민의 노동계급화가 이루어질 때 가능하다. 이는 기술, 사상, 문화 혁명을 통해서 농민과 노동자의 차이가 사라질 때 가능하다(김일성 [1964]1982a).

김일성([1967]1983a)은 프롤레타리아 독재는 과도기만이 아니라 공산주의의 높은 단계까지 필요하다고 주장한다. 생산력이 능력에 따라 일하고 수요에 따라 분배할 만큼 발전하지 못했기 때문에, 공산주의의 실현을 위해서는 프롤레타리아 독재가 요구된다는 설명이다. 그리고 세계혁명이 완수되지 않는 한 높은 단계의 공산주의 단계에 이르러서도 프롤레타리아 독재는 유지되어야 한다. 마지막으로 프롤레타리아 독재는 계급투쟁을 계속하기 위해서 필요하다. 사회주의 혁명이 자본가 계급을 청산하기 위한 투쟁이라면, 사회주의 사회의 계급투쟁은 사회구성원의 통일과 단결을 목적으로 하는 투쟁이다(김일성 [1967]1983a, 273).

북한체제는 스스로를 "주체사상을 구현한 사람중심의 사회주의"라고 규정한다. "주체사상은 인간의 자주성을 철저히 옹호하며 자주성을 완전히 실현하는 길을 과학적으로 밝혀주는 참다운 공산주의 사상이다(김일성 [1990]1995b, 303)." 이러한 사상이 실현된 북한 사회는 "인민대중이 사회의 진정한 주인으로 되고 있으며 사회의 모든 것이 인민대중을 위하여 복무하는 참다운 인민의 사회"로 미화된다(김일성 [1990]1995b, 296).

북한의 자기체제 규정의 구체적 내용을 살펴보면 다음과 같다.

첫째, 북한경제는 생산수단에 대한 전일적인 사회주의적 소유에 기초하여 전국가적 범위에서 실시되는 '계획경제'이다(김정일 [1990]1997b, 477). 생산과 유통, 축적과 소비 등 모든 경제행위는 국가의 통일적 계획에 의해서 진행된다. 사회주의 계획경제는 자본주의 시장경제의 주요한 문제인 불균형과 불평등을 극복함으로써 경제위기에서 자유로운 것으로 묘사된다. 경제의 지속적 발전을 위해서 수령과 당의 영도에 따르는 경제관리의 중요성이 강조된다. 경제관리의 기본 원칙은 '당적 지도와 행정적 지도', '중앙의 유일적 지도와 지방의 창발성', '당위원회의의 집체적 지도와 행정지휘관의 통일적 지휘', '근로자들에 대한 정치도덕적 자극과 물질적 자극'이 적절하게 결합되는 것이다(김일성 [1984]1992, 367~370).

북한은 독창적인 새로운 경제관리 체계와 방법이 '대안의 사업체계'라고 소개한다(김일성 [1962]1982c; 김일성 [1984]1992, 371). 대안의 사업체계에서 가장 중요한 것은 당위원회의 집체적 지도이다. 당위원회는 해당 단위의 최고지도기관으로 규정된다. 공장과 기업소에서 집체적 지도기관은 공장당위원회이다. 당위원회는 집체적 토의를 통해서 실행방법을 결정한다. 당위원회에서 민주주의가 강조되고, 당위원회 의장인 당비서의 독단과 전횡을 경계한다.

계획의 수립과 실행에 있어서는 '계획의 일원화와 세부화'가 강조된다(김일성 [1965]1982; 김정일 [1971]1993; 김정일 [1991]1997). 계획의 일원화는 경제 지도와 관리에서 중앙의 유일적 지도와 지방의 창발성을 '옳게' 결합하여 국가계획기관의 주관주의와 관료주의, 생산자들의 기관본위주의와 지방본위주의를 없애고 당의 경제정책이 관철되도록 도와주는 것으로 이해된다. 계획의 세부화는 경제의 모든 부문과 공업 및 기업소의 경제활동을 "세부에 이르기까지 정확하게 맞물리게 하는 사회주의 계획화 방법이다." 계획의 일원화와 세부화는 결국 '경제발전의 높은 속도와 균형'을 보장하기 위한 것이다.

균형은 경제발전의 높은 속도를 실현하기 위한 수단으로 이해된다.

그러나 현실에서 가치법칙이 작동하며 북한은 이를 인정하고 합리화해 왔다. 첫째, 국가적 소유에서 생산된 생산수단이 협동적 소유로 넘어가는 경우나 그 반대는 모두 상품이므로 가치법칙도 작동한다. 둘째, 협동적 소유에서 협동농장들 사이나 생산협동조합들 사이에 혹은 협동농장들과 생산협동조합들 사이에 교환되는 생산수단은 모두 상품이며 여기에서도 가치법칙이 작동한다. 셋째, 생산수단이 다른 나라에 수출될 때 상품이며, 이 거래는 국제시장가격이나 사회주의 시장가격에 의해서 진행된다. 넷째, 국가기업소들 사이에 교환되는 설비, 자재, 원료는 상품이 아니라 상품의 형태를 띠고 있을 뿐이다. 따라서 가치법칙이 '형태적으로 작용'한다(김일성 [1969]1983a, 456~457). 그렇지만 가치법칙의 작동이 사회주의 사회에서 배치되는 것이 아니라 '옳게' 이용해야 할 대상으로 여겨진다. 가치법칙을 통해서 경제관리를 합리화 할 수 있다는 것이다(김일성 [1973]1984, 120~121).

북한은 공식적으로 경제위기를 인정하지 않는다. 공식적으로 경제위기를 인정하게 되면, 자칫 계획의 비효율성이나 중공업 우위의 발전전략이 초래한 문제점을 시인하는 결과가 될 수 있기 때문이다. 만약 당과 국가 노선의 오류와 문제를 인정하게 되면, 체제와 정권의 정당성이 위협받게 될 수밖에 없다. 그래서 경제위기의 원인은 주로 관료주의, 본위주의, 보수주의 등의 이름으로 개별 생산 단위와 중하위 관료의 탓으로 돌려진다. 경제위기에 대한 북한의 설명을 이론적으로 재해석한 것이 연성예산제약과 관료의 렌트 추구(rent-seeking)이다.

셋째, 북한의 계급이론은 생산수단과 국가주권의 소유를 기준으로 착취사회와 사회주의 사회를 구분하고, 사회주의 사회는 노동자, 농민, 인텔리로 구성되어 있다고 규정하였다(김일성 [1966]1982, 429). '주체의 계급리론'에 따르면 사회주의 사회에서 노동계급은 더 이상 억압과 착취의 대상이 아니다. 당의 지도와 교육이 이루어지지만, 당은 '노동계급의 당'이라는 정체성 확립을 통해서 노동계급 위에 군림하는 것이 아님을 강조한다(김천식 2001, 85~87). 노동계급은 혁명과 정치의 주체이면서 계획경제를 관리하고 조정하는 주체이다(김용락 1988; 박영근 외 1992). 물론 노동계급은 사회주의 경제건설에 생산자로서의 역할이 변화되지 않지만, 노동계급은 생산으로부터 발생한 잉여를 직접 수취하고 배분한다.

북한사회에서 농민의 위상과 역할에 대한 규정은 김일성([1964]1982, 195~196)의 다음 논의를 통해서 정확히 확인할 수 있다.

> "농민은 로동계급의 믿음직한 동맹자이며 사회주의 건설의 강력한 력량이다. 로동계급의 령도밑에 로농동맹을 부단히 강화하여야만 사회주의와 공산주의 건설을 힘있게 추진시킬 수 있다. 농업은 공업과 함께 인민경제의 2대 부분의 하나이며 그것은 주민들에게 식량을 보장하고 경공업에 원료림를 공급한다. 공업을 발전시키고 그 지도적 역할을 부단히 높이는 동시에 농촌경리를 공업의 발전에 따라세워야만 전체 인민경제의 빠른 발전을 바랄 수 있으며 인민생활의 체계적인 향상을 보장할 수 있다."

김일성([1968]1983c, 359)은 인텔리가 하나의 독립적 계급을 이루지 못하기에 계급으로 부를 수 없으며, 다양한 계급으로 구성된 하나의 사회계층으로 인식한다. 그는 인텔리가 자신의 기술과 지식을 가지고 다른 계급을 위해서 복무하게 된다고 보았다. 자본주의 사회에서 인텔리는 자본가를 위해서 복무하게 되며, 사회주의 사회에서는 노동계급을 위해서, 사회주의와 공산주의를 위해서 복무하게 된다. '주체의 인테리리론'은 사회주의 사회에서 인텔리는 새로운 특성을 가지게 된다고 주장한다. 먼저 인텔리의 계급적 구성이 변화되어, 착취계급 출신의 인텔리들이 사라진다. 사회주의 사회에서 인텔리는 인민정권에 의해서 교양된 노동자와 농민 출신의 인텔리이다. 다음 인텔리는 '정신노동을 하는 노동자'이다(신언갑 1986, 76~79). 공산주의 사회가 실현될 때까지는 정신노동과 육체노동의 차이가 남아 있기 때문에 사회 구성원 가운데 일부는 정신노동의 영역에서 일하게 된다. 모든 사회구성원들의 문화기술 수준이 다 정신노동을 할 수 있는 수준에 이르게 될 때까지는 지식과 기술을 가진 사람, 즉 인텔리들이 정신노동 영역을 담당하게 된다. 그러므로 사회주의에서 인텔리는 '근로 인테리'라고 부르게 된다고 설명한다. 김일성([1968]1983, 369~370)은 사회주의와 공산주의의 실현을 위해서 궁극적으로 인텔리의 노동계급화와 혁명화를 제기하고 있다.

사회주의 사회에서 계급적 차이가 존재하는 것은 생산수단에 대한 소유관계의 차이 때문이다. 노동자 계급과 농민계급은 각각 전 인민적 소유와 협동적 소유에 기초해 있다. 대신 생산수단에 대한 사적 소유가 없기 때문에 경제적 이해관계에서 대립되는 계급은 존재하지 않는다(김천식 2001, 9). 사회주의 혁명은 계급의 폐지를 위한 중요한 전환점으로 인식된다. 사회주의 혁명에 의해 착취계급이 청산되어 계급적 대립이 사라지고, 사회주의 사회에서는 오직 노동계급과 협동농민만이 남아 있게 된다. 사회주의 사회에서 계급의 폐지와 관련된 문제는 곧 노동계급과 농민의 계급적 차이를 없애는 문제로 인식된다(김일성 [1986]1994b, 217). 물론 사회주의 혁명 단계 이후에도 계급투쟁이 존재한다. 하지만 이는 사회주의 혁명 단계의 계급투쟁과는 성격이 다르다. 자본가 계급은 더 이상 존재하지 않기 때문에, 혁명 시기처럼 자본가 계급의 청산을 위한 계급투쟁은 존재하지 않는다. 사회주의 사회에서 계급투쟁은 통일과 단결을 목적으로 하여 협조의 방법으로 발생한다(김일성 [1967]1983a, 273).

김일성([1964]1982b)은 "우리나라 사회주의농촌문제에 관한 테제"에서 혁명 단계별로 해결해야 할 농민문제를 제시하고 있다. '반제반봉건민주주의 혁명 단계'에서는 봉건적 생산관계에서 해방시키는 것이고, 사회주의 혁명 단계에서는 자본주의적 요소를 청산하고 '개인농민경리'를 '사회주의적 집단경리'로 바꾸는 일이다. 그리고 사회주의 제도하에서는 첫째, 기술혁명, 문화혁명, 사상혁명, 둘째 농민에 대한 노동계급의 지도, 셋째 농업관리를 기업관리 수준으로 접근시키면서 전 인민적 소유와 협동적 소유를 연계시켜 협동적 소유를 전 인민적 소유에 접근시키는 문제가 제기된다.

북한의 『인간개조리론』(1985)은 사회주의 혁명과 건설을 위해 동원하기 위해서는 농민을 '혁명화', '로동계급화'해야 한다고 주장한다. 농민이 혁명화하고 노동계급화하는 일은 노동자와의 계급동맹을 강화하기 위해서, 그리고 계급 없는 사회의 실현을 위해서 필수불가결한 것으로 이해된다. 농민을 노동계급화하기 위해서는 노동계급의 영도가 필수적이다. 노동계급은 본래부터 사적소유가 없는 무산자이기 때문에 인민을 위해 복무하려는 정신이 높고 이기주의적이지 않지만, 농민들은 개인주의, 이기주의, 보수주의 등 낡은 사상의 잔재를 가지고 있기 때문이다(강운빈 1985, 115~117).

김일성([1967]1983a, 266~276)은 사회주의 완전승리 단계까지를 '과도기'로 규정한다. 과도기에서 계급적 문제에 대한 임무는 앞서 논의한 '사회주의 농촌문제에 관한 테제'와 크게 다르지 않다. 과도기에는 계급투쟁이 존재한다. 사회주의 사회에서 계급투쟁은 통일과 단결을 목적으로 협조의 방법으로 실시된다. 사회주의 사회에서 농민을 노동계급화하고, 인텔리와 도시소자산계급을 비롯한 중산층을 혁명화하여 노동계급화하는 것이다. 과도기가 종료되고 사회주의 완전승리 단계에 도달하게 되면 '무계급사회'가 실현된다. 사회주의 완전승리 단계에서는 노동계급과 농민의 차이가 없어진다. 대신에 이 시기에도 프롤레타리아 독재는 유지되며 제국주의의 위협이 존재하는 한 국가는 소멸되지 않는다. 완전히 승리한 사회주의 사회는 자본주의로부터 사회주의에로의 과도기가 끝나고 공산주의의 낮은 단계가 완전히 실현된 사회이며 점차 공산주의의 높은 단계로 이행하는 사회이다. 이 시기에는 계급적 차이는 없지만 정신노동과 육체노동의 차이, 물질 생활수준에서의 일정한 차이는 계속 남아 있으며, 사회의 생산력도 수요에 의한 분배를 실현할 수 있을 정도로 높은 수준에 이르지는 못한다(김일성 [1986]1994b, 214).

넷째, 북한은 과도기만이 아니라 공산주의의 높은 단계까지 프롤레타리아 독재가 필요함을 역설해 왔다(김일성 [1967]1983a, 271~272). 프롤레타리아 독재는 '로동계급이 령도하는 민주주의 정권'이다(김일성 [1937]1979, 161~162). 그리고 사회주의 국가는 프롤레타리아 독재 국가로서 계급투쟁과 농촌문제에서 협동적 소유의 전 인민적 소유로의 전환, 경제성장, 사회주의 국가와의 연대 등에서 주요한 역할을 담당하게 된다(김일성 [1968]1983e, 451~461).

마지막으로 우리식 사회주의가 실현되기 위해 모든 영역에서 실질적인 혁명의 주체로서 수령과 당의 역할이 강조된다(김일성 [1990]1995b, 297; 김정일 [1995]2000, 90). '조선 로동당은 로동계급의 혁명정당, 근로인민대중의 대중적당'으로 정의된다(김일성 [1986]1994a, 14). '로동계급의 당'은 유일사상체계에 기초하여 건설된다. 당의 유일사상체계란 수령의 사상체계이며 영도체계이다(김정일 [1990]1997a, 242).

당은 '민주주의 중앙집권제의 원칙'에 따라 운영된다(김정일 [1995]2000, 92~93). "중앙집권제는 전당이 수령의 유일적령도밑에 하나와 같이 움직이는 혁명적규률과 질서이며 이것을 떠나서는 당의 통일단결도 행동의 일치성도 보장할수 없다. 민주주의는 당원대중의 의사를 집대성하여 당의 로선과 정책을 세우고 그 관철을 위한 투쟁에서 당원들의 자각적 열성과 창발성을 높이 발양시키도록 하는 것이다." 이 원칙에서 민주주의보다는 수령의 영도를 관철시키는 중앙집권적 규율이 우선시된다. 민주주의는 중앙집권적 규율이 약하면 무질서를 초래하고 당을 분열시킬 위험이 있는 것으로 이해된다.

당은 수령의 뜻에 따라 사회를 지도한다. 그래서 당은 '사회적 령도적 정치조직'이다(김일성 [1986]1994a, 21). 당의 영도 아래 노동계급과 근로인민대중의 정치활동이 진행된다. 이로써 당은 인민대중의 권리와 이익의 대변자로서, 혁명과 건설을 대중의 요구에 맞게 주도하는 영도적 정치적 조직이 된다. 혁명 이후 당은 '대중적 당'이 된다(김정일 [1990]1997a, 245). 사회주의 혁명 이후 상이한 계급과 계층들이 모두 노동계급화되기 때문에 사회계급적 기반이 확대된다. 노동계급의 당은 "로동자, 농민, 근로 인테리의 선진분자를 망라하는 대중적당"이 된다(김정일 [1995]2000, 94).

북한체제는 사회주의 혁명부터 사회주의 완전승리 단계까지의 시기를 과도기로 설정하였다. 북한은 반제 반봉건 민주주의 혁명 단계와 사회주의 혁명 단계를 거쳐 완전히 승리한 사회주의로 이행하고 있다고 자평한다. 궁극적으로 이는 높은 단계의 공산주의로 이행이 전제된다. 그러나 북한체제의 이와 같은 자기규정은 받아들이기 어렵다. 생산수단의 국유화와 농업집단화가 이루어졌지만, 여전히 노동계급은 생산과 분배에서 모두 소외되어 있다. 북한체제에 관한 분석에서 노동소외에 대해서는 이견이 존재하지 않는다. 노동은 동원의 대상이면서 억압과 감시의 대상이다. 혁명과 정치에서 노동계급의 주체적인 역할은 철저히 배제된다. 노동조직은 인전대라는 명목으로 국가기구화되었기 때문에 노동조직의 자율성은 기대하기 어려우며, 사회주의 경쟁의 존재로 노동계급의 연대는 어렵다.

프롤레타리아 독재는 수령과 당의 독재로 대체되었다. 주체사상은 사회정치적 생명체론을 통해서 수령, 당, 대중이 하나라고 주장하지만, 대중에게 수령과 당에 대한 복종이 강요되고 있을 뿐이다. 아래로부터의 의견 수렴은 정치적 수사에 불과하며, 민주주의에 관한 형식적이고 제도적 절차마저도 미비하다. 프롤레타리아의 독재라는 이름으로 수령과 당의 지배가 실현된다.

계획의 편성과 수립에서 원칙적으로 대중의 참여를 통한 사회적 수요가 필요하지만, 실제로 사회적 수요는 무시된다. 이는 렌트추구 행위와 연성예산제약 등으로 인한 계획집행 단위에 대한 불신의 결과인 동시에 계획경제에서 노동계급의 위상을 말해주는 단적인 예이다. 노동계급은 직접적 생산자로서 잉여생산물을 생산하지만, 잉여생산물의 수취와 배분에 대한 실질적인 권한은 관료에게 있다. 관료는 생산수단을 소유하지 않았지만, 잉여생산물의 수취와 배분에 대한 권한을 가진 계급이다.

결론적으로 주체사상, 프롤레타리아 독재, 계획경제 등은 북한체제가 사회주의 사회라는 점을 증명하지 못한다. 또한 북한 사회가 사회주의와 공산주의로 이행을 전제로 하는 사회라는 점을 말해주지도 못한다. 주체사상은 수령과 당의 지배를 옹호하는 지배이데올로기이며, 프롤레타리아 독재에서 노동계급의 정치적 역할은 미비하다. 계획경제는 관료라는 역사적으로 자본가계급과 봉건적 지배계급과는 또 다른 새로운 지배계급이 형성되는 데 기여했다.

5. 북한체제의 현존 사회주의적 특성

북한체제는 자본주의나 사회주의로 규정하기 어려운 독립적 생산양식으로서 '현존 사회주의'의 보편적 특성을 가지고 있다. 김일성은 사회주의 혁명부터 완전히 승리한 사회주의 단계까지를 일컬어 과도기로 규정한 바 있다. 북한의 '우리식 사회주의'는 혁명 단계를 거쳐 완전히 승리한 사회주의 단계로 이행하는 과정에 있다. 이는 새로운 생산양식이 아닌 높은 단계의 공산주의의 건설을 위한 이행기적 '시기'를 의미한다. 우리식 사회주의는 생산양식에서 사회주의이지만, 시기적으로 완전히 승리한 사회주의와 공산주의로의 이행을 위한 과도기인 것이다. 그러나 북한체제의 이와 같은 자기규정은 모순을 은폐하고 권력과 체제의 정당성을 확보하기 위한 것이기에 그대로 받아들이기 어렵다. 북한체제는 자본주의의 모순을 극복한 사회도, 마르크스의 고전적 사회주의 개념에 근접한 사회도 아니다. 비록 북한체제가 비록 다른 현존 사회주의 국가들과는 달리 큰 변화 없이 유지되고 있지만, 기본적으로 현존 사회주의의 보편적 특성을 가지고 있다. 그 특성을 정리하면 다음과 같다.

첫째, 북한체제의 경제잉여는 다른 현존 사회주의 국가들과 마찬가지로 이윤, 차액지대, 세금으로 구성된다. 이윤은 사회 순소득의 한 형태로서, "해당 기업소 및 부문의 생산확대 및 기타에 대한 자금의 계획적 수요에 충당할 사명을 가진다(안광즙 1964, 168)." 차액지대는 토지에 대한 사적 소유가 폐지되었지만, 생산수단에 대한 '전 인민적 소유'와 '협동적 소유'가 공존하기 때문에 발생한다(『경제사전 2』 1970, 625). 북한체제는 세금이 국가의 재정적 수입의 원천이지만, 그 비중이 차츰 감소하게 된다고 주장한다(『경제사전 2』 1970, 337). 이러한 잉여생산물들은 생산수단의 국유화에 기초해서 당과 국가에 의해 수취되고 배분된다. 물론 공식적으로 이러한 잉여생산물은 대중의 이익을 위해서 사용되는 것으로 치부된다(『경제사전 2』 1970, 625).

둘째, 북한체제는 현존 사회주의 국가들과 마찬가지로 정치와 경제의 관계에서 정치의 우위가 뚜렷하게 나타난다. 정치의 우위는 생산에 대한 '당의 지배'로 압축될 수 있다. 물론 북한체제는 정치의 우위를 모순으로 인식하지 않는다. 오히려 정치우위는 이른바 '사회주의 건설'을 위해서 필수적인 것으로 인식된다. 북한의 『경제사전 2』(1970, 468)은 모든 경제문제를 분석, 평가, 처리함에 있어 경제적 시각에 앞서 '당적 각도'와 '정치적 각도'에서 진행할 것을 강조하고 있다. 실제로도 북한은 해방 이후 체제형성 과정에서 사회경제 영역이 정치에 의해 재조직되었다. 정치는 농지개혁과 농업집단화, 그리고 스탈린주의적 공업화 등 일련의 산업화를 추진하였다. 산업화 과정에서 지주계급은 몰락하고 농민의 성격은 변화했으며 노동자 계급이 형성되었다. 사회경제 영역에서 당과 국가의 영향력은 막강해졌으며, 권력은 수령으로 집중되었다.

그 결과 사회경제 부문의 자율성이 더욱 더 취약해졌을 뿐만 아니라 정치의 외연이 확대되면서 사회경제 영역에서도 정치적 논리가 지배하게 되었다. 사회는 수령과 당의 동원과 통제를 위해서 조직되었다. 직업동맹을 비롯한 근로단체들에게 인전대 기구로서의 역할이 강조되었으며, 권력의 안정을 위해서 정치로부터 유리되어 '탈정치화'되었다. 물론 이럴 수 있는 중요한 원인 가운데 하나는 대중이 경제적으로 국가에 의존하지 않을 수 없었기 때문이다. 북한의 경우 다른 국가들과 달리 한국전쟁 이후에도 배급제가 오랫동안 존속되었으며, 탈스탈린주의적 개혁이 진행되지 않았다.

셋째, 북한체제는 계획경제 메커니즘에 의해서 발생하게 되는 반복적인 경제위기와 경제성장의 지체라는 문제점을 안고 있다. 북한의 확대재생산 이론은 마르크스－레닌주의와 마찬가지로 생산수단 부문에 대한 우선적인 성장을 강조한다. 레닌(Lenin [1901]1961)의 자본주의적 확대재생산 표식에 따르면, 자본이 발전할수록 불변자본 부문의 확대가 불가피하다. 그 결과 자본의 유기적 구성의 고도화가 발생하게 되므로 I 부문(생산수단)이 우선적으로 발전이 이루어진다고 주장한다(Lenin [1901]1961; 宮川實 1985, 273~274). 생산수단의 우선적 성장은 소비의 확대가 없는 생산의 확대를 초래하고, 결국 생산과 소비의 모순을 발생시킨다. 자본주의적 시장의 무정부성으로 이러한 모순은 빈번하게 발생하게 되며, 실현이 곤란해진다(Lenin [1901]1961; 宮川實 1985, 276). 이러한 자본주의적 확대재생산의 문제를 극복하기 위해서 I 부문에 대한 투자의 확대를 강조하게 된다.

마르크스－레닌주의의 사회주의적 확대재생산 이론은 생산수단의 우선적 성장을 통해서 이루어지지만, 잉여 가운데 특권계급에 의해서 사적으로 소비되는 부문이 없다고 주장한다. 결정적으로 레닌이 지적한 자본주의적 확대재생산의 모순, 즉 생산과 소비의 모순이 극복되는 것이다. 그 이유는 첫째, 생산수단의 사회화가 이루어졌기 때문에 축적과 소비가 모두 전체 인민의 이익을 위한 것이기 때문이다. 둘째, 계획을 통해서 시장의 무정부성을 극복했기 때문이다. 또한 자본의 유기적 구성의 고도화도 나타나지 않는다. 자본의 유기적 구성에 해당하는 개념이 생산의 유기적 구성(생산적 폰드의 유기적 구성)이다(한득보 1992, 80; Zagolow 1990, 236). 기술이 고도화되면서 생산수단의 투입이 증가하기 때문에 생산의 기술 구성(Zagolow 1992, 236)이 증가하지만, 가치구성이 동반 상승하지 않는다. 현물구성과 가치구성이 차이를 보인다(최중극 1973, 155). 현물은 증가하지만, 생산성의 증가로 인해서 오히려 가치는 하락한다. 가치구성의 하락은 죽은 노동과 산 노동의 절약을 통해서 가능하다(한득보 1992, 80~85; 안광즙 1964, 20~21). 기술진보로 인한 생산수단의 저렴화와 기술 수준의 상승으로 인한 산 노동의 생산성 상승 때문이다. 결국 유기적 구성은 상승하지 않는다.[38] 자본과 상품의 범주 역시 존재하지 않으며 생산수단의 사회화로 죽은 노동과 산 노동 간의 적대적 모순이 존재하지 않는다. 기계화로 인한 산 노동의 절약과 노동생산성에 기여할 뿐이다.

마르크스−레닌주의의 사회주의 확대재생산 표식은 I 부문의 생산이 두 부문의 생산수단의 합($CI + CII$)보다 크다(확대재생산 표식 (1)). 생산수단이 두 부문이 필요로 하는 생산수단보다 더 많이 보유하고 있어야 하기 때문이다. I 부문이 새로 생산한 가치($VI + mI$)가 II부문의 생산수단보다 커야 한다(확대재생산 표식(2)). 이는 생산수단의 생산을 위해서 다시 투자할 수 있는 잉여의 존재를 의미한다. 레닌은 이점(수식 (1)과 (2))을 확대재생산을 위한 잠재력으로 이해하였다. 그리고 양 부문에서 새롭게 생산된 가치($VI + mI + VII + mII$) 가 II부문의 생산보다 커야 한다(확대재생산 표식 (3)). 확대재생산을 위해서 소비를 하고 남은 잉여가 존재해야 함은 당연한 일이다(Kozlov 1977, 361~362).

확대재생산 표식

$$I = CI + VI + mI$$
$$II = CII + VII + mII$$

$$(1)\ CI + VI + mI > CI + CII$$
$$(2)\ VI + mI > CII$$
$$(3)\ VI + mI + VII + mII > CII + VII + mII$$

실제로 북한은 중공업에 대한 우선적 투자를 통해서 1950~60년대에 급속한 성장을 실현하였다. 물론 이를 위해서는 단기간에 많은 자원이 중공업 부문에 집중되어야 했다. 또한 소비 억제 역시 산업화를 위한 중요한 원천이었다. 잉여생산물은 주로 중공업 우위의 축적을 위해서 사용되었다. 사실 중공업 부분에 대한 투자는 스탈린주의 발전노선을 채택한 정치노선의 결정이었다. 중공업 우위의 축적으로 생산재 부문의 생산이 활성화되기 때문에, 그리고 생산재 부문의 생산으로 다른 부문 역시 일정 정도 생산성이 향상될 수 있기 때문에 초기 성장에 기여하게 된다. 게다가 농지개혁과 농업집단화로 발생하는 잉여노동을 흡수하여 완전고용 수준에 도달하게 됨으로써 실질소득을 증가시키게 된다.

그러나 이러한 불균등 발전전략은 결과적으로 재생산을 어렵게 한다. 그 이유는 일차적으로 산업부문 간의 불균형 때문이다. 산업부문 간의 불균형은 초기에는 소비재 공급의 부족과 과잉수요를 발생시킨다. 이러한 난맥상은 배급과 소비억제를 통해서 일정 정도는 정치적으로 해결된다. 하지만 특정 산업만이 발전하게 되었을 때, 투자효과는 감소할 수밖에 없다. 소비재 부문이 취약하게 되면, 중공업 부문에 투자가 이루어지더라도 경제적으로 생산재에 대한 수요가 증가하기 어렵기 때문에 산업연관효과는 기대하기 어렵다. 소비재 산업에 대한 투자가 상대적으로 취약하게 되면서 소비재의 부족이라는 문제에 직면하게 된다. 이는 한국전쟁이 끝난 이후에도 지속적으로 배급제가 실시된다는 점을 통해서 확인된다. 또한 농업 집단화 역시 생산성 증가에 있어 일정한 한계에 직면하게 된다. 농업생산성은 노동력 투입의 증가나 농지 재배 면적의 확대를 통해서 생산성 증가를 성취하는 방식의 명확한 한계를 드러내기 때문이다. 그래서 농업생산성의 문제로 노동력의 일부가 다시 농촌으로 돌아오는 현상이 발생하게 된다. 결과적으로 북한경제는 과잉축적과 수요억제로 인한 반복적인 경제위기가 발생함으로써 생산력 증가의 한계에 봉착하게 된다.

마지막으로 북한체제에는 당과 대중의 관계로 표출되는 관료와 노동 간의 계급모순이 존재한다. 관료는 권력을 근간으로 계획의 편성과 집행을 전체적으로 통제하고 관리한다. 이러한 과정에서 잉여생산물을 수취하고 배분하는 실질적인 권한을 가진다. 관료계급은 위계적인 구조로 형성되어 있으며, 계획을 편성하는 정치관료와 계획을 집행하는 중하위 관료로 구분할 수 있다. 반면 노동계급은 동원과 착취의 대상이다. 탈스탈린화 이후 개혁을 통해 노동시장이 다시 형성된 폴란드나 헝가리에서 노동계급의 자율성이 점차적으로 증가한 반면 북한 노동계급의 자율성은 현저히 낮다. 노동계급은 생존을 위해서 배급제와 기업소와 공장 단위로 이루어지는 후방공급에 의존할 수밖에 없다. 노동계급을 비롯한 대중은 계획과 권력 모두에서 소외된다. 노동계급은 원자화되고 탈정치화된다.

—

제3장

—

제3장

정치우위의 사회

마르크스는 생산력과 생산관계의 모순에 따라 자본주의의 위기와 붕괴를 예견하였지만, 현실의 양상은 이론과는 거리가 있었다. 자본주의의 위기는 반복적으로 발생했지만, 위기의 원인은 생산관계가 생산력의 발전을 저해했기 때문이 아니었다. 마르크스의 기대와는 달리 자본주의 위기의 성격은 자본주의를 체제의 한계 밖으로 내모는 것이 아니었다. 결국 현존 사회주의는 사회경제적 여건의 성숙을 기다리는 것이 아니라 이행 과정에서 정치의 지배적 역할에 대한 강조로 귀결된다(Schultze 1973, 159).

현존 사회주의는 혁명을 통한 자본주의 국가의 파괴와 전위정당의 권력 획득과 함께 시작된다. 당은 권력을 바탕으로 생산수단의 사회화라는 명목으로 국유화를 추진한다. 그리고 관료는 새로운 계급이 된다. 이론적으로 생산수단의 국유화는 사회적 생산관계의 성립과 사회주의 이행의 성공 여부를 가늠하는 가장 핵심적인 척도로 간주된다. 이후 자본주의적 요소의 잔존이나 자본주의로의 복원 가능성은 가장 주요한 경계대상이 된다. 정치는 이러한 가능성을 미연에 차단하고 사회주의 건설과 공산주의 이행을 주도한다. 그 결과 사회경제 부문에 대한 정치의 직접적인 통제와 관리가 이루어진다(Schultze 1973, 158~162).

그러나 현존 사회주의에서는 사회주의적 생산관계가 형성되었다고 보기 힘들다. 여전히 '노동소외'가 발생했다. 생산자는 생산수단과 분리되었을 뿐만 아니라 잉여생산물의 수취와 분배에서 배제되었다. 정치는 생산수단의 소유가 아니라 권력을 근간으로 잉여생산물의 수취와 배분의 권한을 가진다. 때로 정치의 이러한 특성은 자본주의적인 것으로 치부되지만, 경제잉여의 수취와 배분은 물론 경제잉여 자체의 성격이 자본주의와는 다르다. 현존 사회주의 사회에서 정치는 경제가 낙후되어 있다는 이유로 경제에 대한 정치의 우위를 합리화한다. 북한체제는 경제에 대한 정치우위를 모순이 아니라 체제의 우월성으로 인식한다. 이는 실제적으로 계획의 수립부터 집행에 이르는 과정에서 잉여생산물의 수취와 배분, 경제조정양식의 성격 변화, 소득과 수요의 변화 등을 통해 감지된다.

제1절 지배체제의 태동: 권력투쟁과 계획화의 병행

1. 농업잉여 추출의 의미와 한계 그리고 해외원조의 기여

북한은 전쟁기간 동안(1950. 6. 25~53. 7. 27) 심각한 경제적 피해를 입었다. 북한의 통계에 따르면, 1946년부터 49년까지 국민소득이 두 배 이상 증가했다. 또 공업과 농업의 비율에서 공업부문이 차지하는 비중 역시 2배 가까이 성장했다. 하지만 전쟁으로 인해서 공장을 비롯한 시설물이 파괴되었으며, 그 결과 국민소득은 1949년과 비교할 때 현저히 감소하였다(중앙통계국 1961, 25~27). 식민지 시기에 조성된 공업부문은 물론 농업 부문마저 전체적으로 심각한 손실을 입게 된다(최중극 1992, 108~109). 게다가 전쟁기간 동안 인적·물적 자원을 총동원한 결과, 전후복구에 필요한 자원이 부족하다는 점은 전후복구를 어렵게 했다. 전시에 경제잉여는 거래수입금, 기업이익 공제금, 현물세, 세금 등의 방식 외에도 복권구입운동과 군기헌납운동의 형태로 수취되었다. 1949년 10월 결정되어 1950년 8월 말까지 모인 군기기금 총액은 약 4억이 넘었으며 1951년 6월에는 약 15억의 현금과 16만 84,20여 가마니의 곡물이 수취되었다. 1951년 6월 14일 내각결정 제297호 "조국 보위 복권발행에 관하여"를 채택하고, 10월에 복권을 발행해서 열흘 만에 6억 원을 모았다(최중극 1992, 90~94).

전시 경제잉여는 이와 같이 다양한 방식으로 수취되어 전쟁에 동원되었다. 물론 전시경제에서 잉여생산물이 모두 전쟁에 소비되지는 않는다. 일부는 생산(특히 군수품)에 투자된다. 그러나 군수품 생산은 다른 생산부문과의 산업연관효과가 적을 뿐만 아니라, 다른 부문의 생산성을 오히려 저해한다. 북한 역시 군수품 생산의 확대로 인한 문제점을 인정하고 있다. 국민소득이나 축적폰드의 증가는 가능하지만 실제적인 축적의 조건과 생산적 고정폰드의 증가가 어렵다는 점이다. 최중극(1992, 114~121)은 군수생산이 없으면 전쟁에서 승리할 수 없다는 점을 강조하면서도 군수품이 개인적 소비나 노동력의 재생산에 기여하는 것도 사회주의나 공산주의 건설에 기여하는 것도 아니라는 점을 시인한다. 그는 군수생산이 재생산으로부터 이탈하여 비생산적으로 소비되고, 일정 수준 이상이 되면 결국 '민수생산'의 생산능력과 노동력의 재생산에도 부정적인 영향을 미친다고 인정한다. 그 결과 전후복구 과정에 동원될 수 있는 내부의 잉여생산물에는 제약이 있을 수밖에 없었다.

1) 현물세와 협상가격차

전후복구 과정에서 농업잉여는 공업화의 또 다른 중요한 원천이다. 그 이유는 한편으로 농업생산성의 증가 때문이며, 다른 한편으로 토지개혁, 전쟁, 농업협동화 등의 과정을 거치면서 국가에 의한 농업잉여의 수취가 가능해졌기 때문이다. 사실 농업잉여가 산업화의 원천으로 사용되는 것은 현존 사회주의 모델의 일반적인 특성이다. 그러나 현존 사회주의 사회에서 농업생산성의 증가에는 일정 정도 한계가 있었다. 농업잉여가 산업화의 원천으로 사용된 것은 동일하지만, 잉여의 증가는 생산성 증가보다는 오히려 국가에 의한 잉여추출의 증가를 통해서 성취된다.

양문수(2004, 128)는 농업부문에 대한 발전이 없었음에도 지속적으로 산업화가 이루어졌다고 설명한다. 그러나 공업화에 결정적인 지위를 가지지 않는다는 주장이 농업잉여의 추출이 없었음을 의미하지는 않는다. 물론 농업잉여가 주요한 원천일 수 없었다는 점은 당시 농업생산성의 증가가 크지 않았다는 반증임에는 분명하다. 농업잉여의 추출방법은 조세와 협상가격차를 통해서 이루어진다. 전자는 농업현물세로서 전전에는 평균 25% 수준이지만, 전후 평균 20% 수준까지 감소하다가 1959년에는 평균 9%로 하락한다(안광즙 1964, 181).[1] 현물세의 징수는 농업집단화를 추진하기 위한 유인책으로도 사용된다. 1955년 2월 개인농과 달리 농업협동조합들에 대한 농업현물세 부과를 고정시키는 방법을 취했다. 이에 따라 농업협동조합에는 개인농보다 5%의 세량을 감면하는 특혜를 부과했다(정성언 1959, 396).

다음 협상가격차는 농업 생산물의 가격을 낮게 책정함으로써 농업과 공업 간의 부등가 교환을 유도하여 농업잉여를 초과착취하는 방식이다. 부등가 교환은 현존 사회주의 사회 내부에서 생산부문의 생산력 격차가 실재하고, 국가가 계획가격을 통해 정책적으로 특정 부문의 가격을 인하함으로써 실재할 수 있다. 서동만이 인용하고 있는 정태식(1957)과 남춘화(1957)의 글 내용대로 수매가격을 가치이하로 인하할 것을 주장하는 내용은 대표적으로 부등가 교환을 통한 농업잉여를 추출하는 것이다. 즉 농산물의 가격을 가치와 정책적으로 괴리시킴으로써 상대적으로 낮은 가격에 공급하게 된다. 이는 공업부문의 생산비용 감소 효과를 불러오며, 축적을 가속화 할 수 있는 원천이 된다. 협상가격차는 양곡수매가격과 공산물 가격 간의 격차를 통해서 확인될 수 있다. 국가에 의한 양곡수매는 농민시장에서 개인 양곡상이 가격의 등귀를 이용하여 초과수익을 얻으려는 경향을 약화시키면서, 농업잉여를 국가가 수취하기 위한 사업의 일환이다. 개인 양곡상이 폐지되는 대신에 국가 상업과 소비조합 상업에 의해서 가치법칙에 따라 생산원가를 보장하고 식량증산을 위한 '량곡기준수매가격'이 설정된다고 한다(서동만 2005, 674~675). 하지만 북한은 공식적으로 1950~60년대 곡물가격을 밝히고 있지 않다(이영훈 2000, 69). 따라서 협상가격차를 통해서 얼마나 많은 농업잉여가 공업부문으로 이전되었는지 정확히 계산하기는 어렵다. 다만 안광즙(1957, 44; 1964, 224)의 논문을 통해서 전후 농업잉여가 산업화의 원천으로 사용되었으며, 그 방식으로 협상가격차가 적어도 일정 기간 동안 실시되었다는 점은 명확해 보인다. 또한 국가가 양곡수매를 적극적으로 독려한 반면 농민들은 이에 대해 반발한 점을 감안할 때(서동만 2005, 676), '가격과 가치의 괴리'가 발생했을 가능성이 높다. 이는 협상가격차를 통한 농업잉여의 이전을 의미한다.[2]

현물세의 감소와 양곡수매의 실시는 근본적으로 '농업집단화'라는 맥락에서 이해되어야 한다. 농업집단화는 농업잉여의 생산, 수취, 배분을 당과 국가가 직접 통제하고 관리하기 위한 것이면서 동시에 산업화를 통한 농촌사회의 재편 과정에서 발생하는 변화를 직접 관리하기 위한 수단이다. 그러나 농업집단화에 대해서도 역시 국내외적인 논쟁이 발생하게 된다. 먼저 소련은 전후 급격한 농업집단화에 대해서 반대한다(서동만 2005, 659). 그런데 농업집단화를 통한 단기간의 농업생산력 증가라는 목적을 달성하기 위해서는 소련의 도움이 절실했다. 농업집단화는 기계화를 바탕으로 생산 단위를 확장함으로써 단기간에 잉여생산을 증가시키려 하는데, 기계화를 위한 투자는 소련의 경제원조가 없이는 불가능한 일이었다. 그래서 김일성은 소련계 박영빈에 대한 우회적 비판을 통해 소련의 간섭에 불만을 토로했다.[3] 소련과의 이견 대립이 국내정치 세력 간의 갈등으로 확산된 것이다.

자연스럽게 국제정치와 국내정치화가 교차되었다. 물론 전후복구 과정에서 해외원조와 농업잉여 외에도 거래수입금(거래세)과 국가기업이익금 등이 존재한다. 하지만 전후복구 시기의 특징적인 잉여생산물은 해외원조와 농업잉여라고 할 수 있을 것이다. 해외원조는 전후복구 과정에서 소련과 북한의 관계를, 농업잉여는 농업과 국가, 농업과 공업의 관계를 이해하게 도와준다.

2) 소련과 중국의 대북원조

해외원조는 전후복구 과정에서 가장 주요한 잉여생산물 가운데 하나가 된다. 북한에 대한 해외원조는 한편으로 냉전적 대립구도 때문에, 다른 한편으로 2차 대전 이후 신생 독립국가 가운데 사회주의의 확산이라는 이른바 '프롤레타리아 국제주의'의 영향 때문이었다.[4] 북한은 소련과 중국은 물론 동유럽 국가들로부터 지원을 받기에 이른다(박창옥 [1954]1988, 644). 전후 해외원조가 북한의 재정수입에서 차지하는 비중은 결코 작지 않았다. 북한의 공식적 발표에 따르면 원조가 재정수입에서 차지하는 비중은 1954년 34%에서 이후 1956년 16.5%로 차츰 감소했지만, 전후복구에서 없어서는 안 될 주요한 투자의 원천이었음에 분명하다(전석담 1960, 23).

소련의 원조는 단순히 현금만이 아니었다. 자재와 설비에 대한 지원은 물론 기술이전이 포함되어 있었다(Fendler 1992, 41~42). 소련의 원조는 10억 루블에 해당하는 기계설비와 자재들에 대한 무상지원이었다(박창옥 [1954]1988, 644). 그 내용은 수풍 수력 발전소와 청진 유리공장, 성진 제강소, 남포 제련소, 흥남 비료공장의 복구와 재건, 마동의 시멘트 공장, 봉궁의 화학, 평양의 방직, 비단, 식육가공 공장, 신포의 통조림 공장 등의 건설 등이었다. 또한 길주의 베니아 공장, 평양의 가구공장, 남포의 항구 복원에 사용되었다. 또한 소련은 철도재건에도 참여한다. 소련의 원조로 건설 혹은 복구된 생산설비는

5개년 계획의 결과 전기발전의 40%, 코크 생산의 53%, 주물(cast iron)의 51%, 강철의 22%, 압연강(rolled steel)의 32%, 콘크리트 블록의 45%, 구리, 카드뮴, 암모늄의 100%, 면직물의 65%를 차지한다고 한다. 당시 소련의 지원은 단지 공장과 설비의 설립만이 아니라 기술자의 교육을 포괄하는 광범위한 지원이었다. 1955년 양정부의 협정하에 소련은 1955~59년 사이 북한에 600개의 완성된 기술문서를 이전했다(Fendler 1992, 42).[5] 전후 교육 인프라가 아직 갖추어져 있지 않았으며, 토착기술 역시 매우 제한적이었던 북한의 입장에서는 현금지원보다 더욱 중요한 지원이었다. 경제적으로 계산되기 어렵지만 만약 북한 스스로 취약한 기술의 문제를 해결하려 할 때 발생하는 기회비용을 감안하면, 아마도 더 많은 비용이 소요되었을 것은 명약관화(明若觀火)이다.

다음 중국은 8만억 원(구화폐)에 해당하는 생활필수품, 식료품, 원료, 자재들을 북한에 공급했다(박창옥 [1954]1988, 644). 게다가 1950년 6월부터 53년 12월 사이에 국가부채—1953년에 52백만 루블(신화폐)를 넘는다.—를 탕감해주고, 양국은 경제와 문화협력에 관한 협정에 서명했다. 그리고 중국은 철도의 재건과 제조공장(유리공장, 철물공장, 비단공장, 방직공장)의 건설에도 참여했다(Fendler 1992, 44)

해외원조는 공여국과 수혜국과의 관계에 의해서 사용이 결정된다. 대북원조에서 가장 큰 비중을 차지하는 소련의 원조는 소련과 북한의 관계를 통해서 그 사용처가 결정된다. 이 당시 소련과 북한 사이에는 견해 차이가 존재했던 것으로 보인다. 소련은 자국이 지원하는 다른 국가들과 비교할 때, 북한이 상대적으로 산업설비 등의 여건이 양호했기 때문에 그리고 스탈린 사후 소련의 변화 때문에, 소비재 부문에 대한 지원을 추진하려 했다. 반면 북한은 대규모 설비를 필요로 하는 분야를 요구했다. 그래서 김일성은 소련과의 협상에서 자신의 요구가 받아들여지지 않자, 동유럽 국가들과의 협상을 통해서 이를 관철시켜 나가려 했다(Szlaontal 2005, 49~50).

2. 경제적 조정양식을 둘러싼 갈등: 계획화의 속도를 둘러싼 권력투쟁

북한 사회에서 경제적 조정양식, 즉 계획과 시장(가치법칙)을 둘러싼 논쟁은 이 시기에 '농업협동화'를 중심으로 하는 이른바 '사회주의적 개조'라는 문제를 중심으로 논의가 진행된다. 김일성계는 당내 권력투쟁에서 상대적인 우위를 이용하여 사회주의적 개조를 빠르게 진행함으로써 계획경제의 외연을 확대하려 한다. 반면 소련계와 연안계는 점진적인 이행의 필요성을 제기했다. 물론 소련계와 연안계가 계획화에 반대한 것이 아니라 그 속도를 조절할 것을 주장한 것이다. 김일성계는 당내 권력투쟁에서 상대적 우위를 점하고 있었기 때문에, 빠른 '사회주의적 개조'를 통해서 자원동원 능력을 확보하고 지배질서를 형성하고자 했던 것으로 보인다. 반면 소련계와 연안계의 점진적 이행론은 한편으로 소련의 신경제정책과 중국 류샤오치(劉少奇)의 입장과 궤를 같이하는 것이었으며, 다른 한편으로 김일성계의 권력독점을 견제하기 위한 것이었다. 특히 점진적 이행론은 국내에 존재하는 소위 '사자본주의적 요소'들의 포용을 통해서 사회적 기반을 확충하려는 전략의 일환으로 해석할 수 있다.

1) 계획과 시장의 긴장: 계획화의 속도에 관한 논쟁과 정치적 의미

전후복구 과정에서는 우선 공업 부문의 계획화를 강조하게 된다. 김일성은 전후복구 건설에서 '국가계획작성'의 중요성을 다음과 같이 강조했다.

> "우리가 전후 인민경제의 복구건설에 착수함에 있어서 제일 먼저 하여 놓지 않으면 안 될 가장 기본적 과업 하나가 있다. 그것은 인민 경제 복구 발전에 관한 국가적 계획작성에 관한 문제이다. 정확하고 세밀하고 현실의 제조건에 부합되는 또 우리나라 사회 발전 법칙에 일치되는 예견성 있는 계획을 가지지 않고서는 우리는 한 발자국도 또 정진할 수 없다(문정석 1954, 50~51에서 재인용)."

그러나 전후 북한경제에서도 특정 부문(소비재)에서 가치법칙이 작동하고 있다는 점에 대해서는 크게 이견이 존재하지 않는다.6) 당내 비주류인 최동화([1953]2003, 899)는 스탈린의 "사회주의에서 상품과 가치법칙이 존재하고 관철된다(Stalin [1951]2005)."는 명제를 수용하고 있다. 스탈린은 가치법칙은 교환의 영역만이 아니라 생산에도 영향을 미치기 마련이기 때문에, 가치법칙의 작동을 제한해야 한다고 주장한다(Stalin [1951]2005). 최동화는 북한 역시 이러한 명제를 적용하여 가치법칙의 작동을 제한하고 중앙집권적 계획을 추진하고 있다고 설명한다. 최동화([1953]2003, 913~914)는 북한경제에서 상품생산과 상품유통이 전체 공업 생산물을 포괄하지 못하며, 생산수단은 상품이 아니라고 설명한다. 또한 토지와 국영기업소의 노동력 역시 상품이 아니다. 그러나 사회주의적 생산자들과 사적인 소상품 생산자들 및 자본가들이 생산하는 생활필수품은 상품이다. 자본가의 기업소에 소속된 노동력은 그 수는 적지만 아직 상품으로 규정된다. 최동화는 상품유통영역의 가치법칙은 조절자 역할을 담당하게 된다고 설명한다. 사적 생산자들의 상품은 시장의 맹목성에 종속되며, 중소 농민들의 농산물은 현물교역, 의무납부형식, 국정가격에 의하여 유통된다. 양곡수매에서 양곡과 비료는 현물 교역이 이루어지며, 소비조합에서 백미와 좁쌀 등이 시장가격에 준하여 수매·판매된다.

윤기복(1956, 63~64)은 가치법칙이 소비재 부문에서만 '조절자의 역할'을 담당할 뿐만 아니라 전체 생산에 영향을 미치게 된다고 기술하고 있다. 그 이유는 생산 과정에 참여한 노동자에 대한 보상을 위해 필요한 소비재가 상품으로 유통되기 때문이다. 따라서 윤기복은 '산 로동'만이 아니라 '체현 로동'(죽은 노동)의 지출 역시 가치와 가치형태를 통해서 측정될 필요성이 있음을 제기하고 있다. 그는 전후 북한경제에서 가치법칙의 위상과 역할에 대해 다음과 같이 결론을 맺고 있다. "상품인 소비 자료의 생산에 충당되는 생산수단은 물론, 생산수단의 생산을 위한 생산수단도 통틀어 화폐적 표현에 의하여 평가되지 않을 수 없으며, 국영경제 성분의 한계내에서 생산수단은 본질상 상품이 아님에도 불구하고, 상품의 외형(가치형태)을 띠게 된다. 그러나 가치법칙은 사회주의적 경제형태에 관한 한, 생산의 조절자 역할을 놓지 못한다." 윤기복의 이와 같은 설명은 1951년 스탈린의 가치법칙의 명제와 내용적으로 일치하고, 대체로 1969년 김일성의 '가치법칙의 형태적 작용 테제'와는 내용이 동일할 뿐만 아니라 표현까지도 매우 유사하다.

전후 북한경제에서 주요한 쟁점은 오히려 가치법칙의 관철 여부가 아니라 시장의 요소들을 계획으로 전환하는 데 있어 그 속도와 수준에 대한 부분이었다. 이는 전후 1953년 8월 전원회의를 기점으로 농업집단화의 문제에 대한 논의가 본격화되면서 계획화의 속도를 둘러싼 논의가 더욱 더 강화된 부분에서 확인할 수 있다. 전후 농업집단화는 계획경제의 강화를 의미했다. 전체 산업구조에서 농업이 차지하는 비중이 여전히 높은 상황에서, 농업집단화는 단순히 농업 계획화의 문제가 아니라 전체 경제 수준에서 계획경제의 형성과 연결된 문제였다. 김일성계는 급속한 산업화를 주장한 반면 다른 세력들은 '선기계화, 후집단화'를 강조한다. 이에 김일성(1954, 384)은 토지규모가 작기 때문에 북한의 경우에는 기계화가 선행되지 않아도 집단화가 가능하다고 주장하였다. 이러한 논쟁은 8월 전원회의에서 점진적인 농업협동화론으로 절충되면서 마무리되는 듯 보였다.

농업협동화의 문제는 이론적 논쟁으로 더 명확히 쟁점을 확인할 수 있다. 송예정(1956)은 개인농과 개인 상공업이 빠르게 사회주의적으로 개조되는 것에 반대했다. 그는 전후 북한사회를 '반제 반봉건 민주주의 혁명 단계'로 규정하고, 개인농의 점차적인 농업집단화와 자본주의적 요소의 점차적인 사회주의적 개조를 강조하고 있다. 그는 '반제 반봉건의 투쟁'과 '사회주의적 개조'는 모두 '생산력 증가'의 문제이기에 양립 가능하다고 주장한다. 그는 다만 사회주의 건설이 자본주의의 배제와 소탕을 의미하지만, 전후 북한에서는 민족 자본가를 포함하는 광범위한 민족통일 전선이 필요하다는 점에서 문제의 복잡성이 존재한다고 인식했다. 송예정은 전후 북한체제에서 '국가자본주의'가 현저한 현상은 아니지만 일정한 형식과 범위 내에서 허용될 수 있을 것이라고 기대했다. 그는 전후 북한사회에서 자본주의적 요소를 '소탕'하는 것이 아니라 점진적으로 개조해 나가야 한다는 점을 여러 번 강조했다. 전후 북한의 경제정책은 광범위한 '반제 민족통일 전선'을 토대로 "사자본주의적 요소와 민족 부르쥬아를 탈리시키지 않는" 정책이어야 한다는 주장이다.

송예정([1956]1986)은 또 다른 논문에서 북한사회가 반제반봉건 민주주의 혁명 단계로서 비자본주의적 발전 과정에 해당 된다고 인식했다.[7] 그는 북한이 중국과 비교해 봐도 자본주의의 수준이 미약했으며, 따라서 북한의 사회·계급적 성격과 이른바 '조선혁명의 성격' 간에는 불일치가 존재한다고 설명한다. 송예정은 이러한 모순을 과도기의 기본적 성격으로 규정하면서, 전후 북한 사회에서 전 인민적 반제반봉건 투쟁의 테두리 내의 자본주의적 요소를 점진적으로 제한·이용·개조하여 사회주의를 건설하고 있다고 설명한다. 마지막으로 그는 류사오치(劉少奇)의 논의를 근거로 '자본주적 요소와 동맹'이 가능하다고 주장한다.

김광순(1956, 73~77)은 '자원성'의 원칙을 준수하면서 '정치사상적 준비 정도'에 따라 농민들의 협동조합 가입과 조합의 양적 성장을 준비해야 한다고 주장한다. 그는 상대적으로 정치사상적 준비정도가 낮은 곳에서는 소결이반, 품앗이반을 토대로 하여 비교적 낮은 수준의 협동화를 진행해 나갈 것을 제안하고 있다. 또한 그는 북한의 농촌에서는 아직 '소상품 경리'가 광범위하게 남아 있어 자본주의적 요소를 발생시키기 때문에, '사자본주의적 요소'는 완강한 토대를 가지고 있다고 설명한다. 그리고 그는 남한의 자본주의적 요소가 북한에도 영향을 미치고 있다는 점 역시 고려되어야 한다고 주장한다. 이에 김광순은 당의 정책이 사자본주의의 긍정적 측면을 이용하고 부정적 측면을 제한하면서 개조해 나가야 한다고 주장한다. 나아가서 그는 상공업 부문에 대해서도 농업부문의 '소상품 경리'를 근간으로 하는 자본주의적 요소에 대한 입장의 연장선상에서 자신의 견해를 피력한다. 북한사회에서 존재하는 개인 상공업은 무조건 자본주의적 요소로 취급할 것이 아니라 '소부르주아의 소상인'들이라는 점을 참작하여 자본주의적 요소와 차별적인 정책을 취할 것을 주장한다. 결론적으로 그는 농업과 상공업에 있어서 자본주의적 요소들을 제한적으로 이용하면서 점진적인 사회주의적 개조를 주장한다.

또한 김광순([1957]1989)은 레닌의 '신경제정책'을 바탕으로 이른바 '과도기'에 자연발생적으로 발생한 시장이 식량문제를 해결할 수 있을 뿐만 아니라 상업을 통해서 농업의 발전을 유인하고, 이를 토대로 공업을 발전시켜야 한다고 주장한다. 하지만 1954년 11월 당 중앙위원회 전원회의에서 김일성은 오히려 소농경리가 농업과 공업의 균형을 성취하지 못하게 한다고 비판하고, 농업협동화를 통해서 농업의 계획화를 완성하고 노동력 부족의 문제를 해결하고자 하였다. 또한 농업집단화는 노동자와 농민 간의 계급동맹을 강화시켜 체제안정화에 기여할 것으로 이해되었다. 당중앙위 전원회의는 민주기지를 강화하기 위해서 농촌진지가 중요하며, 이를 위해서 농촌의 사회주의적 개조가 필요함을 역설하고 있다. 또한 농업에서의 계획적 운영을 통한 공업과 농업의 경영을 위해 그리고 농촌에서 '노동력의 부족'을 해결하기 위해 농업집단화가 필요하다고 주장한다(김일성 [1954]1980, 126~129).

반면 리석채(1957)는 혁명 단계와 발전노선에 대한 송예정의 입장에 반대한다. 특히 그는 자본주의적 요소의 평화적 개조에 대해서 반대하며, 또한 평화적 개조가 이루어진다고 해도 그것이 프롤레타리아 독재가 아니라는 주장은 타당하지 않다고 반박한다. 이미 북한의 정권은 프롤레타리아 독재의 기능을 수행하고 있다는 주장이다. 그의 이러한 입장은 김일성계의 입장을 대변한 것이다.

이 시기는 시장의 요소들을 계획으로 전환하는 시기이다. 김일성계는 전쟁을 통해 권력투쟁에서 우위를 차지하게 되었으며, 이에 농업과 개인상공업에 대한 계획으로의 편입을 통해서 권력의 외연을 확대하려 하였다. 1955년

『근로자』제4호에는 이른바 민주기지론에 입각해서 '사자본주의적 요소'들을 사회주의적으로 개조시키는 것이 계획의 주요한 과제로 제기되고 있다(장천 1955; 김종완 1955). 그러나 이에 대한 상반된 견해가 존재했다. 소련계와 연안계는 시장에서 계획으로의 편입 속도를 점진적으로 진행할 것을 제기하였다. 이는 계획의 중앙집권적 성격을 강화함으로써 자원의 동원과 배분에서 권력의 영향력을 확대하려는 김일성계의 입장과는 배치되는 일이었다. 물론 이 시기 시장의 존속은 사회경제적 자율성의 존재를 의미하기보다는 오히려 계획의 한계를 말해주는 것이다. 계획은 이 시기 충분한 자원동원 능력을 갖추지 못했다. 따라서 계획과 시장을 무조건 대립적인 요소로 보기는 힘들다. 하지만 곧 권력은 계획의 한계를 극복하려 하였으며, 시장적 요소에 대해 단기간에 급속도로 강제적 포섭을 추진하였다.

전후 계획화의 속도를 둘러싼 이와 같은 논쟁은 잉여생산물의 수취와 배분 그리고 발전전략을 결정짓는 논의와 연결될 수밖에 없다. 김일성계가 빠른 속도로 계획화를 추진한 이유는 중공업 우위의 발전전략과 밀접하게 관련되어 있다. 김일성계는 단기간의 급속한 경제성장을 추진하기 위해서 중공업 우위의 축적을 필요로 했다. 이를 위해서는 동원 가능한 경제잉여와 노동력이 필요하다는 점은 주지의 사실이다. 전후 북한경제의 산업구조를 감안할 때, 해외 경제원조를 제외하고 산업화에 필요한 자원을 동원할 수 있는 분야는 농업이다. 따라서 김일성계는 농업부문에서 잉여와 노동력을 추출하기 위해 빠른 속도로 농업협동화를 추진하게 된 것이다. 반면 소련계와 연안계는 계획경제의 수립을 근본적으로 반대할 수는 없지만, 계획화의 속도가 빠르게 진전될수록 오히려 권력투쟁에서 상대적으로 열세에 놓이게 될 수밖에 없다. 이에 당내 비주류 세력들은 특정 세력에게 권력이 집중되고 권력의 사회경제적 지배력을 분산시키기 위해서라도 계획화의 속도를 점진적으로 진행할 것을 추진하게 된다.

2) 계획 편성과 집행의 갈등의 의미
: 권력의 질서에서 지배의 질서로의 전환을 위하여

김일성은 1955년 4월 전원회의 이후 관료주의에 대한 비판으로부터 시작해서(김일성[1955]1980b, 262~283; 박철우 1955) '반탐오, 반랑비' 투쟁을 진행해 나갔다(고봉기 1955). 이는 중하위 관료들의 렌트추구와 각 생산 단위의 연성예산제약에 대한 비판을 통해 중하위 관료들을 당 중심의 관료적 위계제 내부로 편입시키기 위한 것이었다. 이를 위해서 다양한 논의가 제기되었다. 허빈(1955)은 농업협동화에서 발생하는 관료주의와 형식주의에 대한 비판과 군당위원회의 초급당단체들의 지도를 강화할 것을 주장한다. 리봉학(1956)은 기업소 수준의 계획작성에서 당의 지도를 강화할 것을 강조한다. 박동혁(1955)은 당과 국가규율을 강화할 것을 제기한다. 현경욱(1955)은 당의 결정 집행에서 검열 강화를 주장한다. 이러한 요구들을 통해 권력 상층부가 한편으로 다른 권력분파와의 권력투쟁과 노선투쟁을 하면서도, 다른 한편으로 당의 지도를 각 생산 단위에서 실현함으로써 지배질서를 형성하기 시작하려 했음을 확인할 수 있다.

반대로 중하위 관료들은 이 시기에 일정한 자율성을 가지고 있었으며, 그로 인한 권력 상층부와의 이해관계 대립으로 계획집행 과정에서 불협화음이 발생했음을 알 수 있다. 북한은 '유일관리제'를 실시하였으며, 이 시기 북한 문헌들은 '관료주의', '본위주의'와 '지방주의'의 이름으로 공장과 기업소 지배인들의 렌트추구 행위를 비난하고 있다. 이는 계획경제의 가장 고질적인 문제점으로 지적되어 왔다. 코르나이(Kornai 1992, 140~142)의 '연성예산제약'은 이를 설명하는 대표적인 개념이다. 북한 연구 역시 마찬가지이다. 김연철(1996)의 '계획의 무정부성'과 이태섭(2000)의 '이기주의' 개념은 이러한 북한 경제의 문제점을 지적하고 있는 개념이다.

그러나 이와 같은 계획 집행 단위의 렌트추구 행위를 통해서 현존 사회주의 사회의 경제적 문제점을 분석하는 데는 많은 한계가 있다. 자본주의적 시장경제는 가격이 명확하고, 그 덕택에 이윤의 계산이 용이하다. 하지만 자본주의에서도 렌트추구 행위로 인한 암중손실(dead weight loss)을 정확히 계산하기는 어렵다.[8] 다만 기회비용을 감안할 때 그 손실은 적지 않다는 점을 일정 정도 확인할 수 있을 뿐이다. 계획경제에서 경제적 손실을 계산하기는 더욱 더 어렵다. 게다가 렌트추구 행위가 사라진다고 해서 계획경제의 문제점이 제거되는 것도 아니다. 계획경제에서도 렌트추구 행위는 분명히 경제적 손실을 가져오지만, 경제위기의 핵심적인 원인은 아니다(경제위기에 대한 논의는 4장을 참조할 것).

오히려 계획경제에서 관료주의, 본위주의, 지방주의 등의 이기주의적 행위는 정치적으로 중요한 의미를 가진다. 계획은 대중과 중간관료 및 권력 상층부(정치관료) 간의 상호작용이 이루어지는 장이다. 민주주의적 선거와 제도가 미흡한 현존 사회주의 사회에서 계획의 편성과 실행은 정치권력과 대중 간의 실질적인 교류가 이루어지는 중요한 정치적 과정이다. 계획의 수립과 실행에서 경제잉여를 둘러싼 갈등과 조정은 매우 중요한 정치적 의미를 가진다. 이는 전후복구 과정에서 중앙집권적 지배가 성취되지 못했음을 의미한다. 반대로 중간관료와 대중의 자율성이 일정 정도 존재함을 반증한다. 전후 북한의 유일관리제하에서 권력 상층부와 중하위 관료 간의 갈등이 존재함을 보여준다.

북한의 관료주의와 본위주의에 대한 비판은 정책결정을 하는 권력 상층부, 특히 당의 문제를 지적하기보다는 계획 집행 단위의 문제를 지적하고 있다. 국내 북한연구 역시 이러한 북한의 공식적인 대응을 수용하고 있다(김연철 1996; 이태섭 2000). 하지만 관료주의나 본위주의는 문제의 원인을 중·하위 관료들의 탓으로 돌림으로써, 한편으로 권력의 정당성을 확보하고 다른 한편으로 당 안팎의 다른 정치·사회세력의 영향력을 약화시키기 위함이다. 실제로 관료의 렌트추구는 비단 중하위 관료만의 문제가 아니다. 계획의 편성 과정에서 이미 정책결정의 권한을 가진 특권세력의 이익이 내포되어 있다. 다시 말해서 중하층 관료들이 비공식적인 이익추구만이 문제가 아니라 계획의 편성이라는 공식적인 행위 자체가 특정 세력에게 이익을 가져다주는 렌트추구 행위일 수 있다는 점을 간과해서는 안 된다.

전후복구 과정에서 계획의 편성부터 집행에 이르는 일련의 과정에서 발생하는 갈등을 통해 눈여겨볼 부분은 잉여생산물과 권력투쟁이 정책결정의 권한을 가진 권력의 상층부로 제한된 것이 아니라 중하층까지 확산되었다는 점이다. 그리고 흥미로운 점은 전후복구 기간에는 중하층의 자율성이 상대적으로 높았으며, 아직까지 이 시기에 지배체제가 공고화되지 못했다는 사실이다.

3. 잉여생산물의 배분과 사용을 둘러싼 이중의 권력투쟁
   : 국제정치와 국내정치의 교차

현존 사회주의 사회에서 잉여생산물의 배분과 사용을 둘러싸고 권력투쟁이 발생한다. 물론 이는 단순히 이익갈등이 아니라 발전전략, 지배체제의 성립 및 재생산 등과 깊은 관련을 맺고 있다. 1920년대 소련에서 프레오브라젠스키와 부하린의 사회주의 공업화 논쟁이나 1950년대 스탈린 사후 말렌코프와 흐루시초프의 노선투쟁 등은 대표적인 예이다. 명목상 잉여생산물 배분의 가장 중요한 기준은 저발전의 극복 혹은 선진 자본주의 국가 '따라잡기(catch-up)'이다. 현존 사회주의는 선진 자본주의 국가에서 시작되지 않았다. 대부분의 현존 사회주의 국가들은 오히려 자본주의적 시장경제가 안정적으로 발전하지 못한 주변부 국가에서 발생하였다(Post and Wright 1998).

북한 역시 전후복구 과정에서 잉여생산물의 배분과 사용을 둘러싼 권력투쟁이 초래된다. 권력투쟁의 주요 내용은 특정 부문에 대한 투자의 선차성 문제, 곧 속도와 균형의 문제 등이다. 근본적으로 이는 발전전략과 관련된 문제로서 권력의 정당성을 구체적이고 실질적으로 확인시켜줌으로써 지배체제를 형성하고 공고화하는 문제였다. 전후복구 과정에서 초래된 이와 같은 권력투쟁의 가장 두드러진 특징은 '국제정치와 국내정치'가 교차된다는 점이다. 물론 그 이유는 이 시기 가장 중요한 잉여생산물이 바로 경제원조였기 때문이다. 김일성은 중공업 우위의 축적전략을 주장하는 반면 소련과 그와 연계된 소련계는 '탈스탈린화' 노선을 강조하게 된다. 탈스탈린화는 중공업과 경공업 그리고 농업과 공업 간의 균형을 강조하면서 점진적인 발전전략을 강조한다. 결과적으로 이 논쟁은 표면적으로 대립적인 입장들이 절충되는 형태로 마무리되는 듯하지만, 정책적으로는 중공업 우위의 축적전략이 관철되는 것으로 종결된다(이 책의 4장 참조).

1) 중공업 우위의 축적전략: 소련과 국내 권력투쟁

전후 경제건설은 가장 주요한 과제로 대두되었으며, 1953년 8월 5일 조선로동당 중앙위원회 제6차 전원회의에서 본격적으로 논의되기 시작하였다. 6차 전원회의에서 중공업 우위의 축적전략이 채택된다. 이는 전후 남로당 계열의 숙청, 소련계 허가이와 연안계 박일우의 좌천 등으로 김일성의 영향력이 상대적으로 강화되었기 때문이다. 그러나 중공업 우위의 축적을 위해 필요한 잉여생산물의 원천은 해외 경제원조였다. 비록 전원회의를 통해서 결정되었다고 하더라도, 자원의 배분과 사용에 있어서 소련의 요구가 일정 정도 반영될 수밖에 없었다. 그런데 소련은 스탈린 사망 이후 '탈스탈린화'를 추진하고, 이는 경제노선에도 반영되어 상대적으로 경공업 부문의 강조로 나타난다. 비록 경공업 부문에 대한 우선적 투자를 강조하던 말렌코프의 노선이 지속적으로 추진되지는 못했지만, 흐루시초프 역시 경공업 부문에 대한 투자의 필요성을 무시할 수는 없었다. 이러한 소련 국내의 변화는 대외정책에도 반영되어 대북원조의 공여 조건이 된다.

소련은 김일성계의 전후복구 정책에 대해서 다른 입장을 가지고 있었다. 이는 김일성계의 복구정책이 스탈린의 경제이론에 근간하고 있었기 때문에 일정 정도 불가피한 측면이 있었다. 북한은 정전 이후 경제복원과 발전을 가장 우선적인 과제로 제시하고 있었다. 김일성은 이를 위해서 스탈린주의적 발전전략을 그대로 따르고 있었다. 첫째, 시장을 계획으로 강제적으로 대체하면서 가치법칙의 작동을 제한하려 하였다. 이 시기 시장을 계획경제 체제로 편입·전환시켜야 한다는 점에 대해 권력 상층부에서는 이견이 존재하지 않는다. 문제는 그 속도에 대한 것이었으며, 김일성계는 김광순 등에 의해서 제기된 자본주의적 요소를 활용한 점진적 변화를 반대한다. 둘째, 공업화를 중공업 우위의 축적전략으로 이해하였다. 리명서(1958, 90~136)는 중공업의 우선적 '장성'과 경공업과 농업의 발전이 사실 중공업 우위의 축적전략이라는 점을 이론적으로 증명한다. 그는 레닌의 재생산표식을 통해서 확대재생산을 위해 중공업 부문의 우선적 투자가 필요하며, 전후복구에서 중공업에 대한 투자가 우선적으로 이루어졌음을 증명한다. 셋째, 급진적인 농업집단화의 추진을 강조하였다(김일성 [1954]1980, 126~129). 이와 같은 김일성계의 전후복구 전략에 대해서 소련은 반대의 입장을 보이게 된다. 소련은 스탈린 사후 김일성계의 견해와는 달리 북한에서 경공업 부문에 대한 투자를 강조하였으며, 급속한 농업집단화를 반대했다.

북한의 국내정치는 소련의 경제원조와 함께 더욱 더 복잡해졌다. 전후복구를 위해서 소련의 원조는 필수적이었지만, 그 덕택에 전후복구와 경제건설을 위해 제시되었던 축적전략이 흔들리게 되었다. 그 이유는 첫째, 해외원조는 공여국의 이해관계가 반영될 가능성이 높기 때문이다. 특히 소련은 2차 대전 이후 한편으로 미국과의 체제경쟁에서 우위를 점하고, 다른 한편으로 동유럽과 아시아 지역에 소련 모델의 확산을 통해 현존 사회주의 진영의 헤게모니를 장악하려 하였다. 소련은 스탈린 사후 흐루시초프의 평화공존 전략을 채택함으로써 노선을 변경했지만, 지속적으로 진영 내부의 패권은 유지하려 했다. 소련은 탈스탈린화를 다른 국가들로 확산하려 하였다. 소련의 대북원조 역시 그러한 맥락에서 이해할 필요가 있다.

둘째, 해방 이후 북한 국내정치의 주요 세력이었던 소련계나 연안계가 소련과 중국의 변화에 따라 기민하게 반응하고 있었다. 그 결과 국제정치와 국내정치가 중첩되고 교차되는 양상을 보이게 되었다. 소련계는 경제원조의 사용을 놓고 김일성과 소련의 견해가 대립되는 상황을 이용하여 정치적 영향력을 증가시키려 했다. 김일성계가 상대적으로 우위에 있었던 것은 사실이지만 다른 세력 역시 자신의 목소리를 내고자 했다. 이는 당시 경제 주요 부서가 농업상인 김일과 중공업상 정일룡을 제외하고 소련계와 연안계가 장악하고 있었다는 점을 통해서 확인할 수 있다.[9] 김근식(1999, 47)은 이를 당내 제세력 간의 '균형'으로 설명하고 있다. 그런데 이에 대해서는 이견이 존재한다. 농업과 중공업은 사실 김일성이 전후 가장 중요하게 여긴 분야라는 점이 고려될 필요가 있다. 김일성계는 경제부서 가운데 주요 부서를 장악하고 소련계 및 연안계와 노선투쟁을 준비하고 있는 시기라고 보는 것이 타당할 것이다. 서동만(2005, 510)은 양곡수매의 문제로 김일성계가 다소 주춤하였으며 1955년 4월 전원회의 이후 다른 세력들에 대한 반격을 개시했다고 해석하고 있다.[10] 이종석(1995, 267) 역시 4월전원회의가 교양사업, 관료주의, 종파주의에 대해 언급하고 있다는 점에서 그 중요성을 인정하고 있다. 김일성은 1955년 4월 전원회의 이후 당내교양사업, '관료주의'에 대한 비판, '반탐오, 반랑비' 투쟁을 통해서 권력 상층부는 물론 중하위 관료들을 압박하고, 농업협동화와 개인상공업 부문에서 이른바 '사회주의적 개조'를 본격화한다. 1954년 12월 전원회의에서 김일은 1955년 농업계획을 주관주의와 공명주의라고 비판하면서 소련계의 박창옥을 압박했다. 그러나 이 시기 박창옥에 대한 해임으로 이어지지 않다가, 12월 20일 최고인민회의 10차 회의에서 농산계획의 실패를 물어 박창옥에 대한 비판이 다시 시도된다. 결국 1956년 1월 박창옥은 국가계획위원장에서 물러나게 되고, 리종옥이 대신하게 되었다. 이를 통해 김일성계는 중공업 부문에 대한 우선적 투자를 본격적으로 진행하게 된다 (서동만 2005, 613~616).

2) 절충적 발전전략과 실제: 국내정치의 우위와 지배의 확산

1956년 4월 3차 당대회에서 "중공업의 우선적 발전을 보장하면서 경공업과 농업을 동시적으로 발전시킨다."는 전후 경제발전 총노선이 결정되었다 (서동만 2005, 616). 이 노선은 상호대립적인 입장이 논쟁을 통해 서로의 한계와 문제점을 인정하고 상호보완하는 과정에서 도출된 것이 아니라 단지 대립적인 두 견해를 절충한 것에 불과하다. 즉 '동시발전 노선'은 전후 소련과 북한 국내에서 존재하던 상호대립적인 의견이 서로 충돌하게 되자, 양립하기 어려운 입장들을 기계적으로 결합시킨 것이다.[11] 그 이유는 소련과의 관계 때문일 확률이 높다. 소련의 경제원조가 산업화의 가장 주요한 원천인 상황에서, 소련의 입장을 무시할 수 없었기 때문이다. 그렇지만 소련의 개입이 김일성계의 영향력을 강화시킬 수 있을 정도로 강력한 것은 아니었다. 소련은 북한만이 아니라 스탈린 이후 동유럽의 변화에 보다 더 깊숙이 관여하고 있었다. 1953년 동독, 1956년 폴란드와 헝가리에서 스탈린주의 노선에 대한 대중들의 저항에 직면해 있었기 때문이다. 당시 동유럽의 저항은 스탈린주의에 대한 반대에서 시작되었지만 차츰 소련에 대한 반대로 확산되는 조짐을 보이고 있었다. 김일성계는 소련의 입장에 동조함으로써, 소련의 북한개입을 축소하고 스스로의 영향력을 확대하였다. 게다가 흐루시초프 노선은 말렌코프 노선과 비교할 때, 스탈린주의적 공업화 전략에 대한 부분적인 수정에 불과했기에 이를 수용하는 데에는 사실 큰 문제가 없었다.

실제로 소련계를 비롯한 국내 정치세력의 영향은 크지 않은 것으로 보인다. 만약 소련계의 영향력이 실제로 강화되고 김일성계와 대등한 지위에 서 있었다면 동시발전 노선이 단지 절충적 발전전략에 그치지는 않았을 것이다.

만약 모든 산업부문에 투자할 수 있는 잉여생산물이 충분하다면, 동시발전 노선이 단지 정치적 수사(rhetoric)에 불과하다고 말하기 어려울지 모른다. 그러나 전후 산업화에 투자할 수 있는 경제잉여는 극히 제한되어 있었다. 사실상 동시발전 노선은 불가능한 일이었다. 소련계는 소련의 경제원조 덕택에 영향력을 강화시킬 수 있는 것처럼 보였지만 국내사회의 지지기반을 가지지는 못했던 것으로 보인다. 현실적으로 이는 중공업 부문에 대한 집중적인 투자를 통해서 확인될 수 있다. 전후복구에서 공업부문의 복구 건설에 399억 원이 투자되었는데, 그 가운데 중공업 부문이 324억 원, 경공업 부문에는 75억 원이 투자되었다(리명서 1958, 101).

전후 북한에서 중공업에 대한 우선적 투자는 권력투쟁의 산물이다. 그것은 단기간의 급속한 경제성장을 통해서 권력의 정당성을 확보하기 위한 전략의 일환이다. 물론 이는 계획화의 속도가 뒷받침해주지 못하면 성취될 수 없는 일이다. 전후 소련, 중국, 동유럽 국가들의 경제원조가 있었지만, 국내의 자원동원이 필수적이다. 특히 전후 북한경제에서 가장 큰 비중을 차지했던 농업 부문으로부터 농업잉여와 노동력의 확보가 어렵다면 불가능한 일이다. 점진적인 계획화를 강조하는 논의들은 중공업 중심의 불균형 성장보다는 경공업과 농업의 균형 성장을 강조하게 된다. 김광순(1956, 66)은 중공업 우위의 축적전략을 공식적으로 비판하지 않지만, 중공업 우위의 투자로 농산물에 대한 수요가 증가해서 공업과 농업의 균형 발전이 필요함을 강조하고 있다. 이미 중공업 우위의 축적에는 정치적 권력투쟁이 배태되어 있는 것이다.

국제정치적으로 권력의 우위에 있는 소련은 원조 공여를 이용해서 북한 국내정치에 영향력을 확대하려 했지만 명백한 한계가 있었다. 비록 소련은 원조 공여국이지만, 북한 국내에 직접적인 지지기반을 가지고 있지 못했다. 소련의 영향을 받은 소련계 역시 직접적으로 국내사회 세력과 연계되지 못했다. 물론 김일성계 역시 전후복구 시기까지 확실한 사회적 지지기반을 가지지는 못했던 것으로 보인다. 이는 김일성이 직맹의 형식주의와 관료주의에 대해 비판했다는 점과 전후복구 기간 중에 직맹위원장에 임명된 서휘가 '직맹, 당, 행정의 삼각동맹성'을 주장했다는 점을 통해서 확인된다.[12] 그러나 이는 김일성계의 권력이 확실한 사회적 지지기반을 가지지 못했다는 점을 말해줄 수는 있지만, 김일성계가 권력투쟁에서 우위를 차지하고 있다는 점을 부인하는 근거가 되기는 어렵다. 서동만(2005, 618)은 1956년 3차 당대회 이후 당내 불만세력이 형성되었으며, 그 저변에 '북조선 주민들의 불만'이 깔려 있다고 설명한다. 실제로 김일성은 배급 식량을 증가시키고, 임금을 상승시켰다. 그리고 소매가격을 인하했다. 이 연구는 이러한 조치가 아래로부터의 불만에 대한 대응이면서도 동시에 사회적 지지기반을 확충하려는 정책 가운데 하나로 이해한다. 김일성이 지속적으로 직맹을 비판한 목적은 직맹의 인전대 기구로서 역할을 강화하기 위한 것이다. 또한 김일성계에 대한 서휘의 비판 역시 직맹에 대한 김일성계의 영향력 강화에 대한 연안계의 반발이다. 연안계 역시 대중조직에 교두보를 마련하려 한 것이다. 그리고 전후복구 계획에서 중공업 우위의 축적전략에 대한 문제가 제기되자 기관본위주의의 문제로 지적하면서 당시 국가계획위원장 박창옥의 잘못으로 돌려졌다. 계획의 문제를 소련계의 문제로 간주함으로써 소련계의 정치적 영향력은 약화되었다(김일성 [1955]1980c, 410~440). 즉 김일성계는 한편으로 근로단체의 인전대 역할을 강조함으로써 연안계를 압박하고, 다른 한편으로 계획의 문제를 본위주의, 지방주의, 관료주의 등의 잘못으로 돌림으로써 소련계를 견제했다. 그 결과 중공업 우위의 축적전략을 고수하면서 동시에 권력을 보다 강화할 수 있는 교두보를 마련한다.

4. 배급제와 소비의 억제: 권력과 대중의 관계

전후복구 과정에서 경제잉여는 생산, 특히 중공업 부문에 우선적으로 동원된다. 체제경쟁과 추격발전 그리고 체제의 정당성 확보를 위해서 급속한 경제성장이 필수불가결한 것으로 이해되었다. 일반적으로 전후복구 과정에서 불균형 발전전략으로 인해 경공업과 농업이 소외된 것으로 평가되지만, 잉여생산물의 배분 과정에서 가장 배제되는 부문은 '소비'이다. 급속한 성장을 위해 공급 측면에만 우선적으로 경제잉여를 배분하게 되면서 수요는 억제되었다. 계획경제 체제에서 수요의 억제는 곧 '대중의 소외'를 상징한다.13)

계획경제에서 소비는 권력과 대중의 관계를 이해할 수 있는 가늠자가 된다. 절차적 민주주의가 취약한 사회에서 대중의 의사가 전달될 수 있는 수요는 중요한 통로가 된다. 정치권력의 입장에서 대중의 수요충족은 정당성을 확보하는 주요한 수단이기도 하다. 전후복구 과정에서 중공업에 대한 우선적 투자로 수요는 억제되었다. 수요를 억제하기 위해서 전시에만 한시적으로 유지될 것으로 믿어졌던 배급제가 지속되었다. 물론 전후 배급제에 대한 존폐 여부를 놓고도 이견이 존재했다. 김일성([1954]1980, 104)은 1954년 9월 10일 "전후복구건설을 위한 조선인민의 투쟁"에서 배급제 폐지를 언급하였다. 또한 1956년 4월 23일 "조선로동당 제3차대회 중앙위원회 사업총화보고"(김일성 [1956]1980c)에서 배급제 폐지를 위해 '재정예비'와 '상품예비'가 필요하다고 하였다. 또한 박창옥은 최고인민회의 제1기 제7차회의 "1954~56년 조선민주주의 인민공화국 인민경제복구 발전 3개년 계획에 관한 보고"에서 "생활필수품에 대한 주민들의 장성되는 수요를 최대한으로 충족시키기 위해서 국영 및 협동조합 상업을 현저히 발전시킬 것이며 전체 식료품과 공업 상품의 배급제를 철폐하고 자유상업에로 이행하기 위한 온갖 필수 조건들을 조성시켜야 한다."고 말하고 있다(박창옥, [1954]1988, 645). 이후에 이는 김일성의 입장변화로 인해서 김일성계와 소련계(박창옥)의 당내 갈등 요인으로 작용하게 된다(김일성 [1959]1981a, 423).

전후 배급제의 일차적인 목적은 잉여생산물의 통제와 관리를 통해서 중공업 축적전략을 관철시키는 일이다. 배급제의 실시는 시장에 의한 자원분배를 차단하고 국가가 직접적으로 경제잉여를 통제하고 관리하겠다는 의지의 표명이다. 만약 박창옥의 주장대로 '자유상업'을 시행하게 되면, 두 가지 문제에 직면하게 될 수 있었다. 첫째, 비록 계획가격이 관철된다고 하더라도 생필품을 생산하는 경공업 부문에 자원이 집중되지 않을 수 없을 것이다. 그렇게 되면 당연히 중공업 우위의 축적전략을 관철시키기 힘들다. 둘째, 전후 '화폐소득'이 증가하고 있는 상황이었기 때문에 인플레이션 압력이 높아지게 된다.

반대로 배급제를 실시하게 되면 식량과 생필품의 공급을 국가가 관리하게 된다. 이는 곧 국가에 의해서 생필품에 대한 대중 수요를 조절하겠다는 것을 의미한다. 수요조절은 생필품의 생산을 통제하겠다는 의도이다. 이는 생필품 생산에 필요한 자재와 설비의 공급을 통제하겠다는 것을 의미한다. 물론 국가가 배급제를 통해서 자원공급을 통제하고자 하는 것은 중공업 부문에 대한 우선적 투자를 위해서이다. 그래서 배급제는 생필품에 대한 국가의 통제를 통해 경제조정양식에서 시장의 배제와 계획의 관철을 위한 정책이다. 또 발전전략에서 중공업 부문의 우선적 투자를 통한 불균형 발전전략의 관철을 위해 중요한 정책이다.

배급제의 보다 근본적인 목적은 '권력의 유지와 강화'에 있다. 배급제는 대중의 국가 의존성을 증대시킨다. 배급제는 전쟁으로 인한 심각한 피해와 그로 인한 생필품의 부족, 생계소득의 궁핍화 등으로 인해 형성되었다. 그 결과 대중은 국가에 의존하지 않고 생계를 유지하기 어렵게 되었다. 이러한 경우 대중의 '정치적 자율성'은 매우 취약해질 수밖에 없다. 노동은 대중이 자율성을 향유하기 위한 가장 기본적인 경제적 조건이다. 그런데 전후 북한의 경우 노동자의 다수는 노동생산성을 근간으로 하는 경쟁을 통해서 생계를 유지할 수 있는 능력을 가지고 있지 못했다. 정확히 계산하기 어렵지만 노동생산성 역시 현저히 낮았다. 전후복구 과정에서 소련과 동유럽으로부터 들여온 설비는 당시 북한 기술자들이 사용하기 어려웠기 때문에, 소련과 동독 등의 기술자들이 북한에서 직접 설비를 관리하고 기술교육을 하고 있었다는 점을 통해서 확인할 수 있다(조한범 외 2006, 201; 213; 224; 298). 그 결과 생계를 위해서 대중은 국가에 의존할 수밖에 없으며 대신에 권력은 대중을 보다 쉽게 통제하고 관리할 수 있다. 즉 국가와 대중 간의 후견-피후견 관계(patron-clients)가 형성되는 것이다.

전후 북한에서 배급제를 통해 권력의 영향력을 확대하고, 대중을 통제할 수 있었던 주요한 원인 가운데 하나는 전후 북한의 노동 상황이 매우 취약했기 때문이다. 북한의 노동자는 노동력을 판매할 수 있는 권한과 능력을 가지지 못했다. 사실상 엄격한 의미에서 전후 북한사회에서 노동자의 성격은 주변계층(marginality)에 가까웠다(5장 참조). 그래서 북한에서는 동유럽 국가들과 달리 노동시장이 존재하기 어려웠다. 전후 북한에서 노동이 이와 같은 상황이었기 때문에 배급제는 더욱 더 큰 효과를 거둘 수 있었다.

그럼에도 불구하고 대중에 대한 지배는 아직 공고하지 못했다. 오히려 제한적이지만 대중의 자율성이 존재했다. 전후복구 과정에서 대중의 자율성은 두 가지 차원에서 확인된다. 첫째, 대중의 저항이 존재했다. 대중의 저항은 뚜렷한 목적의식을 가진 것이 아니라 정책에 대한 반응이었다. 저항은 태업, 결석, 이직(移職) 등의 소극적인 형태였다.[14] 정치권력에 대한 불만의 표출로서 수동적인 저항에 불과한 것이었다. 농민들은 양곡수매가격에 대한 불만을 표출한 바 있다. 비록 소극적인 형태라고는 하지만, 이처럼 대중들이 저항할 수 있었던 이유는 전쟁과 급속한 산업화로 인해 노동력이 부족했기 때문이었다. 전쟁과 산업화로 노동력이 부족한 상황에서 정치권력이 일방적으로 대중을 압박할 수는 없는 일이다.

대중의 자율성을 확인할 수 있는 또 다른 하나는 소득 수준이다. 북한의 공식 통계에 따르면 대중들의 소득은 전후복구 기간 동안 현저한 증가를 보이고 있다. 공식 통계는 소득증가의 원인이 이중곡가제를 이용한 양곡수매가격의 인상과 임금의 증가 때문임을 증명하고 있다. 그러나 배급제가 실시되고 생필품의 공급이 현저히 부족한 상황에서 소득증가는 큰 의미가 없다

(김연철 2001, 83). 이중곡가제를 통한 양곡수매 역시 사실상 협상가격차를 통해서 농업잉여를 공업부문으로 이전시켰다(이영훈 2000, 61).

　대중소득의 증가는 유명무실했던 것이 분명하다. 하지만 소득증가를 대대적으로 선전하고 있는 이유를 숙고해 볼 필요가 있다. 이는 경제적 이유 때문이 아니라 정치적 이유 때문이다. 소득증가는 한편으로 노동자와 농민의 일탈과 저항을 잠재우고, 다른 한편으로 산업화에 필요한 노동력을 유인하기 위한 정책이다. 배급제가 지속되고 있는 상황에서 소득증가는 소비의 증가로 이어지기 어렵다. 공급이 제한되어 있었고, 시장교환은 억제되었다. 그럼에도 불구하고 대중소득의 증가는 권력의 정당성을 증명하는 근거가 된다. 대중의 소득증가가 중공업 우위 축적전략의 성과로 이해됨으로써 당의 노선은 합리적이며 효율적인 것으로 평가받게 된다. 대중소득의 증가는 배급제의 실시 때문에 욕구를 만족스럽게 충족시키기 어려워도 향후 수요충족에 대한 기대를 가지게 하기 때문이다. 권력은 소득증가를 통해서 전후복구 정책의 성과를 과시함으로써 정당성을 확보하게 된다. 또한 소득증가는 산업화를 위해 필요한 노동력 유입의 인센티브가 된다. 농업협동화로 인해서 도시로 이주한 노동자들 삶의 질이 향후 증가될 것이라는 기대를 주게 되기 때문이다. 즉, 전후복구 과정에서 배급제의 실시와 소득증가라는 상호 모순적인 정책을 통해 정치권력은 대중의 소극적 저항을 잠재우면서 대중에 대한 통제를 강화하기 위한 단초를 마련하였다.

제2절 지배체제의 형성: 계획의 '지배도구'로서의 재편과 강화

1. '8월 종파사건'과 권력의 독점

　국제정치와 국내정치가 교차되고 혼재되는 양상은 '8월 종파사건'으로 일단락된다. 전후복구 과정에서 경제조정양식, 발전전략, 계급관계와 지배체제의 성격을 놓고 소련과 당내 정치세력 간의 대립과 갈등이 존재했다. 이러한 갈등의 단초를 제공한 것은 바로 소련의 경제원조였다. 소련계와 연안계는 소련의 경제원조를 근간으로 하고, 김일성의 개인숭배를 명목으로 1956년 4월 '조선로동당 3차 대회'에서 김일성의 헤게모니를 약화시키려 하였다. 하지만 예상과 달리 소련의 간섭에도 불구하고 김일성의 개인숭배 문제에 대한 비판이 이루어지지 않았다. 오히려 개인숭배의 문제에서 비판의 화살은 박헌영에게 돌아갔다. 3차 당대회는 김일성에 반대하는 세력에 대한 비판과 성토의 장이 되었다. 그 결과 김일성계의 정책과 노선이 무비판적으로 관철되었다. 사업보고에서 김일성은 중공업 우위의 발전노선에 반대하고 '경공업 우위의 발전노선'을 주장하는 세력에 대한 비판을 놓치지 않았다(김일성 [1956]1988, 359~362). 결과적으로 3차 당대회는 소련의 간섭에도 불구하고 김일성계가 권력을 독점하는 계기가 되었다. 이는 곧 김일성이 추진하는 계획의 중앙집권적 성격이 강화되고 중공업 우위의 발전전략이 관철되는 전기가 마련되었음을 의미했다.

그러나 경제원조는 여전히 중요한 문제였다(서동만 2005, 554). 그래서 김일성은 1954년 6월 1일부터 7월 19일까지 소련 및 동유럽 지역을 순방하게 된다. 김일성은 비록 3차 당대회를 통해서 권력을 장악했지만, 여전히 소련과의 관계를 고려하지 않을 수 없었다. 연안계(최창익, 서휘, 고봉기 등)와 소련계의 일부(박창옥과 김승화)가 결탁하여 이 틈을 이용해 권력을 장악하기 위해서 김일성에 대한 반격을 준비한다.[15] 8월 30일 전원회의에서 연안계와 소련계 일부의 의도와는 달리 김일성의 개인숭배에 대한 비판보다는 오히려 김일성을 옹호하고 반김일성 운동을 '반당종파행위'로 규정하였다. 하지만 8월 전원회의에서 김일성의 노선까지 모두 합리화되지는 않았던 것으로 보인다. 소련의 영향력은 결코 무시할 수 있는 것이 아니었다. 반김일성 운동에 대한 강도 높은 비판이 있었음에도 불구하고, 경공업에 대한 투자를 확대하는 1차 5개년 계획이 결정되었다(서동만 2005, 622). 8월 종파사건 이후에도 김일성은 우선적으로 당내 권력을 장악했지만 북한은 소련의 경제원조와 국제정치 무대에서 소련의 힘에 의존하지 않을 수 없었다. 9월 전원회의 이후 중국과 소련의 압력으로 반김일성 세력이 복권되는 과정을 통해 이를 확인할 수 있다. 하지만 10월 각 도당위원회에서 반김일성파를 무정부주의와 관료주의 등의 이름으로 비판하기 시작했다. 또한 김일성은 헝가리 혁명에 대한 소련의 진압을 지지함으로써 소련과의 관계개선을 도모하였다. 그리고 소련 역시 동유럽의 정세를 감안할 때, 북한의 국내정치에 더 이상 깊숙이 개입하기 어려웠던 것으로 보인다. 결국 12월 당중교환 사업 재개와 이후 소위 '반종파투쟁'을 통해서 김일성계가 권력을 독점하게 된다. 결정적으로 김일성은 권력을 장악하고 8월 전원회의에서 결정된 5개년 계획을 수정, 본래의 중공업 우위의 축적노선으로 회귀한다. 이는 김일성이 경제잉여의 수취와 배분에 대한 결정적 권한을 가지게 되었음을 뜻한다. 김일성은 이를 토대로 사회경제 부문에 대한 지배체제를 본격적으로 확립하기 시작한다.

2. '내부원천'의 동원: 거래수입금(거래세)과 국가기업이익금

1956년 이후 경제원조는 급감했다. 원조는 국가예산의 약 12% 수준까지 하락하였다. 이는 전후복구 기간과 비교하여 절반 수준에 불과한 수치이다. 해외원조가 급감하자 자연히 잉여의 '내부원천'이 강조된다. 국내 경제잉여의 동원을 강조할 수밖에 없는 환경이 조성된 것이다. 북한은 경제잉여의 동원을 위해서 1957년 가격제도와 조세제도를 개편하게 된다. 내부의 동원 가능한 자원은 경공업과 농업 부문으로부터 생산된 잉여생산물과 기업의 이윤이었다. 경공업 부문의 잉여생산물은 거래세의 형태로 수취한다. 농업 협동화를 1958년에 완료함으로써 농업잉여를 수취한다. 그리고 기업의 이

윤 가운데 '기업소 순소득'을 제외하고 법인세의 형태로 국가기업이익금을
수취한다. 또한 중공업 부문에 '설비이용률'을 증가시켜 중공업 부문에 집중
적인 투자로 발생한 과잉설비를 최대한 활용해서 잉여생산물을 확보하려
하였다. 마지막으로 대중들에게 지급된 임금 가운데 소비하고 남은 저축의
동원이다.

1) 거래세: 소비의 희생과 중공업 우위의 축적

1957년 4월 1일 '제품의 도매가격 및 료금의 개정실시'로 가격 및 조세제
도가 변화되었다(『조선중앙년감』1958, 130). 먼저 '가격차금제'가 폐지되고
거래세로 통합되었다. 가격차금은 "국정소매가격에서 산업도매가격과 상업
부과금을 공제한 차액으로서 설정되어 있었는데, 국정 소매가격을 기동성
있게 조절하기 위한 수단으로 리용됨으로써 조직시장 가격과 비조직 시장
가격 간의 차이로 인하여 조직 시장 상품이 비조직 시장으로 흘러들어 가
국가축적에 손해를 주지 않도록 하는 중요한 역할을 놀았다(안광즙 1964,
165)." 가격차금의 이와 같은 역할은 이른바 '사회주의 경리 형태'의 증가로
인해서 그 필요성이 감소하게 되고 거래세로 통합된다. 이는 곧 국가가 소
비재 부문의 유통까지 통제·관리가 가능해졌음을 보여주는 것이다(이영훈
2000, 58).

다음 생산수단에 대한 거래수입금이 전면적으로 폐지되었다. 거래수입
금은 소비재에만 부과된다. 이는 소비재 거래에서 발생하는 잉여를 국가가
수취하여 중공업 부문에 투자하기 위한 정책의 일환이다. 거래세(거래수입
금)의 확대는 중공업 우위의 발전전략이 보다 강화되었음을 의미하는 것이
다. 소비의 희생을 통해서 불균형 성장전략이 추진되었음을 의미한다.

표 3-2-1. 국가예산수입에서 거래수입금의 비중(%)

	1953년	1956년	1959	1960
국가예산수입 총액에서 거래수입금이 차지하는 비중	27.7	27.0	52.7	53.1

출처: 안광즙(1964, 161).

2) 국가기업이익금: 중공업 우위의 축적과 기업소에 대한 권력의 통제

1957년 10월 1일 '이익공제금 납부제도의 개편'으로 국가기업이익금의 비율이 조정·감소되었다. 안광즙(1964, 169)은 국가기업이익금의 비율이 감소된 원인을 '독립채산제' 때문이라고 설명한다. 하지만 국가기업이익금이 감소되는 시기는 당의 '현지지도'가 증가하는 시점으로서 공장과 기업소에 대한 당의 통제와 관리가 본격화되는 시기이다. 그리고 결정적으로 국가기업이익금의 감소로 이익을 얻게 되는 것은 기업소인데, 기업소 가운데 현저한 증가를 보인 부문은 중공업 부문이라는 점을 감안해야 한다. 따라서 국가기업이익금의 감소는 예산수입에서 공장과 기업소가 부담해야 하는 비율을 감소시킴으로써 중공업 부문에 대한 투자를 확대시키기 위한 정책의 일환이다(이영훈 2000, 58~59). 또한 당은 공장과 기업소에 대한 통제와 관리를 통해 국가기업이익금을 납부하고 남은 '기업소 순소득'의 투자와 배분을 관리할 수 있게 되었다. 박형중(1994, 85~86)은 독립채산의 자율성은 제한되어 있으며, 그 합리성 역시 허구일 가능성이 존재한다고 보고 있다.

표 3-2-2. 국가예산수입에서 국가기업이익금의 비중(%)

	1953년	1956년	1959	1960
국가예산수입 총액에서 국가기업이익금 차지하는 비중	25.4	15.2	14.1	14.0

출처: 안광즙(1964, 168).

3) 농업집단화의 완료와 농업잉여의 추출

농업잉여는 전후복구만이 아니라 1차 5개년 계획기간에서 중요한 잉여생산물이다. 농업협동화는 1956년부터 57년 사이에 급격하게 증가하며, 공식적으로 1958년 농업협동화의 완료가 공표된다. 하지만 문제는 곡물 생산량이었다. 곡물 생산량에 대한 북한의 공식적인 통계는 신뢰하기 어렵다. 곡물생산량이 농업협동화와 함께 현저히 증가한 것으로 보고되었지만, 이는 여러 가지 정황을 살펴볼 때 농업집단화 정책의 정당성을 선전함으로써 권력의 정당성을 확보하기 위한 것에 불과했다. 1954년과 55년 겨울 초근목피를 해야 할 정도로 식량위기가 심각했던 것으로 보인다(서동만 2005, 676). 1956년 총알곡 수확고가 287만 톤으로 전전 수준을 회복했다고 보고되었지만, 실질적으로 식량이 부족했던 것으로 보인다. 곡물통계를 믿을 수 없다는 사실은 1958년 극심한 가뭄에도 불구하고 식량문제를 해결했다고 주장하고 있기 때문이다. 1958년은 농업협동화의 완료가 선언된 해로서 농업협동화를 완수함으로써 식량문제에서 벗어날 수 있었다는 선전을 위한 것이었을 확률이 높다.[16]

농업생산이 수요에 미치지 못한 상황에서도 잉여의 추출이 이루어졌다. 오히려 농업잉여는 경제원조가 급감하면서 더욱 더 중요해졌을 가능성이 높다.[17] 하지만 잉여의 증가와 일정 정도 무관하게 산업화를 위해서 잉여의 추출이 이루어졌다. 잉여의 추출 방식은 여전히 조세와 협상 가격 차이지만 현물세의 비율이 낮아지면서(1956~58년 22.4%, 1959~64년 8.4%, 66년 폐지) 비중이 달라졌다. 곡물 수매를 통한 농업잉여의 추출이 주된 방식이었다. 1957년부터 곡물 수매는 집단적 수매 방식으로 변화되었다. 이 조치는 대규모 수매는 지방경리성에서 담당하게 하고, 소량의 개별적 수매만을 소비조합이 연중 수시로 하도록 했다. 이러한 변화로 곡물 수매를 국가가 독점하게 되었다(김운종 1957, 37~41).

국가의 곡물 수매 독점으로 수매가격 역시 국가가 결정하게 된다. 정태식

(1957)과 남춘화(1957)는 국가의 가격결정에서 '가치와 가격의 전형문제'를 이용하여 농업부문에서 발생한 '순소득'을 공업부문으로 이전시키게 된다고 설명한다. 수매가격이 '가치' 이하로 결정됨으로써, 농업 순소득, 곧 농업잉여를 공업부문으로 이전하게 되는 것이다. 농산물 수매가격은 국가가 결정하게 됨으로써 농산물 거래가 일정 정도 난관에 부딪히게 되는 것으로 보인다. 국가에 의해서 규정된 수매가격은 시장가격보다 낮았음에 분명하다. 하지만 그로 인한 불만이 커지자, 김일성([1957]1981, 52~54)은 시장가격에 연동하여 수매할 것을 주문하고 있다. 이는 국가수매가 오히려 농업 생산성을 하락시키는 부작용을 낳고 있음을 간접적으로 확인시켜 주고 있다. 현물세를 통한 잉여추출의 감소를 수매량 확대와 수매가격 인하로 상쇄하였다(이영훈 2000, 60~61).

4) 노동소득 증가와 저금을 통한 자금동원

저금은 "근로자들의 저축을 조작하여 주면서 주민의 유휴화 자금을 인민경제의 발전과 인민들의 복리 향상을 위한 국가적 시책에 일시 동원리용하는 공간"으로 정의된다. '근로자'는 저금을 하고 대신 이자나 당첨금을 받게 된다. 준비저금은 정기적금에 해당되는 것으로 3개월 이상의 계약기간 동안 저금을 하고 4%의 다소 높은 이자를 받게 된다. 보통저금은 계약과 해지가 자유롭고 3%의 금리를 보장받는다. 그리고 추첨제 보통저금은 '리자'를 따로 주지 않고 분기마다 실시하는 추첨에 의하여 당첨금을 주는 저금 형태이다(『경제사전 2』 1970, 441~442).

북한의 공식 통계에 따르면 1956년 이후 소득의 증가로 인해서 저금이 증가하였고, 저금은 소득의 증가보다 더욱 더 빠르게 증가하고 있다. 1956년에서 60년 사이에 노동자 실질임금은 약 2배, 농민은 약 1.6배 증가한 반면 저금은 5배 이상 상승했다. 이와 같은 저금의 상승은 명목소득이 증가했지만 식료품과 생필품의 부족으로 인해서 소비증가가 제한될 수밖에 없었기 때문일 확률이 높다. 저금은 장기적인 유휴자금으로서 축적의 원천이다. 저금기관들(중앙은행 산하 저금소망, 체신성 산하 체신기관들)에 예입된 자금은 중앙은행의 대부자원으로 이용된다. 중앙은행의 '대부자원'에서 저금잔고가 차지하는 비중은 1956년과 비교했을 때 1961년에 두 배 이상 성장하여 9.2%를 차지하였다(안광즙 1964, 190).

대부 대상은 기관과 기업소에 국한되며, 일반 주민들은 대부를 할 수 없다. 하지만 기업소의 투자자금은 국가예산으로부터 지원을 받기 때문에, 추가적 자금수요가 있는 경우에만 제한적으로 대부가 이루어진다. 기업소는 상환의무가 없는 국가예산과 달리 은행 대부를 받지 않는 것이 일반적이다(박석삼 2004, 82). 대부자금은 단기대부와 장기대부로 구분되며, 단기대부를 원칙으로 한다. 하지만 대개 축적의 원천으로 사용되는 것은 '고정폰드'의 확대재생산을 위해서 기본건설에 투자되는 장기 대부자금이다.

안광즙(1964, 193)은 대부자금을 축적의 원천으로 사용하는 비율이 차츰 감소하고 있다고 주장한다. 박석삼(2004) 역시 북한이 저금을 장려하는 원인을 축적의 원천으로 사용하기보다는 현금이 중앙은행으로 환수되지 않고 민간에 축장될 때 암시장이 확산되고 현금 유통 체계가 이완되며, 대부자원의 감소 등의 부작용이 초래될 수 있기 때문이라고 설명한다. 그런데 북한의 공식 통계가 존재하는 1956년부터 60년 사이에는 대부자금은 증가했으며 대부는 경공업과 농업에서 4배 이상, 중공업 부문에서 5배 이상 성장하였다(『조선중앙연감』 1961, 206).

3. 권력의 대중동원과 계획의 중앙집권화
: 현지지도와 천리마 운동의 정치적 의미

1956년 이후 계획경제 메커니즘에 대한 정치권력의 지배가 본격화되기 시작하였다. 물론 사회경제적 지배체제가 형성될 수 있었던 계기는 무엇보다

8월 종파사건으로 김일성계가 권력을 독점하고 다른 정치세력의 영향력이 급속히 약화되었기 때문이다. 그리고 경제원조가 감소하기 시작하면서 투자의 원천이 부족하게 되고, 국내에서 특정 부문에 대한 과잉설비와 연성예산제약 등의 낭비가 발생으로 이른바 '내부원천'의 동원이 절실했기 때문이다.

1956년 후반부터 1961년까지의 시기는 계획에 의해서 중앙집권적 명령과 통제가 보다 강화되고, 정치권력의 외연이 사회경제 영역으로 확산되는 시기이다. 계획의 수립과 집행에 있어서 '정치'의 역할을 강조함으로써 정치우위를 보다 구체화한다. 이는 정치권력이 계획의 편성과 집행의 통일성을 강조하면서 계획 수립 단계만이 아니라 실행까지도 직접적으로 통제하고 감시하는 형태로 나타나게 된다. 반종파투쟁과 관료주의 비판을 통해서 다른 정치세력을 견제하고 중하위 관료의 자율성을 통제하고 사익추구(렌트추구)를 억압하면서, 현지지도와 천리마 운동 등을 통해서 '노동'에 대한 정치권력의 직접적인 통제와 관리가 이루어진다.

1) 계획과 시장의 긴장과 협력: 권력의 독점과 중앙집권적 성격의 강화

전후복구 계획의 종료 이후 경제조정양식으로서 '계획'의 위상은 더욱 더 강화된다. 이는 경제원조가 감소하고 '내부원천'의 동원이 강조되는 상황에서 일정 정도 당연한 결과이다. 내부원천의 동원을 위해서는 중앙집권적 명령경제 시스템이 절실히 요구되었다. 계획은 이에 가장 부합하는 경제조정양식이다. 계획이 생산수단의 생산만이 아니라 상품의 형태로 시장에서 유통되고 있는 생필품과 식료품의 통제까지 관리할 수 있게 되었던 직접적인 계기는 1957년 조세 및 가격체제의 조정과 1958년 농업집단화의 완료이다. 먼저 거래세가 생산수단에는 부과되지 않고 소비재에만 부과되게 되었다. 이로써 소비재 거래에 대한 직접적인 국가의 통제와 관리가 가능하게 되었다. 시장에서 거래되는 주요한 품목 가운데 하나가 양곡인데, 1957년 수매제도의 변화로 인해서 국가가 직접 양곡 수매에 나섰다. 이와 같이 국가가 잉여생산물을 직접 수취하게 됨으로써 자연스럽게 경제조정에서 계획의 위상은 높아질 수밖에 없었다.

물론 시장이 이 시기에 경제조정양식으로서의 기능을 상실했음을 의미하지는 않는다. 1957년 7월 2일 "우리나라에서의 가치법칙과 가격형성에 관한 토론회"가 개최되었고, 여기서 발표된 논의 가운데 농업잉여의 추출과 관련된 부분이 『경제건설』에 소개되었다. 농업잉여의 추출을 위해서 "가격을 가치로부터 계획적으로 '배리'"시킬 것을 주장하고 있다(남춘화 1957). 여기서 가치는 생산비용(원가)과 이윤(순소득)이며, 가격은 계획가격을 의미한다. 국가의 독점적 가격결정 권한을 이용하여 계획가격을 생산비용 이하로 인하함으로써 잉여의 수취와 배분을 국가가 통제하고 관리하겠다는 것이다. 곧 이는 시장에 대한 계획의 우위를 이용하여 시장에 발생한 잉여를 계획을 통해서 통제하고 관리할 수 있다는 논리이다. 본래 계획과 시장은 언제나 대립적인 것은 아니다. 오히려 전후복구 기간(1953~56)에는 정치세력 간의 권력투쟁 때문에 상호 대립적인 지점이 많았다. 반대로 전후복구 계획이 종료된 이 시점에서 계획은 비로소 시장을 통제하는 동시에 계획의 보완적인 요소로 작동하게 하기 위한 정책을 펴나가기 시작한 것이다.

1957년 2월 14일 김일성은 "상품류통사업을 개선강화할데 대하여"라는 제하의 연설에서 국영상업과 협동단체 상업이 부족함으로써 개인 상인들에게 의존하는 일이 발생하고, 이마저도 부족하여 식료품의 부족으로 가격이 상승하는 일이 발생한다고 지적하고 국가에 의한 상업거래망 확충을 주장하고 있다(김일성 [1957]1981, 46~63). 1958년 6월 전원회의에서 화폐와 상품유통이 장려되는 직접적인 요인은 전후복구 계획의 완료 이후 명목임금은 상승했지만 상품의 부족으로 대중의 불만이 증가했기 때문이다. 하지만 보다 근본적인 원인은 '화폐유통과 상품 거래의 확대'는 거래수입금과 곡물 수매의 형태로 국가수취가 증가함으로써 국가예산수입의 증대에 기여할 수 있기 때문이다.

국가가 상업거래를 장악함으로써, 그 결과 상품과 화폐의 유통(시장)이 계획의 통제와 관리하에 놓이게 되고 계획을 보완하는 기능을 부여받게 되었다. 북한은 공식적으로 "과도기에 상품 류통 영역의 사회화"를 통해서 '사회주의 상업거래가 형성 및 강화'되었다고 평가한다. 1958년 6월 전원회의는 "사회주의 상업의 완전승리"를 위한 과업을 제시하였다(김원삼 1958, 287). 이는 시장에 의한 자원배분 기능이 약화되고 자원배분과 잉여추출이 계획을 통해서 조정되었음을 의미한다. 중앙집권적 계획의 강화와 시장의 기능 약화는 8월 종파사건 이후 권력투쟁에서 승리한 김일성계가 사회경제 영역에서 지배체제의 형성을 본격화했음을 의미한다. 가치법칙의 작동은 탈중앙집권적 요소의 존재와 그 영향력을 대변해준다. 그런데 상업거래가 국가에 의한 통제와 관리를 통해 계획을 보완하는 요소가 된다는 점은 지배권력에 의해서 대중에 대한 통제와 관리가 강화되었음을 말해준다. 즉 김일성계는 당내 권력투쟁의 승리를 통해서 권력의 외연을 확대하려 하였으며, 계획은 사회경제 영역으로 권력의 외연 확대 및 재생산을 위한 지배체제 형성을 위한 중요한 수단이 되었다.

2) 계획의 수립과 집행의 통일: '중앙집권적' 계획경제로의 재편 과정의 시작

전후복구 과정에서 계획의 편성과 집행 사이에 불협화음은 여전히 존재했다. 물론 그 책임은 계획 집행 단위의 문제로 취급되었다. 특히 경제원조의 감소와 그로 인한 재정위기가 발생하게 되면서, '내부예비의 동원'과 '설비이용률의 제고'가 강조되었다. 이때 중하위 관료들이 권력의 이러한 요구에 부정적으로 반응하게 될 경우, 그들은 관료주의, 형식주의, 본위주의, 보수주의, 기술신비주의 등의 명목으로 비판받게 된다. 이러한 개념은 각각의 차이에도 불구하고 대부분 그 비판의 대상은 주로 중하층 관료들이며, 그 내용은 관료의 무능력과 나태한 태도 그리고 낭비와 자기 이익추구 행위이다. 이러한 중하층 관료의 행위는 '사회주의 건설'을 저해하는 것으로 치부되며, 경제적으로 이는 사회적 낭비와 렌트추구 행위가 나타나는 것으로 이해할 수 있다. 사실 계획수립 단계에서 계획의 목표 설정이 정책결정의 권한을 가진 권력 상층부에 의해 결정된다는 점을 감안하면 이는 어느 정도 예상할 수 있는 결과이다. 계획수립 단계의 문제가 지적될 경우는 대개 계획수립을 결정한 세력이 권력투쟁에서 패배한 때이다. 대부분은 계획집행 단위, 곧 중하위 관료의 문제가 지적된다.

8월 종파사건 이후 반종파투쟁과 재정위기가 맞물리면서 연성예산제약과 관료의 렌트추구에 대한 비판이 강도 높게 진행된다(김연철 1996, 211~213; 『조선전사 29』 1981, 21~26). 이는 공장 단위에서 생산력 증강운동으로 표출되지만 실질적으로 반종파투쟁의 연장선상에 있는 것이었다(이종석 1995, 282). 반종파투쟁은 권력 상층부만이 아니라 중하층 관료와 대중에 이르기까지 전방위적으로 실시되었으며, 형식주의와 보수주의에 대한 비판은 바로 이러한 맥락에서 이해되어야 한다. 중하층 관료에 대한 비판은 궁극적으로 '당성'의 문제로 귀결되는 것을 통해서 확인할 수 있다. 결국 김일성계의 연성예산제약과 관료의 렌트추구에 대한 비판은 당내 권력만이 아니라 계획을 통해서 사회경제 부문으로 권력의 외연을 확대함으로써 사회경제적 지배체제를 구축하기 위한 포석이다.[18]

(1) 현지지도: 중하위 관료의 견제와 대중에 대한 직접적 지배

권력의 외연을 확대시키기 위한 첫 번째 과제는 관료의 자율성을 약화시키는 일이다. 비판의 대상인 중하위 관료는 계획집행의 실질적인 주체이다. 계획 목표의 설정과 잉여생산물의 배분은 권력 상층부에서 결정되지만, 유일관리제하에서는 계획을 실행하는 공장과 기업소 '지배인'의 영향을 무시할 수 없다. 지배인은 계획의 집행 과정에서 직·간접적으로 당의 결정과 마찰을 빚게 된다. 그 근본적인 내용은 경제잉여의 처분권을 지배인들이 강화하기 위한 것이다. 자재공급과 재정지원은 최대한 받으려 하며, 생산목표는 최소화하기 위해서 노력하게 된다. 정치권력은 경제원조의 감소로 재정위기가 발생하게 되자, 계획 목표 달성을 위해서 필요한 자원을 국내에서 마련해야 했다. 그래서 국내에서 '증산과 절약'이라는 구호 아래에 내부예비의 동원이 강조된다.19) 공식적으로 계획의 비효율성은 인정되지 않지만, 연성예산제약과 관료의 렌트추구는 지속적으로 지적된다. 지배권력은 관료의 도덕성과 능력을 강도 높게 비판함으로써 관료의 자율성을 약화시키고 권력을 강화하기 위해 경주(傾注)한다.20)

관료주의의 문제를 극복하기 위해서 최고지도자의 '현지지도'가 이루어졌다. 현지지도는 최고지도자(수령)와 최종 생산 단위의 직접적인 의사소통을 일차적인 목적으로 한다. 수령이 중간단계를 거치지 않고 대중과 직접 의사소통을 하는 이유는 관료주의에 대한 비판과 그로 인한 중하위 관료에 대한 불신 때문이다. 하지만 이는 정치권력의 입장에서 제시한 이유에 불과하다. 현지지도가 실시되는 더욱 더 정확한 이유는 중간관료의 자율성을 근본적으로 약화시키기 위해서이다. 반종파투쟁과 당증교환사업 등만으로 김일성계의 권력독점을 강화할 수는 있지만, 사회경제 영역에서 지배체제의 구축은 어렵다. 계획의 편성과 집행이 정치권력에 의해서 온전히 작동할 수 있을 때 비로소 가능하다. 그러나 계획의 편성과 집행 간에 여전히 갈등이 존재했다. 중하위 관료의 자율성이 약화되었지만, 여전히 계획집행 과정에서 그들의 입김이 작용하고 있었다. 『조선전사 29』(1981, 23)는 공장 단위에서 관료들의 반발을 다음과 같이 적고 있다.

"보수주의, 소극성, 기술신비주의에 물젖은 사람들은 자기 힘을 믿지 않고 남만 쳐다보면서 동원할 예비도 이제는 없으며 제강시간도 더 줄일 수 없다고 하였다. 특히 그들은 분괴압연기의 공칭능력이 6만 톤이라고 하면서 그 수준을 넘어설 수 없다고 주장하여 나섰으며 전진운동을 집요하게 저애하였다."

이는 과도하게 높게 제시된 계획 목표에 대한 반발이 실재했음을 확인할 수 있게 해주는 대목이다. 계획 목표의 달성에 어려움을 호소하게 될 경우 보수주의로 비판받게 된다. '보수주의'라는 비판에는 연성예산제약이라는 문제가 존재한다는 점을 말해준다. 하지만 이 역시 정치권력의 입장만을 우선적으로 고려하고 있는 설명이다. 북한체제 스스로 천리마 운동이 기적을 창출하였다고 말하고 있는 것처럼, 계획의 목표가 지나치게 높게 설정된 것 역시 부인할 수 없는 사실이다. 과잉설비의 문제가 발생한 중공업 부문보다 오히려 경공업과 지방공업 부문에서 더욱 그러하다. 투자 없이 생산의 증대를 요구했기 때문이다. 이에 김일성은 중간단계를 무시하고 대중과의 직접적인 소통을 통해서 문제를 해결하려 한 것이 바로 '현지지도'이다. 즉 현지지도는 관료주의를 극복한다는 명분으로, 최고지도자가 대중과의 직접적 소통을 통해 사회적 지지기반을 확보함으로써 중하위 관료들을 압박하기 위한 방안이다.

(2) 천리마 운동: 대중동원의 상시화와 정치우위의 실현

다음으로 계획의 편성과 집행의 통일을 통해서 현지지도를 상시적인 대중운동의 형태로 격상시킨 것이 바로 '천리마 운동'이다.[21] 천리마 운동의 일차적인 목적은 '내부예비' 동원을 통해서 생산력을 증가시키는 것이다. 경제원조의 감소로 인한 재정위기를 극복하고 생산력을 증가시키는 일은 그 자체가 권력의 정당성 확보를 위해서 반드시 해결해야 할 과제였다. 그러나 천리마 운동에는 또 다른 목적이 있다. 천리마 운동은 반종파투쟁의 연장선상에서 이해되어야 한다(이종석 1995, 282). 천리마 운동은 항시적 대중운동을 통해서 대중에 대한 직접적 지배를 관철시켜 나가는 일이다. 이는 특히 계획 집행 과정에서 권력 상층부의 결정과 마찰을 일으키는 중하위 관료들을 견제하고 궁극적으로 교체해 나가는 과정이다. 재정위기의 극복과 경제성장의 실현을 위한 일련의 과정을 통해서 정치적 목적을 실현시키는 것이다. 곧 경제(토대)에 정치(상부구조)가 배태되게 됨으로써 정치우위가 실현된다.

천리마 운동의 가장 주요한 특징 가운데 하나가 '대중동원'이다. 수령의 현지지도 이후 부여된 과제를 실현하기 위한 대중의 적극적 참여의 형태로 나타난다. 수령과 대중의 직접적인 교류는 불가능한 일을 가능하게 만드는 것으로 선전된다. 물론 이와 같은 성과를 신뢰하기는 힘들다. 정치권력은 중하위의 렌트추구와 연성예산제약을 비판하지만, 정치권력의 통계 발표는 정당성을 확보하기 위한 수단일 가능성이 높다. 소련의 경우 통계조작에 대한 비판적 고찰이 이루어졌고, 체제전환 이후에도 지속적으로 밝혀지고 있다는 사실은 북한연구에도 시사하는 바가 크다(Schmelev and Popov 1990, 45~55). 사실 정치권력의 통계조작 역시 심각한 문제이다. 설령 통계 발표가 사실이라 하더라도, 그 성과는 수령과 당의 능력이 아니라 그만큼 북한경제가 심각한 문제를 안고 있다는 점을 반증할 뿐이다. 추정 가능한 주요 문제점을 정리하면 다음과 같다. 첫째, 해외 경제 원조를 통한 투자의 확대가 북한 국내 수준에서 안정적인 자체 재생산 구조의 형성으로 전환되지 못했음을 의미한다. 1956년의 경제 수준은 1949년 수준으로 회복했을 뿐이란 점을 감안하면, 국민경제 전체적인 수준에서 과잉축적이라고 보기는 힘들 것이다. 하지만 북한이 공식적으로 선전하는 천리마 운동의 성과가 사실이라면 개별 생산 단위에서의 과잉축적은 분명해 보인다. 둘째, 노동생산성이 지나치게 낮다는 점을 반증한다. 노동규율의 강화를 통해서 노동 이동성이 일정 정도 해결되었다고 하더라도, 노동자의 기술 수준은 쉽게 해결되지 못했을 가능성이 높다. 단기간의 급속한 성장을 위해서 단기간에 노동력의 투입이 확대되지만, 노동한계생산성의 수준은 여전히 낮았을 가능성이 높다.[22]

천리마 운동의 '기적'적인 성과보다 더욱 더 믿기 어려운 점은 성과의 원인에 대한 북한 공간문헌의 설명이다. 북한은 사상교양 사업을 통한 정치적 지도가 놀라운 성과를 가져왔다고 선전한다.

> "사람과의 사업, 정치사업이 강화되고 지도가 대중속에 침투됨에 따라 위대한 수령님의 크나큰 신임과 배려에 충성으로 보답하려는 로동자들의 정치적 자각과 혁명적 열의가 비상히 높아지고 생산예비가 쏟아져 나오게 된다(『조선전사 29』 1981, 23)."

이 설명은 수령의 권력을 옹호하고 정당성을 확보하기 위해서 정치권력에 의해 윤색된 전형적인 '초험적(*transzendent*) 분석'이다.[23] 생산력 증가에서 정치사업의 강화를 근본적 원인으로, 충성을 노동생산성 향상의 동기로서, 그리고 노동계급의 혁명적 열의를 원동력으로 이해하는 것은 무리이다. 수령의 현지지도 이후 발생한 생산적 예비를 놓고 나타난 결과론적 해석에 불과하다. 북한의 설명을 있는 그대로 수용한다고 하더라도, 수령의 직접적인 지도와 대중의 적극적 호응이 폭발력을 발휘할 수 있었던 원인에 대한 보다 구체적인 분석이 요구된다.

북한의 공식적 통계를 무조건 신뢰할 수 없지만, 천리마 운동이 어느 정도의 성과를 보인 것은 사실인 것처럼 보인다. 지금 통계조작에 대한 검증이 어렵다면, 우선적으로 성과의 원인에 대한 분석이 이루어질 필요가 있다. 이는 수령의 '현지지도'를 통해서 동원한 '내부예비'의 구체적 내용을 검토함으로써 일정 정도 확인가능하다. 첫째, 수령의 현지지도를 통해서 경제잉여를 직접 관리함으로써 자재공급이 가능해졌을 가능성이 있다. 중요한 것은 수령과 대중의 직접적인 교류로 관료의 렌트추구와 연성예산제약을 모두 해결한 것이 아니다. 여기서 주목해야 할 점은 8월 종파사건과 반종파투쟁이 진행되는 1956년 12월 이후가 되어서야 비로소 정치는 경제잉여의 사용을 관리할 수 있게 되었다는 점, 그리고 이를 통해서 계획집행 단위를 정치권력의 영향력 아래 두게 되었다는 점이다.

둘째, 정치의 직접적인 노동 통제와 동원이 가능해졌기 때문이다. 유일관리제에서 노동에 대한 통제는 기본적으로 지배인을 통해서 이루어진다. 그러나 전후복구 과정에서 노동의 이동성이 증가했으며, 이에 대한 통제가 원만하지 못했다. 노동의 규율을 통해서 이를 해결하려 했지만, 일정 정도 한계가 있었던 것으로 보인다. 이에 현지지도를 통해서 직접적으로 노동을 통제하고 동원하기에 이른 것이다. 경제원조의 급감으로 인한 재정위기를 단기간에 극복하기 위한 가장 좋은 방법 가운데 하나는 노동동원을 확대하는 일이다. 전후복구 과정에서 노동의 인입이 증가한 것은 사실이지만 이직과 태업이 빈번하게 발생했다. 이는 얀(Jan 1982, 125~129)이 소련과 동유럽에서의 문제점으로 지적했던 노동가동률 하락(underutilization of labor)이란 문제가 북한에서도 발생하게 된다는 점을 말해준다.

자연스럽게 현지지도를 통한 대중의 통제와 동원은 권력의 사회적 지배체제의 구축을 의미한다. 수령에 대한 '충성'은 노동생산성 향상의 모티브가 아니다. 충성도에 대한 평가는 수령에 대한 복종이며, 이는 생산성 향상을 통해서 확인된다. 즉 충성도 높은 사람이 생산성을 향상시킨 것이 아니라 생산성이 높은 사람이 충성도가 높은 사람으로 평가받게 되는 것이다. 그래서 노동생산성의 향상 정도는 권력의 입장에서 충성도의 평가 기준이 되는 것이 아니라 반대로 노동의 입장에서 권력의 노동에 대한 지배와 강제의 수준을 가늠하게 하는 기준이 될 수 있다. 『천리마 기수 독본』(1963, 76)에 따르면 '룡성 기계 공장'에서 '2000%의 로동생산능률'이 성취되었다고 하는데, 이는 좀처럼 믿기 어려운 성과이다. 만약 그대로 신뢰한다고 해도, 이는 '기적'을 말해주는 것이 아니라 기존의 노동생산성이 지나치게 낮았던지 아니면 노동에 대한 억압과 착취의 정도가 얼마나 심각한지를 말해주는 것이다. 노동에게 수령과 당에 대한 충성을 인정받는 것은 기본적 생계유지를 위해서 필수불가결한 일이다. 현지지도 이후 계획이 수령과 당 중심의 중앙집권체제 재편되는 과정에서 노동은 더욱 더 수령과 당에 의존적이 되었기 때문이다. 따라서 노동은 생계를 유지하기 위해서 수령과 당에 충성도를 확인시켜 주어야 하고, 그 방법은 수령이 제시한 과도한 목표 설정에 대해서 호응하고 그에 따라 생산성 향상을 위해서 노력하는 모습을 보여주는 것이다. 대표적으로 1957년 1월 8일 강선 제강소의 궐기대회는 대표적인 예이다(『조선전사 29』1981, 23). 물론 이와 같은 모습은 '자발적'인 것으로 오인될 수 있는 소지가 있지만 현실적으로 그렇게 판단하기 힘들다.

정치권력은 대중의 통제와 동원을 위해서 규율과 강제 그리고 경쟁과 인센티브 시스템을 이용함으로써 표면적으로 권력과 대중의 관계를 '지도'와 '충성'의 관계로 미화하고 사회경제적 지배체제를 형성할 수 있는 방안을 모색한다. 1946년 "로동자 및 사무원에 관한 로동법령"으로 시작된 노동법은 여러 차례의 내각결정과 노동성 규칙의 개정으로 변경되었으며, 기본적 성격은 노동의 통제와 동원을 위한 것이었다. 반종파투쟁의 과정에서 사법기구의 강화가 이루어졌고, 1958년 노동법이 개정되어 노동에 대한 통제를 강화한다(이철수 1995, 114~118).

또한 경쟁과 인센티브 시스템을 이용해서 노동동원 체제를 공고히 한다. 소위 '사회주의적 경쟁'을 통해서 괄목할 만한 성과를 보인 모범이 창출되면, 그는 '노력영웅'으로 추앙받게 된다. 노력영웅이 될 수 있는 기준의 핵심은 결국 '생산성 향상'이다. 이를 위해서는 기술혁신이 강조된다. 특히 1959년 천리마 작업반 운동이 시작되면서 '집단적 기술혁신'이 더욱 강조된다. 이 시기 기술혁신의 주요한 특징은 기계와 설비에 대한 새로운 투자가 아니라 설비이용률을 증가시키는 일이다. '공작기계새끼치기 운동'은 1959년 3월 경성군 아마공장을 현지지도하는 과정에서 노동자들이 낡은 선반으로 현대적 공작기계를 만들어 쓰는 것을 보고 이를 군중적으로 확산하기 위해서 시작되었다고 한다(『조선전사 29』1981, 111). 이는 기술혁신과 투자를 통해서 새로운 기계를 생산하는 것이 아니라 기존의 낡은 혹은 사용하지 않는 유휴 설비를 재가동하는 것임을 알 수 있다. 물론 『천리마기수 독본』(1963, 68~134)에서 이 시기 북한에 요구되는 기술혁신은 기계화와 자동화라는 점을 밝히고 있다. 하지만 기계화와 자동화가 단기간에 성취되기는 어렵다. 사실 기술혁신은 기술교육과 노동규율 강화 그리고 설비가동률의 증가를 강조하는 내용으로 구성되어 있다. 이는 경제원조 감소로 투자의 원천이 부족했고, 전후복구 과정에서 과잉축적으로 인한 유휴설비가 증가했기 때문이다. 그래서 내부예비의 동원이 강조된다. 천리마 운동은 생산적 예비의 동원 과정이다. 예비의 동원을 위한 가장 효율적인 방법은 '투자 없이' 생산 과정의 혁신을 중심으로 하는 기술혁신을 통해서 설비가동률을 증가시킴으로써 생산성을 증가를 추진하는 것이다.

물론 노력영웅은 그에 상응하는 인센티브를 받게 된다. 인센티브의 주 내용은 소득의 증가와 사회적 지위의 상승이다. 경쟁과 인센티브는 단지 생산력 증가를 자극하기 위한 것이 아니라 사회적 변화를 통해서 지배체제를 구축하고 재생산하기 위한 일이다. 노력영웅은 새로운 관료계급이 된다.[24] 이른바 노동계급 '출신'의 지위가 상승했기 때문에 이를 '노동에 의한 지배'가 관철되는 것으로 판단할 수 없다. 오히려 이는 중간관료의 교체로 수령과 당의 결정을 계획집행 단위까지 전일적으로 관철시키기 위한 일이다. 그동안 중간관료는 계획 수립 단계에서부터 권력 상층부와 마찰을 빚어 왔다. 천리마 운동을 통해서 노력영웅의 신분상승으로 인한 중간관료들의 교체가 있었다. 물론 천리마 운동에서 두각을 나타낸 소위 노력영웅들은 당성이 높은 것으로 간주되었기에 전일적이고 위계적인 질서 재편에 있어서 가장 적절한 세력이었을 것이다.

환언하면 천리마 운동은 경제적 목표를 달성하기 위한 정치의 사회(대중) 동원이다. 생산력 증가라는 일차적 목적을 실현하는 과정에서 정치권력은 외연을 확대하여 궁극적으로 지배체제를 구축할 수 있는 계기를 마련하게 된다. 경제(토대)에 정치(상부구조)가 배태되어 있는 것이다.

4. 중공업 우위의 축적전략의 강화
: 경공업과 농업의 희생이 가지는 정치적 의미

1956년 8월 종파사건 이후에도 중공업 우위의 축적전략에 대해서는 지속적인 문제 제기가 있었던 것으로 보인다. 1956년 11월 25일에 발행된 『근로자』 11호에서 남인호는 '사회주의적 노동분업'이 형성되었기 때문에, 중공업 우위의 축적전략보다는 경공업과 농업에 대한 투자의 확대를 제안한다. 그는 레닌의 재생산표식에 관한 설명을 통해서 중공업 부문에 대한 우선적 투자의 타당성을 설명하면서도, 이제 사회주의 진영 내부에 소련과 같이 중공업이 발달한 국가가 존재하기 때문에 중공업 부문을 자국 내에서 모두 발전시키려는 것은 바람직하지 않다고 주장한다. 이는 곧 경공업과 농업과의 균형적 발전이 필요하다는 결론으로 이어진다.

1956년 12월 전원회의에서도 제1차 5개년 계획(1957~1961년)에서도 잉여생산물의 배분을 둘러싼 논쟁은 지속되었다. 12월 전원회의에서 경제발전 속도를 늦출 것을 주장하는 세력을 '소극분자', '보수주의자'로 부르며 강도 높게 비판하고 있다. 이는 중공업과 경공업, 그리고 농업집단화의 속도에 관한 노선 갈등이 12월 전원회의에서 재현되었음을 단적으로 보여준다. 하지만 결과적으로 중공업 우위의 발전전략이 더욱 더 강화되었다.

왜냐하면 김일성계가 권력을 독점하게 됨에 따라 중공업 우위의 발전전략에 대적할 수 있는 정치세력이 없었기 때문이다. 중공업에 대한 우선적 투자는 경공업과 농업의 희생을 통해서 이루어진다. 현존 사회주의 사회에서 투자의 원천은 자본주의와 같은 이윤이 아니라 국가재정을 통해서 이루어진다. 원조가 감소한 이후 국가예산수입에서 가장 큰 비중을 차지한 것이 바로 거래세와 가격차금(1960년대 이후 거래수입금으로 통합)이다. 거래세는 김일성계의 발전노선에 따라 정당성을 확보하기 위한 목적으로 중공업 부문에 우선적으로 사용되었다. 1957년 이후 거래세는 소비재에만 부과됨으로써, 경공업에서 생산된 경제잉여가 중공업 부문에 투자되는 형태를 취하게 된다. 1957년 예산수입계획의 거래세 납부에서는 경공업성 1백 13억 9천 8백만 원, 화학 공업성 7억 2천 5백만 원, 금속 공업성 5억 8천 2백만 원, 지방산업 11억 5천 3백만 원, 협동 단체기업 18억 8천만 원 등으로 경공업 부문이 높은 비중을 차지하고 있었다.[25] 특히 경공업은 국가투자 없이 생산성 향상이 강조되었다는 점을 감안하면, 거래세를 소비재에만 부과하는 것은 산술적인 계산보다 더 심각한 불균형을 초래했을 가능성이 높다.

국가기업이익금의 수취와 사용은 경공업이 희생되고 있다는 사실을 확인시켜준다. 1957년 국가예산수입 계획의 이익공제금과 비세금 수입(1960년대 이후 국가기업이익금)에서 경공업, 대내외 상업 및 교통운수 부문 기업소들에 부과한 비중이 50% 이상을 차지했다. 예산수입에서 국가기업이익금이 차지하는 비중은 차츰 감소되었다고는 하지만 기업소 순소득이 현지지도 이후 당에 직접적인 공장과 기업소의 관리가 이루어지고 있는 상황에서 주로 기본건설투자와 유동자금 증가에 사용되었다는 점에 주목해야 한다.[26] 당시 김일성계의 정책이 일방적으로 관철되고 있다는 점을 감안할 때, 기본건설투자와 '류동자금'은 중공업 우위의 축적을 통한 확대재생산을 위한 것이라고 볼 수 있다.

그밖에 중공업 우위의 축적이 다른 경제부문의 희생으로 강화되었다. 가격차금은 1957년 국가예산수입 계획을 보면 국영 및 소비상업 부문이 절대적인 비중을 차지하며, 그 다음으로 경공업이 차지하고 있는 것을 알 수 있다(리주연 [1957]1988, 846). 이는 유통 과정을 국가가 통제하게 되었다는 점을 말해주는 동시에 거래세와 함께 소비재의 거래를 통해서 얻게 된 경제잉여가 중요한 예산수입의 원천이었음을 말해준다. 이외에도 앞서 언급한 바와 같이 농업과 저금 등의 다양한 경로를 통해서 중공업 우위의 축적 노선을 강화하기 위한 잉여생산물이 마련되었음은 주지의 사실이다.

경공업과 농업의 희생은 정치적으로 두 가지 의미를 가진다. 첫째, 권력투쟁은 곧 발전전략을 둘러싼 노선투쟁이기도 하다는 점을 감안할 때, 반종파투쟁을 통해서 김일성계가 권력을 공고히 했음을 이해할 수 있게 해주는 대목이다. 둘째, 반종파투쟁 과정에서 당과 대중의 관계를 이해할 수 있게 해준다. 권력투쟁에서 김일성계의 승리로 종결됨에 따라 김일성계는 권력의 외연을 확대하여 지배체제의 형성을 본격화하였다. 이때 대중의 희생과 소외의 정도는 더욱더 심각했다. 대중에 대한 직접적인 지배를 통해서 대중동원이 상시화되었으며 동시에 단기간의 급속한 성장을 위해서 소비억제가 강요되었다.

5. 대중의 존재 이유: 정치적 수사와 실제

계획의 중앙집권적 특성이 더욱 더 강화됨으로써 대중의 소외는 더욱 더 심화되었다. 정치권력은 8월 종파사건과 반종파투쟁 과정에서 대중에 대한 이율배반적 전략을 취한다. 본래 북한의 사회주의 이론에서 '인민대중'은 혁명과 정치의 주체이면서 경제관리의 주체이다. 북한문헌에 따르면 이러한 이론은 현실이 된다. 인민대중은 혁명과 사회주의 건설에서 소외되고 배제된 적이 없다. 북한의 공식적인 기록을 보면, 대중은 8월 종파사건과 반종파투쟁 이후 진정한 존재 이유를 찾게 되는 것처럼 보인다. 대중은 최고지도자와의 직접적인 교류를 통해서 '사회주의 건설'의 주체로 거듭난다. 최고지도자와 당에 대한 충성심과 혁명적 열의를 바탕으로 생산력 증가에 '자발적'으로 기여하고, 이를 통해서 북한체제를 공고히 한다.

북한의 공간문헌들은 북한사회에 대한 분석에 있어서 '초험적(transzendent) 인식'을 기초로 한다. 초험적 인식의 특성은 원인과 결과, 본질과 현상, 이론과 실제 등이 명확하게 구분되지 않는다는 점이다(Hofmann 1969, 64~91). 물론 그 이유는 '진실'을 은폐하기 위해서이다. 북한이 감추고 싶어 하는 진실 가운데 가장 핵심적인 부분이 바로 '대중의 존재 이유'에 대한 부분이다. 8월 종파사건 이후 대중에 대한 이율배반적이고 모순적인 전략이 보다 치밀해지기 시작한다. 북한은 스스로의 사회를 반제반봉건 민주주의단계를 거쳐 사회주의 혁명 단계를 통해 사회주의로 이행한다고 밝히고 있다. 그렇다면 '대중'은 더욱 더 중요한 존재가 되어야 한다. 수령의 현지지도는 이를 현실로 만들어 줄 것이라 기대되었다. 대중은 최고지도자와 만나 폭발적 힘을 발휘하는 것처럼 묘사되었다. 하지만 최고지도자와 대중의 만남은 대중의 바람에 의해서 실현된 것이 아니었다. 그것은 권력이 자신의 의지를 관철시키기 위한 만남이었다. 수령은 대중과의 직접적인 만남을 통해서 소기의 성과를 거두었다. 대중은 정치권력에 더욱 의존적인 존재가 되었고, 지배체제 구축에 걸림돌이 되는 중간관료들은 대중들 가운데 충성도가 높다고 평가받는 사람들로 대체되었다. 결과적으로 정치권력은 대중의 동원과 통제를 강화할 수 있게 되었다. 대중은 더욱 더 교묘하게 소외되었다.

사실 수령의 현지지도는 중간관료뿐만 아니라 대중의 불신에서 시작되었다. 현지지도 과정에서 그 누구도 대중을 지도와 동원의 대상으로 생각했을 뿐 그 누구도 정치의 주체로서 인식하지 않았다. 하지만 대중은 피동적인 존재만은 아니었다. 권력과 체제의 모순을 인식하고 근본적 변화를 요구하지는 못했지만, 권력으로부터 배제와 경제잉여 배분에서의 소외에 대해 저항하였다. 전후복구 과정부터 지속적으로 노동자는 태업, 이직, 결근 등의 형태로 소극적인 저항을 벌였다. 농민들의 저항은 노동자의 그것보다 강력했으며 보다 적극적이었다. 전후복구 기간에 농민들의 저항은 농업집단화의 추진에 따른 부정적인 반응(reaction) 정도에 그치는 수준이었다면, 1956년 8월 종파사건 이후에 보다 적극적인 저항이 이루어졌다. 특히 '신해방지구'의 협동농장에서 이탈하려는 움직임은 '배천바람'으로 명명되었다(서동만 2005, 700~705; 김연철 2005, 107~111).

대중의 소외는 잉여생산물의 배분을 통해서 보다 명확히 확인된다. 북한의 공식 통계는 대중의 소득을 강조한다. 이 기간에 노동자와 사무원의 실질임금은 1956년과 비교하면 두 배 이상 증가했으며, 농업협동조합 1호당 분배량이 알곡의 경우에는 약 1.3배 정도 상승했다는 것이다(중앙통계국 1961,

33~34). 그러나 북한의 공식적 통계를 그대로 수용한다고 해도 소득증가는 국민소득의 증가와 비교할 때 크지 않았다. 소득증가는 국민소득 증가를 따라가지 못했고, 1959년에는 소득수준이 정체되었다(이영훈 2000, 91). 1960년 완충기의 설정이 불균형을 방지하고 인민생활 향상을 위한 것이라 주장했지만, 그것은 사실과 다르다. 완충기가 종결된 이후에 북한은 공식적으로 완충기를 다음과 같이 설명하고 있다.

> "우리 당은 사회주의 공업화의 기초 축성이 현저히 기간 단축하여 완수됨과 관련하여 농업 생산의 장성이 일시 공업에 기하여 얼마 간 뒤떨어지게 되었으며 일부 공업 부문 내부에서 부분적인 긴장성이 조성되었을 때 1960년을 완충기로 규정하고 이 부분적인 긴장성을 짧은 기간 내에 풀었으며 뒤 떨어진 개별적 부분들을 급속히 추켜세웠다(리석심 1961, 50)."

이는 비록 단기간에 완충기가 해결되었음을 강조하고 있지만, 산업구조의 불균형이라는 문제를 우회적으로 시인하고 있는 것이다. 완충기는 중공업 우위의 축적전략이 실제 확대재생산으로 이어지지 못한 축적의 위기였다.

대중의 소득이 증가했다고 해도 소비재가 부족했다. 배급제가 1957년과 58년을 거치면서 점차 품목과 수량을 줄이고 있었기 때문에 소득증가가 의미를 가지기 위해서는 소비재의 증가가 필요했다. 하지만 이 시기에 중공업 우위의 축적전략은 더욱 가속화되었고, 경공업 부문에 대한 국가의 투자는 미약했다. 소비재가 부족한 상황에서 소득의 상승은 그 의미가 퇴색될 수밖에 없다. 이는 저축의 증가로 나타난다. 안광즙(1957, 47)은 경공업 생산과 상품유통을 주민들의 화폐수입의 증가에 따른 구매력 상승에 맞추어야 한다고 말한다. 그에 따르면 1957년 5월 말 현재 저금기관들의 개인 저금잔고는 1956년 말에 비하여 133.6%로 증가했다고 한다. 게다가 거래세(거래수입금)가 부과되었기 때문에 소비재는 생산재와 비교할 때 상대적으로 더욱 더 높은 가격에 거래되었다. 국가는 소비재 거래의 증가를 거래세를 통해서 억제하고 있었다.

제3절 지배체제 원형의 완성: 중앙집권적 계획경제 체제의 완성과 그 한계

1. 경제위기와 잉여생산물의 부족

1960년 이후에 '국가예산수입'의 구성은 크게 변화되지 않은 것으로 보인다. 1960년 이후 국가예산수입에 대한 북한의 공식 통계마저 발표되지 않기 때문에, 구성비율의 변화는 제한적인 자료로 추정할 수밖에 없다.[27] 1960년 까지의 경향을 감안하고, 농업현물세가 1966년 폐지된다는 점을 감안할 때, 국가예산수입의 대부분을 거래수입금과 국가기업금이 차지하였다고 미루어 짐작할 수 있다.[28] 거래수입금이 차지하는 비중이 가장 높다는 점은 이 시기에 소비재 거래에서 발생하는 잉여가 중공업 부문으로 이전되었음을 의미한다.

김종일이 1961년 『경제연구』 3호에 기고한 "거래수입금의 기능제고를 위한 몇 가지 문제"라는 제목의 논문에서는 거래수입금의 부과대상을 생산재로 확대할 것을 제안되고 있다. 김종일(1961, 11)은 그 이유를 다음과 같이 기술하고 있다.

> "생산수단 가격의 가치로부터의 배리, 생산수단 생산 부문에서 거래수입금의 탈락은 그것이 초래하는 부정적인 면들, 즉 기본건설 투자와 새 기술 도입의 경제적 효과성의 타산, 인민 경제부문들 간의 균형 및 축적과 소비 간의 균형타산에서의 곤난성, 그것뿐만 아니라 독립채산제 기업소 기관들의 경제적 활동에 대한 재정적 통제를 원만히 수행함에 있어서도 곤난성을 조성한다."

이 논문은 완충기 이후 북한 내부에서 재정위기에 대한 극복 방안으로 생산재에 대한 거래수입금 부과 문제가 논의되고 있다는 점을 말해준다. 이는 비록 한시적이지만 완충기 이후 경공업에 대한 투자의 확대가 이러한 논의의 결과라는 점을 알게 해준다.

그런데 이 시기 생산에서 '설비이용률'을 높일 것을 더욱 더 강조했다는 점에 주목할 필요가 있다. '청산리 방법'과 '대안의 사업체계'는 협동조합과 공장 및 기업소의 생산조직 혁신을 통해서 그리고 '계획의 일원화와 세부화'는 계획의 중앙집권적 위상과 역할의 강화를 통해서 설비이용률의 증가를 강조한다. 1962년 1월『근로자』에 발표된 "산업부문에서 청산리 방법의 위대한 구현"이라는 제목의 논문에서 1961년 설비리용률을 설비의 이용시간을 통해서 검증하고 설비이용률 하락의 원인을 사고 및 돌발보수, 계획보수, 부속품 부족, 일감 및 원자재 부족, 기능공 부족 등으로 꼽고 있다. 여기서 흥미로운 점은 설비의 이용시간으로 계산된 분석에서 설비이용률이 채 70%가 되지 못한다는 점이다. 또한 김일성은 1965년 9월 23일 국가계획위원회 총회에서의 "인민경제계획의 일원화, 세부화의 위대한 생활력을 남김없이 발휘하기 위하여"라는 제하의 연설에서도 계획의 세부화의 주요한 목표 가운데 하나가 설비이용률의 증가에 있음을 명백히 밝히고 있다.

> "그전에도 우리가 계획화의 주요한 결함이 세부계획이 없는데 있다는 것을 대체로 알고있었지만 이번에 여러곳에 나가서 따져본 결과 이것이 더욱 뚜렷하게 되었습니다. 지금 이른바 비폰드물자는 사실 계획화하지 않고 있으며 채취공업에서 세부탐사도 계획화하지 않으며 설계에서 세부설계를 하지 않습니다. 이런 세부계획이 없다보니 설비리용률이 낮으며 생산도 잘 안되고 안될 수밖에 없었던 것입니다(김일성 1965)."

설비이용률 제고라는 과제는 결국 당의 지도를 통해서 실현가능하다. 이러한 생각 뒤에는 설비이용률 하락이란 문제가 결국 중하층 관료 때문이라는 생각이 숨겨져 있다. 조동섭(1962, 16)은 대안의 사업체계가 "경제지도에서 관료주의, 형식주의, 기관본위주의 등 낡은 잔재들을 쓸어버리게 하고 모든 사업과 생활에서 활기를 띠게 하며 계속 혁신, 계속 전진을 가져오는 위대한 힘을 주고 있다."고 평가함으로써, 사실상 대안의 사업체계가 관료의 렌트추구와 연성예산제약을 당의 지배를 통해서 극복하기 위한 전략임을 알게 해준다. 이러한 논리에는 계획경제에서 발생하게 되는 비효율성이 모두 중하층 관료 때문이라는 원인 진단이 전제되어 있다.

북한의 공식적인 설명은 설비이용률 저하의 본질적 원인을 규명하고 있지 못하다. 본래 자본주의 경제에서 설비가동률(capacity utilization)이 낮다는 점은 두 가지를 의미한다. 하나는 기계와 설비에 대한 과잉투자(overinvestment)를 의미한다. 다른 하나는 곧 생산성 하락을 의미한다. 생산성 하락은 새로운 투자를 위해서 필요한 경제잉여가 부족함을 의미한다. 전자가 원인이라면, 후자는 결과이다. 그런데 북한은 과잉투자와 잉여생산물의 부족이라는 점에 대해서 전혀 인정하고 있지 않다. 다만 '완충기'를 설정함으로써 간접적으로 시인하고 있을 뿐이다. 김일성은 완충기의 필요성을 다음과 같이 설명한다.

> "완충기라는 것은 전쟁에 비유하여 말하면 어떤 한 고지를 점령하기 위한 전투가 끝났을 때에 소모된 병력과 식량, 교복, 무기, 탄약 같은 것을 보충하고 전투대오를 정비하고 다시 편성하며 이미 쟁취한 진지를 더욱 튼튼히 하고 다음 고지를 점령하기 위한 새 전투를 준비하는 시기입니다. 사회주의 건설에서도 역시 경제발전의 한 단계를 이루는 커다란 과업을 수행한 다음 새로운 단계의 과업을 수행하는 데로 넘어갈 때에는 반드시 이미 거둔 성과를 튼튼히 하며 새 과업을 성과적으로 수행하기 위한 준비 사업을 하여야 합니다(김일성 [1959]1981b, 456)."

그리고 완충기에서 산업부문 간 불균형의 문제와 공업부문에서 설비이용률의 제고가 강조되었다는 점은 지난 시기의 계획에서 발생한 문제(즉 과잉축적(overaccumulation)과 그로 인한 경제잉여의 부족)를 간접적으로 시인하는 것이다.

완충기를 기점으로 설비이용률이 더욱 더 저하된 원인은 단지 원자재의 부족만으로 설명하기는 어렵다.[29] 조직 혁신이나 중앙집권적 기능의 강화로 해결될 문제인가를 논의할 필요성이 있다. 북한은 내부예비의 동원을 위해서 생산조직의 혁신(대안의 사업체계)과 계획의 편성과 집행에서 중앙집권적 기능을 강화(계획의 일원화와 세부화)하는 방식을 택하게 된다(이태섭 2001). 생산성이 하락한 상황에서 정치권력의 직접적인 관리와 통제가 필요하다고 인식한 것이다. 그러나 당시 설비가동률의 하락과 성장률의 지체는 계획경제의 고질적인 문제이다. 당시 경제위기는 중공업 부문의 과잉투자 때문에 생산부문 간의 불균형과 생산성의 하락이 발생했고, 그에 따라 확대재생산을 위해 필요한 잉여생산물의 생산이 어려워졌기 때문에 발생한 것으로 보인다.

환언하면 이 시기 이후 잉여생산물의 구성은 크게 변화되지 않는다. 거래수입금과 국가기업이익금이 가장 중요한 잉여생산물이다. 하지만 완충기를 기점으로 계획경제의 고질적인 문제가 발생하기 시작했다. 결국 경제잉여의 부족이라는 문제가 발생하게 되었으며, 정치는 이 문제 해결에 집중하게 된다. 김일성은 설비이용률 저하에 대한 자의적 해석을 근거로, 과잉축적의 위기를 기회로 전일적 지배체제를 구축하려 한다. 비로소 이른바 북한의 지배체제가 완성되는 계기가 된다.

2. 경공업 부문의 투자 확대와 중공업 우위의 축적전략으로의 선회
: 투자 분야의 변경과 생산조직 혁신의 정치적 의미

1959년 12월 전원회의에서 1960년을 '완충기'로 규정하였다. 완충기는 1차 5개년 계획을 앞당겨 성공시켰기 때문에, 다음 계획을 준비하기 위한 기간이다(김일성 [1959]1981b, 456). 이 시기 해결해야 할 중점 과제로 제시된 문제들은 다음과 같다. 첫째, 농업부문의 기계화를 통해서 농업 생산력을 발전시키는 일이다. 둘째, 수산업과 소비재 생산을 발전시키고 주택건설의 증가를 통해서 인민생활을 향상시킨다. 셋째, 노동생산성과 설비가동률을 높이는 일이다. 넷째, 외화를 확보하는 일이다. 소련 역시 산업화 과정 초기에도 기계와 설비를 수입하기 위한 자금 마련을 위해서 외화획득이 필요했고, 그에 따라 수출이 강조되었다(Nove 1998, 219). 북한 역시 유사하다. 그런데 특이한 점은 이 시기에 조총련계의 북송이 시작된다는 점이다. 통일원(1996, 101)이 북한 간행물들을 종합한 통계에 따르면 1959년 1~3차에 걸쳐 2,942명이 북송된다. 조총련계의 북송은 외화획득의 주요수단 가운데 하나였던 것으로 보인다. 궁극적으로 완충기의 이와 같은 과제들을 통해 해결해야할 문제는 '인민경제의 균형'을 성취하는 일이었다(김일성 [1959]1981b, 459~483).

1960년 완충기를 선언하고 균형을 강조하게 된 직접적 원인은 공식적인 설명과는 달리 확대재생산이 어려웠기 때문이다. 중공업 우위의 불균형 성장전략을 고집했지만, 농업과 소비재 부문의 상대적인 저성장으로 인해 생산부문 간의 격차가 커짐으로써 축적의 위기가 발생하게 되었다. 위기의 가장 직접적인 원인은 중공업 부문의 과잉축적이다. 완충기에 기술혁신운동을 통해서 노동생산성과 설비이용률의 증가가 강조된다. 1960년 10월 28일자『로동신문』은 "중공업위원회 산하 각 공장, 기업소, 로동자들은 전원회의 이후 10월 말까지 2개월 동안에 무려 192건의 자동화와 2,360여 건의 기계화를 8월 이전 월실적에 비하여 6.7배에 해당한다."고 선전하고 있다. 이는 완충기의 괄목할 만한 성과를 과시하기 위한 것이겠지만, 그만큼 그동안 설비가 충분히 이용되고 있지 못했다는 반증이기도 하다. 설비이용률 제고의 필요성이 강조되고 있는 이유는 경제원조가 감소하는 상황에서 생산재 부문의 축적을 위해 기계와 설비의 수입이 재정적으로 부담되었기 때문일 것이다. 무상원조가 감소하는 상황에서 외채 부담을 해결하기 위해 광물, 금속공업, 수산업, 농업 부문의 수출을 강조하게 되었다(『조선전사 29』 1981, 222).

완충기는 과잉축적 위기의 서곡을 알리는 신호에 불과했다. 1960년대 초반 경제성장의 지체는 지속되었던 것으로 보인다.[30] 사실 1960년대 초반 경제위기는 전후복구 과정과 1차 5개년 계획기간 동안 중공업 부문에 대한 우선적 투자가 과잉투자와 산업부문 간 불균형을 초래하여 결국 확대재생산을 어렵게 했기에 발생한 것이다. 이 시기 북한 내부에서도 산업구조의 불균형에 대한 문제가 지적되었던 것으로 보인다. 그렇지만 경공업의 투자는 한시적인 것이었다. 결국 중공업 우위의 축적전략으로 선회하게 된다. 국내 북한 연구에서도 이러한 부분에 대해서는 큰 이견이 존재하지 않는다. 다만 이영훈(2000, 65)은 거래세를 통해서 소비재 유통의 확대로 발생한 경제잉여가 중공업으로 이전되었다고 판단하고 있다. 이태섭(2001, 194)은 1965년 남한의 베트남 참전 등으로 위기의식이 확산되었고, 그로 인해 국방력 강화를 위한 중공업 부문에 대한 투자가 확대되었다고 설명한다. 두 연구의 차이는 각각 분석시기의 차이점 때문에 발생한 것으로 보인다. 북한의 공식 통계에 따르면 1차 7개년 계획 기간(1961~1967년)의 경공업에 대한 투자의 비중은 평균 25%이었다(통일원 1996, 150). 경공업에 대한 투자는 1차 5개년 계획(1957~1961년)과 비교할 때 공업부문에서 차지하는 비중은 평균 7% 정도의 상승한 수치이다. 이는 적은 비율이 아니다. 계획기간 후반에 중공업에 대한 투자 비율이 현저히 증가했다는 점을 감안하면, 1960년대 초반 경공업에 대한 투자의 확대는 큰 폭이었음을 알 수 있다.

경공업 부문에 대한 투자의 확대는 완충기를 기점으로 당과 대중의 권력관계를 가늠하게 해준다. 경공업 부문에 대한 투자의 확대는 산업부문 간의 불균형을 해소하여 지속적으로 확대재생산을 가능하게 하기 위함이다. 즉 경공업에 대한 투자의 확대는 한편으로 생산재의 수요를 확대시키고 다른 한편으로 소비재의 생산증가 그리고 소비수요 충족을 가능하게 해줄 수 있다. 계획경제에서 이와 같은 경제잉여의 투자처가 변화되었을 때는 그 내부의 권력관계 변동에 관심을 기울여야 한다. 비록 김일성계가 권력을 독점하고 있다 하더라도 그리고 권력 상층부의 권력투쟁이 없더라도 정치권력과 대중의 관계에 미묘한 변동이 있었을 가능성이 있다. 전후복구와 1차 5개년 계획의 성과로 소득증가가 있었던 반면 배급제, 거래세, 화폐개혁 등 다양한 방식으로 수요가 억제되고 있었다. 이는 직접적이지 않더라도 잠재적인 정치적 갈등의 요인으로 작용한다. 현존 사회주의에서 수요억제를 근간으로 하는 이와 같은 방식의 급속한 산업화는 대중의 직접적인 반발과 저항은 없다고 하더라도 권력과 대중 사이의 정치적 긴장의 요인이 된다(Jan 1979, 10). 북한체제 내부에서도 이와 같은 잠재적 갈등요인이 제한적이지만 작동하고 있었고, 권력은 이를 미리 차단하고자 했다. 이러한 잠재적인 갈등요인은 이후 경제조정양식—계획과 시장(혹은 가치법칙)—을 둘러싼 갑산파와의 투쟁으로 표출되었다.

그러나 김일성계는 사회적 수요를 반영하고 잠재적인 정치적 긴장의 요인을 해결하기보다 중공업 부문에 대한 투자를 지속한다. 김일성계의 입장에서 중공업 우위의 축적전략은 권력의 정당성과 직결되는 문제이다. 경제성장의 지체가 지속되는 가운데 새로운 발전전략으로의 전환은 쉽지 않았을 것이다. 오히려 설비이용률 하락의 문제를 생산조직의 문제로 치부하거나 중하위 관료와 노동의 탓으로 돌리는 것은 바로 이러한 이유 때문이다. 이 시기 권력은 분명 정당성의 위협을 느끼고 있었다. 이는 1962년 경제-국방노선의 채택을 통해서 확인할 수 있다. 또한 중공업 우위의 축적전략, 대안의 사업체계, 계획의 일원화와 세부화 등은 김일성계가 정당성의 문제를 1960년대에 어떻게 풀어가려 했는지를 말해주는 정책들이다.

1) 생산조직 혁신의 기원: 중앙집권적 사회체제의 태동

(1) 청산리 방법

농업집단화의 결과 농업잉여에 대한 국가 통제와 관리가 가능해졌기 때문에, 일반적으로 농업집단화는 농업의 계획화로 이해되었다. 하지만 농업집단화가 완료되었음에도 불구하고 정치권력은 만족하지 못했다. 북한의 공식 통계는 알곡생산량의 지속적인 증가를 주장하지만, 국내 북한연구는 이것이 정치적 수사에 불과하다는 점을 밝혀냈다. 기계화를 통한 농업 생산력의 증가는 완충기의 주요 과제 가운데 하나였다. 청산리 방법은 바로 이러한 문제를 극복하기 위한 대안으로, 1960년 2월 5일 청산리와 강서군의 현지지도에서 나타난 모범적 성과를 의미했다. 그 방법은 현지지도와 천리마운동과 그 방식이나 목적이 일치한다. 그 대상에 차이가 있을 뿐 사회경제적 지배체제를 실현하기 위한 정책의 일환이라는 점에서 앞서의 두 정책과 궤를 같이한다.

김일성([1960]1981a, 56~93)은 1960년 2월 8일 강서군 청산리당총회의 연설("사회주의적 농촌경리의 정확한 운영을 위하여")을 통해서 계획을 통한 사업 진행의 필요성을 역설하고, '리당위원회'가 농업협동조합의 관리위원회를 조정하는 '키잡이' 역할을 할 것을 제기하고 있다. 그 내용은 한편으로 '집체적 토의'를 통한 '계획'의 수립을 강조하는 것이고, 다른 한편으로 이러한 계획을 책임지고 통제하고 관리할 '리당위원회'의 역할을 강조하는 것이다. 먼저 계획수립에서 '집체적 토의'를 강조하게 된 이유는 협동조합의 완성으로 그 이전과 달리 농업의 규모가 확대됨에 따라 그에 상응하는 적절한 계획의 수립을 위한 것이다. 그러나 집체적 토의는 보다 세밀하고 정확한 계획수립을 위한 것일 뿐, '민주적'인 성격을 보여주는 것은 아니다. 오히려 집체적 토의는 협동조합 농장원들에 대한 통제와 관리를 위한 하나의 수단이다. 아래로부터의 의견 수렴은 농업생산력의 증가를 위한 것일 뿐, 농업생산물의 분배에서는 오히려 '사회주의 분배 원칙'에 따른 경쟁을 강조하고 있다. 즉 집체적 토의를 통한 아래로부터의 의견 수렴은 '당의 지도'를 강화하기 위한 형식적 절차에 불과하다.

다음 김일성([1960]1981b, 94~121)은 2월 18일 강서군당위원회 전원회의에서 한 연설("새 환경에 맞게 군당단체의 사업방법을 개선할데 대하여")에서 '군당위원회'의 역할이 강조되었다. '군내 인민경제'는 '군인민위원회'가 책임 지게 되며, 다시 군당위원회는 군인민위원회를 통제하고 관리한다. '리'가 한 개의 협동조합으로 통합되어 하나의 생산 단위가 되었기 때문에, 군당위원회 가 말단지도기관이 된다. 당의 위계적 순서는 이제 '당중앙, 도당, 군당, 생산 단위'로 되어 있으며, '리당'은 생산 단위의 초급당 성격을 띠게 된다. 군당위 원회의 사업방식에서도 '정치사업의 우선'과 '집체적 지도'가 강조된다. 여기 서 주목해야 할 부분은 군사업의 인전대 조직—특히 농촌에서 민청의 역할 이 강조된다—의 역할이 강조되고 있다는 점이다. 이는 대중동원의 방식에 서 당의 직접적인 지배만이 아니라 대중조직을 이용한 '자발적 동원'의 형식 을 취하는 동시에 농촌사회에서의 지배체제를 확립하기 위한 전략이다.

청산리 방법 역시 관료주의와 형식주의를 비판하고 수령과 대중의 직접적 인 교류를 통해서 권력의 외연을 확대하려 한 것임에 분명하다. 하지만 반종 파투쟁, 천리마 운동, 농업협동화 등을 통해 잉여생산물의 수취와 배분에서 독점적 결정이 가능해졌을 뿐만 아니라 대중의 동원과 통제가 가능해졌기 때 문에, 이제 이를 제도화하고 공고화하기 위해 하급 당조직의 역할을 강조하 기 시작하였다. 군당위원회는 생산 단위인 '초급당단체'를 하위에 두고 직접 지도하였으며, 이를 토대로 농업협동조합이 계획을 집행하게끔 통제하고 관 리한다. 수령을 정점으로 하급 당 조직까지 각각의 역할이 부여되고, 각 당조 직은 그러한 역할에 맞게 사회경제적 지배를 성취함으로써 하나의 유기체와 같은 사회구성 원리를 탄생시킨다. 생산조직의 혁신을 통해서 사회경제 부문 에 대한 지배체제를 정립하려는 시도가 시작된 것이다. 즉 청산리 방법은 현 지지도와 대중운동의 결합을 하위 당조직인 군당위원회를 통해서 재생산하 기 위한 대안이다. 궁극적으로 정치권력은 생산조직의 혁신을 통해 사회경제 적 부문에서의 지배체제를 성취하려 하였다.

(2) 농업협동농장경영위원회

청산리 방법은 1961년 12월 15일 조선노동당 중앙위원회의 정치위원회 확대회의("새로운 경제관리체계를 내올데 대하여") 이후 '새로운 농업체계'로의 제도적 개편이 추진된다. 12월 18일 평안남도 숙천군에 대한 현지지도를 통해서 군인민위원회로부터 농업부문의 경영 기능을 분리시키고, 농업지도기관인 '군농업협동조합경영위원회(이후에 군협동농장경영위원회)'를 창설한다. '농업협동조합 경영위원회'는 "군안의 농업기술자들과 농기계제작소, 농기구공장, 관개관리소 등 농업경영에 관련된 국가기업소들을 틀어쥐고 직접 협동농장을 현지에서 지도하는 기능과 협동경리에 대한 국가의 물질기술적 방조를 실현하는 기능을 수행한다." 경영위원회가 이와 같은 역할을 할 수 있는 것은 농업부문의 기계화를 위해서 제공되는 일련의 생산수단들이 모두 '국가재산'이기 때문이다. 하지만 협동적 소유가 사라지는 것은 아니며 국가재산과 협동적 소유를 엄격히 구분할 필요성이 제기된다. 이는 "전 인민적 소유와 협동적 소유를 유기적으로 결합시키고 협동경리에 대한 국가적 지도와 방조를 강화한다는 점"이 강조된 것을 통해 알 수 있다(김일성 [1961]1981b, 465~472).

새로운 농업관리체계의 주요한 특성은 "농촌경리를 기업적 방법으로 지도한다는 점"이다(김일성 [1961]b, 465~466). '군농업협동조합경영위원회'는 청산리 방법에 따라 군당의 지도를 받게 되어 있었다. 군당위원회의 지도기능은 강화되었으며, "군인민위원회는 국토관리, 건설, 사업, 교육, 문화, 보건사업에 주력하면서 협동농장관리위원장이 리인민위원회 위원장을 겸하지만 리서기장과만 사업하게 되었다"(『조선전사 30』 1982, 67). 군의 이와 같은 변화는 각 도와 중앙에서의 농촌관리체계 변화를 가져왔다. 군은 직접 농촌과 도시가 '경제적 련계'를 맺게 도와주는 환절이면서, 지방경제를 발전시키고 농촌에 대한 공급기지이기 때문에(김일성 [1962]1982b, 243~244), 군당의 지도기능이 강화되기 위해 도와 중앙의 변화가 필요한 것은 일정 정도 당연한 일이다. 이에 각 도에는 '도농촌경리위원회'를, 중앙에서는 농업성을 '농업위원회'로 개편하였다.

> "도농촌경리위원회는 당시 도인민위원회로부터 농업지도기관과 관리기구를 넘겨받아 협동경리를 지도하는 사업체계와 국영경리를 지도하는 사업체계를 세우고 군협동농장경영위원회들과 국영농목자들을 직접 지도하면서 도 내의 전반적인 농촌경리를 자재공기관이 자재상사를 가지고 군들에 농기계와 비료, 농약, 등 영농자재를 보장하는 사업과 작물배치, 종자선정, 시비체계의 수립과 같은 과학기술적 지도를 담당수행하도록 하였다 …(중략)… 매개 도들에 국가의 전문적인 농업지도기관이 조직되는 조건에서 중앙의 농업위원회는 당면한 농촌경리사업 전반을 지도하면서도 주로는 우리 나라 농업기술발전방향에 대한 연구사업, 농촌경리의 전망적 발전과 관련된 문제들을 풀기위한 과학연구사업과 간부양성사업, 대자연개조사업을 조직지도하는 데 힘을 넣을 수 있게 사업체계를 세웠다(『조선전사 30』 1982, 68)."

이와 같이 군농업협동농장의 형성과 군당의 지도기능 강화를 기폭제로 중앙부터 도, 군단위에 이르는 위계적인 국가농업지도체계가 형성되었다. 청산리 방법으로 시작된 농업부문의 생산조직 혁신이 군, 도, 국가 수준에 이르기까지 전일적으로 실시됨으로써 농업부문에서의 지배체제가 구축되었다. 물론 이는 국가에 의한 농업잉여의 확대를 위한 일이었다.

2) 공업부문의 생산조직 혁신
: 대안의 사업체계와 중앙집권적 지배체제 구축의 본격화

대안의 사업체계는 1961년 12월 6일부터 16일까지 대안전기공장에 대한 현지지도를 통해 얻은 성과를 공업관리체계로 일반화시킨 것으로서 청산리 방법을 공업에 적용한 것이다. 대안의 사업체계 역시 생산조직의 혁신을 통해서 관료주의를 해결하고, 내부예비를 찾아내어 중공업 우위의 축적전략을 지속·강화하기 위한 정책의 일환이다. 유일관리제의 문제점은 생산조직, 즉 공장 및 기업소의 관리체계, 자재공급체계, 노동자에 대한 후방공급체계 등 세 가지 차원에서 논의된다(김일성 [1961]1981b, 431~441). 무엇보다 가장 중요한 문제는 공장관리체계에 존재하는 탈중앙집권적(decentralized) 경향이다. 대안의 사업체계는 이러한 탈중앙집권화의 경향을 해결하고, 조직혁신을 통해서 중앙집권적 명령경제 시스템을 강화하는 일이다.

김일성([1962]1982c, 497~508)은 1962년 11월 9일 대안전기공장당위원회 확대회의("대안의 사업체계를 더욱 발전시킬데 대하여")에서 대안의 사업체계의 우월성을 다음과 같이 평가하고 있다. 첫째, 공장관리 운영에서 집체성을 보장했다는 점이다. 기존에는 공장의 모든 결정 권한을 지배인이 가졌지만, 새로운 사업체계에서는 '공장당위원회'가 최고지도기관으로 공장을 관리 운영한다. 공장당위원회는 35명으로 구성되며, 여기에는 당간부, 행정간부, 핵심적 노동자를 포함한다. 당위원회의 지도를 통해서 모든 당원들과 노동자들을 움직이게 함으로써 생산의 혁신을 가져올 수 있는 것으로 이해된다. 둘째, 계획적으로 운영하는 데 효과적이다. 대안의 사업체계는 군중노선을 통해서 관료주의를 극복하고 효과적인 계획운영을 가능케 하는 것으로 인식된다. 셋째, 기술적 지도를 강화하여 생산을 종합적으로 지도할 수 있다는 점이다. 넷째, 자재, 부속품, 반제품 등의 공급이 원활해진다. 자재를 '위'에서 '아래'로 공급해주는 체계가 확립되었기 때문이다. 다섯째, 노동자의 후방공급체계가 확립되었기 때문이다. 대안전기공장에서는 '후방부지배인'과 '공장로동자지구'에 있는 정권기관, 종합상점, 농목장, 협동농장 같은 후방공급사업에 참가할 수 있는 모든 기관들이 하나의 경리위원회를 조직하여 그 지구 안에 사는 노동자들의 생활을 책임지도록 했다.

김일성([1962]1982c, 497)은 대안의 사업체계가 "하나는 전체를 위하여, 전체는 하나를 위하여"라는 '공산주의적 원칙'을 구현한 기업관리 체계로 선전하고 있다. 그러나 북한의 이와 같은 평가는 곧 대안의 사업체계가 가지고 있는 강제적이고 억압적 성격을 말해주는 것이다. 대안의 사업체계는 기업관리 체계를 통해서 '전체가 하나를 위하여' 존재함을 확인시켜준다. 또한 대안의 사업체계는 기업 및 공장 관리조직을 개편함으로써 새로운 내부예비를 찾아내어 계획의 효율성을 극대화하기 위한 전략이기도 하다. 이를 위해서 수령을 꼭짓점으로 하는 당조직이 경제관리의 주체가 되어 공장관리의 혁신을 추진하게 된다. 형식적으로 군중노선을 강조하지만 대중의 참여는 극히 제한된다. 대중의 혁명적 열의를 생산성 향상의 원동력으로 묘사하지만, 실제로는 대중 가운데 생산성이 높은 사람이 곧 혁명적 열의가 높은 사람이 된다. 위계적인 당조직을 이용하여 계획의 실질적인 집행 단위인 공장과 기업소를 명령경제 시스템에 따라 설정된 계획 목표의 달성을 위해서 부여된 기능을 수행하도록 한다. 국가는 하나의 단일기업과 같으며 유기체와 같이 작동하게 된다. 여기서 계획 편성 단위가 계획을 수립하고 각 부서와 기업들이 해야 할 역할들을 결정하는 '뇌수'와 같다면, 계획 집행 단위인 공장 및 기업소는 이를 실천하는 '손과 발'이 된다.[31]

대안의 사업체계는 유일관리제의 문제, 즉 탈중앙집권화의 경향을 해결한 것으로 이해되고 있다. 대안의 사업체계와 유일관리제의 가장 주요한 차이점은 지배인이 당위원회의 집체적 관리 형태로 변화되었다는 점이다. 물론 유일관리제하에서도 당에 의한 관리가 강조되었지만, 지배인을 비롯한 중하위 관료가 일정 정도 자율성을 가지고 있었기 때문에 당의 영향력 강화에는 한계가 있었다. 그 이유는 자재공급을 공장과 기업소가 각각 스스로 해결해야 하는 측면이 있었기 때문이다. 그리고 노동에 대한 통제와 관리를 위한 후방공급 역시 역부족이었기 때문이다. 이에 당은 생산, 자재공급, 후방공급 관리를 총괄하는 대안의 사업체계를 통해서 당의 사회경제적 지배를 완성하려 하였다.

물론 유일관리제 역시 당의 지배를 실천하기 위한 방안이었다. 하지만 '관료주의'와 '본위주의'라는 문제가 지속적으로 발생했다. 이는 연성예산제약과 계획의 비효율성을 발생시키는 주요 요인으로 지적되었다.[32] 유일관리제하에서의 관료주의와 본위주의는 당의 지배가 관철되지 못해 발생한 문제라는 비판을 받게 된다. 이에 당은 현지지도와 천리마 운동 등 대중과의 직접접인 교류를 통해 당의 지배를 실현하려 하였다. 초기에는 천리마 운동 등을 통해서 중간관료는 새로운 계급으로 교체되었다. 그 후 마침내 대안의 사업체계를 통해서 유일관리제를 대체하고, 생산조직을 당위원회 중심으로 재편하여 사회경제적 지배체제를 추진한다.

대안의 사업체계는 권력의 외연이 확대되는 과정으로 이해되어야 한다. 시럭키(Selucky 1972, 10~18)는 계획경제와 외연적 성장의 관계를 논의할 필요성을 제기한다. 그는 권력이 외연을 확대하기 위해 확대재생산을 추구하게 되며, 이를 통해서 외연적 성장방식이 나타나게 된다는 설명을 내놓는다. 새로운 국영기업과 생산설비는 당과 국가의 직접적인 통제하에 있는 생산수단의 국유화 영역을 확대한다는 것이다(Selucky 1972, 23). 시럭키의 논의는 현존 사회주의 체제에서 실질적으로 당의 지배를 확대하기 위한 생산 단위의 역할을 시사해준다. 대안의 사업체계 역시 바로 이러한 맥락에서 이해되어야 한다. 대안의 사업체계는 당의 직접적인 지배를 통해서 권력의 외연을 확대하여 사회경제적 지배체제를 구축하기 위한 정책의 일환이다. 물론 북한의 유일관리제 역시 당에 의한 지배를 추구하였으나 일정한 한계에 직면했다. 그래서 공장과 기업소 단위에서 '당위원회'의 직접적인 지배를 통해 이러한 문제를 극복하려 했다. 이는 2차 세계대전 이후 소련 사회의 변화를 규정짓는 개념인 '성숙된 스탈린주의(mature stalinism)' 혹은 '절정기 스탈린주의(high stalinism)'와 맥락을 같이하고 있다(Lankov 2006; 차문석 1999). 절정기 스탈린주의 개념의 기원은 성숙된 스탈린주의이다. 케이플(Kaple 1994, 7~13)은 개념의 기원이 비알러(Bialer 1980, 9~27)에 있음을 분명히 하고 있다. 한편 로젠베르크와 영(Rosenberg and Young 1982, 216~219)은 2차 대전 이후 절정기 스탈린주의의의 사회적 결과로 대규모 국영농장으로의 개혁, 부와 권력이 독점된 스탈린 정권(regime), 니콜라스 2세 때보다 더욱 더 심각한 위계적인 사회적 관계의 지배 등을 중요한 특성으로 설명하고 있다. 비알러는 스탈린주의와 전체주의를 구별하기 위해서 이와 같은 성숙된 스탈린주의의 개념을 정립했지만, 라이히만에 의해서 그것 역시 전체주의로 분류되고 있다. 특히 절정기 스탈린주의의 주요한 특성인 공장 단위의 '당의 직접적 지배'(Kaple 1994, 7)와 '위계적인 사회적 관계의 형성'(Rosenberg and Young 1982, 219)이라는 특성이 대안의 사업체계 이후 북한의 사회경제적 변화와 동일한 특성을 가진다.

그러나 대안의 사업체계를 통한 당 지배의 실효성은 북한 측의 설명처럼 명확해 보이지 않는다. 권력은 공장관리에 대한 당의 지배를 구현하려 했지만 여전히 현실적인 한계가 있었다. 계획에는 중앙집권적 경향과 탈중앙집권적 현실이 공존했다(Granick 1954, 11). 이는 대안의 관리체계가 형성된 이후에도 관료주의와 본위주의에 대한 권력의 비판이 지속되고 있다는 점을 통해 확인된다. 바로 이 부분이 대안의 사업체계가 스탈린주의와 유사한 점이다. 스탈린주의 역시 강력한 중앙집권적 경향을 가지고 있었지만, 그 내부에는 탈중앙집권화의 경향이 존재하고 있었다. 즉 지배체제를 성립하려는 권력의 시도가 스탈린주의적 유토피아라면, 그것의 한계는 스탈린주의적 현실이다.

3. 계획의 일원화와 세부화의 정치경제적 의미
: 지배체제의 제도적 완성과 한계

지배체제의 완성을 위해서는 계획의 중앙집권적 성격이 더욱 더 강화될 필요가 있었다. 1964년 12월 조선노동당 중앙위원회 제4기 제10차 전원회의와 65년 9월 국가계획위원회 당총회에서 '계획화 사업'을 보다 강화하기 위해 '계획의 일원화와 세부화'가 제시된다. 청산리 방법과 대안의 사업체계가 계획의 중앙집권적 성격을 강화하기 위해 생산조직을 혁신한 것이라면, 계획의 일원화와 세부화는 제도화를 통해 경제조정양식으로서 계획의 기능을 강화하는 일이다. 전자가 경제행위자 수준의 미시적 개편을 통해서 중앙집권적 경향을 강화한 것이라면, 후자는 계획 편성의 중앙 통제와 경제행위자(공장 및 기업소, 농업협동농장, 노동)에 대한 관리와 감독을 강화하는 거시적 개편을 통해 중앙집권적 기능을 강화하기 위함이다.

계획의 일원화와 세부화 역시 계획의 모순으로 일컬어지는 관료주의와 본위주의의 극복을 일차적인 목적으로 한다. 이는 생산조직 혁신만으로 이와 같은 모순을 해결할 수 없었기 때문에 계획경제의 거시적 개편을 통해서 문제해결을 시도하는 것이다.

> "계획의 일원화란 온 나라에 뻗쳐있는 국가계획기관과 계획세포들이 하나의 계획화체계를 이루고 국가계획위원회의 통일적인 지도밑에 계획화의 유일성을 철저히 보장하는 것을 의미한다. 일원화 계획체계를 내오면서 우리는 한 개 도에 몇 개 단위의 지구계획위원회를 조직하여 국가계획위원회에 직속시켰다. 그리하여 각급 국가계획기관들이 해당 지방과 부문에서 계획을 옳게 세웠는가 잘못 세웠는가 하는 것을 늘 살피며 예비를 적극 찾아내고 객관성을 가진 과학적인 계획을 세우도록 생산기관들을 도와주며 생산조직을 잘하지 못하거나 로력과 자재를 랑비하는 온갖 현상을 제대로 웃계획기관과 내각에 통보하여 필요한 대책을 세우도록 하였다. 이와 함께 성, 중앙기관들과 도인민위원회, 도농촌경리위원회를 비롯한 각급 기관들과 공장, 기업소들의 계획부서를 국가계획위원회의 팔다리로 세포로 규정하고 국가계획기관들과 성, 기업소 계획부서들과의 련계를 더욱 밀접히 하며 성, 기업소 계획부서들에 대한 국가계획기관들의 지도를 강화하도록 하였다(김일성 [1965]1982, 458)."

계획의 세부화는 "인민경제계획이 당의 정책과 객관적 현실에 맞게 인민경제의 전반적 균형을 옳게 보장하는 것과 함께 구체적이고 세밀하여 모든 부문들과 기업소들을 세부분에 이르기까지 다 잘 물린 계획으로 되도록 하는 일"이다(『경제사전 1』1970, 367 재인용). 공장 및 기업소 간의 연계가 되지 않는다면 확대재생산은 이루어지기 힘들다. 계획의 세부화는 완충기 이후 지속되는 확대재생산의 위기, 곧 과잉축적의 위기를 극복하기 위해서 일종의 산업연관효과를 배가시키기 위한 전략의 일환이다.

계획의 세부화를 통해서 생산부문과 기업소들 간의 역할이 부여된다. 각 생산부문과 기업소는 산업연관효과를 증가시키기 위해서 세부적인 계획을 수립한다. 물론 세부적 계획은 국가계획위원회를 중심으로 하는 위계적이고 일원적인 계획수립과 맞물려야 한다. 계획의 세부화는 계획의 일원화를 통해서 확립된 명령경제 체계를 각 생산부문과 기업소가 하나의 유기체처럼 구체적으로 실현하는 일이다. 개별 공장과 기업소가 대안의 사업체계 이후 당위원회의 직접적인 통제 아래에 있는 상황에서 계획의 일원화와 세부화를 실현하려는 것은 중앙집권적 지배체제를 완성하기 위한 정책이었다.

계획의 일원화와 세부화에는 당의 무오류성 테제가 숨겨져 있다. 당은 아래로부터 모든 정보를 수집하고 정확하고 면밀한 계산을 할 수 있는 존재로 여겨진다. 중앙의 결정은 국민경제의 균형을 보장하며, 군중노선을 통해서 생산자들의 요구를 정확히 인식할 수 있다. 계획의 효율성을 저해하는 생산부문의 불균형과 같은 문제들은 모두 개별 생산 단위의 중하층 관료의 잘못으로 간주된다. 사실상 계획의 일원화와 세부화는 당을 중심으로 하는 중앙집권적 지배체제가 당에서부터 개별 생산 단위에 이르기까지 전일적인 체계를 완성하려는 시도였다(김일성 [1965]1982).

환언하면 계획의 일원화는 중앙과 지방은 물론 국민경제 전체의 모든 부문과 생산 단위를 국가계획위원회에 의해서 '통일적 지도'가 가능하게 하기 위한 것이다. 계획의 세부화는 이른바 '생산적 련계'를 강화하기 위한 생산부문 간의 구체적 계획을 수립하는 일이다. 계획의 일원화와 세부화는 국민경제 전체의 모든 부문에 각각의 역할을 부여하는 중앙집권적 계획경제체제를 구축함으로써, 지배를 재생산하려 하였다.

4. 노동계급에 대한 경제적 동원과 정치적 배제의 공고화

천리마 운동이 1959년 천리마 작업반 운동으로 진화하면서 노동동원은 더욱 더 강화되었다. 또한 청산리 방법과 대안의 사업체계, 그리고 계획의 일원화와 세부화로 지배체제가 완성되어 감에 따라 노동은 권력으로부터 확실히 유리되었다. 이러한 경향은 소득분배를 통해서 확인할 수 있다. 1960년대에 노동소득의 증가율은 국민소득의 증가율과 비교했을 때 정체되었음을 알 수 있다. 이는 중공업 우위의 축적전략과 국방·경제 병진노선으로 인한 자본계수(capital-output ratio = capital coefficient) 증가의 결과이다. 또한 노동소득의 정체는 소비억제를 의미하는 것으로서 결국 이는 자본계수의 증가로 인한 확대재생산 위기의 원인이 된다(본 논문의 제4장 참조).

1960년대 축적과 소비의 격차가 심화된 핵심적인 원인은 노동의 정치적 영향력이 약화되었기 때문이다. 이는 노동계급의 이해와 요구를 대변해야 할 노동조직, 직업동맹에게 대중조직으로서의 책무 대신에 인전대로서의 역할이 요구된 결과이다. 1960년 단체계약 체결의 폐지는 이러한 사실을 상징적으로 보여준다. 사실 1950년대 중후반부터 직맹의 위상 변화는 시작되었다. 1956년 서휘가 단체계약 체결을 주장했지만 진전이 없었다. 서휘는 이후 직업동맹에서 지도적 역할을 거부하고, 종파적 활동을 위해 당·국가 경제기관과 직맹을 대립시키려 했다고 비판받게 된다. 그의 행위는 반당적이고 종파적인 행위이며 극단적인 자유주의와 개인주의 경향으로 비판받게 된다(박상홍 1957, 39). 1958년 3월 10일 직맹 중앙위 제9차 확대전원회의에서는 1958년부터 일부 중요 기업소들부터 단체계약을 우선적으로 실시하고 1~2년 안에 전면화하겠다는 결정을 내렸지만 성사되지 않았다. 오히려 1959년 8월 31일 내각전원회의 결정에 따라 노동성의 업무 가운데 노동규준량과 임금의 사정업무 등이 직맹 중앙위로 이관되었다. 사실상 직맹은 대중조직이 아니라 국가조직의 기능을 담당하게 된 것이다(서동만 2005, 854~855). 이는 인전대가 사실은 당과 대중이 상호작용하는 교량 역할이 아니라 당과 국가의 이데올로기와 정책을 일방적으로 대중에게 전달하는 것임을 말해준다. 1959년 11월 2~6일 조선직업총동맹 제3차 대회는 2차 대회 이후 12년 만에, 특히 한국전쟁 이후 처음으로 열린 대회였다. 여기서는 직맹의 역할을 둘러싼 논쟁과 방향전환이 있었다(김병로 1998, 83). 결국 3차 대회 이전에 직맹 내에 '반당종파 분파'에 대한 숙청에 관한 총괄 작업이 이루어졌고, 3차 대회는 실제로 반종파투쟁을 총화하는 자리가 되었다. 직업동맹이 김일성계에 의해서 완전히 장악되었음을 보여주는 자리였다. 결국 1960년 단체계약은 유명무실해지면서 직업동맹은 사실상 당의 하위조직이 되고 말았다.

김일성([1964]1982b, 381)은 단체계약을 자본주의 사회의 '낡은 틀'이라고 비판하면서, 단체계약의 폐지를 합리화한다. 단체계약이 자본주의 사회의 낡은 관행으로 치부되는 이유는 '직맹과 행정의 이해관계'가 일치한다는 것이다. 직맹이 행정과 계약을 맺는 것은 직맹조직과 지배인이 생산계약을 맺는 것과 다름없다는 주장이다. 그리고 그는 직맹이 당의 지도하에 있어야 함을 강조하고 있다. 사실 1961년 대안의 사업체계가 시작되면서 직맹의 위상은 더욱 하락하기 시작했다. 대안의 사업체계 이후 직맹의 실질적인 조직은 공장·기업소 단위에서 결성되는 직맹위원회인데, 직맹위원회는 공장·기업소 내에서 당위원회 하위 대중조직의 형태로 편제되기 시작했다. 당위원회는 직장별 당세포, 작업반별 기간조직, 조직·선전 ·교육 등의 부문 부서를 통하여 직맹을 통제한다(김병로 1998, 84~86).

물론 직업동맹의 위상 변화, 즉 노동계급의 영향력 약화의 가장 핵심적인 원인은 반종파투쟁과 산업화의 추진 과정에서 김일성계에 의해 권력이 독점되고 공장관리체계의 변화로 인해서 사회경제적 지배체제가 제도적으로 완성되었기 때문이다.[33] 노동계급의 위상이 약화된 또 다른 원인은 '원자화' 때문이다. 노동계급의 원자화는 고용의 국가의존성과 천리마 운동 과정에서 발생한 '사회주의적 경쟁' 때문이다. 특히 사회주의적 경쟁은 계급 내부의 분화를 발생시킨다. 경쟁에 승리하게 되면, 혁명적 열의를 가진 영웅으로 불리면서 소득은 물론 지위까지 상승하게 된다. 지위의 상승은 물질적 인센티브를 안정적이고 지속적으로 재생산할 수 있음을 의미한다. 노동계급은 국가와의 관계를 개선하기보다 계급 내부에서 더 많은 인센티브를 차지하기 위해 서로 경쟁하게 된다. 이렇게 되면 계급 내부의 결속은 약화되며 연대는 요원해진다. 결국 이는 노동계급 내부의 원자화를 촉진하게 된다.

노동계급 내부가 원자화되는 상황에서 지배체제에 저항하기는 점점 더 어려워진다. 반대로 노동계급의 국가 의존성이 더욱 더 강해질 뿐이다. 이를 자발적 복종으로 보기 어렵다. 그렇다고 전체주의론이 주장하는 바대로 감시와 처벌의 강화로 인한 원자화로만 설명하기도 힘들다. 노동계급의 동원과 통제에는 자발적 복종이라는 외피에 숨겨져 있는 감시와 처벌보다 한층 더 무서운 강제성이 숨겨져 있다. 즉 노동계급에 대한 생계의 위협을 통해서 계급 내부와 계급 간의 경쟁과 이질성을 확대하고 당과 국가에 대한 자발적 복종을 강요하고 있는 것이다. 물론 이는 김일성계의 권력 독점과 사회경제적 지배체제의 형성에 따른 권력의 재생산을 통해서 가능한 일이다.

5. 사회경제적 지배체제의 제도화와 한계: 경제위기의 정치적 의미

1) 대안의 사업체계의 한계: 연성예산제약과 관료의 렌트추구

대안의 사업체계는 생산조직의 혁신을 통해 개별 생산 단위에서 당의 지배를 제도화하려 했지만 현실은 그렇지 못했다. 생산조직의 혁신에도 불구하고 계획 편성과 집행 간 간극은 사라지지 않았다. 위계적인 당조직을 이용한 생산조직의 지배는 성취되지 않았다. 제한적이지만 생산조직의 자율성이 존재했다. 생산조직의 혁신에는 다음과 같은 한계가 있었다.

(1) 산업부문 간 연관효과와 기업 간 연계가 고려되어야 했다. 위계적인 당조직 구조를 이용하여 산업부문별로 그리고 공장과 기업소별로 기능을 부여한다고 하여도 산업연관효과가 크지 않다. 산업부문 간 그리고 공장과 기업소 간의 연계가 약했기 때문이다. 이는 이후 1980년대 '연합기업소 체계'가 형성되는 원인이 된다.

(2) 대안의 사업체계는 당에 의한 감시와 통제는 강화되었지만, 이것이 곧 확대재생산을 가능하게 했다는 것을 의미하지 않는다. 확대재생산이 안정적으로 지속되기 위해서는 잉여생산물의 투자가 지속되어야 하고, 이를 위해서는 산업연관효과가 필수적이다. 그런데 대안의 사업체계는 조직혁신을 토대로 한 생산 과정과 관리의 혁신을 통해 설비이용률을 증가시킴으로써 투자에 필요한 경제잉여를 확보할 수 있을지는 모르지만, 그것을 안정적으로 지속시킬 수 있는가 하는 문제는 확신할 수 없다.

(3) '자재공급'과 '후방공급'이 비록 당의 영향력 아래에 있게 되었다고는 하지만, 그것이 곧 관료주의와 본위주의가 사라졌다는 것을 의미하지는 않는다. 1960년대 이후에도 자재공급과 후방공급에서 공장의 본위주의 문제가 지속적으로 거론되고 있다는 것을 통해 이는 증명된다. 결국 연성예산제약과 관료의 렌트추구 문제는 해결되지 못했다.

결국 대안의 사업체계의 한계는 갑산파의 도전과 가치법칙의 형태적 작용이라는 명제가 도출되는 계기를 마련하게 된다.

2) '가치법칙의 형태적 작용'의 정치적 의미
: 갑산파의 도전과 실패 그리고 잠재된 정치적 긴장의 중재

중앙집권적 지배체제의 구축은 계획의 일원화와 세부화를 통해서 완성되었지만 오래 지속되지 못했다. 그 이유는 지배체제를 안정적으로 재생산할 수 없었기 때문이다. 8월 종파사건과 반종파투쟁 이후 김일성계가 권력을 독점하고 김일성의 개인숭배를 합리화하는 이데올로기를 생산해냈지만, 사회경제 부문에서 중앙집권적 지배체제를 안정적으로 재생산해내기는 어려웠다. 무엇보다 '계획'의 한계가 분명했다. 계획의 일원화와 세부화를 통한 잉여생산물의 수취와 배분에서 명확한 한계가 표출됐던 것이다. 사실 계획의 일원화와 세부화는 완충기 이후 본격적으로 드러나기 시작한 '축적의 위기'를 극복하기 위한 전략이었다. 물론 그 근간은 대안의 사업체계 이후 위계적인 당조직을 이용하는 생산조직의 혁신이었다. 하지만 생산조직의 혁신과 계획의 강화를 통해서 과잉축적의 위기는 극복되기 어려웠다. 자본계수의 상승과 수요억제로 발생한 확대재생산의 위기를 극복하기 위해서는 생산과 분배를 이른바 '과학적 계산'을 근간으로 하는 '계획'에 의존해서는 곤란하다. 계획이 모든 생산물의 공급과 수요를 정확히 계산하는 데는 명확한 한계가 존재했다.

권력 상층부는 이에 경제적 조정양식을 둘러싼 노선투쟁을 벌이게 된다. 갑산파는 가치범주와 가치법칙의 수용을 주장했던 것으로 보인다. 김정일([1967]1992, 235)은 '반당반혁명 분자들'이 가치법칙을 언급하며 황해 제철소에서 '가화폐'를 이용한 물질적 자극을 통해 생산성 향상을 주장했다고 비판적으로 인용하고 있다. 하지만 이미 김일성은 계획의 일원화와 세부화를 제시하면서 1962년 소련과 같이 '이윤'이라는 동기를 통해 성장을 자극하는 '리베르만 방식'에 대해 반대했다(조선로동당 출판사 1999, 177).

갑산파가 가치범주와 가치법칙의 수용을 주장할 수 있었던 이유는 세 가지로 해석될 수 있다. 먼저 완충기 직후 경공업 부문에 대한 투자의 확대의 연장선상에서 이해될 필요가 있다. 경공업 부문에 대한 투자 확대는 당과 대중 사이에 잠재적인 정치적 긴장이 실재했음을 의미한다. 그러나 김일성계는 이러한 긴장을 중앙집권적인 지배체제의 형성을 통해서 해소하려 하였으며,

갑산파는 잠재적인 긴장을 이용하여 영향력을 확대하려 하였던 것으로 보인다. 이는 정책적으로 균형에 대한 강조의 형태로 나타난다(이태섭 2001, 278). 다음으로 계획의 일원화와 세부화에도 불구하고 당의 사회적 통제와 관리에 한계가 있음을 의미한다. 이는 계획 내부에 탈중앙집권적 세력들이 존재했으며, 갑산파는 이러한 세력들의 요구를 수용할 필요성을 느끼고 있었던 것으로 보인다. 물론 이는 갑산파가 계획에 의한 중앙집권적 통제의 한계를 인식했음을 의미한다. 마지막으로 계획의 일원화와 세부화의 경제적 성과가 미비했음을 말해준다. 갑산파가 가치범주와 가치법칙을 수용하도록 주장할 수 있었던 것은 대안의 사업체계와 계획의 일원화와 세부화로 대표되는 생산조직과 경제조정양식의 혁신을 통한 경제성장 전략이 큰 성과를 거두지 못하고 성장의 지체가 지속되고 있음을 말해준다.

결과적으로 갑산파의 도전은 실패로 끝나고 말았다. 그러나 계획과 가치법칙을 둘러싼 노선투쟁은 1967년 갑산파의 숙청만으로 끝나지 않았다. 김일성([1969]1983a, 453~465)은 1969년 "사회주의 경제의 몇가지 이론 문제에 대하여"라는 제목의 글을 통해 "가치법칙의 형태적 작용"이라는 테제를 제시함으로써 계획의 한계를 일정 정도 인정하였다. 본래 이 테제는 "사회주의 사회에서 생산수단은 상품인가?"라는 문제 제기에 대한 답변이다. 김일성은 논문에서 사회주의 사회의 존재 이유에 대해 스탈린의 설명을 상당 부분 인용 없이 거의 그대로 사용하고 있다. 스탈린은 가치법칙이 소비재에 제한적으로 작동하지만, 그것은 생산부문에 영향을 미칠 수 있다는 점을 명확히 하고 이를 경계했지만, 김일성은 '형태적 작용'이라는 개념을 통해서 이에 대한 논의를 회피했다. 사회적 분업과 사회주의 내부의 다양한 소유 형태의 존재 때문이다. 소유자가 변화된다면, 상품과 가치법칙은 작동할 수 있다. 사회주의 사회에서도 소유권의 변동은 존재하기에 상품과 가치법칙은 존재한다. 하지만 국영기업소 내에서 생산수단과 원료 및 자재는 국가의 소유가 유지되기 때문에 상품이 아니다. 다만 상품적 형태를 이용한 것으로 가치법칙이 형태적으로만 작동하게 된다. 이와 같이 '가치법칙의 형태적 작용'을 이용하는 이유는 등가계산을 통해서 본위주의를 막고 사회주의 분배법칙에 따른 노동에 대한 분배를 위해서이다.

물론 김일성의 명제를 그대로 받아들일 수는 없다. 생산수단 부문에서 화폐-상품 관계가 형태적으로만 존재한다는 설명은 인정하기 어렵다. 화폐-상품 관계를 곧 가치법칙과 동일시할 수 없는 것과 같이 화폐-상품 관계가 형태적으로 작동하고 있는 것을 그대로 믿을 수는 없다. 이정철(2002, 79)은 '가치법칙의 형태적 작용'과 가치법칙의 전면화를 구별하고 있다. 그는 가치법칙의 전면화는 '시장관계의 전면화'와 동의어로 그리고 가치법칙의 강화를 통한 균형론은 신고전파적 균형이론의 귀결로 이해한다. 그는 이러한 이해를 기초로 "북한에서의 균형은 (적어도 공식적으로는) 가치법칙을 축소시키는 방향에서 작용하는, 따라서 시장균형과는 다른 성격의 것임이 분명해진다." 고 파악하고 있다. 이정철의 설명처럼 '가치법칙의 형태적 작용' 테제는 가치법칙의 전면화와는 구별될 필요가 있다. 그러나 이를 위해서는 김일성과 소위 '주체의 정치경제학'에서 사용하고 있는 가치법칙 개념이 가지는 정치경제학적 의미에 대한 재평가가 선행되어야 한다.

북한을 비롯한 현존 사회주의에서 사용되고 있는 '가치법칙'의 개념이 자본주의적 생산양식에서의 가치법칙 개념과는 분명한 차이를 보인다. 무엇보다 먼저 북한에서 공식적으로 사용하고 있는 가치법칙 개념에는 권력의 의도에 의해서 그 성격이 달라질 수 있다는 점이 전제되어 있다. 자본주의에서 가치법칙이 '맹목적' 성격이라면, 자기체제에서는 그렇지 않다는 주장이다. 이는 체제 내부에 존재하는 개별 행위자들이 가지고 있는 탈중앙집권적 경향을 인정하지 않으면서 동시에 계획을 통해서 그러한 경향을 통제하고 관리할 수 있다는 의지의 표현이다. 그러나 시장의 요소는 불가피하게 개별 행위자의 탈중앙집권화 경향을 발생시키며, 현존 사회주의에서 가치법칙을 수용한다는 점은 계획으로 그러한 경향을 조정·통제하는 데 한계가 있음을 시인하는 것으로 인식하는 것이 타당하다. 이 책에서는 앞서 논의한 바와 같이 알트파터(Altvater 1976)의 논의를 수용하여 북한경제에서 가치법칙은 수정된 형태로 작동한다고 판단한다. 이는 사회적 필요노동시간의 결정과 가치와 가격의 관계가 한편으로 계획의 원리를 통해서 정치적으로 영향을 받고 있으며, 다른 한편으로 산업구조의 불균등과 같은 구조적 요인에 영향을 받고 있기 때문이다. 그러나 여기에는 가치법칙의 작동 여부보다 더욱 중요한 문제가 있다.

가치법칙의 형태적 작용은 계획의 일원화와 세부화의 한계를 말해주는 것으로서 '정치적으로' 더욱 더 중요한 의미를 가진다. 이는 중앙집권적인 사회경제적 지배체제의 구축에 한계가 존재했음을 의미한다. 사회경제 부문이 하나의 유기체처럼 작동하기 어렵다는 점을 말해준다. 정치권력은 제한적이지만 '아래의 자율성'을 인정하지 않을 수 없었던 것이다. 물론 북한은 공식적으로 반대의 의견을 제시하고 있다. 본위주의와 노동의 통제를 위해서 가치법칙이 필요했다는 주장이다. 하지만 역으로 이는 계획의 일원화와 세부화를 통해서는 중간관료와 노동계급을 비롯한 대중의 자율성을 완전히 통제할 수 없었다는 점을 말해준다. 가치법칙의 형태적 작용은 제한적인 중하층 관료와 노동계급의 자율성을 인정함으로써, 즉 가치법칙의 형태적 작용 테제는 중앙집권적 지배체제를 제도적으로 완성하는 데에 있어 일정한 한계를 인정함으로써 권력의 정당성을 위협하는 요소로 성장하는 것을 미연에 막겠다는 의지의 표현이다. 갑산파는 숙청시켰지만 그것이 곧 당과 대중 사이에 존재하는 잠재적인 정치적 긴장이 해소되었음을 의미하지는 않기 때문이다. 가치법칙의 형태적 작용 테제는 중앙집권적 지배체제를 유지하려는 권력과 탈중앙집권적 경향을 가진 세력 사이의 '중재'의 결과이다.

3) 갑산파의 '수정주의 경제이론'과 그 정치적 의미

김일성은 1968년 4월 16일 "조선민주주의 인민공화국 창건 스무돐을 성대히 맞이하기 위하여"라는 제목의 연설에 이른바 '수정주의적 경제리론'이라는 이름으로 갑산파를 비판하고 있다. 이 연설에 따르면 갑산파는 사회주의 경제가 일정한 단계에 이르면 "한 해에 기껏하여 6~7%밖에 장성하지 못하는데 그것도 아주 높은것"이라고 평가했다고 한다. 김일성은 갑산파의 이러한 인식을 노동시간 감축과 '자유화'라는 노동자의 주장을 합리화 해주는 '우경기회주의 이론'이라고 비판한다. 그리고 수정주의 이론의 문제를 극복하기 위해서 다시 노동자들의 조직동원과 더불어 경제－국방 병진노선을 강조하고 있다.

갑산파는 가치범주와 가치법칙의 수용을 통한 계획의 일원화와 세부화가 가지는 문제점을 지적했다. 속도의 조절에 대한 주장 역시 이와 같은 맥락에서 이해될 필요가 있다. 속도의 조절은 곧 중공업 우위의 축적전략과 대규모 노력동원을 통한 경제성장에 대한 반대로 이해할 수 있다. 갑산파가 이와 같은 주장을 펼 수 있었던 주요한 배경으로는 1960년대 경제위기가 지속되었다는 점이 작용했을 가능성이 높다. 생산조직의 혁신과 계획의 중앙집권적 성격이 강화되었음에도 불구하고 경제위기의 문제가 지속됨으로써 갑산파는 가치법칙의 수용과 함께 기존의 발전전략에 대한 문제를 제기한 것으로 보인다. 특히 천리마 운동과 연계시켜 갑산파의 주장을 수정주의 이론으로 비판하고 있다는 점을 감안할 때, 갑산파는 노동동원에 대한 문제를 지적했던 것으로 여겨진다.[34]

갑산파가 속도의 문제를 언급하면서 노동의 문제를 언급했다는 점은 갑산파의 도전이 단순히 권력 상층부 사이에 존재하는 권력투쟁이 아니라는 점을 말해준다. 1950년대 중공업 우선전략에 대한 소련계와 연안계의 도전이 그러하듯이, 갑산파와 권력투쟁 역시 아래로부터의 불만이 내재해 있었다. 이 시기 속도의 문제는 천리마 운동이라는 노동동원 체제와 직접적으로 관련되어 있다. 이는 이른바 '공칭능력'과 '로력의 수'를 감안하지 않고, 노동력의 절약과 생산성 증가를 강제하는 데에 대한 불만 혹은 반발이 존재했음을 말해주는 것이다.[35]

김일성계의 입장에서 '속도'의 완급을 조절할 것을 주장하는 갑산파의 주장은 대규모 투자의 확대와 노동동원을 통한 경제성장에 대한 문제 제기이다. 곧 이는 김일성계의 정당성에 대한 근본적인 비판이다. 또한 경제위기의 문제를 대안의 사업체계와 계획의 일원화와 세부화로 해결될 수 없음을 주장하는 것은 당 경제정책의 오류를 지적하는 것과 다름없다. 조직혁신이나 계획의 성격 변화가 결국 경제위기의 문제를 중하위 관료와 대중의 탓으로 돌리는 것이라면, 갑산파의 속도에 대한 문제 제기는 경제성장의 지체가 지속되는 문제의 원인을 경제정책의 오류와 관련시켜 지적하고 있는 것이다. 결국 김일성계는 이를 수용하지 않았으며, 당내에서 갑산파를 제거하게 된다.

—

제4장

—

계획경제 메커니즘과 경제위기의 재생산

 북한 경제체제는 '계획경제'이다. 계획경제의 주요한 특성인 동시에 문제점은 반복적으로 경제위기가 발생하고, 그 결과 경제성장이 지체된다는 점이다. 이는 계획경제의 역사적 변화 과정과 경제체제의 성격을 통해서 이해될 수 있다. 북한을 비롯한 많은 현존 사회주의국가들은 계획경제가 단기간의 급속한 성장을 가져다줄 대안적인 제도라고 믿었다. 북한은 대부분의 현존 사회주의 국가들과 마찬가지로 저발전 사회에서 시작되었다. 한국전쟁 이후 초기 고도성장은 계획경제가 저발전 극복의 대안이라는 희망을 가지게 했다. 저발전 경제에서 공업화를 위한 단기간의 집중적인 투자 확대가 높은 효과를 발휘하였다. 하지만 계획경제가 공고화되는 과정에서 반복적인 경제위기가 발생했다. 이러한 경제위기는 초기에 대규모 투자를 통해서 성장이 가능했지만, 이것이 지속되지 못했음을 의미한다.

제1절 저발전 경제에서 계획경제로

1. 전후 초기 경제조건(1946~53년)

1) 농업잉여의 부족

(1) 토지개혁의 성과: 잉여의 증가와 소득분배의 개선

    탈식민지 과정에서 토지개혁은 사회경제적 개혁인 동시에 정치 개혁이다. 토지개혁의 직접적인 원인은 해방 이후 가속화된 '식량문제'였다. 식량부족은 농업생산성의 문제이면서 분배구조의 문제였다. 그러나 해방 이후 미군과 소련군의 분할점령으로 식량문제는 더욱 더 악화되었던 것으로 보인다. 북한 지역은 남한과 비교할 때 상대적으로 쌀 생산량과 유통량이 적었다.[1]

    북한에서 식량문제보다 더 근본적인 토지개혁의 원인은 지주에 의한 토지와 농업잉여의 전취(戰取) 때문이다. 북한의 공식 통계에 따르면 북한 지역의 전체 농가 가운데 4%밖에 되지 않는 지주가 전체 경지면적의 58.2%를 차지하고 있었다. 전체 농가의 56.7%나 차지하던 빈농은 경지면적의 5.4%를 가지고 있을 뿐이었다(손전후 1983, 71~72). 전체 산업구조에서 농업이 70% 이상을 차지했다(최중극 1965, 39). 자연히 인구의 절대다수가 농촌에 잔류하고 있었다. 이러한 상황에서 지주의 토지 소유와 농업잉여의 수취는 곧 산업구조의 불균형과 소득분배구조의 불평등을 의미한다. 물론 이러한 상황에서는 아래로부터의 요구를 수용할 수 있는 산업구조의 다변화와 소득분배구조의 개선이 실현될 가능성 역시 희박하다.

    토지개혁은 소련과 국내 정치세력 간의 논의 끝에 '무상몰수와 무상분배'의 형태로 진행되었다. 토지사유화와 자작소농제로 이루어졌다.[2] 농업 생산물은 현물세로 25%를 납부되는 것을 제외하고, 1946년 10월 4일 '북조선 림시 인민위원회'에서 "곡물의 자유매매에 관한 결정"에 따라 농민들이 생산한 농산물을 '시장화'할 수 있도록 하였다. 하지만 시장화는 제한적인 것이었다. 국가가 소비조합을 통한 수매를 추진함으로써 농업잉여의 국가에 의한 통제가 추진되었다.

북한의 공식 통계는 토지개혁의 결과로서 농산물 생산의 괄목할 만한 성과를 보여주고 있다. 경지면적이 확장되고 수확량이 증가되었다. 알곡류의 성장률은 1950년이 되면 약 1.5배가량 증가한 것으로 보고되고 있다. 손전후(1983, 315)는 그 결과 식량부족을 극복하고, 자급자족 할 수 있는 수준으로 성장했다고 주장한다. 1948년부터 '국가 예비곡'을 가지게 되었고, 1949년에는 10만 톤 이상의 식량을 수출했다고 주장하였다. 또한 경공업 부문에 원료로 사용되는 공예작물—섬유작물, 유지작물, 기호작물, 당분작물, 약용작물, 향료작물, 염료작물 등—은 1946년을 기준으로 1950년까지 약 3.5배 증가하였다.

표 4-1-1. 총 수확량 증가율(%)

구분 \ 연도	1946	1947	1948	1949
알곡 총 수확량	100	109.0	140.6	139.9
공예작물 총 생산량	100	125.7	213.9	299.5
소 두수	100	129.3	150.3	167.0
돼지 두수	100	181.0	192.7	276.1

출처: 홍달선(1958, 214) 참조.

표 4-1-2. 정보당 수확량의 성장률(%)

구분 \ 연도	1946	1947	1948	1949	1950
논벼	100	105.2	129.7	135.4	141.0
맥류	100	156.1	183.2	244.5	269.0
잡곡	100	100.2	151.8	141.9	154.2
두류	100	133.1	149.2	144.8	151.9
지류	100	110.5	141.7	154.8	165.8
공예작물	100	125.7	213.9	299.5	350.8

출처: 『농민』, 1949년 8호 24쪽, 손전후(1983, 315)에서 재인용.

토지개혁으로 소득분배 역시 개선되었다. 무상으로 몰수된 토지의 총면적
은 전체 경지면적의 53%, 소작을 주던 토지의 93%에 해당되는 것이었다. 몰
수된 토지의 약 98%를 고용자에게(22,387정보, 전체 분배토지의 약 2%), 토
지 없는 농민에게(603,407정보, 약 61%), 토지가 적은 농민에게(345,974정보,
약 35%) 이전 지주(9,622정보, 약 0.98%)에게 분배되었다(홍달선 1958, 198).
1947년 현물세는 25%를 폐지하고, 작물별로 논벼 27%, 밭 작물과 저류는
23%, 목화, 마류, 호프 등은 23%로 논벼에 대해서는 세율을 높이고, 다른 작
물에 대해서는 낮추었다. 손정후(1983, 318~319)는 이러한 세율의 차별화가
현물세율을 낮추어 농민들에 대한 부담을 경감시켰다고 강조한다. 북한의 공
식 통계를 그대로 수용한다고 하더라도, 상대적으로 높은 비중을 차지하는
논벼의 현물세율이 상승했기 때문에 전체적으로 농민들의 부담이 얼마나 감
소한 것인지에 대해서 구체적으로 확인하기 어렵다. 단 지주에 대한 소작료
납부보다는 확실히 농민들의 부담이 감소했다는 점은 부인하기 어려운 사실
이다.

북한의 공식 통계에 따르면, 현물세 납부와 수매 이후 6개 군에서 2만 600
천 톤의 양곡 잉여가 발생했다. 1947년에서 1949년 사이의 농민들의 저축은
약 4.9배 증가했다. 반면 물가는 하락했다. 생활필수품의 국가가격이 하락하
고 1947년 말 '원'의 평가절상을 통해 1947년과 비교할 때 1949년에는 광목은
66.7%, 양말 46.9%, 내의류 44.8%, 고무신 33.7%, 일용 잡화 67.4%로 하락
하였다.

표 4-1-3. 42개 부락의 농민생활향상정형

내역	1944년	1949년	내역	1944년	1949년
농가 총호수	2,466	2,466	여유량곡(+)	-	+10,000
총수확고(가마니)	117,000	150,000	새로 사들인 소(마리)	-	628
소작료 납부	52,000	-	새로 지은 집(%)	-	전 농가의 18%
소작료 납부 후 잔고	65,000	-	구락부 및 도서실(%)	100	4,800

내역	1944년	1949년	내역	1944년	1949년
현물세 납부	-	33,000	초등학교 수(%)	100	700
현물세 납부 후 잔고	-	117,000	초등학교 학생 수(%)	100	250
시장 판매	5,000	22,000	중등학교 학생 수(%)	100	1,000
식량 구입	8,000	-	대학생 수(%)	100	600

출처: 손전후(1983, 323).

1949년 농림성의 2,466호의 농가를 망라한 42개 부락의 조사를 보면, 1949년 1944년보다 3만 3,000여 석의 알곡을 더 많이 생산하였다. 뿐만 아니라 주택과 학교 등을 건설하고, 교육에 대한 투자 역시 증가하였다. 지주계급의 몰락과 함께 소작료가 사라지고 현물세 제도가 생겼다. 소작료와 비교할 때 현물세 납부는 약 63%가량 정도 되는 것으로 보인다. 그리고 시장에 판매되는 양은 약 4배 이상 증가하였다(표 4-1-3 참조).

그런데 1946~47년 사이에 농업 소득의 일부는 '애국미 헌납운동'이라는 이름으로 결국 국가가 수취했다. 당시 북한 언론들은 이를 자발적인 대중운동으로 선전하고, 이른바 '애국미'의 납부량이 많은 농민은 '농민영웅'으로 치켜세우고 있다(손전후 1983, 338). 그러나 권력기구('북조선림시인민위원회')에 의해서 '애국미' 납부운동이 적극적으로 독려되고 있었다는 점을 간과해서는 안될 것이다(김일성 [1946]1979, 555). 또한 김일성([1947]1979, 378)은 애국미를 "농민들의 애국열의의 상징이며 토지개혁의 첫 정치적 열매"로 규정하고 있다. 애국미는 단순히 농민들의 자진헌납이 아니라 토지개혁을 통한 정치개혁의 결과물로 이해하고 있는 것이다. 따라서 식량난과 농기구를 비롯한 생활필수품의 부족 문제를 해결하기 위해 국가가 잉여의 일부를 대중운동을 통해서 수취하는 것으로 보는 것이 타당하다. 토지개혁을 통해서 소득이 증가했지만, 소득의 일부를 국가가 수취하게 됨으로써 실질소득 향상에는 일정 정도 제한이 있었다. 실제로 한국전쟁 기간에는 '전시원호사업'[3]의 차원에서

'전시 원호미 헌납운동'과 '군기헌납운동'으로 양곡이 헌납되기도 하였다. 이러한 사례들은 현물세 이외에 '자진 헌납'의 형태로 국가가 지속적으로 농업 잉여를 수취하였다는 사실을 말해준다.[4]

(2) 토지개혁의 한계: 한국전쟁과 전시동원

토지개혁의 성과는 한국전쟁으로 퇴색되었다. 전쟁으로 인해서 농토와 관개시설이 파괴되었다. 또한 가축이 죽고 농기구들이 쓸모없게 되었다(조선중앙년감(1954~55), 434; 손전후(1983,343) 재인용). 그럼에도 불구하고 전시 식량수요를 감당하기 위해서 식량증산이 강조된다. 물론 전시 기간에 총경지 면적과 파종면적은 모두 감소한 것으로 보인다. 『조선중앙년감』(1954~55, 434)에 따르면 관개면적, 경지면적, 파종면적이 각각 다소 상승한 것으로 보고 있다(손전후 1983, 343). 하지만 경지면적의 증가는 전전 1949년이 아니라 1946년을 기준으로 하고 있다. 홍달선(1958, 217)은 총경지 면적은 감소하였으나, 다만 벼의 경지면적은 증가하였다고 보고하고 있다. 최중극(1992, 170)의 논문에서도 이와 같은 통계는 대체적으로 일치한다.[5]

표 4-1-4. 경지면적과 수확량

구분 \ 연도	1949년	1953년
총경지 면적(만 정보)	195.8	196.4(+)
총파종 면적	238.6	229.5(-)
그중　　벼	39.5	43.9(+)
총수확량(만 톤)	279.5	236.5*
그중　　벼	124.1	136.8(+)

1) *는 자연재해에 의한 감소.
2) 출처: 홍달선(1958, 217).

표 4-1-5. 경제면적의 규모와 구성(단위: 천 정보)

구분 \ 연도	1949년	1953년 8월
총 경 지 면 적	1,983	1,965
그중 논	467	478
밭	1,516	1,487
그중 과수원	21	21
순상전	3	5
나무모밭	0.7	2

출처: 최중극(1992, 170).

전쟁으로 인해서 농업생산량 역시 감소하였다. 홍달선은 총수확량이 전전
보다 감소했지만 이 역시도 그 원인이 자연재해에 있다고 주장한다. 게다가
벼의 수확량은 약 10만 톤 이상 상승하였다고 보고하고 있다(표 4-1-4 참조).
그 이유는 논의 면적이 상대적으로 확대되었다는 점에서 이해될 수 있다. 하
지만 실상은 밭의 면적이 줄어듦에 따른 다른 작물의 수확량 감소를 희석하
려는 목적으로 벼 수확량의 증가를 강조한 것으로 보인다. 최중극은 직접적
으로 생산량에 관한 통계는 없지만 생산비율의 증감을 비교했을 때 전전보다
감소한 것으로 보고 있다(표 4-1-6 참조).

표 4-1-6. 전시 농업생산액의 동태(1949년 = 100%)

구분	1953년
농업 총생산액	76
농산 부문	77
그중 알곡	88
과수	72
축산 부문	71
잠업	61

출처: 최중극(1992, 169).

전시 기간 식량의 감소보다 더 중요한 문제는 전시물자 동원에서 농업이 중요한 위치를 차지했다는 점이다(최중극 1992, 97). 전시동원의 수단에는 세금의 형태로 현물세가 있었으며, 대중운동의 차원에서 '전선원호사업'의 일환으로 '전선 호미 헌납운동'과 '군기기금 헌납운동' 등이 진행되었다(『조선전사 25』 1981, 224~229). 현물세는 일정한 비율이 정해져 있었지만, 대중운동은 자발성이 강조됨으로써 그 양이 정해져 있지는 않았던 것으로 보인다. 하지만 이러한 헌납운동은 정치권력에 의해서 고무된 '대중운동'이었으며, 헌납의 정도에 따라 수령과 당에 대한 충성도를 가늠하는 척도로 이용되기도 했다는 사실을 유념해야 할 필요가 있다. 헌납은 자발성이 강조되지만 사실상 반강제적인 국가의 농업잉여 수취방법이었던 것으로 보인다. 게다가 그 규모 역시 결코 작지 않았다. 최중극(1992, 193)에 따르면 1951년 군기헌납에 사용된 양곡은 16만 8,420가마니인데, 이는 1949년 총수확고보다 많은 것이었다.

한편 전시동원으로 농촌에 노동력의 부족이 발생하게 된다. 일반적으로 성공적인 토지개혁은 농업생산력을 증가시키고 산업화를 위한 노동력의 공급에 기여하지만, 북한의 토지개혁은 그렇지 못했다. 각 지역별로 차이는 있었지만 농촌의 청년들이 대규모로 전장에 동원되었다. 평안남도 순천군에서 전체 청년의 80%, 평안군 79%, 평안북도 룡천군 82%, 함경북도 회령군 85%, 강원도 안변군 80%, 함경남도 홍원군 4,217명, 황해도 은률군에서는 2,000여 명이 참전했다. 평안북도 전체에서는 16만여 명이 전선에 동원되었다. 이와 같은 대규모 참전은 농업잉여 감소의 원인이 될 뿐만 아니라 산업화에도 장애요인이 된다. 그리고 이는 농업부문에서 여성의 노동참여가 활발해지는 계기가 된다. '녀성보잡이 운동'은 여성 노동력을 활용하기 위한 대표적인 동원운동이다(손전후 1983, 344~345).

요컨대 토지개혁의 결과로 증가한 농업잉여는 전쟁으로 인해서 감소했다. 현물세와 헌납운동 등을 통해 국가가 수취한 농업잉여는 전시 식량수요를 위해 사용됨으로써 산업화에 기여하지 못했다. 또한 농업 노동력의 참전은 이후 노동력 부족의 주요원인이 되며, 산업화를 위한 여성의 역할이 강조되는 계기가 된다.

2) 공업 생산력의 한계: 식민지, 분단, 그리고 전쟁

해방 이후 북한의 산업은 식민지 시대의 유산을 물려받은 것이었다. 식민지 조선은 제한적 공업화가 이루어졌다. 공업화의 정도는 극히 미약했으며, 산업자본에 기초한 자본주의적 시장경제를 형성할 수 있는 수준이 아니었다. 1949년이 되면 공업과 농업의 비중이 각각 46.7%와 53.3% 수준으로 상승한다고 하지만 이 역시 해방 이전 수준에 머무르고 있다는 점을 감안하면 자본주의적 시장이 형성되었다고 보기 힘들다. 일부 현대적 산업을 제외하고, 대부분 수공업 또는 수리공장과 같은 중소 규모의 공장들이었다. 게다가 결정적으로 태평양 전쟁 말기에 철도체계가 제구실을 못하게 되었으며, 부품의 부족 등으로 공장의 설비가동률 역시 낮았다(브룬·허쉬 1988, 24~25).

1946년 이후 북한의 초기 경제정책은 산업시설을 국유화하는 일이었다. 1946년 8월 '북조선 림시 인민위원회'는 중요산업을 국유화한다. 그 대상은 일제와 친일파, 민족 반역자들이 소유하고 있던 모든 공장, 제조소, 광산, 은행, 상업기관, 운수, 체신 등이다. 전전(戰前)까지 산업시설의 국유화 수준은 약 40% 수준까지 진행되었다(전용식 1958, 26~29; 최중극 1992, 91~92). 중요 산업 시설의 국유화는 두 가지 의미를 가진다. 첫째, 소련군의 영향력 아래 있던 산업시설들이 국유화를 통해서 북한으로 이양되었다는 점이다. 둘째, 국가에 의한 직접적인 산업 통제와 관리가 성립되기에 유리한 조건이 형성되었다는 점이다. 그 결과 경제잉여의 국가통제가 확대된다. 국영 기업소의 '거래수입금'과 '기업소리익공제금'은 국가예산수입의 주요한 원천이 되었다(최중극 1992, 92).

북한의 이 시기 경제정책은 식민지 시대의 유산을 복구하는 일이었다. 1946년은 기업소들을 복구하여 조업시켰다. 1947년 1월 1일 현재 822개 기업소—흥남 화학공장과 성진, 겸이포, 강서 등 제철공장, 진남포, 해주, 룡암포, 문평의 유색 금속공장, 서흥, 홀동, 수안, 검덕, 동방의 유색 금색 광산, 및 기타 594개의 소기업소—가 가동되기 시작했다(김일성 [1947]2004, 27). 1947년도 황해제철소, 청진방직공장, 16개의 광산 등이 복구되었다(김일성 [1948]2004, 50). 1948년은 평양화학공장, 평양기계제작소, 부령발전소, 청진제강소가 복구되었으며, 강선전기제작소가 완성되었다. 또 남포 판초자공장, 길주 펄프의 제지공장, 청수화학의 질소분공장, 아오지 인조석유공장 등 많은 공장들이 복구되었다(장준택 [1949]2004, 75). 전쟁으로 그 성과를 알기는 어렵지만 1949~50년의 2개년 계획에서는 중요설비들에 대한 복구와 더불어 생산설비를 확장하여 '새로운 공장들'을 건설할 것을 주장하고 있다. 이 시기 산업화의 수준은 2개년 계획이 "1950년 말이 되면 해방전 1944년 수준을 넘어서게 될 것"이라고 적고 있다. 생산력 수준이 식민지 말기의 수준도 되지 못했던 것이다(장준택 [1949]2004, 89).

그런데 전쟁은 이마저도 다시 파괴시키고 말았다. 전시 국민소득은 하락한다(표 4-1-7 참조). 공업과 농업의 생산 하락이 그 원인이다. 공업 부문은 전전(戰前)과 비교하여 1951년 49%, 53년 68%에 머물렀다. 특히 생산수단의 생산이 전전과 비교하여 1951년 33%, 53년 42% 수준으로 대폭 하락했다(표 4-1-8 참조). 그런데 기계제작 및 금속가공업의 경우 전시 기간에도 지속적으로 성장한 것으로 되어있다(표 4-1-9 참조). 이는 전시 군수품 생산의 증가 때문이다. 그러나 잉여생산물의 투자가 군수생산에 집중되면 경제발전에 기여하기 어렵게 된다. 군수품은 연관산업이 적고 확대재생산에 활용되기 어렵기 때문이다.

표 4-1-7. 국민소득 증가율(%)

	국민소득 총계	인구 1인당 국민소득
1946	100	100
1949	209	206
1953	145	174

출처: 최중극(1992, 90).

표 4-1-8. 공업생산액의 증가율(1949년 = 100%)

	1951년	1953년
공업 총계	47	64
생산수단 생산	33	42
소비재 생산	65	99
그중 국영 및 협동단체 공업	49	68
생산수단 생산	33	42
소비재 생산	70	110

출처: 최중극(1992, 111).

산업시설의 파괴에도 불구하고 국유화로 인해 정치권력은 소기의 목적에 도달하게 된다. 전시 기간에도 국유화는 지속적으로 추진되어 68% 수준까지 도달하게 된다. 또 정치적으로 김일성계는 남로당계와 소련계에 전쟁의 책임을 물어 이들 세력을 약화시킬 수 있게 되었다. 김일성계의 입장에서 전쟁은 결코 손해가 아니었다.

즉 식민지 시대의 유산인 제한적인 공업화가 해방 이후 일부 복구되었지만, 한국전쟁으로 다시 파괴되고 만다. 결국 김일성계는 경제적 손실의 대가로 산업시설의 국유화를 가속화시켰을 뿐만 아니라 권력 독점의 계기를 마련하게 됨으로써 상대적으로 정치적 이득을 얻게 된다. 반면 북한경제는 전쟁으로 인한 생산력이 수준이 현저히 약화된다. 이는 식민지배 탓에 공업화의 수준이 미약한 상황에서 다시 전쟁으로 물자를 동원했기에 불가피한 결과였다.

표 4-1-9. 공업부문별 총 생산액의 변화 비율(%)(1949년 = 100%)

공업 부문	1951년	1953년
발전 공업	31	26
연료 공업	9	11
야금 공업	8	10
기계제작 및 금속가공업	104	124
화학 공업	8	22
의약품 공업	46	144
건재 공업	20	36
림산 및 목재 가공업	70	79
제지 공업	24	26
방직 공업	74	149
제혁 및 제화 공업	79	143
고무 공업	32	42
수산업	18	24
식료품 및 기호품 공업	63	63

출처: 최중극(1992, 109).

3) 노동력의 전시동원

해방 이후 노동시장이 부재했다. 인구의 다수는 농촌에 잔류하고 있었다. 공업화는 제한적인 수준으로 진행되었다. 그 결과 노동력에 대한 수요가 부족했다. 물론 공식 통계에 따르면 해방 이후부터 전전까지 공업부문의 노동력은 2배가량 증가했다. 마찬가지로 노동생산성 역시 2배가량 증가하게 된다(최중극 1992, 99~100). 이는 해방 이후부터 전전(戰前)까지 공장과 기업소를 복구한 결과인 것으로 보인다. 여기서 주목해야 할 점은 노동자의 소득은 노동생산성이 2.5배 증가한 것과 비교하면, 상대적으로 증가폭이 작았다는 점이다(최중극 1992, 100; 중앙통계국 1961, 31). 고용수의 증가로 전체 노동소득은 증가했겠지만, 1946년을 기준으로 1949년 1인당 평균 노동소득은 약 1.8배 성장하는 데 그쳤다(『북한통계자료집』 1996, 550).

전쟁은 문제를 더욱 악화시켰다. 전시동원으로 공장과 기업소의 노동자들 가운데 청장년층이 전선(戰線)으로 내몰렸다. 1949년을 기준으로 전쟁기간 동안 노동자의 수는 급감했다. 자연히 노동생산성과 노동소득 역시 감소했다. 1953년이 되면 1949년 수준을 회복한다고 주장하지만, 이는 여성 노동력이 증가했기 때문이다. 1953년 여성 노동력은 전체 노동자 가운데 26.2%를 차지하게 된다(조선중앙년감 1954;『북한통계자료집』1996, 103~104 재인용). 여성 노동력의 실질소득에 대한 공식 통계는 없지만, 실제로 남성 노동자보다 낮았을 확률이 높다. 왜냐하면 전시 실질소득이 하락하였는데, 소득하락은 전장에 차출된 남성 노동력을 대체한 여성 노동력이 증가되었을 때의 일이기 때문이다.

1946~53년 기간 동안 인구의 다수는 '주변계층(marginality)'이었다. 토지개혁으로 증가된 생산물은 전시 식량수요를 메우는 데 사용되게 됨으로써 농업잉여는 부족했다. 노동력에 대한 수요는 여전히 부족했다. 전체인구에서 농촌에 잔류하고 있는 인구가 1953년에 80%를 차지하고 있었다. 고용된 노동자들 역시 노동생산성 증가를 강요당하지만 노동소득의 증가는 상대적으로 미비했다.

결론적으로 해방 이후부터 정전협정에 이르는 시기에 북한경제의 생산력 발전수준은 진전되지 못한다. 농업잉여의 부족과 주변계층의 존재로 인해서 공급과 수요가 모두 부족했다. 비록 토지개혁이 이루어지고 산업시설은 복구되었지만 주변계층을 흡수할 수 있을 정도의 수준은 되지 못했다. 오히려 전쟁은 경제상황을 악화시켰다. 농촌에 잔류하고 있던 노동력과 공업부문의 노동력이 모두 동원되었다. 전쟁으로 계획경제는 자신의 역할을 충실히 수행하기 어려웠다. 그렇다고 시장 메커니즘이 안정되어 있지도 못했다. 공급과 수요의 부족으로 가치법칙은 관철되기 어려웠다. 노동소득은 노동생산성의 증가율에 미치지 못했으며, 실질 소득은 낮았다. 전쟁이 소득분배구조를 악화시킨 것이다. 게다가 자원이 군수품 경제에 집중되었다. 군수품 경제의 발전은 다른 부문과의 연관효과가 적기 때문에 확대재생산이 어렵고 자연히 국민경제의 발전에 기여하기 어렵다.

2. 전후복구의 원동력

전후 북한경제의 일차적인 목표가 전후복구라면, 궁극적인 목적은 경제성장이다. 이는 투자의 확대를 통해 이루어졌다. 축적은 현존 사회주의의 경제성장 전략의 가장 핵심적인 특징이다. 그런데 전쟁으로 인한 피해가 심각한 상황에서 투자의 원천이 부족했다. 북한은 국내에 투자에 필요한 자원을 충족시킬 수 능력을 갖추지 못했다. 투자를 위해서 필요한 잉여생산물을 확보하는 일이 가장 우선적 과제였다. 해외원조와 농업잉여가 그 역할을 담당했다. 그래서 국제적으로 현존 사회주의 국가들, 특히 소련과의 관계가 유지되는 것이 중요했다. 대신에 국내적으로 대중의 희생이 강요되었다.

잉여생산물의 수취와 배분에 대한 권한은 국가가 가지고 있었다. 전쟁은 국가가 잉여생산물의 관리 권한을 더욱 강화할 수 있게 도와주었다. 경제잉여는 중공업 부문에 집중적으로 투자되었다. 이는 소련과의 입장과도 그리고 대중의 이해관계와도 배치되는 일이었다. 그러나 중공업에 우선적인 투자는 단기간에 급속한 성장을 가져왔다. 투자가 단기간에 일정한 성과를 거둘 수 있었던 것은 대중의 희생 덕택이었다. 물론 투자 자체가 경제성장에서 매우 중요한 대목이다. 저발전 상태에서 무조건적인 분배 몫의 증가는 경제성장에 바람직하지 않다. 저발전 경제에서 분배는 단기간에 소비되기 쉽고, 이는 투자의 확대를 통한 재생산에 기여하기 어렵다. 분배는 일시적인 것이 될 가능성이 크다. 저발전 경제에서 잉여생산물은 소비보다 먼저 생산에 투자되어야 한다. 산업화 초기 공장과 설비가 부족한 상황에서 우선적으로 소비가 이루어질 경우, 투자와 고용의 확대에 기여하기 어렵고 결국 국내시장 형성을 어렵게 만든다(Elsenhans 1996). 게다가 전후 투자 가운데 상당수는 식민지 시대 유산들을 복구하는 데 이용된다. 사실 이는 전전(戰前)의 투자방식과도 유사한 것이었다. 새로운 투자보다 기존의 설비를 복구하는 데 사용됨으로써 단기간에 성장에 기여할 수 있었다. 그리고 소련과 동유럽의 기술이전 역시 중요한 성장의 동력이 되었다.

북한은 스탈린주의적 공업화 노선에 따라 중공업에 우선적으로 투자했다. 이러한 투자는 대중의 희생을 강요하게 된다.[6] 소비재의 부족이 발생할 수밖에 없기 때문이다. 소비재의 부족은 곧 대중의 소비를 억제하는 것을 의미한다. 뿐만 아니라 배급제의 실시 역시 대중의 희생을 의미하는 것이었다. 또한 농업잉여의 수취 과정에서도 농민들의 희생이 강요되고 있었다. 물론 이와 같은 대중의 희생은 스탈린주의적 공업화 노선 탓만이 아니다. 공급의 결정이 수요에 따라 결정되지 않는 계획경제 자체의 한계이면서 아래로부터의 이해와 요구가 반영되기 어려운 북한 정치체제의 문제이기도 했다.

문제의 핵심은 이러한 경제성장 전략이 저발전 경제의 주요문제들을 극복하는 데 기여할 수 있느냐 하는 것이다. 경제성장이 대중의 희생이 전제된 중공업에 대한 투자의 집중을 통해서 추진될 때 성장은 위기를 잉태하게 된다. 저발전 경제의 가장 핵심적인 문제는 대중의 빈곤이다. 그런데 북한의 성장전략은 지속적인 대중의 희생을 강요하고 있다. 투자의 확대는 단기간에 성과를 거둘 수도 있지만, 대중의 희생을 전제로 할 때 그 발전은 지속가능하지 않다.

1) 전후복구 기간 경제상황의 개괄

전후복구는 일정한 성과를 성취하게 된다. 북한의 공식 통계에 따르면 사회총생산액(Gross Social Product)은 1953년을 기준으로 할 때 약 2배 이상, 1946년보다 3.5배 이상 증가하였다. 1949년을 기준으로 할 때 사회총생산액은 약 1.6배 정도 수준 상승했을 뿐이다. 물론 이 역시 결코 작지 않은 성과이다. 국민소득(Net Material Product) 역시 1953년을 기준으로 할 때 두 배 이상, 전전을 기준으로 하면 약 1.5배 정도 성장하였다(표 4-1-10과 4-1-11 참조).

표 4-1-10. 사회총생산액의 성장(%)

	1946년	1949년	1953년	1956년	1959년	1960년
사회총생산액	100	219	163	355	735	797
		100	75	162	336	364
			100	217	450	488
				100	207	224

출처: 국가계획위원회 중앙통계국(1961, 22).

표 4-1-11. 국민 소득의 성장(%)

	1946년	1949년	1953년	1956년	1959년	1960년
국민 소득 총계	100	209	145	319	636	683
		100	70	153	305	328
			100	220	438	470
				100	199	214

출처: 국가계획위원회 중앙통계국(1961, 27).

국민소득 증가의 원인은 투자의 확대, 특히 중공업 부문에 대한 우선적인 투자 덕택이다. 국가기본건설투자는 1954년부터 1956년 사이에 큰 변동은 없다. 하지만 1949년을 기준으로 했을 때는 1954년의 약 3.7배에서 1956년 약 3.9배까지 증가했다(표 4-1-12). 국민소득은 1949년을 기준으로 할 경우 1956년에 1.7배 상승한 점을 감안하면, 투자의 변동 폭은 국민소득의 증가폭보다 높은 것으로 나타난다. 투자의 증가가 경제성장의 견인차 역할을 했음을 말해주는 지표이다. 특히 중공업에 대한 투자가 중요했다. 1954~56년 전후복구 기간 동안 전체 투자 가운데 40.2%가 중공업 부문에 투자되었다. 그리고 경공업과 농업 부문에는 각각 9.3%와 9.2%가 투자되었다. 그 결과 3개년 계획의 종료 시점인 1956년이 되면 공업과 농업의 비중이 각각 60%와 40%로 변화된다. 이는 매우 단기간에 공업화가 진행되고 있음을 의미한다.

표 4-1-12. 공업과 농업의 비중(%)

	1946년	1949년	1953년	1956년	1960년
공업 및 농업 총 생산액	100	100	100	100	100
공업 총생산액	28	47	42	60	71
농업 총생산액	72	53	58	40	29

출처: 국가계획위원회 중앙통계국(1961, 25).

중공업 부문의 투자가 다른 부문보다 약 4배 이상이나 되었다. 그래서 생산재 부문과 소비재 부문의 비율이 1955년을 기점으로 변화되어, 생산재 부문이 전체 산업에서 차지하는 비중이 50%를 넘게 된다. 1956년 생산재 부문과 소비재 부분의 백분율이 53.9%와 46.2%이다. 전석담(1960, 26)은 중공업 가운데에서 기계제작 및 금속공업이 발전했다고 주장한다. 공업 총생산액에서 금속공업이 차지하는 비중이 1949년 8.1%에서 17.3%로 증가하였다는 점을 근거로 제시하고 있다. 반면 해방직후 공업 총생산액에서 큰 비중을 차지하고 있던 광석 채굴업은 전전 8.1%에서 54년 9.3%까지 상승하였다가 다시 6.1%로 하락하였다. 곧 주요 산업이 원자재 산업에서 기술력과 규모의 경제가 필요한 산업으로 이동했다는 설명이다. 이러한 설명은 북한경제가 전후복구 과정을 거치면서 이른바 '자력갱생'이 가능한 경제가 되었다는 점을 과시하기 위한 것이다.

그런데 북한경제에서 원자재 산업의 비중을 과소평가해서는 안 된다. 석탄을 비롯한 원자재 산업은 외화획득의 주요한 수단이었기 때문이다. 그 비중은 81.8%에서 54.3%로 감소했지만 광물 수출은 전후복구 기간에 전체 수출의 절반 이상을 차지했다(중앙통계국 1961, 154). 그리고 이 통계에 따르면 수출 총액이 2배 이상 증가했다. 이를 계산해보면 실제 광물수출액은 오히려 이전보다 증가했다는 점을 알 수 있다(중앙통계국 1961, 153). 살론타이(Szalontai 2005, 48)는 당시 헝가리 외교문서를 통해서 소련과 동유럽 국가들이 북한으로부터 금, 은, 코발트, 납, 카드뮴과 같은 광물 수입에 관심을 가지고 있었으며, 북한의 전후복구계획에서 광물 수출이 강조된다고 적고 있다. 게다가 결정적으로 금속기계 공업의 성장은 원조와 수입에 의존한 발전이었다. 현존 사회주의 국가들의 원조 가운데 상당수가 공장과 설비의 복구와 신설이었다. 전후 원조에서 생산설비가 차지하는 비중은 1954년 77.8%, 55년 79.8%, 56년 75.8%였다. 이는 수입 역시 마찬가지였다. 전후복구 기간 수입품 가운데 가장 많은 부분이 기계와 설비였다. 기계와 설비의 수입은 1953년 34.3%과 56년 32.7%로 일정하게 높은 비중을 차지하고 있었다(중앙통계국 1961, 155). 따라서 전후 경제성장의 원동력은 중공업 부문에 대한 투자였다. 이러한 투자의 대부분은 원조와 수입을 통해서 성취되었다. 즉 전후복구와 경제성장 과정에서 해외의존도는 결코 낮지 않았다.

3개년 계획으로 투자가 집중되었지만 설비가동률은 높지 않았던 것으로 보인다. 북한은 이 시기 '설비이용률'에 대한 통계를 발표하지 않았다. 그러나 관료주의와 본위주의가 지속적으로 지적되고 있다는 점을 감안할 때, 특정 부문에 대한 과잉투자와 과잉설비의 문제가 존재함을 알 수 있다. 그러나 적어도 이 시기까지는 과잉설비의 문제가 본격화되지는 않았던 것으로 보인다. 설비이용률 제고의 문제는 1956년 이후에 본격적으로 언급되고 있다. 전후복구 기간 누적된 설비이용률 저하의 문제가 표출되기 시작한 것이다. 물론 설비이용률의 문제는 김일성계가 관료주의와 본위주의의 이름으로 다른 정치세력과 권력의 중하층부를 압박하기 위한 중요한 수단 가운데 하나이기도 했다.

투자의 확대는 인구의 도시 이주를 유인했다. 노동자의 수는 증가했으며 반대로 농촌인구가 감소했다. 농촌인구는 1956년 이후에는 오히려 어느정도 증가하다가 일정하게 유지된다. 산업화로 새로운 일자리가 창출됨에 따라 노동유동성이 증가한다. 이는 소련의 경우도 마찬가지인데, 이때 집단농장으로부터 탈출한 노동력이 상당수 있는 것으로 알려져 있다(Nove 1998, 222). 북한은 이에 대한 정확한 보고는 없다. 다만 북한 역시 노동유동성이 높았으며, 결근이나 이직 등이 성행하고 있었다. 그리고 결정적으로 농촌보다 도시의 임금이 상대적으로 더 높았다. 전쟁으로 인한 인명 손실과 산업화를 빠르게 추진하기 위해 단기간에 많은 노동력의 유입이 필요했기 때문이다. 그래서 이 시기에는 농촌인구의 이동만이 아니라 여성 노동력이 산업화에 본격적으로 참여하게 된다. 전후복구 기간 동안 사무 업무 가운데 여성 노동의 비율이 20%를 차지하였다(통일원 1996, 104).

표 4-1-13. 국가기본건설투자액의 성장(단위: 백만 원)

연도	총투자액의 성장(%)									
1949	100									
1954	373	100								
1954~'56평균	403	108	100							
1956	396	106	98	100						
1957										
1957~'60평균	565	152	140	142	100					
1959	700	188	174	177	124	100				
1960	640	172	159	162	113	91	100			
1961	666	180	166	169	118.6	96	105	100		
1962	734	197	183	185	130	105	115	110	100	
1963	775	208	192	196	137	111	121	116	106	100
1964	854	229	211	215	151	122	133	127	116	110

출처: 통일원(1996, 144).

표 4-1-14. 도시·농촌별 인구구성(단위: %)

연도별 구분	1953.12.1	1956.9.1	1959.12.1	1960	1961	1963.10.1	1965
총 인구	100	100	100	100	100	100	100
도시	17.7	29.0	38.0	40.6	56.7	44.5	47.5
농촌	82.3	71.0	62.0	59.4	43.3	55.5	52.5

출처: 통일원(1996, 103).

경제성장과 함께 소득 역시 증가했다. 이 시기 북한의 통계에 따르면 실질소득은 하락하고 명목소득만이 증가했다(표 4-1-15, 4-1-16 참조). 그러나 소득증가율은 생산성 증가율에 미치지 못했다. 노동생산성 증가율이 소득 증가율을 앞선다. 국가기본건설투자 총액의 증가, 사회총생산액, 국민소득의 증가 등과 비교할 때, 노동소득의 증가폭이 가장 낮다. 게다가 경공업 부문에 대한 낮은 투자와 소비재 부족 등으로 인해서 명목소득의 상승에 의미를 부여하기 어렵다. 그런데 특이한 점은 소득증가와 물가인하가 동반되었다는 점이다.

표 4-1-15. 노동자, 사무원의 화폐 임금의 성장(%)

	1949년	1953년	1956년	1959년	1960년
노동자, 사무원의 1명당 평균 로임	100	105	165	365	386
		100	158	349	370
			100	221	234

출처: 국가계획위원회 중앙통계국(1961, 23).

표 4-1-16. 노동자, 사무원의 실질 임금의 성장(%)

	1949년	1956년	1957년	1958년	1959년	1960년
노동자, 사무원의 실질 임금의 장성	100	98	136	159	198	203

출처: 국가계획위원회 중앙통계국(1961, 33).

이 시기 북한경제의 주요한 문제점은 중공업 부문에 투자가 집중됨으로써 도시와 농촌 그리고 생산부문 간의 격차가 발생하기 시작했다는 점이다. 국민경제 내부에서 구조적 이질성의 문제가 차츰 나타나기 시작한 것이다.

2) 경제성장의 원동력: 축적의 기술

(1) 경제원조와 경제성장

경제원조는 전후복구의 핵심적인 원동력이다. 경제원조는 국가 간의 정치적 이해관계에 따라 제공된다. 일반적으로 공여국은 자국의 영향력을 확대하기 위한 정치적 목적을 가지고 원조를 제공한다. 또한 원조는 수혜국 내부에서 권력을 가진 특정 정치세력의 이익을 위해 소비되기 쉽다. 원조의 낭비는 경제상황을 오히려 더욱 악화 시키게 된다.[7] 원조가 투자되어 축적체제가 안정적으로 형성되지 못한다면, 지속적으로 원조에 의존하는 경향이 나타나게 될 가능성이 크다.

1950년대 북한 이외에 신생독립국들이 2차 세계대전의 복구와 탈식민지 과정에서 원조를 공여받게 된다. 당시 원조가 제공된 이유는 미국과 소련을 중심으로 하는 체제경쟁의 영향 때문이었다. 냉전 구도하에서 공여된 경제원조는 각 체제의 우월성을 선전하려는 목적으로 제공됐으며, 이는 수혜국의 '경제성장'을 위한 중요한 자원이 된다. 이 시기 미국과 소련 원조의 각각의 이론적 바탕은 서로 상이했다.[8] 그런데 미국과 소련의 원조는 모두 물적 자본(physical capital)의 투자가 경제성장의 핵심동력으로 이해하고 있다는 공통점을 가지고 있었다. 1953년 스탈린 사후 소련 내부의 경제정책의 변화와 함께 경제원조의 성격도 '경공업'을 중심으로 하는 지원으로 변화되었지만, 저발전의 원인이 물적 자본의 부족 때문이라는 인식에는 큰 변화가 없었다. 소련이 2차 대전 이후부터 1950년대 말까지 현존 사회주의 국가들의 자본투자에 제공한 신용은 총 300억 루블 이상이었다. 1961년 현존 사회주의 국가들은 소련의 신용 제공으로 총 750개 이상의 산업체와 350여 개 이상이 시설물, 공장, 장비 등이 건설되거나 설비되었다. 이 중에는 32개의 콤비나트 및 철금속 공장, 40개의 비철금속 공장, 50개의 화학공장, 100여 개 이상의 기계제작 공장, 그리고 100여 개 이상의 발전소 등이 포함되어 있었다(성원용 2001. 243). 중국의 경우에는 식량과 생필품의 원료 및 인프라에 대한 지원이 주를 이루고 있었지만, 동유럽 사회주의 국가들의 지원 역시 대부분 공장과 설비에 대한 원조였다(Szalontai 2005, 48).

대북원조가 북한의 전후복구와 경제성장에 기여하게 된 원인은 다음과 같다.

가. 공장과 설비의 직접적 투자의 확대

경제원조가 직접적으로 공장과 설비에 대한 투자의 확대에 기여했기 때문이다. 대북원조의 일부는 현금으로 지원되기도 했지만, 대부분은 공장과 설비의 복구와 건설에 직접 투자되었다. 그리고 식량과 생필품의 지원은 다른 경제잉여가 자본축적에 자원이 집중될 수 있도록 도왔다. 소련 및 동유럽의 실물투자는 직접적인 투자의 확대를 의미했으며, 전후복구 기간에 결정적으로 기여했다.

1952년 11월 다국적 원조 프로젝트가 전쟁 중에 이미 기획되고 있었다. 1953년 9월 김일성이 이끄는 북한 대표단은 경제원조를 위해서 소련을 방문한다. 소련은 북한의 부채를 절반 이상 탕감시켜 주었으며, 남아 있는 부채 역시 만기를 연장해주었다. 또한 10억 루블의 무상원조 지원을 시작하였다. 그 가운데 총 600,000루블은 여러 상품과 설비의 형태로 지원되었으며, 나머지는 기계설비와 공장의 계획, 준비, 복구 등에 사용되었다. 청진, 성진, 남포 야금공장, 흥남 비료, 수풍 발전소, 마동의 시멘트 공장, 평양 방직 공장 등이 이에 해당된다. 그리고 양덕―청성 간 철도개통, 남포항 복구, 중앙평양 라디오 방송 개국, 평양에 병원 건설 등이다. 그밖에도 북한은 어업용 배, 버스, 농기계, 화학비료, 과학 문헌, 소비재 등을 지원받았다(Szalontai 2005,45~46).

또한 김일성은 1953년 11월 12일부터 27일 사이에 중국을 방문하여 비슷한 협정을 맺는다. 중국은 한국전쟁 기간 동안 한국전쟁 발발 이래로 누적된 빚을 탕감해주었으며, 8조 위안(구화폐)을 북한에 제공한다. 1954년 중국의 대북원조는 76.14%는 물질적 원조로, 23.86%는 금융지원으로 이루어졌다. 중국은 남포 유리공장과 철물공장을 포함하는 공장 복구를 지원했다(Szalontai 2005, 46).

1953년 말 북한은 동유럽과 몽골과도 유사한 협정을 체결한다. 체코슬로바키아는 희천과 운상의 기계공장, 덕천 자동차 공장 건설에 착수했다. 동독은 인쇄 콤비나트, 디젤 원동기 공장, 황해제철소 용광로 복구 건설을 도왔다. 폴란드는 원산과 평양에 기관차와 화차 수리 정거장을 건설하고, 세 개의 광산개발에 필요한 기계화를 도왔다. 헝가리는 구성에 공작기계 공장, 평양에 설비제조 공장, 본궁에 페인트 공장을 건립했다. 루마니아는 6,500만 루블을 시멘트 공장, 아스피린 공장, 어업용 배, 기계의 형태로 제공하였다. 불가리아는 1953~54년에 2,000만 루블을 직물, 접시, 벽돌 공장과 재목 저장소 등을 제공하였다. 동유럽은 1954~56년에 총 11억 3천 4백만 루블을 제공했다. 그리고 몽골은 자국 역시 원조가 필요했음에도 불구하고, 북한에 만 여 마리의 말을 보냈다(Szalontai 2005, 46~47).

나. 기술이전 및 노동력의 지원

경제원조가 경제성장에 기여할 수 있었던 주요한 원인은 기술이전과 노동력을 지원했기 때문이다. 현존 사회주의 국가들은 기술이전을 위해서 기술자를 공장에 파견하고 일정 기간 동안 상주하도록 하였다. 소련과 동유럽의 기술이전은 단기간에 빠른 기술습득이 가능하도록 하는 방식이었다. 단기간의 기술이전 외에도 기술교육을 통해서 장기간 그리고 지속적으로 기술이전과 개발이 가능하도록 하였다. 기술교육은 유학과 국내 교육을 통해서 이루어졌으며, 학교 건립 역시 지원을 받게 된다.

북한에 파견된 소련의 기술전문가는 다른 북한 노동자와 동일한 임금을 지불받는다. 대신에 소련이 나머지 임금을 지불하였다. 소련 기술전문가의 임금은 북한 노동자와 비교할 때 4배가량 높았다. 소련의 차액 지불은 북한 원화로 제공되었으며, 그것은 북한 내의 외국인들을 위한 판매점에서 물건을 구매할 수 있게 하기 위해서였다(Szalontai 2006, 46). 이와 같은 지원은 임금 지불에 따른 비용을 감소시켜줌으로써 경제잉여가 투자될 수 있도록 도와주었다. 또한 외화가 유출되는 것을 막고 북한 국내에서 소비될 수 있도록 도와주었다.

한편 중국은 총 295명의 엔지니어와 기술전문가를 북한에 파견했다. 이들은 공장의 계획과 건설을 도왔고, 2,963명의 북한 노동자들이 실질적인 경험을 얻기 위해서 중국을 왕래했다. 또한 중국은 전쟁 이후 잔류하고 있던 '인민해방군'의 노동력을 지원하였다. 한국전쟁으로 많은 인명 손실이 있었고, 따라서 북한은 전후 복구 과정에서 노동력이 부족하였다. 이에 중국은 잔류하고 있던 '인민해방군'을 전후 복구를 위해 필요한 노동력으로 활용할 수 있도록 허용하였다. 인민해방군은 외무성과 중앙은행 건립, 철도, 교량, 도로 수리에 투입되었다(Szalontai 2005, 46).[9]

동유럽 국가들 역시 기술을 이전했다. 북한은 1952년부터 동독, 폴란드, 체코, 루마니아, 불가리아 등에 '국가재건기술'을 배우기 위해서 유학생을 파견했다. 물론 정부의 지원이 있었기에 가능한 일이었다. 동독 유학생의 회고에 따르면 상당히 많은 액수(북한화폐 200원 환율 계산 시 444마르크)를 받았다고 한다. 당시 동독 전체 유학생은 1959년까지 약 450명 정도였으며 95% 이상이 자연과학을 공부하였다. 또한 기술자들을 직접 파견했다. 동독 기술자들 5명에 30여 명의 북한 노동자들이 같이 작업하는 공동작업의 형태로 기술이전이 진행되었다. 함흥시 복구사업에 동독인은 1954~62년에 약 400명 정도 있었다고 한다(조한범 외 2006).

다. 산업불균형의 완화

소련의 대북원조와 함께 북한 국내의 권력투쟁이 더욱 첨예화된다. 스탈린 사망 이후 소련의 발전전략이 변화되면서, 그와 함께 대북원조의 성격 역시 변화되었기 때문이다. 소련의 원조는 중공업 부문의 산업시설 복구와 더불어 경공업 부문의 새로운 공장 신설에 투입되었다. 신설된 공장 가운데 '뜨락또르(트랙터)' 수리공장을 제외하고는 견방직 공장, 육류 가공 공장, 어류 통조림 공장, 염색 및 표백 공장, 가구 공장, 합판 공장 등은 모두 식품공업과 경공업 부문이었다. 이는 김일성계의 중공업 우위의 발전전략과는 거리가 먼 것이었다. 소련의 '탈스탈린화'와 김일성계의 스탈린주의 공업화 노선이 서로 대립하였던 것이다(Okonogi 1994, 181). 소련계는 이를 이용하여 김일성계와의 권력투쟁을 진행하게 된다.

소련과의 대립, 그리고 국내 권력투쟁의 심화는 이른바 '동시발전' 노선이 도출되는 계기가 된다. 물론 중공업 우위의 투자는 실제로 크게 변화되지 않았다. 하지만 소련의 경제원조로 산업부문의 생산력 격차가 다소라도 완화될 수 있었다. 만약 소련의 원조가 없었다면 중공업과 경공업 간의 격차는 더욱 벌어졌을 것이다. 하지만 다행히 탈스탈린화에 기초한 소련의 원조 덕택에 소비재 부문에 대한 투자가 일정 정도 증가할 수 있었다. 결국 이는 산업구조의 불균형을 다소 완화시키는 기회가 되었다.

물론 그것이 소련의 의도한 결과인지에 대해서는 의문스럽다. 소련이 의도적으로 북한 국내의 산업구조 불균형까지 고려해서 원조를 공여한 것인지에 대한 판단하기 힘들다. 소련에서도 탈스탈린화 과정에서 산업구조의 불균형이 문제로 대두되었다. 하지만 흐루시초프가 권력을 장악하고 경공업을 강조하는 말렌코프 노선이 채택되지는 않았다. 산업구조의 불균형보다는 지배체제의 안정을 우선시한 것이다. 전전(戰前)에도 소련의 대북원조는 식민지 시대의 산업을 복구하는 수준에 머물러 있었다. 김일성은 산업구조의 다변화를 위해서 소련의 도움을 요청했지만, 소련은 이를 수용하지 않았다. 하지만 한국전쟁 이후 소련의 지원은 그 성격이 달라진다. 소련은 신용과 차관만이 아니라 원조를 통해서 북한을 지원한다.

전전에는 식민지 시대의 유산으로 제한적 수준에서 공업화가 이루어졌다. 하지만 전쟁기간 동안 상당 부분이 파괴되었다. 전후(戰後) 복구에 대한 지원은 전전의 북베트남, 알바니아, 몽골의 지원에 준하는 지원이었다. 그러나 전후복구의 지원 역시 전전처럼 김일성계에 의해서 자의적으로 소련의 지원 프로그램을 조정할 수는 없었다. 탈스탈린화의 영향으로 경공업의 지원이 주로 이루어진다(Szalontai 2005, 49~50). 그럼에도 불구하고 북한은 대규모 산업의 건설과 높은 기술력이 요구되는 산업들에 대한 투자를 요구하고 있었다. 소련이 이를 수용하지 않자 대신 동유럽 국가들에게 요구하였다. 동유럽 국가들 역시 무조건적으로 북한의 입장을 그대로 수용하지는 않았으며 이에 북한은 동유럽 국가들을 설득하였다. 결국 동유럽 국가들은 부분적으로 북한의 견해를 받아들여 공장과 설비의 건설에 도움을 준 것으로 보인다(Szalontai 2005, 50).

결과적으로 소련의 경제원조는 산업구조의 불균형을 조금이라도 해소하게끔 도와주었으며, 그 결과 대중의 생활수준 향상과 경제성장에 기여했다. 물론 북한의 중공업에 대한 우선적인 투자는 동유럽이나 중국과 비교할 때 단기간에 빠른 속도로 진행되었다(Szalontai 2005, 51). 게다가 소련에 의해서 신설된 공장들과 식민지 시대에 복구된 공장들 간의 산업연관효과는 크지 못했던 것으로 보인다. 소련의 지원이 좋은 결과만을 가져왔다고 보기는 힘들다. 그러나 소련과 북한의 불협화음이 빚어낸 의도하지 않은 결과로, 산업구조의 불균형은 조금이나마 완화되었다는 점은 분명해 보인다.

(2) 식민지 산업의 승계: '구조적 이질성'의 우연적 · 제한적 약화

전후복구에서 일정한 성과를 거둘 수 있었던 주요한 이유는 식민지 산업을 승계했기 때문이다. 식민지 산업을 승계한 것은 순수하게 북한이 의도한 일은 아니었다. 소련의 대북원조가 식민 시대의 유산을 되살리는 데 초점이 맞추어져 있었던 반면 김일성은 이에 불만을 가지고 있었다. 북한은 소련과 의견이 충돌하게 되자 동유럽의 협상을 통해서 '새로운 투자'를 추진한다. 북한은 규모의 경제를 실현할 수 있고 상당한 기술력을 요구하는 투자를 요구했다. 북한은 이러한 요구가 남한과의 통일을 염두해 둔 정책이라는 점을 강조했다. 이는 소련과 동유럽과의 협상에서 '큰 것이 좋다(Big is beautiful)'는 논리에 대한 명분이면서 동시에 국내적으로 '아직' 통일이 되지 않았기 때문에 농업협동화 등을 뒤로 미루어야 한다는 논리에 대한 반박이었을 가능성이 있다. 하지만 보다 근본적 이유는 북한의 이러한 태도는 우선 남한과의 체제경쟁 우위를 점하기 위해서였을 가능성이 높다. 흥남, 청진, 남포 등 해변의 공장들이 전쟁에서 큰 피해를 입었기 때문에 전후 산속에 공장을 지으려 했다. 남한과의 통일은 동유럽 국가를 설득하기 위한 명분이었을 가능성이 높다(Szalontai 2005, 50). 근본적으로 새로운 기술을 근간으로 하는 투자가 경제성장에 도움이 된다는 생각 때문이었을 것이다. 사실 이는 저발전 국가의 일반적인 생각이었다. 그러나 북한의 요구는 그대로 수용되지 않은 것으로 보인다. 동유럽 국가들은 북한을 설득하여 이를 제한했다. 결과적으로 이는 북한경제를 위해서 다행스러운 일이었다.

새로운 투자는 특정 부문의 생산력 증가를 가져오게 된다. 자원이 제한되어 있는 상태에서 특정 부문에 대한 투자는 일정 정도 불가피하다. 저발전 경제에서는 국제시장에서 특화할 수 있는 부문에 대한 우선적인 투자가 나타

난다. 국내시장이 취약하여 이윤을 창출하기 어렵기 때문에 국제시장에 대한 특화가 우선적으로 고려되는 것이다. 그러나 계획경제에서는 정치권력의 정당성을 확보하면서 동시에 특권화하기에 유리한 부문에 대한 투자가 우선적으로 이루어지게 된다. 그 결과 다른 부문과 불가피하게 생산력의 격차가 발생하게 된다.

생산력의 격차는 한 경제 안에서 '구조적 이질성(structural heterogeneity)'을 발생시킬 수 있다. 본래 구조적 이질성이란 개념은 세계자본주의에서 중심부와 주변부의 현저한 생산력 격차를 설명하기 위한 개념이다.[10] 종속이론은 그 이유를 주변부 경제 내부에서 다양한 생산양식이 공존하고 있기 때문이라고 설명한다. 그런데 생산력 격차라는 핵심적 문제는 중심부와 주변부 간에만 발생하는 것이 아니라 주변부 경제 내부에서 발생한다. 저발전 경제 내에서 생산부문 간의 생산력 격차가 현저하기 때문이다.

저발전 경제 내부에서 구조적 이질성은 생산부문 간의 승수효과를 기대하기 어렵게 만들고 생산부문 간의 '부등가 교환'을 발생시킨다. 세계경제 내에서 부등가 교환은 성립되기 어려운 측면이 있지만 국민경제 내부에서는 충분히 성립가능한 개념이다(Suh 1987, 115~125). 일반적으로 저발전 경제에서 상대적으로 생산성이 높은 부문에 대한 투자는 수입이나 차관 및 원조를 통해서 이루어지게 된다. 저발전 경제에는 자본집약적 혹은 기술집약적 생산재에 투자된다. 그 결과 생산재 생산부문이 상대적으로 높은 생산력을 성취하게 된다. 이때 생산재 부문에 필요한 중간재나 소비재를 저발전 경제에서 생산해내기 힘들다. 그리고 생산력이 높은 부문에서 생산된 생산재의 수요 역시 부족하다. 저발전 경제에서 승수-가속도의 원리는 관철되지 않는다. 반대로 구조적 이질성이 존재하는 생산구조가 형성됨으로써 '공급의 경직성(rigidity)'이 발생하게 된다(Elsenhans 1996, 177~178).

계획경제에서도 생산력 격차는 중요한 문제이다. 생산력의 현저한 차이로 발생하는 '구조적 이질성'은 계획을 통한 강제적 거래를 통해서 해결될 성질의 것이 아니다. 소련 경제의 축적 과정에서 서구로부터 설비와 기술의 도입이 효과를 발휘하지 못했던 것도 이러한 이유 때문으로 판단된다. 소련경제의 구조적 이질성은 일상적인 저발전 경제의 그 성격이 질적으로 다르다. 하지만 산업연관효과를 기대하기 힘들다는 점에서는 공통적이다. 물론 미국을 비롯한 서구 선진국의 소련에 대한 기술이전과 설비 수출은 서구 선진국의 입장에서는 상대적으로 낮은 기술력을 가진 그리고 시장성이 약한 것이었지만, 단지 그러한 이유 때문에 소련경제에서 문제가 발생했던 것은 아니다. 서구 선진국의 설비와 기술이 소련의 설비와 기술과 차이가 있었기 때문에 산업연관효과를 기대하기가 힘들었다.

구조적 이질성의 또 다른 문제점은 '주변계층'의 존속 문제이다. 구조적 이질성은 산업 간의 생산력 격차로 발생하며, 이는 생산부문 간 노동력의 숙련도 혹은 기술력의 차이를 의미하게 된다. 그로 인해서 임금 격차가 발생하게 된다. 이 점은 주변부 자본주의나 계획경제나 마찬가지이다. 물론 현존 사회주의 사회에서는 정치적 이유로 완전고용이 이루어지기 때문에 실업은 존재하지 않는다. 그러나 고용되어 있지만 낮은 생산성을 이유로 최저 생계소득 이하의 임금으로 생활을 해야 하는 일부 계층이 엄연히 존재한다. 물론 고용이 보장되기 때문에서 주변부 자본주의보다 상대적으로 안전할 수 있지만 위장실업(disguised employment) 혹은 잠재적 실업(underemployment)의 형태로 존재하게 된다.

북한경제에서도 유사한 문제가 발생한다. 북한은 공식적으로 생산부문 간의 확대재생산이 유기적으로 이루어지고 있다고 자부하지만, 실상은 그렇지 않았을 가능성이 크다. 계획경제에서도 사회적 수요가 무시된 채 단일한 생산구조가 형성되고, 이로 인한 '공급 경직성'이 발생할 가능성이 높다. 계획경제는 저발전 경제와 달리 관료계급에 의해서 투자가 강제되지만, 특정 부문에 대한 집중적인 투자는 생산구조의 다각화를 어렵게 한다. 이는 공급의 경직성을 발생시킬 가능성이 높다. 투자의 병목현상이 빈번하게 발생하게 된다는 점을 볼 때, 북한 경제에서 산업연관효과는 매우 약한 것으로 보인다.

그럼에도 불구하고 북한경제가 전후복구와 경제성장에 일정 정도 성공을 거둘 수 있었던 것은 식민지 유산을 승계했기 때문이다. 김일성의 의도대로 높은 기술력을 요구하는 대규모의 투자가 진행되었다면, 구조적 이질성의 문제는 경제성장에 더욱 더 큰 걸림돌이 되었을 것이다.[11] 소련이 새로운 투자보다는 우선적으로 일본의 지배하에 발달했던 산업시설을 복구하는 데 초점을 맞추고, 동유럽 국가들이 김일성의 투자의도에 찬성하지 않음으로써 의도하지 않은 결과를 얻게 된 것이다. 오히려 문제는 소련의 원조로 복구되거나 새롭게 지어진 공장과 설비들이 문제였을 가능성이 크다. 하지만 북한의 입장에서는 다행히도 전후복구된 산업시설에 소련 및 동유럽의 기술자들이 파견되고, 기술이 이전됨으로써 새롭게 신설된 공장과 복구된 공장 간의 생산력 격차를 줄일 수 있었던 것으로 보인다.

이는 흥남비료 공장의 복구 과정을 통해서 검증된다. 흥남비료공장은 소련의 무상원조 가운데 가장 큰 몫을 차지하는 6천만 루블이 투자된 중요한 공장이다. 리국순(1960, 228~229)의 논의 가운데 당의 지도와 전쟁에서 돌아온 노동자의 혁명성을 강조하는 부분을 제외하고 흥남비료 공장의 복구 과정을 다음과 같이 재구성했다.

1. 전시에 설비와 기자재를 소개 시켜 피해를 줄임.
2. 소련의 건설기계, 공작기계, 정밀기계, 특수자재와 부속품, 실험 기구들이 원조되었고, 여기에 53명의 기술자단이 지원됨.
3. 소련으로부터 주요설비 도입과 소련기술자에 의한 직접적 기술지원
   (1) 소련으로부터 주요설비의 수입,
   (2) 공장건설과 관련된 모든 기술설비 문건들은 소련전문가들에 의해서 작성,
   (3) 공장건설의 시공, 조립, 시운전에 이르는 과정을 전문가, 기술자들이 직접 담당.

4. 북한 국내에서 건축자재의 생산.

5. 노동력의 고용 확대(1953년 2,035명, 1954년 4,591명, 1955년 6,284
명, 1956년 7,529명).

전후복구 과정에서의 빠른 경제성장은 경제원조의 공여국인 소련과 동유
럽의 협상 과정을 통한 식민지 산업 승계의 제한적 성과이며 우연적인 결과
이다. 그러나 이러한 우연 속에는 필연이 잉태되어 있다. 북한은 전후복구
과정에서 기존 설비의 이용, 기계와 설비에 대한 투자, 그리고 기술지원, 고
용 확대로 통해 일정한 성과를 거둘 수 있었다.

(3) 수요억제와 대중의 소외: 농업집단화와 배급제

전후복구 기간 빠른 경제성장의 원동력은 대중의 희생이다. 현존 사회주
의 사회에서 대중은 권력의 필요에 따라 동원되지만, 권력과 경제잉여의 배
분으로부터 배제된다. 그런데 대중의 소외는 당성이라는 이름으로 자발적인
복종인 것처럼 묘사되며 철저히 은폐된다. 덕분에 대중에게 희생이 강요된
다. 대중 소외는 잉여의 추출, 노동력의 동원, 수요억제 등으로 표출된다. 잉
여의 추출은 투자의 원천이며 노동력의 동원은 생산력 증가의 원동력이다.
이는 생산요소의 투입을 증가시키는 외연적 성장방식의 전형이다. 그런데
외연적 성장방식의 전제조건은 수요가 억제된다는 사실이다. 수요억제는 단
기간에 투자의 집중을 유도함으로써 경제성장을 견인한다.[12]

가. 농업집단화: 잉여의 추출과 노동력의 동원

농업집단화의 목적을 요약하면 다음과 같다. 첫째, 토지개혁으로 분배된
개인 소유의 토지를 협동적 소유로 전환시킨다. 마르크스-레닌주의 이론에
서 소유권의 이전은 잉여의 수취와 처분에 대한 권한의 이전을 의미한다. 따

라서 농업집단화는 농업잉여의 처분권을 개인에서 협동농장으로 이양시켰다. 그 결과 국가는 농장에 대한 통제 및 관리 권한을 가지게 되었다. 둘째, 규모의 경제를 실현함으로써 농업생산력의 증가를 목적으로 한다. 토지개혁으로 농업생산력이 증가했지만 전시동원과 전쟁으로 하락하였다. 농업집단화는 농장의 규모를 확대함으로써 이를 만회하기 위한 수단이다. 셋째, 농업집단화는 전후복구와 산업화를 위해서 필요한 노동력 공급의 확대를 추진하기 위한 정책이다. 전쟁으로 인한 인명 손실은 '노동력의 부족'이라는 문제를 발생시켰다. 농업집단화는 이를 극복하기 위한 방안이다.

북한의 농업집단화는 다른 국가들과 비교할 때 단기간에 신속하게 진행되었다. 북한의 공식 통계에 따르면 농업집단화는 1954년 가을부터 경험적 단계에서 대중적 발전 단계로 전환되었으며, 1954년 말에 총농가 호수의 31.8%, 총경지 면적의 30.9%에 이르렀다. 그리고 1955~56년 사이에 전체 농가 가운데 협동농장에 참여한 비율이 44.7%에서 70.5%로 급격하게 신장하였다. 1956년 말이 되면 77.9%까지 증가한다(전석담 1960, 31~34). 협동조합이 1954년에 시작되었는데 1956년이 되면 전체 농업총생산액 가운데 농업협동조합의 생산 비중이 65.4%에 이르게 된다(중앙통계국 1961, 68).

그렇지만 농업집단화의 증가율과 비교할 때 농업생산성의 증가는 크지 않았다. 북한의 공식 통계에 따르면 1953년을 기준으로 할 때, 농업 총생산액은 1956년에 136.5% 증가에 그쳤다. 농업집단화가 시작되는 1954년을 기준으로 했을 때, 1956년에 124.1%, 그리고 농업집단화가 가장 급격하게 진행되는 1955~56년 시점에는 119.8%밖에 성장하지 못한다(통일원 1996, 233). 이는 농업집단화가 기대와는 달리 농업 생산성 증가에 크게 기여하지 못했음을 의미한다. 심지어 1954~55년 사이에는 식량부족의 문제가 불거지게 된다. 1정보당 농작물 수확량을 보면 1956년도 수확량은 전체적으로 전전 수준에도 미치지 못함을 알 수 있다. 특히 1정보당 논벼의 수확량은 1953년으로 기준으로 했을 때도 2,844kg이었으나 1956에는 2,823kg으로 감소한다. 농업총생산액의 증가는 경지면적의 증가와 옥수수와 채소 같은 다른 작물들의 생산량 증가를 통해서 성취되는 것으로 보인다(통일원 1996, 248).[13]

농업생산성이 기대만큼 증가하지 못한 원인을 요약하면 다음과 같다. 첫째, 농민들의 반발 때문이다. 김연철(1996, 93)은 리상준(1960)의 논문을 통해 농민들의 반발로 농업생산량이 감소했다는 점을 밝히고 있다. 농민들의 반발은 집단화 과정에 기만적 그리고 강제적 경향이 존재했기 때문이다. 전석담(1960, 32)과 리상준(1960, 367)의 논의는 농업집단화가 단지 설득의 과정이 아니라 '강압적' 혹은 '기만적' 성격을 가지고 있음을 밝히고 있다. 리상준은 집단화 과정에 존재하는 좌편향(강압적)과 우편향(이익추구)이 농업협동조합에 대한 나쁜 여론과 반발의 원인으로 설명하고 있다. 그렇다면 협동조합에 가입하는 과정에서 이와 같이 무리하게 조합에 가입시키려는 경향이 존재하겠는가에 대한 문제가 제기되어야 한다. 농민들에게 직접적으로 협동조합의 가입을 권유하고 설득하는 책임을 가진 중하위 관료들의 문제로만 치부하기 어렵다. 중하위 관료의 행위는 '위'로부터의 압력에서 시작되었을 확률이 높다. 위로부터의 압력은 무조건적인 강압이 아니었다. 중하위 관료들의 기만적인 이익추구가 존재했다는 점은 일정 정도 자율성이 존재했다는 것을 의미하고, 이는 위계적이고 중앙집권적 관료의 조직구조가 형성되지 못했음을 의미한다. 따라서 위로부터의 압력은 중하위 관료에 대한 물질적·비물질적 인센티브 혹은 제약을 통해서 이루어졌을 가능성이 크다. 예컨대 중하위 관료들이 얼마나 농민들을 협동조합에 가입시키느냐에 따라 그 능력과 당에 대한 충성도를 평가하는 방식과 같은 것들이 있을 수 있다.[14]

농업집단화가 생산성 증가를 견인하지 못한 또 다른 이유는 기계화의 수준이 미치지 못했기 때문이다. 북한의 공식 통계에 따르면 트랙터의 보유수는 1954년에서 1955년과 1956년 2배 이상 증가한다. 하지만 토지 100정보당 대수를 보면 1953년 0.038대에서 1956년 0.13대에 지나지 않는다. 총경지 중에 트랙터에 의한 '기경률'은 1953년 2.6%에서 10.5%로 늘어났을 뿐이다.

4배 이상 증가했다고 볼 수 있지만, 기계화에 의한 토지경작 비중이 낮았다(통일원 1996, 208). 실제로 농업집단화는 한편으로 농지 규모의 확대를 통해서 생산성의 증가를 추진하기 위한 전략이지만, 다른 한편으로 산업화에 필요한 노동력 확보를 위한 방법 가운데 하나이다. 노동력이 도시로 이동하는 가운데 농업 집단화를 통해서 규모의 경제가 실현되기 위해서는 기계화가 추진되어야 한다. 바로 이 점이 소련과 북한의 견해 차이일 뿐만 아니라 북한 내부에도 이견(異見)이 존재했던 부분이다. 김일성은 "조선로동당 제4차 대회에서 한 중앙위원회사업총화보고"에서 선기계화와 후집단화를 주장하는 세력들을 교조주의로 비판하고 있다(김일성 [1961]1981a, 170). 선기계화는 소련의 입장을 수용하고 있는 것이다. 물론 기계화가 생산성 향상과 동의어가 될 수는 없다. 다만 잔류하고 있던 노동력이 이동하기 시작하는 상황에서 기계화는 생산성 향상을 성취하기 위한 중요한 수단이란 사실을 짚고 넘어갈 필요가 있다.

북한은 경제원조가 농업부문에도 이루어지기를 바랐지만, 현실은 그렇지 못했다. 그래서 북한은 이와 같은 문제들을 이후 중앙당집중지도와 농업협동조합의 가동률 증가를 통해서 해결하고자 했다. 중앙당집중지도는 조합을 관리하는 중하위 관료들의 교체를 통해서 위계적 구조를 실현하기 위한 일이다. 또한 이는 조합규율을 강화해서 가동률을 증가시켜 생산성을 향상시키기 위한 일이다(서동만 2005, 685~688).

그러나 농업생산성은 크게 상승하지 않았지만 농업잉여의 추출은 증가하였다. 추출 방식은 현물세와 협상가격차였다. 1955년 농업총생산액은 1946년을 기준으로 1.6배 상승한 반면 현물세는 25%에서 21.1%로 하락했기 때문에, 현물세 납부액은 여전히 증가했을 가능성이 높다(통일원 1996, 136). 현물세가 1947년 이후 차등적용 되는데, 논 작물보다 상대적으로 밭 작물에서 더 높았다(안광즙 1964, 181). 그런데 전후 '논벼'의 수확량은 감소했다. 이는 상대적으로 가격이 높고 주식(主食)으로서 수요가 많은 벼에 대한 국가의 수취율을 높이기 위한 것으로 보인다.

또한 곡물 수매가격의 인하를 통해서 잉여의 추출은 이어지고 있었다. 수매가격의 인하는 공업화에 있어서 농업의 희생과 농민의 소외를 반증한다. 그런데 협상가격차를 통한 농업잉여 이전의 비중에 대해서는 이견이 존재한다. 박정동(2003, 40~42)은 중국과 비교할 때 그 비중이 크지 않음을 지적하고 있다. 그는 그 이유를 생산과 취업에서 차지하는 비중이 작기 때문이라고 설명한다. 하지만 그보다는 농업생산력의 증가가 이루어지지 못한 반면 공업부문이 빠르게 성장했기 때문에 국민경제에서 농업부문이 차지하는 비중이 작아질 수 있다. 북한 측이 공식적인 양곡가격을 발표하고 있지 않아 계산이 어렵기 때문에 정확한 판단은 어렵다. 그렇지만 산업화를 위한 투자의 원천으로 농업잉여의 역할을 과소평가할 수 없다. 수매가격 인하는 소비재 가격 인하로 이어져 소비로 사용되는 잉여생산물을 줄임으로써, 경제성장에 기여하게 된다. 농업 생산이 괄목할 만한 성장을 거두지 못한 상황에서, 이와 같은 잉여의 추출이 당시 농업경제에 미친 영향은 결코 적지 않을 것이다.

농업집단화는 산업화를 위한 노동력 동원에 기여했다. 1953~56년 사이에 농촌 인구수는 1950년대 중후반부터 60년대 초반보다 오히려 더 적다. 1956년에는 농촌인구의 비율이 총인구의 40%인데 비해, 이후에는 제대군인의 배치 등을 통해서 오히려 증가하게 된다. 서동만(2005, 686)은 이를 중앙당집중지도를 위한 사전포석이었다고 설명한다. 1954~55년 식량부족이라는 문제에 직면하게 되면서 농촌에 인구를 잔류시킨 것으로 보인다(Lee and Scalapino 1972, 1059). 당시 식량부족으로 인해서 농업생산성은 매우 중요한 문제로 대두되었다. '농산작업반'에 노동력이 다른 사업에 동원되지 않고 농사에만 집중하도록 하였다. 또한 계획화를 강화하였고 노동의 양과 질에 따른 분배를 강조함으로써 경쟁과 인센티브를 통해서 생산성 향상을 유인하려 하였다. 그리고 노동자의 수는 지속적으로 증가하면서 동시에 농촌인구는 일정하게 유지되었다. 이는 여성 노동력을 비롯한 노동자와 사무원들의 부양가족이 노동력으로 흡수된 결과이다(김연철 2001, 123). 물론 이는 소련의 경제원조가 기대와는 달리 농업부문의 기계화에 크게 기여하지 못했기 때문에 노동력의 투입증대를 통해서 생산성을 제고하기 위한 것이었다.

나. 배급제: 식량과 생필품 수요의 억제

배급제는 "제한된 상품의 분배와 소비를 조절하기 위하여 일정한 분배 기준에 따라 상품을 판매 공급하는 림시적인 제도"이다. 배급제는 전시나 그에 준하는 피해가 발생하고 그것을 회복하기 위해서 실시된다. 이때 그 수량이 결정되며 국정배급가격이 적용된다(『경제사전 1』 1970, 777).

1946년 식량 문제를 해결하기 위해서 '배급제'가 실시되었다. 식량배급의 기준은 '힘든 노동과 헐한 노동', '정신노동과 육체노동', '일하는 사람과 부양받는 자' 간의 차이를 둔다.[15] 노동자에게는 평균 500~600그램의 식량을 배급한다. 그 가운데 힘든 노동과 위험한 노동에게는 600그램을, 사무원에게 400그램, 부양가족은 300그램을 배급한다. 1947년 '국가경제부흥기'에는 임시적으로 기본식량과 '생활필수품'에 대한 배급제가 필요함이 강조되었다(김일성 [1947]1979, 319).

이후 식량배급제는 지속적으로 세분화되고 진화한다. 1946년 10월 19일 임시인민위원회 양정부 포고 제2호 "등급별 전표제, 식량배급제도 실시에 관한 건"에 따르면 주민들을 5등급으로 나누고 있다. 분배 기준에는 처음으로 생산능력이 포함되었다. 백미의 비율은 3% 이하였다. 1946년 12월 26일 임시인민위원회 결정 제141호 "식량배급에 관한 건"에 따르면 광부 등 중노동자는 700그램, 일반노동자와 기술자는 600그램, 사무원, 교원, 기숙사 학생이 500그램, 부양가족은 300그램이다. 이때 백미와 잡곡의 비율은 6 : 4로 증가했다. 그리고 1952년 5월 1일 실시된 "국가식량배급에 관한 규정"은 식량배급의 기준을 7등급으로 분류한다(표 4-1-17). 특징적인 것은 처음으로 노동일수에 관한 배급과 원호대상자 및 사회복지 대상자에 대한 배급량을 규정하고 있다는 점이다(노용환·연하청 1997, 55~56).

노용환과 연하청(1997, 54)에 따르면 1957년 11월 3일 내각결정 102호 "식량판매를 국가적 유일체계로 할 데 관하여"가 발표되기 이전까지 앞서 언급한 법령을 통해서 알려진 식량배급 기준 이외에는 없는 것으로 알려져 있다. 전후복구 기간에 대한 구체적인 기록은 없다. 다만 1952년이 전쟁기간이었다는 점을 감안하면 더 높은 수준을 예상할 수 있을 것이다. 하지만 전후에도 농업생산성의 큰 향상이 이루어지 않았다는 점과 1954~55년 사이에 심각한 부족사태가 있었다는 점을 감안하면 1952년의 기준과 큰 차이가 없을 것으로 보인다.

표 4-1-17. 북한 일반 주민의 1인당 1일 식량배급 기준

등급	배급 기준	배급 대상자
1급	900g	채탄팡, 압연공, 기관사, 벌목공 등
2급	800g	갱내 운반공, 선로원, 어로원, 영예군인학교학생, 병원환자 보양소 입소자 등
3급	700g	의사, 교수, 연구원, 방송원 등
4급	600g	사무원, 교원, 간호원, 대학생 등
5급	500g	부양가족 중·고등학생, 애육원, 양로원, 양생원의 입소자
6급	400g	부양가족 중 초등학생
7급	300g	부양가족 중 육아원 원아

1) 실노동일수에 따라 배급량에 차이가 있으며 백미 : 잡곡 비율은 불명.
2) 이 중 입원 환자, 애국열사유자녀학원 원아, 애육원 및 육아원 원아는 저량 백미 배급 대상자임.
3) 출처: 노용환·연하청(1997, 55)에서 재인용.

북한의 배급제에서 가장 주요한 특징은 노동과 배급을 연동시킴으로써 배급제가 노동에 따른 보수이면서 인센티브라는 점이다. 그리고 결정적으로 배

급제는 식량부족이 지속되었음을 보여준다. 비록 농민시장 등을 통해서 식량을 구매할 수 있다고 하더라도, 식량부족이 해방 이후부터 전쟁 이후까지 지속되었음을 말해준다.

전후 식량 수급 사정이 원활하지 않은 상황에서 배급제는 식량수요를 조절함으로써 농산물 가격 인하와 소비재 가격 인하의 견인차 역할을 했다. 물론 이는 노동자와 농민들의 희생을 근간으로 한 것이었다. 국가는 배급제를 통해서 노동자와 농민들의 생계를 좌지우지 할 수 있기 때문에 그들의 저항은 소극적 형태에서 벗어나지 못한다. 반대로 국가에 대한 의존도만이 높아질 뿐이다. 전후복구 계획이 종료되는 시점인 1956년에 배급제 폐지에 대한 예고가 있었음에도 불구하고 이후 지속된다는 점을 감안하면, 당시 경제건설에 배급제가 중요한 역할을 했음을 미루어 짐작할 수 있다.[16] 현존 사회주의의 경제성장 모델에서 단기간의 축적과 소비는 대립적인 관계에 위치한다. 배급제를 통한 소비의 억제는 투자에 자원이 집중되게 도움으로써 경제성장에 기여한다.

다. 인플레이션 관리: 물가인하 조치와 대중의 희생

북한은 해방 이후 지속적으로 '소득증가'와 '물가인하'를 선전해 왔다. 소득증가와 물가인하는 경제성장의 상징인 동시에 성장의 원동력이었다. 궁극적으로 시장경제에 대한 계획경제의 우월성을 상징했다. 자본주의적 시장경제의 경우 일반적으로 경제성장의 결과로 발생한 소득증가는 인플레이션을 동반한다. 반면 현존 사회주의에서는 경제성장의 성과로 소득이 증가하지만, 인플레이션이 발생하지 않는다고 주장한다. 그러나 이 주장에 대해서 몇 가지 의문을 제기하지 않을 수 없다. 과연 계획경제에서 소득증가와 물가인하가 양립 가능한가? 만약 가능하다면, 그 원인은 무엇인가? 그리고 소득증가와 물가인하는 경제성장과 발전에 바람직한 것인가?

표 4-1-18. 전후에 당과 정부가 실시한 물가 인하

연월일	인하률(%)	품종수
1953년 7월	21~42	14
1953년 12월	11~76	68
1954년 10월	7~50	321
1955년 8월	6~77	263
1956년 4월	11~60	20
1956년 8월	10~43	558
1958년 8월	4~60	980

출처: 국가계획위원회 중앙통계국(1961, 33).

표 4-1-19. 물가지수

	1953년	1956년	1960년	1960년
				1956년
국영 및 협동 단체 상업의 소매 물가 지수	100	55	51	93

출처: 국가계획위원회 중앙통계국(1961, 32).

소득증가와 물가인하가 동반된다면 대중에게는 더 할 나위 없이 좋은 일이다. 화폐(명목)임금과 물가인하조치, 물가지수만을 보면 이는 꿈이 아니라 현실인 것처럼 보인다. 그런데 실질임금이 하락하였다는 점에 주목해야 한다. 적어도 전후복구 시기에 실질임금의 인상과 물가인하 조치는 동반되지 않는다. 북한의 윤기복(1957, 70)은 1949년과 비교할 때 1956년의 실질임금이 국민소득의 성장 속도와 비교할 때 "훨씬 낮을 수밖에 없었다."고 말한다. 그는 대외 무상원조의 일부가 국내 소비폰드에 추가 배정되었음에도 불구하고 1955년의 낮은 농업 생산이 더 큰 영향을 주었기 때문이라고 설명한다. 윤기복의 논문은 1955년 농업 생산성의 문제를 시인하고 있다는 점에서 그리고 실질임금의 증가 속도가 국민소득의 증가 속도를 뒤쫓지 못했음을 시인

하고 있다는 점에서 중요한 의미를 가진다. 이영훈(2000, 99)은 명목임금과 실질임금의 비교를 통해서 물가지수를 계산하였다. 이 계산에 따르면 전전보다 1956년 물가지수는 1.6배 상승하였다. 이러한 인플레이션은 다른 동유럽 국가들과 비교하여 상대적으로 높은 편에 해당한다.[17] 그 이유는 북한이 전쟁으로 인한 심각한 피해 때문에 식료품과 생필품의 부족으로 물가가 그만큼 상승했기 때문이다. 물가인하 조치는 이러한 인플레이션을 관리하기 위한 한 방편이다.

표 4-1-20. 임금지수와 물가지수

	1949	1953	1956	1957	1958	1959	1960
명목임금	100	105	165	236	257	365	386
실질임금	100	-	98	136	159	198	203
물가지수	100	-	168	174	162	184	190

1) 소비자 물가지수 = $\frac{명목임금지수}{실질임금지수}$
2) 출처: 이영훈(2000, 99) 참조.

북한경제는 초기 경제성장과 식량 및 생필품의 부족으로 심각한 인플레이션 압력이 존재했다. 따라서 인플레이션을 관리하기 위한 여러 조치들이 취해진다. 직접적인 물가인하 조치 외에도 여러 방법들이 동원된다. 첫 번째 수단은 '배급제'의 존속이다. 배급제의 폐지를 놓고 당내 이견이 존재했다. 그러나 이 논쟁은 권력투쟁의 계기로서만 이해될 성질의 것이 아니다. 김일성의 입장을 변화시킨 원인을 살펴보아야한다. 북한의 공식 통계에 따르면 분명 경제성장과 함께 소득은 증가하고 물가는 인하되는 국면이었다. 공식 통계에 따라 경제상황을 분석하게 되면, 김일성의 입장변화는 납득하기 어려운 측면이 있다. 김일성이 자신의 정책을 뒷받침 할 근거가 부족했음에도 불구하고 배급제의 지속을 주장하게 된 이유는 1954~55년의 식량부족이라는 문제가 그만큼 심각했기 때문으로 보인다(Lee and Scalapino 1972, 1059). 배급제를 존속시키지 않고 이른바 '자유상업으로의 이행'이 관철되었다면, 심각한 인플레이션 문제에 직면하게 되었을 것이다. 배급제는 국가에 의해서 수량과 가격 조절을 가능하게 하므로 인플레이션의 압력으로부터 조금은 자유로워질 수 있게 도와주었을 것이다.

인플레이션 상승을 회피하는 또 다른 수단은 식료품과 생활필수품에 대한 가격 인하이다. 물론 국가에 의해서 가격이 결정되기 때문에 가능한 일이었다. 식료품과 생필품에 대한 가격 인하는 소비재 산업부문의 희생을 요구하는 일이었다. 상대적으로 높은 가격의 중공업 부문과 국가에 의한 계획가격 인하 조치는 산업부문 간 거래에서 '부등가 교환'을 발생시킨다. 현존 사회주의 사회에서 계획가격을 통한 '가격과 가치의 괴리'가 발생함으로써 가치법칙이 정치적으로 수정된 형태로 작동하게 되는 것이다. 국가의 가격결정에 의한 가격 인하 조치는 거래에서 생산수단 생산부문을 유리하게 돕고 있다는 점에서 엄연히 '부등가 교환'에 해당된다. 또한 배급제가 물가인하를 유도하는 주요한 수단이 되었다. 물가인하는 국영 및 협동단체 산업에서 5차례에 걸쳐 대중 소비재의 가격 인하가 단행되었다. 그 결과 1953년을 기준으로 56년에는 45% 인하되었다. 그중 자유 판매품의 물가는 52%나 하락했다(리종옥 [1958]1988, 148). 그러나 농민시장과 '자유상업'이 존재했기 때문에 이와 같은 가격 인하 정책의 효과를 정확히 계산하기는 힘들지만 일정한 한계가 존재했을 것이다. 전후 북한이 배급제를 지속하려 했던 이유도, 다른 소유 형태를 '사회주의 경리 형태'로의 전환을 서두른 것도 모두 바로 이러한 이유 때문이다. 전후복구 기간에도 배급제와 더불어 곡물과 소비재에 대한 가격 인하 정책은 인플레이션을 관리할 수 있는 수단이었다.

배급제와 가격 인하는 중공업 부문의 우선적인 투자 증대를 도왔다. 식량과 생필품의 가격 인하로 인해서 투자에 집중할 수 있는 잉여생산물이 증가하게 된 것이다. 현존 사회주의 경제성장 모델에서 단기간의 투자와 소비는 대립적 위치에 있다. 배급제와 가격 인하는 수요를 억제함으로써 투자의 확대를 유도한다. 투자의 확대는 국민소득 증가의 핵심적인 동력이다.

환언하면 물가인하가 가능했던 가장 근본적인 원인은 '대중의 희생'이다. 명목 소득증가는 일견 현존 사회주의 사회가 '노동자 국가'임을 증명해주는 것처럼 보인다. 그렇지만 곡물과 소비재가 부족한 상황에서 소득 증가는 큰 의미를 가지지 못한다. 배급제와 가격 인하는 농민과 노동자의 희생을 근간으로 하는 것이다. 노동자와 농민은 경제잉여를 생산하여 전후복구와 경제성장의 원동력이었지만, 잉여의 배분 과정에서 철저히 소외되고 있었다. 정치권력은 명목 소득증가와 물가인하를 통해서 대중 소외를 은폐하고, 오히려 경제성장의 공(功)을 스스로에게 돌리면서 대중의 희생을 정당화하고 있었다.

3. 전후복구에 대한 평가

전후복구 기간 경제성장에 대한 평가는 북한경제가 식민지, 분단, 전쟁의 상흔을 치유하고, 저발전의 문제를 근본적으로 해결할 수 있는 가능성을 보여주었는가의 여부가 가장 중요한 판단 기준이 되어야 한다. 북한경제는 '저발전 경제'에서 출발했다. 북한은 논쟁을 통해서 자본주의에서 사회주의로의 이행을 강조했지만, 자본주의적 시장경제가 안정적으로 형성되지 못했었다. 인구의 다수는 농촌에 잔류하고 있었음에도 농업생산력은 낮았다. 농업잉여의 부족으로 실질소득은 낮을 수밖에 없었다. 노동의 한계 생산성이 낮았기 때문에 고용되기 힘들었다. 사실 노동시장은 형성되어 있지 못했다. 인구의 다수가 최저 생계소득 이하의 수준으로 살아가는 주변계층(marginality)이다. 주변계층은 마르크스의 산업예비군과는 다른 것이었다. 저발전 경제에서 주변계층은 노동시장이 취약하기 때문에 구조적으로 발생한다. 또한 노동시장이 존재한다고 해도 주변계층은 한계생산성이 현저히 낮기 때문에 노동시장이 확대되어 한계생산성의 기준이 낮아질 때까지 진입 자체가 차단되게 된다. 주변계층은 실업처럼 단지 노동력에 대한 수요가 증가한다고 해서 고용되지 않는다.

해방 이후 북한경제는 저발전 경제였다. 인구의 약 70%는 농업에 종사하고 있었다. 토지의 60% 정도를 4%의 지주가 소유하고 있었으며, 농민들의 실질소득은 매우 낮았다. 전체 농가의 56.7%나 차지하던 빈농은 경지면적의 5.4%를 가지고 있을 뿐이었다(손전후 1983, 71~72). 농업잉여가 부족한 상황에서 농촌에 잔류하고 있던 인구의 다수는 주변계층이 될 수밖에 없다. 공업화는 제한적으로 이루어졌다. 북한지역에는 식민지 시대 중화학 공업이 상대적으로 발달하게 된다. 특히 중간재와 원료산업을 중심으로 발전하게 된다. 그러나 태평양 전쟁으로 인해서 설비가동률은 현저히 낮아졌으며 재생산이 어려워지게 된다. 북한은 저발전의 원인을 오랜 식민지 경험 탓으로 돌린다. '식민지 수탈론'이었다(변락주 · 변동근 1958, 2~32). 제한적 공업화는 지주의 지대(地代) 수입이 투자되지 않았음을 의미할 뿐만 아니라 노동시장의 형성에도 기여하기 어려웠음을 의미한다. 전전까지 저발전경제에서 벗어나지 못했다. 여전히 다수는 농촌에 잔류하고 있었으며, 공업화 역시 제한적이었다. 전쟁은 자원배분을 왜곡시킴으로써 문제를 더욱 악화시켰다. 즉, 북한경제는 산업 간 불균형과 소득불평등 등의 심각한 문제를 가진 저발전 경제였다.

그러나 전후복구는 이러한 문제를 근본적으로 해결하지 못했다. 잉여생산물을 단기간에 자본축적에 집중함으로써 경제성장을 성취했지만 그것은 철저히 대중의 희생에 근간한 것이었다. 다행히 주변계층은 급속한 산업화 덕택에 흡수되었지만, 실질임금은 상승하지 못했다. 배급제와 물가인하 조치가 취해졌지만 식량부족의 문제가 해결되지 못했다. 대중은 '위장실업(disguised unemployment)' 상태로서 주변계층에서 벗어나지 못하고 있었다. 경제원조와 수입을 통한 중공업 부문에 대한 집중적인 투자는 산업구조의 불균형을 야기했다. 농업과 경공업은 홀대를 받고 있었다. 그 결과 소득 불균형이 발생하였다. 다행히 소련의 개입으로 제한적이지만 산업구조의 불균형을 해결할 수 있었다. 식민지 산업을 승계함으로써 새로운 투자 확대로 발생할 수 있는 구조적 이질성의 문제가 제한적이나마 해결되었다. 하지만 이는 우연적이고 제한적인 미봉책이었다. 중공업 부문에 대한 집중적 투자로 인해 '구조적 이질성'의 문제가 발생할 위험을 안고 있었다.

전후복구 기간 북한경제는 경제원조와 중공업 부문의 집중적인 투자를 통해서 가시적인 경제성장을 성취하였지만, 여전히 위장실업과 구조적 이질성이라는 문제를 안고 있었다. 전후 경제성장은 생산요소 투입의 증대를 통한 경제지표상의 성장이었을 뿐 저발전의 문제를 근본적으로 해결하지는 못했다. 결국 잠재되어 있던 이러한 문제는 이후 경제적 불안정성, 곧 반복적으로 발생하는 경제위기의 주요한 원인이 된다.

제2절 계획의 중앙집권화와 경제성장의 가속화
: 대중동원의 정치경제학

1. 경제원조의 감소와 재정위기

북한은 1956년 재정위기에 직면한다. 국가예산수입은 결산을 기준으로 할 때 전년도 대비 8.2% 정도 감소했다(이태섭 2001, 42). 그러나 예산수입 감소가 곧 재정적자를 의미하지는 않는다. 북한의 재정위기는 자본주의 국가의 재정위기와는 다르다. 자본주의 국가에서 재정위기는 일반적으로 '재정적자'가 심각한 경우를 의미한다. 재정적자는 재정지출 과다나 재정수입의 감소 등으로 발생한다. 1956년 북한의 재정위기는 '재정적자'가 아니다. 갑작스런 재정수입의 감소에도 불구하고 '균형재정'이 유지된다.[18] 국가예산수입의 감소에 따라 예산지출 역시 감소한다. 북한경제에서 재정지출은 국민경제에서 투자와 소비의 원천이다. 따라서 재정지출의 감소는 경제성장과 국민경제 순환의 큰 걸림돌이 될 수밖에 없다.

국가예산수입 감소의 핵심적인 원인은 경제원조가 감소하기 시작했기 때문이다(리주연 [1956]1988, 768). 경제원조는 1954년을 정점으로 감소하기 시작했다. 국가예산수입에서 차지하는 비중이 1954년 34.0%에서 55년 21.7%, 56년 16.5%로 감소했다(통일원 1996, 134; 전석담 1960, 23). 예산수입에서 차지하는 비율의 변화를 감안하면 1954~55년 사이에 더 급격한 변화가 있었던 것처럼 보이지만, 실제로 원조의 액수를 보면 55~56년 사이에 더 크게 감소하였다. 대북원조는 1954년 28,318백만 원이었지만 1955년에는 23,362백만 원, 1956년에는 16,384 백만 원이었다(구화폐 기준)(통일원 1996, 135).

경제원조 수입의 감소는 무역상사들의 '리익 공제금'(1960년대 국가기업 이익금)의 감소로 이어져 전체적인 이익공제금 수취액은 예산에서 22,755백만 원, 결산에서 23,477백만 원으로 전년도보다 절대액이 감소하였다(리주연 [1956]1988, 768).[19] 이는 충분히 예상된 일이었다. 하지만 북한은 이 시기에 국내에서 재정마련을 위한 새로운 정책을 내놓지 못했다. 원조감소로 인한 재정 감소분을 국내에서 마련하기보다는 지속적인 해외원조로 마련할 계획이었던 것으로 보인다. 1956년 6월 1일부터 7월 19일까지 김일성과 대표단의 소련과 동유럽 9개국 순방이 곧 재정수입 감소 문제를 해결할 '특단의 조치'였던 것이다. 김일성은 소련과의 노선 차이로 인해서 대북원조의 규모와 성격 변화가 예견되었음에도 불구하고, 지속적인 원조를 유치하기 위해서 순방 길에 나설 수밖에 없었던 것으로 보인다. 그러나 결과는 뜻대로 되지 않았다. 이제 원조감소는 불가피했다. 소련으로부터 무상원조는 3억 루블에 불과했다(서대숙 1990, 131).

경제원조 감소는 피할 수 없는 현실이었다. 그럼에도 불구하고 새로운 대안이 제시되지 못했다는 점은 1956년 북한의 상황을 대변해주는 일이다. 북한 국내에서 경제원조의 감소를 대신할 만큼 생산력을 갖추지 못했음을 의미한다. 다시 말해 당시에 국내에서 확대재생산을 위해 필요한 자원을 동원할 수 있을 만큼 재생산 메커니즘이 안정적이지 못했음을 의미한다. 국내에서 자체적으로 생산과 소비, 투자를 해결할 능력을 갖추지 못했다. 또한 잉여의 수취와 배분을 관리할 중앙집권적 계획경제 메커니즘이 형성되지 못했음을 말해주는 것이다. 권력투쟁과 이익갈등이 교차되고 있었다. 국제정치 수준에서 소련과 북한의 견해 차이는 국내정치 차원에서 김일성계와 소련계의 대립과 반목으로 확산되었다. 뿐만 아니라 계획 편성 단위와 집행 단위 간의 이익갈등이 존재했다. 국내의 재정수입 확대는 경제잉여의 추출을 필요로 하는 일이다. 물론 이는 이러한 권력투쟁과 이익갈등의 해결이 선행되지 않으면 불가능한 것이었다.

1956년 재정위기는 '8월 종파사건'의 직접적인 계기이다. 재정위기의 핵심적인 원인은 경제원조 감소였다. 그 원인은 스탈린 사후 소련의 노선변화 때문이다. 소련계는 연안계 등과 함께 탈스탈린화(소련)와 스탈린주의(북한) 간의 노선 차이를 틈타 당내 권력투쟁에서 우위를 점하려 하였다. 그러나 계획은 수포로 돌아갔다. 김일성은 당내 권력을 독점하게 되었고, 1956년 이후 '현지지도'를 통해서 대중과의 직접적인 교류를 통해서 권력의 중하층까지 장악을 시도하였다. 김일성은 이를 토대로 재정수입원인 경제원조의 감소를 기정사실화하면서 '증산과 절약'이라는 구호로 압축되는 '긴축과 내핍'을 통해 문제를 해결하려 하였다.

김일성은 1956년 1월 1일 신년 축하연회에서 "증산하고 절약하여 3개년 계획을 초과완수하자"는 연설을 했다. 그는 이 연설에서 계획수립의 문제점을 지적하고 내부원천을 적극적으로 동원할 것을 주장했다. 이는 관료주의와 본위주의에 대한 비판이면서 동시에 경제원조의 감소를 대신할 국내 자원마련의 필요성을 역설하였던 것이다. 김일성은 재정수입 감소를 해결할 정책을 제시하지는 못했지만, 재정수입 감소에 대한 대안으로서 '증산과 절약'을 1956년 초부터 주장하고 있었던 것으로 보인다(김일성 [1956]1980a, 1~8). 또 1956년 12월 전원회의에서 "최대한의 증산과 절약"을 결의한다(『조선중앙년감』, 1959, 205). 물론 이는 1956년 재정위기의 대안이었다. "1957년도 계획작성에서는 인민경제발전과 인민생활의 향상을 보장하기 위하여 재정지출을 현저히 증가시켜야 할 필요성과 대외원조 수입의 감소로 인하여 제기되는 재정적 보장(재정 발란스)의 긴장성과 관련하여 물자소비와 재정지출에서 엄격히 절약제도를 확립"할 것이 제기되었다.

'긴축'은 재정지출을 직접적으로 감소시키기는 것이 아니라, '내부원천의 적극적인 동원이용' 및 생산요소(자본과 노동) 투입의 확대보다 '기계의 가동률 제고' 및 '로력 절약'을 강조하는 형태로 나타났다(김일성 [1956]1980b, 89~91). '내핍'은 임금감소와 같은 직접적인 고통 전가가 아니라, 천리마 운동을 통해서 노동동원과 노동생산성 제고를 강조하는 형태로 나타났다.

결과적으로 1956년의 재정위기는 단발성의 사건이 되었다.[20] 이듬해 재정수입은 전년도의 재정수입 감소를 일정 정도 회복하였다. 단 재정지출이 재정수입보다 더디게 회복되었다(이태섭 2001, 42). 이와 같이 빠른 시간에 회복될 수 있었던 것은 1956년을 기점으로 김일성의 권력독점 이후 나타난 경제정책의 변화 덕택이다. 경제정책의 변화는 재정수입 감소에 대한 '증산과 절약'이라는 구호로 압축되는 김일성계의 '반응(reaction)'을 제도적으로 정착시킨 것이었다. 김일성은 경제원조에 대한 미련을 버리지 못하고 있었기 때문에, 그리고 소련 및 소련계와의 이견 대립 때문에, 정책적인 대응을 하기 어려웠던 것으로 보인다. 어차피 김일성계는 긴축과 내핍을 경제정책의 기조로 삼았을지 모르지만, 구체적인 정책내용은 1956년 6월 소련 및 동유럽 순방과 8월 종파사건 이후 결정된 것으로 보인다. 1956년 12월 "천리마 운동", 1957년 1월 "고정자산의 재평가와 새로운 감가 상각률 제정", "4월 가격 및 조세제도의 개편", 1959년 "화폐개혁" 등은 긴축과 내핍이라는 정책기조를 제도화시킨 것이다. 이 제도들은 한편으로 노동력에 대한 동원과 통제를 위한 것이며, 다른 한편으로 관료의 렌트추구와 연성예산제약을 차단하고 소비를 통제하고 관리를 위한 것이다. 궁극적으로 이는 자본축적의 확대를 성취하기 위한 일들이다. 재정위기 이후의 경제성장 과정에서 대중의 희생이 더욱 더 심각해지고 있음을 말해주는 대목이다. '긴축과 내핍'은 고스란히 '대중의 몫'이 되고 말았다.

그러나 긴축과 내핍은 재정위기의 근본적인 해결책이 될 수 없었다. 대중의 희생을 근간으로 하는 경제성장은 그 한계가 명확하다. 재정위기는 긴축과 내핍을 통해서 단시일에 회복되었다. 단기간에 소비를 억제하는 것은 경제성장을 도울 수 있기 때문이다. 하지만 수요억제는 결국 투자의 확대를 어렵게 할 뿐만 아니라 설비가동률을 저하시킨다. 노동투입의 증대를 통한 노동생산성의 증가에도 한계는 명확하다. 결과적으로 재정위기는 과잉축적과 수요억제로 발생하는 더 심각한 경제위기의 전주곡(前奏曲)이 되고 말았다.

2. 경제성장의 가속화

1) 개괄

1956년 이후 북한경제는 경제성장이 가속화된다. 북한의 통계에 따르면 1956년부터 59년 사이에 북한경제는 가장 가파른 성장세를 보인다. 사회총생산액과 국민소득 모두 가장 높은 성장률을 기록한다. 물론 통계상으로 1953년~56년 사이의 성장이 56~59년 사이의 증가율을 상회한다. 이는 전쟁으로 인한 심각한 피해 상황에서 빠른 복구로 설명할 수 있지만, 전전(戰前) 수준(1949년)을 기준으로 할 때 1956년~59년 사이의 성장보다는 성장률이 낮다(중앙통계국 1961, 22; 27). 1953~56년 전후 복구 과정의 최우선 과제는 심각한 피해 상황을 벗어나 전전수준으로 경제를 회복시키는 것이었으며, 1956년 이후 비로소 산업화와 경제성장이 본격화된 것으로 보인다.

전후복구 이후 산업구조가 변화됨으로써, 공업부문이 차지하는 비중이 1956년 60%에서 1960년이 되면 71%에 도달하게 된다(중앙통계국 1961, 25).[21] 곧 산업화가 성취되는 시기이다. 산업화를 위한 투자의 확대 역시 가장 가파르게 증가했으며, 경제성장을 주도했다. 국가기본건설투자 총액 가운데 공업부문의 성장이 가장 두드러졌다. 특히 중공업에 대한 투자가 공업부문에 대한 국가기본건설투자 총액의 연평균 80% 이상을 차지하고 있었다(중앙통계국 1996, 120).

중공업 가운데 가장 많은 투자가 이루어진 분야는 금속과 기계공업이다. 금속공업에 대한 투자의 확대는 '흑색 및 유색금속'[22]의 수출을 통해서 경제원조의 감소분을 대체하기 위해서였다. 여전히 석탄공업과 광업은 주요한 수출품목 이었다. 비록 흑색 및 유색금속에 자리를 내주고, 수출 비중은 감소되고 있었지만 무시할 수 없는 것이었다. 그리고 흑색 및 유색금속 역시 원자재 및 중간재라는 점을 감안하면, 수출품목의 성격에 큰 변화는 없었다. 통계를 통해서는 흑색 및 유색 금속 가운데 어느 부문이 수출이 더 많이 되었는지 알기 어렵지만, 『경제사전 2』(1970, 817~819)은 유색금속을 외화소득의 원천으로 이해하고 있다. 흑색금속은 철과 같이 대량생산이 이루어지는 철강산업이지만, 유색금속은 국제적으로 희소하기 때문에 높은 가격에 거래된다. 대표적으로 금, 은, 동 등과 같은 비철금속이 이에 해당된다. 리종수(1957, 81)는 정확한 수치를 언급하지 않은 채, 이 시기 외화획득의 필요성을 언급하고 있다. 원료와 설비를 수입하지 않을 수 없는 상황에서 외화획득은 중요한 문제이며, 이를 위해서 광물, 원료, 반제품의 수출이 이루어지고 있음을 지적하고 있다. 정두환(1958, 55)은 농수산물과 비금속 및 희유금속 산물의 수출을 통한 외화획득을 강조하고 있다.

이는 북한경제에서 경제원조 감소 이후에도 외화소득의 성격이 크게 변하

지 않았음을 의미한다. 유색금속의 수출을 통해서 얻는 외화소득 역시 과거
석탄 및 원자재 수출을 통해서 얻은 외화소득과 마찬가지로 국제렌트에 해당
되기 때문이다. 광물지대(rent)는 마르크스의 개념에 따르면 자원의 희소성
과 천연자원의 매장량이 지역별로 차이가 발생하기 때문에 나타나는 '차액지
대(differential rent)'의 성격을 가진다. 차액지대가 국가별 '비옥도의 차이'로
인해서 국제거래라는 방식으로 나타나게 될 때 외연적 렌트(external rent) 혹
은 국제렌트(international rent)에 해당된다. 경제원조 역시 외연적 렌트에 해
당된다는 점을 감안하면, 북한의 외화소득원의 성격은 외연적 렌트 내부의
변화였다. 광물지대를 통한 외화획득은 국내 생산성이 높지 못하다는 점을
반증한다. 경제원조는 국내 경제가 다른 국가에 의존할 수밖에 없음을 의미
하며, 유색금속의 수출을 통한 외연적 렌트는 생산성의 우위가 아니라 자원
의 희소성을 근간으로 초과소득을 획득하고 있음을 의미했다. 국제거래에서
대량생산이 가능한 부문에서 생산성 우위를 통해 특화하는 경우와 비교해보
면 유색금색 부분은 자원이 제한되어 있기 때문에 단위당 가격은 더 높지만
상대적으로 외화획득의 한계가 있을 수밖에 없다. 이 시기 북한은 평균 생산
성이 낮았기 때문에 경제원조가 감소하는 상황에서 광물 수출에 의존하려는
경향이 나타났다.[23]

　기계공업에 대한 투자의 확대는 국내 생산의 증가뿐만 아니라 지속적인
수입을 통해서 이루어진다. 비록 이전에 34.8%에서 1960년 22.5%로 기계 및
금속의 수입은 감소하지만 이 시기에도 수입품목 가운데 가장 많은 비중을
차지하고 있었다(중앙통계국 1961, 155). 기계공업의 성장은 자본생산성 증
가와 밀접히 관련된 문제이다. 기계의 생산은 곧 생산 과정의 기계화와 관련
된 문제이기 때문이다. 기계화는 중공업 부문이 아니라 경공업과 농업을 포
괄하는 전산업의 생산성과 직결된 문제이다. 북한이 기계산업에 대한 투자
확대를 선전하는 이유도 바로 이 때문이다. 그러나 실제로 각 생산부문에 기
계화가 어떻게 보급되었는지 알기 어렵다.

북한의 『경제사전 1』(1970, 275~276)에는 '기계화계수'라는 개념이 등재되어 있다.[24] 산업부문, 공장 및 기업소, 그리고 중앙과 지방에서 각각 기계화계수에 대해서 공식적으로 발표되고 있다. 다만 이 시기 국가기본건설투자액의 구성에서 볼 때 중공업에 대한 투자는 확대되었지만, 경공업에 대한 투자는 중공업의 1/4 수준밖에 되지 않았다. 이는 경공업 분야의 기계화가 크게 진전되지 못했다는 사실을 말해준다(중앙통계국 1961, 120). 게다가 1958년 6월 전원회의 이후 그해 말까지 지방공업의 육성이 강조되었지만 국가의 투자는 없었다(서동만 2005, 837). 북한 지방공업의 대부분은 소비재 산업이다. 이러한 점을 감안할 때 지방공업에서도 기계화에는 큰 진전이 없었다. 마지막으로 농업부문에서도 집단화가 1958년 완료되면서 기계화에 대한 강조가 본격적으로 이루어지지만, 기계화의 속도는 생각보다 빠르지 않았다. 트랙터의 보유수는 1956년을 기준으로 1960년에 4.8배나 증가했지만, 여전히 토지 100정보당 트랙터 보유수는 0.65대로 채 한 대가 되지 못한다(통일원 1996, 208~209). 이 통계대로라면 기계화의 속도가 느리다고만 할 수는 없지만, 여전히 수준에 미치지 못했다는 점은 분명해 보인다. 따라서 기계산업에 대한 투자의 확대로 생산량은 증가했지만, 그것이 경공업, 지방공업, 농업의 기계화에 아직까지 크게 기여하지 못했다.

국내의 기계 생산량 증가와 지속적인 기계의 수입은 주로 중공업 부문의 수요에 충당된 것으로 보인다. 이는 중공업 우위의 축적전략이 보다 가속화되었음을 의미한다. 반면 경공업과 농업부문은 1956년 재정위기 이후 긴축과 내핍의 기조 아래 기계화보다는 노동집약적 성장이 추진되었다. '천리마 운동'을 통한 대규모 노동동원이 이루어졌다. 국내 생산력의 부족으로 생산수단의 가격은 상대적으로 높게 측정될 수밖에 없는 상황에서 생산수단이 중공업 부문에 우선적으로 공급되었던 것이다. 그 결과 생산력 격차가 더욱 더 커졌을 가능성이 크다. 경공업과 농업의 기계화 수준이 상대적으로 뒤처지게 된다는 것은 중공업과의 산업 연계가 부족함을 뜻하기 때문이다. 그럼에도 불구하고 이 시기에는 반종파투쟁 과정에서 중공업 우위의 발전노선이 더욱 더 강력하게 추진되었다. 결국 산업구조의 불균형은 더 심화되었다.

북한의 공식 통계에 따르면 이 시기는 공업부문의 생산력이 가장 가파른 성장세를 보인 시기였다. 김일성이 일제하의 생산설비를 뛰어넘겠다는 자신감을 피력한 것도 바로 이 시기이다(김일성 [1958]1981a, 25). 생산력 증가의 원인은 중공업 우위의 축적전략과 천리마 운동이 일정한 성과를 가져왔기 때문이다. 전자는 생산재의 생산과 공급의 확대를 통해서 자본생산성의 증가를, 후자는 노동력의 동원과 통제를 통해서 노동투입의 증가를 도왔다. 특히 전후 북한의 경제성장 역시 소련 및 동유럽 국가들과 마찬가지로 노동투입의 확대에 의존하고 있는 측면이 강하다.[25] 노동투입의 확대는 산업화의 원인이면서 동시에 결과이다. 산업화로 노동력에 대한 수요가 확대되면서 한계생산성이 낮은 노동력 역시 고용된다. 천리마 운동은 정치권력이 노동력이 부족한 상황을 노동동원의 방식으로 해결하기 위해 결성한 대중운동이었다. 이는 '위로부터의 요구'를 반영한 정치적 결정이다. 정치적 완전고용은 노동력의 투입을 확대시키고, 그래서 절대적인 노동시간의 확대를 통해 경제성장에 기여했다. 이는 이른바 '외연적 성장(extensive growth)' 방식의 전형적인 모습이다(Kornai 1982, 181). 이와 같은 외연적 성장은 경제적으로는 단기간의 급속한 성장을 위해서, 그리고 정치적으로는 계획경제를 통해서 당의 지배를 확대하기 위한 것이기 때문에, 일정 정도 불가피한 측면을 가지고 있다(Selucky 1972, 10~18). 소련의 마르크스−레닌주의 정치경제학 교과서(Zagolow 1990, 245~246)와 북한의 정치경제학 이론서인 『주체의 사회주의 정치경제학』(리기성 1992, 495~507)이 완전고용(북한식 용어는 '완전취업'이다)을 강조하는 이유도 바로 이러한 이유로 이해되어야 한다.

자본생산성에는 여러 가지 제약이 존재했다. 기계와 설비는 여전히 많은 부분 수입에 의존하고 있었다. 북한 국내 기술력에는 한계가 있었다. 전후복구 과정에서 기술이전이 이루어졌다.[26] 하지만 토착 기술력이 성장하는 데는 한계가 있었을 가능성이 있다. 게다가 식민지 산업으로부터 승계한 공장과 설비를 새롭게 생산하거나 수입한 기계와 설비가 조화되기 어려웠을 가능성이 있다.[27] 해방 이후 북한은 토착 기술력의 확보를 위해서 적극적인 노력을 기울인다. 이때 탈식민지 과정과 권력투쟁 과정에서 상대적으로 배척 되었던 일본인이어도, 식민지 시기 부역자라도, 8월 종파사건 이후 종파주의자로 낙인찍힌 자라도, 혹은 월북인사였을지라도 상관없이 기용했다. 8월 종파사건 이후 그들에 대한 사면복권의 문제가 논의되었다. 기술력 확보의 문제에 있어서만큼은 '정치적 이념'보다 '과학적 능력'이 중요했다(강호제 2007, 69~72). 이는 그만큼 북한의 토착기술력이 부족했다는 사실을 말해주는 것이기도 하다. 이렇게 토착 기술력이 부족한 상황에서 소련의 기술문서를 통해서 기술지원이 발생한다고 하더라도, 그것이 안착되는 데는 상당한 시간이 필요했을 것으로 보인다. 그리고 경공업 부문에서 상대적으로 생산수단에 대한 투자가 부족했다. 결정적으로 공장과 설비에도 '내부예비'가 존재했다. 중공업 부문의 우선적 투자 때문에 과잉설비가 존재했다. 과잉설비는 설비가동률의 하락으로 표면화되며, 결국 이는 자본생산성의 하락으로 나타날 수밖에 없다.

　북한은 생산성 향상이 '임금상승'과 '물가인하'라는 결과를 가져오게 되었다고 공표함으로써 체계의 우월성을 대내외적으로 과시하려 했다. 이 시기는 단지 명목임금만이 상승된 것이 아니라 역사상 처음으로 실질임금 상승과 물가인하가 동반된다(중앙통계국 1961, 31; 33). 그러나 이는 산업화와 경제성장의 성과도 그렇다고 '인민생활 향상'의 상징도 아니다. 오히려 이는 현존 사회주의 사회에서 대중의 희생과 소외를 말해주는 현상 가운데 하나일 뿐이다. 실질임금의 상승은 국민소득 증가율을 따라잡지 못했다(이영훈 2000, 91). 오히려 국민소득과 실질임금 증가율 간의 간극은 더욱 더 커졌다. 물가인하는 1956년 재정위기를 극복하기 위해 앞서 언급한 일련의 조치들을 통해서 성취되었다. 이러한 조치의 가장 핵심적인 특징은 수요를 통제하고 관리하는 것이었다. 1957년 도매가격에서 가격차금은 거래세로 통합되었고, 거래세는 소비재 거래에서만 부과되었다. 국가예산수입에서 거래세의 비중은 1956년 27%에서 1959년 52.7%로 거의 두 배가량 증가했다(그림 4-2-1 참조). 또한 이 시기에 소비의 증가율 역시 가장 높았지만 공업생산의 증가율에 미치지 못했던 것으로 보인다. 북한의 통계에 따르면 소매상품의 유통총액은 1949년(100%)을 기준으로 할 때 1957~1959년 사이에 거의 2배가량 증가하는 것으로 다른 기간과 비교할 때 가장 가파른 성장세라는 점을 알 수 있다(통일원 1996, 532). 국민소득과 실질임금의 격차가 더욱 더 커졌다는 점은 이를 증명한다(이영훈 2000, 91). 게다가 상업에 대한 국가의 관리가 이루어졌다.

그림 4-2-1. 소매 상품 유통총액(단위: %)

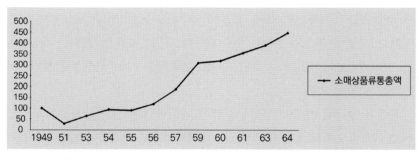

출처: 중앙통계국(1961, 80).

한편 중공업 우위의 축적전략은 차츰 문제를 드러내기 시작했다. 설비가동률의 하락이 시작됐기 때문이다. 물론 설비가동률 하락의 문제가 얼마나 심각했는가에 대해서는 정확한 판단이 어렵다. 다만 재정위기가 오랫동안 지속되지 않았다는 점을 통해 미루어 짐작하는 수밖에 없다. 1956년 12월 전원회의 이후 '설비이용률의 제고'가 강조된 직접적인 이유는 경제원조로 인한 국가예산수입의 감소 때문이다. 설비이용률 제고는 '내부예비의 동원'을 통해서 예산수입의 감소분을 메우려는 의도였다.[28] 이는 곧 관료주의와 본위주의에 대한 비판을 통해서 반종파투쟁을 진행하기 위한 정책의 일환이었다. 내부예비의 존재는 관료계급의 렌트추구와 연성예산제약이 발생하고 있음을 의미했다. 김일성은 현지지도를 통한 경제성장을 위해 중앙집권적 계획경제가 강화될 필요성이 있음을 강조했다. 그러면서 동시에 그는 관료계급의 렌트추구와 연성예산제약을 북한 경제성장의 최대 걸림돌로 치부하였다.

그러나 북한경제에서 내부예비의 존재는 단지 관료계급의 렌트추구와 연성예산제약 때문만이 아니다. 계획의 중앙집권적 성격이 약하고, 관료의 자율성이 크기 때문에 내부예비가 발생한 것이 아니다. 내부예비는 '과잉설비'를 의미한다. 물론 여전히 산업 전반에 걸쳐 과잉설비가 발생할 만큼 산업화가 고도화되지 않았다. 오히려 경공업과 농업 부문의 기계와 설비는 부족했다. 과잉설비는 중공업 부문에 대한 집중적인 투자의 결과였다. 특정 부문에 대한 자원의 집중은 관료의 렌트추구와 연성예산제약의 배경이 된다. 자원이 특정 부문에 집중된 근본적 원인은 '계획의 한계' 때문이다. 즉 계획의 본유적 특성인 '중앙집권적' 성격 때문이다. 계획의 수립과 집행이 아래로부터의 이해와 요구가 반영되기 어려운 폐쇄적이고 위계적인 구조로 되어 있다. 따라서 계획에 의한 자원배분 왜곡은 명령을 수행할 수밖에 없는 '아래'가 아니라 명령자인 '위'에 그 책임이 있다.

계획 메커니즘은 권력관계의 변화에 따라 중앙집권적 특성이 상대적으로 약화될 수는 있지만, 본래의 중앙집권적 특성 자체가 사라지는 것은 아니다.[29] 1950년대 중공업 우위의 축적은 김일성계의 정당성과 직결되는 문제였다. 김일성은 관료의 렌트추구와 연성예산제약을 비판하지만, 그것은 관료계급을 계획의 한계를 은폐하기 위한 희생양으로 만듦으로써 권력을 강화하고 정당성을 확보하기 위한 수단에 불과했다. 그래서 관료의 렌트추구와 연성예산제약은 원인이 아니라 결과이다.

2) 경제성장의 원동력: 긴축과 내핍

1956년 이후 북한의 경제성장은 가용한 거의 모든 수단이 동원된 전면적인 성격을 띠고 있었다. 이는 현존 사회주의 경제성장 모델의 가장 전형적 모습이기도 했다. 비록 재정위기에서 시작됐지만, 긴축과 내핍을 위해서 마련된 여러 제도들은 소비를 억제하고 투자를 확대하는 데 기여했다. 경제성장은 총노동인구와 노동시간의 증가를 통해서 성취되었다. 또한 현지지도를 통해서 생산 과정의 혁신이 이루어졌다. 게다가 농업집단화가 완료되고 곡물 수매가격이 인하됨으로써 산업화를 위해 보다 많은 농업잉여의 동원이 이루어졌다.

(1) 축적의 확대와 자본계수 상승의 상쇄 요인

현존 사회주의의 경제성장 모델은 투자의 확대가 국민소득 증가를 견인하는 메커니즘으로 설계되었다. 북한은 1956년 재정위기에서도 중공업에 대한 투자를 줄이지 않았으며, 오히려 이후 중공업 우위의 축적전략이 보다 강력하게 추진되었다. 1956년 12월 전원회의에서 김일성은 "사회주의 건설에서 혁명적 대고조"를 선포하고, 사회주의 경제건설을 위해 중공업의 우선적 발전의 필요성을 역설한다(김일성 [1956]1980d, 404~415). 사실 이는 김일성계의 권력독점과 지배체제 구축이 본격화되었음을 공식적으로 선언하는 일이었다.

국가기본건설투자액의 증가와 함께 사회총생산(GSP)과 국민소득(NMP)

역시 상승하였다. 그러나 사회총생산과 국민소득 증가율의 변동폭을 백분율로 발표했을 뿐 총액의 변화를 발표하지 않았다. 그래서 북한의 발표를 이용하여 국내총생산(GDP)의 추이를 산정한 후지오(Fujio 1990)와 이영훈의 연구를 참고하여, 투자와 국민소득의 관계를 살펴보고자 한다. 국내총생산에서 투자의 비율은 일정하게 유지되었다(그림 4-3-2와 4-3-3 참조). 이는 투자의 상승이 GDP 증가와 동반되었다는 점을 증명한다. 그런데 투자율의 감소폭과 비교할 때 국민소득의 감소 비율이 상대적으로 더 크다. 그 이유는 이영훈의 GDP 추이에서는 순수출의 갑작스러운 감소, 즉 수입증대 때문이다. 반면 후지오(Fujio 1990, 33)는 원조수입을 포함시켰기 때문에 순수출이 1956년에 높다가 차츰 감소하는 것으로 나타난다. 또한 1957년 이후 국방비가 3.8% 정도 감소하고, 58년에는 소비가 감소한다. 하지만 이러한 차이들을 감안하면, 투자율의 변동과 함께 GDP의 변동 역시 일정하게 유지되는 점을 알 수 있다.

투자와 국민소득이 일정하게 유지된다는 점은 자본계수 역시 일정하게 유지되고 있음을 말해준다. 본래 축적의 확대는 자본계수를 상승시키는 주요한 원인이다. 일반적으로 기술고도화와 함께 자본이 노동을 대체할수록, 자본계수에 대한 상승 압력이 존재한다. 자본계수는 마르크스의 '자본의 유기적 구성'에 해당되는 개념이다. 자본의 유기적 구성의 고도화는 가치와 잉여가치를 측정하기 어렵다는 점과 가치와 가격의 전형문제가 존재하기에, 실질적인 경제분석에 적용되기 어렵다는 문제가 있다. 이에 자본계수는 다소 복잡하고 추상적인 문제를 피하고 보다 실증적인 분석을 시도하기 위한 개념이다. 마르크스는 자본의 기술적 구성의 고도화가 가치구성을 규정하게 될 때 가치구성을 자본의 유기적 구성으로 규정하고(MEW 25, 155), 자본축적이 증가할수록 유기적 구성이 고도화되는 것으로 이해한다. 유기적 구성의 고도화는 이윤율 하락의 핵심적인 원인이다.

현존 사회주의 역시 투자의 확대를 통해서 경제성장을 추진하기에 자본계수의 상승 압력이 존재한다. 차토패드히야(Chattopadhyay 1994)는 마르크스의 '자본의 유기적 구성의 고도화' 개념을 현존 사회주의 경제의 자본축적 과정에 적용한다. 그는 자본의 유기적 구성의 고도화는 마르크스 자본주의 위기이론, 즉 '이윤율 하락경향의 법칙'을 설명하는 가장 핵심적인 개념이지만, 현존 사회주의 경제위기를 설명하는 데 있어 적실성을 가진 개념임을 주장한다. 사실 이러한 설명은 현존 사회주의를 '국가자본주의'로 이해하고 있기에 가능한 것이다. 하지만 마르크스의 '자본' 개념을 그대로 현존 사회주의 사회에 적용하는 것은 다소 무리가 있다. 무엇보다 현존 사회주의에서는 이윤과 이윤율 개념이 명확하지 않다.[30] 그렇지만 현존 사회주의의 경제성장 메커니즘에 나타난 핵심적인 특성인 유기적 구성의 고도화 개념을 소련경제에서 실증적으로 분석하려는 그의 연구는 북한경제를 비롯한 현존 사회주의의 경제성장과 위기를 설명하는 데 있어 시사하는 바가 크다.

북한경제는 재정위기 이후 내부예비의 동원과 설비이용률의 제고를 강조하고 있다는 점을 감안하면 자본계수의 상승 압력이 실재했음을 확인할 수 있다. 그런데 북한경제는 1956~59년 사이에 축적의 가속화에도 불구하고 자본계수가 큰 폭의 상승은 없었던 것으로 보인다. 이는 자본계수의 상승을 상쇄하는 요인이 작용했기 때문이다. 자본계수의 상승을 억제시킨 힘은 역시 '대중'에게 있었다.

첫째, 자본집약도가 일정하게 유지되었기 때문이다. 투자가 증가할수록 자본집약도가 상승할 가능성이 높다. 축적은 노동력에 대한 수요를 증가시켜, 노동의 부족을 불러온다. 축적의 증가와 노동의 부족은 결국 자본집약도를 상승시키는 주요한 원인이다. 그러나 천리마 운동을 통해서 노동력을 동원하였으며, 여성 노동력의 투입을 증가시킴으로써 자본집약도를 일정하게 유지할 수 있었다. 이 시기에는 이른바 '사회주의 건설'을 위해서 여성 노동력의 투입이 강조된다. 1958년 6월 전원회의 이후 지방산업에 여성 노동력의 필요성이 강조되었다. 내각결정 84호는 여성 노동자의 취업조건을 보장해 줄 것을 명시하고 있으며, 이 시기에 노동시간과 임금의 문제부터 교육수준의 문제 등이 거론되고 있다(김영수 1958).

북한의 공식 통계에 따르면 노동력의 증가는 1946년을 기준으로 1956년 3배가량 증가했고 1959년과 60년에는 5.3배, 5.6배 증가했다. 여성 노동력의 인입 역시 1차 5개년 계획 기간 동안에 17만 명에서 501만 명으로 성장했으며, 1960년 사무 업무 가운데 여성 노동력이 34%를 차지한다(『조선중앙년감』 1961, 97; 통일원 1996, 104 재인용). 서동만(2005, 838) 역시 북한의 공식 통계를 인용하면서 1959년 경제계획 실행 과정에서 높은 공업생산성장에는 노동생산성 증가의 한계 때문에, 노동력의 증가가 필요했다고 밝히고 있다. 그런데 서동만은 인입된 여성 노동력 가운데 3만 명 정도는 농촌으로 되돌려져야 한다는 매우 흥미로운 주장을 한 바 있다.

둘째, 제한적인 소득증가 때문이다. 북한의 공식 통계는 노동생산성의 성장을 강조하지만, 노동생산성 증가는 자본계수의 하락으로 나타난다. 그런데 '내부예비'와 '설비이용률 하락'의 문제가 발생하는 상황에서 자본생산성의 증가는 기대하기 어렵다. 요소투입의 증가가 요소생산성의 증가로 발전하지 못했다. 국민소득 증가와 비교하여 상대적으로 낮은 임금상승이 자본계수의 상승 압력을 일정 정도 상쇄했다. 더욱이 실질임금은 화폐(명목)임금의 상승과 현저한 차이를 보였다. 북한의 공식 통계에 따르면 화폐임금은 1959년 약 3.6배, 1960년 약 3.8배 상승했지만, 실질임금은 1959년과 60년 약 2배가량 상승하는 데 그쳤다(중앙통계국 1961, 31; 33). 국민소득 증가와 비교할 때 상대적인 저임금이 지불되었음을 의미한다. 단, 1959년 화폐개혁이 있었다는 점을 감안해야 한다.

요컨대 1956년 이후 천리마 운동을 통한 노동동원으로 노동생산성이 증가했지만, 노동생산성에 미치지 못하는 임금 덕택에 자본계수의 상승은 제한될 수 있었다. 결국 재정위기를 극복하고 경제성장을 견인한 원동력은 '대중의 희생'에 있었다.

표 4-2-1. 국내총생산(GDP) 추정: 1956~1960년(단위: 백만 원)

	1956	1957	1958	1959	1960
가계소비	997.55	1,188.84	1,419.81	1,883.37	2,265.75
공공서비스	106.41	151.95	226.36	341.01	434.27
정부지출	58.31	61.35	77.96	69.34	62.97
국방	222.98	226.58	282.03	324.12	363.5
총투자	664.10	863.21	1,063.72	1,190.42	1,458.65
순수출 (수출 - 수입)	-19.14	-32.56	-44.00	-268.40	-26.40
GDP	2,030.20	2,459.36	3,025.89	3,539.86	4,548.74
감가상각	34.34	52.05	75.70	179.87	223.29
순국내생산	1,995.86	2,407.32	2,950.19	3,359.99	4,325.46

출처: 이영훈(2000, 102)의 1956년~64년 사이의 GDP 가운데 1956~60년 사이의 통계를 참조.

그림 4-2-2. 투자와 GDP 성장률

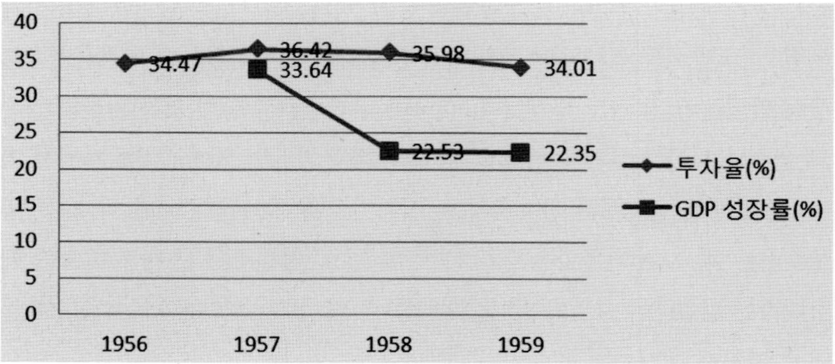

1) 투자율 = $\frac{I}{Y} \times 100$

2) GDP 증가율 = $\frac{\Delta Y}{Y} \times 100$

3) 출처: 이영훈의 GDP 추계를 통해서 국민소득 증가율을 계산한 것임.

표 4-2-2. 북한 가격을 이용한 국내총생산: 1956~1959년(단위: 백만 원(구화폐))

	1956	1957	1958	1959
가계소비	98,075	127,929	144,005	177,967
공공서비스	8,263	14,159	20,385	32,761
정부지출	6,755	7,044	7,873	7,130
국방	25,391	24,511	29,440	36,908
총투자	64,224	90,677	109,776	126,968
순수출 (수출−수입 = 원조수입)	-16,384	-15,322	-6,360	8,409
GDP	186,324	248,998	305,119	373,325
감가상각	7,225	9,789	12,597	24,483
NDP(GDP−감가상각)	179,099	232,209	292,522	348,842

1) 총투자는 가계 거주에 대한 투자를 포함한다.
2) 출처: Fujio(1990, 31) 참조.

그림 4-2-3. 투자와 GDP 성장률

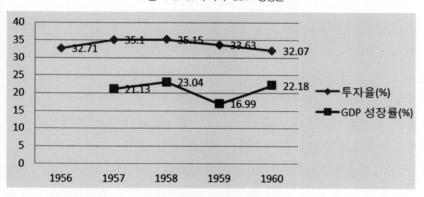

출처: 후지오(Fujio)의 추계를 위와 같은 방식으로 계산한 것임.

(2) 노동투입의 확대: 천리마 운동과 노동동원

1956년 이후 북한 경제성장의 또 다른 한 축은 바로 '노동자'이다. 노동자는 경제성장의 진정한 주역이다. 이 시기 노동동원은 경제성장의 동력이었다. 노동동원이 새삼 이 시기에 강조된 직접적인 원인은 '재정위기' 때문이다. 재정위기 이후 재정균형이 더욱 더 강조되었다. 재정지출의 감소를 위해서 상대적으로 높은 가격을 가진 생산수단에 대한 투자보다는 적은 비용으로 높은 효과를 달성할 방법이 필요했다. 노동동원이 바로 그것이었다. 노동동원은 1956년 전원회의 이후 '현지지도'와 '천리마 운동' 등과 같은 대중동원을 통해서 본격적으로 추진되었다.

노동동원이 생산력 증가에 기여할 수 있었던 가장 중요한 원인은 절대적 잉여노동이 확대되었기 때문이다.[31] 북한의 공식문헌에서는 노동절약, 즉 노동생산성의 증가가 강조되었다. 실제로는 노동력의 절대적인 수 역시 증가했다. 노동력 인입의 증가는 지속되고 있었다. 1차 5개년 계획이 시작되기 이전부터 이미 노동력의 부족이 예상되고 있었다. 그래서 5개년 계획에서 공업생산 성장액 증가의 63%가 '로동 생산 능률의 제고'에 의하여 이루어지도록 예정되었다(리종욱 [1958]1988, 165). 서동만(2005, 827)은 여기에 '새로운 노동력의 투입 없이'라는 문구를 삽입하여, 여기서 '로동생산능률의 제고'가 신규 노동력의 투입이 없다는 의미라는 점을 강조하고 있다. 실제로 북한의 공식 통계에 따르면 공업생산성의 증가가 노동력의 투입보다 더 빠르게 진행되었다. 공업 총생산액 증가(중앙통계국 1961, 39)와 노동력 수의 증가(중앙통계국 1961, 126)를 비교할 때, 공업 총생산액의 증가는 1946년과 비교해서 21배나 증가한 것으로 나온다. 그러나 이는 식민지, 분단, 전쟁이라는 경과가 무시된 것이고, 1953년을 기준으로 1960년은 약 9.9배, 1956년을 기준으로 약 3.5배 증가한 것을 알 수 있다. 이 역시 공업 총생산액의 증가가 노동력의 증가보다 빠르다. 하지만 노동력의 투입은 적어도 1959년까지 지속적으로 일정한 수준을 유지하고 있었다. 전체 인구수가 증가했기에 노동력의 투입비율은 상대적으로 감소했다고도 볼 수 있지만, 노동력의 투입 수는 큰 변동이 없이 일정하게 유지되고 있었다. 전체 종업원 수는 새로이 증가한 수와 함께 누적되기 때문에, 지속적인 증가세가 유지될 수 있다. 물론 이는 한편으로 농촌인구의 상대적 감소(농촌 인구의 수는 일정하게 유지되지만, 비율은 감소한다)와 여성 노동력의 비율이 증가했기 때문에 가능한 일이었다. 1960년에는 여성 종업원의 수가 약 50만 명으로 성장하며 사무 업무 가운데 여성의 비율이 34%에 육박한다(통일원 1996, 104).

노동절약은 노동투입의 증가를 기초로 하는 외연적 성장의 중단을 의미하는 것이 아니라 '노동예비'의 동원을 의미한다. 내부예비는 원자재와 중간재 그리고 공장과 설비에만 존재하는 것이 아니다. 노동의 예비 역시 존재한다. 노동예비는 연성예산제약의 한 형태이다. 김연철(1996, 111)은 노동력의 비축이 발생하는 이유로 두 가지를 꼽는다. 첫째, 생산의 비효율성으로 산출단위당 높은 소비 때문이다. 둘째, 생산스케줄의 불규칙성 때문에 생산목표 달성을 위한 잉여노동력을 항상 보유해야 했다고 설명한다. 노동예비의 동원은 생산관리와 생산 과정의 혁신을 통해서 가능했다.[32] 생산관리의 혁신은 현지지도를 통해서 관료의 렌트추구와 연성예산제약을 규제함으로써 가능했다. 생산 과정의 혁신은 주로 설비이용률의 제고를 통해서 이루어진다. 리종욱은 최고인민회의 제2기 3차회의에서 1차 5개년 계획을 보고하면서 다음과 같은 생산력 증가 방안을 제안한다. "생산능률을 증가시키기 위해서 노력조직을 합리화하여 로동자들의 물질적 관심을 높일 수 있도록 원료 조직을 부단히 개선하며 증산경쟁 운동을 광범히 전개하는 한편 관리 기구를 더욱 간소화하고 비생산 로력을 극력 축소시켜야 하겠습니다." 이때는 생산성 증가의 방안으로 주로 관리조직과 노동조직의 혁신을 이야기하고 있다. 이 과정에서 노동예비의 동원이 이루어지고, 이를 통해서 일정 정도 노동생산성이 성취된다.

천리마 운동은 소련의 스타하노프 운동과 마찬가지로 테일러주의에 대한 대안으로 제시되었다. 국내 북한연구에서는 천리마 운동과 스타하노프 운동의 차이점을 강조하는 경향을 보인다. 하지만 사실 공통점이 더 많다. 특히 인센티브를 통한 노동생산성의 진작이라는 측면이 그러하다. 천리마 운동은 정치도덕적 자극을 강조했다고 주장하지만 사상적 요인이 과연 얼마나 노동생산성 증가에 도움이 되었는지 살펴보아야 한다. 결국 사상성은 '생산성의 성과'로 측정되고 있다는 점을 간과해서는 안될 것이다. 충성심이 높은 것이 생산성이 높은 것이 아니라 생산성이 높은 것이 곧 충성심이 높은 것이다. 1959년 천리마 작업반 운동과 함께 들어온 도급제가 소련처럼 정착되지 못했다(김연철 2001, 149~150). 그렇다고 해서 물질적 · 비물질적 인센티브가 작동하지 않았던 것은 아니다. 특히 이 시기는 관료계급의 교체 시점이었다는 점에 주목해야 한다. 모범을 창출한 개인과 작업반은 공장관리 체계에서 우위를 차지하거나 직접 관리에 참여하게 됨으로써 새로운 지배계급이 되었다. 이는 단순한 성과급보다 더 중요한 정치적 성격을 띤 물질적 인센티브이다. 즉 천리마 운동이 노동생산성을 진작시키는 데 있어 일조할 수 있었던 것은 정치사상적 자극이 아니라 이와 같은 '정치적 인센티브' 때문이다.

대중동원은 "새로운 자원의 투입 없이" 노동생산성을 추진한다. 대중동원은 노동부족을 예상하고 생산 과정과 생산관리의 혁신을 통해서 필요노동을 감소시키고 잉여노동을 확대하기 위한 방안이다. 그러나 노동생산성은 자본집약도와 자본생산성의 곱이라는 점을 감안해야 한다. 축적의 증대와 노동동원을 통해서 자본집약도가 일정하다고 할 때, 자본생산성 향상이 동반되어야 노동생산성의 증가가 가능하다. 노동생산성의 향상은 단지 노동투입의 감소가 아니라 노동절약적 노동수단의 발전(노동절약적 기술혁신)이 동반되어야 한다. 그런데 당시 북한경제는 내부예비가 존재하는 과잉설비의 문제를 안고 있었다. 사실상 상대적 잉여노동의 증가는 기대하기 어려웠다. 이 시기 천리마 작업반 운동이 시작되면서 집단적 기술혁신이 강조된다. 집단적 기술혁신은 이른바 '생산 혁신자'들의 모범을 전파하기 위한 것이다. 여기서 의미하는 혁신은 '생산예비'를 찾아내는 일을 의미한다(한상두 1958, 54~55). 결국 천리마 운동은 '증산경쟁운동'의 참여를 보다 조직적으로 하기 위한 운동임에는 분명하다. 하지만 노동생산성에 얼마나 기여했는가에 대해서는 의문을 제기하지 않을 수 없다. 노동의 기술 수준에 비하여 기존의 설비가 이미 과잉인 상태였을 가능성이 높고, 천리마 운동의 집단적 기술혁신은 이러한 기존 설비의 이용률을 증대시키는 차원에서 진행된 것으로 보인다.

재정균형을 유지하면서 중공업에 대한 우선적 투자는 명백한 한계를 가지고 있었다. 노동부족의 상황에서 노동력 인입의 확대에도 한계가 명확했다. 따라서 대중동원은 생산관리와 생산 과정의 혁신을 통해서 진행되었다. 새로운 자원의 투입이나 높은 생산비용을 지불하지 않아도 생산력을 증가시킬 수 있는 방안이 추진되었다. 재정위기 이후 긴축과 내핍 정책의 연장선상에 있는 것이었다. 생산관리와 생산 과정의 혁신은 한편으로 관료의 렌트추구와 연성예산제약을 방지하고, 다른 한편으로 노동의 적극적 참여를 강제하기 위한 방편이었다. 관료는 정치권력이 제시한 상대적으로 높은 '계획 목표'의 달성에 대해서 불만을 제기하고 있었다. 이에 정치는 대중과의 직접적인 교류를 통해서 대중의 적극적 참여를 유도함으로써 '증산'을 추진하였다. 이때 기존 공장과 설비의 생산능력이 재측정되었다. 그 결과 주요 생산능력이 과소평가된 것으로 판단되었다. 또한 노동은 과소평가된 기존 설비의 능력, 즉 '공칭능력'을 증가시킬 실질적인 주체로 부각되었다. 실제로 새롭게 평가된 공칭능력에 걸맞은 설비이용율의 제고를 통해서 노동생산성의 상대적 증가가 이루어진다.[33]

대중동원을 통한 노동생산성 향상을 무조건 부인할 수는 없다. 노동생산성 향상은 내부예비의 동원과 설비이용률의 제고 과정을 통한 것이었기에 제한적인 수준일 수밖에 없겠지만 일정 정도 사실로 보인다. 생산관리와 과정의 혁신으로 내부예비와 설비이용률이 제고되었고, 그 결과 사회총생산과 국민소득 증가에 기여하였다. 이 과정에서 노동생산성은 결코 무시할 수 없는 것이었다. 하지만 노동생산성 증가에 대한 북한의 통계를 그대로 수용하기는 어렵다.[34] 노동자들이 제기했다는 합리화 건수가 천리마 운동이 시작된 이후 3배 이상 제기되었다는 것 그리고 그 가운데 절반 가까이가 받아들여지지 않았다는 점을 주목해야 한다(『조선전사 29』 1981, 27). 대중은 어떻게 해서든 수령과 당에 대한 '충성'을 보여주어야만 하는 상황이었다. 정치권력이 직접 현지지도와 천리마 운동을 통해서 대중의 노동참여를 적극적으로 강제했기 때문이다. 그리고 생산 과정에 받아들여진 합리화 방안 역시 구체적인 성과를 알 수 없다. 합리화 방안마저 양적 비교를 통해서 전년도보다 성장했음을 과시하기 위한 수단에 불과한 것으로 보인다.

(3) 수요억제의 제도적 장치: 거래세와 배급제

1956년 재정위기의 극복과 경제성장의 숨겨진 주역이 바로 '소비'이다. 북한의 통계에 따르면 소비는 국민소득의 증가와 함께 이 시기에 가장 가파르게 성장한다(중앙통계국 1961, 143). 후지오(Fujio 1990)와 이영훈(2000)의 국내총생산의 추계에 따르면 소비 역시 GDP의 성장과 함께 일정한 비율을 유지하고 있었다. 칼레츠키의 현존 사회주의 성장 모델에 따르면 투자분배율이 일정하게 유지될 때, 소비분배율이 일정하게 유지된다. 그러나 소비의 증가는 투자의 확대를 따라 잡을 수 없었다. 소비와 투자의 격차는 결국 투자의 병목현상이 나타나는 주요한 원인이지만, 단기간에는 소비의 억제가 성장을 가능케 하는 원동력이 되기도 한다.

가. 거래세

수요억제는 재정위기와 1차 5개년 계획기간 동안의 경제성장의 초석이다. 소비는 1957년 4월 1일 가격 및 조세제도 개편을 통해서 제도적으로 억제되었다. 제도 개편의 주요 내용은 가격차금의 거래세로의 통합과 이를 소비재 부문에만 부과하는 것이었다. 생산재에 대한 거래세는 폐지되었다. 거래세는 국가예산수입에서 가장 큰 비중을 차지하게 되었다. 거래세는 소비재 부문의 경제잉여가 궁극적으로 중공업 부문으로 이전되는 것을 도왔다. 거래세의 성격은 가격에 미치는 영향을 통해서 확인할 수 있다. 거래세는 소비재의 가격 상승, 가계소득 감소, 그리고 산업구조의 불균형을 초래한다. 거래세는 소비재에만 부과됨으로써 소비재의 가격을 상승시킨다. 도매가격은 생산부문의 평균적 생산비용에 이윤이 더해진 값이다. 여기에 거래세(이후 거래수입금)가 덧붙은 것이 산업도매가격이다(『경제사전 1』 1970, 503). 도매가격은 생산수단이 국가기업소들 간에 유통될 때 적용되는 가격이다. 도매가격에는 생산물에 사용된 '사회적 필요노동'이 전부 반영되지 않는다(『경제사전 1』 1970, 503). 즉 도매가격은 가격을 의도적으로 가치와 괴리시킴으로써 생산수단의 공급을 확대하기 위한 가격체계이다. 중공업 우위의 축적전략으로 생산재 부문에 대한 투자가 집중되어 다른 부문보다 사회적 필요노동이 상대적으로 낮을 수 있다. 이 점을 감안하면 도매가격은 생산수단 부문에 이중의 혜택을 주는 것이다. 그래서 가치법칙이 이중으로 수정된다고 말할 수 있다.

반면 산업도매가격은 수요가 높은 반면 공급이 부족한 소비재 부문에 적용되었다. 소비재에 거래세가 포함됨으로써 도매가격의 상승은 소비재의 유통을 제한하는 결과를 초래하게 된다. 또한 산업도매가격이 상대적으로 높게 책정됨으로써 결과적으로 소득이 감소하는 효과를 얻게 된다. 당연히 이는 소비재에 대한 수요를 감소시키게 된다. 계획경제에서 공급은 비탄력적이지만, 수요는 상대적으로 공급에 비해 탄력적이다.[35] 거래세는 소비재 생산의 부족을 해결하기 위한 방편 가운데 하나이다. 북한경제는 배급제의 존속여부를 놓고 당내 논쟁이 발생할 정도로, 여전히 식료품과 소비재에 대한 공급이 부족했다. 소비재 공급을 자유롭게 조절할 수 있다면 굳이 소비수요를 억제할 이유가 없다. 하지만 경공업에 대한 투자가 부족했다. 공식 통계는 경공업에 대한 투자의 확대를 주장했다. 하지만 이는 소비수요를 충족시킬 만큼 충분하지 못했던 것으로 보인다. 거래세는 소비재의 유통을 제한하고 가격상승과 가계소득의 하락을 통해서 수요를 억제시켜 인위적으로 공급에 수요를 맞추기 위한 전략이었다. 또한 거래세는 국가예산수입에 50% 이상을 차지할 정도로 큰 비중을 차지한다. 국가예산의 지출이 중공업 부문에 우선적으로 투자된다는 점을 고려하면, 거래세가 소비재 부문의 경제잉여를 중공업 부문으로 이전시키기 위한 제도라는 점을 알 수 있다.

나. 배급제 존속으로 선회

수요억제의 또 다른 수단은 배급제의 존속이었다. 1956년 4월 23일 조선로동당 제3차 대회에서는 배급제의 존속이 불가피하다는 주장이 제기되었다. 배급제의 폐지는 1차 5개년 계획기간 이후로 지연되었다. 대신 배급제의 품목이 제한되었다. 1956년 10월 양곡, 간장, 된장, 식용유, 소금, 각종 직물, 신발, 비누 등 식료품과 소비재가 주를 이루었다. 1957년 1월 1일부터는 고무신류, 포화류, 양말류의 배급제가 폐지되었다. 1958년 1월 1일부터 양곡을 제외한 소비재에 대한 배급제를 폐지하고 유일 국정소매가격에 의한 판매제로 전환되었다(김연철 1996, 67~68). 소비재에 대한 관리는 차츰 '거래세의 몫'이 되고, 배급제의 대상은 식량과 주택으로 한정되었다.

배급제의 존속은 식량 및 소비재의 부족을 의미했다. 특히 1958년 이후에도 식량 배급제가 지속된 점은 농업협동화가 완성되는 단계에서 식량공급의 부족을 의미했다. 북한은 알곡생산량의 증가를 대대적으로 공표했지만 식량부족에서 여전히 벗어나지 못했다. 전후복구 과정과 1차 5개년 계획기간 동안 식량생산은 지속적으로 부풀려졌다. 식량증산은 계획대로 이루어지지 못했다. 재정위기 이후 '증산'이 강조되었다. 농업집단화의 완성과 함께 계획에서 증산 목표는 높게 설정되었다. 하지만 실질적으로 그 목표는 달성되기 힘들었다(서동만 2005, 734~738). 오히려 식량부족은 1960년대에도 지속되었던 것으로 추정된다. 서동만(2005, 737)은 1959년도에는 곡물생산의 저조로 인한 충격이 커서 1960년도 곡물생산 목표는 발표되지 않았다는 점을 지적한 바 있다.

배급제는 식량부족의 문제 때문에 지속되었지만 수요를 억제시킴으로써 식량에 대한 초과수요를 차단할 수 있었다. 소득이 증가하는 상황에서 배급제가 실시되지 않았다면 식량에 대한 초과수요가 발생하게 되었을 것이다. 이러한 경우 식량 수요는 비탄력적이기 때문에, 불가피하게 인플레이션이 상승이 발생할 밖에 없다. 배급제는 이와 같은 인플레이션 압력을 차단하는 주요수단이다. 소득은 인상된 반면 수요는 억제됨으로써 유휴자금이 증가된다. 물론 이는 단지 배급제만의 영향 때문이 아니다. 거래세를 통한 소비재 수요 감소 덕택이기도 하다. 이러한 상황에서 증산과 절약의 기조는 저축에 대한 강조로 나타난다. 그 이유는 유휴자금을 투자의 원천으로, 특히 중공업에 대한 우선적 투자를 위해서 사용하기 위해서였다.

환언하면 배급제와 거래세는 수요를 억제하기 위한 제도적 수단이다. 이는 식료품과 소비재에 대한 인플레이션 상승을 차단하였다. 또한 강제된 절약으로 저축이 늘어났다. 수요가 억제됨으로써 투자의 확대, 특히 중공업에 대한 우선적 투자가 가능할 수 있었다.

(4) 실질소득 상승과 물가인하

1956년 이후 투자의 가속화는 인플레이션 상승의 주요한 원인이다. 특히 중공업 우위의 축적은 '잉여'와 '부족'이 공존하는 모순적 결과를 초래한다. 생산수단 부문에서 경제잉여가 증가되는 반면 소비재의 부족은 지속된다. 또한 투자의 확대는 '노동의 부족'이라는 결과를 초래한다. 노동의 부족은 한편으로 고용 증가를 통해서, 다른 한편으로 노동력에 대한 수요확대로 임금상승 요인이 된다. 북한에는 노동시장이 형성되지 않았다. 노동 역시 계획을 통해서 공급이 결정된다. 그럼에도 불구하고 고용 증가와 노동의 부족은 임금상승의 중요한 원인이 된다. 1956년 이후 북한의 공식 통계에 따르면 명목소득과 실질소득 모두 증가한다(중앙통계국 1960, 31; 33). 소득의 증가는 소

비재에 대한 수요 증가로 나타날 수밖에 없다. 이는 곧 인플레이션 상승의 중요한 요인이다.[36]

그럼에도 불구하고 북한의 공식 통계에 따르면 소득증가와 함께 물가가 인하되었다고 주장한다. 소득상승과 물가인하는 체제의 우월성을 상징적으로 보여주는 것처럼 보인다. 하지만 소등상승과 물가인하는 결코 계획경제의 본유적인 성격이 아니다. 1956년 이후 북한경제는 투자의 확대와 산업구조의 불균형, 그리고 노동의 부족으로 인플레이션 상승 압력이 존재했다. 역시 전후복구 시기와 마찬가지로 강제적인 인플레이션 관리가 존재했기 때문에 가능한 일이다. 인플레이션 관리는 복합적이고 광범위하게 진행된다. 첫째, '가격 인하 조치'가 지속된다(표 4-2-3 참조). 북한의 공식 통계에 따르면 소매물가지수(배급제 생산물은 제외)는 1953년을 기준으로 1956년 48%, 1960년에는 44%에 이른다. 소련 및 동유럽 국가들 역시 대부분 가격 인하 조치가 이루어졌다. 현존 사회주의에서 가격 인하 조치는 체제의 우월성을 선전하기 위한 대표적인 도구였기 때문이다(Jan 1979, 14). 둘째, 거래세를 통해서 소비재의 가격을 상승시키는 동시에 가격소득을 하락시켜 구매력을 떨어뜨리고 소비재에 대한 수요증가를 억제한다. 북한의 경우 각 품목별로 거래세의 비중을 정확히 알기는 어렵다. 다만 김일성의 담화를 통해서 추정할 수 있을 뿐이다. 김일성([1968]1983d, 133~136)은 "사회주의 건설에서 재정의 기능과 역할을 강화할데 대하여"라는 제목의 담화에서 1968년 거래수입금이 도매가격의 6~7% 내외 정도의 수준으로 하는 것이 좋겠다고 발언하고 있다. 그리고 공급과 수요에 따라 품목별로 차등적으로 지원되고 있음을 알 수 있다. 소련과 동유럽의 경우는 1950년대 중반 이후 개혁과 함께 다양한 도매가격에 의해서 거래세의 비중이 감소했다. 1950년대와 같이 정부수입의 원천이라는 점을 제외하고, 소련과 동유럽에서 거래세는 공급과 수요의 균형을 위해서 그리고 대중의 구매력을 약화시키기 위해서 부과되었다. 또한 거래세는 소매가격과 도매가격에 차별적으로 부과됨으로써 소매가격의 인플레이션 상승 압력을 차단하는 역할을 했다. 소련과 동유럽 역시 차별적으로 거래세를 부과했다. 일반적으로 거래세는 사치재에는 높게, 생필품에는 낮게 부과된다. 그런데 소련의 경우 옷과 신발에 대해서는 거래세를 높게 부과했다. 이는 경공업의 낮은 생산력 때문이었다(Jan 1979, 4~5). 셋째, 초과수요가 존재할 수 있는 식료품과 소비재와 같은 품목에 대한 배급제가 지속됨으로써 인플레이션 상승을 억제했다. 소련 및 동유럽에서 낮은 가격을 토대로 하는 배급제는 상업가격(commercial price)을 바탕으로 하는 상업시장(commercial market)에 의해서 보완되었다. 상업가격은 암시장이라는 현실을 점진적으로 없애기 위한 방안이었다. 그리고 초과 구매력을 약화시켜 배급제의 중단을 용이하게 하고, 시장을 통한 새로운 분배체계를 형성하기 위해서였다(Jan 1979, 8~9). 그런데 북한에서는 반대로 배급제가 지속되었다. 이는 북한이 상대적으로 시장의 규모가 극히 제한되어 있었다는 점과 사회경제적 자율성이 극히 낮았다는 점을 말해준다. 이 시기 북한은 1957년 1월 24일 "상품류통 및 수매사업을 개선 강화할 데 대하여", 1957년 2월 22일 "상품류통 사업을 강화할 데 대하여", 1957년 11월 3일 "식량판매를 국가적 유일체계로 할 데 관하여"(내각결정 제102호) 등의 일련의 조치들로 '량곡판매'에서 자유상업이 폐지되고, 국가유일 수매 및 유일 판매가 실시되었다(조룡식 1958, 254~255).

표 4-2-3. 계획기별 가격 인하 실적

3개년 계획 (1954~56)	• 국영 및 협동단체의 물가 수준 1953년 대비 40% 인하(1955년) - 주민 이익 300억 원 • 국영 및 협동단체 상업 자유판매품 증가
5개년 계획 (1957~61)	• 전후 6차에 걸쳐 국정소매가격 인하 • 1958년에 980여 종 소매가격 인하 • 1959년 말 현재 국영 및 협동단체상업 소매물가 : 1956년 대비 6.2%, 53년 대비 55.1% 인하

출처: 통일원(1996, 549).

다음으로 화폐개혁이 단행된다. 1959년 2월 12일 내각결정 제11호 "새로운 화폐를 발행할 데 관하여"가 공표되고 2월 13일 새로운 화폐가 발행되었다(『조선중앙년감』 1960). 구화폐와 신화폐의 비율은 100 : 1이며, 1959년 2월 13일~17일까지 화폐는 무제한으로 교환되었다. 구화폐는 2월 15일까지 유통가능하며, 2월 17일까지 교환하지 않았거나 저금하지 않은 경우 구화폐는 지불능력을 상실하게 된다. 화폐개혁은 투자의 확대와 명목임금 상승으로 증가된 화폐량을 감소시킴으로써 인플레이션 상승 압력을 약화시켰다.[37] 그리고 신화폐의 교환을 단기간에 진행함으로써 축장(hoarding)된 유휴화폐의 잠재된 수요를 확인하고 억제할 수 있게 되었다. 김병도(1959, 68)는 새 화폐의 의의를 두 가지로 설명하고 있다. 첫째, '원'의 구매력을 상승시켰다. 둘째, 유통되고 있는 화폐의 '전량'을 확인하게 되었다. 전자가 인플레이의 압력이 실재했음을 말해주는 것이라면, 후자는 화폐 유통량을 그 이전까지 확인하기 어려웠다는 점을 말해준다. 그뿐만 아니라 저금의 경우에는 교환 기간 이외에도 신화폐로 교환이 가능하게 함으로써 유휴화폐의 동원이 용이해졌다. 물론 이와 같은 저금은 투자의 원천이 되었음이 분명하다.

화폐개혁 역시 가격 인하나 거래세와 마찬가지로 소련과 동유럽에서도 일반적인 물가관리 조치였다. 그러나 북한의 화폐교환은 소련, 폴란드, 체코슬로바키아, 동독 등과 비교할 때 교환비율이 컸다. 이는 그만큼 통화량이 많았고, 따라서 상대적으로 인플레이션 상승 압력이 더 높았음을 말해준다. 게다가 소련, 폴란드, 체코슬로바키아에서는 저축의 경우 상대적으로 더 높은 비율로 화폐를 교환해줌으로써 저축을 유인했다. 반면 북한은 단지 교환 기간의 연장이라는 인센티브 외에는 없었던 것으로 보인다. 이는 북한의 화폐개혁이 가진 강제적 성격을 엿볼 수 있게 하는 대목이다.

마지막으로 저축의 증가를 통해서 인플레이션을 관리하였다. 백금락(1957, 58)은 저축 증가가 개인 소비생활의 자발적 절약이라고 주장한다. 이 시기

배급제와 거래세와 같은 강제적 수요억제 수단을 통해서 강제된 측면이 강하다. 사실 식량과 소비품이 부족한 상황에서 자발적인 저축의 증가는 이해되기 어렵다. 이 시기 저축의 증가는 구조적으로 그리고 제도적으로 강제된 것이다. 저축 증가는 '국가기관의 유지비'와 '군사비'를 조달하기 위한 도구로, '경제건설'을 위한 원천으로, 그리고 '유휴화폐의 동원'을 위해서 그 필요성이 제기되었다(백금락 1957, 58). 즉 저축은 투자의 원천이면서 동시에 인플레이션 억제의 수단이다.

인플레이션의 관리는 임금인상 혹은 소득증가를 유명무실하게 하는 정책이다. 인플레이션의 관리라는 명목아래 구매력이 약화된다. 이러한 인플레이션 관리정책의 정당성은 '소득의 정당성'과 관련된 문제이다. 소득증가가 부당한 것이라면 이와 같은 인플레이션 정책은 충분히 납득할 수 있다. 그렇지 않다면 철저히 대중의 희생을 강요하는 정책으로 밖에 볼 수 없다. 계획경제에서 소득의 정당성은 두 가지 기준으로 평가된다. 하나는 노동생산성이며, 다른 하나는 계획 목표의 달성 정도이다(Jan 1979, 30~31). 북한의 공식 통계에 따르면 5개년 계획 동안 국민소득과 실질소득의 관계를 볼 때, 노동생산성의 증가는 적어도 실질소득을 상회한다. 북한의 노동임금 산정 원칙에 따르면 노동소득은 노동생산성의 증가를 앞설 수 없다(리석심 1957, 77). 전후 복구와 1차 5개년 계획 역시 조기 달성이 대내외적으로 선전될 정도로 계획 목표는 초과 달성되었다.

당시 북한경제에서 대중들의 소득증가는 체제와 정권 그리고 경제정책의 정당성을 보여주는 중요한 성과였다. 특히 소득증가와 물가인하는 '인민생활 향상'을 보여주는 가장 대표적인 성과이다. 하지만 이는 북한경제가 소득증가로 발생한 인플레이션을 감당할 능력을 가지지 못했다는 사실을 말해줄 수 있을 뿐이다. 또한 그 내막에는 역설적으로 '인민의 희생'이 강요되고 있다는 명백한 사실이 숨겨져 있다. 즉 소득증가와 물가인하가 동반되는 현상은 계획경제의 우월성을 상징하는 것이 아니라 경제체제의 모순을 확인시켜 주는 일이다.

(5) 농업잉여의 추출

북한의 공식 통계는 농업생산성의 성장을 대대적으로 선전했다. 그러나 이정식과 스칼라피노(Lee and Scalapino 1972) 그리고 서동만(2005)은 모두 북한의 농업통계가 사실과 다르다는 점을 밝혀냈다. 농업통계의 조작은 1958년 농업집단화가 농업생산성의 성장에 기여하지 못했음을 다시 한 번 확인시켜 주었다. 북한은 농업생산성 증가가 부진한 이유를 1959년과 같이 자연재해의 탓으로 돌렸다. 하지만 자연재해만으로 식량부족이 지속되는 이유를 설명하기는 힘들다. 또한 집단화 과정에서 발생하는 소극적 반발과 '배천바람'과 같은 조직적인 반발로도 농업생산성 향상이 진작되지 못한 이유를 설명하기에는 역부족이다.

생산성 차원에서 농업집단화의 근본적인 문제가 존재한다. 집단화의 문제는 세 가지 차원에서 논의된다. 첫째, 소유권의 문제이다. 소유권의 이전은 농민들의 생산의욕을 하락시키게 된다는 점이다. 둘째, 인센티브 부족의 문제이다. 소유권이 이전되었기 때문에 생산성이 증가한다고 해도 인센티브가 부족하다. 농업생산성 향상을 도모할 수 있는 동기가 부족하다. 사실 노동자와 비교할 때 농민들의 소득이 상대적으로 낮았다(이영훈 2000, 89). 셋째, 인플레이션 관리정책, 농업시장에서의 식량판매 제한, 거래세를 통한 생필품의 가격 상승 등은 상대적으로 낮은 소득을 가진 농민들의 생산의욕을 더욱 하락시켰을 가능성이 높다. 넷째, 농업부문에 대한 투자가 상대적으로 부족했다. 기계화를 선전했지만, 기계화의 수준은 크게 개선되지 못했던 것으로 보인다. 그 원인은 농업용 생산수단에도 거래세가 부과됨으로써 상대적으로 높은 가격이 매겨져 있었기 때문일 가능성이 높다(이태섭 2000, 29). 노동력의 수가 더 이상 하락하지 않고 일정하게 유지되는 것도 바로 이러한 이유 때문이다.

　농업생산성 증가에 이와 같은 문제가 존재함에도 불구하고 지속적으로 농업잉여가 공업으로 이전되었다. 곡물가격은 낮게 유지되었다. 이 역시 농민의 생산의욕 향상에 전혀 도움이 되지 않았을 것이다. 비록 소비재에 가격인하 조치가 발생했지만, 그 효과는 크지 않았던 것으로 보인다. 소비재에만 거래세가 부과되어, 소비재의 가격 상승 요인이 존재했기 때문이다. 게다가 곡물 수매가격은 가치보다 낮게 측정되었던 것으로 보인다(이영훈 2000, 60~61). 특히 1957년 말 식량판매가 국가판매로 단일화되었다. 1958년 농업협동화가 완료됨에 따라 국가수매를 통해서 낮은 수매가격이 유지되었다. 낮은 곡물 수매가격은 농업과 공업 간의 '부등가 교환'이다. 결국 이는 농업잉여의 공업으로 이전을 용이하게 한다. 특히 식량부족이 지속되고 농민소득이 상대적으로 낮은 상황에서 이와 같은 농업잉여의 이전이 농민들에 대한 '수탈'이라고 판단하기에 충분하다.

3. 평가

　1956년 경제원조의 감소로 인한 재정위기 이후 북한경제는 '투자의 확대'를 핵심적인 동력으로 성장하였다. 특히 중공업에 대한 우선적 투자는 더욱 더 가속화되었다. 그 결과 빠르게 산업구조는 변화되었고 공업이 차지하는 비중이 커졌다. 공업 가운데에서도 1956년 이후 생산수단 생산부문이 큰 비중을 차지하게 되었다. 투자의 확대는 노동력에 대한 수요를 확대시켰다. 그 결과 노동자의 수는 지속적으로 증가했다. '노동의 부족' 상태에서도 노동자의 수가 증가할 수 있었던 원인은 여성 노동력의 투입이 확대되었기 때문이다.

　투자와 고용의 확대로 급속한 산업화와 경제성장을 성취할 수 있었다. 투자의 확대는 자본계수의 상승 압력으로 작용한다. 하지만 천리마 운동을 통한 노동동원은 자본집약도를 일정하게 유지시켜 주었다. '내부예비의 동원'과 '설비이용률의 제고'를 통해서 노동생산성을 향상시킴으로써 자본계수의 상승 압력을 일정 정도 상쇄했다.

단기간에 투자의 가속화를 통한 경제성장은 수요억제를 전제로 한 전략이다. 현존 사회주의 계획경제가 소비보다는 공급 측면을 강조하는 이유이다. 수요억제는 대중의 희생을 강요하게 된다. 배급제를 존속시키고 통합된 거래세를 소비재에만 부가시킴으로써 소득증가를 유명무실하게 만들었다. 이를 통해서 자원이 투자에 집중되는 것을 지원하는 동시에 인플레이션을 관리하였다. 중공업 우위의 축적으로 노동력에 대한 수요가 증가했고, 이에 따라 소득이 증가하면서 식량과 생필품에 대한 초과수요가 발생했다. 이를 거래세와 배급제를 통해서 억제하고, 유휴자금을 저금과 화폐개혁을 통해서 다시 중공업 우위의 축적을 위해서 투자에 동원했다.

1956년 재정위기의 극복과 경제성장의 실질적인 주역은 바로 '대중'이다. 대중은 외연적 성장방식에서 가장 중요한 성장동력인 노동력을 제공한다. 또 대중은 절약을 구조적으로 강제된 저축과 제도적으로 강제된 소비억제를 통해서 실현함으로써 투자의 원천을 마련하는 데에 기여했다. 물론 이 시기 모든 대중을 희생자로 간주할 수는 없다. 천리마 운동이 진행되면서 일부 노동자는 '영웅'으로 호칭되었으며, 일부는 새로운 관료계급이 되었다. 이는 김일성계가 권력의 독점 이후 대중과의 직접적 교류를 통해서 중하층 관료들을 교체하기 위한 정책의 일환이다.

그러나 1956년 이후의 경제성장에는 위기가 잠재되어 있었다. 중공업 우위의 축적전략이 가속화되면서 산업구조의 불균형이 초래되었다. 중공업 부문에 대한 집중적인 투자는 자본계수의 상승으로 인한 과잉축적의 문제를 발생시킬 위험을 안고 있었다. 또한 산업구조의 불균형은 산업연관효과를 약화시켜 투자의 병목현상을 발생시킬 위험이 크다. 이러한 경우 노동동원을 통한 경제성장 역시 한계에 직면할 수밖에 없다. 자본집약도가 높아지고 노동분배율이 하락될 가능성이 높기 때문이다. 또한 도시와 농촌 간의 소득격차가 존재했다. 그리고 결정적으로 수요억제로 인한 대중의 희생은 생산과 소비의 단절이라는 현존 사회주의 계획경제의 모순을 악화시킬 가능성이 더욱 높아진다. 1960년 '완충기'는 바로 이러한 문제들이 본격적으로 드러나기 시작하는 시기이다.

제3절 중앙집권적 계획경제의 완성과 그 한계

1. 경제위기의 개괄

1960년 완충기를 전후로 경제성장이 둔화되기 시작한다. 사회총생산(GSP)과 국민소득(NMP), 그리고 국내총생산(GDP)의 증가율이 둔화되기 시작한다(표 4-3-1, 4-3-2, 4-3-3 참조). 경제성장 둔화의 일차적인 원인은 투자의 확대가 1960년 이후 감소하기 시작했기 때문이다. 이영훈의 추계에 따르면 총투자액은 성장한다. 하지만 북한의 공식 통계에 따르면 1959년을 기준으로 국가기본건설 투자는 감소되어 1962년이 되어서야 1959년 수준을 회복한다(표 4-1-13 참조). 또한 기본건설 투자총액도 1960~61년 동안 1959년 수준이하로 하락한다. 특히 공업부문에 대한 투자가 감소했음을 알 수 있다(통일원 1996, 146).

표 4-3-1. 연도별 사회총생산액(GSP): 1946~1965년(단위: 백만 원)

	1946	1949	1953	1956	1960	1961	1962	1963	1964	1965
사회 총생산액	812.5	1,779.4	1,357.7	2,856.2	6,682.0	7,560.9	8,398.3	9,191.0	10,110.0	10,481.2

출처: 통일원(1996, 119).

표 4-3-2. 국민소득(NMP)의 증가 지수: 1949~1964년(단위: %)

	1949	1953	1956	1959	1960	1961	1962	1963	1964
국민소득 (NMP)	100	70	153	305	328	389	416	445	479

출처: 이영훈(2000, 97).

표 4-3-3. GDP 추정: 1960~1964년(단위: 백만 원)

	1960	1961	1962	1963	1964
1. 가계소비	2,265.75	2,579.98	2,387.08	3,035.54	3,169.06
2. 공공서비스	434.27	427.15	520.14	550.43	596.94
3. 정부지출	62.97	72.47	76.41	84.79	95.71
4. 국방	353.50	484.05	601.08	605.36	825.20
5. 총투자	4,458.65	1,613.82	1,893.15	2,208.83	2,284.63
6. 순수출	-26.40	-14.08	210.10	-86.68	-63.36
7. GDP	4,548.74	5,163.40	6,137.95	6,398.28	6,908.17
8. 감가상각	223.29	185.93	220.64	308.08	270.64
9. NDP	4,325.46	4,4977.47	5,917.31	6,090.20	6,637.53

출처: 이영훈(2000, 102)의 추계.

1963년 이후에도 경제성장의 둔화는 지속되는 것으로 보인다. 이정식과 스칼라피노(Lee and Scalapino 1972, 1258)에 따르면 공업 생산은 1965년과 비교할 때 3% 하락한다. 이태섭(2001, 199)은 이를 토대로 북한경제가 1966년에 역(逆)성장을 하고 있다고 보았다. 이 수치는 『조선중앙년감』에 기록된 공식 통계와 대략 일치한다. 통일원(1996, 319)에 의하면 1966년 공업생산액 성장률은 -2.8%였다. 그런데 이것이 국민소득이 역(逆)성장하는지에 대해서는 북한이 사회총생산액(GSP)과 국민소득(NMP)을 발표하지 않았기 때문에 확인하기 어렵다. 하지만 국민소득에서 공업부문이 차지하는 비중을 감안할 때, 이태섭의 주장은 일정 정도 타당성을 가진다. 다만 공식 통계를 찾을 수 없기 때문에, 여기서는 경제성장의 지체 혹은 경제위기의 지속으로 이해한다. 1960년대 경제성장의 둔화가 지속되었던 것은 분명해 보인다. 이와 같이 경제성장이 지체되는 가운데, 완충기 이후 한시적이지만 경공업 부문에 대한 투자가 확대된다.

1960년대 북한 경제위기를 특징짓는 주요한 징후는 설비이용률의 감소이다. 설비이용률의 감소는 일종의 '내부예비'로 이해되며, 이는 곧 중하위 관료와 노동계급의 생산성 향상을 독려 혹은 채근하기 위한 근거가 된다. 청산리방법, 대안의 사업체계, 계획의 일원화와 세부화는 모두 설비이용률의 증가를 강조하는 내용으로 구성된다. 물론 설비이용률이 낮은 이유는 관료와 노동에게 그 책임이 전가된다. 『근로자』1962년 14호에서는 라남 기계공장의 설비이용률이 50.4%밖에 되지 않는 반면 대안전기공장과 평양전기공장의 설비이용률이 각각 69.4%, 68.5%라고 지적하면서 생산조직을 혁신하면 18% 이상의 설비이용율을 높일 수 있다고 주장하고 있다. 그런데 문제는 라남기계공장의 낮은 설비이용률만이 아니다. 상대적으로 높다는 공장들의 설비이용률 역시 자본주의와 비교할 때 낮다는 점이다.[38] 1961년 대안전기공장에 현장지도가 있기 전에 설비이용률은 1/4분기 63.7%, 1~10월 66.2%였다(『근로자』1962, 14). 최윤수(1962, 24)는 "7개년 계획에서 첫 3년간에는 공업 부문 총체적인 생산장성의 58%를 기존 설비 리용률의 제고를 통해서 달성할 것"을 예견하고 있다. 이는 관료의 렌트추구 혹은 연성예산제약만을 말해주는 것이 아니라 과잉설비의 문제를 말해준다.

완충기 이후 경공업에 대한 문제는 북한 내부에서도 중요하게 논의되었다. 김영주(1964, 13~15)는 북한에서 생산수단 부문에 대한 우선적 투자를 통한 확대재생산이 레닌의 재생산이론을 따르고 있는 것임을 밝히면서도 북한사회에 '창조적'으로 적용되고 있다고 주장했다. 그 근거는 소비재 생산을 위해서 생산수단 생산을 통한 확대재생산이 추진되었다는 점이다. 그는 소비재 생산이 생산재 생산을 능가하는 두 시점인 1958년과 1960년을 비교·분석했다. 그는 1958년은 내부예비의 동원을 통해서 가능했으며, 1960

년에는 소비재를 위한 생산수단의 증가를 통해서 성과를 보일 수 있었다고 주장한다. 중공업에 대한 투자율은 1962년 감소했다. 1962년과 1963년의 투자 비율이 상대적으로 낮았다. 하지만 1960년대 전반적으로 중공업에 대한 투자는 유지된다(이영훈 2000, 80). 1960년대 초반의 경공업에 대한 투자의 확대가 산업구조의 불균형 해소에 기여했다고 판단하기 힘들다. 1960년대 산업 간 격차는 노동생산성과 소득의 증가 역시 둔화되고 있다는 점을 통해서 확인할 수 있다. 소득 감소는 경제성장이 둔화되는 과정에서 충분히 예상할 수 있는 일이다. 게다가 실질적으로 소득이 감소하는 상황에서 거래수입금을 통한 소비재 거래의 제약은 더 큰 효과를 발휘하게 된다. 경공업에 대한 투자가 사실이라 하더라도, 이러한 상황에서 그 효과는 크게 기대하기 어렵다. 경공업에 대한 투자의 확대가 생산수단에 대한 공급의 확대를 의미하는 것이기는 하지만 경공업에 대한 투자가 한시적이었다는 점을 감안해야 한다. 또한 경공업은 기본적으로 노동집약적 성격을 가진다. 그런데 이 시기 노동력의 공급이 제한되었다는 점을 감안하면, 경공업 부문의 생산증가는 크게 기대하기 힘들다. 노동력 공급의 부족을 여성 노동력의 증가를 통해 일정 정도 해결했지만, 이 역시도 한계가 뚜렷하다. 공업 부문에 노동력 공급은 1959년 이후로 크게 증가하지 않는다. 노동력 공급이 1963년과 64년에 증가하지만, 이는 농업부문의 노동력이 증가했기 때문이다(통일원 1996, 106). 이론적으로 설비가동률의 하락은 자본생산성의 하락(자본계수의 상승)을 초래하게 된다. 북한 통계에는 설비가동률이 없지만 설비이용률 하락 역시 마찬가지 결과를 초래할 것이 분명하다. 결국 이는 노동생산성 증가를 곤란하게 한다.

생산요소의 투입 증가율이 둔화되어 설비이용률과 노동생산성이 하락한다. 이는 곧 소득증가율의 감소로 나타난다. 화폐소득 마저 1960년 이후 거의 일정하게 유지된다(통일원 1996, 550). 실질소득에 대한 공식적인 통계는 없다. 하지만 소매물가지수가 1960년 이후 상승한다는 점을 고려하면, 실질소득은 감소하는 것으로 추정된다(통일원 1996, 546). 또한 기술혁신은 생산조직과 경제조정양식의 혁신('대안의 사업체계'와 '계획의 일원화와 세부화')에 머물렀다. 생산요소의 투입 증가가 어려울 때 노동절약적 혹은 자본절약적 기술혁신이 필수적이다. 그래야만 외연적 성장의 한계를 극복할 수 있다. 하지만 이는 단기간에 성취되기 힘들다. 중공업에 대한 집중적인 투자는 생산요소의 공급이 지속되지 않거나 기술혁신이 이루어지지 않는 이상 과잉투자가 될 수밖에 없다. 기계와 설비는 높은 생산비용 때문에 거래세가 부과되지 않는다고 해도 생산원가가 높다. 반면 설비가동률의 하락, 노동생산성의 감소, 투자 확대의 지체 등으로 임금상승 요인은 약화된다. 이러한 경우에 자본집약도는 상승할 가능성이 높다. 결국 자본계수는 상승할 수밖에 없다. 이영훈(2000, 86)은 수입수요를 수입대체로 치환하게 되면서, 그 결과 자본산출계수(자본계수)가 증가하게 된다고 설명한다. 이점을 감안하면 자본계수는 더욱 더 상승하게 된다.

요컨대 1960년대 초반 경제위기와 경제성장의 지체가 지속되는 이유는 중공업 우위의 축적전략으로 발생한 과잉축적과 수요억제가 근본적인 이유이다. 중공업 우위의 축적은 생산부문 간 생산력의 격차를 심화시킨다. 식량부족으로 농업에 대한 투자를 확대하고 노동력의 도시 이동을 차단하여 농업노동력을 일정하게 유지하였다. 그렇지만 생산력 격차를 좁히지는 못했다(서동만 2005, 838). 사실 시기적으로 1960년대 완충기를 기점으로 나타난 경기 후퇴 국면은 1959년 식량위기로 시작되었다. 식량위기의 원인은 농업집단화 이후 규모의 경제 실현을 통한 식량증산계획이 가진 한계 때문이다. 이러한 식량위기를 중앙당집중지도와 청산리 방법과 같은 정치우위를 통한 협동농장 내 노동규율의 강화와 투자의 확대 및 노동력의 일정한 유지 등의 방식으로 해결하려 하였다. 하지만 이는 생산요소의 투입 확대를 통한 해결 방식으로서 농업생산성의 문제를 근본적으로 해결하는 것이 아니었다. 비록 경공업에 대한 투자의 확대가 1960년대 초반 이루어졌지만, 경공업에 대한 투자 역시 자본절약적 혹은 노동절약적 기술혁신을 토대로 하지 못했다. 결국 산업구조의 불균형이 해소되지 못했고, 따라서 구조적 이질성은 해결되지 않았다. 이처럼 중공업 부문에 대한 우선적 투자에도 불구하고 설비이용률이 하락했다. 이는 노동생산성이 증가되기 어렵게 만들었으며, 그 결과 노동소득은 하락했다.

2. 정치우위를 통한 경제위기 극복의 한계

1) 지배권력의 경제위기 원인에 대한 인식: 관료의 렌트추구와 연성예산제약

북한은 경제위기를 계획경제의 중앙집권적 특성을 강화함으로써 해결하려 하였다. '대안의 사업체계'와 '계획의 일원화와 세부화'가 바로 그것이다. 이러한 해결 방식은 지배계급이 1960년대 경제위기의 원인을 관료의 내부예비의 축적 때문으로 인식하기 때문이다. 이는 관료의 렌트추구와 연성예산제약의 북한식 해석이다. 물론 북한은 공식적으로 경제위기를 좀처럼 인정하지 않는다. 그러나 1960년대 공장관리체계의 변화를 통해서 북한이 어떻게 경제문제를 인식하고 있는지 충분히 유추할 수 있다. 내부예비의 동원과 설비이용률의 제고라는 해법은 1956년 재정위기와 같지만, 그 해결방식은 조금 더 정교해졌다. 이는 현지지도와 천리마 운동 등을 통해서 축적된 정치우위의 경제관리방식을 체계화함으로써 문제를 해결하려 했음을 말해준다.

내부예비, 관료주의, 본위주의의 문제가 끊임없이 제기되는 원인은 경제위기의 원인을 계획집행 단위인 공장과 기업소가 '위의 명령'을 수행하지 않고 있기 때문이라고 지적하기 위해서이다. 물론 이는 경제위기의 책임을 중간관료들에게 돌리려는 의도이다. 북한에서 대안의 사업체계는 관료주의, 형식주의, 본위주의를 극복함으로써 내부예비를 찾아내고 설비이용률을 제고하는 데에 일차적인 목적이 있다(조동섭 1962, 16). 여기에는 중요한 전제가 숨겨져 있다. 계획에는 오류가 없다는 점이다. 정치사회적으로 수령과 당의 '무오류성'이 강조되듯이 계획경제 시스템에는 '계획의 무오류성'이 전제되어 있다. 과도한 목표 설정 등의 문제가 인정되기는 하지만 이 역시 일정한 시기가 지나서야 시인되는 것이 보통이다. 계획의 오류는 곧 당의 오류를 인정하는 것이기 때문이다. 결국 모든 책임은 계획 집행 단위의 문제로 취급된다. 기관본위주의, 지방주의, 가족주의 등은 개인과 집단의 '이기주의'적 태도에 대한 문제 제기이다.[39] 개인과 집단의 이기주의는 잉여생산물의 배분과 사용 과정에서 사익추구로 발생하게 되고, 바로 이 때문에 경제위기가 발생하게 된다는 주장이다.

하지만 생산요소의 투입이 확대된 것은 단기간에 개별 공장과 기업소들이 계획 목표를 달성하기 위해서 더 많은 생산요소를 확보하기 위한 것만이 아니다. 외연적 성장방식은 권력의 외연을 확대하기 위한 과정이라는 점을 간과해서는 안 된다(Selucky 1972, 10~18). 1950년대 후반 기업소 수의 증가는 곧 권력의 외연이 확대되는 과정이다. 1956년부터 1960년 사이에 기업소의 수는 2배 가까이 증가한다(통일원 1996, 333). '사회주의 대고조'가 선언되면서 현지지도와 천리마 운동을 통한 중공업 중심의 투자 확대와 노동동원이 증가했다. 결국 이는 사회경제적 지배체제를 강화하는 일이었다.[40]

그러나 북한사회에서 경제위기의 원인을 계획의 문제로 환원시키는 일은 금기시된다. 경제위기의 원인을 계획의 문제로 취급하는 일은 곧 축적전략과 경제조정을 결정한 정치권력의 문제를 시인하는 일과 다름없다. 김일성계가 권력투쟁에서 승리했다고는 하지만 경제노선의 문제점이 인정되면 이는 다시 권력의 정당성을 위협하게 될 위험이 있었다. 따라서 경제위기와 계획을 관련시켜 논의되는 일은 좀처럼 발생하지 않는다. 오히려 경제위기의 극복을 위해서 관료의 사익추구를 차단하고, 기존의 내부예비를 찾아내는 데 논의가 집중된다. 물론 이를 위해서는 경제에 대한 정치우위의 실현만이 유일한 대안인 것처럼 논의된다. 1960년대 대안의 사업체계와 계획의 일원화와 세부화가 바로 그것이다.

2) 북한의 경제위기 극복의 대안: 생산조직과 경제조정양식의 변화

(1) 대안의 사업체계: 현물계획과 인플레이션 상승 압력의 차단

경제위기에 대한 해법은 생산조직의 혁신이다. 생산조직의 혁신은 바로 당의 경제관리가 실현되는 것이다. 당의 경제관리는 우선 공장과 기업소 단위에서 진행되었다. 대안의 사업체계에서는 당위원회가 생산관리체계와 후방공급체계를 관리하고, 성과 관리국(위)이 자재공급체계를 책임졌다. 당위원회를 통해서 당이 직접 공장과 기업소를 관리함으로써 내부예비의 축적을 막고 설비이용률을 높여 생산성 향상에 기여할 수 있다는 논리였다. 즉 경제위기를 생산조직의 혁신을 통해서 극복하고, 경제성장을 추진하겠다는 생각이었다.[41]

또한 자재공급체계를 성과 관리국이 현물의 형태로 진행하는 일은 인플레이션 압력을 차단하기 위한 전략이었다. 중공업 우위의 축적으로 과잉축적의 경향이 나타나게 되고, 그 결과 인플레이션 압력이 존재한다.[42] 1950년대 중후반 소득상승과 노동력의 공급확대로 인한 인플레이션 압력이 존재했다. 이는 1959년 통화개혁을 통해서 확인할 수 있다(『중앙통계연감』 1960). 여기에 대안의 사업체계는 성과 국의 책임 아래 현물의 형태로 자재를 공급함으로써 이러한 인플레이션 압력을 사전에 차단하겠다는 의지의 표명이다.

기업소와 공장 단위로 후방공급이 계획되고 분배된 것은 배급제를 대신하여 소비재에 대한 수요를 억제시키는 새로운 관리 방법이다. 1960년대 초반 경공업에 대한 투자가 확대되었다고는 하지만 소비재의 부족이 단기간에 해결되기 힘들다. 북한의 공식 통계에 따르면 소매상품유통액은 1959년 이후 상승하기는 하지만 큰 폭의 상승은 없다(통일원 1996, 532). 이에 대안의 사업 체계는 기업소 단위로 소비재에 대한 통제와 관리를 진행함으로써, 소비억제를 통한 투자의 원천을 확대하고 동시에 인플레이션 압력으로부터 벗어나기 위한 방안이다. 그리고 후방공급은 공장당위원회에 의해서 지배되는 공장관리체계에 노동력에 필요한 소비재를 포함시킴으로써, 노동력의 재생산을 당이 직접 관리하게 됨을 의미한다. 이는 단지 수요억제와 투자의 원천일 뿐만 아니라 노동소득을 직접 당이 통제하고 관리하게 됨을 의미한다. 이로써 노동계급은 생계를 유지하기 위해서라도 공장과 기업소를 관리하는 당위원회에 의존할 수밖에 없다. 이는 노동동원의 주요한 수단으로 작동한다.

(2) 계획의 일원화와 세부화

대안의 사업체계가 경제 전체로 확대된 형태가 바로 '계획의 일원화와 세부화'이다. 계획의 일원화와 세부화도 사실상 대안의 사업체계와 동일한 문제의식에서 출발한다. 단, 대안의 사업체계가 생산조직의 혁신이라면, 계획의 일원화와 세부화는 경제조정양식의 차원의 제도적 혁신이라는 점이 다르다. 대안의 사업체계가 공장과 기업소 단위별로 진행된 미시적 차원의 해법이었다면, 당의 경제관리를 계획을 통해 경제 전체에서 실현하려 했다는 점에서 계획의 일원화와 세부화는 거시적 해법이다. 계획의 일원화와 세부화는 각 공장과 기업소의 역할을 계획을 중심으로 분담한다. 이는 개별 생산 단위의 자율성을 제약함으로써, 이른바 내부예비의 축적과 본위주의를 차단하겠다는 취지이다. 대안의 사업체계가 개별 공장과 기업소 내부의 문제를 당의 관리를 통해서 해결하려 했다면, 계획의 일원화와 세부화를 통한 지배체제의 구축을 통해서 문제를 해결하려 했다.

경제 전체가 당과 국가부터 생산 단위에 이르기까지 계획에 따라 유기체적인 역할 분담이 추진된다. "계획의 일원화는 성, 중앙 기관들과 도인민위원회, 도농촌경리위원회를 비롯한 각급 기관들과 성, 기업소들의 계획부서를 국가계획위원회의 팔다리로, 세포로 규정하고 국가계획기관들과 성, 기업소 계획부서들과의 련계를 더욱 밀접히 하며, 성, 기업소 계획부서들에 대한 국가계획기관들의 지도를 강화"하는 것이다(김일성 [1965]1982, 458). 이는 대안의 사업체계의 자재공급체계와 후방공급체계가 산업 전반으로 확대된 것으로 이해할 수 있다. 사실 대안의 사업체계도 공업부문들 사이에 생산의 연계를 강조하는 것은 마찬가지이다. 그럼에도 불구하고 이러한 정책이 추진된 이유는 각 기업소와 공장 단위에서 당에 의한 지배가 관철되었음에도 불구하고 경제성장의 둔화가 해결되지 않았기 때문이다. 북한은 경제성장이 지체되는 이유를 자재공급과 원자재의 부족으로 들고 있다. 이러한 인식은 대안의 사업체계라는 생산조직의 혁신만으로는 문제해결이 어렵게 되자 계획 전반으로 확대된 것이다. 계획의 일원화는 국가계획위원회와 성과 국, 기업소의 위계적 질서를 강조한다.

경제학적 관점에서 이는 당을 중심으로 하는 유기적 결합을 통해서 산업연관효과의 문제를 해결하려 한 것이다. 곧 산업연관효과의 정치적 해결 방식이다. 여기에는 다음 몇 가지가 전제되어 있다. 첫째, 계획은 모든 정보를 알고 있다. 당이 기업과 생산부문에서 필요한 생산자원에 관한 정보를 알고 있다. 둘째, 계획은 모든 것을 계산할 수 있는 능력을 가지고 있다. 당은 각 기업소와 생산부문에 대한 정보를 바탕으로 산업 간의 연계를 위해서 필요한 양을 계산할 수 있는 능력을 가지고 있다. 이러한 두 가지 전제는 계획을 통한 '균형'으로 확인될 수 있다.

그러나 계획을 통한 균형은 실현되지 않는다. 당의 정보수집 능력과 계산 능력에는 분명한 한계가 있다. 만약 균형이 발생한다면, 정보와 계산의 정확성 때문이 아니라 어떠한 정보가 왜곡되고 있기 때문이다. 특히 수요에 대한 정보가 왜곡되어 있다. 게다가 자재의 부족은 단지 관료의 렌트추구와 연성예산제약 때문에 발생하는 문제가 아니다. 북한경제에서 자재공급의 난맥상이 빈번하게 발생하는 가장 핵심적인 이유는 '잉여와 부족'이 공존하는 경제이기 때문이다. 이는 중공업에 대한 우선적 투자로 인해서 생산수단 부문과 다른 부문 간의 생산력의 격차 때문에 발생한다.

3) 경제적 효과

생산조직을 혁신하고 계획의 중앙집권적 성격을 강화시킴으로써 발생하게 되는 경제적 효과를 구체적으로 평가하는 일은 쉽지 않은 일이다. 하지만 경제위기의 근본적 해결책일 수 있는가 하는 문제에 대해서는 일정 정도 평가가 가능하다. 칼레츠키의 경제성장 모델에 따르면, 설비가 완전히 가동된다는 전제하에서 생산조직의 혁신은 기여할 수 있다. 그런데 북한에서 생산조직 혁신의 주요 목적은 설비이용률을 증대시키는 일이다. 칼레츠키의 모델은 설비가동률이 100%라는 전제로 하기 때문에 그대로 적용하기 힘들다. 하지만 생산조직의 혁신으로 설비가동률이 증가했다면, 공업부문의 총생산액과 경제성장률의 회복으로 나타나야 한다. 그러나 현실은 그렇지 못했다. 1960년대 경제성장의 둔화는 지속된다.

산업연관효과의 증대 역시 크게 기대하기 힘들다. 구체적 통계를 계산하기는 어렵지만, 대안의 사업체계와 계획의 일원화와 세부화가 산업구조의 불균형을 어느 정도 해소했는가를 통해서 일정 정도 평가가 가능하다. 그렇지만 1960년대 초반 한시적으로 경공업에 대한 투자가 증가했지만, 기본적으로 중공업 우위의 축적이 유지·강화되었다. 경제잉여의 투자를 중공업에 집중하는 정책이 유지되는 상황에서 계획경제에서 균형을 기대하기는 힘들다.

이영훈(2000, 87~88)은 농업성장의 정체와 자기 완결적 재생산구조의 형성을 위한 원조와 차관의 투자 때문에 병목현상이 발생했고, 이에 따라 산업 간 불균형이 발생할 위험이 있다고 보았다. 이러한 위험은 1960년대 소련과 동유럽과의 관계 악화로 현실화된다는 설명이다. 이태섭(2001, 194)은 중공업 우위의 축적으로 선회하게 된 이유를 국방력 강화라는 문제에서 찾는다. 두 논의는 그 분석 방법은 다르지만 '중공업 우위의 축적'과 그로 인한 산업 간 불균형이 1960년대 지속되는 이유를 대외관계에서 찾는다는 공통점을 가진다.

중공업 우위의 축적전략은 권력을 독점한 김일성계의 입장에서 권력의 정당성과 직결된 문제이다. 국방력 강화 혹은 소련 및 동유럽과의 대외관계 악화 역시 권력의 정당성과 직결된 문제이다. 1960년대 북한은 국내외적으로 정당성의 위협을 느끼고 있었으며, 중공업 우위의 축적전략은 이러한 위협에 대한 권력의 대응 방식으로 이해되어야 한다.

대안의 사업체계와 계획의 일원화와 세부화는 생산에서 발생하는 구조적인 문제를 행위자의 문제로 인식하고 제도적 차원에 해결하려 한 정책들이다. 관료의 렌트추구와 연성예산제약으로 인한 생산자원의 내부예비 동원이 이루어진다고 해서 계획경제에서 '균형'이 성취되지는 못한다. 수요억제는 더욱 더 교묘하게 진행된다. 배급제에서 소비재가 제외되었지만, 후방공급이라는 명목으로 기업소와 공장별로 소비재에 대한 수요가 조절된다. 화폐소득의 상승폭은 대폭 감소한다. 노동력의 공급 역시 제한되어 있었다. 전체적으로 노동소득은 정체되어 있었다. 그럼에도 불구하고 대안의 사업체계는 후방공급을 기업이 담당하게 함으로써 인플레이션 상승 압력을 미리 차단하려 하였다. 결국 수요억제를 통한 대중의 희생은 지속된다.

3. 1960년대 경제위기의 원인: 과잉축적과 수요억제

북한은 1960년 완충기를 시작으로 1960년대 초반 경제위기에 직면한다. 사회총생산(GSP)과 국민소득(NMP)의 증가율이 하락하였다. 1960년 이후 전년 대비 사회총생산과 국민소득 증가율은 과거와 비교하여 상대적으로 하락했다. 경제위기의 핵심적인 문제는 '투자'의 문제였다. 투자의 확대가 전후

8년여 동안의 급속한 경제성장의 원동력이었듯, 경제위기의 핵심적 원인은 단기간 중공업 부문의 집중적인 투자가 문제였다. 단기간의 집중적인 투자로 인한 투자와 소비의 불균형은 단기간에 경제성장을 견인하지만, 결국 이러한 불균형은 투자의 병목현상과 경제위기의 원인이 된다.

1) 자본계수의 상승과 설비가동률 하락의 원인
   : 생산성 하락, 산업구조의 불균형, 그리고 투자의 병목현상

1960년대 북한경제 위기는 이후 반복적으로 발생하는 경제위기의 원형 (prototype)과도 같다. 경제위기의 원인은 과잉축적과 수요억제 때문이다. 과잉축적은 지표상으로 자본계수의 상승으로 확인된다. 그러나 북한의 공식 통계는 자본계수를 공식적으로 발표하지 않는다. 자본계수는 중공업에 대한 우선적 투자와 노동의 부족으로 인해서 상승하였을 가능성이 높다. 이는 자본집약도와 임금분배율로 구성 된다는 점을 감안하여 자료의 제약이 따르지만 일정 정도 검증 가능하다. 물론 자본집약도와 임금분배율에 대한 통계 역시 구하기 어렵다. 하지만 대략적인 추정까지 불가능한 것은 아니다. 중공업 우위의 축적전략이 지속되었던 반면 노동공급의 확대는 주춤하였다. 여성 노동력이 증가했지만 재적 종업원 수의 증가 비율이 1962년 이후 하락하기 시작했다. 게다가 노동절약적 기술혁신이 이루어지지도 않았다. 하지만 설비이용률 하락으로 인해서 생산수단 생산의 증가에도 일정한 한계가 존재한다. 대신 설비이용률 하락은 생산성의 하락을 동반하게 된다. 이는 임금분배율의 상승을 어렵게 한다. 즉 자본집약도는 상승했을 가능성이 높은 반면 임금분배율은 하락했을 가능성이 높다. 결국 자본계수의 상승은 필수불가결한 것이었다.

현실적으로 과잉축적은 '설비이용률'의 하락으로 표출된다(최윤수 1962, 24). 설비이용률의 하락은 곧 공장과 설비 가운데 일부가 유휴설비를 의미하

는 것으로 자본집약도가 감소될 수 있다. 하지만 설비이용률의 하락은 노동에 대한 자본의 비율만을 떨어뜨리는 것이 아니라 노동에 대한 비율 역시 떨어뜨린다. 정치적 완전고용으로 실업이 존재하지는 않지만 설비이용률의 하락으로 인한 유휴설비의 증가는 곧 위장 실업 혹은 잠재적 실업이 존재함을 의미한다. 김일성계는 전후 빠른 경제성장을 통해서 대외적으로 남한과의 체제경쟁에서 우위를 차지하고, 국내에서 단기간의 성장을 통해 생산관계에 걸맞은 생산력의 발전을 성취하기 위한 중공업 우위의 축적전략을 추진했다. 중공업은 투자의 규모나 다른 생산부문과의 연계성 때문에 상대적으로 더 높은 투자효과를 발휘할 수 있을 것으로 기대되었기 때문이다. 또한 중공업에 대한 투자가 농업 중심의 산업구조에서 단기간의 산업화에 기여할 것이라는 기대심리 역시 존재했다. 중공업에 대한 투자는 단기간의 경제성장을 보이는 듯이 보였지만, 이미 1950년대 중반 이후부터 유휴설비가 나타나기 시작했다. 내부예비의 일종인 유휴설비는 곧 과잉설비를 의미했으며, 이는 설비가동률 하락으로 현실화되었다.

설비이용률 하락의 원인은 투자의 확대를 위해서 필요한 자원투입의 증가가 원활하지 못했기 때문이다. 계획을 수립하는 권한을 가진 정치권력은 중하위 관료의 렌트추구나 연성예산제약을 원인으로 꼽거나, 혹은 노동의 문제로 취급한다. 이론적으로는 계획의 편성과 집행 간에 존재하는 시간 지연(time lag)이나 이해관계의 대립 등이 문제의 원인으로 취급된다(Notkin and Lange 1961; Paraskewopoulos 1985, 66~67에서 재인용; Olivera 1960). 다른 하나는 자원의 부족 문제이다. 이는 외연적 성장의 한계를 의미한다. 북한의 초기 경제성장은 투자의 확대를 통해서 성취된다. 투자의 확대는 기계와 설비만이 아니라 노동과 다른 생산자원(중간재는 물론 석유, 석탄, 전기 등 원자재)의 증가가 동반되어야 한다. 그런데 생산요소와 생산자원의 투입 증대에는 명확한 한계가 있다. 이를 극복하기 위해서는 기술혁신이 전제되어야 하지만 그렇지 못했다.

그러나 이와 같은 분석은 과잉축적의 근본적 원인을 설명하고 있지 못하다. 계획경제의 모순과 외연적 성장의 한계가 해결되더라도 계획경제에서 과잉축적의 경향은 지속될 가능성이 높기 때문이다. 현존 사회주의 국가에서 계획경제의 모순은 중앙집권적 경향의 강화(북한, 루마니아 등)나 시장(헝가리, 폴란드, 체코슬로바키아 등)을 통한 해결이 모색되었지만, 어디에서도 경제위기는 해소되지 않았다. 무제한적인 생산요소와 생산자원의 투입이 실현된다고 해도 투자의 확대재생산을 위해 필요한 적절한 기술혁신, 생산부문 간 균형, 대중수요의 증가가 동반되지 않는다면 투자의 병목현상은 불가피하게 발생한다.

설비이용률 하락으로 표출되는 과잉축적의 일차적인 원인은 생산성 향상을 성취하지 못했기 때문이다. 생산요소와 생산자원의 투입 확대를 통한 경제성장에는 한계가 존재한다. 기술혁신을 통한 생산성 증가가 동반되어야 한다. 초기와 같은 자본집약적 혹은 노동집약적 기술은 필연적으로 과잉축적과 노동부족의 문제를 발생시키게 된다. 특히 자본절약적 그리고 노동절약적 기술혁신이 필요하다. 이와 같은 기술혁신은 생산수단 부문의 생산비용을 낮추어 가격을 하락시키고, 생산수단의 공급을 확대할 수 있게 해준다. 뿐만 아니라 노동절약적 기술이 성취되면 노동생산성을 향상시킴으로써 노동부족의 문제를 해결할 수 있다. 북한의 기술 수준은 자본생산성과 노동생산성을 지속시킬 수 있는 수준이 되지 못했다. 결국 이 경우 생산요소의 투입이 지체되기 시작하면, 설비가동률이 하락하게 된다. 이를 극복하기 위해서 다시 생산요소의 투입 확대를 추진할 경우, 문제 발생을 지연시킬 수는 있을지 모르지만 해결할 수는 없다. 그리고 심지어 과잉축적의 문제는 더욱 악화될 가능성이 높다. 설비가동률의 하락은 자원의 부족 탓이 아니다. 문제는 투자 확대가 확대재생산을 어렵게 한다는 점이다. 이때 필요한 것은 더 많은 생산요소가 아니라 생산성을 향상시키는 산업구조에 어울리는 적절한 기술혁신이다.

설비가동률의 보다 근본적 원인은 계획경제와 현실 사회주의 발전전략에 내재해 있는 '공급과 수요의 단절' 때문이다. 1959년 『근로자』제4호에는 공업생산물에서 제품의 질을 제고할 것을 강조하는 글들이 실려 있다. 그 가운데 리상선(1959)은 제품의 질 문제를 해결하기 위한 방안 가운데 하나로 '상품주문제'를 제안하고 있다. 이는 1950년대 투자의 확대가 양적 성장을 가져왔지만, 이것이 사회적 수요와 일정 정도 유리되어 있었음을 확인시켜 주는 것이다. 이러한 문제는 계획경제의 고질적인 문제이며, 특히 권력이 독점되어 있는 상황에서 중앙집권적 성격이 강화될수록 사회적 수요는 더욱 무시되기 쉽다. 이러한 문제는 1960년대에도 지속된다. 김경련(1962, 40~41)은 상품주문제를 통해서 품절 현상을 방지할 것을 제안하고 있다.

자본주의 경제위기에서 과잉생산과 과소소비가 동전의 양면과 같다면, 현존 사회주의에서는 과잉축적과 수요억제가 동전의 양면과 같다. 계획경제의 이론적 근간인 레닌의 확대재생산 이론은 결국 '공급 측면의 경제학(supply-side economics)'이다. 스탈린의 중공업 우위의 축적전략은 이러한 이론틀을 정책적으로 추진한 것이다. 중공업 우위의 축적이 가능할 수 있었던 것은 철저히 수요가 억제되고 있었기 때문이다. 계획경제는 시장경제와 달리 투자에 있어서 이윤실현이라는 신호체계를 가지고 있지 않다. 투자는 최종적으로 정치권력에 의해서 결정된다. 경제잉여의 수취와 투자의 결정은 권력의 정당성 및 체제의 정체성과 관련된 문제였다. 경제성장은 권력의 정당성과 직결된 문제였으며, 투자의 확대만이 단기간의 경제성장을 가져올 것이라고 예상했다. 물적 자본(physical capital)의 증대가 경제성장의 지름길이라고 믿었던 근대화 이론과 같은 이해였다.

그러나 수요억제는 과잉축적을 초래할 수밖에 없다. 물론 소비의 희생은 일방적인 것이 아니다. 소득증가를 통해서 아래로부터 발생할 수 있는 저항 가능성을 차단한다. 중공업에 대한 우선적인 투자로 소비재의 부족이 발생하게 되었을 때, 배급제와 거래세 등을 통해서 소비재에 대한 초과수요를 차단한다. 소득상승은 실질적으로 의미를 상실하게 된다. 그러나 이는 산업부문 간의 격차를 더욱 더 벌어지게 하고 생산부문 간의 거래에서 부등가 교환을 발생시키게 된다. 게다가 산업불균형은 생산수단에 대한 수요를 감소시킴으로써 중공업 부문에서 투자의 확대재생산이 어렵게 된다. 관료주의와 본위주의의 산물로만 여겨지던 재고의 증가와 설비이용률의 하락은 사실 과잉축적과 수요억제에 따른 투자의 병목현상의 결과이다.

중공업에 대한 과잉투자로 인한 투자의 병목현상은 곧 투자의 산업연관효과가 적다는 것을 의미한다. 투자 확대가 효과를 발휘하기 위해서는 산업구조의 다변화가 요구된다. 그러나 북한경제는 지난 시기 산업구조의 다변화가 진행되지 못했다. 중공업 부문에 대한 우선적 투자가 강행되었다. 변화의 기회가 없었던 것은 아니었다. 소련의 탈스탈린화 과정과 8월 종파사건 등을 통해서 축적전략이 변화될 수 있는 몇 차례의 계기가 있었다. 하지만 김일성 계가 권력을 독점하게 되면서, 중공업 우위의 축적전략은 오히려 가속화되었다. 경제원조의 지속적인 유입을 위해서 소련과의 관계를 고려한 '동시발전테제'는 허울일 뿐, 실제적으로 경공업과 농업 생산력의 발전은 더디게 진행되었다. 경공업과 농업은 중공업 우위의 축적을 위한 잉여추출의 대상일 뿐이었다. 단기간의 경제성장을 위해서 채택된 중공업 우위의 축적전략 때문에, 오히려 중공업 부문에 자원이 집중됨으로써 다른 산업과의 생산력 격차가 심화되어 산업구조의 불균형이 초래되었다.

투자의 효과를 극대화하기 위해서는 산업부문 간의 연계가 중요하다. 계획경제에서 생산부문 간의 연계는 당과 국가에 의해서 중앙집권적 위계구조를 통해서 실현된다. 생산부문과 기업 간의 연계는 공장과 기업소에 대한 관리가 당과 국가계획위원회에 의해서 계통적으로 통합되어 있는지가 주요한 평가기준이 된다. 지난 시기 현지지도와 천리마 운동은 중앙집권적 명령경제 시스템을 실현하기 위한 궁여지책(窮餘之策)이었다. 그런데 정치적 위계구조에 의해서 보장되는 산업연관효과에는 일정한 한계가 있다.

산업 간의 연계가 가능하기 위해서는 기술 격차가 작아야 한다. 하지만 북한경제는 여러 가지 이유로 산업연관효과가 높지 못했던 것으로 보인다.[43] 물론 그 이유는 무엇보다 중공업 우위의 축적전략을 근간으로 하는 발전전략 때문이다. 중공업과 다른 산업 간의 기술 격차가 상당했던 것으로 보인다. 중공업 부문에서는 1960년대에 그 수준은 미약하지만 '자동화'가 일부 시작된 것으로 보인다(고정선 1992, 8~11). 물론 이는 노동력의 부족에 대한 대처방안 가운데 하나였을 것이다. 반면 지방공업에 대한 국가의 투자가 이루어지지 않았기 때문에, 지방공업의 경우 노동집약적 산업구조의 형태를 띠고 있었다. 1959년에도 지방공업에서 기술 장비의 수준은 상대적으로 미약했다. 그리고 생산도구의 기술 수준도 낮았다. 시군영 공장들이 이른바 '손 로동'에 의존하고 있었다(방호식 1959a; 1959b). 특히 식료가공 부문에서 정미 제분 작업을 제외한 교반 작업, 탈피 작업, 소채 절단 작업, 포장 작업 및 수송 작업은 모두 기계화가 이루어지지 못했다(방호식 1959a, 45). 또한 지방공업에 새롭게 투입되는 생산수단 가운데에는 성능이 비교적 낮은 수공업적 설비들이 동원되었다(김상학 1959, 30). 물론 기계화가 강조되지만 구체적으로 어느 정도 수준까지 기계화가 이루어지는지는 알기 어렵다. 노동집약적 경공업 위주인 지방공업의 낙후성으로 인해서 완충기가 설정되고 1960년대 초반 경공업에 대한 투자의 확대로 이어졌지만, 이후 이것이 지속되지 못하고 결국 한시적으로 진행됨으로써 기존 지방공업의 상황을 극복할 정도의 수준이 되지는 못했던 것은 분명하다.

또한 산업화를 진행하면서 소련 및 동유럽의 기계설비와 기술을 이전받았는데, 이러한 기술이전이 이루어지지 않은 부문 간의 격차가 매우 컸을 확률이 높다. 중공업과 일부 경공업 등은 소련과 동유럽의 기술이전으로 기계화가 진전된 반면 노동집약적 경공업 간의 기술 격차가 존재했을 가능성이 높다. 그리고 산업 전반적으로 기계화와 자동화가 부족해서 표준화된 생산 과정이 발달하지 못했다. 김일(1961, 153)이 조선노동당 4차 대회에서 발표한 1차 7차년 계획에는 중앙공업에 대해서는 공장들을 확장하고 새 공장들을 건설할 것을, 지방 공업에 대해서는 기술적 장비를 개선하고 기계화를 실현할 것을 제안하고 있다. 이는 경공업 중심의 지방공업은 여전히 기계화 수준이 낮았음을 의미한다. 이와 같이 기계화가 부족한 경우 기술표준화가 어렵기 때문에 산업연관효과를 기대하기 어렵게 된다. 『근로자』는 1차 7개년 계획 보고 이후 경공업 부문의 성장을 위한 과제를 연이어 게재하고 있다(강희원 1961; 김원빈 1961). 원료 기지의 건설이나 품종의 다양화 그리고 질의 제고 등 대부분 내용이 유사한데, 기술혁신에 대한 부분에서는 큰 차이를 보인다. 1961년 2월에 발표된 강희원(1961, 44)의 글은 기계화에 대한 투자의 필요성을 언급하고 있는 반면 동년 4월에 기고된 김원빈(1961, 30)의 논문은 한 동안 "투자 없이" 가내 작업반을 이용하여 소비재 생산을 증가시킬 것임을 밝히고 있다. 물론 가내 작업반의 노동이 단순 '손 로동' 아니라 '소기계화'로 이루어져야 한다고 말하고는 있지만, 이는 경공업 부문에 대한 투자가 계획대로 원활하게 이루어지지 못했음을 말해주는 것이다. 그래서 각 부문 간의 기술 격차를 더욱 심화시키는 결과를 초래하게 된다. 즉 북한경제는 생산부문 간, 중앙과 지방, 기업 간의 기술 격차로 인해서 투자의 효과가 발휘되기 어려운 측면이 있었다.

2) 기술혁신의 취약성

자본계수가 상승하고 설비가동률이 하락한 주요원인 가운데 하나는 기술혁신이 동반되지 못했기 때문이다. 천리마 운동을 통해서 이루어진 기술혁신은 생산성에 미친 효과에 대한 평가가 이루어지지 않았다. 이는 1년에 몇 건이 발의되고, 몇 건이 실제 과정에서 수용되었다는 식으로 발표되었을 뿐 구체적인 평가의 기준은 없었다. 기술혁신의 주요한 내용은 생산 과정과 관리의 합리화 방안이었다. 이와 같은 기술혁신의 특징은 '창조적 파괴(creative destruction)'가 존재하지 않는다는 점이다.[44] 기존의 설비와 고용을 유지한

채 생산성을 향상시킬 방안을 모색한다. 이러한 기술혁신은 새로운 생산비용이 거의 들지 않는다는 장점이 있는 반면 생산성 향상을 지속시키기 어렵다는 치명적인 약점을 가지고 있다.

북한경제에서 전반적으로 기술혁신이 취약한 데에는 현존 사회주의 사회의 보편적 원인과 북한경제의 특수한 원인이 공존한다. 먼저 기술혁신에 있어서 현존 사회주의 사회가 가진 일반적인 문제를 자본주의와 비교하면 다음과 같다.

첫째, 기술혁신이 당과 국가에 의해서 주도된다. 당과 국가에 의해서 주도되는 기술혁신은 자본주의적 기업가(entrepreneur)에 의해서 이루어지는 기술혁신과는 다르다. 차라코프(Tchalakov 2004, 6)는 비시장경제에 관한 슘페터의 견해를 소개하면서 필요 자원을 관리하는 노멘클라투라의 직접적인 통제는 기술혁신의 위험과 그것을 소개하는 속도에서 근본적으로 다르다고 설명한다. 비시장경제에서 노멘클라투라는 신용시장의 영향을 받지 않으며 다른 사회세력이 곤경에 빠지든지 상관없이 필요한 자원을 사용한다.

둘째, 기술혁신에서 기업의 역할이 작다. 기술선택과 기술의 도입은 철저히 당과 국가에 의해서 상명하복의 형태로 이루어진다. 계획 실행 단위의 자율성이 매우 낮다. 기업소는 자본주의에서 기술혁신의 주체인 기업가의 역할과는 다르다. 물론 당과 국가 역시 기술혁신과 도입 과정에서 정치적 고려가 포함되기 때문에 기업가의 역할과는 그 성격이 근본적으로 다르다. 슘페터는 공산주의 지도자들은 다른 경제행위자들이 독립적인 경제행위를 하지 못하게 한다고 언급하고 있다(Tchalakov 2004, 7~8).

셋째, 기존 설비와 고용이 교체되지 못하고 유지되는 경우가 빈번하다. 자본주의의 기술혁신은 기존 설비의 교체는 물론 고용의 해고를 가져올 수밖에 없다. 그러나 새로운 상품의 개발로 새로운 시장이 형성됨으로써 해고된 노동자들은 상품 개발로 형성된 새로운 노동시장으로 이동하게 된다. 현존 사회주의에서는 창조적 파괴의 이와 같은 과정이 발생하기 어렵다. 슘페터는 비시장경제에서 지도자의 의지 문제이거나 행정적 결정(administrative decision)이 그 자리를 대신하게 된다고 보았다(Tchalakov 2004, 7). 물론 현존 사회주의 사회 초기 혁명 과정에서는 일정 정도 가능한 일일지도 모른다. 하지만 혁명 이후 창조적 파괴가 이루어지기는 어렵다. 정치적 이유로 완전고용이 우선시된다. 완전고용을 해칠 수 있는 기술혁신은 받아들여지기 힘들다. 또한 당과 국가에 의해 도입된 기계와 설비의 효율성 한계를 인정하기가 쉽지 않다. 자칫 이는 당과 국가의 정책 실패로 비춰질 수 있다.

넷째, 경쟁이 없다(Tchalakov 2004, 5~6). 자본주의에서 경쟁은 기술혁신의 실질적인 동인이다. 현존 사회주의 사회에서 완전히 경쟁이 없는 것은 아니지만, 인센티브가 취약하기 때문에 경쟁의 동인이 약하다. 따라서 기업의 자발적인 기술혁신이 어렵다. 자본주의에서 기술혁신으로 인한 새로운 상품의 개발은 합법적으로 독점 이윤(렌트)를 확보하게 해준다. 독점 이윤은 기술개발의 가장 확실한 인센티브이다. 반면 현존 사회주의의 인센티브 제도는 기술혁신과 사회적 지위를 교환하는 형태로 이루어진다.

다음으로 북한경제가 기술혁신에서 효율성이 낮았던 고유한 원인에 관해서는 다음 세 가지 차원에서 이야기될 수 있다. 첫째, 하향식(top-down) 기술선택이 이루어졌기 때문이다. 균형 발전전략에서 농업과 소비재 산업의 개발 과정에서 발생한 경제잉여로부터 생산재의 기술 도입이 이루어진다. 이는 아래로부터의 요구에 의해 농업과 소비재 부문으로부터 기술이전과 혁신이 결정되는 '상향식(bottom-up) 기술선택인데,' 중공업 우위전략과 비교하여 속도는 다소 늦을 수밖에 없다. 또한 생산재부문이 소비재와 농업부문을 기술을 통해서 관리하기 어려우며, 각 부문은 상대적으로 자율성을 가질 수 있는 가능성을 가진다. 하지만 단기간의 빠른 성장을 위해서 북한은 균형보다는 '속도'를 선택했다. 그래서 불균형 발전전략이 채택되고, 중공업 우위의 축적이 이루어졌다. 이는 생산재 생산을 위한 기술발전에 초점이 맞추어진 것이다. 이러한 전략은 생산재의 개발을 통해서 소비재 산업과 농업 부문에 기계설비를 제공함으로써 생산력을 높이기 위함이다. 이는 중공업이 다른 산업부문을 기술적으로 하위에 두는 방식으로, '하향식(top-down) 기술선택'이라고 할 수 있다. 하향식의 기술선택은 단기간에 성장을 가져올 수는 있지만, 산업구조와 생산 단위가 경직됨으로써 새로운 기술혁신에 기여하기 힘들다.

둘째, 기술선택이 당·국가와 노동의 관계에 따라 결정되기 때문이다. 현존 사회주의에서는 완전고용이 정치적 이유로 보장된다. 이는 노동자가 당과 국가에 의존하지 않을 수 없게 한다. 따라서 기술이전과 혁신에서도 완전고용이 가능한 기술을 선택하게 된다. '주체의 정치경제학'은 자본주의가 산업예비군이 지속적으로 존재할 수밖에 없는 잉여 노동의 사회라면, 사회주의는 '로력부족법칙'이 적용되는 노동력이 부족한 사회로 규정한다. 한편으로 기계설비가 증가하면서도 다른 한편으로 노동력의 수요가 증가함으로써 완전고용이 보장되는 것이 현존 사회주의의 우월성을 대변해 준다는 것이다. 이는 외연적 성장방식 때문이다. 외연적 성장방식에서는 노동생산성의 증가가 강조된다. 노동생산성의 증가를 위해서는 기술혁신과 기계설비의 개발이 필요하다. 물론 이를 위해 더 많은 경제잉여가 필요하다. 그래야만 단기간에 생산성 확대를 유인할 수 있다. 그래서 노동력의 양과 질에서 합리적 이용이 강조된다. 노동투입의 확대뿐만 아니라 투입된 노동력의 생산성이 상승되어야 한다는 것이다. 하지만 노동생산성에 의존한 기술이전과 혁신에는 명백한 한계가 있을 수밖에 없다.

셋째, 국내 토착기술이 발달하지 못했다는 문제이다. 결국 1960년대에도 북한의 기술혁신은 소련에 의존했을 가능성이 높다. '자립적 민족경제 건설 노선'이 추진되었고 소련 및 동유럽과의 관계가 악화되었음에도 불구하고, 북한은 지속적으로 소련과 기술협정을 체결해 나간다. 1959년 3월 소련과의 기술협정의 결과, 화력발전, 암모니아 공장, 폴리염화 비닐공장, 평양의 두 곳의 직물공장(모직과 면직), 야금작업의 확대, 성진의 직물 공장이 그것이다. 이러한 공장과 설비들은 1차 7개년 계획의 주요한 계획들이다. 이러한 지원은 5억 루블(구화폐)의 가치를 가진다고 평가되고 있다(Fendler 1992, 42~43). 이는 전후복구 과정에서 지속적으로 기술이전이 이루어졌지만, 토착기술의 발달이 미흡했다는 점을 증명한다. 물론 이러한 기술 도입은 1960년대 중반 중·소갈등과 그로 인한 북한과의 관계악화 이후에도 이행되는지에 대해서는 알기 어렵다.

다만 1960년대 이른바 '자립적 물질 기술적 토대'를 마련하는 데 노력을 기울였음을 확인할 수 있다. 렴태기(1992, 101)는 1차 7개년 계획기간 동안 화학공업기술이 가장 낙후되어 있다고 지적하면서, 소련으로부터 기술이전을 언급하지 않고 자체적인 기술개발에 대한 부분을 선전하고 있다. 이 논문은 1967년 김일성이 현지지도를 통해서 과학기술 인력의 육성에 대한 문제를 언급하고 지시했다는 점을 선전하고 있다. 이를 통해서 1960년대에도 여전히 과학기술 인력이 부족했으며, 토착기술 개발의 필요성이 제기되고 있는 정도의 수준이라는 점을 알 수 있다. 게다가 1966년 공업 총생산액이 역(-)성장을 한다는 점 역시 감안해야 한다. 강호제(2007, 342~344)는 과학기술 도시가 진척되지 못한 이유를 1960년대 마이너스(-) 경제성장, 국방력 강화를 위한 국방과학원 설립으로 과학기술 분야에서 정책 우선순위가 변화되었기 때문이라고 설명한다. 기술이전이 단기간에 이루어지지 않는다는 점을 감안하면 주요 산업에 대한 기술이전이 제대로 이루어지지 못했을 뿐만 아니라 기술 격차로 인한 중앙과 지방 간의 생산력 격차가 더욱 커졌을 확률이 높다.

3) 농업생산성의 문제: 정치우위와 외연적 성장의 한계

경제위기의 또 다른 중요한 문제는 농업생산성이 낮았다는 점이다. 해방 이후 토지개혁과 농업집단화를 통해 잉여의 추출이 확대되었지만, 농업생산성에 큰 진전이 없었던 것으로 보인다. 배급제의 존속은 식량부족이 지속되고 있음을 말해준다. 소련 및 동유럽 국가들이 인플레이션과 암시장의 형성

및 확대 가능성을 차단하기 위해서 배급제를 폐지했음에도 불구하고, 북한은
배급제를 존속시켰다.

농업생산성이 향상되지 못한 원인은 기술적 차원, 제도적 차원에서 논의
될 수 있다. 먼저 기술적 차원의 논의이다. 첫째, 농업생산 역시 생산성이 아
니라 '생산량의 문제'로 환원시키기고 있기 때문이다. 농업집단화 이후에도
식량문제가 해결되지 않자 농업생산량을 유지하기 위해서 농업인구를 일정
하게 유지하는 정책을 취했다(통일원 1996, 185). 이는 농업생산의 증대를 생
산성의 문제로 인식하지 않고, 식량증산의 목표량 달성을 노동력의 공급 확
대로 해결하려 했음을 확인할 수 있는 대목이다. 그러나 투자 확대를 한다고
해도 동반하여 생산성이 향상되지 않는 이상 반복적인 식량위기를 경험하지
않을 수 없다.

둘째, 농업집단화와 함께 농업잉여의 생산을 확대하기 위해서 경지면적과
파종면적을 현저히 증가시켰다. 특히 파종면적의 확대가 문제였다. 파종면적
은 합리적 미개간 혹은 유휴지를 감소시켰고, 그 결과 토지의 황폐화를 야기
하는 원인이 되었다. 토지 간척과 경지면적의 확대, 그리고 파종면적의 극대
화 등은 결코 농업생산력에 도움이 되지 못하는 일이었다. 북한의 공식 통계
에 따르면 경지이용률은 총파종 면적이 언제나 총경지 면적을 상회함으로써
토지의 생산력에 문제가 발생할 수밖에 없었다.

표 4-3-4. 경지이용률(단위: %)

	1946	1949	1956	1958	1960	1961
총이용률	106	122	129		165	
그중 밭	107	134	138	145	174	179

출처: 통일원(1996, 192) 참조.

셋째, 기계화의 문제 역시 존재했다. 북한은 기계화의 성취도가 높은 것으

로 자평하고 있다. 트랙터를 이용한 경작은 총경작 가운데 1956년 10.5% 수준에서 1963년이 되어서야 비로소 50%를 넘었다(통일원 1996, 208~209). 그런데 농촌의 기계화가 진전되는 반면 농촌인구는 감소하지 않았다. 기계화가 농촌의 노동력을 대체하지 못했다는 것을 말한다. 기계화에 대한 통계의 조작 가능성을 의심하지 않을 수 없는 부분이다. 만약 공식 통계를 수용한다면, 농촌의 기계화가 노동력을 대체할 수 있을 정도로 실질적으로 농업생산성 향상에 기여하지 못했음을 짐작할 수 있다.

다음 제도적 차원의 문제는 농업집단화라는 제도가 가진 문제점이다. 농업집단화는 농업부문에 대한 국가관리가 이루어짐으로써 잉여의 추출을 용이하게 만들었다. 현물세가 차츰 감소하여 1966년 완전히 폐지된 것도 바로 이 때문이다. 농업집단화는 농업 부문에서 규모의 경제를 실현하고, 이와 더불어 노동분업과 기계화를 통해서 생산력 향상에 기여할 것이 기대되었다. 하지만 농업집단화는 생산력의 향상에 크게 기여하지 못했다. 농업집단화 이후 생산량의 증가에 대한 발표가 조작 가능성이 높기 때문에 생산성의 변화에 대해 정확한 측정은 어렵지만 몇 가지 정책을 통해서 유추해석할 수 있다. 무엇보다 집단화 이후 중앙당집중지도와 청산리 방법이 등장하게 된 배경을 살펴볼 필요가 있다. 이는 중공업 우위의 축적을 위해 농업부문에 대한 투자 확대가 어려운 상황에서, 현지지도를 통한 '조합가동률' 증가를 일차적 목적으로 한다. 농업집단화 이후 황해북도의 경우 중앙당집중지도가 있기 전까지 조합가동률은 44.6% 수준에 머물러 있었다. 현지지도는 가동률을 85%까지 높이게 된다고 선전된다(홍달선 1958). 조합가동률은 노동시간으로 측정되는데, 결국 노동시간의 부족분을 메우는 수준에서 문제의 해결이 이루어진 것이다. 또한 1959년 농업생산량 감소는 제대군인과 초·중·고 졸업생의 농촌 배치가 해결책이었다. 조합 가동률을 86%에서 94%로 증가했다. 이 또한 노동력을 농촌에 증가시킴으로써 생산량을 채우는 데 급급한 것이었다. 그리고 식량 배급제가 존속되고 있다는 점을 통해서 유추해석이 가능하다. 식량

배급제는 식량이 수요 비탄력적이기 때문에 식량부족이 발생할 경우 심각한 인플레이션 상승이 발생할 위험을 미리 차단하기 위한 제도임을 잊어서는 안 될 것이다.

다음으로 규모의 경제를 실현하기 위한 협동농장의 '리' 단위 통합이 가진 문제점을 살펴볼 필요가 있다. 프랑크(Frank 2006)는 북한의 농업집단화가 소련과 비교하여 상대적으로 작은 규모로 이루어졌기 때문에 문제가 없었다고 주장하지만, 실제로는 그렇지 않다.[45] 1958년 농업집단화가 완료된 시점에는 소규모 농장들이 지배적이었지만, 1958년 '리' 단위의 통합으로 '규모의 경제'를 실현한다. 하지만 그 결과 전년도 대비 식량생산이 감소했다. 대신 1960년 청산리 방법이 도입된 이후 '작업반 우대제'와 '분조관리제'를 도입했지만, 이 역시 생산량 증대에는 크게 기여하지 못했다. 규모의 경제가 유지된 상황에서 단지 생산 단위를 분할한다고 해서 문제가 해결되는 것은 아니었다. 1966년에 식량은 또 다시 감소했다. 식량 수급이 안정적이지 못한 상황에서 규모의 경제의 실현으로 생산량 감소를 생산 단위의 분할을 통해서 해결하려 했지만, 반복적인 식량생산 감소로 식량 수급 상황에 기여하지 못했다.

농업생산성이 생산성 향상에 기여하지 못한 또 다른 문제는 인센티브제도가 취약했기 때문이다. 농민은 잉여생산물을 수취하고 배분할 권한을 상실했을 뿐만 아니라 농가에 대한 소득 분배 역시 상대적으로 불평등했다. 도시 노동자의 임금이 상대적으로 높았을 뿐만 아니라 이데올로기적으로 농민은 언제나 노동자 계급과의 동맹관계에서 조력자로 혹은 미래 프롤레타리아로의 전화가 필수적으로 요구되는 계급이었다(4장 4절 참조). 또한 농업부문에 대한 투자가 부족했다. 산업화를 위해서 공업, 특히 중공업에 대한 투자가 진행되고 있었다. 게다가 농업잉여는 자체적인 투자보다는 오히려 산업화를 위해서 공업부문에 사용되었다. 그리고 결정적으로 협동조합에 대한 위계적인 관리 체계의 한계이기도 하다. 협동조합 단위는 계획의 실현보다는 렌트 추구와 연성예산제약을 통해서 이익을 추구한다.

농업부문의 기술적 그리고 제도적 문제는 북한 농업경제가 정치우위를 근간으로 하는 외연적 성장방식을 고수하고 있기 때문에 발생한 문제이다. 사실 농업집단화는 농업생산에 대한 국가관리를 통해서 농업잉여의 생산과 분배를 정치가 직접 통제하고 관리하기 위한 방안이다. 이러한 정책의 궁극적 목적은 중공업 우위의 축적을 위해서 농업잉여를 투입하려는 것이다. 그래서 농업집단화가 곧 계획을 강화하는 일이다. 그런데 농업집단화를 통한 정치우위는 단기간의 농업 생산량 증대를 추진한다. 이는 권력의 정당성과 직결된 문제였다. 김일성계는 농업집단화를 둘러싼 당내 논쟁에서 승리했다. 하지만 집단화 이후 농업생산량의 증대를 확인함으로써 집단화 노선의 정당성을 확인해야 했을 것이다. 물론 경제성장에서 '속도'를 강조하는 김일성계의 중공업 우위의 축적전략과도 밀접한 관련을 맺고 있는 것이었다. 단기간의 농업 생산량 증대는 농업부문에서도 '외연적 성장방식'으로 나타난다. 중앙당집중지도와 청산리 방법은 정치에 의한 직접적인 농업경제의 관리를 통해서 협동조합의 가동률을 증가시키는 방식이다. 또한 1959년 이후 농촌인구의 증대와 투자의 확대를 통한 해결 방식은 식량문제를 생산성의 문제로 인식하지 않고, 외연적 방식으로 해결하기 위한 대표적인 방식이다. 그러나 정치우위를 근간으로 하는 외연적 성장방식은 반복적인 식량위기를 통해서 실패하고 만다. 이러한 패턴은 이후에도 지속된다.

농업은 산업화 과정에서 언제나 소외되기 쉽지만, 농업생산력이 뒷받침되지 않는 한 산업화는 결국 성공하기 어렵다. 경제성장을 위해서는 농업생산력의 증가를 바탕으로 하는 식량과 농산물의 공급이 안정적이어야 한다. 농산물의 공급이 불안하게 되면, 외부로부터의 수입, 차관, 원조 등이 필수불가결하다. 현존 사회주의 사회에서도 마찬가지이다. 농산물 수요는 비탄력적이다. 식량부족으로 인한 가격 상승에도 초과수요가 발생할 위험이 있다. 식량이 안정적으로 공급될 때, 실질임금이 상승하게 된다. 이는 구매력을 증대시킴으로써 소비재에 대한 수요를 안정화시키고, 결국 구매력 상승에 따른 소비수요를 맞추기 위해 소비재 산업의 생산수단에 대한 수요를 증가시킨다. 그런데 북한경제에서는 중공업에 대한 우선적 투자로 인해서 고용이 증가하고 소득이 증가했지만 이는 실질적인 구매력 상승으로 이어지지 못한다. 농업생산력이 부족하기 때문에 배급제를 통해서 식량수요가 조절된다. 또한 거래세를 통해서 소비재에 대한 수요가 조절된다. 식량과 소비재의 부족과 중공업의 생산성 증대를 통한 잉여의 증대라는 모순적 결과가 초래되고 만다. 이러한 경우 투자의 병목현상이 발생하게 되며, 궁극적으로 투자의 확대가 경제성장을 지속할 수 있는 원동력이 되지 못한다. 이영훈(2000, 87)은 1959년 식량위기가 투자의 병목현상이라는 점을 지적한 바 있다. 오히려 투자의 확대가 지속되지 못하게 됨으로써 과잉축적의 위기에 직면하게 된다.

4. 평가: 정치우위의 강화를 통한 경제위기 극복의 한계

북한은 1960년대 초반 과잉축적과 수요억제로 인한 경제위기를 '정치우위'를 강화함으로써 해결하려 한다. 발전전략, 잉여의 수취와 배분 방식, 경제조정양식 등에서의 근본적 변화보다는 경제에 대한 정치의 우위를 강화함으로써 기존의 발전전략과 경제조정양식을 고수한다. 생산조직의 혁신과 계획의 중앙집권적 성격을 강화함으로써 중공업 우위의 축적전략을 지속한다. 물론 중공업 우위의 축적전략 자체가 계획의 중앙집권적 성격을 강화하기 위한 일이기도 한다. 대안의 사업체계와 계획의 일원화와 세부화가 바로 그것이다. 이는 경제위기에 대한 근본적 해결이 아니라 정치적인 우회였다. 이러한 해결 방식은 경제위기와 마찬가지로 북한체제의 특성을 규정짓는 전형적인 것이었다.

북한체제는 1950년대부터 경제위기와 정치우위의 강화가 반복되며 북한 지배체제가 성립되었다. 1956년 재정위기는 현지지도와 천리마 운동을 통해서, 1960년대 위기는 대안의 사업체계와 계획의 일원화와 세부화를 통해서 해결이 모색되었다. 소련 및 동유럽 국가들 가운데 상당수가 경제위기 이후 시장의 요소를 수용하고 사회경제적 자율성이 증가되었던 것과는 대조적이다. 그러나 경제위기에 대한 정치적 해결은 산업화 초기부터 안고 있던 산업구조의 불균형이라는 문제를 더욱 더 심화시켰다. 결국 이는 갑산파가 기존의 정치권력에 도전할 수 있는 빌미를 제공했다. 비록 갑산파의 도전은 실패했지만, 가치범주와 가치법칙을 수용하는 것으로 마무리된다. 1969년 '가치법칙의 형태적 작용'이 바로 그것이다. 경제위기와 정치우위의 강화, 그리고 시장 요소의 수용은 스탈린주의적 시도와 한계를 보여주는 것으로서, 현존 사회주의 경제체제의 주요한 특성이다.

1960년대 북한경제는 설비가동률의 하락, 자본계수의 상승, 그리고 투자의 병목현상으로 대표되는 과잉축적과 수요억제로 인한 경제위기가 발생했다. 이는 기존의 발전전략으로도, 정치우위의 강화로도 해결되기 어려운 것이었다. 또한 1969년 '가치법칙의 형태적 작용' 테제와 같은 경제적 조정양식의 성격 변화(계획을 중심으로 하는 시장의 수용)를 통해서도 해결되기 어려웠다.

—

제5장

—

관료-노동 간의 계급모순
: 지배계급의 교체와 후견-피후견 관계의 형성 및 공고화

제1절 새로운 계급모순의 태동

1. 관료계급 내부의 균열: 권력과 특권의 부조화

1) 권력투쟁과 권력의 자원동원 능력의 문제

전후 북한사회에서 권력의 질서는 불안정했다. 그 덕택에 사회경제 영역
의 지배질서는 아직 확립되지 못했다. 한국전쟁으로 김일성계의 권력이 상대
적으로 강화되었지만, 지배체제를 형성할 수준은 아니었다.[1] 김일성계의 영
향력은 '정치'의 울타리를 아직 벗어나고 있지 못했다. 해방 이후 토지개혁과
생산수단의 국유화 그리고 전쟁를 통해서 구특권계급은 분명 약화되었다. 그
러나 아직 새로운 특권계급이 형성될 수 있는 여건이 형성되지 않았다. 권력
상층부의 권력투쟁이 심각했으며, 이를 통해서 권력의 자원동원 능력에는 한

계가 있었다. 비록 계획이 수립되었지만 계획을 정상적으로 운영할 수 있는 경제잉여가 부족했다. 공식적으로 북한체제는 계획이 정상적으로 작동하지 못한 이유를 식민지와 전쟁 때문으로 설명하고 있다. 그러나 전후복구 기간 그보다 더 중요한 문제가 있었다. 전후복구에 가장 주요한 경제잉여 가운데 하나는 소련, 중국, 동유럽 국가들로부터 들여온 경제원조였다. 경제원조는 일반적으로 원조 공여국과 수혜국 간의 협상을 통해서 그 규모와 사용처가 결정된다. 그런데 스탈린 사후 소련의 국내정치 환경의 변화로 인해서 경제 원조에 대한 소련과 북한의 입장 차이가 있었다(Szalontai 2005, 47~54). 소련 계와 연안계는 이를 기회로 권력을 강화하려 하였고, 이는 권력투쟁의 빌미 가 된다.

소련계와 연안계는 김일성계의 자원동원 능력의 한계와 소련과의 입장 차이를 이용하여 김일성계에 도전하려 하였다. 하지만 소련계와 연안계 역시 사회경제적 영향력을 가지고 있지 못했던 것은 마찬가지였다. 국가계획위원 장이 박창옥이었다고는 하지만 계획의 수립과 실행이 소련계의 의도대로 되는 것은 아니었다. 김일성은 이에 다층적인 대응 전략을 추구한다. 전후복구를 위해서는 경제원조가 필요했기 때문에 소련과의 관계에서는 소련의 입장을 수용하는 태도를 취하고, 국내에서는 중하위 관료들에 대한 견제와 대중 동원 능력을 확보하려 했다. 소련과의 관계가 악화되는 것을 방지하면서 동시에 국내에서는 권력을 공고화하기 위해 새로운 지배질서를 구축하려 하였던 것이다.

권력 상층부의 권력투쟁과 노선투쟁으로 중간관료는 일정한 자율성을 가지게 된다. 본래 유일관리제는 계획에서 당의 지배를 강화하기 위한 방편이었지만, 상층부의 권력투쟁 덕택에 지배인은 일정한 자율성을 가지게 된다. 전쟁으로 인한 심각한 피해 때문에 권력의 자원동원 능력에 한계가 있었다. 전후복구를 위해 사용될 경제원조는 공여국과의 입장 차이로 인한 갈등과 대립이 존재했다. 그러므로 계획의 운영이 원활하게 진행되기 어려운 것은 당

연한 일이었다. 계획의 운영을 결정하는 당과 국가의 정치관료들은 계획집
행을 통제하고 관리하려 하지만, 실제로 계획을 집행하는 중하위 관료들은
이러한 상황에서 정치관료들의 요구를 실행할 이유가 없다. 오히려 권력의
질서가 불안정하고 자원수급이 어려운 상황에서 중간관료들은 자율성을 가
지게 된다.

김일성계는 이러한 상황에서 중하위 관료들을 압박하면서 동시에 새로운
지배질서를 창출하기 위해서 경주하게 된다. 이를 위한 방법은 아래와 같다.

> (1) 기업소에서 당의 지배를 강화하기 위해 초급 당 단체의 역할을 강
> 조하는 방식이다. 이는 두 가지 목적을 가진다. 하나는 초급 당 단
> 체에 대한 규제를 강화하기 위한 것이고, 다른 하나는 지배인을 통
> 제하고 관리하기 위함이다. 한상두(1954, 48)는 먼저 생산에 대한
> 당의 지도와 통제가 "유일관리제를 강화함으로써 부과된 경제 계획
> 과제 수행을 성과적으로 보장하는 데 중요한 의의를 가진다."고 주
> 장한다. 또한 그는 "일부 생산 직장 내의 초급 당 단체들에서는 정
> 치사업과 경제사업을 결부시킬 대신에 그를 분리시키거나 목적지
> 향없이 정치사업을 진행하는 현상들이 적지 않다."고 비판한다(한
> 상두 1954, 49). 이는 당내 권력투쟁으로 인해서 초급 당 단체들에
> 대한 통합능력이 아직 부족했음을 보여준다. 전쟁을 계기로 당의
> 외연은 확대되었던 반면 결속력은 아직 미흡했다.[2]
> (2) 공장과 기업소에서 '근로단체'들을 이용하여 '증산경쟁운동'의 참여
> 를 독려하고 생산성 진작을 도모하는 방식이다(김황일 1954, 38~
> 47). 한편으로는 직맹과 민청 등의 단체에 당과 대중을 연결하는
> 인전대 기구로서 역할을 강조하면서, 다른 한편으로 기업소 내부
> 초급 당단체들의 관계 강화를 요구하는 방식이다. 이는 생산력 증
> 가를 위한 노동력 동원을 강화하기 위해서 직업동맹과 민청 등 근
> 로단체들을 당의 영향력하에 두려는 정책인 동시에 당의 지배를 강
> 화하기 위해서 초급당 단체와 근로단체의 연계를 통해 간접적으로
> 지배인을 압박하는 방식이다(김일성 [1971]1984, 528).

(3) '관료주의'에 대한 비판이다. 일단 관료주의로 낙인찍히게 되면 그 것은 반혁명적이면서 반사회주의적인 존재가 되고 만다. 물론 이는 당과 국가의 적이면서 동시에 인민의 적으로 간주된다(『철학사전』 1971, 98). 김일성([1955]1980b, 271~272)은 관료주의의 여러 유형을 설명하지만, 그 내용의 핵심은 '위'가 아래를 책임지려 하지 않고, 아래는 실력보다 '연고주의'를 통해서 지위를 상승시키려는 경향들이다. 관료주의에 대한 비판은 상층 관료에게는 책임을, 하층 관료에게는 실력을 강조하지만, 실제로 당 안팎에서 권력의 영향력 밖에 있는 세력들을 비판하기 위한 수단이 되었다. 이는 관료주의를 퇴치하기 위한 방식에 분명히 드러난다. 김일성(1955]1980b, 278~283)은 관료주의에 대한 퇴치를 위해서 첫째, 정확한 영도, 둘째, 관료들에 대한 계급교양, 셋째, 집체적 지도, 넷째, 당과 정권기관 일군들에 대한 지도사업 강화 등이 필요함을 제기한다. 관료주의가 발생하는 곳마다 지도의 주체와 그 방식, 그리고 그 대상이 달라지지만, 결국 권력의 요구에 따라 행동할 때 관료주의는 사라지게 되는 것으로 이해된다.

(4) 농업집단화이다. 이는 농업잉여에 대한 통제와 관리는 물론 새로운 노동계급의 형성을 통해서 권력의 영향력을 확대하는 일이다. 공업부문에서 생산수단의 국유화가 이루어졌지만, 농업부문에 대한 통제와 관리가 어려웠기 때문이다.[3] 그러나 농업집단화와 관련하여 소련과의 입장 차이가 있었다.[4] 그럼에도 불구하고 전후 농업부문에 대한 통제와 관리를 강화하게 된 이유는 급속한 산업화를 위한 투자의 원천으로서 농업잉여와 노동력의 확보가 필요했기 때문이다.

(5) 당검열위원회의 강화이다. 이는 명목상 이른바 '종파분자'에 대한 통제와 감찰을 강화하는 일이지만, 실제로는 특정 권력분파의 영향력 확대를 차단하기 위한 일이다.[5] 즉 당내에서 김일성계 이외의 다른 세력들의 영향력 확대는 곧 종파주의로 낙인찍혀 비판받았다.

(6) 당과 국가규율을 강화한다(박동혁 1955, 40~42). 특히 '당규약'을 강조하면서 당원의 역할이 강조되었다. 당원은 "근로대중의 계급적 전위"로서 당의 '강령'과 '지령'에 따라 행동할 것을 강조하고 있다.

이 시기 당과 국가의 결정을 집행하는 하급 당단체에서 당의 지시가 관철되지 않고 무규율성과 무책임성이 발생하게 된다는 비판이 제기된다. 이렇게 당원의 역할이 강조되는 이유는 계획을 통한 당의 중앙집권적 명령이 관철되지 못하고 있음을 말해주는 것이다. 이는 규율 강화를 통해 사회경제 부문에서 당의 지배를 관철시키려는 노력으로 이해하는 것이 타당하다.

(7) 경제절약과 재정통제 그리고 '반탐오, 반낭비' 투쟁의 강화이다(김일성 [1955]1980e, 301~305). 이는 기업소에서 이른바 '탐오와 랑비'를 비판하고, 절약에 대한 강조와 재정에 대한 통제를 통해서 관료들의 렌트추구와 연성예산제약 등의 요소들을 통제하고 관리하기 위한 정책이다. 이 시기 중하위 관료의 렌트추구가 실재했다는 점을 '탐오와 랑비'를 통해서 확인할 수 있다. "서구역 상업관리소를 비롯한 적지 않은 기관, 기업소들에서는 일부 일꾼들이 지난 날에 국가재산을 탐오, 랑비한 죄과를 당 앞에서 자기 비판하고 자기의 낡은 사상 잔재를 숙청할 것을 결심하여 나섰으며 이미 죄과를 범한 일꾼들 속에서 또한 진지한 자기 개과의 징후들을 뵈여주고 있다(고봉기 1955, 67)."

그러나 권력투쟁 덕택에 중간관료는 제한적이지만 자율성을 획득했다. 계획수립의 최종적인 권한을 가진 당과 국가관료들은 정치적 성격이 보다 강했으며, 권력투쟁 과정에서 빈번한 자리이동이 있었다. 물론 이는 노선대립을 포함하는 권력투쟁의 결과 빈번한 정치적 숙청이 이루어졌기 때문이다. 또한 중하층 관료들 역시 마찬가지였다. 권력투쟁이 상층부터 하층에 이르는 관료계급 전반에 걸쳐 인적 이동이 이루어지게 만든 것이다. 관료계급 전체의 이와 같은 불안정성은 관료계급의 위계적인 특성을 약화시켰으며, 그 결과 중하층 관료들은 상당한 자율성을 확보하게 된다.[6]

계획을 실질적으로 집행하는 중하층의 관료들은 잉여생산물의 수취와 배분에 대한 실질적 권한을 가지고 있었다. 유일관리제에서 지배인은 일정한 자율성을 가지고 있었다. 지배인은 생산수단만이 아니라 유동자금에 대해 접근할 수 있는 권한도 가지고 있었던 것을 확인할 수 있다.

> "공장, 기업소들의 지배인들은 국가로부터 생산섭리를 위시한 일정한
> 생산수단—재산을 위임받고 생산 및 건설계획을 실행할 책임을 지고 있
> 다. 그들은 제정된 절차와 규정에 의하여 자기의 권한으로 자기에게 위임
> 된 계획의 실행을 조직하며 자기 기업소에서 생산된 제품을 국가계획에
> 따라 처분할 수 있는 권한을 가지고 있는 것이다. 그러므로 유일관리자로
> 서 지배인들은 위임맡은 자기의 책임의 철저한 리행을 위하여 자기들에게
> 부여된 권한을 능숙하게 행사하여 생산 과정의 기계화 및 합리화를 촉진
> 시키며 설비의 효율을 높이며 기업소의 류동자금의 회전속도를 촉진시키
> 며 기자재들과 원재료들을 원활하게 보장하며 전체 일꾼들의 자기의 사업
> 을 제때에 정확히 넘쳐 실행하도록 일상적인 지도와 검열을 옳게 집행하
> 여야 한다(리일경 1955, 55)."

후일 대안의 사업체계를 도입하는 과정에서 유일관리제는 독단과 주관주
의로 비판받게 된다.[7] 하지만 이는 권력의 입장에서 이루어진 평가이다. 중
하위 관료의 입장에서는 일정한 자율성이 존재함을 의미한다. 이러한 상황은
관료계급 내부의 수직적 균열이 존재함을 뜻한다. 권력은 관료주의, 본위주
의, 지방주의 등 다양한 형태로 아래의 자율성을 비판하면서 압박했지만, 전
후복구 과정에서 이 문제는 지속된다.

중하위 관료의 자율성은 곧 관료 계급 내부의 이해관계가 상충될 때, 중하
위 관료가 독립적인 목소리를 낼 수 있음을 의미한다. 물론 그것이 합법적이
고 공식적인 것이 아닐지라도 중하위 관료의 독립적 성격은 매우 중요한 의
미를 가진다. 왜냐하면 전쟁을 거치면서 당의 외연이 갑자기 확대되고, 중하
위 관료의 충원이 '안면관계'에 따라 결정되는 경향을 가지고 있었기 때문에
중하위 관료들은 정치관료(권력 상층부)의 영향을 받지 않을 수 없었다.[8] 연
고주의가 발생할 때 후견인에 대한 의존성이 높아지기 때문에 일반적으로 피
후견인은 독립적인 목소리를 내기 어려움에도 불구하고 중하위 관료들이 스

스로 이해관계를 해결하려 했을 수 있다는 점은 흥미롭다.

2) '권력'과 '지배'의 사이에서

권력 상층부의 수평적 균열과 관료계급 내부 수직적 균열이 권력 질서를 불안정하게 만들었음에도 불구하고 권력 상층부는 새로운 지배질서의 형성을 위해서 노력하게 된다. 이 과정에서 관료계급은 정당성 확보와 자기특권화 경향을 보인다.

(1) 정당성 확보의 경주
: 권력투쟁과 사회경제 영역에서 정당성 확보의 이중전략

(1) 당조직을 개편한다. 전쟁기간 동안 당원확대 사업을 벌이게 된다. 특히 1951년 당중앙위원회 4차 전원회의 이후 당원의 확대가 급속도로 이루어진다(『근로자』 1953, 23~25). 그러나 당내에는 여러 권력분파가 존재했으며, 김일성계는 전쟁의 책임을 물어 다른 세력들을 종파주의로 비판하면서 권력투쟁에 나서게 된다. 김일성([1955]1980e, 292~299)은 1955년 4월 4일 조선로동당 중앙위원회 전원회의("사회주의 현단계에 있어서 당 및 국가사업의 몇 가지 문제들에 대하여")에서 당의 종파주의를 비판하고 있다. 김일성은 종파주의가 등장하게 되는 원인으로 다음과 같은 이유들을 들고 있다. 첫째, 식민지 기간 노동계급이 자기의 전위대를 가지지 못했다. 둘째, 당내 혁명활동가들이 소련, 중국, 남반부 등 여러 곳에서 왔거나 혹은 국내에서 투쟁한 사람들로 구성되었는데 종파분자들은 이를 이용했다. 이와 같은 당조직의 개편은 결속력을 강화하여 당내 지지기반을 공고히 하고, 이를 통해 정당성을 확보하기 위한 전략인 셈이다.

(2) 당원들의 계급교양을 강화한다(김일성 [1955]1980a, 245~267). 비록 노

동자, 농민, 인텔리 등이 당원이 되었지만, 노동자, 농민, 인텔리 등의 계급의
식 수준이 낮다는 점을 강조함으로써 당내 위계적인 권력구조를 확립하려는
경향을 보여주는 것이다(『근로자』 1955, 49). 또한 이는 당과 대중의 관계에
서 '당적 지도'의 필연성을 설명하기 위한 전략이다. 당의 지도는 당과 대중
의 관계에서 당의 우위를, 대중에 대한 통제와 감시를 의미한다. 당의 영향력
밖에 있는 대중들을 이데올로기적 해석권을 기초로 소위 '비로동계급적 사상
의식'으로 비판함으로써 정당성을 확보하는 방안이다.

(3) 단기간의 급속한 전후복구를 통해서 정당성을 확보하려 했다. 이를 위
해서 투자된 경제잉여 가운데 큰 비중을 차지하는 것의 하나가 '경제원조'
였다. 김일성계는 주요 정책과 사안별로 소련과 입장 차이를 보이면서도,
경제원조에 관한 소련의 도움으로 권력의 정당성을 확보해야 하는 아이러
니가 발생하였다. 소련이 김일성의 개인독재 등의 문제에 대해서 지적했음
에도 불구하고, 김일성은 경제원조 덕택에 중공업 우위의 축적전략을 위한
투자의 원천을 마련했다. 그리고 일정 정도 성과를 거두게 된다. 물론 전후
복구 과정에서 단기간의 전전 수준으로 회복할 수 있었던 원인을 모두 소
련의 경제원조 덕택으로 돌릴 수는 없다. 농업잉여의 추출과 수요억제 등
대중의 희생을 바탕으로 한 회복이었다. 다시 말해서 김일성은 단기간의
전후복구를 달성했다는 점을 근거로 대중의 동원과 희생을 정당화하고 합
리화였다.

(4) '근로단체'에게는 인전대로서의 역할이 강조되었다. 대표적으로 당은
직맹을 통한 유일관리제에서 지배인을 통제하고 관리하려 하였다. 이는 당과
근로단체의 관계를 강화함으로써 기업소의 지배인을 압박하는 형태이며, 근
로단체를 통한 대중동원 능력을 확보하려는 경향이다. 김일성([1971]1984,
527)은 대안의 사업체계 이후 직맹의 이러한 역할을 폐기할 것을 주장하면
서, 당위원회에 의한 기업의 지배가 이루어졌기 때문에 기업소에 대한 통제
와 감독이 더 이상 필요 없음을 주장한다. 이는 그 이전까지 기업소의 자율

성을 시인하고, 직맹의 역할 역시 그러한 점을 감안하여 부여된 것이었다는 점을 인정한 것이라 볼 수 있다. 즉 이는 노동계급에 대한 지배력을 강화하기 위한 전술 가운데 하나였다. 말 그대로 근로단체는 당과 대중을 연결하는 인전대로서의 역할을 강화하고 있는 것이다. 근로단체는 사회조직이라기보다 국가기구로서의 성격을 띠게 되며, 기업소뿐만 아니라 노동계급을 감시하고 통제하며 동원하는 역할이 강화된다. 표면적으로 이는 대중의 자발적인 복종과 동원으로 이해되며, 당의 지배에 대한 정당성을 확보하는 데에 기여하게 된다.

(2) 자기특권화 경향: 계획화를 통한 관료적 특권의 강화와 관료계급 내부 균열로 인한 렌트추구

(1) 전후복구 과정에서 계획을 강화함으로써 관료적 특권, 즉 계획의 편성과 집행에 대한 최종적인 결정, 통제 및 관리의 권한을 강화하려 했다. 계획을 강화하기 위해 앞서 언급한 다양한 방법이 동원된다. 이는 계획의 중앙집권적 성격을 강화함으로써 권력의 질서에서 지배의 질서로 변화를 시도하는 전략이다. 김일성계가 권력투쟁이 발생할 수 있는 요인이 존재했음에도 불구하고 지배체제 형성을 위해 경주하게 된 것은 사회적 지지기반을 강화하여 궁극적으로 권력투쟁에서 승리하기 위한 것으로 이해되어야 한다.[9] 북한의 권력분파들은 모두 사회적 지지기반이 취약했다. 북한의 정치세력들은 대중들과의 관계에서 영향력을 강화해 온 것이 아니라 항일투쟁과 한국전쟁 그리고 소련과 중국 등과의 관계를 통해서 성장해 왔기 때문이다. 이에 김일성계는 계획을 통해 중앙집권적 성격을 강화하는 스탈린주의 모델을 수용함으로써 지배체제를 구축하려 한 것이다.

계획의 중앙집권적 성격을 강화하려 했다는 점은 곧 권력 상층부의 자기특권화 경향을 보여주는 것이다. 권력 상층부는 계획을 통해서 잉여생산물과

노동에 대한 통제와 관리의 권한을 강화할 수 있게 된다. 물론 이러한 권한
은 정치관료의 특권 강화를 상징한다. 이를 통해서 중공업 우위의 축적전략
을 근간으로 하는 급속한 경제성장을 성취하게 됨으로써 한편으로 권력의 정
당성을 확보하고 다른 한편으로 경제잉여와 노동에 대한 통제와 관리라는 특
권을 강화하려 한 것이다.

그러나 권력의 의도는 성공하지 못한다. 결과적으로 계획의 강화를 통한
권력과 특권의 질서를 일치시키고 조화시키는 데 실패한다. 중하층 관료는
권력의 영향력 아래에 편입되지 않았다. 이 시기 권력은 아직까지 중하층 관
료의 자율성을 통제할 수 있는 능력을 가지지 못했던 것으로 보인다. 무엇보
다 그 이유는 권력 상층부 내에 존재하는 권력투쟁 때문이다. 권력투쟁은 경
제적 노선투쟁과 병행되었으며, 이로 인해서 권력 상층부의 노동과 경제잉여
에 대한 통제 능력에 한계가 있었다. 노선투쟁은 구체적으로 발전전략(중공
업 혹은 경공업)과 경제적 조정양식(계획 혹은 시장) 등의 차원에서 의견 충
돌로 나타났으며, 이는 권력의 자원(노동과 잉여)동원 능력에 일정한 한계를
노정시켰다.[10] 물론 이는 국민경제 차원에서 자체적인 확대재생산 구조가
형성되지 못했기 때문에, 경제원조에 의존하지 않을 수 없었기 때문이기도
했다(전석담 1960, 23). 그 덕분에 중하위 관료들은 제한적이고 비합법적·
비공식적이지만 일정한 자율성을 누리게 된다. 중하위 관료들의 이익은 계획
의 강화와는 무관하였으며, 사회적 낭비를 초래함에도 불구하고 자신의 이익
을 추구하는 자기특권화 경향을 보이게 된다. 즉 이 시기 관료계급 내부에
수직적 균열이 존재했으며, 이로 인해서 상·하위 관료들이 각각 자기 이익
을 추구하는 '중층적 자기특권화 경향'이 발생하게 된다.

(2) 잉여생산물은 계획을 중심으로 권력의 공고화를 위해서 사용하려 하였
으며, 대신 사회적 필요는 무시되었다. 브라이슨(Bryson 1995, 222)은 이를
새로운 착취형태의 전형이라고 규정한다. 권력은 소비를 억제함으로써 잉여
에 대한 수취와 배분의 권한을 강화하고 직접생산자에 대한 희생을 강요하는

새로운 형식의 착취형태를 발전시킨다. 이 시기 소비를 억제하는 방식은 두 가지이다. 첫째, 배급제이다. 배급제는 식량과 생필품이 부족했기 때문에 발생했다. 하지만 전후복구 과정에서 명목임금(화폐임금)이 상승하며 소비재에 대한 수요를 차단하고 인플레이션 상승을 막는 역할을 하게 된다. 둘째, 소비재 생산에 대한 투자를 상대적으로 약화시키는 방식이다. 소비를 억제시킴으로써 권력이 동원할 수 있는 경제잉여의 양은 더욱 더 많아졌으며, 잉여는 단기간의 급속한 성장을 통한 정당성 확보를 위해 주로 중공업 부문에 투자되었다. 공업부문에 대한 국가기본건설투자액의 구성에서 중공업이 차지하는 비중은 80% 이상을 차지하며, 경공업 부문은 1954년 19%였던 것이 오히려 1956년 16.7%로 하락한다. 결국 이는 계획의 중앙집권적 성격을 강화하고 지배체제 구축에 기여한다.

(3) 관료의 렌트추구 행위는 자기특권화 경향을 단적으로 보여준다. 김일성([1955]1980b, 268~283)의 '관료주의'에 대한 비판은 관료의 렌트추구가 중층적으로 발생하고 있음을 짐작케 해준다. 또한 관료의 상층부와 하층부 간에는 이익균열이 존재할 뿐만 아니라 관료계급 내부의 상하 간의 결탁 역시 존재함을 알 수 있다. 이는 '안면관계'로 호칭되는 연고주의와 후견주의가 발생하고 있음을 의미한다(김일성 [1956]1980c, 417~419). 전후복구와 산업화를 위해서 필요한 관료의 수가 급속히 증가하는 가운데, 관료의 충원은 능력과 자질에 대한 평가를 통해서가 아니라 이른바 '안면관계'로 일컬어지는 연고주의와 후견주의에 따라 등용·배치되었던 것이다.

연고주의가 형성된 첫 번째 목적은 권력과 특권의 획득·유지·강화에 있다. 현상적으로 권력투쟁이 존재하든 그렇지 않든, 그에 상관없이 연고주의가 발생했다는 것은 곧 권력의 질서가 불안정함을 의미한다. 권력은 언제 어디에서나 위협이 존재한다는 점을 가정하고 있다. 권력은 스스로의 권력과 특권을 지키기 위해서 다른 세력과 피지배계급을 불신했다. 다음 연고주의의 또 다른 목적은 스스로의 이익을 추구하는 데 있다. 현존 사회주의에서 권력과 특권은 전체적으로 중앙집권적 위계구조를 형성하고 유지하려 하면서도 동시에 관료계급은 권력과 특권을 이용하여 스스로의 이익을 추구한다. 관료계급은 연고주의를 통해서 비공식적으로 혹은 비합법적으로 이익을 사유화한다. 그래서 연고주의와 후견주의는 중앙집권적 지배를 형성하려는 지배권력의 의도와 개별 행위자의 탈중앙집권적 성향의 모순이 서로 충돌하지 않고 비공식적 혹은 비합법적으로 타협하고 조정하는 양식이다.

전후 북한사회에서 연고주의와 후견주의가 등장하게 된 배경은 무엇보다 권력투쟁의 심화 때문이다. 당내 파벌은 권력투쟁에서 승리하기 위해 연고주의를 근간으로 관료를 선발하려 했던 것으로 보인다. 물론 중하위 관료들은 사회적 지위를 보장받고, 이를 토대로 물질적 이익까지도 추구했을 가능성이 높다. 그렇지만 연고주의를 통해서 기용한 중하위 관료들은 '위'에 충성하기보다는 권력투쟁을 틈타 자기 이익을 추구하는 특이한 현상이 발생하게 된다. 그 이유는 '위'가 '아래'를 책임질 수 있는 경제적 여건이 마련되어 있지 못했기 때문일 가능성이 높다. 즉, 계획을 통한 안정적인 확대재생산 메커니즘이 형성되지 못했기 때문에, 중하위 관료들은 계획의 안팎에서 자기 이익을 추구하게 되는 것이다.

전후 북한사회에서 연고주의와 후견주의가 발생하는 보다 근본적인 원인은 낮은 생산력 때문이다. '부족의 경제'에서 자원배분은 정치적으로 결정된다. 전후 북한경제는 예상보다 오랫동안 식료품과 소비재에 대한 배급제가 실시되고 있었다. 사실상 생계소득이 정치에 의해서 결정되었다. 이러한 상황에서 권력투쟁까지 심화되고 있었다. 관료는 연고주의를 통해서 후견인을 찾고, 이를 근간으로 자기 이익을 추구하기 위해서 노력하게 된다. 그 결과 대중의 소외는 더욱 더 심화될 수밖에 없다. 생산력의 한계로 생존을 위해 대중의 정치적 의존성은 커질 수밖에 없는 상황에서, 관료계급은 이를 외면한 채 연고주의와 후견주의를 통해 렌트를 추구하기 때문이다.

2. 노동계급의 형성

: 전후복구와 산업화를 위한 잉여노동의 동원과 노동계급의 성격

1) 농민의 노동계급으로의 전환: 노동계급의 주변계층으로서의 성격

표 5-1-1. 주민의 사회계층별 구성(단위: %)

구분 \ 연도별	1946년	1949년	1953년 (12.1)	1956년 (9.1)	1959년 (12.1)	1960년	1963년 (10.1)
합계	100.0	100.0	100.0	100.0	100.0	100.0	100.0
로동자	12.5	19.0	21.2	27.3	37.2	38.3	40.1
사무원	6.2	7.0	3.5	13.6	13.4	13.7	15.1
농업협동조합원	-	-	-	40.0	45.7	44.4	42.8
개인 농민	74.1	69.3	66.4	16.6	-	-	-
협동단체가입수 공업자	-	0.3	0.5	1.1	3.3	3.3	1.9
개인 수공업자	1.5	0.8	0.6	0.3	-	-	-
기업가	0.2	0.1	0.1	-	-	-	-
상인	3.3	1.7	1.2	0.6	-	-	-
기타	2.2	1.8	1.5	0.5	0.4	0.3	-

출처: 통일원(1996, 111).

전후 북한 사회의 다수 인구는 농촌에 잔류하고 있었다. 전체 인구 가운데 1953년 12월 개인 농민이 66.4%를 차지한다. 게다가 전체 인구에서 농촌의 인구는 82.3%이다. 1953년 총생산액 가운데 공업이 차지하는 비중은 42% 수준이다. 전후 다수의 인구가 이렇게 농촌에 잔류하게 된 이유는 식민지 기간 동안 제한적으로 이루어진 공장과 설비들이 전쟁을 거치면서 심각한 피해를 입었기 때문이다.[11] 그리고 결정적으로 전후 북한은 스스로 전후복구를 할 수 있는 충분한 경제잉여를 가지지 못했다. 그 결과 전후 북한에서 다수의 인구가 농촌에 잔류하게 된 것이다. 북한은 이러한 상황에서 급속한 전후복구를 위해 경제원조 공여국인 소련과의 의견 대립에도 불구하고 중공업 우위의 축적전략과 농업집단화를 추진한다.

전후복구와 농업집단화는 새로운 노동계급이 형성되는 계기를 마련한다. 특히 농업집단화는 산업화를 위해서 필요한 노동력을 공급하는 데 기여했다. 1953년에서 1956년 주민의 사회계층별 구성을 보면 노동자와 사무원이 1953년 12월 24.7%에서 1956년 9월에 40.9%로 증가하는 반면 개인 농민과 농업협동조합원을 합친 비율이 1953년 66.4%에서 1956년 56.6%로 약 10% 감소 정도 감소한다(표 5-1-1 참조). 1954년 11월 당중앙위원회 전원회의에서 농업협동조합이 경험적 단계에서 대중적 단계로의 이행을 결정한 지 채 2년이 되지 않아 협동조합원의 비율이 40%에 이른다는 점은 북한에서 농업협동조합이 얼마나 빠른 속도로 진행되었는지 알게 해주는 대목이다.[12]

농업집단화가 급속도로 진행되어 노동력 공급이 확대된 것은 분명하지만, 노동생산성이 높지 않았다. 전전(戰前) 수준으로 회복하기 위해서 노동력의 공급 확대에 기초한 '외연적 성장' 방식을 채택했기 때문에 공급된 노동력의 질에 대해서는 적절한 평가가 이루어지지 못했다. 무엇보다 노동자들의 기술력 수준이 낮았다는 점이 문제였다. 토착기술력의 부족으로 경제원조를 통해 소련과 동유럽 등으로부터 들여온 공장과 설비의 운영에 있어서 문제가 발생하게 된다. 1954년~56년 『근로자』를 보면 곳곳에서 노동생산성 문제를 다루고 있다. 김황일(1954, 41)은 소련의 기술력을 북한 국내에서 처음으로 적용한 경우를 선전하며 근로단체들에게 생산성 향상을 위해 노동자들을 독려할 것을 강조한다. 또한 한상두(1954, 53)는 경험이 적고 공동작업에 익숙하지 않은 노동자들을 '소부르주아적'이라고 비판하고 있다. 문치수(1954, 81; 84)는 증산경쟁운동과 생산예비력 동원을 위한 운동 등을 통해서 전후복구가 시작된 지 1년이 채 안되어 33%의 노동생산능률이 증가했다고 선전하면서도, 노동자들의 기술문화 수준을 높일 것을 채근한다. 김열(1955, 50)은 채굴공업에서 선진기술을 도입할 때 일부 기술자들의 열의가 부족하여 선진기술을 배우고 있지 못하다고 비판한다. 이렇게 노동생산성의 증가를 과시하는 듯이 보이지만 사실은 모두 노동자들의 기술 수준을 높일 것을 강조하고 있다. 하지만 노동생산성이 낮았음에도 불구하고 완전고용이 성취된다.

북한의 공식 통계에 따르면 '노동생산능률'은 1953년을 기준으로 1956년 2배가량 증가한다(중앙통계국 1961, 31). 하지만 이 통계는 그대로 믿을 수 없다. 노동한계생산성에 대한 통계가 없기 때문에 노동생산성을 가늠할 수는 없다. 다만 당시 북한의 공간문헌들이 노동생산성이 낮다는 점을 지적하고 있다는 사실과 배급제가 유지되고 있었다는 점을 통해서 노동한계생산성은 높지 않았음을 추정할 수 있을 뿐이다. 당시 북한에서는 노동생산성과 무관하게 노동력에 대한 수요가 증가했다. 그만큼 전후복구를 위해서 노동력 부족이 심각했던 것이다. 노동력 부족이 심각했던 이유는 첫째, 전쟁으로 인한 노동력 손실이 심각했기 때문이다. 전후 1953년 노동자의 수는 전전 수준(1949년)에 지나지 않았다(최중국 1992, 99). 둘째, 전후복구가 생산요소 투입의 확대를 통해서 단기간의 급속한 성장방식, 즉 외연적 성장방식이 채택되었기 때문이다. 생산수단에 대한 투자의 확대는 소련과 동유럽의 경제원조를 통해서 이루어졌다. 공업 총생산액은 북한의 공식 통계에 따르면 1953년을 기준으로 1956년 세 배 가까이 성장한다(중앙통계국 1961, 39). 셋째, 자본주의와의 체제경쟁에서 우월성을 과시하기 위해 정치적 완전고용이 성취되었기 때문이다. 넷째, 노동계급의 동원과 통제를 용이하게 하기 위해서이다. 김황일(1954)은 작업장에서 근로단체의 역할을 강조하고 있는데, 그 주요한 내용 가운데 하나는 근로단체가 노동자들을 '증산경쟁운동'에 동참시켜 생산성의 증가를 채근하도록 하는 일이다. 여기서 노동자에 대한 당 지도의 핵심적인 내용 가운데 하나는 '생산성'에 있다는 점을 알 수 있다. 북한사회에서 노동자의 계급의식수준과 생산성은 따로 생각할 수 없는 것들이다.

농민은 농업협동화와 산업화 과정에서 노동자로 전환되었다. 하지만 노동 한계생산성이 낮았으며 또한 노동소득 역시 높지 않았다. 북한의 공식 통계에 따르면, 노동소득은 노동생산성의 증가를 따라잡지 못한다(중앙통계국 1961, 31). 그리고 기본적인 식량과 생필품을 배급제에 의존하고 있었다. 이는 노동소득이 생계소득 수준을 벗어나지 못했음을 의미한다. 즉 노동계급은 농업협동화와 전후복구를 통해서 노동자로 전화되었지만, 낮은 생산성과 저임금을 벗어나지 못했다. 이는 당시 북한의 노동자들이 위장실업 혹은 잠재적 실업 상태에 있었음을 의미한다. 본슈타인(Bornstein 1978, 39)은 자본주의적 시장경제와 현존 사회주의 경제의 실업 개념에서 전자가 공개된(open) 실업이라면 후자는 숨겨진(disguised) 실업이라고 규정한 바 있다. 노동계급은 형성되었지만, 노동계급의 다수가 주변계층에서 벗어나지 못했다.

대신에 노동자의 낮은 생산성을 극복하기 위해 과학기술자들의 역할이 강조되었다. 주병선(1954, 69~75)은 기술문제가 생산성 증가를 촉진하기 위한 필수적인 문제라는 점을 강조한다. 그러나 북한사회에서 과학기술자들이 오랜 식민지배와 전쟁으로 인한 기술력 부족을 해결하기 위해서 노동자와 과학기술자들 사이의 '창조적 협조'가 필요하다고 주장한다. 사실상 이는 공장에서 과학기술자들의 역할을 강조하는 내용이다. 이 시기 소련의 기술을 북한 국내에서 적용하는 문제가 주요 내용이다. 이는 선진기술에 대한 토착화가 주요한 과제로 대두되었던 것으로 이해할 수 있다. 주병선의 글을 통해서 소련 및 동유럽으로부터 기술이전과 기술교육이 이루어지고, 국내에서도 교육이 시작되었지만, 단기간에 한계생산성 상승은 쉽지 않았던 것으로 판단할 수 있다.

2) '구체적 노동'으로서의 정체성 혼란

현존 사회주의 경제는 교환을 전제로 하지 않는다. 노동력은 더 이상 상품이 아니다. 노동력은 판매와 구매의 대상이 아니다. 인간의 노동은 사용가치의 생산을 위한 구체적 노동의 형태로 존재한다. 마르크스는 사회주의에서 노동이 처음부터 총노동의 구성요소가 되어 구체적 사회화가 이루어질 것이라고 기대했다. 하지만 마르크스의 예상은 현존 사회주의 사회의 현실과는 맞아떨어지지 않았다(Damus 1978, 160~164). 단지 인간의 노동은 계획의 명령에 따라 사용가치의 생산을 목적으로 하는 구체적 노동으로서의 정체성만이 강요되었다. 전후 계획의 중앙집권적 성격이 강화됨으로써 노동의 성격 역시 변화되기 시작한다. 이 시기에 계획과 명령에 기초한 '구체적 노동'으로 변화시키기 위한 첫걸음을 내딛었다.

해방 이후 북한의 경제는 저발전 경제로서 노동시장이 매우 취약했다. 전쟁은 상황을 더욱 악화시켰다. 전후 초기에 인구의 다수는 농촌에 잔류하고 있었다. 이러한 상황에서 권력은 계획의 강화를 통해 전후복구를 진행하려 하였다. 그러나 계획은 아직 많은 탈중앙집권적 요소들을 가지고 있었다. 생산수단의 국유화는 이루어졌지만, 농업과 상공업에서 이른바 '사회주의적 개조'는 아직 완성단계에 있지 않았다.[13] 비록 그 속도가 빠르게 진행되었다고는 하지만 전후복구 기간에 이러한 분야에 대한 국가의 통제와 관리는 성취되지 않았다. 오히려 속도의 조절을 둘러싸고 논쟁이 존재했다. 그런데 거의 유일하게 인간의 노동에 대해서만 어떠한 단계 없이 그리고 속도의 조절 없이 처음부터 중앙집권적인 통제와 관리가 시도되었다. 노동에게만 계획을 통한 '구체적 노동'으로서의 정체성이 강요되고 있었다. 노동자는 노동력을 판매할 수 없었다. 노동자의 대부분이 노동시장에서 참여한 경험이 없는 것은 북한과 같이 저발전 경제에서 출발한 현존 사회주의 국가들의 일반적 특성이다. 대신에 권력은 소비재가 부족한 상황에서 노동력의 재생산 비용을 배급제를 통해 최소화하고, 노동생산성의 제고를 통해 사용가치의 생산 증가를 압박하였다.

그러나 전후복구 과정에서 계획은 노동에게 '구체적 노동'으로서의 정체성을 강제할 수 있을 만큼 충분한 능력을 가지지 못했다. 여기서 전후복구 과정은 저발전 사회에서 과도기 사회로의 이행 과정이라는 점을 고려해야 한다. 자연히 노동계급의 성격 역시 이행기적 특성이 반영될 수밖에 없다. 이행기의 가장 두드러진 특징은 계획의 중앙집권적 성격이 약하다는 점이다. 오히려 노동계급은 비록 적극적이고 조직적인 형태는 아니지만 일탈과 저항을 하게 된다(김연철 1996, 121~123). 권력은 이 문제를 한편으로 인전대 기구를 활용해 노동자들과의 접촉면을 넓히고, 다른 한편으로 당과 국가 규율을 강화하며 해결하려 했다. 그러나 여전히 노동계급에게 구체적 노동으로서의 정체성을 강요하기에는 역부족이었다. 개별 생산 단위는 계획 목표를 달성하기 위해서 '노동예비'를 구축하려 하거나, 지나치게 높은 노동강도를 강요하였고 그 결과 노동이동성이 증가하였다. 이로 인해 노동력의 부족이 발생했을 뿐만 아니라 노동계급에게 '구체적 노동'으로서의 정체성이 무엇인가를 명확히 인식시키지도 못했다. 구체적 노동으로서의 정체성은 지배권력의 명령대로 계획에 따라 사용가치를 생산하는 노동이다. 이론적으로 이는 자본주의적 모순을 극복한 사회에서 추상적 노동으로서의 정체성을 거부한 이른바 '진정한 사회주의'에 걸맞은 노동이지만, 현실은 그렇지 않았다.

3) 계급의식과 생산성의 관계: 노동의 의무와 계급교양의 강화

전후복구 과정에서 권력은 노동계급에게 계획의 명령대로 사용가치를 생산하는 구체적 노동으로서의 정체성을 강요했다. 이는 사회주의 사회의 '의무'로서 노동을 강조하는 것을 통해 확인할 수 있다. 전영근(1955)은 스탈린의 교시를 인용하면서 전후 북한에서 노동의 성격을 규정하고 있다.

> "『우리나라에서는 사람들의 로동이 착취자들을 위하거나 기생자들을
> 치부케하기 위하여 일하는 것이 아니라 자기자신을 위하여, 자기의 계급

을 위하여 로동계급의 우수한 인물들이 주권을 실시하는 그런 자기의 쏘레토적 사회를 위하여 일하고 있다. 그렇기 때문에 로동이 우리나라에서는 사회적 의의를 가지는 것이며 그것이 영예롭고 영광스러운 일로 되는 것이다.』(레닌주의의 제문제) …(중략)… 『쏘련에 있어서 로동은 '일하지 않는자는 먹지도 못한다.'는 원칙에 의하여 로력할 수 있는 매개 공민들의 의무이며 영광스러운 일로 된다.』(소련 헌법 12조) …(중략)… 전후시기에 들어서면서 우리의 영광스러운 로동계급과 농민, 근로 인테리 및 각계 각층의 애국적인 인민들은『모든 것을 민주기지 강화를 위한 전후 인민경제 복구 발전에로!』라고 하신 경애하는 수령 김일성 동지의 호소를 높이 받들고 인민경제복구 발전을 위한 장엄한 투쟁에서 창조적 적극성과 애국적 헌신성을 발휘하고 있다 …(중략)… 중요 생산수단이 국유화된 조건하에서는 근로자들의 로동은 그들 자신의 리익을 위한 자기 국가의 리익을 위한 것으로 되었기 때문이다(전영근 1955, 71~75)."

스탈린의 교시에 기초한 노동에 대한 이러한 생각은 이후 김일성의 언명에 기초해 작성된『철학사전』(1971, 190)의 '로동'에 대한 정의에도 반영된다.

"'우리제도하에서 로동은 가장 영예로운 것이며 모든 사람의 신성한 의무입니다(『김일성 저작집 2』 263 페이지).' 자기자신과 모든 사람이 다 같이 잘 사는 사회주의, 공산주의 사회는 수백만근로자대중의 창조적인 로동에 의해서만 자기자신과 모든 사람이 다같이 잘사는 새사회를 창조하는 가장 영예로운 것이며, '하나는 전체를 위하여, 전체는 하나를 위하여'라는 공산주의 원칙밑에 모든 사람이 하여야 할 신성한 의무이다."

전후복구 과정에서 노동이 '사회주의 사회의 신성한 의무'라는 점이 강조되고 있는 궁극적인 이유는 노동동원을 합리화하고 노동생산성 향상을 채근하기 위한 것이다. 이러한 논리의 행간에는 사회주의 사회에서 신성한 의무를 소홀히 하는 것은 곧 계급의식 수준이 낮다는 것을 의미하게 됨을 알 수 있다. 이는 전후복구 기간 동안 당원들에 대한 계급의식 교양의 내용을 통해서 확인할 수 있다. 계급교양사업은 1955년 4월 개최된 당 중앙위원회 4월 전원회의를 계기로 전당적으로 추진된다. 이종석(1995, 267)에 따르면 계급교양의 기본 내용은 다음과 같다.

> (1) 마르크스 – 레닌주의 학설과 원칙들을 구체적인 조선현실에 결부하여 연구하고 조선의 생동한 현실생활과 실지투쟁을 통한 계급교양을 진행할 것.
> (2) 당원들을 마르크스 – 레닌주의의 사상으로 교양할 것.
> (3) 당원들을 불굴의 혁명투사, 열렬한 정치활동가로 육성·훈련할 것.

계급교양의 기본적인 이러한 방향은 구체적으로 노동계급에게 계급의식수준과 생산성을 연계시켜 노동생산성 향상에 적극적으로 동참시키는 내용이다.

> "우리의 공장, 기업소들의 일부 로동자들에게 프롤레타리아적 계급의식의 미약성으로 인해서 나타나고 있는 로동에 대한 낡은 태도, 비조직성 비규율성이라든지, 우리가 농촌사업을 통하여 체험한 일부 농민들의 비자각적 태도, 자기의 낡은 기술을 고집하거나 자기의 기술적 재능만을 믿고 로동 대중의 창발적 경험을 홀시하는 일부 기술 인테리들의 낡은 관점, 우리의 저술 및 작품들에서 나타나는 일부 인테리들의 교조주의, 기계주의, 자연주의, 형식주의적 경향(한 마디로 말해서 무사상성)들은 이것을 말하는 것이다(『근로자』(1955 50)."

당기관지 『근로자』에 실린 이 글은 전후복구 과정에서 계급의식의 수준과 노동생산성을 연계시켜 사고하고 있음을 확인하게 해준다. 1955년 4월 전원회의 이후 강화된 계급교양의 구체적인 내용 가운데 하나는 곧 노동계급에게 생산성 향상을 위한 노력을 독려하는 것이다. 이렇게 노동생산성을 강조할 수 있는 것은 사회주의 사회에서는 노동이 더 이상 착취의 대상이 아니라 신성한 의무이기 때문이다. 생산성과 계급의식을 연결시키는 이러한 사고에는 노동에 대한 스탈린주의적 개념규정이 전제되어 있는 것이다.

생산성과 계급의식의 수준을 연결시키는 태도는 원인과 결과를 바꾸어 놓은 스탈린주의적 사고의 특징 가운데 하나이다(Hofmann 1969, 84~85). 북한의 공간문헌들은 계급의식 수준이 높은 노동자가 노동생산성이 높다고 주장하지만, 실제로 노동생산성이 높은 노동자가 계급의식 수준이 높은 것이다. 즉 이 책에서 인용하고 있는 북한 공간문헌들의 논리를 재구성해 보면 다음과 같다.

> "사회주의 사회에서 노동은 신성한 의무이다. 계급의식 수준이 높으면 노동생산성이 높다. 노동생산성의 낮은 노동자는 사회주의 사회에서 노동의 성격을 이해하지 못한 낡은 사고(노동을 착취로 인식하는 사고)를 가진 사람으로서, 계급의식 수준이 낮은 것이다."

전후복구 과정에서 이처럼 계급의식과 생산성을 연계시키고 있는 이유는 노동계급의 소극적인 저항을 제거하고, 노동에 대한 동원과 통제를 강화하기 위한 정책의 일환이다. 이러한 사고는 구체적으로 노동규율의 강화 그리고 노동조직을 통한 노동계급의 통제와 동원에 반영된다. 전후복구 과정에서 노동규율을 강화하기 위해 1953년 8월 31일 최고인민회의 상임위원회 정령으로 노동자들의 직장 이탈 행위의 금지와 처벌이 발표되었으며, 1954년 3월 30일 내각결정 제55호 "국가사회단체 협동단체 및 기업소, 사무기관의 로동자, 사무원들에게 대한 로동 내부질서 표준규정에 관하여"가 발표되었다(김연철 1996, 116). 다음으로 노동조직의 위상과 역할 변화를 통해서 확인된다. 북한은 사실 그 출발부터 노동조합과 노동운동이 다른 사회주의 국가들과 비교할 때 상대적으로 취약했다. 이는 '직업동맹'의 존재 자체로 증명된다. 해방직후부터 직업동맹이 노동조합과는 별도로 창설되었고, 이후 1946년 '북조선직업동맹'을 거쳐 1951년 '조선직업총동맹'으로 통합되었다.[14] 직업동맹은 노동조직의 자율성 강화와 노동계급의 이익을 실현하기보다는 당의 인전대로서 위상과 역할이 변화했음을 의미했다.

사실 직맹을 당의 관리하에 두는 일은 매우 중요한 일이다. 권력의 입장에서 직맹은 특정 세력의 근간이 될 수 있는 위험을 가지고 있었기 때문이다. 전후 직맹위원장이 공석이었다. 이는 권력의 공백을 의미하는 동시에 권력투쟁의 심각성을 대변한다. 직맹과 같은 조직이 특정 권력분파에 의해서 완전히 장악된다면, 직맹을 장악하지 못한 세력에게 큰 위협이 될 수밖에 없다.

전후복구 과정에서 직맹에는 한편으로 노동계급의 동원과 통제의 임무를, 다른 한편으로 유일관리제하에서 지배인을 감시하고 통제하는 임무가 부여되었다. 물론 이러한 임무는 노동조직이 인전대 기구로서 생산력주의의 첨병이 되는 것이었다. 하지만 이와 같은 직업동맹의 역할에 대해서도 역시 이견이 존재했다. 1956년 서휘(직업동맹 위원장)는 생산력주의가 파생시킨 문제점을 지적했으며, 이러한 문제를 해결하기 위해서 단체협약이 실시되어야 한다고 주장했다(『로동신문』 1956년 6월 21일). 물론 서휘의 문제의식이 생산력주의을 근본적으로 벗어난 것으로 보기 힘들다. 단체협약 역시 생산력주의에 대한 반대가 아니라 생산력주의로 파생된 문제들, 즉 노동조건과 과도한 생산목표에 대한 문제 제기였을 뿐이다. 이는 직업동맹의 위상과 역할에 대한 대립이 김일성계의 영향력 약화를 위한 것임을 알 수 있게 하는 대목이다. 노동조직이 생산력 동원을 위한 조직으로 변화하는 것은 전후복구 과정에서 피할 수 없는 것으로 보인다. 물론 노동조직의 이와 같은 변화는 북한만의 특수한 현상은 아니며 현존 사회주의의 일반적인 모습이었다(Koenker 2005, 257). 이와 같이 생산성과 계급의식을 연결시키는 사고는 이후에도 지속된다.

3. 관료 - 노동의 관계: 불완전한 후견 - 피후견 관계의 형성

전후 관료 - 노동의 관계는 다층적이고 복합적인 대립과 갈등의 양상을 보였다. 먼저 당내 권력투쟁이 진행되었다. 전후 김일성계는 권력을 장악했지만, 권력의 외연을 확대할 능력을 가지지 못했다. 김일성계는 잉여생산물의 배분과 사용을 둘러싸고 소련계 · 연안계와 갈등을 보였다. 물론 상층부의 권력투쟁에서 소련의 영향력이 크게 작용하였다. 전후복구를 위해서 경제원조는 필수적인 것이었기 때문에 이는 불가항력적인 것이었다. 국제정치와 국내정치가 교차하고, 국내정치적으로 소련계는 연안계 일부와 결합하여 김일성계와의 권력투쟁에 나서게 된다.

그렇지만 김일성계는 권력투쟁에서의 우위를 바탕으로 권력의 외연을 확대하여 지배체제를 형성시키려 하였다. 구체적으로 이는 계획의 중앙집권적 성격을 강화하기 위한 일련의 정책 시행으로 나타나게 된다. 유일관리제에서 지배인을 압박하고, 근로단체들에 대한 인전대 기구로서의 역할을 강조하며 노동규율을 강화하였다. 그러나 권력은 계획을 중심으로 중앙집권적 지배체제를 강화할 능력을 가지고 있지 못했다. 전후복구에 필요한 투자의 주요한 원천은 소련, 중국, 동유럽 국가들의 경제원조였으며, 이에 대한 사용에서 특히 소련으로부터 김일성계는 일정한 제약을 받고 있었다. 또한 중하위 관료와 노동에 대한 동원과 통제에서도 한계를 보였다.

중간관료는 비공식적 혹은 비합법적인 것이지만 일정한 자율성을 가지고 있었다. 정치는 중간관료를 계획을 통해서 지배질서에 편입시키려 했지만, 권력은 그럴만한 충분한 능력을 가지지 못했다. 권력과 특권은 일치하지도 조화되지도 못했다. 오히려 중간관료는 비공식적 혹은 불법적인 방법으로라도 특권을 유지하려 했으며, 그 결과 정치권력과 갈등하게 된다. 또한 권력은 노동조직을 통해서 지배인을 통제하고 감시하려 했다. 그러나 '근로단체'들을 통한 중간관료에 대한 견제와 압박은 큰 성과를 거두지는 못했던 것으로 보인다. 중간관료는 일정한 자율성을 근간으로 렌트추구 행위를 지속하였다.

노동계급에서는 일탈과 저항이 나타났다. 이는 현존 사회주의 사회로의 이행을 위한 산업화에 일종의 부적응 상태가 발생했음을 의미한다. 권력은 이러한 부적응을 감시와 처벌을 통해서 규제하려 하였다. 권력은 표면적으로 계획경제가 '인민'을 위한 것이라고 주장했지만, 실질적으로 아래로부터의 이해와 요구를 반영하는 계획경제 시스템을 마련하려는 의지를 가지고 있지 않았다. 그런데 이 시기에 계획의 중앙집권적 성격은 아직 미약했다. 이는 중간관료의 렌트추구와 연성예산제약으로 확인된다. 그렇지만 노동의 일탈과 저항은 확대되지 않는다. 노동계급의 입장에서는 기본적 생계를 유지하기 위해 관료계급에 의존하지 않을 수 없었다. 배급제와 임금은 생계를 위해서 포기할 수 없는 것들이었다. 이는 전후 북한 노동계급이 가지고 있는 주변계층의 속성이다. 즉 노동계급은 생존을 위해서 관료의 피후견인(clients)이 된다. 이는 노동계급의 조직적 저항이 발생하지 않은 또 다른 이유이다. 그러나 관료는 자기 특권화에 집중함으로써 후견인(patron)으로서의 역할을 다할 능력과 의지를 가지고 않았다.

제2절 권력의 지배계급 교체와 관료적 특권에 대한 통제와 재조정

1956년 8월 종파사건을 계기로 김일성계는 권력을 독점한다. 반종파투쟁과 더불어 지배체제의 형성이 본격화된다. 권력은 한편으로 기업소와 공장 단위로까지 영향력을 확대하고, 다른 한편으로 대중에 대한 동원과 통제를 강화한다. 이를 성취하기 위한 수단이 바로 '계획'이다. 현존 사회주의에서 계획은 지배체제 형성의 가장 주요한 수단 가운데 하나이다. 권력은 계획 내부에 존재하는 탈중앙집권적 경향을 극복하고 중앙집권적 계획 메커니즘을 원활하게 작동시킴으로써 지배체제를 형성하려 했다. 이에 권력은 반종파투쟁과 함께 대중과의 직접적인 접촉을 시도한다. 현지지도와 천리마 운동이 바로 그것이다.

1. 관료계급의 위계적 통일
: 권력과 특권의 일치를 위한 관료계급의 교체 과정

지배체제 형성의 출발점은 관료계급을 교체하는 일이었다. 반종파투쟁은 관료계급의 상층부터 중하위층까지 광범위하게 진행되었다. 이는 권력의 독점과 함께 권력과 특권의 질서를 일치시키는 과정으로서 반대세력을 제거하고 새로운 지배계급을 형성하는 일이었다. 관료계급의 교체 과정은 다음의 세 단계를 거쳐 진행된다.

> (1) 1단계 – 반대파의 제거: 권력과 특권을 일치시키기 위해서는 반대세력의 제거가 우선적으로 이루어져야 한다. 반대파의 제거는 '숙청'과 '검열'을 통해서 이루어진다. 소련은 김일성의 반대파에 대한 제거를 차단하려 했지만, 8월 전원회의부터 숙청은 시작되었다(이종석 1995, 275~284). 김일성은 8월과 9월 전원회의 문헌학습을 조직해서 반대파의 이른바 '반당, 반혁명, 사대주의적 죄행'을 규탄하였다. 또한 반대파를 근본적으로 제거하기 위해서 반대파가 '할거하고' 있던 부서들을 중심으로 1957년 1월 당 중앙위원회 '집중지도방조사업'을 전개하였다. 반대파의 제거는 상층 권력만이 아니라 중하층 권력을 포함하여 광범위하게 진행되었다. '당증교환사업'은 반대파의 제거가 단순히 권력 상층부에 한정된 것이 아니라 광범위하게 진행되었음 확인시켜 주는 것이었다. 김일성계는 당원전체에 대한 재검증을 통해서 당내 헤게모니를 장악하려 하였다. 당원의 신분이 사실상 사회적 지위를 획득하기 위한 중요한 기제라는 점을 감안하면, 당증교환사업은 단지 과거에 대한 숙청이 아니라 '미래에

대한 검열'이었다. 당내에서 반대파의 존립 근거를 근본적으로 허무는 일이었다.

(2) 2단계 – 현지지도: 최고권력자와 대중의 직접적인 만남과 교류를 통해서 중하위 관료들의 영향력을 약화시킨다. 현지지도의 표면적인 목적은 직접적으로 대중의 '증산과 절약'을 독려함으로써 1956년 재정위기를 극복하기 위한 것이었다. 그러나 근본적인 목적은 현지지도를 통해서 중간관료를 권력의 영향력하에 두기 위함이다. 수령의 직접적인 지도는 권력과 견해를 달리하는 혹은 권력에 반하는 관료를 찾아내는 과정이기 때문이다. 현지지도의 메커니즘은 간단히 요약하면 다음과 같다. 수령이 증산 목표를 제시하면, 중하위 관료들은 이를 달성하기 어려운 과도한 목표라고 받아들이지 않는 경우가 발생한다. 이에 수령이 직접적인 공장방문을 통해서 증산 목표를 제시하면, 대중은 이에 호응하여 '혁명적 열의'와 '수령에 대한 충성'을 바탕으로 증산 목표를 초과 달성한다. 결국 수령이 제시한 목표에 반발했던 관료들은 '보수주의'와 '소극성', 그리고 기술신비주의에서 벗어나지 못한 혁신의 대상이 된다(『조선전사 29』 1981, 18~26).

(3) 3단계 – 천리마 운동: 천리마 운동은 대중동원을 통한 생산력 증강 운동이다. 생산력 증가는 곧 혁명적 열의와 당에 대한 충성심의 잣대가 된다. 물론 일방적인 동원은 아니다. 생산력 증강에 현격한 공로가 인정되는 '노력영웅'과 '공화국 영웅'에게는 물질적 인센티브뿐만 아니라 사회적 지위가 보장된다. 노력영웅은 대중의 '모범'으로서 노동자와 작업반이 따라야 할 무형의 생산목표가 된다. 노력영웅의 모범은 생산력 증가를 독려하는 선전·선동의 수단이 된다. 대신 모범을 창출한 노동영웅에게는 물질적 인센티브와 더불어 관료계급으로의 '신분상승'이 이루어진다(김연철 1996, 233~237). 공장간부에서 정책결정집단이라고 할 수 있는 최고인민회의 대의원으로까지 진출한다. 생산력 증가는 곧 혁명적 열의와 당에 대한 충성심을 가늠하는 기준이 된다. 권력은 당성(충성심)이 강한 노동영웅을 관료계급으로 유입함으로써 권력에 반하는 관료계급을 교체하고 권력과 특권의 일치를 추진한다.

2. 지배계급 교체 과정의 특성

지배계급의 교체문제는 권력투쟁에서 승리한 이후 권력의 정당성을 확보하는 동시에 지배체제 형성을 본격화하기 위한 전략이다. 물론 정당성 확보와 지배체제의 형성은 서로 분리되는 것이 아니다. 여기서는 우선 교체 과정에서 권력이 정당성을 확보하기 위해 어떠한 노력을 기울이게 되는지에 대해서 알아본다.

1) 정당화 압력의 대응 Ⅰ: 권력의 독점과 '적'을 만드는 정치

전후 김일성계는 소련으로부터 그리고 당내 다른 권력분파로부터 정당화의 압력을 받아왔다. 이는 결국 1956년 8월 전원회의를 통해서 폭발하게 된다. 그러나 소련계와 연안계의 반발은 결국 실패로 돌아가고 만다. 이에 김일성계는 반종파투쟁을 기점으로 정당화의 압력에 대응을 시작한다. 그것은 당내 정치세력들을 '종파주의자'라는 낙인을 찍어 그들을 '혁명의 적'으로 만들면서 시작되었다. 김일성은 자신에게 대항했던 다른 권력분파들을 '적'으로 규정함으로써 정당성을 확보했다.[15]

반대세력의 제거는 광범위하게 진행되었다. 정치권력은 반대를 원천적으로 차단하려 하였다. 반대세력은 곧 '적'으로 간주되었다. 누구나 권력의 뜻에 반대한다는 이유로 '인민의 적' 혹은 '혁명의 적'이 될 수 있었다. 정치는 '적'을 끊임없이 재생산하는 방식으로 권력의 외연을 확대한다. '적'은 어디에서나 존재할 수 있다. 권력의 상층부에서도, 관료 중에도, 당원 중에도, 인민들 가운데에서도, 외부에도 적은 존재할 수 있다. 적을 색출하고 제거하는 것은 정치의 고유 업무이며 사회주의 완전승리를 위한 '계속혁명'의 과정이었다.

북한의 『철학사전』(1971, 94~95)은 "김일성동지의 계속혁명사상은 로동계급이 혁명투쟁에 나선 때로부터 민주주의 혁명과 사회주의 혁명을 수행하고 사회주의의 완전한 승리와 종국적 승리를 이룩하며 그리고 세계혁명을 완수할 때까지 혁명을 계속하는 로동계급과 맑스-레닌주의 당의 근본적 립장과 활동원칙을 전면적으로 제시한 탁월한 맑스-레닌주의의적 계속혁명사상이다."라고 소개하고 있다.

현존 사회주의에서 '계속혁명'의 문제는 곧 '과도기'의 설정과 '프롤레타리아 독재'의 지속에 대한 문제와 직결된 문제였다. 계속혁명의 필요성은 사회 안팎에 존재하는 반사회주의적, 반혁명적, 반인민적, 반프롤레타아적인 요소들을 제거하는 것을 의미하지만, 실제로는 권력에 반대하는 요소들을 제거하기 위한 근거일 뿐이다. 무엇이 사회주의적인 것인지, 혁명적인 것인지, 그리고 프롤레탈리아적인 것인지에 대한 것은 결국 권력의 입장에 의해서 자의적으로 평가된다. 남로당계, 소련계, 연안계 등의 숙청은 반사회주의적이나 반혁명적이라기보다는 권력의 필요에 따라 적으로 규정될 수 있음을 보여주는 예이다. 즉 적은 처음부터 존재하는 것이 아니라 만들어지는 것이다.

이와 같이 정치가 '적'을 재생산하는 이유에 대한 분석이 필요하다. 정치는 적을 찾아낸다고 말하지만, 사실상 끊임없이 적을 만들어내는 것이다. 이른바 '적을 만드는 정치'이다. 전체주의론이 주장하는 북한체제의 강압성과 폭력성은 적어도 이러한 부분에서는 설득력을 가진다. 정치가 끊임없이 '적'을 만들어 내는 것이란 생각은 전체주의적 사고의 전형이다. 이는 칼 슈미트(Karl Schmidt 2012, 39)의 정치적인 것의 개념을 통해서 확인할 수 있다. 그는 '정치적인 것(die Politischen)'은 '적과 동지의 구별'이라고 규정하고 있다. 정치상의 적은 도덕적으로 악하거나, 미학적으로 추하거나, 경제적으로 경쟁자일 필요가 없다. 적이란 바로 타인, 이방인이며, 본질적으로 낯설고 이질적인 존재이면 충분하다. 여기서 적의 존재는 어떠한 가치판단의 기준점이 아니다. 단지 자신이 존재하기 위해서 필요한 존재일 뿐이다. 칼 슈미트의 정치적인 것의 개념은 전체주의적 사고에 맞닿아 있다. 특히 '적을 만드는 정치

'는 정당성이 부재한 권력에게 정당성을 부여할 수 있는 거의 유일한 방식이다. '적'은 단순히 비판의 대상이 아니라 항시적인 감시의 대상이면서 때로 숙청의 대상이 되기 때문이다. 정치는 물리적 수단까지 동원하여 권력에 반대하거나 그러한 가능성을 가진 세력을 제거함으로써 지배체제의 형성을 공고화하려 한다. 물리적 수단을 동원하여 권력의 외연을 사회로 확장시켜 나간 것이다.

사실 정치가 '적'을 만들어내는 것은 권력의 정당성이 취약하다는 점을 반증해주는 것이다. 북한의 정치권력은 스스로의 힘으로 정당성을 확보하기 어려운 여러 요소들을 가지고 있었다. 무엇보다 전쟁으로 인한 손실이 막대했으며, 개인숭배에 대한 비판에서도 자유로울 수 없었다. 전후복구를 통한 경제건설이 일정 정도 성과를 거두었다고는 하지만 전전 수준에서 벗어나지 못한 상태였다. 식량과 소비재의 부족은 여전히 심각한 문제였다. 이마저도 사실은 통계의 조작 가능성이 높다. 그래서 정치권력은 경제정책과 발전전략 등을 통해서 정당성을 확보하기보다는 '적'에게 '실정(失政)'의 책임을 전가함으로써 정당화의 압력으로부터 자유를 얻으려 했다. 예컨대 한국전쟁 실패의 책임은 남로당계의 실책 때문이며, 경제적 낙후성 혹은 경제위기는 관료주의, 본위주의, 이기주의가 원인이라는 식이었다.[16]

권력 상층부는 '적을 만드는 정치'를 통해서 역동성을 상실하고 김일성계가 권력을 독점하게 된다. 그러나 강제적 수단을 이용한 '적'의 제거가 완벽한 사회통합을 성취하지는 못한다. 지배에는 성공적일지 모르지만 실제로도 '적'은 끊임없이 만들어진다. 김일성의 권력에 도전할 수 있는 강력한 권력분파는 등장하지 않았지만, 끊임없이 관료의 렌트추구와 연성예산제약은 존재한다. 중앙집권적 경향에는 행위자의 탈중앙집권적 성향을 완벽히 통합시키기 어렵다. 북한체제의 사회적 종합(*gesellschaftliche Synthesis*)에는 모순이 내재해 있다. 강제적으로 통합된 질서를 깨뜨릴 수 있는 모순에 대한 저항이 존재하느냐 여부는 개별 사회의 조건에 따라 달라질 수밖에 없지만, 모순이 사라지는 것은 아니며 사회적 종합 내부에 잠재되어 있을 뿐이다.

2) 정당화 압력의 대응 Ⅱ: 노동자 국가 형상화와 그 허구성

김일성계의 정당화 압력에 대한 또 다른 대응 방식은 1956년 이후 지배계급을 교체하는 것이다. 지배계급의 교체는 한편으로 종파주의적이고 관료주의적 요소들을 제거한다는 명분과 함께 '노동자 국가'가 형상화되는 것처럼 보이게 한다. 이는 노동계급 출신 가운데 일부가 권력과 특권을 가질 수 있다는 상징적인 의미를 가진다. 그러나 노동계급 출신이 사회적 지위가 상승하여 새로운 권력자로서 그리고 새로운 관료로서 권력과 특권을 향유하게 된다고 해서 노동계급에 의한 지배가 실현되는 것은 아니다. 오히려 지배계급 가운데 일부 인적 구성이 변화되었음을 의미할 뿐만 아니라 지배체제의 형성이 본격화되었음을 알리는 신호이다. 노동자 국가는 이렇게 '형해화(形骸化)'되었다.

노동계급 가운데 권력과 특권을 향유한 이들은 제한된 '일부'에 불과하다. 그나마도 노동계급 출신의 실제 정치적 영향을 가늠하기가 힘들다. 예컨대 노동계급 출신으로서 노동계급을 위한 어떠한 정책을 추진한다든지 하는 부분에 대해서 판단하기 힘들다. 지식과 전문성을 갖추지 못한 권력과 관료는 큰 정책의 변화를 가져오기는 힘들었을 것으로 보인다. 실제로 이들의 발탁은 어떠한 정치적 혹은 정책적 변화를 추진하기 위해서가 아니라 김일성계의 권력독점 이후 지배체제의 형성을 위해 권력에 순응하는 정치관료 혹은 경제관료의 유입을 위한 것임에 분명하다.

노동계급 출신에게 권력과 특권을 부여한 한 것은 노동동원의 대가이면서 동시에 유인책이다. '노력영웅'과 '공화국 영웅'은 곧 '당에 대한 충성심'과 '애국주의 발양'의 상징이었다. 대신 권력과 특권은 그들의 충성에 대한 대가였다. 또한 이들의 존재 자체가 노동동원을 선전하는 수단이 되었다. 『천리마 기수독본』(1963, 233~247)은 '모범'을 다음과 같이 정의한다.

> "우리 사회에서 긍정적 모범이란 모든 사람들이 사업과 생활에서 과연
> 본받을 만하고 일반화할 만하다고 긍정하는 좋은 모범, 우리 혁명을 촉진
> 시킴에 도움을 줄 수 있는 선진적인 행동과 현상을 말한다."

모범의 유형에는 항일투쟁과 한국전쟁 시기에도 존재하지만, '천리마 기수들의 미거' 역시 모범의 한 유형이다. 구체적으로 천리마 기수들의 미거(美擧)는 설비이용률을 제고하고, 1인당 생산성을 증가시키는 일이다. 천리마 기수들은 모범을 배우고 주변에게 그 모범을 가르쳐야 한다. 모범에게 배워야 할 점은 '높은 당성과 계급성, 인민적 사업 작풍과 사업 방법, 공산주의 도덕과 사상'이다. 즉 높은 생산성 향상을 한 천리마 기수는 곧 모범이 되고, 모범을 배워 주변에 전파해야 한다. 이러한 모범은 당성과 계급성이 높은 것으로 평가된다. 이를 되새겨 보면 높은 생산성의 모범은 개별 노동자들이 따라야할 생산성 향상의 기준이 되며 동시에 당성과 계급성의 기준이 된다.

노동계급 출신에 의한 지배계급의 교체는 노동자 국가의 실현이 아니라 권력의 외연이 사회경제 영역으로 확대되어 위로부터의 지배가 관철되기 시작했음을 암시하는 것이었다. 노동영웅은 아래로부터의 의사를 반영하기보다는 '공장 간부'가 되어 당의 노선을 대변하는 첨병이 되었다. 1956년 이후 '생산협의회'에서 성과 달성을 위한 노동자의 참여가 확대되었다(김연철 1996, 189~190). 그것이 아래로부터의 이해와 요구를 수용하는 것이 아니라는 점은 1959년 10월 22일 김일성의 당 중앙위 상무위원회 확대회의에서 한 연설을 통해서 그 이유를 짐작할 수 있다. 이 시기 생산협의회에 노동자의 참여가 확대된 것은 '혁신자'들의 의견을 수렴하기 위해서다(김일성 [1959]1981a, 430). 다시 말해서 아래로부터의 의견 수렴이 아니라 생산성 향상에 적극적인 혁신자들의 의견을 수렴하여 생산성 진작을 독려하기 위해서다. 사실상 노동영웅

을 통해서 공장과 기업소가 당의 노선을 관철시키는 '인전대로서 역할'을 부여받게 되는 것이다. 박형중(2002, 142)은 1950년대 "공장, 기업소 등을 포괄하는 국가의 경제행정기구는 단일한 계획에 따라 수백만 인간의 활동을 통일적으로 지도하며 동원하는 가장 효과적인 인전대적 대중단체로서 기능했다."고 해석한다. 물론 공장과 기업소가 인전대로서의 역할을 하기 위해서는 공장과 기업소에 대한 당의 지배가 관철될 때 가능한 일이다. 전후복구 과정에서 유일관리제하의 지배인이 제한적이지만 일정한 자율성을 가진다는 점을 감안할 때, 공장과 기업소가 이와 같은 인전대 기구로서 역할을 하는 것은 현지지도와 천리마 운동이 본격화되는 1956년 이후인 것으로 보인다. 즉 지배계급의 교체를 통해 기업소와 중하층관료가 권력의 영향력 아래에 놓이게 되면서 비로소 권력과 특권이 일치되고 조화되는 지배체제가 형성되기 시작한 것이다.

3) 정당화 압력의 대응 Ⅲ
: '사회주의 건설에서 혁명적 대고조'와 지식 및 기술의 우위

지배계급의 교체는 권력의 정당성 문제인 동시에 지배체제의 형성과 관련된 문제이다. 이는 지배계급의 교체가 경제성장의 문제와 연결된다는 점을 통해서 확인된다. 새로운 지배계급이 천리마 운동을 통해서 확보되었는데 이때 중요한 기준이 당성이다. 당에 대한 충성도는 노동생산성의 향상을 통해서 검증된다. 그런데 이 시기 노동생산성의 향상을 위한 방안이 다각도로 모색된다. 교육과 생산의 연계(리락언 1959), 집단적 혁신운동(한상두 1958), 노동자의 의식수준의 고양(김왈수 1960), 일반교육과 기술교육의 결합(한수동 1960) 등은 모두 하나같이 노동생산성의 향상과 직결되는 문제이며, 또한 생산성과 기술을 연계시키는 내용으로 구성된다. 노동생산성의 문제를 과학기술의 문제로 인식하고 있었던 것이다. 자연히 이는 과학기술자를 비롯한

인텔리 전반에 대한 처우의 문제와 관련될 수밖에 없었다(하앙천 1959).

북한사회에서 원칙적으로 지식과 기술의 지배는 허용되지 않는다(리락언 1959, 54).[17] 그러나 단기간의 경제성장을 위해서 과학기술의 도움이 필요했으며, 인텔리를 생산의 영역으로 끌어들이는 것이 중요한 문제로 대두되었다. 하앙천(1959, 30)은 식민지 시기의 '인테리'를 재등용하는 동시에 노동계급과 농민 출신의 인텔리 육성을 강조하였다.[18] 그는 당이 과거의 인텔리들을 '적대시하거나 불신임'하려는 경향을 물리치고, 그들의 재능과 경험을 '민주주의 혁명과 사회주의 건설'을 위해 동원하려 하였다고 설명하였다. 하앙천은 이때 사상개조가 정치사상적 투쟁과 함께 이루어졌으며, 결국 과거의 인텔리들이 '승리한 노동계급' 측으로 넘어오게 되었다고 주장한다. 또한 그는 과거의 인텔리들로는 부족했으며 새로운 인텔리들을 육성하였다고 설명한다.

그런데 여기서 주목해야 할 점은 인텔리의 역할에 관한 문제이다. 하앙천(1959, 31)은 "실지 사업행정에서 검열된 선진적 로동자, 농민을 당 및 정권기관의 지도간부로, 기업소 지배인을 비롯한 경제관리 간부로, 대담하게 등용배치하고 그들의 정치적 자질과 실무 수준의 제고를 백방으로 도와주었다."고 기술한다. 특히 과학기술자들에 대한 처우는 더욱 더 좋았던 것으로 보인다. 1950년대 말 8월 종파사건으로 사상검열과 종파주의로 문제가 되었던 과학기술자들 역시 빨리 복권되었다. 또한 이 시기에 상당수의 인문과학계 월북인사들이 실권하는 상황에서 과학기술계 월북인사들은 오히려 입지를 공고히 하였다(강호제 2007, 71).

『주체의 계급리론』(김천식 2001)에서 인텔리는 노동자, 농민과 함께 대중의 일원이다. 이론적으로 인텔리의 지배는 생각할 수 없는 문제이다. 그러나 현실적으로 1950년대 후반 인텔리는 지식과 기술을 기초로 일정한 지위와 특권을 가지고 있었다. 인텔리 모두를 새로운 특권계급으로 볼 수는 없지만, 일부가 지식과 기술을 근거로 특권을 누리고 있었음을 부인할 수는 없다. 그 이유는 1956년 12월 13일 '사회주의 혁명적 대고조'가 선언되면서 '생산성 향상'이 더욱 더 중요한 화두가 되었기 때문이다. 즉 지배체제의 형성 과정에서 정당성을 확보하기 위해 생산성 향상이 독려되는 가운데 인텔리는 일정한 지위가 보장되고 그에 따른 특권을 누렸다. 이는 지식과 기술의 지배가 성립되기 어렵더라도 사회적 지위의 상향이동 가능성이 상대적으로 높다는 점에서 지식과 기술의 '우위'로 이해할 수 있을 것이다.

3. 관료계급의 자기특권화 경향: 권력의 독점과 관료적 위계제의 재편

1956년 8월 종파사건 이후 반종파투쟁과 재정위기의 극복 과정에서 권력은 지배계급의 교체를 통해 새로운 지배체제 형성을 본격화하기 시작했다. 현장지도와 천리마 운동을 통한 관료계급의 교체는 특히 중하위 관료의 자율성을 제한하였으며, 관료적 위계제가 권력의 의도대로 재편될 수 있도록 도왔다. 결과적으로 이를 통해서 권력 상층부(정치관료)는 노동과 경제잉여에 대한 통제와 관리의 권한을 강화함으로써 자기특권화의 경향을 보이는 반면 중하위 관료는 새롭게 교체되면서 자원에 대한 접근의 권한이 약화되어 관료적 위계제에 편입되는 모습을 보이게 된다.

1) 관료계급의 자기특권화 경향 I: 중하위 관료의 자율성 제한

8월 종파사건, 재정위기, 현지지도, 천리마 운동으로 이어지는 일련의 과정을 거치면서 중하위 관료들에 대한 견제와 압박은 가속화된다. 사실 관료에 대한 압박은 1955년 4월 전원회의 이후 본격화되기 시작했다. 이 시기 중하위 관료들에 대한 압박은 전방위적으로 이루어졌다. 그 내용을 정리하면 다음과 같다.

(1) 잉여생산물의 통제에 대한 권한의 제한(내부예비의 동원과 설비이 용률의 제고): 경제적 영역에서 중하위 관료들의 자율성 제약은 1956년 재정위기와 이후 12월 전원회의에서 "증산하고 절약하여 5 개년 계획을 기한전에 넘쳐 완수하자"는 구호 아래 긴축과 내핍 정 책이 시작되면서부터 본격화되었다(김일성 [1956]1980d, 415). 경 제원조의 감소로 인한 재정위기를 극복하기 위해서 내부예비의 동 원과 설비이용률의 제고가 강조됨으로써 공장과 기업소 내부에 존 재하는 '생산예비'와 '유휴설비'를 동원하도록 독려하였다. 이러한 캠페인은 현지지도를 통해서 실천되었다. 현지지도는 최고지도자 와 직접생산자가 직접적으로 교류함으로써 지배인을 비롯한 중하 위 관료들을 압박한다. 강선제강소는 현지지도와 그에 따른 성과의 대표적인 모범사례로 꼽힌다(김일성([1956]1980f, 462~471; 『조선 전사 29』1981, 22~24). 이는 내부예비와 유휴설비 등의 형태로 개 별 기업소와 공장에 있는 경제잉여를 직접생산자와의 직접교류를 통해 찾아내는 방식으로서 중하위 관료들의 경제잉여에 대한 접근 권한을 약화시킨다. 또한 이러한 내부예비가 계획 목표의 초과 달 성을 위한 것이라는 점을 감안할 때, 중하위 관료의 입장에서는 미 래의 인센티브가 사라지는 것이기도 하다.

(2) 직업동맹에 의한 통제와 감시 권한 강화: 직맹과 민청 등 근로단체 들은 기초당 단체와의 연계를 통해서 유일관리제하에서의 지배인 을 통제하고 감시하는 역할을 가지고 있었다. 이때 근로단체는 인 전대 기구로서 노동에 대한 통제와 관리의 권한을 가지고 있었기 때문에, 지배인의 노동에 대한 통제와 관리의 권한은 상대적으로 약화되어 있었다.[19] 하지만 현지지도와 천리마 운동 등을 통해서 생산 과정에 대한 위로부터의 압력이 발생함으로써 노동에 대한 통 제권한은 더욱 더 약화될 수밖에 없었다. 노동에 대한 통제의 권한 은 더 많은 부분이 1959년 이후 직맹으로 이양된 것으로 보인다. 1956년 단체계약과 57년 직맹, 당, 행정의 3각동맹설 등으로 발생 한 직맹의 위상과 역할을 둘러싼 당내 논의가 노동의 의무만을 강 조하는 단체계약권만 남긴 채 마무리되었다. 1959년 11월 2~6일 사 이에 개최된 "조선직업 총동맹 제3차 전국대회"에서 직업동맹이 국

가로부터 "로동, 기준량과 임금의 정확한 사정, 국가 사회 보험의 관리, 로동 보호 사업의 직접적 지도 등"의 임무를 위임받았다(리 효순 1959, 20). 이는 인전대 기구로서의 역할이 더욱 강조되었음을 의미하는 동시에 유일관리제에서 지배인의 노동에 대한 통제의 권한이 더욱 더 약화되었음을 말해준다.

(3) 당증교환사업과 당집중지도사업: 1956년 말부터 다음해 초까지 당증교환사업을 통해서 당원에 대한 사상검열과 숙청 등을 위한 검증 작업이 광범위하게 진행된다. 이는 분명 반종파투쟁의 과정으로서 양적으로 성장한 단일한 위계적인 조직으로 재편하려는 움직임의 일환이었다. 조선로동당은 1956년 1월 1일 현재 당원 116만 4,945명, 58,259개의 세포를 가지고 있다. 이는 2차 당대회 때보다 43만 9,183명의 당원과 2,846명의 세포가 늘어난 것이다(김일성 [1956]1980c, 258). 김일성계는 1958년 당 집중지도 사업을 통해서 군당위원회, 초급당단체 등의 중하층 조직을 개편함으로써 당 조직을 위부터 아래까지 단일한 위계제로 재편하려 하였다. 여기서 군당위원회의 역할이 특히 강조되었으며, 생산부문의 초급당단체에 대한 통제에서도 마찬가지였다(김일성 [1958]1981d, 137~158).

이와 같은 방식으로 중하위 관료들의 자율성이 제한됨으로써, 중하위 관료의 자원동원 능력은 약화된다. 관료의 렌트추구와 생산 단위에서의 연성예산제약이 사라졌다고 볼 수는 없지만, 이전과 비교할 때 감소했을 가능성이 높다. 이는 권력에 대한 자원동원 능력이 증가했음을 의미하며, 계획의 중앙집권적 성격이 강화되었음을 의미한다.

2) 관료의 자기특권화 경향 II : 관료적 위계제의 재편

관료의 자기특권화 경향의 또 다른 특성은 관료적 위계제를 실현하는 것이다. 당을 중심으로 하는 위계적 구조의 실현을 통해 본격적으로 지배체제를 형성하려 하였다. 당내 권력투쟁이 마무리되고, 김일성계를 제외한 다른 권력분파가 제거되며 지배체제의 형성이 더욱 탄력을 받게 되었기 때문에 가능한 일이었다. 이는 자원동원 능력의 중앙집권적 성격이 강화되는 형태로 구체화되었다. 여기서는 '계획'을 중심으로 그 변화를 진단한다.

(1) 계획과 축적(투자): 관료계급의 자기특권화는 중앙집권적 자원동원 능력을 강화하는 일이 핵심이다. 이는 계획의 강화를 의미하는 것으로 현존 사회주의에서 국가의 투자처를 통해 확인할 수 있다. 현존 사회주의 성장 모델에서 단기간 투자와 소비는 대립적 관계에 있으며, 단기간에 급속한 성장을 목적으로 할 때 투자의 확대를 필요로 한다(Kalecki 1986, 70~96). 그런데 현존 사회주의 국가들은 낙후된 경제나 저발전 경제에서 시작되었기 때문에 단기간의 급속한 성장을 통해서 정당성을 확보했다. 이를 위해서는 중공업 부문에 대한 우선적 투자가 필요한 것으로 이해되었다. 그래서 일반적으로 중앙집권적 성격이 강화될수록 중공업에 대한 우선적인 투자가 이루어졌다. 북한 역시 예외가 아니었다. 이 시기 정치관료의 자원동원 능력이 강화되었음을 알 수 있는 것은 투자의 확대가 급격하게 두드러졌으며, 그 가운데에서도 중공업 부문에 대한 투자가 확대되었다는 점을 통해서 확인할 수 있다. 당시 공업부문에 대한 국가기본건설투자액 가운데 중공업이 차지하는 비중은 1954년 83.3%, 1959년 81.6%, 1960년 80.6%이었다(중앙통계국 1961, 120).

(2) 소비의 억제: 소비의 억제는 사회적 필요가 계획에 의해 조정됨으로써 정치관료의 자원동원 능력이 향상되었음을 알게 해준다. 이 시기 명목소득과 실질소득의 증가 그리고 물가인하 조치 등으로 구매력이 향상되었음에도 불구하고, '사회주의 건설의 혁명적 대고조'가 선언되면서 소비를 억제시키기 위한 배급제, 거래세, 통화개혁이 이루어진다. 배급제는 전후복구 계획이 종료되는 1956년 이후 '자유상업'으로 이행이 예견되었지만 실행되지 않는다. 배급제는 결국 존속된다(김일성 [1959]1981, 423). 1957년 도매가격에서 가격

차금은 거래세로의 통합이 이루어졌으며, 거래세는 소비재의 도매 가격(산업도매가격)에만 포함되었다. 이는 소비재의 유통을 제한하는 동시에 소비재의 유통을 통해 발생한 경제잉여가 중공업 부문에 투자되도록 하는 역할을 했다. 마지막으로 1959년 2월 12일 통화개혁이 발표되고 그 다음날 전면적으로 단행되었다. 구화폐와 신화폐의 비율이 100 : 1로써 교환되었으며, 신화폐로의 교환가능 기간은 단 5일(2월 13~17일)밖에 되지 않았다(『조선중앙년감』 1960). 통화개혁은 일차적으로 소비되지도 않고 저축되지도 않은 축장된 화폐의 잠재된 수요를 찾아내어 확인하기 위한 일이다. 그 결과 인플레이션 상승 압력이 약화되었을 뿐만 아니라 소비도 같이 약화되었다.

(3) 관료적 위계제의 재편: 이 시기 권력 상층부부터 중하위 관료에 이르기까지 관료계급의 교체가 이루어졌다. 새로운 관료계급으로의 교체 과정에서 천리마 운동을 통해 '노력영웅'과 '공화국 영웅'들이 등용되고, 또한 인텔리들이 새롭게 등용되었다. 지배계급의 교체 과정에서 관료적 위계제가 마련될 수 있는 경쟁시스템이 도입되었다. 관료의 충원 과정에서 당에 대한 충성도가 매우 중요한 기준이 된다. 이는 곧 권력에 대한 충성도에 따라서 새롭게 관료적 위계제가 재편됨으로써 비로소 단일한 위계제가 형성되었음을 의미한다. 관료적 위계제가 성취됨으로써 권력(정치관료)이 계획의 편성부터 집행까지를 그리고 잉여생산물의 수취부터 배분과 사용에 이르는 전 과정을 통제하고 관리할 수 있게 되었음을 의미한다. 즉 권력의 질서에서 지배의 질서로의 변화라는 목적지에 도달해가고 있음을 알 수 있게 해준다.

권력의 자원동원 능력이 증가하고 결정적으로 관료적 위계제가 재편되었다는 점은 곧 관료계급의 사회경제 부문에서 지배력이 강화되었음을 의미한다. 관료의 이익이 국가 전체 혹은 국민경제 전체의 이익과 동일시됨으로써 관료계급의 지배는 정당화된다.

4. 노동계급의 성격

1) 구체적 노동의 정체성 강요: 노동생산성이 곧 사회주의이다.

현존 사회주의에서 이론적으로 노동은 사용가치의 생산을 목적으로 하는 구체적 노동이다. 노동 과정의 사회화는 계획을 통한 구체적 사회화(혹은 직접적 사회화)이다. 8월 종파사건 이후 반종파투쟁과 현지지도 및 천리마 운동을 통해서 계획의 중앙집권적 성격을 강화하려는 움직임과 함께 노동에게는 계획을 중심으로 하는 구체적 노동으로서의 정체성을 강조하게 된다. 특히 이 시기에 농업협동화와 상업에 대한 소위 '사회주의적 개조'가 이루어짐에 따라 교환이 배제된 구체적 노동으로서의 정체성이 강요된다.

현존 사회주의 사회에서 구체적 노동으로서의 정체성은 자본주의 사회에서 교환을 전제로 하는 추상적 노동이 가지고 있는 모순, 즉 착취와 소외를 극복한 개념이 아니다. 구체적 노동으로서의 정체성은 계획을 통한 당과 국가의 명령을 충실히 수행하는 것이다. 1956년 이후 북한체제는 계획 내부에 존재하던 탈중앙집권적 요소들을 점점 더 약화시키거나 제거함으로써 중앙집권적 성격을 강화해 나갔다. 이 과정에서 노동에게 구체적 노동으로서 계획의 명령에 따라 생산성 증가라는 과제를 충실히 수행할 것이 강요되었다.

'노동생산성' 그 자체로 이데올로기가 되었다. 높은 노동생산성은 사회주의와 공산주의의 승리를 위해서 가장 중요한 요소로 이해되었다. 전후복구 기간 노동이 사회주의 사회의 '영예로운' 의무가 되었다면, 사회주의 대고조 기간에는 이 의무를 충실히 수행하여 높은 노동생산성을 달성하는 일이 사회주의와 공산주의의 승리를 위한 필수조건으로 이해되고 있는 것이다.[20] 그래서 노동생산성 향상에 기여한 노동자는 '무비의 영웅주의와 헌신성, 혁명성과 창조적 적극성'을 가진 존재로 칭송받게 된다. 반면 현지지도와 천리마 운동을 통해서 노동생산성을 현저히 증가시킨 예들은 다른 노동과 중하위 관료들을 평가하는 기준이 되고, 이러한 기준에 미치지 못하면 보수주의자가 된다(로병훈 1959, 72~73).

'로동'은 그 자체로 신화가 되었다. 높은 노동생산성을 달성한 '영웅적 로동'은 국가와 인민의 이익을 위한 헌신으로 이해되었다. 국가와 인민의 이익을 위해서 "더 빨리 더 많이 더 잘 일하여야 한다."는 점이 강조되었다. 물론 국가와 인민의 이익은 곧 노동계급의 이익과 동일시되었다. 사회주의 건설과 공산주의 이행도, 인민의 수요를 충족시켜 주는 문제도 그 책임이 모두 '노동'에게 전가되었다. 인민의 수요를 충족시키기 위해서는 양적 문제만이 아니라 생산물의 질 역시 제고될 필요가 있다는 점이 강조되었다. 노동계급은 자신의 의사와 상관없이 모든 문제를 해결해야만 하는 막중한 사명과 책임을 가진 '영웅'이 되고야 말았다(로병훈 1959, 74~76).

북한사회에서 노동은 사회주의 사회의 영광스러운 의무이면서 동시에 사회주의와 공산주의 건설과 관련된 모든 문제를 해결하는 열쇠이다. 이러한 논리에 따르면 '사회주의의 혁명적 건설을 위한 대고조'는 결국 '노동'의 문제였다. 1956년 이후 노동자에게는 이러한 의무와 책임을 완수할 것이 강요되었다. 그것은 높은 의식성을 가지고 권력의 명령에 따라 지식과 기술이 생산과 결합되고, 천리마 운동을 통한 집단적 기술혁신이 이루어짐으로써 성취될 수 있는 것으로 이해되었다.[21] '천리마 작업반 운동'은 "로동에 대한 공산주의적 태도의 새로운 싹"으로 이해되었다(허재수 1959, 17).

북한사회에서 노동계급에게 강요된 구체적 노동으로서 정체성은 결국 '노동생산성'의 문제였다. 노동이 영웅성, 혁명성, 헌신성을 가지고 있느냐 여부도, 사회주의와 공산주의 이행에 기여할 수 있느냐 여부도 모두 생산성과 직결된 문제로 이해되었다. 그런데 여기서 중요한 사실은 권력의 독점과 계획의 중앙집권적 성격을 강화시키면서도, 노동생산성에 대한 책임은 '노동'에게 전가했다는 점이다. 즉, 노동에게 계획의 명령에 따라 사용가치 생산 증가를 강요하면서도 동시에 생산성 향상에 대한 책임도 노동이 질 것을 요구하고 있는 것이다.

2) 노동의 정치의존성 증가

현지지도와 천리마 운동은 급속한 산업화를 위해서 필요한 노동력 부족의 문제를 해결하기 위한 전략이다. 현지지도는 최고지도자가 공장을 방문하여 내부예비의 동원과 설비이용률의 제고를 노동자들에게 직접 주문하는 방식으로 진행되었다. 노동력의 부족으로 노동력의 공급이 제한될 수밖에 없는 상황에서 설비이용률의 제고는 곧 잠재적 실업(underemployment)을 찾아내는 일이 된다. 이는 곧 '노동예비'를 찾아내는 일이면서 노동생산성을 증가시키는 일이기도 하다. 이 시기 노동생산성의 증가는 바로 이러한 측면에서 이해되어야 한다.[22]

1956년 이후 노동부족과 중공업 우위 축적전략에 기초한 투자의 확대로 인한 성장세가 가속화되었으며, 처음으로 화폐소득(명목소득)과 실질소득이 증가한다(중앙통계국 1961, 31; 33). 그러나 이것이 곧 노동자들의 삶과 연결되지는 못한 것으로 보인다. 먼저 배급제가 지속되었다. 둘째, 가격개혁과 통화개혁으로 노동소득 상승을 상쇄하고 수요를 억제하였다. 셋째, 여전히 경공업에 대한 투자가 미흡했으며 따라서 소비재 부족의 문제가 해결되기 어려웠다.[23] 비록 정치적 완전고용이 성취됨으로써 노동소득은 증가했지만, 수요를 억제하는 제도적 장치들로 인해 여전히 기본적 생계를 유지하기 위해서는 국가에 의존할 수밖에 없다. 그래서 사실상 생계소득 수준으로 살아가는 주변계층(marginality)과 유사성을 가진다.

노동부족으로 소득은 증가하지만 정치사회적 자율성은 개선되지 않는다. 오히려 노동계급의 정치적 영향력은 더욱 더 약화된다. 서휘 등에 의해서 직업동맹의 위상과 역할이 제고될 것이 주장되었지만, 결국 교조주의로 비판받게 된다(김일성 [1971]1984, 527). 대신 직맹은 인전대 기구로서 노동력을 동원하고 감시하며 생산성 진작을 독려하는 역할을 부여받는다. 사실 노동계급의 정치사회적 자율성이 약해지는 것은 노동계급의 정치적 의존도가 높아지는 것과 불가분의 관계에 있다. 북한사회에서 완전고용은 단기간의 산업화를 추진하는 과정에서 성취되었지만, 노동계획과 공급은 모두 정치적으로 결정되었다. 정치적 완전고용 정책에 따라 노동 부족 현상이 나타난다. 자본주의 사회에서 완전고용은 일반적으로 노동의 정치적 영향력을 강화하는 계기인 반면 현존 사회주의에서는 정치적 의존도를 높이는 정책이다(Elsenhans 2019). 게다가 천리마 운동 과정에서 발생하는 이른바 '사회주의적 경쟁'은 노동계급 내부를 원자화시킨다. 노동계급이 연대보다는 경쟁과 원자화를 선택하는 이유는 분명하다. 천리마 운동에서 단순히 물질적 인센티브를 획득하는 것만이 아니라 경우에 따라 '노력영웅'의 호칭을 얻어 새로운 지배계급이 될 수도 있는 기회를 얻기 때문이다.

즉, 1956년 이후 노동계급의 정치의존도는 증가하였다. 그 이유는 기본적 생계를 위해서 국가에 의존하지 않을 수 없었고, 노동조직의 자율성이 약화되었기 때문이다. 또한 사회주의적 경쟁 등으로 노동계급이 원자화되었기 때문이다. 이러한 상황에서 노동계급은 정치적으로도 사회경제적으로도 자율성을 가지기 어렵다. 그래서 이 시기 노동계급은 사회주의적 경쟁을 통해서 그리고 당과 국가에 대한 충성을 통해서 자신의 계급적 지위에서 벗어나서 새로운 지배계급이 되는 길을 선택하였다.

5. 관료－노동의 관계: 권력과 대중 간의 직접적인 교류와 대중동원을 통한 후견－피후견 관계의 형성

8월 종파사건 이후 반종파투쟁부터 천리마 운동에 이르는 일련의 과정을 거치면서, 김일성계는 권력의 외연을 확대하고 지배체제의 형성을 본격화하였다. 이 시기 관료계급은 단일한 위계적 조직으로 재편되었다. 이전에도 원칙적으로 단일한 위계적인 조직이었지만, 권력 상층부는 여러 권력분파로 구성되어 있었으며, 중하위 관료들은 제한적이지만 일정 정도의 자율성을 가지고 있었다. 그러나 8월 종파사건 이후 반종파투쟁, 당증교환사업, 당집중지도사업, 현지지도와 천리마 운동 등의 과정을 거치면서 권력 상층부(정치관료)부터 당원에 이르기까지 사상검열과 그에 따른 숙청 등으로 광범위한 인적쇄신 작업이 벌어지게 된다. 그리고 현지지도와 천리마 운동에서 일정한 성과를 보인 혁신자들은 노력영웅과 공화국 영웅이라는 호칭을 얻으며 새롭게 관료계급으로 편입된다. 이 과정에서 지배인 유일관리제는 사실상 유명무실해졌다.

'사회주의 혁명적 건설의 대고조'가 선언되면서 노동계급에게 더욱 더 높은 생산성이 요구된다. 사회주의와 공산주의로의 이행은 결국 노동생산성의 문제라는 식의 이데올로기가 '레닌의 이름'으로 전파되고 있었다. 또한 천리마 운동 과정에서 집단적 혁신을 통한 노동생산성 향상이 독려되었다. 이 과정에서 노동계급의 일부가 관료계급으로 편입되었다. '혁신자의 모범'은 공장 내 생산협의회에서 노동생산성 향상의 기준이 노동을 평가하는 바로미터가 되도록 하였다. 노동조직의 단체협약권은 사실상 유명무실해지고, 1959년 3차 당대회 이후 자율성이 더욱 약화되어 인전대 기구로서 노동생산성을 독려하고 노동을 통제·동원하는 역할이 강조되었다. 공업부문에 대한 투자의 가속화로 노동의 부족 현상이 발생했지만 전후복구 기간보다 노동이동성은 약화된다. 이는 현지지도와 천리마 운동을 통해서 노동에 대한 통제가 강화되었기 때문이다. 노동계급에게 계획의 명령에 따라 생산(사용가치의 생산)에 전념하는 구체적 노동으로서의 정체성이 강요됨에 따라 노동계급의 자율성은 약화된다.

대신에 노동계급에 대한 정치적 의존도는 더욱 더 높아진다. 그것은 기본적으로 노동의 계획과 배치가 정치적으로 결정되는 '정치적 완전고용' 때문이었다. 또한 배급제가 존속됨으로써 노동계급은 기본 생계를 유지하기 위해서라도 국가에 의존하지 않을 수 없었다. 게다가 '노동조직의 국가화'로 노동계급의 연대가 어려워지고, 천리마 운동에서 노동계급이 물질적·비물질적 인센티브를 획득하기 위한 사회주의적 경쟁에 참여하게 되면서 노동계급의 원자화가 진행되었다. 결과적으로 관료계급과 노동계급 사이에 후견－피후견 관계(patron-clients)가 형성된다.

요컨대 1956~60년 사이에 김일성은 권력을 독점하고 지배체제의 구축에 박차를 가한다. 이 과정에서 정치관료는 중간관료와 노동을 통제할 수 있는 권한을 가지게 되었으며, 반면 중간관료와 노동은 상대적으로 자율성이 약화되었다. 그러나 지배체제의 구축은 형성단계에 불과했다. 계획경제의 중앙집권적 성격은 강화되었지만, 이는 권력의 인적교류를 통해서 이루어졌다. 자연히 중간관료와 노동에 대한 통제 역시 아직 제도화되지 못했다. 물론 결과적으로 볼 때 현지지도와 같은 인적교류를 통한 지배체제의 형성은 '계획'을 중심으로 하는 제도적 수준의 지배체제 공고화를 위한 준비 과정이었다. 북한은 1960년대 생산조직의 혁신과 계획의 중앙집권적 성격 강화를 통해서 계획을 중심으로 지배체제의 구축과 단일한 위계적 관료구조로의 재편을 시도하게 된다.

제3절 관료－노동 간 계급모순의 공고화와 지배의 재생산

1960년 이후 북한체제는 위계적 관료제가 제도화됨으로써 새로운 계급모순이 완성되는 시기이다. 새로운 계급모순은 대안의 사업체계와 계획의 일원화와 세부화를 통해서 중앙집권적인 기능적 노동 분할과 위계적 관료제가 완비됨에 따라 완성되었다. 위계적 관료제는 수령과 당의 명령이 개별 생산 단위를 거쳐 노동(대중)에게 전달되는 전일적인 지배체제이다. 권력(정치관료)은 경제잉여와 노동에 대한 통제와 관리의 권한을 가지고 있었으며, 개별 생산 단위와 노동은 이러한 결정에 따라 작동하도록 되어 있다. 이러한 새로운 지배체제의 형성은 8월 종파사건 이후 권력을 독점한 김일성계의 자기특권화 경향을 강하게 보여주는 것이다. 곧 이는 김일성계가 정당화의 압력으로부터 상대적으로 더 자유로워졌다는 것을 의미한다. 물론 그 이유는 반종파투쟁부터 천리마 운동으로 이어지는 과정에서 김일성계가 다른 권력분파들을 제거하고 중하위 관료와 노동에 대한 지배력을 강화했기 때문이다.

1. 관료계급의 자기특권화 경향
: 생산조직 혁신과 중앙집권적 계획체제의 공고화

대안의 사업체계 이후 관료계급의 자기특권화 경향은 '계획의 중앙집권적 성격 강화'로 요약할 수 있다. 현존 사회주의에서 계획은 사회주의와 동일시되었다. 계획과 명령을 수행하는 것은 곧 사회주의로의 이행을 위한 것으로 해석된다. 그러나 계획은 사회주의와 동일시될 수 없다. 계획은 그 자체로서 이데올로기적 정당성을 가지기 어렵다. 사회주의 이데올로기의 핵심적인 특성인 노동계급의 이익을 대변한다고 말할 수 있는 근거가 없기 때문이다. 대신에 계획경제 메커니즘에는 관료계급의 이익이 은폐되어 있다. 관료는 계획을 통해서 자원동원 능력을 강화하고, 궁극적으로 지배체제의 형성을 통해 권력의 안정성을 재생산할 수 있는 교두보를 마련하게 된다.

1) 대안의 사업체계

(1) 당과 관료의 지배

대안의 사업체계의 첫 번째 장점은 생산에 대한 '집체적 지도'가 관철되어 있다는 점이다. 그 증거는 공장 단위에서 '공장당위원회'가 최고결정기관이 되며, 여기에는 당원, 노동자, 기술자들(35명)이 참여한다는 점이다(김일성 [1962]1982c, 500). 림수웅(1962, 17)은 대안의 사업체계의 본질이 "생산을 경제관리에 가장 광범위하게 참가시키는 데 있다."고 주장한다. 그는 생산자 대중이 경제관리에 참가하기 위해서는 '높은 생산력 발전수준, 대중의 높은 기술기능 수준, 생산자의 높은 자각성'이 전제되어야 한다고 설명한다. 그래서 대중이 공장관리 운영을 참여시키고 대중이 창조적 지혜를 발휘하기 위해서는 '당의 령도적 역할'이 필요하다고 주장한다. 이는 대중의 능력과 수준이 아직 경제관리에 참여하기에는 미흡하거나 혹은 적어도 대중의 능력이 당이 없이는 발휘될 수 없다는 것을 의미한다. 즉, 대안의 사업체계에서 공장당위원회의 집체적 지도는 곧 생산에 대한 당의 지배가 성취될 때 의미를 찾을 수 있다.

현존 사회주의에서 관료의 지배는 당의 지배 형태로 나타난다(Dijlas 1985; Schultze 1973; Bahro 1978). 대안의 사업체계는 정치관료의 지배가 계획의 최하위수준까지 뻗어있는 당의 위계적 조직구조를 이용하여 공장과 기업소까지 확대된 것이다. 이는 생산 단위에서 지배인의 관리와 통제를 당위원회가 대체함으로써 가능해졌다. 지배인을 당위원회로 대체시킨 것은 생산 단위에서 잉여와 노동의 통제와 관리가 특정한 개인에게 집중되는 것을 막고 특권을 분산시키기 위한 정책의 일환이다. 물론 특권의 분산은 중하위 관료의 영향력을 약화시키고 계획의 명령이 더욱 더 효율적으로 하층까지 전달될 수 있게 한다.

(2) 계획과 대중의 동원

대안의 사업체계의 또 다른 장점은 공업을 계획적으로 운영하는 데 가장 효과적이라는 점이다. 그 이유는 생산자와 토의를 거쳐 계획을 수립할 수 있기 때문이다. 계획은 생산을 지도하는 사람들이 생산자인 노동자와 토의하여

계획을 결정함으로써 그 계획이 생산자들 자신의 것으로 만드는 것이 대안의
사업체계의 장점이라고 규정된다(김일성 [1962]1982c, 504). 림수웅(1962, 21)
은 "계획이 대중 자신의 것으로 됨으로써 대중이 사전에 생산준비도 철저히
할 수 있게 되고, 예비를 백방으로 동원하며 계획을 반드시 수행하기 위한
높은 창발성을 발휘할 수 있게 된다."고 주장하고 있다. 이는 대중을 계획수
립에 참여시키는 이유를 알 수 있게 해주는 대목이다. 대안의 사업체계에서
대중의 역할은 공장의 내부예비를 찾아내고 생산성을 증가시키는 일이다.

본래 현존 사회주의에서 계획은 사회주의와 동일시된다(Damus 1978, 137).
그것은 북한사회 역시 마찬가지이다(『경제사전 1』 1971, 354). 대안의 사업
체계는 계획을 대중 자신의 것이 되게 한다. 이는 대안의 사업체계가 대중
(노동계급)이 계획의 명령을 충실히 수행하게 한다는 것을 의미한다. 대안의
사업체계는 명목상 대중의 참여를 독려하는 것이다. 하지만 실제로 대중의
역할은 내부예비를 찾아내고 생산성을 진작시키는 데 초점이 맞추어져 있을
뿐이다. 노동자의 자격으로 관리를 하거나 노동자의 이해를 대변하지 못한
다. 이러한 논리를 종합해보면 대중이 계획의 명령을 충실히 수행하는 것은
곧 사회주의를 실현하기 위한 행동으로 취급된다. 즉, 대안의 사업체계에서
생산자의 참여는 대중을 동원하고 통제하기 위한 주요 이데올로기로 작용하
고 있다는 점을 알 수 있다.

(3) 지식과 기술 우위의 제도화

대안의 사업체계의 세 번째 장점으로 선전되는 것은 생산에 대한 기술적
지도를 강화하여 생산을 종합적으로 지도하도록 되었다는 점이다. 생산 과정
은 곧 기술공정이기 때문에 기술을 알지 못하고는 지도할 수 없다는 주장이
다. 그래서 기사장이 "생산 과정을 다 알고 통일적으로 지도해야 한다."는 점
이 강조된다(김일성 [1962]1982c, 504~505). 림수웅(1962, 22)은 "지도일군과

기술자가 생산현장에 내려가게 되고 철저한 지도의 유일성이 보장됨으로써 또한 생산 기술지도가 더욱 강화되었고 기술적으로 걸리고 있던 문제들이 성과적으로 풀리게 되었다."고 주장한다. 이로써 기술자들의 창의고안이 증가하게 된다는 설명이다.

즉 대안의 사업체계는 생산조직과 노동조직의 혁신을 통해서 생산성 향상을 도모하는 방식으로서 기술자의 역할이 강조된다. 이는 공장과 기업소의 관리에서 지식과 기술을 토대로 생산성 향상을 진작시키려 했다는 점을 알게 해주는 대목이다. 이는 지난 시기 인텔리가 지식과 기술의 우위를 바탕으로 간부로 등용·배치되던 현상들이 대안의 사업체계를 통해서 제도화된 것이다.

(4) 기능적 역할 분담

대안의 사업체계의 장점은 생산을 보장하기 위해서 각 부서들의 역할을 개선했다는 점이다(김일성 [1962]1982c, 505). 김일성([1962]1982d, 467)은 최고인민회의 1기 3차회의 연설에서 다음과 같이 규정했다.

> "공장관리기구의 개편 결과 …(중략)… 공장 내 부서들이 책임 한계와 분공이 명확히 되고 공장에 대한 성, 관리국들의 지도방조 사업이 더욱 강화되고 설비, 자재, 후방물자 등을 모두 위로부터 아래로 공급하여 주는 체제가 수립됨으로써 공장의 지도적 간부들이 잡다한 업무에서 벗어나 생산 기술 지도에 력량을 집중하며 군중 속에 더욱 깊이 침투하여 군중과의 사업을 더 잘할 수 있게 되었습니다."

림수웅(1962, 22)은 대안의 사업체계가 공장 내 부서들의 책임 한계와 역할 분담을 명확히 하고 설비, 자재, 후방물자 등을 모두 '위'로부터 '아래'로 공급함으로써 이러한 불합리성을 결정적으로 제거했다고 설명하고 있다. 즉 대안의 사업체계는 성과 관리국을 통해서 자재공급이 이루어졌으며, 이는 계획을 통해서 '계통'적으로 이루어졌음을 의미한다. 이는 당의 자원배분 능력이 강화되었음을 의미하는 동시에 계획을 중심으로 각 단위의 기능적 역할 분담이 강조되고 있음을 보여준다.

(5) 후방공급과 노동의 통제

마지막으로 대안의 사업체계의 장점으로는 후방공급체계가 성립되었다는 점이 제시되고 있다.

> "로동자들의 생활을 보장하기 위한 후방공급체계가 섰습니다. 대안 전기공장에서는 후방부 지배인과 공장로동자지구에 있는 정권기관, 종합상점, 농목장, 협동농장과 같은 후방공급사업에 참가할 수 있는 모든 기관들이 하나의 경리위원회를 조직하여 그 지구안에 사는 로동자들의 생활에 대하여 완전히 책임지도록 하는 새로운 후방공급체계를 세웠습니다(김일성 [1962]1982c, 507~508)."

맹효(1960, 41)는 '후방사업'이 정치사업이라고 규정하고 있다.[24] 그 이유는 다음과 같다.

> "지도일군들이 후방사업에 세밀한 주의를 돌려 근로자들의 생활 조건을 잘 보장해 준다면 그들은 사회주의 제도가 좋다는 데 대한 신념과 당과 정부에 대한 충실성의 정신을 더욱 굳게 할 것이며 따라서 자기 사업에 더욱 열성을 내여 로동 생산 능률 제고와 생산 장성을 위하여, 당, 정책 관철을 위하여 더욱 창발성과 헌신성을 발휘하게 될 것이다."

이 글을 통해서 북한 사회에서 후방사업이 결국 대중의 충성을 유도하기 위한 하나의 방안으로 사고되고 있음을 알 수 있다. 따라서 대안의 사업체계에서 공장과 기업소 단위의 후방공급이 이루어지는 것은 노동자에 대한 관리와 통제 그리고 궁극적으로 노동생산성의 진작을 위한 것이다.

대안의 사업체계는 공장과 기업소에서 '당의 지배'를 관철시키는 일이다. 이는 공장당위원회를 통해서 이루어지며, 자재공급은 '성과 관리국'이 '현물'의 형태로 책임지며, 후방공급 역시 기업소 관리의 한 부분으로 인식하였다. 이는 자원배분에 있어서 중앙집권적 성격을 강화하기 위한 것이다. 당이 지배하는 생산관리체계와 자재공급체계를 통해서 경제잉여의 배분과 사용에 대한 중하위 관료의 접근을 제한한다. 이는 관료의 렌트추구와 연성예산제약에 대한 권력의 대응방안이다. 또한 생산에 대한 대중의 참여를 강조하지만, 이는 노동자의 참여를 통해서 내부예비를 찾아내고 생산성을 진작시키기 위한 것에 불과하다. 이는 현지지도 과정에서 최고권력과 생산자와의 직접 교류를 통해 발생한 긍정적 결과를 제도화한 것이다. 노동의 자율성은 기업소 단위로 후방공급이 이루어짐으로써 더욱 더 제약되었으며, 노동에 대한 당의 동원과 통제가 용이하도록 하였다. 이로써 공장 단위에서 노동에 대한 직업동맹의 통제와 관리는 더 이상 필요하지 않게 되었다. 또한 기술자의 역할이 강조됨으로써 이 역시 생산에서 현지지도와 천리마 운동 과정에서 발생했던 지식과 기술의 우위가 제도화되었음을 알 수 있다. 즉 대안의 사업체계는 관료계급의 자율성을 제한하고 관료와 노동을 지배체제에 포섭·통합하려는 목적을 가지고 있다.

2) 계획의 일원화와 세부화

"계획의 일원화란 온 나라에 뻗쳐있는 국가계획기관과 계획세포들이 하나의 계획체계를 이루고 국가계획위원회의 통일적인 지도밑에 계획화의 유일성을 철저히 보장하는 것을 의미합니다 …(중략)… 이 체계는 계획화에서 위대한 청산리 정신과 대안의 사업체계를 구현한 것으로서 중앙집권적지도와 지방의 창의창발성, 프로레타리아독재와 군중노선을 옳게 배합한 가장 위력한 체계입니다(김일성 [1965]1982, 458~459)."

"계획을 세부화한다는 것은 당정책과 객관적 현실에 맞게 인민 경제 모
　　든 부문들과 기업소들의 경제활동을 세부분에 이르기까지 구체적으로 맞
　　물린 계획을 세우고 그것을 정확히 집행한다는 것을 의미한다 …(중략)…
　　계획의 세부화의 본질적 요구는 계획의 구체성과 균형성을 보장함으로써
　　당의 정책적 요구를 정확히 구현한 현실적이며 동원적인 계획을 세우는
　　데 있다(『경제사전 1』 1971, 367)."

　　일원화가 계획의 중앙집권적 성격의 강화라면 세부화는 각 생산 단위가
수행해야 할 계획의 명령을 각 단위에 맞게 구체화되는 것을 의미한다. 계획
의 일원화와 세부화는 계획의 중압집권적 성격을 이해할 수 있게 해준다. 계
획의 일원화와 세부화는 사회정치적 생명체론의 경제적 버전이다. 계획을 최
종적으로 결정하는 국가계획위원회는 뇌수가 되며, 계획을 집행하는 각 생산
단위는 뇌수의 명령을 수행하는 손과 발이 된다. 이는 대안의 사업체계를 통
한 생산 단위에서 당의 지배가 관철됨으로써 가능한 일이었다. 대안의 사업
체계를 통해서 계획의 편성부터 집행에 이르는 과정이 단일한 위계적 조직으
로 구성될 수 있었다. 계획의 일원화와 세부화는 계획의 수립부터 집행에 이
르는 모든 과정이 당의 지도 아래 놓이게 되도록 하는 일이다. 이는 당의 명
령이 계획의 하부단위까지 완벽하게 관철됨을 의미한다. 따라서 이는 중앙집
권적 계획경제 메커니즘이 완벽하게 구현되었음을 의미하면서 동시에 기능
적 역할 분담을 기초로 하는 중앙집권적 지배체제가 완성되었음을 의미한다.
권력(정치관료)은 계획을 중심으로 자원동원 능력을 가지게 되었으며, 이를
기반으로 새로운 지배체제를 완성하게 된 것이다. 정치관료가 자원동원 능력
과 더불어 지배질서의 구축을 완성하게 된다는 것은 정치관료(권력)의 자기
특권화 경향의 절정에 이르렀음을 말해준다.
　　계획의 일원화와 세부화에는 '당의 무오류성 테제'로 일컬어지는 당의 지
배에 대한 '도그마(dogma)'가 전제되어 있다. 물론 당의 지배에 대해서는 '당
성'이라는 이름으로 대중의 '자발적인 상호작용'이 강조되었다. 당의 지배에

대한 도그마와 당성이라는 현존 사회주의의 윤리가 만나 경제위기를 극복하고 급속한 산업화와 경제성장을 성취할 수 있을 것이라는 전망과 기대가 계획의 일원화와 세부화라는 중앙집권적인 지배체제를 완성시켰다. 실제로 1960년대 초반은 '과잉축적의 위기'로 인해서 북한경제가 곤경에 빠져 있는 상황이었다. 계획의 일원화와 세부화는 계획의 중앙집권적 성격을 강화함으로써, 경제위기를 극복하겠다는 취지였다. 이는 곧 당의 지배가 계획 하부 단위까지 관철되는 일이 곧 경제위기 극복을 위한 가장 핵심적인 수단으로 인식되었다. 그러나 과잉축적과 수요억제로 인해서 경제위기는 반복적으로 발생했고, 계획경제의 난맥상은 지속되었다. 이는 당의 지배가 가진 한계와 더불어 당의 지배에 대한 도그마의 문제를 보여주는 대목이다.

2. 정당화의 압력에 대한 관료계급의 대응: 중앙집권적 지배의 한계

반종파투쟁 과정에서 권력의 독점과 함께 정당화의 압력이 상대적으로 약해졌지만, 기본적으로 정치적 특성을 지닌 관료계급에게 지배의 정당성 확보는 포기할 수 없는 문제이다. 이 시기 정당화의 압력은 계획의 중앙집중적 성격이 강화되었음에도 불구하고 경제위기와 경제성장의 지체라는 문제가 해결되지 않아서 발생했다. 이에 관료계급은 제한적이고 한시적이지만 경공업 부문에 대한 투자를 확대하고, 경제적 조정양식에서 현물계획의 지배를 포기하고 시장의 요소(가치범주)를 도입하게 된다. 또한 정당성 확보를 위한 또 다른 방안은 공식적인 통계 발표를 하지 않는 것이다. 그 이전까지 농업생산물에 대한 통계조작이 있었지만 1960년 이후에 공식적인 통계를 발표하지 않는다. '전년 대비 몇 배 성장'이라는 식의 모호한 통계만이 발표될 뿐이다.

(1) 경공업 부문에 대한 투자의 확대: 1960년을 완충기로 선언하면서 그 주요한 이유를 불균형의 문제를 해소하기 위한 것이라는 점을 분명히 했다. 그리고 실제로 경공업 부문에 대한 투자가 과거와 비교할 때 상대적으로 증

가한다. 제한적이고 한시적인 일이었지만 경공업 부문에 대한 투자의 확대가 가지는 '사회정치적 의미'는 적지 않다.25) 대안의 사업체계와 계획의 일원화와 세부화로 인해서 생산 단위에서부터 국가계획위원회에 이르기까지 기능적 역할 분담이 당과 국가에 의해서 부여되는 중앙집권적 지배체제가 제도적으로 완성되었다. 하지만 그렇다고 해서 체제의 역동성이 사라지는 것은 아니다. 관료계급의 전일적인 지배체제가 완성되었다고 하더라도 여전히 정당화의 압력이 존재한다. 관료계급의 뿌리는 권력의 질서로부터 온 것이며, 정치적 계급체제는 정당화의 압력으로부터 자유로울 수 없다. 1960년대 초반 경공업에 대한 투자 확대는 소비재 부족으로 인한 아래로부터의 불만을 잠재우기 위한 정책이었다. 그렇지만 이후 중공업에 대한 집중적인 투자가 이어졌다. 이는 아래로부터의 요구가 정당화의 압력으로 지속적으로 작동하기 힘들 정도로 미약했음을 의미하는 것이기도 하다. 비록 경공업에 대한 투자의 확대가 오래갈 수는 없었다고는 하지만 관료계급의 지배가 가진 한계를 알게 해주었다.

(2) 가치법칙의 형태적 작용테제의 발표: 과도기 사회에서 관료계급이 지배에 대한 정당성의 확보를 위해서 사용하는 주요한 수단 가운데 하나가 이데올로기를 지배체제에 맞게 재해석하는 일이다. 북한사회에서 1960년대에 본격적으로 주체사상이 등장하게 된다. 이는 중·소분쟁 이후 북한사회의 특수성이 강조되면서 북한사회의 현실을 새롭게 해석할 필요성이 제기되었음을 의미한다. 대안의 사업체계와 계획의 일원화와 세부화도 그러한 맥락에서 이해될 수 있다. 이러한 현상이 바로(Bahro 1977, 197)가 언급한 이데올로기의 왜곡이다.

1960년대 '이데올로기의 왜곡'은 북한사회의 현실을 합리화하기 위한 정치경제학적 개념의 재해석을 통해서 확인된다. '가치법칙의 형태적 작용 테제'가 바로 그것이다(김일성 [1969]1983a). 가치법칙의 형태적 작용테제는 그 용어는 조금 다르지만 사회주의에서 가치법칙의 작동에 대한 스탈린주의적 해석에 영향을 받은 것이 분명하다.[26] 적어도 현존 사회주의에서 가치법칙의 작동에 대한 재해석이 필요했다는 점은 2차 세계대전 이후 소위 '성숙된 스탈린주의'(Bialer 1980, 9) 혹은 '절정기 스탈린주의'(Kaple 1994, 7)로 일컬어지는 스탈린이 지배권력으로 군림했던 현실과 당시 북한의 상황이 유사하다는 점을 말해준다. 그것은 다름 아닌 계획을 통한 관료계급의 중앙집권적 지배가 한계에 직면했다는 것을 의미한다. 1960년대 북한사회에서 가치법칙의 형태적 작용 테제가 나올 수밖에 없었던 주요한 이유는 두 가지로 해석할 수 있다. 하나는 완충기로 시작되었던 과잉축적과 수요억제로 발생한 경제위기, 곧 경제성장의 정체가 지속되었기 때문이다. 다른 하나는 계획 내부에 잠재되어 있던 아래로부터의 탈중앙집권적 요구가 확대되었기 때문이다. 대안의 사업체계와 계획의 일원화와 세부화로 아래로부터의 요구를 해소할 수 없었기 때문에, 가치범주와 가치법칙을 수용하지 않을 수 없었던 것이다. 이에 김일성은 '가치법칙의 형태적 작용'이라는 개념을 통해 북한체제에서 경제적으로 시장의 필요성과 정치사회적으로 중앙집권적인 지배의 한계를 인정하지 않을 수 없었던 것이다. 이는 곧 북한사회에서 계획의 중앙집권적 성격 강화를 통한 관료계급의 자기특권화에 한계가 노정되었다는 점을 말해준다.

(3) 통계의 미발표: · 현존 사회주의 사회에서 경제적 문제로 발생하는 정당성의 위기에 대응하는 방식 가운데 하나가 통계조작이다.[27] 북한 역시 1950년대까지 농업생산물에 대한 통계의 조작 가능성이 이미 국내외 연구를 통해서 제기되었다.[28] 그런데 1960년대 이후 북한의 지배권력은 정당화의 압력에 대해서 경제적 통계를 발표하지 않는 것으로 대응했다. 이는 그만큼 1960년대 경제성장의 지체가 지속되었음을 의미하는 동시에 경제위기로 인한 정당화의 압력이 심각했다는 점을 반증한다. 만약 북한경제가 지속적으로 성장했다면, 북한정부는 1940~50년대와 같이 통계를 발표했을 것이다. 체제의 우월성 혹은 체제의 건재함을 과시하기 위해서라도 통계가 발표되어야 했

지만, 현실은 그렇지 않았다. 이는 북한의 관료계급이 통계 발표를 할 수 없을 만큼 심각한 정당화의 압력에 시달렸음을 의미한다.

3. 관료계급의 성격 변화

(1) 중앙집권적 성격의 강화: 각 생산 단위에 대한 당의 지배가 관철됨으로써 관료계급의 중앙집권적 지배가 강화된다. 대안의 사업체계와 계획의 일원화와 세부화는 사회전체를 하나의 유기체와 같이 기능적으로 분할하고, 당을 중심으로 하는 단일한 위계적인 관료구조를 형성하려는 시도들이었다. 이러한 시도들이 성공한다면, 이는 곧 지배의 완성을 의미한다. 왜냐하면 당은 각 기업소와 공장이 당의 지배가 관철됨으로써 계획수립 단계부터 집행에 이르는 전 과정을 총괄하고 관리할 수 있게 되기 때문이다. 거시적 계획 목표부터 각 기업소의 잉여생산물 배분과 사용 그리고 노동 통제에 이르기까지 모두 정치관료에 의해서 결정될 수 있게 되는 것이다. 당을 중심으로 하는 기능적 역할 분담이 성취됨으로써 위계적 관료구조가 완성된다.

위계적 관료구조의 형성을 통해 권력과 지배의 통일이 성취됨으로써 당과 국가가 부여하는 중하위 관료의 기능적 역할 분담이 이루어졌다. 중간관료는 계획을 중심으로 개별적인 역할을 부여받게 되며, 다시 이는 계획을 통해서 하나로 통합된다. 적어도 이론적으로는 각 부문 간의 역할 분담은 계획에 의해서 유기적으로 결합된다. 중하위 관료들은 자신의 역할을 충실히 수행하는 것이 곧 당과 국가에 대한 충성을 보여주는 유일한 방법이었다. 물론 중앙에 의한 이와 같은 기능적 역할 분담이 가능한 것은 생산 단위에서부터 계획기구의 상층부까지 당의 지배가 관철되었기 때문이다. 이론적 맥락에서 이와 같은 중앙집권적 통합은 수직적 통합이면서 동시에 수평적 통합이다. 계획의 일원화와 세부화를 통해서 '생산적 련계'가 가능해졌기 때문이다. 물론 관료의 기능적 역할 분담은 위계구조의 정점에 있는 정치계급에 의해서 결정된다.

대신에 중간관료의 자율성은 상대적으로 약화된다. 대안의 사업체계는 공장당위원회가 생산관리를 담당하게 됨으로써 공장과 기업소까지 당의 지배가 실현된다. 공장당위원회는 계획에 의해서 결정된 사항을 실현하는 역할을 담당하게 될 뿐이다. 특히 잉여생산물의 배분과 사용에서 권한이 축소된다. 원자재의 공급은 성과 관리국이 담당하게 된다. 이는 자재부족이 심각한 상황에서 자재확보 경쟁을 차단하기 위한 조치이다. 게다가 현물로 이루어지고 있다. 현물 형태의 자재공급은 담당 관료들의 자율성을 제한하기 위한 것일 가능성이 높다. 직접적으로 현물이 공급되기 때문에 화폐 형태의 자재공급보다 '예비'를 축적하기 어려워진다. 자원 확보 경쟁이 약화됨으로써 인플레이션 압력은 상대적으로 약화되고, 이 과정에서 발생할 수 있는 관료의 렌트추구 가능성도 줄어들게 된다.

정치관료에 의한 노동 통제권은 오히려 강화되었다. 노동력의 재생산을 위해 필요한 후방공급을 개별 공장과 기업소에서 결정할 수 있게 되었기 때문이다. 생필품과 소비재에 대한 후방공급을 공장과 기업소가 담당하게 됨으로써 노동에 대한 통제가 상대적으로 용이해졌다. 노동력의 재생산을 위해 필요한 생필품을 배급제를 통해서 직접 관리하지 않지만, 공장과 기업소를 통해 관리함으로써 소비재 부족으로 인한 문제를 해소하기 위한 방법이다. 노동의 정치의존도 혹은 관료의존도는 높아질 수밖에 없다. 게다가 공장당위원회를 현장노동자로 구성함으로써 그리고 노동계급의 경쟁을 유도함으로써 계급내부의 연대를 어렵게 만들었다. 즉 위계적 관료구조의 형성으로 중하위 관료와 노동에 대한 정치관료의 통제권은 강화되는 반면 중하위 관료와 노동의 자율성은 더욱 약화되었다.

(2) 중앙집권적 지배체제의 한계: 권력의 의도와는 달리 계획을 중심으로 하는 중앙집권적 지배체제는 실현되지 못한다. 중앙집권적 지배체제 내부의 '균열'은 엄연한 현실이다. 우선 관료계급 내부의 균열이다. 이는 내부예비가 지속적으로 존재하고 있다는 점을 통해서 확인된다.[29] 대안의 사업체계에서

당에 의한 지배가 관철되었다고 하지만, 내부예비와 본위주의는 사라지지 않는다. 상대적으로 위로부터의 감시와 관리와 강화되었지만, 여전히 관료의 렌트추구와 연성예산제약이 존재한다. 이는 계획의 중앙집권적 성격이 강화되더라도 계획의 편성과 집행 사이에 이해관계의 대립이 실재함을 말해주는 것이다.

다음 계획을 통한 '생산적 련계'의 한계 때문에 기업과 생산부문 간의 균열이 발생한다. 계획을 통한 개별 기업과 각 산업을 서로 밀접하게 연관시키려 하지만, 이는 정치적인 강제를 통한 기계적인 결합에 불과하다. 산업연관효과가 발휘되기 위해서는 산업구조의 불균형 문제가 해소되어야 한다. 중공업부문에 대한 투자가 집중됨으로써 잉여가 발생하는 반면 경공업과 농업부문에서는 부족이 발생한다. 잉여와 부족이 공존하는 상황에서 생산부문 간의 연계는 사실상 불가능하다. 따라서 계획을 통한 중앙집권적인 사회통합 역시 어렵다. 자연히 관료들의 기능적 역할 분담도 한계에 부딪힐 수밖에 없다. 잉여가 발생하는 중공업 부문과 부족으로 인해 생산마저 어려운 경공업 부문은 이해관계가 다를 수밖에 없다.

마지막으로 계획을 통한 중앙집권적 지배체제의 한계는 계획과 시장의 균열이다. 권력은 계획의 일원화와 세부화를 통해서 시장적 요소를 배제하려 했다. 하지만 결과적으로 권력의 이러한 의도는 실현되지 못했다. 1969년 '가치법칙의 형태적 작용' 테제는 이를 증명한다. 시장의 요소를 수용한다는 것은 과잉축적과 수요억제를 계획을 통해서 해결할 수 없으며, 아래로부터의 불만을 해소하기 위해서라도 시장 요소의 수용이 불가피함을 의미한다. 가치법칙의 형태적 작용 테제는 당시 북한의 지배권력이 정당화의 압력에 대해서 강제적인 중앙집권적 통합보다는 제한적인 시장적 요소를 수용함으로써 아래로부터의 요구를 일정 정도 수용하여 문제를 무마하려 했음을 의미한다.

4. 노동계급의 성격 변화

1) 구체적 노동과 노동소외: 원자화, 탈계급화, 탈정치화

사회주의에서 구체적 노동으로서의 정체성은 자본주의적 교환으로부터 자유로운 그래서 자본주의적 착취와 소외로부터 해방된 노동계급의 노동을 상징한다. 그러나 현존 사회주의에서 구체적 노동으로서의 정체성은 교환이 배제된 중앙집권적 계획 명령에 따라서 사용가치의 생산을 목적으로 하는 노동일뿐이다. 북한사회는 계획의 일원화와 세부화를 통해서 교환이 배제되고 현물계획이 지배하는 중앙집권적 계획경제 체제를 완성하였으며, 이에 따라 구체적 노동으로서의 정체성이 확립되었다.

관료계급은 노동에게 계획의 명령에 따라 (사용가치) 생산의 증가를 요구하였다. 계획의 명령에 따라 노동생산성의 증가가 독려되는 이론적 근거를 종합해보면 다음과 같다.

> "모든 생산수단이 사회적 소유로 되어있는 사회주의 사회에서는 계획이 없이는 도대체 경제가 움직일 수 없으며 사회주의 경제는 오직 계획경제로만 발전 할 수 있다(『김일성 저작선집 4』, 243; 『경제사전 1』 1971, 354 재인용)."

> "사회주의 사회에서 노동은 착취와 억압에서 해방된 근로자들의 자유로운 로동"(『로작사전』 1982)이며, "로동의 열매는 자기자신의 것과 인민대중의 것이 된다(『김일성 저작집 3』, 49; 『경제사전 1』 1971, 559에서 재인용)."

따라서 사회주의 사회에서 노동은 신성스러운 의무가 되며(전영근 1955), 노동생산성의 증가는 사회주의와 공산주의 건설을 결정짓는 가장 주요한 변수로 이해된다(로병훈 1959). 대안의 사업체계는 계획이 대중 자신의 것이 되게 한다(림수웅 1962, 21). 계획의 일원화와 세부화는 북한의 구체적 실정에 '맑스-레닌주의의 원리를 창조적으로 발전시킨 독창적인 체계로서'(김일성 [19651982, 459), "사회주의적 계획화의 본질적 요구에 전적으로 맞으며 당의 로선과 정책에 립각하여 계획화 사업을 진행할 수 있게 하는 가장 과학적인 계획화 체계이다(『경제사전 1』 1971, 370)." 즉 이러한 논리에 따르면, 노동이 계획의 명령을 따라 노동생산성을 증가시키는 일은 사회주의와 공산주의 건설을 위한 것이면서 동시에 대중들 스스로를 위한 것으로, 대안의 사업체계와 계획의 일원화와 세부화는 이를 북한의 현실에서 실현되도록 만들었다.

그러나 현존 사회주의에서 노동의 성격은 사용가치의 생산을 목적으로 하는 구체적 노동이지만, 계획의 명령에 따른 생산의 증가는 사회주의를 위한 것도 그렇다고 노동계급을 위한 것도 아니었다. 계획경제에서 생산성 증가와 경제성장은 사회주의 건설을 위해서도, 노동계급의 이익을 위한 것도 아니었다. 생산성 증가와 경제성장을 통해서 권력의 정당성을 확보하고, 계획을 통해서 지배를 안정적으로 재생산하려는 관료계급의 이익을 위한 것이었다. 현존 사회주의에서 구체적 노동으로서의 정체성이란 결국 노동이 계획의 명령에 따르는 피동적(被動的) 존재라는 사실을 말해주는 것에 지나지 않았다. 권력의 질서와 지배의 질서가 통일됨에 따라 노동계급의 소외는 더욱 더 심각해진다. 지배체제 형성의 주요한 목적 가운데 하나는 노동을 지배질서에 편입시키는 일이다. 결과적으로 이는 곧 노동계급의 자율성을 약화시키는 일이었다. 노동계급의 자율성을 약화시키는 일은 매우 다양한 형태로 나타나지만, 결국 하나로 귀결된다.

계획을 중심으로 하는 중앙집권적인 지배체제에서 개별 노동자는 계획에 의해 결정된 노동분업에 따라 그 역할이 결정된다. 기능적 노동분업 체제에서 노동이 배치됨으로써 노동자는 자신의 의사에 따라 노동력에 대한 공급을 결정하는 일마저 제한될 수밖에 없다. 레인(Lane 1987, 13)은 현존 사회주의에서 노동의 소유권은 사회의 이익을 대표하는 국가에게 있으며, 계획기구를 통해서 노동의 고용이 관리된다고 보았다. 또한 쏘로키나(Sorokina)는 소련에서 노동력은 이중적인 성격을 가지고 있다고 보았다. 국가가 노동력의 주요한 고용주일 때 노동력은 사회의 재산이면서 동시에 노동에 대한 임금을 지불받을 때 노동자의 재산이 된다(Lane 1987, 13).

계획의 일원화와 세부화는 중앙집권적 노동분업 구조에 따라 노동력을 배치하는 데 있어서 당의 개입을 합리화한다. 천리마 운동이 대중운동을 통한 노동동원이라면, 계획의 일원화와 세부화는 노동동원을 제도화·체계화시킨 경우이다. 물론 당과 국가에 의한 기능적 노동분업이 가능하기 위한 전제는 노동 통제가 가능해야 한다. 대안의 사업체계는 기업소 관리에서 당의 지배를 관철시키는 일이며, 이를 위해서는 노동 통제가 선행되어야 한다. 대안의 사업체계는 후방공급체계를 통해서 노동 통제를 실현한다. 후방공급체계를 통해서 공장과 기업소 단위로 노동력의 재생산을 위해 필요한 생필품과 소비재들을 관리하게 하였다. 후방공급의 핵심은 노동의 수요를 통제하는 일이다. 기업소 단위의 후방공급체계를 통한 노동의 수요관리는 노동의 정치(당)에 대한 의존도를 높인다. 즉 당과 노동 간의 후견-피후견 관계를 통해서 기능적 노동통합을 실현한다.

노동계급에 대한 정치의존도가 높아짐으로써 노동계급은 원자화된다. 노동계급의 정치적 의존도가 높아지는 것은 노동계급의 연대와 저항을 어렵게 만든다. 게다가 노동조직의 자율성은 대안의 사업체계 이후 더욱 약화되었다. 김일성([1964] 1982b, 380~382)은 1964년 6월 26일 조선노동당 중앙위원회 제4기 9차 전원회의에서 "근로단체사업을 개선강화할데 대하여"라는 연설에서 직업동맹사업을 개선할 필요성이 있음을 역설했다. 직업동맹의 노동 통제와 단체계약 그리고 직업동맹의 산별조직 등이 주로 비판의 대상이었다. 이러한 요소들은 자본주의의 '낡은' 잔재로 그리고 '교조주의'로 비판받았다. 직업동맹에 형식적으로 나마 남아 있던 노동계급의 이해와 요구를 대변하는 역할이 불필요하다고 지적하고, 대신에 생산력 증대와 직업동맹에 대한 당의 지배가 강조되었다. 따라서 노동계급은 조직적 연대와 저항을 통해서 자신의 의사를 관철시키려 하기보다는 당과 국가와의 후견-피후견 관계의 형성을 통해서 생존하려 한다. 또한 노동자의 후방공급을 대안의 사업체계에서 기업소 단위가 책임지게 됨에 따라 당에 대한 의존도는 더욱 높아질 수밖에 없다. 그리고 사회주의 경쟁에서 노동은 인센티브를 위해 경주하게 됨으로써 계급 내부의 연대는 더 어려워진다. 노동계급은 생존을 위해서 권력에 의존하지 않을 수 없으며, 정치권력은 이를 이용하여 노동동원 체제를 보다 공고히 한다.

자연히 노동계급의 자율성은 극히 제한된다. 노동계급이 지배의 대상일 뿐 정치의 주체는 되지 못한다. 사회지배체제는 기능적 역할 분담에 의해서 위계적으로 통합된다. 각 공장과 기업소는 실질적으로 노동을 통제하고 감시하는 기구가 된다(박형중 2002, 142). 계획에 의한 노동분업은 노동계급을 권력에서 배제하고, 권력이 만든 지배체제를 작동시키는 부속품과 같은 역할을 하게 된다. 북한의 사회정치적 생명체론은 수령, 당, 대중을 하나의 유기체로 설명하지만, 사실 이는 노동계급을 권력으로부터 철저히 배제하고, 강제적으로 탈정치화시킨다.

2) 완전고용과 위장실업의 의미

노동의 부족은 이 시기에도 역시 지속된다. 경제위기에도 불구하고 중공업에 대한 우선적 투자가 지속된 덕택이다. 물론 노동력의 인입 증가율은 상대적으로 감소할 수밖에 없었지만, 여성 노동력의 인입 증가 등을 통해서 노동력은 증가하고 있었다. 그러나 과잉축적으로 인한 경제위기에도 불구하고 노동력의 부족과 노동력에 대한 수요 증가는 이해하기 힘든 부분이 있다. 경제위기에도 불구하고 게다가 위기의 상황에서 균형 혹은 긴축재정이 이루어짐에도 불구하고 실업이 발생하지 않는 것은 자본주의와 대비되는 주요한 특성이다. 현존 사회주의 사회에서 완전고용이 유지되는 원인에 대한 분석이 필요하다.

현존 사회주의에서 완전고용의 원인에 대한 분석은 다각도로 이루어지고 있다. 레인(Lane 1987)의 분류에 따르면 다음 네 가지로 요약할 수 있다.

(1) 완전고용은 정부정책이라는 견해이다(Lane 1987, 215~217). 이 견해는 다시 두 가지로 구분할 수 있다. 하나는 완전고용이 마르크스－레닌주의 이데올로기를 정당화하기 위한 정책의 일환으로 보는 입장이다. 완전고용은 사회주의적 계획의 결과로서, 당이 노동계급을 대표하고 있음을 보여주는 것으로 이해된다. 다른 하나는 노동공급과 노동수요 사이에 불일치로 인한 의도하지 않은 결과라는 설명이다. 여기서 노동부족은 관리자가 노동예비를 축장함으로써 발생한다.

(2) 완전고용은 계획체제의 문제점이라는 인식이다(Lane 1987, 217). 노동부족과 낮은 노동가동률(underutilization)은 임금이 지나치게 낮고 시장에 의한 임금차별화가 불충분하게 이루어졌기 때문에 발생한다는 주장이다.

(3) 완전고용을 체제의 모순으로 인식하는 경우이다(Lane 1987, 219~220). 현존 사회주의 경제는 정치, 행정, 이데올로기적 환경이 다르며, 따라서 자본주의와는 주요한 차이점을 보인다. 첫째, 공적소유(public ownership)와 계획은 정부가 경제에서 더 큰 역할을 하게 되며, 시민(citizen)에게 일자리를 제공해야 할 책임을 가진다. 둘째, 이데올로기적 제약이 만성적 실업을 받아들일 수 없는 경제적·정치적 비용으로 만든다. 셋째, 가격체계로부터 자유롭다는 것은 노동시장의 병적 이상(pathology)을 해결하기 어렵게 만든다. 작업장에서 잠재적 실업(underemployment)과 병존하는 노동의 부족은 체제의 모순이라는 설명이다.

(4) 사회학적 접근이다(Lane 1987, 231). 레인의 접근법은 완전고용은 충성/결속 체제와 연결되어 있으며, 동기부여(motivational commitment; 여기서는 마르크스－레닌주의)와 연결되어 있고, 공급 제약경제와

관련되어 있으며, 산출 극대화와 정치적으로 결정된 자원분배 체제
가 관련되어 있기 때문에 체계적이라고 주장한다.

여기서는 레인이 제기한 충성/결속과 완전고용의 문제를 지배체제의 형성과 완전고용의 문제를 통해서 설명한다. 레인(Lane 1987, 230~231)은 소련에서 경제에 대한 정치의 헤게모니는 경제적 효율성보다는 충성과 연대를 확실히 우선하게 하며, 이는 완전고용정책을 의미한다고 설명한다. 사회주의에서 경제의 효율성은 결속(solidarity)을 위해서 희생되며, 자원분배는 충성을 유지하기 위한 수단이다. 따라서 완전고용은 자본주의에서처럼 경제적 효율성을 위해서 경주하는 것보다 우선시된다. 이러한 의미에서 완전고용은 정부정책의 한 부분이다. 정치적 가치는 노동과 일자리의 중요성을 강조한다. 충성과 결속은 완전고용의 정치적 목적이자 이유이다.

레인의 이러한 인식은 완전고용과 노동계급의 충성 관계를 설명함으로써, 현존 사회주의 사회에서 완전고용의 사회학적 의미를 분석하려 했다는 데에 의미가 적지 않다. 그러나 그의 분석은 노동계급의 충성을 설명할 수는 있지만, 지배권력의 의도를 설명하는 데에는 다소 부족하다. 이는 현존 사회주의의 지배체제에서 계획과 공장 및 기업소의 역할에 대한 부분이 같이 고려되지 못했기 때문으로 보인다. 지배권력은 노동계급의 충성을 유도하기 위해서만이 아니라 노동계급을 계획의 최하위 단위인 공장과 기업소를 통해 지배질서로 편입시키기 위한 정책의 일환이다. 이로써 계획을 통한 중앙의 명령이 효과적으로 노동계급에게 전달되고, 노동계급에 대한 동원과 감시가 용이해진다.[30] 즉 완전고용은 노동의 국가의존도를 높임으로써 노동계급의 충성을 유도하고 동시에 노동의 동원과 통제를 용이하게 한다.

완전고용은 계획을 통한 기능적 노동분업을 기초로 당이 노동을 직접 배치함으로써 성취된다. 이는 당이 계획을 통한 중앙집권적이고 위계적 사회통합을 성취하기 위한 전략의 일환이다. 물론 중앙집권적 사회통합은 대안의

사업체계와 계획의 일원화와 세부화를 통해서 계획의 수립과 집행에 이르는 모든 경제단위가 당의 중앙집권적 계획 결정에 따라 작동하기 때문에 가능한 일이다. 계획에 의한 기능적 노동분업에서 '효율성'보다 더욱 중요한 문제가 있다. 노동 통제와 관리를 통해서 지배체제를 완성하고 공고화하는 일이 바로 그것이다. 현존 사회주의 사회에서도 고용은 노동계급의 기본적 생계유지를 위해 필수적이다. 그런데 노동시장이 부재한 상황에서 고용은 궁극적으로 정치적으로 결정된다. 곧 이는 고용 문제에서 노동에 대한 정치의 의존도가 높다는 점을 말해준다. 결국 완전고용은 노동에 대한 정치 의존도를 높이고, 중앙집권적 사회통합을 위한 유용한 수단으로 이용된다. 현존 사회주의에서 완전고용은 노동계급의 정치사회적 자율성을 약화시키는 수단이다. 북한사회에서 당의 결정에 따라 완전고용이 이루어지며, 권력은 완전고용을 이용하여 노동계급의 자유와 연대를 차단하고 피동적인 존재로 만들어 버렸다.

완전고용이 설비가동률의 하락에도 불구하고 유지될 수 있는 또 다른 이유는 고용된 노동력이 '위장실업' 혹은 '잠재적 실업'의 상태에 있기 때문이다. 이미 위장실업은 1950년대부터 존재했으며, 이후에도 지속된다. 물론 모든 노동력을 위장실업으로 판단하기는 어려우며, 고용된 노동력 가운데 위장실업의 구체적 규모를 파악하기는 힘들다. 그러나 소위 '설비이용률'을 통해서 짐작할 수 있다. 대안전기공장에 현지지도가 있기 전에 1961년 1/4분기 63.7%와 70% 미만으로 보고되었다(『근로자』 1962, 14). 이러한 상태임에도 불구하고 실업이 존재하지 않는다. 이러한 경우 노동자 가운데 상당수는 위장실업 혹은 잠재적 실업 상태임을 짐작할 수 있다. 게다가 식량과 소비재의 부족이라는 문제는 해결되지 않는다. 1963년 '인민 소비품'의 증산이 강조되기도 하지만, 중공업 부문의 과잉축적이 지속된다. 과잉축적과 수요억제는 동전의 양면과 같다. 후방공급에 대한 기업소 수준의 관리를 통해서 소비재의 부족으로 인한 과잉수요 발생의 문제를 통제하고 있다. 소비재 부족과 수요억제는 실질 소득이 증가하지 않았다는 점을 말해준다. 노동계급의 생산성은 상대적으로 과거와 비교할 때 증가하였다는 점을 감안하면, 실질소득의 증가율은 매우 낮았음을 확인할 수 있다. 고용된 노동계급이 사실 위장실업 상태에 있음을 확인시켜 준다. 앞서 논의한 바와 같이 위장실업은 노동의 정치의존도를 높이는 또 다른 원인 가운데 하나이다.

완전고용이 지속될수록 노동계급의 정치적 의존도가 더욱 더 높아진다. 노동은 생계를 유지하기 위해서라도 고용을 유지해야 한다. 기업소의 후방공급에 의존하지 않으면, 소비재를 구매하기 더욱 더 어려워진다. 실질소득 인하에 대한 저항보다는 당에 대한 충성을 통해서 생필품과 소비재를 확보함으로써 생계를 유지해야 한다. 정치는 이를 노동계급의 자발적 복종으로 대내외에 선전하면서, 노동계급에 대한 위계적이고 기능적인 통합을 강화하려 한다.

5. 후견 – 피후견 관계의 공고화

계획과 명령을 근간으로 하는 '사회적 종합'은 계획의 한계와 산업구조 불균형 등의 결과로 한계에 부딪히게 된다. 계획수립부터 집행에 이르기까지 각 부문을 기능으로 분할하고, 그에 걸맞은 역할을 부여하는 것은 한계에 부딪힐 수밖에 없었다. 하지만 이를 통해서 현존 사회주의 사회지배체제 원형이 완성된다. 정치권력은 유기체와 같은 정밀한 노동 분업체제를 형성하지는 못했지만, 관료 – 노동 사이의 후견 – 피후견 관계를 통해 지배체제에서 발생하는 균열을 일정 정도 보완했기 때문이다.

대안의 사업체계를 통해 하층 당조직에 의한 공장과 기업소의 관리가 이루어진다. 생산만이 아니라 자재공급체계와 후방공급체계에서까지 관료계급의 자율성은 약화된다. 하지만 계획의 한계는 사라지지 않는다. 계획수립과 집행 간에는 이해관계의 차이가 발생할 수밖에 없다. 생산 단위는 여전히 최대한 생산자원을 확보하려는 경향성을 가지게 된다. 이는 생산자원이 부족하기에 일정 정도 불가피한 측면이 존재한다. 계획이 존재하는 한 중하위 관료의 렌트추구와 연성예산제약은 쉽게 사라지지 않는다. 그렇지만 중하위 관료의 자율성은 지배인 유일관리제에서 보다 약화되었음을 부인하기 어렵다. 계획을 통한 당내 위계구조의 발현으로 관료계급 내부의 상하관계는 보다 분명해졌다. 과거와 비교할 때 상하 간의 경쟁과 갈등은 감소할 수밖에 없다.

계획의 중앙집권적 성격이 강화됨에 따라 경제잉여만이 아니라 노동에 대한 통제 역시 강화된다. 대안의 사업체계와 계획의 일원화와 세부화를 통해서 노동계급에 대한 권력 상층부의 직접적인 지배가 가능해졌다. 대안의 사업체계는 집체적 지도가 실현된 것이라고 주장하지만, 실제로는 공장관리에서 당의 영향력이 강화되었을 뿐이다. 당은 계획을 통해서 노동을 위계적으로 통합시키려 했지만 노동의 이해와 요구를 수용할 의사를 가지고 있지는 않았다. 계획의 일원화와 세부화는 중앙집권적 성격을 강화하려 했지만, 계획수립과 집행에서 노동의 의사를 반영하지 않았다. 노동은 철저히 '소외'되었다.

노동소외는 노동계급의 자율성 약화를 의미하며, 이는 노동계급의 원자화를 통해서 확인할 수 있다. 노동계급의 연대가 어려워진 이유는 무엇보다 생존을 위해서 정치에 의존하지 않을 수 없기 때문이다. 현존 사회주의에서 노동계급의 생계는 노동을 통해 결정되며, 고용은 정치적으로 결정된다. 그 결과 정치적 완전고용이 성취된다. 북한은 스스로를 '완전취업 사회'라고 규정한다. 이는 자본주의적 완전고용과는 성격이 근본적으로 다르다. 현존 사회주의에서 완전고용의 사회적 의미는 기능적 노동분업을 통한 노동 통제를 성취함으로써, 궁극적으로 중앙집권적 지배체제의 형성을 위한 전략의 일환이다. 하지만 계획의 한계와 산업구조의 불균형 등으로 인해서 계획 내부에는 균열이 발생하게 되며 중앙집권적 지배체제의 형성도 한계에 직면하게 된다. 그 결과 기능적 노동분업을 통한 당과 국가에 의한 위계적이고 완벽한 노동 통제는 불가능하다. 당과 국가의 노동 통제에도 부분적이지만 분명히 균열이 존재한다. 하지만 그렇다고 해서 노동의 정치의존도가 약화되는 것은 아니다. 노동은 생존을 위해서 정치에 의존하지 않을 수 없다. 게다가 노동계급 내부의 경쟁관계가 발생함으로써 원자화는 지속된다. 결국 노동계급 내부의 연대는 더욱 어려워지고, 노동계급은 강제적으로 탈정치화된다. 즉, 중앙집권적 지배체제의 형성이 완벽하게 성공하지는 못했지만, 대신 관료와 노동 간의 후견－피후견 관계의 형태로 표출되는 지배관계가 형성된다.

—

제6장

—

제6장

북한체제의 모순과 사회적 종합

제1절 모순의 순환과 사회적 종합의 변화 I
: 권력의 직접적 대중동원과 계획의 성격 변화

1. 모순의 순환과 사회적 종합: 재정위기와 지배체제의 형성 과정

북한은 1956년 재정위기를 극복하기 위한 뚜렷한 복안을 가지고 있지 않았던 것으로 보인다. 엄격한 의미에서 "증산과 절약"은 경제위기를 극복할 대안이라기보다는 캠페인에 가까운 것이었다. 본래 정치적 캠페인은 한 사회가 지향해야 할 바를 명시하는 동시에 그 사회가 가지고 있는 문제점을 말해준다. 어떠한 사회에서 끊임없이 캠페인이 재생된다면, 사실 이는 곧 그 사회가 심각한 문제를 안고 있음을 말해준다. 한 사회가 안정적이고 특정한 문제가 없다면, 정치적 캠페인은 불필요하다. 전후복구가 완성되고 지속적인 성장을 지속했다면, '증산과 절약'이라는 구호는 등장할 이유가 없다. 즉 증산과 절약은 심각한 재정위기 상황을 대변해주는 캠페인으로 이해하는 것이 맞다. 또한 증산과 절약의 구체적 내용이 '내부예비의 동원'과 '설비이용률의 제고'라는 점은 두 가지 사실을 말해준다. 첫째, 권력이 재정위기의 책임을 중하위 관료에게 돌리고 있다는 것이다. 둘째, 중하위 관료의 렌트추구와 연성예산 제약이 실재했음을 말해준다.

만약 권력투쟁이 첨예한 가운데 발생한 재정위기를 극복할 새로운 대안을 마련한다면, 이는 곧 전후복구 기간 동안의 정책을 부정하는 일이 된다. 권력의 입장에서 재정위기의 극복과 권력의 공고화라는 두 가지 과제를 동시에 해결할 수 있는 거의 유일한 길은 경제에 대한 '정치의 우위'를 강화하는 일이다.

사실 재정위기와 권력투쟁은 자칫 사회경제적 혼란과 더불어 정치의 위기가 초래할 위험을 가지고 있다. 정치우위는 이러한 가능성을 잠재우기 위한 방안이다. 경제적 모순을 정치의 우위라는 모순으로 해결하는 방식이었다. 정치의 우위는 '계획'의 강화를 통해서 실현된다. 계획의 강화는 사회경제적 자율성을 약화시키고, 중앙집권적 기능을 강화하는 일이다. 그 내용은 잉여생산물과 노동에 대한 중앙의 통제와 관리의 권한을 강화하는 것이다. 그 방법은 반종파투쟁, 현지지도, 천리마 운동이다. 반종파투쟁은 김일성계의 권력독점 이후 권력 상층부에 대한 숙청과 당증교환사업 등을 통해 광범위하게 진행된다(이종석 1995, 279~284). 현지지도는 '증산과 절약'이라는 캠페인에 따라 최고권력자가 대중과 직접적 교류를 통해서 긴축과 내핍을 독려하는 것이다. 이 과정에서 중간관료들은 관료주의와 본위주의, 보신주의와 소극성, 기술신비주의 등의 문제를 가진 세력으로 비판받게 된다(『조선전사 29』 1981, 21~31). 천리마 운동으로 발탁된 '노력영웅'과 '공화국 영웅'들은 새로운 지배계급으로 부상한다.

정치우위가 경제위기를 극복하는 방식은 중앙집권적 계획메커니즘을 강화함으로써, 잉여생산물의 수취와 배분을 당과 국가가 직접 결정하는 것이다. 거시적 수준에서 계획을, 미시적 수준에서 기업소와 공장에 대한 수령과 당의 직접적 지배를 실현하는 일이다. 이를 위해서 현지지도와 천리마 운동으로 대표되는 최고권력과 대중의 직접적인 교류를 통해서 노동을 동원한다. 현지지도와 천리마 운동의 궁극적인 목적은 중하위 관료에 대한 견제와 대중의 동원을 목적으로 했으며, 이는 궁극적으로 계획의 중앙집권적 성격을 강화하기 위한 일이었다. 이는 1960년대 대안의 사업체계와 계획의 일원화와 세부화로 제도화된다. 따라서 현지지도와 천리마 운동은 시장의 요소들을 제거하는 과정으로 이해할 수 있다. 실제로 이 시기 농업과 개인상공업에 대한 '사회주의적 개조'가 완료된다(서동만 2005, 637~644; 658~719). 즉 당의 직접적 지배를 실현하는 일은 교환을 통한 추상적 사회화(간접적 사회화)를 제거하기 위한 것이었음에 분명했다. 또한 계획의 중앙집권적 기능을 강화하는 일은 사회주의를 실현하는 일인 것처럼 선전되었다. 이는 토대(경제)가 이데올로기를 실천하기 위한 도구로 인식하는 일이면서 동시에 이데올로기의 역할을 토대로 환원시키는 일이기도 했다. 계획은 당의 명령이면서 동시에 사회주의 이데올로기와 동일하게 여겨졌다. 계획은 '절대화'되었다. 1956년 사회주의 건설의 대고조가 선언된 이후 1958년 농업과 개인상공업의 이른바 '사회주의적 개조'가 종료되면서, 계획의 중앙집권적 성격은 한층 강화된다. 표면적으로 이는 사회주의적 가치의 실현을 위한 실질 합리성의 실천 과정으로 보이지만, 실질적으로 형식 합리성을 벗어나지 못했다. 시장의 요소들을 차츰 제거해 나간 것은 사실이지만, 양적 효율성의 논리는 더욱 강화되었다. 현물계획의 지배는 당의 직접적인 지배를 강화시키는 것은 분명했지만 그렇다고 해서 실질합리성을 실현하는 일은 아니었다. 즉 정치우위는 경제위기를 극복하기 위해 '생산력주의(productivism)'에 근간한 형식 합리성을 강화시켰다.

정치우위는 새로운 계급 모순을 형성한다. 8월 종파사건과 현지지도 및 천리마 운동은 관료계급의 교체를 가져왔으며, 이는 새로운 계급모순이 본격적으로 형성되기 시작했음을 의미했다. 관료계급의 교체로 특히 중간계급의 자율성이 약화되면서 관료적 위계제가 실현된다. 게다가 현지지도를 통해 최고지도자와 대중이 직접적으로 교류함으로써 대중의 동원과 통제가 성취된다. 대중동원과 통제는 노동규율의 강화와 같은 직접적인 방식과 배급제의 존속을 통한 간접적인 방식이 모두 동원된다.[1] 대중은 기본적 생계를 유지하기 위해서라도 권력에 의존하지 않을 수 없다. 정치우위는 대중의 관료에 대한 의존도를 증가시켜 관료-노동 간의 후견-피후견 관계를 형성시켰다. 결과적으로 관료계급의 교체와 새로운 계급모순의 형성을 통해서 권력과 지배를 안정적으로 재생산할 수 있게 되었다.

북한체제에서 모순은 또 다른 모순으로 끝을 알 수 없는 뫼비우스의 띠처럼 연결된다. 경제위기는 정치우위로 해결되고, 정치우위는 다시 계급모순을 통해서 재생산되고 강화된다. 모순의 순환은 계획을 중심으로 이루어지며, 이는 지배체제 형성의 초석이 된다. 이 시기 계획이 지배의 도구로서 사회적 종합에 기여할 수 있었던 것은 권력투쟁의 결과 김일성계가 권력을 독점하고, 이후 현지지도와 천리마 운동 등을 통해 최고권력과 대중의 직접적 교류를 통해서 권력의 외연이 확대되었기 때문이다. 계획은 권력의 질서가 지배의 질서로 확대되는 수단이었으며, 이를 통해 중하위 관료와 대중에 대한 통제와 동원이 가능해졌다. 결과적으로 경제위기의 정치우위를 통한 해결, 그리고 권력에 의해서 재형성된 계급모순을 통한 권력의 외연 확대와 지배의 재생산은 결국 권력의 독점과 관료계급의 위계적 구조의 실현 그리고 대중의 소외만을 초래했다. "전체는 하나를 위하여, 하나는 전체를 위하여"라는 구호는 반쪽짜리이다. '혁명적 열의'라는 이름으로 "전체는 하나를 위하여" 헌신할 것이 강요되었다.

2. 사회적 종합의 수단으로서 계획의 특성과 변화

1) '증산과 절약' 그리고 계획의 형식 합리성

1956년 재정위기는 계획의 비효율성을 알리는 전주곡이었다. 스탈린 사후 소련의 경제노선 변화 덕택에 북한 내부에서도 발전전략과 경제조정양식을 놓고 권력분파 간의 논쟁이 존재했다. 그러나 권력투쟁은 최종적으로 김일성 계의 승리로 끝났다. 발전전략은 계획경제가 중앙집권적 통제와 조정을 더욱 강화해 나갈 수 있게 하기 위함이다. 중공업 우위의 축적전략은 더 강화되었으며, 계획의 중앙집권적 성격은 더욱 더 강화되었다. 대신에 계획은 형식 합리성을 보다 적극적으로 수용하였다. 재정위기의 극복과 경제성장은 가장 핵심적 목적이 되었다.

'증산과 절약'은 형식 합리성의 수용을 압축적으로 표현하고 있다. 반종파 투쟁과 현지지도 및 천리마 운동으로 이어지는 일련의 정책들은 계획을 강화하면서 가치범주와 가치법칙의 수용을 제한하기 위한 것임에 분명했다. 하지만 재정위기의 극복을 위해서 경제성장이 우선적으로 해결해야 할 문제가 되었다. '증산과 절약'은 캠페인에 불과했지만, 재정위기와 경제성장에 대한 절박함이 묻어나는 구호이다. 경제성장은 그 자체로 북한체제가 반드시 쟁취해야만 하는 또 다른 가치이다. 계획은 형식 합리성에 기초해서 강화된다. 사회주의 가치와는 거리가 먼 것이었다. 물론 계획의 형식 합리성 수용은 교환을 통한 이윤 확보와는 다른 것이었다. 톤, 미터, 마리, 대수 등의 현물 단위의 표시 등을 기준으로 하는 양적 성장이었다. 양적 성장을 성취하기 위해서 수령이 직접 현지지도에 나섰다. 최고권력자가 생산 단위를 직접 방문하여 양적 지표를 기준으로 하는 계획 목표를 노동계급과 직접 결정한다. 이 과정에서 최고권력자가 제시한 기준에 불만을 표시했던 관료계급은 비판을 받았다. 계획 목표의 달성은 곧 내부예비 동원과 설비이용률 제고에 소홀히 했다는 증거가 되기 때문이다. 관료는 관료주의와 본위주의, 보신주의와 소극성, 기술신비주의라는 문제를 가진 세력으로 규정된다(김일성 [1956]1980f, 463~464; [1958]1981c). 반면 적극적으로 호응한 노동계급 가운데 적극적으로 참여하여 괄목할 만한 성과를 걷은 노동자는 '노력영웅'으로 호명된다(김연철 1996, 233~237).

재정위기를 극복하기 위해서 정치는 사회경제 부문에 적극적으로 개입하고, 경제성장을 실현하기 위한 방법으로 계획의 강화를 선택한다. 물론 교환과 시장의 요소를 수용할 수 있는 선택도 가능했지만, 이는 권력의 정당성 문제를 초래할 위험이 있었다. 가치범주의 수용 문제를 놓고 논쟁을 벌였지만, 8월 종파사건과 반종파투쟁으로 가치범주의 수용은 어려워졌다. 그래서 최고권력은 계획 수립 단계에서부터 현물 단위의 표시 등을 기준으로 하는 양적 성장을 강조하며 중간관료를 압박하고 대중을 직접 동원한다. 경제위기를 정치우위라는 방식으로 극복하는 과정에서 형식 합리성의 수용이 나타난다. 김일성계가 양적 효율성에 기초한 형식 합리성을 수용하게 된 것은 가치범주의 수용을 주장하는 반대세력보다 계획노선이 우월함을 증명해야 했기 때문일 것이다. 따라서 정치권력은 높은 목표를 설정하게 되었으며, 이에 호응하지 않은 관료계급은 교체의 대상이 되었다. 반대로 적극적으로 참여한 노동계급은 새로운 특권계급이 되었다. 정치우위는 경제위기의 문제를 해결했을 뿐만 아니라 특권을 권력의 영향력하에 두고 대중동원이 가능한 지배체제의 구축을 시도하였다.

2) 가치법칙 논쟁과 가치와 가격의 괴리: 시장의 강제적 포섭

재정위기 이후 계획과 시장의 관계를 둘러싼 논쟁이 발생한다. 본래 전후복구 계획이 종료되는 시점에서 배급제가 폐지되고 식량과 소비재에 대한 '자유거래'가 약속되었지만, 배급제가 존속된다. 가치범주와 가치법칙의 수용이 차단된 것이다. 전후복구 과정에서 실질소득은 전전(戰前) 수준보다 하락했지만, 명목소득은 상승했다. 제한적이지만 식량과 소비재에 대한 수요가 증가하게 되고, 이를 해결할 필요성이 있었다. 이에 대한 반대와 불만을 잠재우기 위해서라도 시장의 요소를 제한적으로 수용하지 않을 수 없었다. 계획을 강화하면서 가치범주와 가치법칙을 수용하는 방법이 바로 '가치와 가격'의 관계 설정을 통해 문제를 해결하려 하였다.

1957년 4월 "가격 및 조세제도의 개편"과 동년 7월 "가치법칙과 가격형성에 관한 토론회"에서 농산물 수매가격에 대해 "가치와 가격의 '배리'"가 제기되었다(정태식1957; 남춘화 1957). 농산물에 대한 가치와 가격의 괴리는 생산비용보다 낮은 가격으로 곡물을 수매하는 방식이다. 또한 소비재는 산업도매가격에 거래세를 포함시킴으로써 가격을 상승시켜 소비재의 유통이 확대되는 것을 차단하였다. 국가예산수입에서 거래세가 차지하는 비중은 1959년 비약적으로 증대했으며, 국가기본건설투자에서 가장 큰 비중을 차지하는 것이 중공업이었다.[2] 반면 생산수단에 적용되는 도매가격에는 생산원가와 이윤이 포함되었으며, 이는 사회적 필요노동지출보다 낮게 책정되었다(『경제사전 1』1970, 503). 여기서 사회적 필요노동지출에 대한 산업부문 간의 차이를 고려할 필요가 있다. 중공업에 대한 우선적인 투자로 생산수단 생산 부문에서 사회적 필요노동지출이 상대적으로 유리한 여건을 가지고 있었다. 이러한 상황에서 가격이 사회적 필요노동지출보다 낮게 책정된다는 것은 이중의 혜택이다. 즉 농산물과 소비재에 대한 이와 같은 가격설정은 결국 중공업 우위의 축적전략을 지속하기 위한 전략의 일환이었다(이영훈 2000, 58~61).

산업도매가격은 북한사회에서 중공업과 경공업, 축적(투자)과 소비의 관계를 이해하도록 돕는다. 먼저 산업도매가격은 중공업의 우선적 발전과 경공업 및 농업의 동시발전을 주장하는 이른바 '동시발전 테제'의 실체를 알게 해준다. 또한 축적과 소비에서 축적의 우위를 명확히 확인시켜 준다. 이는 생산수단의 국유화와 무계급 사회의 실현 사이에 등식이 성립되지 않음을 증명한다. 소비와 투자 가운데 소비가 일방적으로 희생되고 있으며, 사실상 이는 대중의 희생을 의미한다. 소비의 억제와 소비재의 통제와 관리는 당과 대중 그리고 관료와 노동 사이의 관계를 보여준다.

여기서 보다 중요한 사실은 가격 유형과 가격결정에서 국가가 중요한 권한을 가지게 되는 것은 계획이 우위에 있으며 시장은 보완적 역할을 수행할 뿐이라는 점을 보여주기 위함이다. 결국 가치법칙 논쟁은 가치와 가격의 관계를 국가를 통해서 설정함으로써, 시장의 요소를 계획에 강제적으로 포섭하는 방식으로 마무리되었다. 이는 곧 교환과 시장요소의 역할을 계획을 통한 정치의 우위로 포섭함으로써 재정위기라는 문제를 해결하려는 전략의 일환이다.

3) 추상적 사회화의 약화와 구체적 사회화의 실패

8월 종파사건 이후 지배체제 형성 과정이 본격화된다. 반종파투쟁과 현지지도 및 천리마 운동은 수령과 당의 직접적인 지배를 관철시키기 위한 일들이었다. 당의 직접적 지배의 실현은 노동의 사회화라는 측면에서 이해할 때, 교환과 시장을 매개로 하는 '추상적 사회화'를 끝내려는 것이었다. 1958년 농업협동화의 종료가 선언되고, 개인 상공업에 대한 '사회주의적 개조'가 완료됨으로써 추상적 사회화는 약화되었다. 하지만 시장의 요소는 사라지지 않았다. 북한은 1957년 4월과 7월 제도개혁과 이론적 논쟁을 거치며 가치범주의 수용 방안을 놓고 숙고했던 것으로 보인다. 직접적 지배를 강화하면서, 지배의 강화를 약화시키지 않은 수준에서 가치범주와 가치법칙의 수용이 결정되었다. 그 구체적 내용은 국가가 거래세와 곡물 수매 등의 방법으로 가격을 직접 조절하는 것이었다. '가치와 가격의 괴리'를 통해서 시장의 요소를 강제적으로 계획에 통합시키려는 단계에 있었다.

그러나 추상적 사회화가 과거와 비교할 때 상대적으로 약화되었다고는 하지만, 그렇다고 해서 직접적 혹은 구체적 사회화가 실현되는 것은 아니다.

배급제의 존속, 1957년 가격개혁 조치, 그리고 1959년 화폐개혁을 통해서 계획의 중앙집권적 성격이 강화될수록 오히려 개인의 이익과 배치된다는 사실을 확인할 수 있다. 노동계급에게 생산(사용가치의 생산)을 증가시킬 것이 강요되면서 동시에 소비의 억제가 강요되었다. 현지지도로 최고권력자와 대중의 직접적 교류가 이루어졌지만, 이것이 민주주의를 의미하는 것은 아니었다. 최고권력자가 중하위 관료들을 제쳐두고 직접 대중을 찾아간 이유는 대중을 위해서가 아니었다. 중하위 관료들을 견제하면서 동시에 노동동원을 통해서 재정위기를 극복하기 위한 정책의 하나였다.

4) 계획의 역설
  : 중앙집권주의와 생산력주의의 결합 그리고 모순의 나선형적 순환

북한체제는 계획화를 통해서 전후복구와 산업화에 성공하였다고 자평한다. '성공'은 실질적으로 '성장'과 '지배'의 두 가지 목적을 달성했음을 의미한다고 볼 수 있다. 두 목적을 달성할 수 있게 해준 방식이 바로 '계획경제'이다. 북한체제의 계획경제 메커니즘에는 중앙집권주의와 생산력주의에 배태되어 있다. 대표적으로 이는 '중공업 우위의 발전전략'을 통해서 확인된다. 중공업 부문에 대한 집중적인 '투자 확대'는 전후복구와 1956년 이후 가파른 경제성장을 견인한다(이영훈 2000, 102; Fujio 1990, 31). 물론 투자 확대가 무조건 경제성장을 견인하는 것은 아니다. 투자 확대에도 불구하고, 자본계수의 상승요인을 상쇄할 수 있을 때만이 경제성장이 가능하다.[3] 이 시기에 작동한 것으로 예상할 수 있는 첫 번째 상쇄 요인은 자본집약도가 일정하게 유지되었기 때문이다. 일반적으로 투자 확대는 자본집약도를 상승시킬 수 있는 요인이었지만, 천리마 운동을 통한 노동력 동원, 특히 1958년 6월전원회의 이후 여성 노동력의 인입이 증가함으로써 자본집약도를 일정하게 유지하였던 것으로 보인다(통일원 1996, 104). 둘째, 노동소득의 증가가 제한되었기

때문이다.⁴⁾ 북한의 공식 통계는 노동생산성 증가를 선전하지만, 요소투입 증가가 요소생산성의 증가로 발전했다고 판단하기 힘들다. 내부예비와 설비이용률 하락의 문제가 발생하는 상황이었기 때문이다.⁵⁾

다른 한편 중공업 우위의 축적전략은 계획을 중심으로 하는 중앙집권적 지배체제의 형성에 기여한다. 중공업은 경공업과 비교하여 관련된 산업이 많고, 대규모 투자를 필요로 한다. 이는 단지 단기간의 경제성장에만 기여하는 것이 아니라 계획을 통한 지배체제의 실현에 기여하게 된다(Selucky 1972, 10~18;23). 중공업 부문에 대한 투자를 통해서 관련 분야의 산업뿐만 아니라 노동자들의 농업부문에서 공업부문으로의 인입을 증가시키게 된다. 곧 권력은 공장과 기업소를 매개로 노동자를 통제하고 관리하게 됨으로써 중하위 관료와 노동자에 이르는 위계적인 권력구조를 실현하게 되는 것이다. 즉 중공업 부문에 대한 투자의 확대는 단기간의 성장을 가져올 뿐만 아니라 권력의 외연이 정치적 공간에서 사회경제적 영역으로 확대되는 데 결정적인 역할을 하게 된다.

계획 메커니즘에 중앙집권주의와 생산력주의의 결합이 본격화될 수 있게 된 첫 번째 계기는 현지지도와 천리마 운동이다. 현지지도는 "내부예비의 동원"이라는 명목으로 최고권력자가 직접 대중을 동원함으로써 경제성장을 추진하는 동시에 대중에 대한 직접적 지배를 실현하기 위한 전략이다. 앞서 언급한 바와 같이 최고권력과 대중 간의 직접적인 교류는 생산목표의 달성을 통해서 합리화되었으며, 결과적으로 최고권력의 명령에 대한 긍정적인 평가를 유도했다(『조선전사 29』 1981, 23). 그 결과 대중동원은 합리화되며, 최고권력의 직접적인 명령을 통해서 '사회적 종합'이 이루어진다.

'천리마 운동'은 생산력 증강을 위한 대중운동으로서, 계획 내에 형식합리성을 결합시킴으로써 '지배의 재생산'에 기여한다. 천리마 운동을 통해 탄생한 노동영웅은 검열과 숙청 등으로 생긴 관료계급의 결원을 대신 차지했다. 이때 관료계급 교체의 중요한 근거는 '당성'이다. 당성은 양적 성장으로 측정된다. 사실 계획경제에서 전체 경제 수준의 효율성은 일정 정도 감지되지만, 개별적 수준의 효율성은 검증되기 어렵다(Damus 1978, 154~155). 기업소, 작업반, 개인별로 비용과 산출이 정확히 계산되기 어렵다. 그럼에도 불구하고 노력절약과 생산 과정의 혁신 등을 기준으로 개별적 수준에서 양적 성장에 대한 기여도가 검증된다.[6] 그 결과 모범이 창출되고, 모범은 노동영웅이 되어 새로운 특권계급이 된다. 즉 노동계급의 동원과 관료계급의 교체 기준은 사회주의 건설의 실천이라는 명목하에 그리고 당성의 이름으로 판단되는 양적 효율성이었다는 점이다. 이데올로기와 당성이라는 추상적이고 다소 모호한 기준을 현물 단위를 기준으로 측정되는 양적 효율성, 곧 새로운 형식 합리성으로 대체함으로써 지배질서를 재생산하고 있는 것이다.

1956년 이후 사회적 종합의 수단으로서 계획은 탈중앙집권적 요소들을 통제·관리하고, 시장의 요소들을 강제적으로 계획에 통합하게 된다. 계획은 수령과 당의 정치적 명령이 중하위 관료와 대중에게 전달되는 의사소통 경로로서 기능을 하게 되며, 이 시기에는 계획의 중앙집권적이고 위계적인 성격이 더욱 강화된다. 그러나 계획의 기능 강화는 사회주의 이데올로기가 지향하는 가치의 실현이 아니라 사회주의 건설이라는 명목하에 진행된 급속한 산업화의 추진이라는 맥락에서 이해되어야 한다. 이 시기 계획에 의한 시장의 강제적 포섭은 사회주의를 지향하는 것이 아니라 계획이 사회적 종합의 수단으로서 복합적(hybrid)인 성격이 강화되는 것으로 이해되어야 한다. 계획은 '생산력주의'를 강화하면서 시장의 요소를 강제적으로 포섭하게 됨으로써 계획의 형식합리성이 강화되고, 결국 이를 통해 복합적 성격이 더욱 더 뚜렷해진다.

전후복구와 급속한 산업화 과정을 추구하는 과정에서 이미 계획은 형식 합리성을 강화했다. 실제로 김일성은 재정위기를 극복하고 산업화를 추진하는 과정에서 일본에 대한 추격발전을 공언한다. 현지지도는 양적 성장을 최고권력의 직접적 지도를 통해서 해결하려는 시도였다. 최고권력자의 현지지도를 통한 직접적 지배와 양적 성장으로 대표되는 형식 합리성의 결합은 권력의 정당성과 계획의 명령을 통한 사회적 종합 그리고 지배의 재생산을 위해서 필수적인 것이었다.

김일성이 8월 종파사건과 반종파투쟁을 거치며 권력을 독점했다고 해서 정당화의 압력으로부터 자유로운 것은 아니다. 소련계와 연안계와의 권력투쟁은 곧 노선투쟁이었다. 비록 권력투쟁에서 승리했다고 하더라도, 중공업 우위의 축적과 계획의 중앙집권적 성격의 강화가 경제성장에 기여했음이 검증되어야 한다. 특히 스탈린주의를 고수함으로써 소련의 경제원조가 감소하는 시점에, 국내의 자체적인 경제성장이 증명되지 않는다면 권력의 정당성에 치명타를 입게 될 것이 분명했다. 그래서 정치권력은 '증산과 절약이라는 구호 아래 '긴축과 내핍' 정책을 취하게 된다. 이 과정에서 중공업 부문에 대한 우선적 투자와 계획의 중앙집권적 성격은 더 강화된다. 현지지도는 정치우위를 통해서 이를 실천하는 방안이었다.

권력의 직접적 지배를 통한 급속한 경제성장의 추진은 사회 통합을 강제한다. 사회 통합은 최고권력자와 대중의 직접적 만남을 통해서 이루어진다. 최고권력자의 명령이 대중에 직접 전달되고, 이에 대중은 적극적으로 호응한다. 최고권력에 의한 대중의 직접적인 지배는 생산목표의 달성을 통해서 합리화된다. 생산목표의 달성은 곧 최고권력의 명령에 대한 긍정적인 평가를 적극적으로 유도했다. 그 결과 대중동원은 합리화되며, 최고권력의 직접적인 명령을 통해서 사회에 대한 지배질서가 형성된다.

계획의 형식합리성이 강조되는 일련의 과정은 결과적으로 관료계급의 교체를 통한 지배의 재생산에 직접적으로 기여한다. 천리마 운동을 통해 탄생한 노동영웅은 검열과 숙청 등으로 생긴 관료계급의 빈틈을 대신 차지했다. 이때 관료계급 교체의 증거 역시 '당성'이며, 이는 양적 성장으로 측정된다. 이데올로기와 당성이라는 추상적이고 다소 모호한 기준을 화폐와 시장으로 압축되는 자본주의적 형식 합리성과는 또 다른 새로운 형식 합리성의 기준으로 치환함으로써 권력과 특권을 일치·조화시키고 지배를 재생산한다.

  그러나 이와 같은 전략은 결국 더 큰 위기를 불러오게 된다. 하나의 모순을 또 다른 모순으로 해결하는 방식으로는 언제나 지배체제는 불안정하고 불완전할 수밖에 없다. 북한의 지배체제는 언제나 위기를 배태하고 있다. 소련의 경제원조가 급감하기 시작하면서 재정위기가 시작되었고, 이를 또 다른 모순, 곧 정치우위와 새로운 계급모순을 통해서 해결했다. 하지만 북한경제의 근본적인 문제는 해결되지 못했다. 실제로 수령과 당의 직접적 지배와 현물 지표로 확인되는 경제성장은 결국 실제 경제성장을 방해한다. 산업구조의 불균형 및 투자와 소비의 불균형은 '잉여와 부족'이 공존하는 왜곡된 경제구조를 발생시킨다. 그런데 모순의 순환은 산업구조의 불균형과 소득 불평등을 더욱 더 악화시킨다. 경제성장을 통해서 권력을 정당화하고 지배를 안정적으로 재생산하려 했지만, 직접적 지배와 형식 합리성의 결합은 결국 경제위기로 귀결된다. 즉 모순은 해결되지 않고 반복적으로 순환한다. 이는 단순한 반복이 아니다. 모순이 순환될수록 문제는 더 심각해지는 나선형적 순환이다.

제2절 모순의 순환과 사회적 종합의 변화 II
: 계획의 중앙집권화와 그 한계

1. 모순의 순환과 사회적 종합
: 1960년대 경제위기와 지배체제 원형의 완성 과정

  1960년 완충기를 시작으로 60년대 초반 경제위기가 발생한다. 1950년대 후반의 급속한 경제성장이 괄목할 만한 것이었다면, 1960년대 초반 경제성장률의 둔화 역시 놀라운 것이었다. 경제성장이 빠르게 진행된 만큼 경제위기 역시 빠르게 진행되었다. 1956년 재정위기 이후 반복적으로 1960년대 초반 경제위기가 찾아왔다. 1960년대 초반 북한의 경제위기는 현존 사회주의의 전형적인 것이었다. 그 원인은 과잉축적과 수요억제 때문이었다.

과잉축적은 자본계수의 상승과 설비가동률의 하락으로 나타난다(『근로자』 1962, 14; 최윤수 1962, 24). 자본계수는 중공업에 대한 우선적 투자와 노동의 부족으로 인해서 상승하였을 가능성이 높다. 이는 자본집약도와 임금분배율로 구성된다는 점을 감안하여 자료의 제약이 따르지만 일정 정도 검증 가능하다. 물론 자본집약도와 임금분배율에 대한 통계 역시 구하기 어렵다. 하지만 대략적인 추정까지 불가능한 것은 아니다. 중공업 우위의 축적전략이 지속되었던 반면 노동공급의 확대는 어려웠다. 여성 노동력이 증가했지만 재적 종업원 수의 증가 비율이 1962년 이후 하락하기 시작했다. 게다가 노동절약적 기술혁신이 이루어지지도 않았다. 하지만 설비이용률 하락으로 인해서 생산수단 생산의 증가에도 일정한 한계가 존재한다. 대신 설비이용률 하락은 생산성의 하락을 동반하게 된다. 이는 임금분배율의 상승을 어렵게 한다. 즉 자본집약도는 상승한 반면 임금분배율은 하락했다. 결국 자본계수의 상승은 필수불가결한 것이었다. 이는 내부예비로 통칭되는 유휴설비의 존재를 통해 그리고 설비이용률에 대한 발표를 통해 확인할 수 있다. 1950년대 중반 이후부터 유휴설비가 발생하게 된 원인은 중공업 우위의 축적전략에 따른 생산재 부분에 대한 과잉투자 때문이다. 과잉투자는 산업구조의 불균형을 초래하게 되었다. 산업구조의 불균형은 산업부문 간의 생산력 격차를 의미하며, 따라서 산업연관효과를 기대하기 어렵게 한다.

소비재 산업의 생산력이 상대적으로 뒤처지게 되었으며, 그 결과 배급제와 거래세 등을 이용한 강제적인 수요억제가 이루어진다. 이는 소득증가와는 무관하게 구매력 증가를 약화시킨다. 강제적 수요억제는 산업부문 간의 생산력 격차를 더욱 더 악화시킨다. 결과적으로 생산재와 소비재 간의 거래에서 부등가 교환이 발생하게 된다. 그래서 계획경제에서 공급과 수요의 단절은 궁극적인 경제위기의 원인이 된다.

1960년대 초반 이와 같은 경제위기에 대해서 동일하게 대응한다. 경제위기에 대한 해법은 재정위기의 극복 방안과 마찬가지로 '정치우위'의 강화였다. 대안의 사업체계와 계획의 일원화와 세부화가 그것이다. 생산조직에서 당의 지배를 관철시키고, 계획의 중앙집권적 성격이 강화되었다. 이는 한편으로 생산조직의 혁신을 통해서 경제위기를 극복하고, 다른 한편으로 계획을 통해서 기능적 분업이 이루어진 상층부터 하층까지의 구성단위들을 위계적으로 통합시켜 지배체제를 완성하기 위한 전략이다. 계획 수립부터 집행에 이르기까지 당의 지배를 관철함으로써 경제성장과 권력의 공고화라는 두 가지 과제를 해결하려는 의도였다.

대안의 사업체계와 계획의 일원화와 세부화는 경제에 대한 정치의 우위를 제도화함으로써, '당의 지도'하에 '생산력주의'를 강화하는 일이었다. 이는 시장과 화폐로 대표되는 자본주의 경제의 형식합리성과는 다른 계획의 형식 합리성 수용을 제도적으로 보장하는 일이었다. 정치적 지도 혹은 당의 지배는 사회주의라는 이데올로기가 가진 가치지향점으로부터 점점 더 멀어져갔다. 생산 과정에 대한 당의 지배는 가용한 모든 수단을 동원하게 된다. 대표적으로 직맹과 같은 노동조직 역시 축적의 기능을 수행하게 된다. 대안의 사업체계 이후 직맹에게는 생산성을 향상을 독려하기 위해 '순 경제적 역할'만이 강조된다(김일성 [1964]1982b, 380~391). 이로써 노동계급의 탈정치화는 심각해지고, '대자적 계급'으로서의 노동계급 성격이 약화되었다. 슐쩨(Schultze 1973, 169)는 생산 과정에 대한 당의 지배가 노동조직의 생산성 향상을 독려하는 순경제적 역할만을 가져와 대자적 계급으로서의 노동계급이 붕괴하게 된다고 보았다.

계획은 경제성장을 핵심적인 목표로 설정한다. 경제조정양식에서 시장적 요소(가치범주와 가치법칙)를 극단적으로 배제하고 현물계획을 통해서 목표를 달성하려 한다. 이는 계획의 중앙집권적 기능을 강화하는 것으로서 정치권력이 계획을 통해 사회를 하나의 유기체처럼 통합을 시도하고 있음을 대변한다. 물론 이는 대안의 사업체계를 통해서 기업소에 대한 당의 지배가 관철되었기 때문에 가능한 일이다. 그러나 가치범주를 완전히 배제할 것인가를 놓고 이견이 존재했던 것으로 보인다. 결국 논의는 '가치법칙의 형태적 작용' 테제를 통해서 상품과 화폐의 교환이 '형태적', 즉 제한적으로 수용된다는 주장으로 귀결된다(김일성 [1969]1983a, 453~459). 이는 현물계획의 한계를 의미하는 동시에 중앙집권적 지배질서가 한계에 부딪혔음을 의미한다. 사회적 종합의 수단으로서 계획이 작동하기 위해 시장의 요소를 수용하는 과정이다. 즉 계획은 상호 모순적인 요소들이 공존하는 복합적(hybrid) 성격을 가지게 된다.

사실 대안의 사업체계와 계획의 일원화와 세부화는 경제위기를 극복할 수 있는 근본적인 대안이 되기 어려웠다. 오히려 산업구조의 불균형과 투자와 수요의 불균형을 심화시킬 가능성이 더욱 높았다. 그러나 계획을 중심으로 하는 위계적이고 기능적인 사회 통합을 통한 지배체제의 공고화에는 기여하였다. 기업소와 대중은 최종적으로 계획을 집행하는 세포가 되었으며, 생계를 유지하기 위해서라도 권력에 의존하지 않을 수 없었다. 자재공급은 물론 후방공급이 당의 관리하에 진행됨으로써 노동계급은 더욱 더 정치에 의존적인 존재가 되고 말았다. 권력은 '하나'로 집중되었으며, 권력의 외연은 사회경제 영역으로 확대되었다. 계획은 제도적으로 지배질서를 재생산하는 가장 중요한 수단이다.

계획의 일원화와 세부화에서 가치법칙의 형태적 작용 테제가 발표되기까지의 과정은 계획의 명령을 통해 '구체적 사회화'의 실현이 불가능하다는 사실을 확인시켜준다. 만약 계획이 대중의 이익을 실현시켜 주었다면, 계획 내부에 탈중앙집권적 요소들은 더 약화되었을 가능성이 존재한다. 하지만 가치법칙의 형태적 작용 테제는 현실에서 탈중앙집권적 요소들이 강화되었음을 확인시켜준다. 또한 가치법칙의 형태적 작용 테제는 계획의 수립과 실행에서

'군중로선'이 대중의 이해와 요구와는 거리가 먼 것이었음을 확인시켜 주었다. 실제로 군중노선이 강조된 이유는 1960년대 경제위기의 원인 역시 중하위 관료들에게 책임을 물으면서, 노동계급에게 생산성 증가를 통해 해결할 것을 강요하기 위해서이다(김일성 [1962]1982c, 500~502; [1965]1982, 455~458).

지배체제가 완성되어가는 과정에서 모순은 또 다른 모순으로 해결하는 방식이 반복되었다. 경제위기를 정치우위로 해결하고, 새로운 계급모순의 공고화를 통해서 지배를 재생산한다. 계획 그 자체가 '사회주의'와 동일시됨으로써 절대적 존재가 되었고, 자본주의적 경제의 형식 합리성, 추상적 사회화, 가치범주와 가치법칙을 완전히 제거하려 하였다. 대안의 사업체계와 계획의 일원화와 세부화가 바로 그것이다. 그러나 이는 권력의 의지일 뿐 현실은 아니다. 중앙집권적 성격의 강화는 한계에 부딪히게 된다. 사회주의적 가치를 실현하기 위한 목적 합리성(실질 합리성)보다는 외연적 성장을 강조하는 새로운 형식 합리성이 자리를 잡게 된다. 노동의 사회화는 결국 교환의 힘을 빌리게 된다. 구체적 사회화와 추상적 사회화가 공존한다. 가치법칙은 수정된 상태이지만 역시 작동한다. 즉 현존 사회주의의 계획은 상호 대립적인 요소들이 변증법적인 대립과 투쟁 그리고 종합이 이루지는 제도적 장치이다.

2. 계획과 사회적 종합의 원형의 완성

1) 당의 지배에 은폐된 형식 합리성

북한체제는 사회주의적 가치가 실현되는 실질 합리성이 지배하는 사회를 목표로 하는 사회이다. 북한체제가 스스로 규정하고 있는 반제반봉건 민주주의 혁명과 사회주의 혁명은 그리고 사회주의 완전승리 단계에 도달하기 전까지의 과도기 단계는 자본주의적 형식 합리성이 점점 제거되고 사회주의적 목적과 가치가 실현되는, 즉 실질 합리성이 지배하는 과정이 되어야 한다. 현지지도와 천리마 운동을 거쳐 대안의 사업체계와 계획의 일원화와 세부화에 이르는 과정은 시장의 요소들이 제거됨으로써 형식합리성이 약화되고 실질 합리성이 실현되는 과정으로 규정되었다. 특히 북한체제는 다른 현존 사회주의 국가들과 마찬가지로 현물계획의 지배가 최고조에 달하게 되는 '계획의 일원화와 세부화'가 화폐와 시장으로 요약되는 형식합리성이 배제되고 실질합리성의 지배가 가장 강화되는 시기로 규정되었다.

그러나 북한체제는 자본주의적 형식합리성을 새로운 형식 합리성으로 대체했을 뿐이다. '정치적 지도'라는 이름으로 당의 지배를 강화했지만, 이것이 실질 합리성의 절대적 우위와 동일시될 수 없다. 『철학사전』(1971, 505)에서 "맑스-레닌주의 당에 의하여 령도되는 로동계급의 정치는 사회발전의 객관적 요구를 옳게 반영하기 때문에 사회주의 사회 발전에 힘 있는 공간으로 된다."고 규정되어 있다. 북한사회에서 정치는 노동계급의 이름으로 당에 의해서 수행되며 이는 사회주의 사회의 발전에 기여한다고 인식되고 있다.

그런데 정치가 '사회주의적 가치'의 실현으로 이해되는 것은 타당한 것인가에 대한 논의가 필요하다. 정치를 사회주의 사회 발전을 위한 힘 있는 공간으로 이해되고 있는 점에 주목할 필요가 있다. 여기서 발전의 의미는 실제로 정치의 역할이 가치의 실현이 아니라 양적 효율성을 기준으로 하는 '경제성장'에 초점이 맞추어져 있음을 의미한다. 정치우위의 사회에서 경제에서 정치의 역할에 주목할 필요가 있다. 마르쿠제(Marcuse 2000, 125)는 소련 사회에서 토대와 상부구조의 관계를 규명하면서, 상부구조가 토대를 초월하고 적대적인 기능이 박탈당함으로써 조직적이고 체계적으로 토대와 동화되고 있다고 주장했다. 토대가 상부구조를 결정한다고 할 때, 상부구조는 생산기구의 요구에 의해 형성된다. 그러나 생산기구는 국영화되고, 생산기구의 요구는 중앙집중적으로 계획되고 통제된다. 여기서 국가는 매개 요소 없이 생산기구의 직접적인 정치조직이 되고, 국유화된 경제의 전반적인 관리자가 되며 실체화된 집단적 이해관계가 된다.

지배권력은 계획의 중앙집권적 성격을 강화했으며, 이를 통해서 지배체제를 형성했지만, 계획은 형식 합리성의 울타리를 벗어나지 못했다. 투자는 자본주의에서처럼 이윤실현을 통해서 검증되지 않았지만, 비용과 효과를 통해서 평가되었다. 평가의 기준은 이윤과 이윤율과는 질적으로 다르지만 여전히 양적 지표를 통해서 이루어졌다. 성장과 효율성은 중요한 기준이었다. 차정주(1966, 12)는 기본건설 계획에서 현물평가 지표의 특성을 두 가지로 설명한다. 하나는 사용가치(품종별, 규격별, 현물생산량)에 기초한 것이며, 다른 하나는 새로 창조된 가치('산로동량' 또는 기준 '로동량')에 기초한 것이다. 이러한 평가지표의 기본적인 요구 조건은 "생산량(작업량)과 로동량을 현실대로 반영함으로써 생산을 최대한으로 증대하고 로동생산능률을 백방으로 제고하는 데 자극을 줄 수 있도록 되어야 한다."는 점이다. 이는 현물 평가지표 역시 형식 합리성에서 벗어난 것이 아님을 알게 해준다.

그리고 결정적으로 가치법칙은 관철될 수 없지만, 교환은 사라지지 않았다. 교환이 없는 사회는 실재하지 않았다. 1964년 '계획의 일원화와 세부화'는 계획에 의해서 생산, 교환, 분배가 이루어지는 세상을 꿈꾸었지만, 이는 실현될 수 없었다. 1969년 "가치법칙의 형태적 작용" 테제는 교환의 실제를 확인시켜 주었다(김일성 [1969]1983, 444~470). 가치법칙의 형태적 작용테제는 1969년 갑자기 등장한 것이 아니며, 계획의 일원화와 세부화의 실시에도 불구하고 계획에서 벗어난 교환이 존재했음을 말해준다.

권력의 독점과 당에 의한 지배가 실질 합리성의 절대적 우위를 창조하지 못했다. 가치법칙의 형태적 작용 테제는 북한경제에서 형식 합리성이 실질 합리성에 의해서 조정·통제될 수 있음을 의미한다. 그러나 권력의 의지(가치법칙의 형태적 작용 테제)대로 실질 합리성과 형식 합리성의 관계가 실제로 관철되고 있는지에 대해서 의문을 제기하지 않을 수 없다. 가치법칙의 형태적 작용 테제 자체가 계획의 일원화와 세부화가 가진 한계를 일정 정도 시인한 것으로 보는 것이 타당하다. 이는 단지 시간적 선후관계를 통한 유추해석이 아니다. 1960년대 북한경제는 지속적으로 경제위기와 경제성장의 지체라는 문제에 직면하고 있었다. 게다가 완충기를 설정하여 1963년 경공업 부문의 투자 확대를 하지 않을 수 없을 만큼 아래로부터의 요구를 수용하지 않을 수 없었던 상황이었다. 즉 경제적 여건은 물론 계획 내부에 존재하는 탈중앙집권적 요소들의 요구가 존재하는 상황이었기 때문에, 가치법칙의 수용은 불가피했다고 보는 것이 타당하다.

그리고 결정적으로 계획을 중심으로 개별 기업소의 기능적 역할 분담과 노동분업은 권력을 강화하는 데 기여했다. 계획은 형식 합리성의 틀에서 벗어나지 못했다. 급속한 전후복구와 경제성장은 지배체제의 정당성을 검증하는 가장 핵심적인 기제였으며, '정치적 지도', '혁명적 열의', '당에 대한 충성' 등과 같은 무형의 요소들 역시 양적 지표를 통해서 측정하려 하였다. 정치권력은 '사회주의 완전승리'라는 목적을 제시했다. 이를 문구 그대로 '사회주의'를 지향한 것으로 받아들인다 해도 계획은 권력의 강화와 정당성 확보를 위한 수단이었을 뿐이다. 하지만 권력이 제시한 목적과 일치했는지에 관해서는 회의적일 수밖에 없다.

2) 현물계획의 지배와 그 한계

계획의 일원화와 세부화를 기점으로 현물계획의 지배가 추진되었다. 계획의 일원화와 세부화는 잉여생산물에 대한 중앙집권적 통제와 관리를 위해 취해진 다른 정책들과 일맥상통하는 것이었다. 권력투쟁은 노선투쟁을 동반했으며, 그 내용의 핵심은 잉여생산물을 누가 수취하고 관리하며, 어디에 배분하고 어떻게 사용할 것인가 하는 것이었다.[7] 전후복구와 산업화가 추진되는 과정에서 권력투쟁이 일정 정도 마무리되고, 권력이 독점되면서, 발전전략과 경제조정양식을 둘러싼 일련의 논쟁은 차츰 사적 거래를 제한하고 계획의 중앙집권적 성격을 강화하는 방향으로 귀결되었다. 계획의 일원화와 세부화가 바로 그것이다.

권력은 계획의 일원화와 세부화를 통해서 현물지표를 통한 계획수립이 성립되기까지 가격을 기준으로 화폐의 형태로 이루어지는 거래를 제한하기 위한 여러 가지 시도들을 단행한다. 전쟁이 종료되고 경제성장이 대내외적으로 공표되었음에도 불구하고 배급제가 존속되었다. 거래세가 소비재에만 부과되었다. 화폐개혁이 단행되었다. 이러한 정책들은 화폐와 가격이 가진 탈중앙집권적 성향을 약화시키기 위한 것이었다.

1961년 대안의 사업체계를 통해서 생산 단위에 대한 당의 지배가 성취되고, 이를 토대로 1964년 계획의 일원화와 세부화가 추진됨으로써 계획수립부터 집행까지 현물계획에 따른 운영이 추진되었다. 계획 작성 이전에 '국가유일지표체계'의 정립이 강조된다. 국가유일지표체계의 정립은 "모든 단위의 경제활동을 세부적 측면까지 계획화할 수 있도록 계획지표를 세분 확대하며, 큰 지표부터 작고 소소한 지표에 이르기까지 모든 계획지표들을 다 국가계획지표로 하는 단일한 계획지표체계"이다. 그렇지만 세부계획 수립에서 각 단위별로 세부계획의 범위를 제한한다. 국가계획위원회, 지구계획위원회, 성 등에 따라 '계획지표 분담'이 이루어진다(박영근 외 1992, 252~254; 김일성 [1965]1982, 467).

계획작성은 세 단계로 이루어진다. 그 내용은 김일성[1969]1983b)이 1969년 7월 2일 "계획부문일군협의회에 한 연설"을 통해서 알 수 있다.

> "계획작성은 예비수자, 통제수자, 계획수자를 묶는 세단계에 걸쳐 진행되게 됩니다. 예비수자단계에서는 민주주의적으로 생산을 늘일 수 있는 모든 가능성들을 충분히 토론하여야 합니다. 이 단계에서는 누구든지 의견을 말할 수 있고 그것이 집체적으로 협의되면 예비수자에 반영할 수 있습니다. 다음 통제수자는 당과 국가의 의사를 반영하고 있기 때문에 성, 국, 공장, 기업소들에서 그것을 마음대로 어길 수 없습니다. 말하자면 통제수자부터는 법적성격을 띱니다. 그러나 우에서도 말한 바와 같이 불가

피한 경우에 관계부문일군들이 협의하여 근거를 밝히고 계획초안을 통제수자와 달리하여 올려보낼 수 있습니다. 그런 의미에서 통제수자는 의무성을 띠기는 하지만 절반 법적 성격을 띤다고 말할 수 있습니다. 다음 계획수자는 당과 국가에서 비준한 지표이므로 이것은 조금도 어길 수 없습니다(김일성 [1969]1983b, 130~131)."

계획작성 단계는 마치 권력과 대중의 민주적인 만남과 교류가 이루어지는 것처럼 보인다. 하지만 실제로는 당과 국가의 정책을 반영시키기 위해서 생산 단위와 생산자를 압박하는 형태이다. "계획수자는 당과 국가가 비준한 지표이므로 조금도 어길 수 없다."는 대목은 계획작성 과정에서 이른바 '계획군중토의방법'이 결국 계획으로부터 일탈 가능성을 차단하고 단속하기 위한 작업의 일환이라는 점을 알 수 있다(박영근 외 1992, 262). 사실 현물지표를 통한 계획작성 자체가 이미 중앙집권적 성격을 말해준다. 현물계획은 자재공급과 원자재의 공급을 모두 현물 단위로 하게 되기 때문에, 각 생산 단위와 생산자의 자율성은 극히 제한될 수밖에 없다. 그렇지만 계획의 중앙집권적 성격이 강화되었다고 해서 형식 합리성에서 벗어난 것이 아니다. 현물계획 역시 성장과 효율성을 근간으로 작성된다. 계획의 일원화와 세부화는 1956년 재정위기와 1960년대 초반 과잉축적과 수요억제로 인한 경제위기를 극복하기 위해 내부예비의 동원과 설비이용률의 제고를 실현하기 위한 정책의 일환이었다는 점을 간과해서는 안 된다.

그러나 현물계획의 지배는 한계에 부딪히게 된다. 이 시기 갑산파와의 논쟁 가운데 하나가 가치법칙의 수용 여부를 둘러싼 논쟁이었다(김정일 [1967]1992, 218~229). 결국 갑산파는 권력투쟁에서 탈락하게 되지만 현물계획은 지속되지 못한다. 가치법칙의 형태적 작용은 그것을 증명한다. 가치법칙의 형태적 작용은 정치권력이 현물계획에 의한 중앙집권적 계획체제에도 불구하고 교환과 시장의 요소가 사라지지 않았음을 시인하지 않을 수 없었다는 점을 말해준다.

3) 구체적 사회화의 한계와 추상적 사회화의 필요

북한 사회에서 구체적 사회화는 성립되기 어렵다. 교환이 배제되고 계획의 중앙집권적 성격이 강화됨으로써 구체적 노동으로서 노동의 성격은 변화되었다. 하지만 계획의 수립과 실행 과정에서 개인이 배제됨으로써 구체적 사회화는 한계에 부딪히게 된다. 계획이 대중 자신의 것이 된다고 강조되었지만, 대중은 계획의 편성부터 실행에 이르는 과정과 생산에서부터 분배에 이르는 과정에서 주체적으로 참여할 권한도 기회도 없었다. 대중은 생산 과정에서 단순의 노동력을 제공하는 동원의 대상이었을 뿐이다. 경제잉여의 배분과 사용 과정에서는 철저히 소외되었다. 1956년 '사회주의 혁명적 건설의 대고조'가 선언되면서 공장에서 생산협의회의 역할이 강조되었던 것도, 1961년 대안의 사업체계가 시작되면서 당위원회에 노동자와 기술자가 참여하게 된 것도, 1964년 계획의 일원화 세부화에서 군중노선이 강조되고 있는 것도 모두 궁극적으로 노동의 의무를 강조하고 노동생산성을 진작시키기 위한 것이었다. 노동은 사회주의와 공산주의 건설을 위해서, 국가와 인민을 위해서, 그리고 대중 자신을 위해서 강조되었다. 하지만 현존 사회주의의 노동자들 가운데 공산주의라는 유토피아로의 이행을 실천할 의지와 능력을 가진 '마르크스주의적 프롤레타리아'는 없었다(Bahro 1978, 193). 본래 마르크스주의에서 노동계급은 자본주의적 모순을 정확하게 인식하고 그 모순을 극복하기 위해 사회주의와 공산주의로의 이행을 위해 실천하는 가장 완벽한 계급이다. 그러나 현존 사회주의에서 마르크스주의가 이야기하는 그러한 완벽한 노동계급은 처음부터 존재하지 않았다. 계획의 중앙집권적 성격이 강화될수록 구체적 노동으로서의 정체성은 분명해졌다. 노동에게는 사용가치의 생산을 증가시킬 것이 요구되었고 이는 현물 평가지표의 주요한 근거가 되었다. 그러나 노동의 권리와 이익은 계획에서 배제되었다. 수요를 억제하기 위한 정책들이 지속되었다. 아래로부터의 요구는 쉽게 받아들여지지 않았다.

계획은 결국 관료계급의 자기특권화 수단이 되었다. 관료계급은 계획을 통해서 자원동원 능력을 강화하고 지배를 안정적으로 재생산했다. 중공업 부문에 대한 우선적 투자는 결코 전체를 위한 것도 대중을 위한 것도 아니었다. 단기간의 급속한 경제성장은 권력의 정당성 확보를 위한 수단이었다. 그러나 산업불균형을 통한 경제성장은 국민경제를 위해서도 바람직하지 않았다. 또 산업불균형은 노동계급의 이익과도 거리가 멀었다. 중공업 우위의 투자전략은 결국 전체가 '하나(수령과 당)'를 위해 희생한 것이었다. 단기간의 투자 확대를 통한 급속한 경제성장은 결국 투자와 소비를 대립적 관계로 만듦으로써 전체와 개인의 이익을 대립시킨다(Kalecki 1986). 결국 전체는 개인을 포괄하지 못한다.

북한사회에서 마르크스가 예상한 구체적 사회화가 성취되기 어려운 또 다른 이유는 노동계급의 참여가 형식적이었기 때문이다. 정치와 경제에서 노동계급의 참여가 배제되는 비민주적 특성 때문이다. 노동계급과 대중은 정치와 혁명의 주체로 호명되었지만 실상은 달랐다. 계획에서 노동은 배제되었다. 현존 사회주의에서 노동의 소유권은 국가에게 있으며, 계획기구를 통해서 고용이 관리된다(Lane 1987, 13). 또 현상적으로 노동의 배제는 노동소득의 감소를 통해서 감지된다. 실질소득에 대한 공식적인 통계는 없지만 1960년대 화폐소득이 일정하게 유지되는 반면 소매물가지수가 상승한다는 점을 감안하면 실질소득은 하락한다고 볼 수 있다(통일원 1996, 546;550). 그러한 가운데에서도 1960년대 경제위기를 극복하기 위해서 노동계급에게는 계획과 명령에 따라 사용가치 생산의 증가가 독려되었다. 노동계급에게는 생산성 향상이 사회주의와 공산주의 건설을 결정짓는 변수라는 이데올로기적 공세가 이루어진다. 계획은 대중에 의해 통제·관리되며, 노동의 열매는 곧 노동의 것이라는 감언이설이 공간문헌을 통해서 인민들에게 설파된다. 그리고 마르크스-레닌주의의 원리를 창조적으로 발전시킨 계획의 일원화와 세부화를 통해서 생산성을 향상시킬 것이라고 강조되었다(로병훈 1959, 72~76; 림수웅

1962, 21; 『경제사전 1』 1970, 559; 370). 하지만 계획의 일원화와 세부화는 겉으로는 아래로부터의 이해와 요구를 수용하는 것처럼 보이지만, 계획의 편성 과정에서 군중노선이라는 이름으로 노동계급을 형식적으로 참여시켰을 뿐 노동계급의 이해와 요구를 반영하지 않았다. 노동계급은 생산 과정에 동원되는 생산자였을 뿐이었다. 노동계급은 계획경제 메커니즘에서 철저히 소외되었으며, 결코 경제의 주체라고 할 수 없었다.

구체적 사회화에 실패한 또 다른 이유는 전체 경제의 이익과 개별 경제의 이익이 조화되지 못하였기 때문이다. 전체 경제는 개인의 이익에 관심을 기울이지 않았으며, 이는 계획에서 사회적 수요가 무시되었다는 점을 통해서 확인된다. 또한 개별 경제는 전체 경제의 이익보다는 스스로의 이익추구 행위를 우선시하는 경향이 존재한다. 물론 권력은 끊임없이 이를 통제하려 하지만, 계획 내부의 탈중앙집권적 경향을 완전히 제거하는 일은 불가능하다(Granick 1954, 11). 소위 '본위주의'에 대한 비판은 1960년대 이후에도 지속된다.

다음 구체적 사회화에서 실패한 세 번째 이유는 계획에 존재하는 비민주적 특성 때문이다. 마르크스(Marx)는 구체적 사회화는 "자유로운 생산자들의 연합"에 의해서 실현될 것이라고 보았다. 하지만 북한체제의 현실에서 직업동맹은 대안의 사업체계 이후 '순경제적 역할'로 한정되었고, 노동계급은 생존을 위해서라도 권력에 의존하지 않을 수 없게 되었다.[8] 그 결과 노동계급은 원자화, 탈계급화, 탈정치화되었다(박형중 2002, 165).

마지막으로 마르크스의 구체적 사회화에 실패한 이유는 교환과 가치법칙의 작동을 완전히 제거할 수 없었기 때문이다. 오히려 중앙집권적 계획경제 메커니즘이 완성되었다고는 하지만 가치법칙의 형태적 작용 테제에서 볼 수 있는 것처럼 현실적으로 가치범주와 시장의 요소의 도움이 필요하다는 점에서 '추상적 사회화'의 도움을 받게 된다. 즉 북한체제에서 사회화의 형태는 기본적으로 계획을 통해 당의 직접적 명령에 기초한 구체적 사회화이지만,

교환에 기초한 추상적 사회화가 결합된 형태로 나타난다.

4) 계획의 역설과 모순의 순환

1960년대 중반 이후 북한은 경제통계를 공식적으로 발표하지 않는다. 권력의 정당성과 지배의 재생산을 위해서 경제성장은 매우 중요한 척도였음에도 불구하고, 통계가 발표되지 않은 것은 1960년대에 경제성장에 문제가 있었다고 해석할 수 있다. 계획의 형식 합리성 수용이나 정치의 우위와 새로운 특권계급의 형성으로 문제를 해결하기 어려웠음을 암시한다. 1960년대 이전의 경제성장에 대한 성과 역시 '위'로부터 조작된 통계 발표였을 확률이 있다는 점을 감안하면 문제의 심각성을 짐작하기조차 힘들다.

사실 사회주의의 실현은 물질적 목표의 실현에서 오는 것이 아니다(Elsenhans 2000). 생산관계와 생산력의 부조화는 단순히 현존 사회주의의 생산력 문제가 아니었다. 자본주의와의 추격발전을 공표하기도 했지만, 현존 사회주의는 제한된 기간을 제외하고는 양적 성장에서 뒤처져 있었다. 투자는 증가했지만 노동생산성과 자본생산성 모두 자본주의와의 경쟁에서 앞서지 못했다. 현물지표를 통한 양적 성장의 성취는 사회주의 이념의 가치와는 거리가 있는 것이었다. 게다가 결정적으로 현물표시 단위로 이루어지는 새로운 개념의 경제성장은 결국 경제위기로 귀결되었다.

북한체제 역시 마찬가지였다. 가치범주와 가치법칙을 수용하는 대신 계획의 형식 합리성이 더욱 강조되었지만, 경제성장은 이루어지지 못했다. 권력은 내부예비를 찾아내고 설비이용률을 증가시키는 일이 경제성장을 가져오고, 그 결과 생산관계와 생산력이 호응하게 된다는 믿음을 강요했다. 하지만 그 결과는 사실이 아니다. 사실 이는 가치법칙을 수용한다고 해결될 문제도 아니었다. 축적전략과 경제조정양식만의 문제가 아니라 구조적인 문제였다. 산업구조의 불균형과 투자와 소비의 불균형 등 계획경제의 구조적인 문제들을 해결해야만 경제성장이 가능했다. 결국 자본계수는 상승하고 설비가동률은 하락하였다. 또한 생산성은 상승하지 못했으며, 소비는 지속적으로 억제되고 있었다. 결과적으로 계획을 통한 경제성장은 반복적인 경제위기를 발생시키고 말았다.

이 시기 계획의 중앙집권주의가 강조되면서 동시에 생산력주의가 강화되었다. 중앙집권주의와 생산력주의는 지배체제의 형성과 공고화라는 차원에서 이해되어야 한다. 계획을 통한 현물지표를 기준으로 하는 양적 성장은 과거와 비교할 때 상대적으로 둔화되었다. 하지만 계획이 자본주의적 형식 합리성과는 다른 새로운 형식 합리성을 수용한 것은 권력의 정당성 문제, 지배의 재생산, 그리고 사회적 통합과 관련하여 충분히 이해할 수 있는 것이었다. 권력의 입장에서 교환과 가치범주의 제한과 계획의 형식 합리성 수용은 결코 손해가 아니었다. 대안의 사업체계와 계획의 일원화와 세부화는 계획의 형식 합리성 수용을 통해서 권력과 특권의 질서를 일치시켰다. 유기체와 같은 완벽한 통합에 성공하지는 못했지만, 중간관료의 자율성을 약화시킴으로써 중앙집권적인 관료적 위계제가 성취되고 동시에 노동계급을 관료계급에 의존적인 존재로 만들 수 있었다. 관료와 노동 간의 후견-피후견 관계의 형성은 지배체제의 형성과 재생산에 기여한다. 중하층 관료와 대중은 계획의 명령을 절대적으로 수용할 수밖에 없었다. 이는 자발적 수용인 것처럼 비쳐졌지만, 중간관료와 대중의 입장에서는 사실상 또 다른 선택의 기회가 없었다. 계획을 통한 당의 직접적 명령과 중하위 관료와 대중의 명령 이행은 사회주의적 실천으로 인식되었다. 이는 현존 사회주의에서 계획과 명령을 기초로 하는 사회적 종합의 전형적인 특징이다.

그러나 중앙집권주의와 생산력주의 간의 관계는 정치·경제적 조건에 따라서 상호 모순적인 관계로 변화될 수 있다. 이는 경제위기의 형태로 나타낸다. 북한체제의 경우 1960년대 초반 경제위기가 대표적인 예일 것이다. 경제위기는 이른바 '설비이용률'의 하락으로 표출된다. 설비이용률의 하락은 유휴설비의 존재, 즉 과잉축적을 의미한다. 과잉축적의 일차적인 원인은 생산성 향상을 성취하지 못했기 때문이다. 자본절약적 혹은 노동절약적 기술혁신이 이루어지지 못한 상황에서, 생산요소와 생산자원의 투입확대를 통한 경제성장에는 한계가 존재한다.

과잉축적의 보다 근본적인 원인은 계획경제 메커니즘에 공급과 수요가 '단절'되어 있기 때문이다. 이는 '수요억제'를 통해서 확인된다. 당은 단기간의 급속한 성장을 이유로 배급제를 존속시키고 경공업 부문에만 거래세를 부과하는 등 직접적으로 '사회적 수요'를 통제하고 관리하려 하였다. 하지만 결과적으로 이는 산업부문 간의 불균형을 초래하고, 부문 간 거래에서 부등가 교환을 발생시키게 된다. 이로 인해서 산업부문 간의 연계는 어려워지며, 자연히 투자의 확대재생산은 어렵게 된다. 사실 설비이용률의 하락은 '본위주의' 탓이 아니라 중앙집권주의와 생산력주의의 결합으로 나타난 과잉축적과 수요억제의 결과이다.

북한의 지배권력은 이와 같은 '계획경제의 역설'을 또 다시 중앙집권주의를 강화함으로써 해결하려 했다. 첫째, 대안의 사업체계는 '당위원회'가 직접 생산 단위를 통제하고 관리하기 위한 것이다. 또한 계획의 중간관리 기구인 성과 관리국은 자재공급을 현물 형태로 진행함으로써 중공업 우위의 축적전략으로 발생하는 인플레이션 압력을 차단하려 하였다.[9] 그리고 기업소와 공장 단위로 후방공급이 계획되고 분배된 것은 배급제를 대신하여 소비재에 대한 수요를 억제시키는 새로운 관리방법이다. 둘째, 계획의 일원화와 세부화는 경제위기를 전체 경제 수준에서 당의 지배를 강화함으로써 극복하겠다는 거시적 해법이다. 경제학적 관점에서 이 정책은 당을 중심으로 하는 유기적 결합을 통해 산업 간 연계를 강화함으로써 산업연관효과를 향상시키려 한 정책이라고 해석할 수 있다. 즉 산업연관효과를 향상시키기 위한 '정치적 해결방식'이다

위기의 원인이 해결되지 않은 채, 모순을 통한 모순의 해결은 문제를 더욱

더 악화시킬 수 있는 가능성을 높일 뿐이다. 잠재된 위기가 가지고 있는 위험수준은 더 커질 수밖에 없다. 특히 정치우위와 관료계급의 지배만으로는 과잉축적과 수요억제로 발생하는 경제위기를 근본적으로 해결하기 힘들다. 경제성장을 위해서 대중의 희생은 필수불가결한 요소로 취급되지만, 근본적인 경제위기의 해결을 위해서는 반대로 대중수요가 충족될 때만이 문제가 해결될 수 있다. 대중수요의 증가를 위해서는 정치우위와 관료계급의 지배로는 해결될 수 없다. 대중 소비재에 대한 투자를 통해서 산업구조의 불균형을 해소함과 동시에 실질소득을 증가시킴으로써 노동계급의 자율성을 증가시킬 수 있을 때 비로소 가능해진다. 모순을 모순으로 해결하는 기존의 방식은 위기를 일시적으로 해소할 수 있을지는 모르지만, 결국 위기를 나선형적으로 확대재생산할 뿐이다.

제3절 사회적 종합의 잠재된 위기

스탈린 사후 소련 및 동유럽에서는 탈스탈린화가 추진된다. 이 시기에 계획의 성격은 변화된다. 탈스탈린화 단계의 가장 주요한 특징은 '탈중앙집권화 모델'이라는 명칭으로 압축될 수 있다(Damus 1973). 탈중앙집권화 모델은 스탈린주의 모델의 문제 가운데 개별 기업의 효율성을 계산하기 어려웠다는 점에 주목하게 된다. 각 기업소는 전체 경제의 이익과 무관하게 더 많은 생산자원을 분배받고, 생산능력을 낮추어 보고함으로써 낮은 생산목표를 부여받고, 이를 초과 달성함으로써 인센티브를 획득했다. 반면 권력은 전체의 이익을 위해서 부분의 희생을 강요한다. 전체 경제의 성장을 위해서 개인의 소비는 억제되며, 노동동원 체제가 형성된다. 물론 이는 잉여생산물과 노동의 통제와 관리에 대한 권한을 정치권력이 가지기 때문에 가능한 일이다. 탈스탈린화 단계에서 바로 이러한 문제를 해결하려 한다. 그래서 전체 경제 수준에서만이 아니라 개별 경제 수준에서도 효율성의 개념을 도입한다. 그 결과 계획의 탈중앙집권화는 불가피하다. 이윤(Gewinn)의 개념이 적극적으로 수용된다. 이윤의 개념은 전체 경제만이 아니라 개별 경제 수준에서도 경제관리의 핵심적인 척도로 등장한다. 가격을 사회적 비용에 근접시킴으로써 전체 경제와 개별 경제의 이윤을 일치시키려 한다. 그러나 이 역시도 정치적 결정이다. 가격은 사회적 노동지출과 기본폰드(혹은 고정자본)에 관해 충분히 설명하지 않은 채 순 이윤을 증대시키는 방향으로 결정된다. 효율성의 수준이 부풀려지는 것이다. 그래서 이윤율(Gewinnrate)은 사회적 필요노동지출도 기업관리도 말해줄 수 없다. 다만 시장의 요소로 대체되고 있으며, 탈중앙집권화되고 있음을 말해줄 수 있을 뿐이다.

이 시기 가치범주 도입의 가장 두드러진 특징은 은행의 기능변화이다. 이전까지 은행은 권력에 의해서 결정된 배분을 실행하고 생산물의 공급 시에 자동적으로 계산하는 역할에 머물렀다. 그러나 부분개혁체제에서는 은행이 조정기구로서의 역할을 부여받는다. 이는 현물계획의 쇠퇴와 맞물려 있다. 부분개혁체제에서는 전체 경제 수준에서 이윤목표(Gewinnauflage)가 계획의 주요한 지표로 격상된다. 국가재정에서 순이윤지불(Nettogewinnausfürung) 비율과 생산폰드판매 등이 중요한 지표가 된다. 이는 기업의 생산비용 감축과 이윤 유지를 자극한다. 그런데 기업의 투자계획은 은행의 신용 없이 불가능하다. 은행은 대부뿐만 아니라 계획의 생산과 재생산을 자극한다. 전체 사회적 선호도에 따른 투자계획과 국가재정에 대한 질서 있는 이윤지불을 조정한다. 기업계획은 은행의 동의가 없다면 성립되기 힘들다. 하지만 은행은 조정기구로서의 역할 이외에도 경제계산 기구로서 기능을 수행한다. 은행의 두 기능은 서로 충돌할 수 있다. 사회적 이익 및 선호도가 은행의 이익과 대립될 수 있기 때문이다.

반면 1950~60년대 북한의 지배체제 형성 과정에서 계획은 중앙집권적 성격이 강화되었다. 북한의 지배권력은 가치범주를 과감하게 배제한 채 순수하게 계획과 명령을 통한 중앙집권적 지배체제가 공고히 되길 원했다. 소련 및 동유럽 국가들과 다르게 북한은 스탈린주의를 오히려 강화함으로써 지배체제를 공고히 한다. 스탈린주의적 계획, 즉 중앙집권화 모델의 특성을 정리하면 다음과 같다. 계획의 중앙집권적 성격이 강화된다. 계획을 중심으로 기능적 노동분업이 시도된다. 현물계획이 지배적이며, 현물표시 단위의 목표량이 설정된다. 현물을 통한 생산과 배분으로 가치범주와 가치법칙이 유명무실해진다. 가치범주와 가치법칙의 작동이 제한되는 대신 계획은 형식 합리성을 수용한다. 노동시간의 계산, 가치범주, 이윤 등의 개념이 사용된다. 결국 시장의 요소는 제한적으로 수용된다. 소비재 부문에서 상품과 화폐의 형태 교환이 이루어진다. 대신에 거래세 등을 통해서 국가가 직접 가격을 조절한다. 하지만 생산 과정에 대한 당의 직접적 지배만으로는 구체적 사회화가 실현되지 않는다. 전체는 부분을 포괄하지 않으며, 개인의 이익은 희생된다. 게다가 비민주적이며 그리고 결정적으로 추상적 사회화의 국면으로서 형식합리성의 수용이 불가피하다.

이처럼 계획의 중앙집권적 성격이 강화될 수 있었던 것은 전후 권력투쟁의 결과 김일성계의 승리와 권력의 독점 때문이다. 전후 초기 잉여생산물의 배분과 사용(발전전략)을 놓고 심각한 권력투쟁이 발생했으며, 이 시기 계획은 중앙집권적 기능을 갖추지 못했다. 계획의 사회 통합 능력의 한계였다. 그러나 권력의 견해에서 1956년 12월 현지지도와 천리마 운동을 거치면서 계획을 통한 중앙집권적 지배체제를 가로막는다고 판단되는 관료계급이 교체되고, 노동계급에 대한 동원체제가 성립되기 시작했다. 대안의 사업체계와 계획의 일원화와 세부화는 이를 제도적으로 공고히 하였다.

계획의 중앙집권적 성격이 강화됨으로써 가치범주와 가치법칙은 배제되었다. 특히 1964년 계획의 일원화와 세부화가 실현되면서 현물계획의 지배가 이루어졌다. 계획의 일원화와 세부화는 당에 의한 생산의 지배를 제도적으로 공고히 하는 정책이다. 계획은 사회주의의 상징으로 취급되었으며, 절대시되었다. 전체의 이익을 위해서 개별 경제 수준의 이익은 철저히 배제되었다. 현지지도가 전체와 부분의 부조화를 최고권력자에 의한 직접적 지배의 관철을 통해서 해결하려는 시도였다면, 대안의 사업체계와 계획의 일원화와 세부화는 계획 하부단위까지 당의 직접적 지배를 제도화함으로써 문제를 해결하려 하였다.

그러나 북한에서는 다른 사회주의 국가들과 달리 체제의 변화가 매우 더디게 나타났다. 반복적인 경제위기에도 불구하고, 사회적 종합의 수단으로서 계획의 성격은 오랫동안 큰 변화 없이 지속되었다. 2002년 7월 1일 '경제관리 개선조치'가 되어서야 비로소 부분개혁체제와 가까운 계획 내의 개혁이 이루어졌다. 이는 다른 국가들과 북한체제에서의 계획의 성격이 차별성을 가진다는 점을 말해준다. 현존 사회주의에서 계획이 체제의 성격이 집약적으로 반영되는 '창'이라는 점을 감안할 때 계획의 성격은 체제의 변화와 같이 이야기되어야 한다. 계획이 사회적 변화에 따라 동태적 변화가 가능한 이유는 계획 내부에 존재하는 모순적인 요소들이 공존하고 있기 때문이다. 현존 사회주의에서 계획은 '사회주의'와 동일시되지만, 실제로는 복합적(hybrid) 성격을 가지고 있다. 계획은 그 자체가 모순적인 존재이다. 계획은 시장과 대립적 관계에 있지만, 계획이 시장을 대체하는 과정에서, 시장의 요소들을 강제적으로 포섭시키는 과정에서 이와 같은 특성이 형성되었다고 볼 수 있다. 또한 계획은 단순히 경제적 영역에 제한되는 것이 아니라 당의 정치적 지도를 사회와 경제에 전달하는 경로의 역할을 담당하기 때문에 탈중앙집권적 요소들이 지배체제에서 이탈하는 것을 차단하기 위한 제도이다. 계획에는 상호 대립적인 요소들이 내재해 있다. 형식 합리성과 실질 합리성, 현물계획과 가격, 추상적 사회화와 구체적 사회화 등이 바로 그것이다. 대립적인 모순적 요소들 사이의 변증법적 상호작용은 사회적 종합의 수단으로 계획이 지속될 수 있도록 돕는다.

북한체제에서 계획은 절대시되었다. 계획이 사회주의 이념의 가치를 실현하는 것으로 취급되었다. 계획과 사회주의가 동일시됨으로써 자연히 계획은 거스를 수 없는 절대적인 존재가 되어 대중 위에 군림했다. 계획은 곧 과학이었으며 법이었다. 계획을 거스르게 되면 정치권력(수령과 당)에 대한 반대와 저항으로 간주되었으며, 이는 곧 반혁명적이고 부르주아적 잔재로 취급되었다. 계획의 절대화는 계획이 이질적 요소를 수용하고 있었음에도 불구하고 계획을 합리화시켰다. 계획이 사회주의 이념의 가치 실현이 아니라 생산력의 문제에 골몰한다고 해도, 구체적 사회화의 실현에 기여하지 못한다고 해도, 계획의 형식 합리성 수용이 오히려 경제위기를 불러왔음에도 불구하고, 계획의 절대화는 유지되었다.

그러나 계획을 절대시하는 일은 북한체제만의 특성이 아니다. 현존 사회주의 국가들 대부분이 그러한 경험을 가지고 있다. 특히 스탈린주의 체제에서 일반적인 특성이다. 그렇다면 어떻게 북한사회에서 오랫동안 계획의 절대화가 유지될 수 있었는가? 그 이유에 대해서는 이론적 입장에 따라 다양하게 해석될 수 있다. 계획의 수립과 집행이 정치적으로 결정되기 때문에, 정치체제의 성격과 밀접하게 관련되어 있음은 주지의 사실이다. 사실 계획의 절대화는 곧 권력의 절대화를 상징한다. 북한에서 계획이 절대화되면서 오랫동안 큰 변화 없이 지배 수단으로서의 역할을 할 수 있었던 이유는 모순의 순환의 시발점인 경제위기에 대해서 정치권력이 책임을 진 적이 한 번도 없었기 때문이다. 일상적으로 다른 현존 사회주의 국가들의 대부분은 경제위기가 정치의 위기였다. 경제위기가 반복되고, 근본적 해결이 이루어지지 않고 그 심각성이 더욱 더 악화되면서 위기의 수준은 확대된다. 경제위기는 정치사회적 조건에 따라 정책(발전전략)의 위기로, 정권의 위기로, 체제의 위기로 해석될 수 있다. 하지만 기본적으로 정치우위의 사회에서 경제위기에 대해 정치권력에 그 책임을 묻는 것은 당연하다. 그럼에도 불구하고 북한체제에서 경제위기가 정책수준의 위기로도 이해된 적이 없다는 점은 놀라운 일이다.

사실 특별한 경우를 제외하고는 경제위기조차 인정된 적이 거의 없다. 경제원조의 감소나 자연재해와 같은 외부효과에 대한 부분만이 인정될 뿐이다. 혹은 계획 수립과 실행 과정에서 발생하는 이기주의 때문으로 취급된다. 경제위기는 오히려 권력에게 모순의 순환을 통해서 지배체제를 공고히 할 수 있는 기회를 제공해주었을 뿐, 권력의 문제를 지적하는 계기로 이용되지 못했다. 계획의 수립과 집행 그리고 그에 따르는 잉여생산물의 수취와 배분 그리고 노동의 통제와 관리에 대한 권한을 가진 정치권력이 계획경제 체제에서 발생한 경제위기로부터 자유를 획득하였던 것이다.

권력이 경제위기로부터 자유로워질 수 있는 이유는 무엇보다 먼저 권력을 견제할 수 있는 정치세력이 존재하지 않았기 때문이다. 이는 일상적인 권력의 독점이 아니라 새로운 정치세력의 등장 자체가 차단되어 있음을 의미한다. 지배체제의 형성 과정에서 '계속혁명'이라는 미명하에 진행된 '적을 만드는 정치' 때문이다. 또한 이는 사회경제적으로 권력에 대한 의존도가 매우 높다는 점을 말해준다. 계획으로부터 소외된 대중이 저항을 하지 못한 이유는 폭력성만으로 설명하기 힘들다. 다른 한편에서 '공론장'이 철저히 권력의 손에 있다는 점을 말해준다. 『로동신문』과 『근로자』와 같은 당기관지뿐 아니라 『경제연구』와 같은 학술연구들 역시 모두 권력의 손에 있다. 그리고 1960년대 중반 이후에는 경제통계를 권력의 영향력하에 있는 공론장에서조차 논의하지 않게 되었다.

자연히 계획의 절대화는 이질적 요소의 수용을 어렵게 만들었다. 현존 사회주의에서는 내부의 모순이 심화되게 되면, 계획만으로는 더 이상 '사회적 종합'을 실현하기 어렵게 된다. 과잉축적과 수요억제로 인한 경제위기가 심각해짐으로써 권력이 정당성의 위기에 직면하게 되는 시점에, 정치는 지배를 안정적으로 재생산하기 위해서 시장의 요소들을 보다 적극적으로 수용함으로써 계획을 '유연화'시키게 된다. 탈스탈린화 단계의 경제개혁 과정에서 경제개혁의 주요한 특성은 지배질서를 유지하기 위해 탈중앙집권적 요소들을 과감하게 수용하는 일이다. 그러나 북한 사회에서는 계획의 유연성이 상대적으로 취약했다. 계획의 유연성이 약하다는 문제는 계획이 지배체제를 공고히 하고 사회통합의 기능을 수행하며, 현존 사회주의의 구조적 모순들이 심각한 위기를 불러오지 않을 때는 큰 문제가 되지 않는다. 하지만 계획의 기능이 약해질 때 문제가 된다. 일반적으로 소련과 동유럽 사회는 이러한 시기에 시장의 요소를 흡수·통합함으로써 사회적 종합의 수단으로 계획이 진화해 나갔다. 하지만 계획의 유연성이 취약하게 되면, 사회적 변화에 대해서 계획은 민감하게 반응하고 대처하기 어렵게 된다. 대표적으로 루마니아가 시장 사회주의, 사회주의 시장경제 등의 단계를 거치지 않은 이유도 상대적으로 계획의 유연성이 취약했기 때문이다. 물론 계획이 보다 유연하게 작동한다고 하더라도, 현존 사회주의 사회의 구조적 모순들이 해결되지는 않는다. 다만 계획의 유연하게 작동하지 못하는 사회에서 비록 체제가 유지되더라도 현존 사회주의의 모순에는 더욱 더 심각한 위기를 잉태하게 된다.

제7장

제7장
결론

　현재 북한연구는 새로운 전환점에 와있다. 기존 북한연구가 가지고 있던 일부 문제가 있는 관행들에 대한 비판과 자성의 목소리가 높아지고 있다. 북한연구는 오랫동안 정치로부터 자유롭지 못했다. 북한체제에 대한 이해는 국내외 정치 환경의 변화에 따라 다르게 이해되어 왔다. 북한체제의 성격은 냉전과 분단의 현실이 감안되어 설명되었다. 때로는 남한체제의 우월성을 선전하기 위한 목적으로 북한체제가 가지고 있는 억압적 특성만이 부각되었다. 때로는 남북관계의 긴장완화를 목적으로 북한체제를 타자(他者)는 이해하기 어려운 특수한 사회로 규정하였다. 또한 지난 시기 북한연구는 '정책 생산'에 집중되었다. 이는 남북한 분단 때문에 불가피한 것으로 이해되었다. 연구 대상의 특수성만이 아니라 '연구의 특수성'이 강조되고 있는 것이다. 하지만 소련 및 동유럽의 체제전환과 함께 국제질서는 변화되었고 '극단의 시대'(Hobsbawm 1994)는 끝이 났다. 또 남북한의 체제경쟁은 더 이상 의미가 없을 정도로 남북한의 격차는 현저하다. 이제 북한체제를 보다 객관적으로 이해할 수 있는 여유가 생긴 것이다.

북한연구는 그동안 사회과학 연구로서의 정체성을 정립하기 위해서 노력해 왔다. 그러나 북한연구는 자료수집 단계부터 난관에 부딪히게 된다. 연구 대상이 매우 폐쇄적인 사회이기 때문이다. 그래서 국내 북한연구는 재독학자 송두율에 의해 서독(독일)의 내재적－비판적 접근법이 소개된 이래로 체제의 현실을 이해하기 위한 중요한 자료로서 공식문헌들을 적극적으로 활용하고 있다. 그러나 북한의 공식문헌들은 권력의 언어로 서술되어 있으며, 검증되기 어려운 초험적 분석을 기초로 정권(regime)과 체제(system)의 우월성을 대내외에 과시한다. 따라서 수령과 당을 적극적으로 옹호하기 위해서 동원된 공식문헌상의 현란한 수사에 대한 '비판적' 접근이 강조된다. '비판적' 접근을 견지하기 위해서는 분석 대상과 일정한 거리를 유지하기 위한 이론적 기준이 요구된다. 그래서 현재 북한연구 내부에서는 이론의 빈곤을 비판하고 '새로운 해석'의 필요성이 강조되고 있다.

이 책은 현존 사회주의 성격에 관한 네오마르크스주의 논의를 토대로 경제(토대)와 정치(상부구조)의 관계에 대한 엘젠한스(Elsenhans)의 발상과 칼레츠키(Kalecki)의 경제 성장모델을 접목하여 재구성함으로써 북한체제의 성격에 대한 새로운 해석을 시도했다. 네오마르크스주의 논의 가운데 헨니케(Hennicke), 슐쩨(Schultze), 다무스(Damus), 바로(Bahro) 등의 연구는 현존 사회주의를 자본주의나 사회주의가 아닌 독립적인 생산양식으로서 이해한다. 북한체제는 현존 사회주의 국가 가운데 하나로서 자본주의나 사회주의로 분석할 수 없는 독특한 특성을 가지고 있다. 독립적 생산양식으로서 현존 사회주의 사회의 특성은 다음과 같다. 첫째, 경제잉여에는 이윤, 세금, 차액지대 등이 있으며, 이러한 경제잉여는 당과 국가에 의해서 수취와 배분이 이루진다. 둘째, 정치와 경제의 관계에서 정치우위의 사회라는 점이다. 셋째, 반복적인 경제위기와 그로인한 경제성장의 지체이다. 넷째, 관료와 노동 간의 계급모순이 존재한다.

현존 사회주의에서 계획은 지배의 도구로서 그 사회의 성격이 집약적으로 표출되는 '창'과 같다. 현존 사회주의 사회의 구조적 모순은 '계획'에 집약적으로 표현된다. 다무스(Damus)는 계획을 '사회적 종합'의 가장 중요한 수단으로 이해한다. 현존 사회주의에서 개인 간의 상호작용과 사회적 네트워크(network)는 계획과 명령을 통해서 이루어지기 때문이다. 따라서 이 책은 계획에 반영된 현존 사회주의 사회의 구조적 모순과 그것의 상호작용, 그리고 사회적 종합의 수단으로서 계획의 성격 변화를 통해 북한지배체제의 성격에 대한 분석을 시도했다. 기존 북한연구가 권력의 형태와 성격에 초점을 맞춘 것이라면, 이 연구는 사회경제 영역에 대한 지배의 문제에 천착하고 있는 것이다. 북한체제가 표면적으로 '노동자 국가'를 표방하고 있기에 노동계급과 대중의 위상과 역할에 대한 이해는 체제의 성격을 이해하는 데 있어 필수적인 요소이다.

북한체제의 현존 사회주의적 특성은 지배체제의 형성 과정에서 발생하고 고착화된 구조적 모순들을 통해서 확인된다. 호프만은 현존 사회주의가 권력의 질서일 뿐, 지배질서는 형성되지 않았다고 보았다. 그러나 관료(특히 정치관료)는 계획을 통해 자원동원과 배분에서 중앙집권적 능력을 가졌으며, 이를 기초로 지배질서를 재생산하는 특권을 누렸다. 북한체제 역시 마찬가지이며, 계획은 권력의 질서에서 지배의 질서로 확대되는 데 결정적인 역할을 한다. 지배체제의 형성 과정에서 계획에 투영된 북한체제의 구조적 모순들은 다음과 같은 특성을 가진다. 첫째, 경제에 대한 정치의 우위는 잉여생산물과 노동에 대한 통제 그리고 계획의 중앙집권적 성격의 강화를 통해서 확인될 수 있다. 전후 농업 집단화, 반종파투쟁, 천리마 운동, 농업집단화, 대안의 사업체계, 계획의 일원화와 세부화로 이어지는 일련의 과정이 바로 그것이다. 둘째, 반복적인 경제위기와 경제성장의 지체이다. 단기간의 급속한 경제성장에도 불구하고 반복적인 경제위기가 발생했다. 직접적인 이유는 과잉축적과 수요억제 때문이다. 근본적 이유는 공급과 수요의 단절을 초래하는 계획경제의 문제이다. 그래서 계획경제는 경제위기의 궁극적인 원인이면서 동시에 결과이다. 마지막으로 계급모순은 계획경제에서 잉여생산물과 노동의 통제와 관리의 권한이 누구에게 있는가의 문제였다. 이때 관료의 특권을 권력의 영향력하에 두려 하였다. 또한 노동의 통제를 위해서 최고권력자는 직접 대중과 교류하였으며, 이를 1960년대 이후에 정치관료들이 공고히 했다. 이는 관료와 노동 간의 후견－피후견 관계의 형성으로 나타난다.

북한체제는 이와 같은 모순에도 불구하고 오랫동안 유지되어 왔다. 그 이유는 사회적 종합의 수단으로서 계획이 큰 변화 없이 지속되고 있기 때문이다. 현존 사회주의 국가들은 개별 국가별로 차이는 있지만 대부분은 탈스탈린화 단계에서부터 시장의 요소들을 보다 적극적으로 확대 · 수용하게 되고, 그 결과 사회적 종합의 수단으로서 계획의 역할과 성격이 변화되었다. 반면 북한체제는 시장의 요소들을 제한적으로만 수용하고 중앙집권적 계획을 바탕으로 하는 사회적 종합이 실현되어 왔다. 그래서 북한체제에서 사회적 종합의 수단으로서 계획의 역할은 더욱 더 결정적인 의미를 가진다. 경제위기로 시작되는 '모순의 순환'은 계획을 중심으로 진행되었다. 계획은 중앙집권적 성격을 강화하고 수직적인 사회 통합을 시도했다. 이는 권력투쟁의 결과, 권력이 독점되고 생산, 유통, 분배가 당의 직접적 지배하에 놓이게 되면서 가능한 일이었다. 그 결과 계획은 지배의 도구로서 권력의 외연을 확대시켜 지배체제의 형성에 기여했다. 권력은 계획을 통해서 정당성을 확보하고 지배체제를 안정적으로 재생산했다. 계획은 사회주의 이념의 가치와 동일시되면서 절대적 존재가 되었다. 그러나 계획의 중앙집권적 성격이 강화되었지만, 교환과 시장적 요소를 완전히 배제하지 못했다. 계획의 절대화는 지배계급의 자기특권화 경향이 최고조에 달했음을 의미할 뿐이었다. 개인은 계획을 통해서 자기 이익을 추구할 수 없었다. 계획의 중앙집권적 성격이 강화될수록 대중의 희생과 노동의 소외는 심각해졌다. 계획 내부에 탈중앙집권화 경향이 발생하게 된다. 이는 1963년 경공업 부문에 대한 투자의 확대, 1967년 갑산파 투쟁, 1969년 '가치법칙의 형태적 작용 테제'를 통해서 미루어 짐작할 수 있다. 결국 권력은 지배체제를 유지하는 선에서 시장의 요소를 수용하게 된다.

북한체제에서 모순의 순환은 경제위기로부터 시작된다. 경제위기는 반복적으로 지속되지만, 공식적으로 경제위기는 인정되지 않는다. 경제위기가 인정된다고 해도 그것은 계획의 모순, 역설, 한계 때문이 아니다. 계획은 절대 불가침의 영역으로 되어 있다. 계획의 한계를 인정하는 일은 수령과 당의 한계를 인정하는 것과 같은 것으로 이해되었다. 그러나 정치권력이 부인한다고 해도, 경제위기는 엄연한 현실이다. 북한은 1960년대 중반 이후 공식적인 통계조차 발표하고 있지 않다. 계획을 중심으로 한 지배체제의 형성 덕택에 경제위기의 국면을 넘기고는 있지만, 경제위기의 원인에 대한 근본적 해결 없이 정치우위를 통한 국면전환에는 분명한 한계가 있다. 과잉축적과 수요억제라는 문제가 해결되지 않는 한 경제위기는 극복될 수 없다. 특히 경제위기로 인한 희생이 고스란히 대중들의 몫이라는 점이 더 큰 문제이다. 대중의 일방적인 희생을 막고, 경제위기의 문제를 해결하기 위해서는 '대중수요의 증가'를 통한 경제성장이 이루어져야 한다. 이를 위해서는 무엇보다 산업구조의 다변화가 이루어져야 한다. 산업구조의 다변화를 위해서는 소비재 산업에 대한 투자의 확대가 필요하다. 노동집약적 소비재 산업에 대한 육성과 생산성 향상은 위장실업 상태에 있는 노동자들의 실질소득 향상에 기여할 수 있을 것이다. 이는 산업 간의 연계를 강화시킴으로써 투자의 효과를 증대시켜줄 것이다. 또한 농업생산성의 문제를 해결해야 한다. 북한은 1959년과 같이 식량부족의 문제를 자연재해의 탓으로만 돌렸다. 하지만 자연재해가 아니어도 농업생산성이 낮아 실질소득 상승에 기여하지 못했다. 곡물 가격 인하를 통해 농업잉여의 추출하는 방식으로 농업부문의 희생만을 강요해서는 경제위기에서 벗어날 수 없다. 농업인구가 더 이상 감소하지 못한 이유도 농업생산성의 문제가 해결되지 못했기 때문이다. 농업생산성이 향상될 때 실질 소득이 증가함은 물론 노동력의 공급 역시 증가할 것이다.

본래 정치우위의 사회에서 경제위기는 정책의 위기로, 정권의 위기로, 체제의 위기로 인식될 수 있다. 그러나 북한체제는 경제위기를 인정하지 않았으며, 따라서 체제는 물론 정책도 정권도 변화되지 않고 지속되고 있다. 2002년 7월이 되어서야 비로소 시장개혁을 부분적으로 수용하는 변화가 있었을 뿐이다. 김정일 시대에도 그 변화는 지속되지 않았다. 2005년 보수노선으로 회귀하였으며, 2009년 11월에는 화폐개혁이 단행되었다. 화폐개혁 이후에도 시장화는 지속적으로 확산되었다. 김정은 집권 이후 시장화는 더욱 확산된다. 그러나 북한 경제위기는 회복되지 않았다. 경제위기의 원인을 해결하기 위한 근본적 대책이 마련되지 않는 이상 경제위기는 지속될 가능성이 높다. 미봉책은 오히려 더 큰 경제위기를 잉태하게 될 위험마저 존재한다. 김정일은 1994년 11월 1일 『로동신문』에 "사회주의는 과학이다"라는 제목의 글을 발표했다. 이 글은 소련과 동유럽의 체제전환 이후에 발표된 것으로 북한체제가 건재하다는 점을 대내외에 과시하기 위한 것이다. 그리고 26년이 지난 지금 북한의 현실 어디에서도 사회주의가 과학이란 사실을 발견하기 어렵다.

1950~60년대에 형성된 북한의 지배체제는 큰 변화 없이 상대적으로 견고하고 오랫동안 지속되고 있다. 3대 권력세습이 이루어지고 시장화의 확산에도 불구하고 적어도 공식적으로 계획경제 체제는 유지되고 있다. 이는 결코 형식적인 것이 아니다. 권력의 입장에서는 지배의 도구로서 그리고 사회적 종합의 수단으로서 계획이 필요하기 때문이다. 계획은 사회주의를 상징하기에 그리고 지배권력에게 이데올로기적 정당성을 부여하기에, 북한의 지배권력은 쉽게 계획을 포기할 수 없다. '고난의 행군' 이후 아래로부터의 요구에 의해서 시작된 시장화는 이제 지배권력의 또 다른 지배수단이 되고 있다. 계획이 포기되지 않았음에도 불구하고 계획과 더불어 시장이 새로운 지배수단이 될 수 있는 것은 계획의 복합적 성격 때문이다. 김정은 시대에도 여전히 '생산 과정'과 '생산조직'은 계획의 영향력 아래에 있다. 앞으로도 북한에서

시장개혁 조치가 단행된다고 하더라도 중앙집권적 지배와 사회적 종합의 수단인 계획을 쉽게 포기하지 않을 것이다. 계획은 북한체제의 이데올로기적 정체성을 상징하기 때문이다.

주(註)

제1장 서론

1) 스탈린주의 해석은 라이히만(Reichman 1988, 57~89)의 분류를 따랐다. 단, 스탈린 개인에 대한 분석에 초점을 맞추는 논의를 제외하고 내재적－비판적 접근을 포함시켰다.

2) 비알러(Bilarer 1980, 10)는 2차 세계 대전 이후의 스탈린주의를 성숙된 스탈린주의로 규정하고, 그 특성을 다음과 같이 설명하고 있다. (1) 집단테러체제, (2) 운동으로서 당의 소멸, (3) 명확한 형태가 없는 거대한 정치조직, (4) 극단적인 동원을 바탕으로 한 경제성장 모델, (5) 경제, 사회, 정치적 계층화와 문화의 극단적 통일성을 동시에 강조하는 이중적인 (heterogeneous) 가치 체계, (6) 혁명적 자극의 종언, (7) 개인독제체제
그는 전체주의와 스탈린주의를 구분하기 위해서 성숙한 스탈린주의까지의 스탈린이 혁명적 정치가, 전환자(transformer), 복귀자(restorer)를 거치는 준비 단계를 거치게 된다고 주장했다.

3) 코와코브스키(Kolakowski 2007, 33) 역시 정통파 마르크스주의 입장에서 스탈린주의는 새로운 것이 아니라 레닌주의의 연속선상에 있는 것으로 판단한다. 레닌주의의 정치적·이데올로기적 원칙에 입각한 국가는 스탈린주의 형태를 빌려서만 유지될 수 있다고 판단한다. 이러한 견해는 이론적 입장은 다르지만 조윗(Jowitt 1992, 8) 역시 레닌주의를 스탈린주의와 나치즘(Nazism)을 구분하는 기준으로 이해한다. 레닌주의는 나치즘과 달리 카리스마가 아니라 이데올로기적 운동에서 지도자가 도그마를 근간으로 권위를 주장하고, 항상 스스로를 대표로서 자임한다.

4) 임경훈(2005, 107~108)은 이태섭(2001)의 논의가 비알러의 논의와 유사성을 가진다는 점을 밝히고 있다. 단, 그는 비알러의 논의가 스탈린주의에 대한 전체주의적 해석의 하나로 분류되고 있다는 점에 대해서는 언급하고 있지 않다.

5) 흐루시초프의 경제정책을 네오스탈린주의(neostalinism)로 규정하는 논의는 볼린(Volin 1955)의 논의를 참조할 것.

6) 루츠(Ludz 1972)는 1956~57년의 동독의 변화를 조직, 사회구조, 이데올로기의 측면에서 분석하기 위해서 독일 사회주의 통일당(Sozialistische Einheitspartei Deutschlands, SED) 내부의 엘리트 변화를 연구한다. 이 시기 변화는 전체주의에서 권위주의로의 변화로 이해된다. 루츠는 이러한 변화를 설명하기 위해서는 전체주의적 접근도 호프만(Hofmann)의 변증법적 −비판적 접근도 적절하지 않다고 보았다(Ludz 1972, 1~21).

7) 이에 송두율(1995, 255)은 강정인의 이러한 비판에 대하여 내재적인 반대는 '외재적'이 아니라 '선험적(transzendental)'이라면서 논쟁을 마무리 하려 하였다. 그런데 국내에서 이 용어에 대한 해석은 이외에도 초험적, 초월적, 초재적 등 다양하게 이루어지고 있다. 이 책에서는 경험적이지 않은 영역이라는 의미에서 '초험적'으로 번역하며, 여기서는 송두율의 인용이기 때문에 그의 번역어를 그대로 사용한다.

8) 통계조작은 비단 북한만의 문제는 아니다. 현존 사회주의 국가들이 급속한 경제성장이라는 과제가 권력의 정당성과 직접적으로 관련된 문제이기에 현존 사회주의 국가들 대부분에서 나타난다. 소련 연구들 역시 소련의 통계조작에 대한 문제는 슈멜레프와 포포프(Shmelv and Popov 1990, 45~55)에 대한 논의를 참조할 것.

9) 여기서 '적'은 다양하게 해석될 수 있다. 미국과 남한이 될 수도, 북한 내에 존재하는 반대세력이 될 수도 있다. 물론 1950~60년대 반대세력에 대한 검열과 숙청이 이루어졌지만, 정치적 영향력이 약화되었다고 해서 잠재적인 적이 사라지는 것은 아니다. 북한이 '계속혁명'을 강조하고 있는 이유도 바로 이 때문이다.

10) 다무스(Damus 1978, ch. 4)는 현존 사회주의를 새로운 생산양식으로 규정한다. 이러한 특성은 계획에 투영된다. 계획은 교환가치를 완전히 배제하려 하지만, 결국 형식 합리성(자본주의적 효율성의 개념으로서 가치범주와 이윤)을 권력(중앙집권적 권력 혹은 탈집중화된 권력)이 직접적으로 관철시키는 메커니즘이라고 규정한다(Damus 1978, ch. 3). 독일의 제3세계 이론가, 엘젠한스(Elsenhans 1996)는 저발전 사회에 대한 분석을 위해서 '토대'에 반영된 정치적 상부구조(계급관계, 시민사회, 권력관계 등)의 특성을 읽어낸다. 그는 저발전 사회를 '관료제 개발사회(bureaucratic development society)'로 규정한다. 관료제 개발 사회의 주요한 특성 역시 토대와 상부구조의 관계에서 '정치의 우위'가 나타난다. 저발전 사회에서 정치의 우위는 '취약한 시장' 때문이다. 반면 현존 사회주의에서 정치의 우위는 권력에 의해서 관리되는 '계획' 때문이다. 이 연구는 다무스와 엘젠한스 연구의 발상 ──즉 토대에서 상부구조의 특성을 읽어내고 그 체제의 성격을 규명하려는 것──을 접목·재구성하였다.

11) 'Gesamtarbeit'는 영어로 'collective work'으로 국내에서 '집단노동'으로 번역되어 사용되고 있다. 이는 자본의 집적과 집중으로 인한 기능적인 노동 과정과 분업의 실현을 의미한다.

12) 다무스(Damus 1973, 196~197)는 과도기 사회(*Übergangsgesellschaft*) 개념을 자본주의에서 사회주의로 이행이 전제된 사회라는 개념으로 사용하고 있다. 그녀의 이행기 사회의 개념은 이행의 시기에 초점이 맞추어져 있는 개념이다. 국내 북한연구에서도 과도기 혹은 이행기의 개념은 주로 사회주의로의 이행을 전제로 하는 '시기'에 초점이 맞추어진 개념이다. 그러나 소련과 동유럽의 체제전환과 제3세계에서 민주화 물결 등으로 '이행기'의 개념은 외연이 더욱 더 넓어져 보다 광의의 개념으로 사용되고 있다.

13) 동독 사회의 변화에 따른 계획의 성격 변화에 설명은 다무스(Damus 1973)의 논문을 참조할 것.

14) 잉여생산물의 종류에 따라 권력관계가 형성되었다는 점은 국가예산수입의 원천에 대한 북한의 안광즙(1964)과 국내 이태섭(2001)의 연구로부터 아이디어의 단초를 얻어 체계화하고 발전시킨 것이다.

15) 북한의 수익성 지표는 일반적으로 (판매)원가에 이윤의 백분율($\frac{이윤}{판매원가} \times 100$)로 계산된다(『경제사전 2』1970, 248). 도매가격의 수익률 변화에 대해서는 안광즙(1964, 171)을 참조할 것.

16) 물론 현존 사회주의 국가들은 이론적으로 생산수단의 국유화를 곧 생산수단에 대한 전 인민적 소유와 동일시하며, 따라서 잉여생산물의 수취와 분배는 대중에 의해서 결정된다고 주장한다(리기성 1992, 18; 박영근 외 1992, 9).

17) Stalin, Joseph. [1951]1972. *Economic Problems of Socialism in the USSR*. Peking: Foreign Languages Press. Stalin Reference Archive Html(2005) ed.(http://www.marxists.org/reference/archive/stalin/works/1951/economic-problems/index.htm).

18) 본래 연성예산제약은 코르나이가 1970년대 헝가리 경제를 분석하기 위한 개념이었다(Kornai 1986). 특히 국영기업(state-owned enterprise)의 특성을 분석하기 위한 개념이다(Kornai 1986). 하지만 연성예산제약은 다소 모호한 측면을 가지고 있으며, 아직 학계의 동의가 이루어진 개념이 아니다(Kornai, Maskin, and Roland 2002). 연성(softness)은 경성(hardness)의 반대되는 개념이지만 연성과 경성을 구분할 수 있는 기준이 다소 모호하다. 예산제약에서 구체적으로 어느 정도의 수준이 연성이며, 또 그 근거는 무엇인지 다소 모호하다. 따라서 이 책에서는 연성예산제약 개념을 현실 사회주의 경제에서 계획의 편성과 실행 과정에서 협상 가능성이 존재하며, 가격이 수요와 공급의 원리가 아니라 정치적으로 결정된다는 점에 초점을 맞추어 적용하고자 한다.

19) 현존 사회주의 경제에서 부족은 연성예산제약 때문에만 발생하지 않는다. 부족은 지나치게 가격이 지나치게 낮게 책정됨으로써, 자원배분이 왜곡되었기 되었기 때문에 발생한다. 이는 가격이 정치적으로 결정된다라는 사실을 말해준다. 다만 가격이 낮게 결정되는 이유에 대해서는 이견이 존재한다(Qian 1994, 145). 한편에서는 평등한 배분을 위한 것으로서, 식료품이나 주택과 같은 기본적 물품에 관련된 것이라고 주장한다(Weizman 1977). 다른 한편에서 부족은 중하위 수준의 관료들이 자원배분의 권한을 이용해서 렌트를 추구하고 배급된 것들을 통제하기 때문에 발생하는 것으로 이해된다(Kornai 1992; Shleifer and Vishny 1992).

20) 양운철(2006, 187~189)은 북한을 포함하는 현실 사회주의에서 렌트추구 행위가 발생하는 이유를 소유권이 존재하지 않으며 기업소의 구조조정이 발생하지 않기 때문이라고 설명한다. 하지만 소유권이 존재한다고 해서 렌트추구가 사라지는 것은 아니다(cf. North 1981). 자본주의 경제는 소유권이 명확하지만 렌트추구 행위가 존재한다. 소유권과 인센티브 제도가 개선된다고 해도 독점적 생산구조가 해결되지 않는 이상 렌트추구는 발생할 수밖에 없다. 또한 현존 사회주의에서 기업의 구조조정이 발생하지 않는 이유는 계획경제의 주요한 특성인 연성예산의 제약 때문이다. 즉 기업의 구조조정은 원인이 아니라 결과이다.

21) 정치적 완전고용은 칼레츠키(Klaecki 1977, 138~145)의 용어를 차용한 것이다. 칼레츠키는 자본주의 경제에서 정부지출에 의한 완전고용의 실현과 유지에 대해 자본가가 거부감을 가지는 이유를 다음과 같이 세 가지로 범주화하고 있다. 첫째, 자본가는 고용문제에 대해서 정부의 간섭에 대한 거부감을 가진다. 노동에 대한 자본의 통제권이 약화될 수 있기 때문이다. 둘째, 정부지출의 방향에 대한 거부감이다. 공적투자나 대량소비(mass consumption)에 대한 보조금이 자본의 이익이나 자본주의의 윤리("땀 흘린 만큼 빵을 얻을 수 있다.")를

흔들리게 할 수 있기 때문이다. 셋째, 완전고용이 유지됨으로써 발생하게 될 수 있는 정치사회적 변화에 대해서 거부감을 가진다. 정부지출에 의해서 완전고용의 유지되면, 자본가에 대한 사회적 거부감이 팽배해질 수 있기 때문이다.

현존 사회주의에서는 자본의 지배가 사라지기 때문에 이와 같은 거부감이 존재할 수 없다. 완전고용을 통해서 노동에 대한 당과 국가의 통제가 용이해지도록 만든다. 파시즘이 완전고용을 위해서 군수산업에 주로 투자한다는 측면을 제외하면, 자본의 반대를 제거하고 완전고용을 통해서 노동의 통제를 하려는 것과 같은 맥락에서 이해될 수 있다(Kalecki 1977, 141~142). 즉, 완전고용에 대한 정치적 측면의 이해는 자본의 지배가 사라지고, 완전고용을 통해서 노동을 통제한다는 점에서 오히려 현존 사회주의에서 적실한 개념이 될 수 있을 것이다.

22) 불균형 성장론은 프레오브라젠스키와 펠드만(Fel'dman)의 성장모델로 대표되며(Hennicke 1974, 65~66; Spulber 1967, 40~43), 균형 성장론은 부하린(Bhuharin)의 논의로 대표된다 (Gregory and Stuart 1992, 139~142).

23) 펠드만의 모델에 대해서는 스펄버(Spulber 1967, 38~43)의 정리가 수식을 비교적 쉽게 설명하고 있다. 이 내용을 수식을 통해서 재정리한 내용은 도마(Domar 1957, ch. IX)의 수식과 이를 보다 내용적으로 그레고리와 스튜어트(Gregory and Stuart 1992, 133~134)가 간략히 요약하고 있다. 여기서는 도마의 수학적 모델만을 언급한다.

1. 전제: (1) 가격은 일정하다. (2) 자본만이 유일하게 제한적 요소이다. (3) 폐쇄경제 (4) 소비의 생산은 독립적이다(소비가 노동생산성에 의존하고 있음을 의미한다). (5) 소비와 투자에서 정부지출이 없다. (6) 병목현상이 존재하지 않는다.

2. 가정: (1) 1부문과 2부문은 완전히 분리되어 있다. 두 부문에 기존의 자본은 이전되지 않는다. (2) 따라서 투자율은 1부문의 자본스톡과 자본계수에 의해서 결정된다. 그리고 소비재의 산출은 2부문의 자본스톡과 자본계수에 의해서 결정된다. 그러므로 일정한 기간 동안 소비와 투자 간의 총 산출의 분할은 저축성향이 아니라 두 부문의 상대적인 생산설비에 의해서 결정된다. (3) 부문 간의 총투자의 분할은 매우 유동적이다.

도마는 감가상각과 대체(replacement)가 없는 경우(permanent assets)와 존재하는 경우 (assets subject to wear)를 구분하였지만, 1부문의 투자증가가 경제성장의 가장 핵심적인 변수라는 동일한 결론을 도출하게 된다. 따라서 여기서는 감가상각과 대체가 없는 경우만을 살펴본다(Domar 1957, 230~231).

γ 는 1부문에 배분된 총투자 증가분, I 매년 순투자 증가율(1부문의 산출)이며 I1과 I2는 각각 1부문과 2부문의 투자이면 I = I1 + I2, t는 시간, V1과 V2는 각 부문의 한계자본계수 (marginal capital coefficient), C는 매년 소비재 산출비율, Y는 국민소득, I0, C0, Y0는 각 부문의 최초크기이며 등식 (4)에서 I0 = 1로 가정.

$$(1)\, I_1 = \gamma I \quad (2)\, \frac{dI}{dt} = \frac{I_1}{V_1} \quad (3)\, \frac{dI}{dt} = \frac{\gamma I}{V_1} \quad (4)\, \frac{dI}{dt} = I_0 e^{\frac{\gamma}{V_1}t} \quad (5)\, I = e^{\frac{\gamma}{V_1}t}$$

$$(6)\, I_2 = (1-\gamma)I = (1-\gamma)e^{\frac{\gamma}{V_1}t}$$

$$(7)\, \frac{dC}{dt} = \frac{I_2}{V_2} = \frac{(1-\gamma)}{V_2} e^{\frac{\gamma}{V_1}t} \quad (8)\, C = C_0 + (\frac{1-\gamma}{\gamma})\frac{V_1}{V_2}(e^{\frac{\gamma}{V_1}t} - 1)$$

$$(9)\, \frac{dY}{dt} = \frac{dC}{dt} + \frac{dI}{dt} = \frac{e^{\frac{\gamma}{V_1}t}}{V_1 V_2}[V_1 - \gamma(V_1 - V_2)]$$

$$(10)\, Y = I + C = Y_0 + [(\frac{1-\gamma}{\gamma})\frac{V_1}{V_2} + 1](e^{\frac{\gamma}{V_1}t} - 1)$$

도마의 이와 같은 수식의 결론 역시 소비와 국민소득이 1부문의 투자의 증가에 의해서 결정된다는 점을 다시 한 번 확인시켜 준다.

24) 칼레츠키(Kalecki 1986, 72~73)는 계수 u에 대한 해석에 있어서 자본주의와 사회주의 간의 차이가 나타나기 때문에 자본주의에는 적용하기 힘들다고 주장한다. 사회주의 경제에서는 적어도 원칙적으로 완전히 설비가 가동된다고 가정한다. 그럼에도 불구하고 노동조직의 향상, 원자재의 경제적 사용 등에 의해서 고정자본에 대한 생산의 지속적 증가를 성취할 수 있다. 이러한 과정이 시간이 지나 균등한 비율로 증가하면, u는 일정하게 유지된다. 반면 자본주의에서 설비가동률(capacity utilization)은 변동하고 심지어 장기간 변화를 지배한다. 계수 u는 주로 설비가동률의 변화에 따른 국민소득의 상대적 변화이다. 경기순환에서 계수 u는 가변적일 뿐만 아니라 그것의 표현이 (+)에서 (-)로 혹은 그 역으로 표현된다. 자본주의 경제에서 설비가동률의 정도는 수요와 생산 잠재력의 간의 관계에 의해서 결정된다. 이 때문에 u는 독립변수가 아니라 기존의 생산설비의 산출을 판매의 다양한 성공정도를 반영한다. 반면 계획이 생산 잠재력을 영속적으로 완전히 가동하도록 보호하는 사회주의 경제에서, 투자지출이 필요하지 않는 조직적·기술적 향상의 결과를 표현한다.

25) $\frac{C}{Y} = 1 - \frac{I}{Y} - n \cdot \frac{\Delta Y}{Y}$

26) 칼레츠키는 기술혁신을 세 가지로 구분한다. 첫째, 자본집약적 기술혁신(capital-intensive technology progress)으로 자본계수가 상승하는 경우이다. 둘째, 자본절약적 기술혁신(capital-saving technology progress)으로 자본계수가 하락한다. 셋째, 자본계수가 일정하게 유지는 되는 경우로, 중립적 기술혁신이다. 칼레츠키는 세 가지 기술 유형 가운데 무엇이 현존 사회주의에서 지배적인 유형인지에 대해서 신중하게 접근하고 있다. 실제로 칼레츠키는 1940~54년 사이에 소련은 자본절약적 기술도 그렇다고 자본집약적 기술로 보기 어렵다고 판단한다(Kalecki 1986, 78). 하지만 자본집약적 기술을 토대로 하는 경제성장이 가지고 있는 문제점을 지적하고 있다는 점에서 칼레츠키의 의도가 무엇이든 상관없이 현존 사회주의 경제에 시사하는 바가 크다.

27) $\frac{C}{Y} = 1 - \frac{I}{Y} - n \cdot \frac{\Delta Y}{Y}$

28) 설비가동률은 잠재적 생산능력의 산출량(Z)에 대한 실제 산출량(Y)의 비율($\frac{Y}{Z}$)이다. 설비가동률을 고려하여 자본계수를 계산하게 되면, 자본계수는 잠재적 자본계수($\frac{K}{Z}$)에 설비가동률을 나눈 값이다($\frac{K}{Y} = \frac{K}{Z} \div \frac{Y}{Z}$).

29) 노동생산성($\frac{Y}{L}$)은 자본집약도($\frac{K}{L}$)와 자본계수($\frac{K}{Y}$)—혹은 자본생산성($\frac{Y}{K}$)—로 구성된다($\frac{Y}{L} = \frac{K}{L} \div \frac{K}{Y} = \frac{K}{L} \times \frac{Y}{K}$).

30) 짜골로프(Zagolow 1990, 27)는 사회주의에서 생산수단의 국유화가 가지는 의미를 부르주아의 경제적 지배를 제거하고, 국민경제의 주요 부문을 노동자에게 이양하며, 생산수단을 전 인민적 소유로 전화시키는 것이라고 주장한다.

제2장 현존 사회주의의 논쟁과 쟁점: 북한적 현상의 성격과 해석

1) Mao, Tse-tung. 1953. "The Party's General Line for the Transition Period." *Selected Works of Mao Tse-tung.* Vol. Ⅴ. Peking: Foreign Languages Press. Mao Zedong Internet Archive htmled. 2004(http://www.marxists.org/reference/archive/mao/selected-works/volume-5/msw v5_31. htm).

2) 陳力. 1987. 『中國社會主義社會四段階論』. 四川: 社會科學院出版社. 10쪽; 이희옥(1993, 90) 재인용.

3) Mao, Tse-tung. 1964. "On Khrushchov's Phoney Communism and Its Historical Lessons for the World". *Selected Works of Mao Tse-tung*. Vol. IX. Pecking: Foreign Languages Press. Mao Zedong Internet Archive html ed. 2004(http://www.marxists.org/reference/archive/mao/works/1964/phnycom.htm).

4) 이 책에서는 중·소 분쟁을 중심으로 다루기 있기 때문에 마오쩌둥의 과도기 개념에 대한 비판에 대한 설명은 다루지 않았다. 중국 내부의 마오쩌둥의 과도기 개념에 대한 비판에 대한 설명은 이희옥(2004)의 책을 참조할 것.

5) 레인은 파슨스(Parsons)류의 수렴이론에 반대하고, 산업사회 내에 다양한 유형이 존재한다는 영국 사회학자들의 산업사회론에 관한 논의(InKel, Goldthorpe, Giddens)를 비판적으로 수용한다(Lane 1996, 146~150).

6) 발전 이데올로기는 다음 4가지 구성요소를 가진다. 첫째, 선진 자본주의 국가들로부터 얻은 발전된 생산형태와 방법을 복제할 필요성을 제기한다. 둘째, 주변부 사회를 지배하는 자본주의 약탈 국가(predator capitalist state)의 헤게모니를 비난하는 제국주의 이론이다. 셋째, 공산주의 기구에 의해서 통제되는 강력한 중앙을 가진 중앙집권적 정책결정 조직이론이다. 넷째, 대중이 사회와 생산력 발전을 위해서 동원되어야만 한다는 가정과 공적 업무에서 대중의 예속적인 역할이다. 소비에트 '사회주의'는 생산력의 성장과 산업적 근간의 발전이 거의 유사한 뜻으로 사용되었다(Lane 1996, 40).

7) 소련의 이데올로그(ideologist)들은 이와 같은 주장들을 정치화하였다. 첫째, 볼셰비키의 권력획득과 생산수단의 국유화에 의해서 생산수단에 대한 계급관계는 사회화되었다. 둘째, 국가계획은 경제조정과 자원배분의 방법으로서 부르주아 시장을 대체했다. 즉 자본 간의 경쟁이 대체되었고, 노동은 상품으로서의 성격을 상실했다. 셋째, 산업화 과정의 결과(1차 5개년계획) 생산력 수준은 사회주의 단계라고 규정할 만큼 충분히 증가했다. 넷째, 공산당의 헤게모니와 주요 제도체계(국가, 이데올로기, 과학, 교육)에 대한 공산당의 관리가 이루어짐으로써 상부구조는 사회주의적이다(Lane 1996, 47~48).

8) 여기서 효과는 이익의 총합(interest aggregation)을 의미한다. 이익의 총합이 자본주의에서 민주적인 경쟁에 의한 것인 반면 국가자본주의에서 중앙에 의한 통제로 이루어진다는 것이다.

9) 바로의 영역본 *The Alternative in Eastern Europe*(1978)이 정확하게 의미전달이 되지 않거나 누락된 부분은 독일어판 *Die Alternative*(1977)를 인용한다.

10) 봉건제에서 자본주의로의 '이행기'를 분석하기 위해서 알튀세르와 발리바르(Althusser and Balibar)는 『자본을 읽는다(Reading Capital)』(2009)에서 '생산양식의 접합(articulation)'이란 용어를 사용하기 시작했다. 알튀세르는 마르크스의 이론이 한 생산양식에서 다른 생산양식으로의 이행에 관한 이론, 즉 생산양식의 구성적(constituent) 이론을 제공하지 않았다고 주장한다. 따라서 마르크스의 생산양식론은 이행기나 제3세계의 소위 저발전국가에서 제기된 문제들을 설명하기 어렵다고 강조한다(Althusser and Balibar 2009, 219). 발리바르 역시 이행(transition)을 하나의 생산양식이라는 구조와 다른 생산양식이라는 구조를 연결하는 것으로, 상이한 생산양식의 접합이라는 점을 강조한다. 자본주의의 이른바 '본원적 축적' 단계는 과거의 생산양식으로 분석할 수도, 자본주의의 생산 양식으로 분석할 수도 없다. 이행은 구조의 수준에서 고찰되는 것이 아니라 '요소의 수준'에서 고찰되는 것이기

때문이다(Althusser and Balibar 2009, 314). 하지만 알튀세르는 '접합(articulation)'의 개념을 명확한 정의 없이 사용하고 있다.

11) 마르크스주의적 국가론에서 국가유형(state type)은 하나의 생산양식에 하나의 국가유형이 존재한다. 즉 자본주의적 생산양식에는 해당하는 국가유형은 자본주의 국가이고, 사회주의적 생산양식에는 사회주의 국가가 존재한다. 따라서 이 연구와 같이 현존 사회주의를 자본주의나 사회주의적 생산양식이 아니라 독립적 생산양식으로 규정하게 되면 이에 해당하는 국가유형은 자본주의 국가나 사회주의 국가가 아니라 '현존 사회주의 국가'가 된다.

12) 다무스의 논의에서 실질 합리성과 형식합리성의 개념에 관한 설명이 생략되어 있기에 베버의 개념을 간략히 소개한다. 베버(Weber 2006, 227~228)는 형식합리성과 실질 합리성의 개념을 다음과 같이 규정한다. "어떠한 경제행위의 형식 합리성은 그 경제행위에 기술적으로 가능한 계산의 정도와 그 경제행위에 의해 실제로 적용된 계산의 정도를 나타낸다. 반대로 실질합리성은 경제적으로 지향된 사회적 행동 방식으로 통해서 일정한 인간집단(이것이 어떤 방식으로 구획되든 상관없이)에게 그때그때마다 상품을 공급하는 일이 일정한 가치 평가적 요청(Postulate)(이것이 어떠한 종류의 것이 되었든 상관없이)의 관점에서 이루어지는 정도를 나타낸다." 베버에 있어 경제의 형식 합리성은 결국 '화폐와 시장'으로 압축되며, 이는 자본주의 경제를 특징짓는 요소이다. 반면 사회주의는 가치와 목적의식으로 압축되며 실질 합리성이 지배적인 사회가 된다. 이처럼 형식합리성과 실질합리성 개념은 자본주의와 사회주의를 구분하는 주요한 개념이 된다(Fiedler 2004, 95~96).

13) 다무스의 논의에서 추상적 사회화와 구체적 사회화의 개념이 명확하게 설명되고 있지 않기 때문에, 『고타강령 비판』(MEGA 25, 13)에서 마르크스의 논의를 기초로 구체적 혹은 직접적 사회화와 추상적 혹은 간접적 사회화의 개념을 설명하였다. 또한 다무스가 현존 사회주의에서 구체적 사회화가 어렵다는 점을 지적한 이유에 대해 이해하기 위해서는 『자본(Das Kapital)』 3권의 다음 내용을 참고할 것.
"자본주의에서 전체생산의 연계(Zusammenhang)는 생산자들이 연합한 지성(assoziierten Verstand)에 의해서 인식되고 그에 따라 지배되는 법칙으로서 생산 과정을 공동 관리에 지배 하에 두는 것이 아니라, 맹목적인 법칙으로서 생산자(Produktionsagenten)를 압박한다(MEW 25, 267)."
"자유는 이러한 영역에서 단지 다음과 같은 지점에서만 존재한다. 사회화된 인간(vergesell-schafted Menschen), 연합한 생산자들(assoziierten Produzenten)이 어떠한 보이지 않는 힘(Macht)에 의해서 지배되는 되는 대신에 자연적 물질대사를 합리적으로 통제하여 공동의 관리하에 두는 것이다(MEW 25, 828)."

14) 가치법칙에 대한 스탈린주의적 해석이란 현존 사회주의 국가 내부에서 가치법칙이 제한적인 영역에서 계획의 통제와 관리하에 작동하게 된다는 주장이다. 스탈린이 1951년 가치법칙의 제한적 작동을 발표하기는 하지만 이미 그 이전부터 가치법칙에 대한 논의는 소련의 정치경제학 교과서에 논의되고 있었다. 1944년 American Economic Review에 두나예프스카야(Dunayevskaya 1944)가 번역하여 기고(본래 러시아 저널 Pod Znamenem Marxizma(Under the Banner of Marxism) 익명으로 기고된 글이다)한 논문은 기존의 정치경제학 교육의 문제들을 지적하고 사회주의 경제법칙의 특성을 규정하는 내용으로 구성되어 있다. 또한 이론적 논의는 정치경제학 교과서에 관련 논의가 등장하기 이전 프레오브라젠스키(Preobrazhensky 1966), 라피두스와 오스트로비티아노프(Lapidus and Ostrovityanov 1929) 등에 의해서 이루어진 바 있다.

사실 북한의 정치경제학이 주장하는 북한사회에서 가치법칙의 작동과 형태적 작동에 대한 논의 역시 모두 스탈린주의적 해석의 영향을 받은 것이라 볼 수 있다. 김일성의 1969년 가치법칙의 형태적 작용 테제는 스탈린의 1951년의 글과 거의 유사하다. 북한에서 가치법칙의 작동에 대한 논의는 김일성([1969]1983a)의 글과 리기성(1992)이 저술한 정치경제학 교과서를 참고할 것.

15) '구조적 이질성'은 종속이론에서 중심부와 주변부 사회의 차이를 설명하기 위한 개념이다. 종속이론은 구조적 이질성을 국가 간에 노동생산성의 차이와 산업 부문(제조업, 서비스업, 농업) 간의 차이를 통해서 측정하고 평가한다(Pinto, 1970; Nohlen and Sturm, 1982; Filho and Fornazier 2016, 204에서 재인용).

16) 이 연구는 현존 사회주의에서 관료의 계급적 성격을 제기하는 렌스키와 네오마르크스주의의 개념을 정치화(精緻化)하기 위해서 경제잉여의 수취와 배분을 기준으로 하는 엘젠한스(Elsenhans 1996)의 계급개념을 수용하였다. 본래 엘젠한스의 계급개념은 자본주의 사회와는 구별되는 '저발전 사회'의 지배관계를 설명하기 위한 개념이다. 이론적 배경은 다르지만, 레스닉과 울프(Resnick and Wolf 2005) 역시 경제잉여의 수취와 배분을 기준으로 소련 사회의 계급개념을 이해한다.

17) 이는 외연적 성장과 지배의 확대를 관련시키는 시럭키(Selucky 1972, 10~18; 23)의 발상을 차용하여 고용으로 확대한 해석이다.

18) 현존 사회주의에서 관료의 충원은 紅(reds)과 專(experts)으로 구분된다. 일반적으로 현존 사회주의에서 홍(紅)과 전(專)은 잠재적인 모순적 관계로 이해되고 있다. 스탈린은 "당 간부(cadres)는 그들의 충성심과 이데올로기에 대한 이해 때문에 배타적인 명령권을 가지게 된다."고 주장한다. 당에 대한 충성심, 이데올로기적 인식능력, 그리고 업무 능력과 그 결실이 결정된다. 반면 탈스탈린화 과정에서 간부의 범위는 더욱 더 확대되었으며, "비당원 간부(nonparty cadres)"라는 용어가 빈번하게 사용되었다. 동독의 경우 "간부는 정치적 그리고 전문가적 지식과 능력을 토대로 다른 사람을 할당된 임무를 수행토록 지도하기 위해서 임명된 일군의 사람들이다." 서구 학자들은 이러한 확장된 간부의 개념을 '인텔리겐차(intelligentia)'라는 개념을 통해서 이해했다. 하지만 탈스탈린화 과정에서도 당 간부들에 대한 교육에서 마르크스－레닌주의에 대한 이데올로기적 교육이 강조된다. 따라서 비록 홍과 전이 잠재적인 모순적 관계이지만, 일방적으로 한 쪽이 우세한 것이 아니라 상대적인 변화의 관계이다(Kopstein 1997, 113~116).

19) 관료의 '정당화'와 '자기특권화 경향'이란 용어는 엘젠한스(Elsenhans 1996)의 국가계급(state-class) 개념에서 차용한 것이다. 하지만 물론 그 내용은 근본적으로 다르다. 저발전 사회의 국가계급과 현존 사회주의의 관료계급은 현상적으로 유사한 측면을 가지고 있기도 하지만 체제의 차이에 오는 본질적인 차이점이 존재한다.

20) 파킨슨의 법칙(Parkinson's Law)은 "관리의 수와 업무량은 아무 관련이 없다."는 것이다. 전체 공무원 수의 증가는 업무가 늘어나거나 혹은 업무 아예 없어져도 크게 달라지지 않는다는 것이다(Parkinson [1957]2003, 23)

21) 바로(Bahro 1977, 199)는 "관료의 권력은 당의 행정에 종속된 영혼의 수가 증가할수록 성장한다."고 주장한다. 그는 비록 관료의 수를 언급하지는 않았지만, 당원 수의 확대와 권력의 외연 확대를 연결시켜 사고 있다는 점에서 질라스(Djilas)나 미에츠코프스키(Mieczkowski)의 견해와 유사성을 가진다. 이 책 역시 당원의 확대는 적극적인 지지층의 확보인 동시에

당원이 된 구성원에게 관료적 위계구조라는 사다리에서 위쪽으로 올라갈 수 있다는 기대심리를 자극함으로써 현상유지를 바라는 지지층으로 만드는 효과를 가진다고 이해한다.

22) 바로(Bahro 1977, 180)는 소련 및 동유럽 사회에서 관료주의는 정신적 그리고 문화적 영역에서 고통스럽게 옥죄여 오지만, 생산력의 토대를 꼼짝 못하게 하는 관료적 경제기구가 전체 관료화의 원천이라는 점을 분명히 한다.

23) 노박(Nowak 1991, 93~120)은 저항이데올로기를 유토피아로, 지배이데올로기를 이데올로기 표현하고, 현존 사회주의 역사적 변화 과정은 권력관계의 변화에 따라 혁명 이전에는 그 이전 사회의 지배이데올로기에 저항하는 유토피아로 존재하다가, 혁명 이후 다시 지배이데올로기 변화되며, 이는 다시 또 다른 유토피아의 저항에 부딪히게 된다고 설명한다. 노박의 지배이데올로기는 현실을 합리화하는 허위의식의 의미를 가진다.

24) 엘젠한스(1996, 206)는 저발전 사회의 국가계급은 자신의 소비를 위해서 배타적으로 소비하지는 않았지만, 현존 사회주의 사회처럼 축적을 강제할 수 있는 계급이 존재하지 않았다고 설명하고 있다. 바로 이러한 점이 저발전 사회의 국가계급과 현존 사회주의의 관료계급과의 주요한 차이점이라고 할 수 있다.

25) 관료적 특권이 권력으로부터 나온다는 점이 엘젠한스의 국가계급(state class) 개념이 현존 사회주의의 관료계급을 설명하기 위한 개념으로 재구성될 수 있는 가장 주요한 특성이다.

26) 그래서 전체주의적 접근법은 스탈린주의를 전체주의와 동일시한다. 전체주의적 접근법은 거의 완벽한 무장력에 대한 통제와 대중 커뮤니케이션에 대한 거의 완벽한 독점을 기초로 하는 폭력적인 경찰의 통제(terroristic police control)를 강조한다. 이러한 감시와 강제력의 사용은 정권의 적만이 아니라 임의로 선택된 계급을 포함한다(Friedrich 1964, 53).

27) 계획경제에서도 2차경제(암시장)가 실재하기 때문에, 계획이 모든 구성원을 완벽하게 포괄하고 있다고 단정 짓기는 어렵다. 일반적으로 현존 사회주의는 2차경제의 비중이 증가하기 시작할 때, 대부분은 사회주의 상품경제이나 사회주의 시장경제으로 대표되는 시장경제의 요소를 도입하게 된다. 하지만 이러한 형태의 개혁 이전에는 혹은 적어도 2차경제의 비중이 현저하게 증가하기 이전까지, 계획은 거의 모든 구성원을 포함하고 있다고 말할 수 있다.

28) 소련의 1930년대 소련에서 노동의 부족과 노동이동성의 증가로 인한 노동자의 일탈은 일상적인 모습이었다. 필쩌(Filtzer 1986, 55)는 노동자가 규정을 어겼다고 하더라도, 지배인(manager)이 이러한 규칙위반을 무시하거나 가벼운 처벌만을 하는 '고양이와 쥐 게임(cat and mouse game)'으로 묘사하고 있다.

29) 바로(Bahro 1977, 179~180)는 마르크스의 관료개념을 원용하여 현존 사회주의에서 관료의 성격을 다음과 같이 설명한다.
"관료는 스스로를 국가의 최종목적으로 간주한다. 관료는 자신의 '공식적인 목적'을 국가의 내용으로 만들기 때문에, 전체적으로 관료는 자신의 '실질적 목적'을 대립하는 것으로 여겨진다. 관료는 내용을 형태로 그리고 형태는 내용으로 여기게끔 할 필요가 있다. 국가의 목적은 관료의 목적으로 사용되거나, 관료의 목적이 국가의 목적으로 이용된다."
여기서 국가의 목적은 사회 공통적 업무의 규제이며, 관료의 '실질적 목적'은 관료의 이익추구라고 할 수 있다. 관료의 실질적 목적은 그것의 규제를 발생시키는 제도를 붕괴시켜야 한다. 그래서 바로는 현존 사회주의가 어떠한 사회보다도 관료의 공식적 목적과 실질적 목적의 갈등이 가장 심각한 사회라고 주장한다. 또한 그는 관료에 대한 마르크스의 다음 문구를 인용하고 있다. "관료가 국가의 본성(*Staatswesen*), 즉 사회의 영적 내용을 소유하고 있으며,

그것은 관료의 사적 소유이다." 관료의 본래 정신은 상업적 뿌리와 제한된 영역에 대한 전망에 있는 반면에 관료는 스스로를 지식의 위계로 파악한다.

30) 코르나이(Kornai 1992, 97~100)의 관료적 조정 메커니즘(bureaucratic coordination mechanism)은 어떠한 규정된 제도적 혹은 약속된 체계라기보다는 관습적 체계이다. 관료적 조정 메커니즘은 계획의 참여자들 사이의 상호작용이 하나의 패턴이 되어 그것이 유지되는 것을 개념화한 것이다. 더욱 정확히 말하면 상명하복의 명령시스템에 대한 아래의 반응과 그에 대한 위의 대응을 설명하는 개념이다. 자본주의 사회에서 자본과 임금노동의 이해관계의 대립이 조정되는 과정은 초기에는 제도화되어 있지 못했다. 그러나 현존 사회주의 사회에서 관습이 제도화되지 못했다. 다시 말해서 현존 사회주의에서 어떠한 약속된 이해관계의 조정 메커니즘은 사실상 존재하지 않는다. 그 이유는 바로(Bahro 1977, 180)의 '지식의 위계' 개념을 통해서 이해할 수 있다. 현존 사회주의에서 관료는 지식의 위계에 꼭대기에 위치하기에 모든 것을 알고 있으며, 아래는 위의 명령을 그대로 따르면 된다. 이론적으로 사실상 조정 메커니즘은 존재하지 않는 것이 아니라 필요 없는 것으로 간주되고 있는 것이다.

31) 주변계층(marginality)라는 용어는 처음에는 다른 인종이나 민족 간의 결혼(intermarriage)이나 이주의 결과로 두 개의 문화가 갈등하게 되고, 개인이 경험하게 되는 개인의 심리적 혼란을 묘사하기 위해서 사용되었다(Park 1928, 881~893). 후에 이 개념은 더욱 더 확대되어 한 국가에서, 특히 농촌과 도시 사이에서 사회적 그리고 경제적 이동으로 인해서 발생하는 문화적 접촉의 유형을 포함하게 되었다. 주변계층을 이와 같은 개념으로 사용할 때, 주변화를 주로 개인적, 심리적, 문화적 요인 때문에 발생하는 것으로 인식하고 있는 경우이다(Kay 1990, 89).

1960년대에 라틴 아메리카 사회과학자들 가운데 근대화 이론가들에 의해서 수용되었다. 근대화 이론은 전후 빠른 속도로 진행된 도시화 과정의 결과로서 주변계층은 도시의 주변부에 거주하는 사람들을 일컫는 의미로 사용되었다. 그들은 평균 이하의 주택에서 거주하며, 공공서비스의 혜택을 누리지 못했다. 후에 주변계층은 실업, 열악한 노동조건, 비참한 생활수준으로 대표되는 빈민가의 거주자들이 경험하는 사회적 조건을 의미하는 것으로 사용되었다. 이러한 논의를 통합하면 주변계층은 생산과 소비의 체계에서 모두 참여하지 못하는 사람들을 의미한다. DESAL 참여 이데올로기 접근(participation ideology approach)은 주변계층을 사회–경제적으로 통합되지 않고, 정치적으로 배제된 세력을 일컫는 의미로 사용했다(Kay 1990, 90).

1970년대 구조주의 혹은 네오마르크스주의는 주변화(marginalization)는 수입대체산업화가 노동력을 흡수할 수 있는 능력이 부족함으로써 노동력을 배제하는 결과를 초래하는 것을 의미한다. 자본집약적 산업화 과정은 더욱 더 소득을 집중시키고 기술진보의 결실로부터 인구의 일부를 주변화시킨다. 이와 같은 접근은 종속이론과 관련되어 있다(Kay 1990, 90). 종속이론에서 주변계층은 어떠한 사회 내부에서 사회적 통합의 부재로 인해서 발생하는 것이 아니라 한 국가가 세계 자본주의 체제 과정에서 발생하는 것으로 이해된다(Kay 1990, 91).

그러나 아직까지 주변계층(marginality) 개념에 대해서는 학계의 동의가 이루어지지 않고 있다(Cullen and Pretes 2000, 215). 북미학계(미국과 캐나다)에서는 일반적으로 두 가지 의미로 사용되고 있다(Cullen and Pretes 2000, 217). 하나는 경제적 개념으로 사용된다. 시장과 유리되어 있으며, 주로 천연자원에 의존적이며, 인구의 규모가 작고, 정치적으로 그리고 경제적으로 자율성이 없는 것을 주변적(marginal)인 것으로 간주된다. 이와 같은 개념 정의에서는 주변화(marginalization)의 핵심적인 원인은 경제적인 측면 때문이다. 주변계층에 대한 대부분의 문헌은 주변화보다는 오히려 주변적 지역(marginal region)에 초점을 맞추고 있는데,

이때 주변적(marginal)이라는 의미는 중심부(center)와 주변부(periphery) 가운데 주변부를 뜻하는 것으로 이해된다.

또 다른 하나는 사회구조(social construction)적으로 이해되는 경우이다(Cullen and Pretes 2000, 217). 이 경우 주변계층을 결정짓는 핵심적인 요소는 '권력'이다. 중심부로 이해되는 세력과 주변적으로 이해될 수 있는 모든 소수자와 비구성원들 사이의 관계를 통해서 주변계층을 이해하는 경우이다. 예컨대 사회적 주변계층은 성(gender), 인종, 종교, 성별, 직업, 언어 등으로 인해서 주변화(marginalization)가 발생하며, 그들은 고립되거나 빈민이 되고 특권화된 사회적 공간(privileged social spaces)으로부터 배제된다.

32) 레인(Lane 1987, 33~40)은 소련 사회에서 '충분한 직업이 없는(underoccupied)' 사회세력이 존재한다고 주장한다. 학생, 여성, 연금수혜자(pensioner) 등이 대표적인 예이다. 그리고 그는 소련 사회는 자본주의 국가들과 비교할 때 교육을 받는 기간이 21년으로 더 길다. 또한 퇴직연령이 남성은 60세, 여성은 55세로 더 빠르다고 설명한다. 즉 소련 사회의 완전고용이 가능했던 이유는 바로 이와 같은 이유 때문이라는 설명이다.

33) 마르크스의 소외개념은 다양하게 해석되지만 자신이 생산한 생산물로부터 소외가 되어 자본가가 소유하게 되는 현상이 대표적이다(Marx 1976, 596)

34) http://www.marxists.org/archive/marx/works/1847/poverty-philosophy/ch02e.htm.

35) 얀(Jahn 1982, 54)은 마르크스-레닌주의가 자기체제를 무계급사회로 규정함으로써 오히려 정당성의 위기를 경험하게 된다는 점을 지적하였다.

36) 북한에서 공상적 사회주의자들에 대한 해석과 평가에 대해서는 한철주(1994, 43~45)와 심혜경(1996, 41)의 논의를 참고할 것.

37) Wikipedia, "Rudolf Behro," https://de.wikipedia.org/wiki/Rudolf_Bahro.

38) 현존 사회주의의 정치경제학 교과서들이 생산수단의 증가에도 불구하고 지속적으로 축적이 가능한 이유에 대한 이와 같은 설명은 마르크스가 『자본』에서 이윤율 하락경향의 법칙을 상쇄하는 諸요인에 대한 설명과 유사하다(Marx 1995, 275~286).

제3장 정치우위의 사회

1) 농업현물세 제도는 양곡시장이 안정되지 못한 상태에서 도시노동자 층에게 식량을 공급하고, 유상배급을 통해 국가재정을 확충하고, 소련주둔군에게 식량을 조달하는 기능을 하였다(김성보 2000, 245). 또한 현물세의 징수가 평균 25% 수준으로 알려져 있지만, 이러한 통계 역시 그대로 수용하기 힘들다. 김성보의 연구에 따르면 강원도 인제군의 경우에는 약 25% 수준을 유지했지만, 평안북도 선천군 남면의 경우에는 무려 약 10%를 상회하는 징수율을 보인다(김성보 2000, 246~250). 현물세 징수율에 대한 통계 역시 조작되었을 확률이 높다. 또한 지역 간 차이로 보아 특정지역에 대한 특혜 혹은 차별이 존재했을 가능성 역시 배제할 수 없다.

2) 이영훈(2000, 69~72)은 간헐적이고 부정확한 기록에도 불구하고 가격을 추산하고 있다. 이태섭(2000)은 안광즙(1957, 44)의 논문을 인용하면서 협상가격차가 차츰 감소하고 있다고 적고 있지만, 이영훈의 가격추정에 따르면 1956년 이후에도 협상가격차를 통한 농업잉여의

초과착취가 이루어진 것으로 보인다. 이 연구는 이영훈의 가격추정이 정확성을 가지고 있다고 판단한다. 그 이유는 1956년 이후 소련의 경제원조가 감소하는 과정에서 이른바 '내부원천'의 동원이 필요한 가운데 농업잉여는 더욱 더 중요한 잉여생산물로 자리매김 되었을 가능성이 높기 때문이다. 물론 북한의 간헐적인 기록마저 전적으로 신뢰할 수 없다. 협상가격차가 차츰 감소하고 있다는 주장에도 불구하고 알곡가격을 인하하고 있다는 점을 감안하면 농업잉여의 초과착취율은 이영훈의 계산보다 더 높을 가능성이 존재한다. 그러나 현시점에서 북한의 간헐적인 기록에 의존할 수밖에 없다는 점을 감안하면 이영훈의 계산은 중요한 의미를 가진다.

3) 소련계의 박영빈은 평화공존론을 한반도에 적용할 것을 주장하였다가, 김일성에게 우회적으로 비판을 받게 된다(서동만 2005, 670~671). 이후 김일성은 소련계에 대한 비판의 일환으로 다시 박영빈을 직접 지명하여 비판한다(김일성 [1955]1980d, 475).

4) 해외원조가 산업화의 주요한 원천으로 사용되는 것은 비단 소련의 영향력하에 있던 동유럽과 아시아지역의 현존 사회주의 진영만이 아니다. 미국의 영향력하에 있던 지역에서도 일반적으로 나타나던 현상이다. 1950~60년대 해외원조와 발전전략에 대한 간략한 설명은 박형중(2007, 18~20)과 토르베케(Thorbecke 2000, 19~28)의 글을 참조할 것.

5) 펜들러의 수치가 북한문헌을 토대로 하는 김연철(1996, 58~59)과 국가계획위원회 위원장인 박창옥([1954]1998, 644)의 보고보다 더욱 자세하다는 점 그리고 소련이나 북한이 아닌 제3국의 자료가 상대적으로 더 객관성을 유지할 수 있다는 점에서 제3국인 헝가리의 외교자료를 인용하였다.

6) 사실 북한은 전쟁기간 동안에도 가치법칙의 관철되었다고 인식하고 있다. 그 이유는 첫째, 다양한 경제형태가 존재하기 때문이다. 북한은 전쟁 기간 중에 소유 형태의 변화로 이른바 '사회주의 경리 형태'가 급성장했지만, 여전히 '소상품 경제형태'와 '사자본주의 경제형태'가 절반 이상을 차지하고 있었다(최중극 1992, 91). 전쟁기간 동안 사적 자본주의 경리와 소상품 경리는 강화되었기 때문이다. 둘째, 사적 자본주의 경리와 소상품 경리의 강화로 인해서 시장법칙이 강화되었기 때문이다. 전시 군수품 생산에 자원이 집중됨으로써 상대적으로 다른 생산부문이 생산이 부진했다. 그 결과 공급부족과 초과수요가 발생하게 됨으로써 '가치와 가격의 괴리'는 더욱 더 커졌으며, 가치법칙은 왜곡되었지만 계획의 영향력은 축소되고 시장법칙은 강화되었다(최중극 1992, 113).

7) 최동화(1956)는 농업집단화와 계획화의 속도에 대해서는 구체적인 언급을 피한 채, 지난 북한체제의 역사적 변화가 '식민적 편파성과 락후성'으로 인한 '비자본주의적 로정'이라는 점을 강조하고 있다. 그의 이러한 견해는 자본주의적 요소들을 제한적으로 이용하면서 점진적으로 이해할 것으로 강조하기 위한 바탕이 되는 것으로 이해된다(김성보 2000, 302).

8) 렌트추구 이론은 부패, 뇌물공여, 로비 등 다양한 렌트추구 행위로 인해서 사회적 비용을 초래하게 된다고 설명한다. 렌트추구과 암중손실 개념에 대한 쉬운 이해는 틸럭(Tullock 1967)의 논의를 참조할 것.

9) 최창익과 윤공흠 등이 이른바 중공업 우위의 축적전략에 반대했음을 이후 북한의 문헌들을 통해서 확인할 수 있다. 리천호(1957, 79)는 1957년 『근로자』제5호에서 그들의 중공업 우위의 축적전략이 종파적 목적을 은폐하기 위한 것이라고 비난하고 있다.

10) 한대영(1957, 75)의 글을 통해서 최창익 등과 양곡수매 사업를 놓고 갈등이 있었음을 알 수 있다.

11) 중공업 우위의 축적전략에 대한 비판적 입장은 소련계에 의해서 진행되었다면, 김일성계는 스탈린의 이론을 근거로 중공업 우위의 축적을 고수했다. 소련계와 김일성계의 이론적 논의는 각각 김한주(1954)와 정일룡(1954)의 논문이 대표적이다. 중공업 우위의 축적전략을 둘러싼 당내 갈등에 대한 정리는 서동만(2005, 603~626)과 김연철(1996, 62~64)의 논의를 참조할 것.

12) 전후복구 기간 직업동맹에서 영향력 확대를 둘러싼 권력투쟁에 대한 정리는 정상돈(2004, 101~103)과 서동만(2005, 651~653)의 논의를 참조할 것.

13) 계획경제에서 대중의 소비는 기본적으로 권력의 영향력하에 있다. 권력은 급속한 성장을 위해서 소비를 억제하지만, 대중은 이에 대한 불만을 가지고 있다. 아래로부터의 요구가 강하게 표출되면 권력은 대중의 소비가 증가하는 것을 용인하거나 수용한다. 자세한 내용은 소비의 증가와 감소를 통해서 권력과 대중의 관계를 이해하는 뢰슬러(Rösler 2005)의 논문을 참조할 것.

14) 김연철(1996, 120~123)은 북한이 소련과 비교할 때 비공식적 노동시장에 대한 제약이 더욱 더 컸으며, 배급제와 법률 등의 이유로 이직의 확률이 상대적으로 낮다고 설명한다. 따라서 그는 북한에서 태업이나 노동손실은 기계화 수준의 미비와 정치학습 등으로 인한 것으로 보았다. 그러나 1953년 노동규율이 '이직'을 직접적으로 제한하고 있다는 점과 1954년 노동임금에 대한 차별화의 도입 등을 볼 때 노동의 부족과 그로 인한 이직과 결근과 같은 소극적 형태의 일탈과 저항은 실재했던 것으로 보인다. 전후 초기에 이러한 노동현실에 대한 정리는 차문석(2001, 101~103)의 논의를 참조할 것.

15) 연안계와 소련계 일부가 결탁하여 김일성에 대한 비판과 권력장악 시도에 배후에 대해서는 란코프(Lankov 1999, 211~212)와 이종석(1995, 276~279)의 해석이 엇갈린다. 란코프는 당시 소련 대사관은 신중한 반대였다고 주장하는 반면 이종석은 그들의 결탁에는 소련대사 이바노프의 도움이 있었다는 점을 들어 소련의 영향하에 있었다고 주장한다. 란코프의 해석은 소련계의 일부만이 반김일성 운동에 참여하였다는 점에서 타당성을 가지며, 이종석의 의견은 반김일성 운동이 소련대사의 개입을 통해서 힘을 얻게 되었으며 소련 및 동유럽의 순방기간 동안 준비되었다는 점을 감안하면 설득력을 가진다. 하지만 8월 전원회의 이후 연안계와 소련계가 반당종파주의자로 비판받게 되었음에도 불구하고 소련과 중국의 도움으로 숙청을 모면하게 된다. 그리고 김일성에 대한 비판의 근거가 '개인숭배' 문제였다는 점을 감안할 필요가 있다. 이는 반김일성 운동이 탈스탈린화를 추진하던 당시 소련의 노선과 일치한다는 점을 말해준다. 따라서 연안계와 소련계 일부의 반김일성 운동에는 소련의 직·간접적인 개입이 있었을 가능성이 있다. 아울러 이종석의 지적대로 중국 측의 협조 역시 실재했을 확률이 높다. 그러면 연안계가 적극적으로 개입한 반면 소련계는 일부만이 동참하게 된 원인에 대해서 살펴볼 필요성이 있다. 아마도 이는 소련계는 전후복구의 방식을 놓고 김일성과 대립하였으며, 결정적으로 3차 당대회를 통해서 공식적으로 소련계의 노선이 비판받게 되면서 위축되었을 것으로 추정된다.

16) 이주철(2008, 217)은 1958년이 안으로는 '8월 종파사건'이 마무리되고, 밖으로는 재일교포의 북송이 추진되는 시점이기 때문에 정치적 선전 효과를 노려 알곡생산을 부풀려 발표하게 되었을 수 있다고 설명한다.

17) 농업협동화가 완료된 이후 농업기계화가 강조되고, 1964년 "우리나라 사회주의 농촌문제에 관한 테제"가 발표되면서 농업기술혁명의 필요성이 제기되는 것을 감안할 때, 이후에도 농업생산성의 증가는 경제성장은 물론 권력의 정당성을 위해서 주요한 관심사항이었음에 분명하다.

18) 현지지도와 천리마 운동의 출발점으로 여겨지는 1956년 12월 28일 강선제강소에서 "내부예비를 최대한으로 동원하여 더 많은 강재를 생산하자"라는 제목의 연설은 1956년 12월 전원회의 이후 정치적으로 "반종파투쟁"과 경제적으로 "증산과 절약"이라는 두 가지 목표를 달성하기 위한 전략의 일환으로 이해되어야 한다. 그 내용은 김일성([1956]1980f, 462~471)의 연설을 참조할 것.

19) 조선노동당 기관지인 『근로자』는 1957년 1호에 권두언에서 '증산'이 '노동생산능률'을 기초로 하는 생산의 증가를 의미하며, '절약'은 기업 관리 운영의 고유한 원칙이라고 소개하고 있다. 구체적으로 이는 증산은 노동동원을 바탕으로, 절약은 내부예비의 동원을 통해서 이루어짐을 의미한다.

20) 이 시기 『근로자』의 곳곳에서 관료주의, 형식주의, 보수주의, 본위주의, 지방주의에 대한 비판을 확인할 수 있다. 각각의 내용은 서을현(1957), 허일훈(1958), 변상렵(1958), 김정삼(1958), 김시중(1958)의 논의를 참조할 것.

21) 김보근(2005, 147~148)은 '천리마 운동'이라는 명칭이 1958년이 되어서야 비로소 시작된 것으로 본다. 하지만 이 글에서는 북한의 공식적인 기록에 따르면 천리마 운동은 1956년 12월 전원회의 이후 "천리마를 탄 기세로 달리자!"라는 구호 아래 김일성이 직접 대중을 독려하여 생산력 증가를 추진한 대중운동으로 규정한다(『조선전사 29』 1981, 21). 명칭은 다를 수 있지만 1956년 12월 전원회의 이후 내부예비의 동원이 강조되면서 노동생산성 향상을 통한 생산력 증강이 추진되었다고 볼 수 있기 때문이다.

또한 이 연구에서는 천리마 운동은 천리마 작업반 운동을 포괄하는 개념으로 이해한다. 천리마 작업반 운동이 1959년 2월 강선제강소에서 처음으로 제기되었는데, 강선 제강소는 1956년 12월 28일 김일성이 '내부예비를 최대한으로 동원하여 더 많은 강재를 생산'는 연설을 하고, 이에 종업원들이 1957년 1월 8일 궐기대회로 이에 더 높은 생산목표의 달성의 제시로 답하는 천리마 운동이 발생했던 곳이기도 하다(사회과학원 력사연구소 1981, 22~23). 물론 장소의 동일성 때문에 천리마 운동과 천리마 작업반 운동을 같은 차원에서 이해하는 것은 아니다. 내부예비의 동원과 생산력 증강을 노동생산성에 근간해서 추진했다는 점에서 그리고 현지지도와 그에 대한 대중의 화답의 형식으로 추진했다는 점에서 유사성을 가지고 있기 때문이다.

22) 리동신(1957)은 1957년 1차 5개년 계획에서 이른바 '선진기술'의 도입을 통한 설비이용률 제고와 노동생산능률의 증가를 강조한다. 또한 전정산(1958)은 '로동생산능률'의 제고를 통해서 1차 5개년 계획에서 공업생산액 목표에서 63%를 노동생산성의 증가를 통해서 해결하겠다고 예상하고 있다. 안광즙(1957, 16)은 선진기술 도입으로 노동생산성을 증가시켜 생산목표의 초과 달성을 강조한다.

23) 국내 북한연구는 1990년대 초반부터 북한의 공식적 매체의 초험적인 발표와 주장 및 설명에 대해서 내재적 비판을 시도함으로써 괄목할 만한 연구 성과를 보여주었다. 하지만 때때로 초험적인 자료를 내재적으로 잘못 인식하게 되는 문제가 발생했다. 물론 현재 상황에서 북한의 공식적 통계와 설명을 정확히 검증할 수 없기에 그 문제가 얼마나 심각한 것인지 확인할 수 없지만, 북한의 공식적 발표와 그에 대한 설명에 대한 비판적인 이해가 동반되어야 함은 주지의 사실이다.

24) 관료의 교체에 대해서는 김연철(2001, 231~234)의 논의를 참조할 것. 단, 김연철(2001)은 관료를 계급으로 인정하지 않으며 노동계급 출신의 지배이기에 노동계급의 지배로 인식한다는 점에서 이 연구와 차이를 보인다. 내재적-비판적 접근법에 기초한 대부분의 국내 연구들은 관료를 계급으로 인식하지 않는다.

25) 1957년 국가예산수입 계획에서 거래세 수입의 증가는 155%로 예견되었지만, 결산보고에서 118.2%로 보고되었다. 하지만 가격차금이 121.2% 차지할 것이라고 예상되었지만, 실제로는 158.4%나 성장함으로써 일정 정도 상쇄되었다(리주연 [1957]1988, 846).

26) 1960년 국가예산수입 계획보고를 보면 이윤의 10% 수준에서 국가기업이익금이 납부 될 것이며, 남은 이윤 총액은 기본건설 투자, '류동자금의 증가', 기업소 일군들의 문화 후생적 수요라고 적고 있다. 하지만 경제원조 감소 이후 발생한 재정위기와 경제성장의 속도를 강조하는 당시 김일성계의 노선을 감안할 때 문화 후생적 수요에 충족에 사용되는 금액은 크지 않았을 것으로 보인다(송봉욱 [1960]1988, 557).

27) 이 책은 1960년 이후 북한의 국가예산수입에 대한 통계는 이영훈(2000, 142)의 추정치를 고려했다. 물론 이 역시도 1964년까지만 계산된 수치가 있을 뿐이라는 점에 한계가 있다. 통일부의 『북한경제통계집』(1960, 134)은 1964년 이후부터 1969년까지의 국가예산수입의 변화도 큰 변동이 없기 때문에 1966년 농업현물세가 완전히 폐지된다는 점을 제외하고 거래수입금과 국가수입이익금이 대부분을 차지할 것이라고 가정하였다.

28) 이태섭(2001, 202)은 자원의 중앙집중성이 강화됨으로써 기업이윤총액에서 '기업 유보 이윤'(이태섭은 기업의 이윤 가운데 국가기업이익금을 제외한 나머지에 대해서 기업 유보 이윤이라는 용어를 사용한다)이 차지하는 비중이 1960년대 감소되었을 것이며 1968년 최소화되었을 것으로 추정하고 있다.

29) 이태섭(2001, 4장과 5장)은 설비이용률 저하의 원인으로 원자재의 부족 때문으로 설명하고, 그 원인을 기업의 조직이기주의로 설명한다. 북한은 이를 해결하기 위해서 생산조직의 혁신을 하게 된다는 설명이다. 그러나 1963년 이후 자원부족 현상은 심화되고 경제성장률이 둔화됨에 따라서 64년 계획경제의 일원화와 세부화기 대두된다고 설명한다. 이태섭의 이러한 설명은 북한체제의 변화를 설명하는 데 적실성을 가지지만, 그것이 가진 문제점에 대한 지적에서 있어서는 다소 미흡하다. 물론 이태섭은 외연적 성장이 내포적 단계로 이행하는 데 실패했기 때문에 북한경제의 경제위기가 지속된다는 점을 밝히고 있다. 하지만 구체적 원인 분석에서 북한체제가 스스로 인정하고 있는 부분과 이태섭의 지적이 크게 다르지 않아 보인다. 외연적 성장의 한계는 투자와 자원의 부족이 문제가 아니라 투자가 이루어진다고 하더라도 자원은 유한하기에 동원 가능한 자원은 언젠가는 한계에 도달하게 되며 일정한 수준 이상의 경제성장을 성취할 수 없다는 점이다.

30) 북한의 공식적 통계가 없는 상황이기에 이태섭(2001, 199)의 연구에 기초해 1960년대 성장의 지체 혹은 경제위기가 지속되는 것으로 해석한다. 자세한 내용은 이 책의 5장을 참조할 것.

31) 이는 수령, 당, 대중의 관계에 대한 사회정치적 생명체론이 계획경제에 실현된 것으로 이해될 수 있다. 사회정치적 생명체론에 대한 설명은 이종석(1995, 106~114)의 논의를 참조.

32) 지난 시기 경제관리 체계의 문제에 대한 지적에서 '지배인'의 문제점을 지적하고 노동자들의 생활을 보장해주지 못하고 있다고 지적한다. 자재공급체계에서 성과 관리국의 자재공급에 있어서 책임을 지지 않고 있다고 하면서, 이는 '사회주의 경제관리원칙'에 반하는 '관료주의적인 체계'라고 비판하고 있다. 즉 지난 시기의 경제관리체계의 문제에 대한 책임을 중하층 관료에게 전가시키고 있는 것이다. 자세한 내용은 김일성([1961]1981, 430~411)의 글을 참조할 것.

33) 물론 노동조직의 약화와 당의 하위조직으로 전락은 북한만의 독특한 현상은 아니다. 이 역시 스탈린주의의 영향을 받은 것이다. 레닌은 10차 당대회를 계기로 노동조합의 역할을 강조하게 되었다. 노동조직은 한편으로 국가를 발전시키는 기능과 다른 한편으로 노동자의

권익을 보호하는 기능을 수행해야 한다고 보았다. 이는 관료화에 대한 문제를 해결하기 위한 하나의 방편이었다. 그러나 스탈린은 이러한 최소한의 자율성을 제거해버렸다. 스탈린은 1930년대 노동조합 기구를 대폭축소 하였으며, 노동조직은 당의 결정에 충실히 따르는 당의 하위조직이 되고 말았다(정상돈 2004, 81~83).

34) 김일성([1967]1983c, 360)은 이에 앞서 1967년 7월 3일 4기 16차 전원회의에서 갑산파가 경제－국방 병진노선을 반대하고 천리마 운동을 반대하고 있다고 비판하고 있다. 또한『조선전사 31』(1981, 28)는 '수정주의 경제리론'이 천리마 운동을 반대하고 사회주의 건설의 높은 속도로 발전하는 것을 방해했다고 주장하고 있다.

35) 1967년 12월 18일 내각 제1차 전원회의에서 김일성은 수정주의 경향에 대한 비판과 함께 노동력의 절약과 정치사업을 통한 대중동원을 강조하고 있다(김일성 [1967]1983b, 568~569).

제4장 계획경제 메커니즘과 경제위기의 재생산

1) 손전후(1983,301)는 "국가가 힘든 부문에서 일하는 로동자들에게 하루 식량을 600그람씩 공급하던 것을 700그람으로 올리는 것과 함께 전반적인 식량공급기준을 높이는 새로운 식량공급제를 실시하였다."고 서술하고 있다. 그런데 외신보도는 북한의 통계와는 달랐다. 1946년 북한지역은 배급이 500그람으로 감소되었다는 외신보도도 있었다(브룬 · 허쉬 1988, 27에서 재인용).

2) 북한의 토지개혁은 국제정치와 국내정치가 상호 교차하면서 매우 복잡하게 진행되었다. 탈식민지 과정에서 소련군의 점령과 북한 내부에서 역사상 가장 다양한 세력들이 존재했기 때문에 이는 일정 정도 당연한 일이다. 토지개혁을 둘러싼 정치세력 간의 이해관계 차이와 대립은 김성보(2001)의 책을 참조할 것.

3) 전시원호사업의 사례에 대해서는『조선전사 25』(1981, 224~229) 참조.

4) 북한은 애국미 헌납운동을 자발적인 대중운동으로 선전하고 있지만, '무상분배의 대가'로 혹은 '수령에 대한 충성심' 때문에 헌납하게 되었음을 강조하고 있다는 점에서 결코 자발적인 것으로 보기 어렵다. 오히려 이는 토지개혁 이후에 현물세 이외에 무상분배에 대한 대가를 요구하였음을 말해준다. 농민들의 '애국미 헌납'은 수령과 당에 대한 충성심을 확인하는 수단이었을 가능성이 크다.

5) 최중극의 논문에서 경지면적의 감소에 대한 통계는 '경지면적의 규모와 구성'(최중극 1992, 170)과 '경리형태별 경지면적'(최중극 1992, 171)에서 경지면적이 전전의 경리면적이 다르게 나온다. 이는 '경리형태별 경지면적'의 통계에서 경지면적이 잘못 계산된 것으로 보인다.

6) 물론 북한은 공식적으로 이를 인정하지 않는다. 오히려 전후복구 기간 경공업과 농업의 성장속도가 중공업의 성장속도가 '비교적 가까운 속도'로 발전했다고 주장한다(리석심 1957b, 37).

7) 원조효과성을 둘러싼 논쟁은 현재에도 이론적 수준과 실천적 수준에서 모두 중요한 이슈이다. 이론적 수준에서는 신자유주의에서부터 마르크스주의에 이르기까지 다양한 스펙트럼에서 논쟁이 이루어졌다. 원조의 이론적 논쟁에 대한 소개는 굴라야니(Gulrayani 2011)의 논문을 참조할 것. 실천적 수준에서는 2005년 원조효과성에 관한 파리선언(Paris Declaration on Aid Effectiveness)이 중요한 의미를 가진다.

8) 1950년대 미국의 저발전 국가에 대한 경제지원은 '근대화 이론'에 근간한 것이었다. 반면 소련의 경제지원은 이른바 '사회주의 공업화' 노선에 따른 지원이었다. 물론 소련의 경우 1953년 스탈린의 사망 이후 상대적으로 경공업의 발전을 강조하는 균형발전을 주장하게 된다. 하지만 스탈린 사후 현존 사회주의 진영 내부가 소련의 영향을 받은 것은 분명하지만 통일적 발전전략을 추진했던 것으로 보이지는 않는다.

9) 중국인민지원군이 정전협정 이후에도 34개 사단 40여만 명이 잔류했으며 1958년 10월 완전히 철군했다. 김용현(2006, 149~164)은 북한이 중국인민지원군에 안보를 의존함으로써 전후 복구사업에 전력을 다할 수 있었다고 해석한 바 있다.

10) '구조적이질성'은 종속이론에서 중심부와 주변부 사회의 차이를 설명하기 위한개념이다. 종속이론은 구조적 이질성을 국가 간에 노동생산성의 차이와 산업 부문(제조업, 서비스업, 농업) 간의 차이를 통해서 측정하고 평가한다(Pinto, 1970; Nohlen and Sturm, 1982; Filho and Fornazier, 2016: 204에서 재인용).

11) 김일성이 새로운 대규모 투자를 요구했다고 해서 북한이 식민지 산업을 승계하려 하지 않은 것은 아니다. 북한 역시 기존의 일본 식민지 시대에 만들어진 공장과 설비를 복구·사용하려 했다는 사실은 당시 북한문헌을 통해서 확인된다. 단, 국내 투자의 원천이 부족했기 때문에 새로운 투자를 경제원조를 통해서 해결하려 했다. 예컨대 흥남비료공장의 경우에도 전시 동안에도 기계설비와 기자재를 소개(疏開)시켰다(리국순 1960, 229). 또한 황해제철소의 경우는 전시 동안 75% 정도의 설비가 파괴되었지만 김일성은 정전 다음날 제철소를 방문했다고 한다(엄창종 1960, 317). 북한의 경제적 조건에서 기존의 설비를 무조건 무시할 수 없었음은 당연한 일이다.

12) 대중의 희생 혹은 소외는 소비의 희생을 통해서 확인된다. 칼레츠키의 성장 모델에 따르면 현존 사회주의에서 단기간에 수요의 억제와 투자의 집중은 경제성장을 견인한다(Kalecki 1986).

13) 북한의 농업통계의 조작에 대한 문제는 이정식과 스칼라피노(Lee and Scalapino 1972, 1111~1114), 서동만(2005, 720~745) 등에서 이미 논의된 바 있다. 여기서는 북한의 통계 자체에서도 사실상 농산물의 생산성 증가가 증명되지 않는다는 점을 밝힌다.

14) 농업협동조합 가입을 유도하기 위해서 농민들에 대해서는 위협과 유인이 공존했다. 협동조합의 가입을 유도하는 중하위 간부들에 대해서도 인센티브가 있었을 가능성이 있다. 협동조합 가입을 유인하는 과정에서 농민들에 대한 당근(인센티브)과 채찍(위협)이 공존했음을 설명하는 논의는 이정식과 스칼라피노(Lee and Scalapino 1972, 1059~1060)의 책을 협동조합에 가입하는 농민들에 대한 우대는 서동만(2005, 665)의 책을 참조할 것.

15) 여기서 '헐한 노동'이라는 표현은 쉬운 노동이라는 뜻이다. 북한의 '헐하다'는 남한의 '쉽다'는 의미이다. 북한의 일상용어에서 '헐하게 본다'는 표현은 누군가를 얕잡아 본다는 의미이기도 하다.

16) 김일성과 박창옥의 배급제를 폐지할 것을 둘러싼 논의는 3장을 참조할 것.

17) 동유럽 국가들의 소비자 물가지수(Consumer Price Index)는 유고슬라비아를 제외하고는 큰 증가를 보이지 않는다. 유고슬라비아의 경우도 상대적으로 시장의 역할이 강했기 때문이라고 볼 수 있다. 상대적으로 시장의 기능이 약한 루마니아 경우도 큰 폭의 상승은 없었다. 자세한 내용은 포르테스(Portes 1977, 111)의 논문을 참조할 것.

18) 북한의 국가예산 수입과 지출 결과는 재정 흑자가 발생한다. 그러나 재정흑자의 규모가 크지 않기 때문에 균형재정으로 보는 것이 타당하다. 1954~60년 사이에 국가예산수입의 수입과 지출은 각 연도『중앙통계년감』을, 그것에 대한 정리는 이태섭(2001, 42)의 논문을 참조할 것.

19) 이태섭은 재정위기의 원인을 거래세 증가 비율의 둔화와 이익공제금의 절대액 감소에 찾았다. 그러나 북한의 공식적인 기록에 따를 경우 거래세는 증가하고 있었기 때문에 국가예산수입의 감소의 직접적인 원인이 되기 어려우며, 이익공제금은 이와 같이 원조감소에 따른 무역상사의 이익공제금의 감소 때문이다. 원조감소와 이익공제금의 감소의 관계에 대해서는 당시 재정상이었던 리주연([1956]1988, 786)의 최고인민회의 제1기 11차회의 보고를 참조할 것.

20) 물론 재정위기가 극복되었다고 해서 재정문제가 완전히 해결된 것은 아니다. 경제원조의 급감으로 인한 충격에서 단기간에 벗어났음을 의미한다. "증산하며 절약하자"는 구호는 1차 5개년 계획기간 동안 여전히 유효했다. 안광즙(1958)은 자금문제의 중요성을 다음과 같이 강조하고 있다. "자금문제의 해결없이는 5개년 계획기간에 흑색 금속 공업, 기계 제작 공업, 건재 공업, 석탄 및 전력 공업 등 중요한 공업 부문들의 더욱 빠른 장성속도를 보장할 수 없으며 인민의 의식주 문제 해결을 위한 경공업과 농촌경리의 급속한 발전을 보장할 수 없다(안광즙 1958, 23)." "5개년 계획의 방대한 과업수행과 관련하여 자금 및 외화에 대한 수요가 현저히 증대되고 있다. 이러한 데로부터 1958년 계획을 수행하고 있는 오늘에 있어서도 자금 문제는 일정 정도로 긴장성을 띤 채로 남아 있다(안광즙 1958, 25)."

21) 이영훈이『조선중앙년감』의 통계를 근거로 한 계산에 따르면 공업의 비율은 1960년에 60% 대에서 큰 폭의 변화 없이 유지된다(이영훈 2000, 64~65). 중앙통계국과 이영훈의 통계에서 공업과 농업의 비중이 다른 이유는 이영훈의 계산에서는 운수체신, 기본건설, 상품유통, 기타 등의 영역으로 세분화되었기 때문이다. 그러나 모두 1960년 이후 산업부문별 구성에 큰 폭의 변화가 없다는 점에서 일치한다. 이러한 통계를 감안할 때, 1960년대에 진입하면서 산업화가 성취된 것으로 이해할 수 있다.

22) 흑색금속공업은 선철, 강철, 강재 및 합금철을 생산하는 것으로, 원소기호로는 철, 망간, 크롬이다(『경제사전 2』1970, 748). 유색금속은 중금속, 경금속, 희유금속으로 다시 분류할 수 있으며, 금, 은, 동, 연, 아연, 마그네슘, 니켈, 코발트, 몰리부덴, 게르마늄 등과 같은 비철금속 부문이다(『경제사전 2』1970, 818).

23) 외연적 렌트 혹은 국제렌트에 대한 설명은 루시아니(Luciani 1990), 베블라위(Beblawi, 1990), 캄페터Kamppeter 1996) 등의 논의를 그리고 국제거래에서 생산력의 격차로 인해서 발생하는 초과소득을 차액지대의 개념의 외연을 확장시켜 설명하는 논의는 엘젠한스(1996)의 논의를 참조할 것.

24) 기계화계수는 기계에 의하여 수행된 작업량을 총작업량에 대비하여 산출한 산출 과정의 기계화 수준을 특징짓는 지표이다. 기업소의 수에 따라 한 기업소에 대한 '작업의 기계화 개별계수'와 기업소 집단에 대한 '작업의 기계화 일반계수'로 구분된다. 각각을 수식으로 표현하면 다음과 같다(『경제사전 1』1970, 275).

$$\text{작업의 기계화개별계수} = \frac{\text{기계로한작업량}}{\text{총작업량}}, \text{작업의 기계화 일반계수} = \frac{\text{기업소별 기계로한작업량}}{\text{기업소 별 총작업량}}$$

25) 북한은 노동생산성의 증가를 대대적으로 선전해 왔다. 그러나 생산요소의 증가와 요소생산성은 구별되어야 한다. 북한을 비롯한 현존 사회주의에서 노동투입의 증가를 통해서 성장이 일정 정도 성취되지만, 노동생산성의 향상은 크지 않았다. 이는 자본계수의 상승과 설비가 동률의 하락을 통해서 확인할 수 있는 부분이다.

26) 1955~59년 사이에 기술문서를 통한 소련의 기술이전은 펜들러(Fendler 1992, 420)의 논문을 참조할 것.

27) 앞서 언급한 월북인사들의 기용이 바로 이러한 측면에서 이해될 수 있다. 월북인사들 가운데 리승기(비날론), 려경구(영화비닐), 마형옥(갈섬유), 김봉한(경락발견), 리재업(합성고무)을 보면 알 수 있듯이 북한의 화학공장을 복구하기 위한 일환으로 보인다(강호제 2007, 77). 리국순(1960, 229)의 논문에서 볼 수 있듯이 소련의 기술이전에도 불구하고 주요한 부품은 소련으로부터 수입되고 있었다. 비록 문서를 통한 기술이전과 기술교육, 기술자 파견 등을 통한 기술이전이 있다고 하더라도, 여기에 일정 정도 한계가 분명히 있었음을 알 수 있다. 이에 북한은 월북 남한 인사들을 통해서 단기간에 이를 해결하려 했던 것이다. 이러한 점을 감안하며 북한 국내의 토착 기술력이 부족했으며, 이는 소련의 기술력에 의해서 복구되거나 새롭게 건설된 산업과의 기술력의 차이가 존재했을 수 있음을 짐작할 수 있다.

28) 김일성([1956]1980d)은 1956년 조선로동당 중앙위원회 전원회의("사회주의 건설에서 혁명적 대고조를 일으키기 위하여")에서 "증산하고 절약하며 5개년 계획을 기한전에 넘쳐완수하자"라는 구호를 내세우게 된다. 이는 김일성의 강선 제강소 현지지도 이후에 내부예비의 동원과 설비이용률의 제고, 노동력의 동원('혁명적 군중로선')을 통하여 경제성장의 목표 달성을 강조하는 내용으로 해석된다(『조선전사 29』 1988, 20~23).

29) 물론 시장이 이 문제를 해결하기도 어렵다. 하이에크(Hayek)를 위시한 (신)고전주의 경제학은 시장에 의한 자원배분이 최적이라고 주장하지만, 특정 부문에서 초과이윤(렌트)이 발생할 때 자원이 집중되는 것은 시장경제 역시 마찬가지이다. '네덜란드 병(Dutch disease)'은 대표적인 현상이다. 단 차이가 있다면 자원배분의 왜곡이 시장경제에서 이윤추구가 우선이라면, 계획에서는 권력의 정당성 문제가 직결된다는 점에서 차이를 보인다.

30) 현존 사회주의를 국가자본주의로 이해할 때 쟁점과 문제점에 대한 논의는 이 책의 2장을 참조할 것.

31) 천리마 운동은 단지 생산성 증가에만 초점이 맞추어진 생산력 증강운동이 아니다. 생산성 문제의 해결을 시작으로 대중운동을 통한 관료의 교체와 지배체제 구축을 위한 것이었다. 이는 소련의 스타하노프 운동 역시 마찬가지였다. 스타하노프 운동 역시 천리마 운동과 마찬가지로 일반적으로 세 가지 차원에서 논의된다. 생산성, 소련의 테일러주의와 함께 도덕적·물질적 인센티브, 서구의 노동귀족에 해당하는 노동계급을 형성시키는 일이다 (Siegelbaum 1988, 3).

32) 소련의 스타하노프 운동(Stakhaovism)은 테일러주의(Taylorism)와 비교된다. 테일러주의는 기계화에 걸맞게 노동을 관리함으로써 노동생산성의 증가를 목적으로 하는 '과학적 관리'이다. 테일러주의는 직무에 관한 기계적 작업방식의 완성을 가속화하면서, 노동자의 자율성을 줄이고 노동자에게 부과된 산출규준을 달성하도록 노동자를 항상적인 감시와 통제 아래 두는 노동조직의 일반원리이다(Aglietta 1994, 145). 레닌은 러시아 혁명 이전에는 테일러주의를 노동착취를 가속화하는 것에 불과하다고 비판하지만, 혁명 이후에는 테일러주의의 도입이 필요함을 제기했다. 하지만 테일러주의는 실현되지 못한다. 레닌 사후 스탈린이 권력을 장악하게 되면서, '스타하노프 운동'을 통해서 노동생산성의 진작을 추진한다. 테일러주의와 스타하노프 모두 노동생산성의 증가를 목적으로 한다. 하지만 전자가 노동의 규율과 관리를 우선적으로 고려함으로써 생산성 진작을 추진한다면, 후자는 주로 도급제(a piece-rate work)와 같은 물질적 인센티브를 이용하여 생산성 향상을 도모한다. 그 이유는 테일러주의가

공장과 기업 단위의 관리시스템이라면, 스타하노프는 '당'의 역할이 공장과 노동관리에서 중요하기 때문이다(Bedeian and Puillips 1990; Wren and Bedeian 2004). 자본주의적 노동 관리는 이윤의 극대화를 위해서 노동강도와 노동숙련도를 규격화하고 평균화시키려 하지만, 현존 사회주의의 노동관리는 '지배의 재생산'과 직결된 문제였기 때문에 그와 같이하기 어려웠다. 정치적 완전고용은 테일러주의적 노동관리의 걸림돌로 작용했을 가능성이 높다.

33) 『조선전사 29』(1981, 27~28)는 1957년 한 해 동안 천리마 운동의 성과를 이렇게 선전하고 있다. 『조선중앙년감』(1958, 106)의 통계에 따르면 노동생산성은 1957년에 전년도보다 124% 증가하였다고 주장한다. 공업부문에서 2만 2,364건이 창의고안 및 합리화안이 제기되고, 그 가운데 1만 4,098건이 받아들여졌다고 한다. 이는 1956년 6,648건이 제기되고, 4,798이 수용된 것과 비교하면 놀라운 성과라는 주장이다. 물론 그 성과는 공업부문에만 한정된 것이 아니었다. 이와 같은 성과를 구화폐로 계산하면 당이 제시한 증산과제—40~50억 원의 상품, 5,000~10,000톤의 강재, 5만 톤 이상의 알곡생산—를 초과하여 상품생산 95억 원, 강재생산 2만 8,600톤, 알곡생산 34만 톤을 더 증산했다고 하였다. 그리고 기술력 역시 향상되었다. 1957년 한 해 동안 8만 766명의 노동자들이 자기기능을 한 급 이상 올렸으며, 12,00여 명의 기사, 기수가 새로 양성되었다.

34) 북한문헌에서도 노동력의 부족이라는 문제가 단순히 수적인 문제가 아니라 기술적인 문제라는 점을 인정하는 논의들이 발견된다. 김원석(1958)은 그 원인을 다음과 같이 분석하고 있다. "지금 우리 나라에서의 로력 문제는 비단 이상과 같이 로력 보충 원천이 충분하지 못한 탓으로만 중요하게 나서는 것은 아니다. 그것은 현행 로력 기준량이 공업의 기술적 장비도와 근로자들의 기술 기능수준에 적응하지 못하다는 거기에도 있다. 전후 시기에 공업은 계속 최신식 기술로 장비되었으며 따라서 근로자들의 기술 기능 수준은 급속히 제고되었으나 그러나 로력 기준량은 그러한 속도로고 장성되지 못하고 그에 뒤 떨어지고 있다(김원석 1958, 32)."

35) 물론 극단적인 식료품과 소비재의 부족이 발생할 경우, 소비는 가격과 무관하게 수요 비탄력적이다. 북한은 1956년 이후에도 식료품과 소비재의 부족을 완전히 극복하고 있지는 못했다. 하지만 배급제가 유지됨으로써 이 문제가 악화되는 것을 차단했다. 따라서 적어도 이 시기에 식료품과 소비재에 대해서 극단적인 수요 비탄력성이 나타나지는 않았던 것으로 보인다.

36) 얀(Jan 1979, x vii)은 현존 사회주의에서 인플레이션의 가장 주요한 원인은 생산재의 '과잉투자'라고 지적한다. 생산재의 과잉투자는 투자의 병목현상을 발생시키고, 이는 인플레이션의 압력이 된다는 설명이다. 이 책 역시 이러한 설명에 대해서 동의한다. 하지만 북한의 경우 과잉축적은 완충기를 기점으로 1960년대 이후에 나타난다고 할 수 있다. 물론 이 시기도 인플레이션에 대한 부분 역시 생산수단 부문에 대한 투자의 확대를 중심으로 하는 외연적 성장 과정에서 발생한 것이기에 투자와 무관하지 않다.

37) 통화개혁을 통한 인플레이션의 압력을 해결하는 소련 및 동유럽 역시 마찬가지이다. 1947년 소련의 통화개혁은 1950년 폴란드, 1953년 체코슬로바키아, 1957년 동독에 영향을 미쳤다. 이 시기 소련 동유럽의 통화개혁은 두 가지 목적을 수행했다. 하나는 통화과잉으로 인한 인플레이션 압력을 차단하고, 시장을 통한 상품의 분배를 부활시키기 위해서였다. 또 다른 하나는 잔존해 있는 부르주아와 쁘띠부르주아의 경제력을 약화시킴으로써 사회주의적 소유권을 강화시키는 데 기여하기 위해서였다(Jan 1979, 11~12). 동유럽 화폐개혁에 대한 이러한 분석은 북한의 통화개혁의 목적을 짐작하게 해준다. 1956년 12월 전원회의에서 "사회주의 대고조"를 선언한 이후에 농업협동조합과 상업 분야에서 국유화를 진행하고 있었고, 명목소득의 증가로 인해서 인플레이션 압력이 증가하는 상황에서 통화개혁은 이른바 국가의 통화

관리를 가능하게 하면서 동시에 인플레이션 압력으로부터 벗어나기 위한 일환으로 해석하는 것이 적절하다.

38) 물론 자본주의에서이 설비가동률이란 개념과 북한의 설비이용률이란 개념을 동일하지 않다. 다만 이 책에서는 북한경제의 문제점을 이해하기 위해서 북한의 설비이용률 개념을 자본주의의 설비가동률에 해당되는 개념으로 상정해서 단순 비교를 하고 있는 것이다. 전체 설비 가운데 이용 비율이 70% 미만이라면 이는 분명히 과잉설비의 가능성을 가지고 있는 것이다. 만약 자본주의에서는 설비가동률이 70% 미만이라면 일반적으로 대규모 실업이 발생할 수 있는 위험을 가진 경제위기 상황이다.

39) 1950~60년대 북한체제에 대한 특성에 대한 분석을 개인주의와 집단주의 갈등으로 이해하는 국내 연구로서는 이태섭(2001)의 논문을 참조할 것.

40) 그런데 흥미로운 점은 기업소의 수는 1961년과 62년 감소하였다는 점이다. 계획경제에서 기업의 구조조정이 좀처럼 발생하지 않는다는 점을 감안하면, 매우 특이한 일이다. 우선 이는 1960년대 이후 투자의 증가 속도가 주춤하는 것을 보여주는 것이다. 그리고 기업의 퇴출이 어렵다는 점을 감안하면 기업의 통폐합을 통해서 규모의 경제를 실현하고 생산성 향상을 추구했다는 해석이 가능하다.

41) 김일성([1962]1982c, 500~514)은 대안의 사업체계가 계획의 운영과 공장관리에서 우월성을 가지며, 이는 관료주의와 본위주의를 극복하고 기술적 지도, 자재공급, 후방공급을 통한 노동의 통제와 생산의 지도를 원조가 아니라 기계류의 자체적인 생산과 자재를 절약하과 생산물의 질을 제고할 수 있다고 주장한다.

42) 소련과 동유럽에서 중공업 부문에 대한 과잉투자로 인한 인플레이션 압박에 대해서는 얀(Jan 1979, ⅹⅶ)의 논문을 참조.

43) 북한 내부에서도 1950년대에도 이 부문에 대한 문제 제기가 있었다. 김태현(1957, 78)은 부속품 생산을 소홀히 하여 제품의 질을 보장하지 못하고, 일부 공장에서 국가계획 과제를 수행하지 못하는 문제까지 발생하고 있다고 지적하고 있다. 북한에서 중간재 생산이 원활하게 이루어지지 못한 부분은 중요설비가 소련으로부터 기술이전이 이루어진 것인데, 부품 소재에 대한 부분까지 기술이전이 안정적으로 이루어지지 못했던 것으로 보인다. 전후복구 기간에도 주요설비는 북한에서 생산하는 것이 아니라 소련에서 직접 가져다 쓰고 있었다(리국순 1960, 229). 1960년대 경제위기의 지속은 이러한 문제들이 해결되지 못하고 누적됨으로써 발생한 것으로 이해되어야 한다.

44) 슘페터(Shumpeter 2010, 77)는 자본주의 기술혁신의 과정을 '창조적 파괴'의 과정으로 규정했으며, 이것이 곧 자본주의의 본질적인 요소라고 주장했다.

45) 프랑크(Frank 2006)는 소련이 농업집단화 이후 초기에 현저하게 생산성이 하락하다가 이후에 집단화 이전 수준으로 회복 된다고 설명하면서도, 북한은 산악지형과 쌀농사 중심이기 때문에 규모의 경제가 긍정적인 효과를 가져 올 것이라고 예상되는 작은 단위의 협동조합 형성이 이루어졌기 때문에 집단화를 상대적으로 긍정적으로 평가하고 있다. 프랑크의 이러한 설명은 소련과 비교 때문에 그러한 것임이 강조될 필요가 있다. 당시 북한 문헌을 보면 농업협동 종합의 규모가 소련과 비교할 때는 작지만 체코슬로바키아, 루마니아, 알바니아, 중국 등과 비교할 때 큰 차이가 없음을 알 수 있다(김한주·홍달선 1957, 88; 최병현 1958, 94에서 재인용). 북한의 농업집단화는 1958년 '리' 단위로 통합되면서, 규모의 경제가 실현되었다. 그리고 이듬해 전년도보다 오히려 식량 생산량이 감소하였다.

제5장 관료 - 노동 간의 계급모순
: 지배계급의 교체와 후견 - 피후견 관계의 형성 및 공고화

1) 김일성([1953]1980, 521)은 한국전쟁의 정전협정이 남한과 미국이 패배를 시인한 것이라고 주장하면서 전쟁에서의 승리를 주장했다. 이는 그 진위 여부와는 상관없이, 실제로 북한이 전쟁으로 심각한 피해를 입었음에도 불구하고, 김일성이 권력을 강화할 수 있는 주요한 원인이 된다.

2) 전쟁기간에 당의 외연 확대에 대해서는 『근로자』(1953, 25) 제1호를 참조할 것.

3) 사실 농업부문에 대한 통제는 농업집단화 이후에도 가장 어려운 부분 가운데 하나이다. 이는 농민시장의 존재를 통해서 확인할 수 있다. 김일성([1969]1983a, 465~466)은 농업집단화가 완료된 이후에도 "농민시장에서 가격이 수요와 공급에 의하여 자연발생적으로 정해지며 따라서 가치법칙이 어느 정도 맹목적으로 작용한다."고 밝히고 있다.

4) 소련은 선기계화, 후집단화를 김일성은 선집단화, 후기계화를 주장했다. 이후 김일성은 소련의 입장을 수용한 소련계를 교조주의로 비판한다(김일성 [1961]1981a, 170).

5) 김일성([1955]1980e, 300~301)은 당검열위원회가 강화될 필요성을 제기하면서, 박헌영을 비판하고 있다. 명분은 박헌영이 "남에서 온 친구들은 다 좋다."라고 하면서 남한 출신들에게 좋은 자리를 차지하도록 했다는 것이다. 표면적으로 이는 연고주의에 기반한 인원 충원 방식에 대한 비판이면서, 실제로는 특정 권력분파가 영향력을 확대하려는 경향을 제거하기 위한 일이다.

6) 전후복구 기간 당원과 관료계급의 인적이동에 대해서는 김연철(2001, 165~169)의 논의를 참조할 것.

7) 유일관리제에 대한 북한의 자체평가는 김일성([1961]1981c, 510)의 논의를, 유일관리제의 문제점들에 대한 이론적 평가에 대한 정리는 김연철(2001, 173~183)의 논의를 참조할 것.

8) 전후 이른바 '간부사업'의 문제점에 대한 북한에서 자체적인 비판은 김일성([1956]1980e, 417~419)의 담화를 참조할 것.

9) 이종석(1995)은 '8월 종파사건'과 '반종파투쟁' 이후에 '사회적 동의기반 확보 과정'을 설명하고 있다. 이는 권력투쟁 이후 김일성계가 권력을 독점한 이후 사회적 지지를 확보하려 했음을 의미한다. 이 연구 역시 8월 종파사건이 이후 지배체제의 형성이 본격화되었다고 보지만, 그 시작은 전후복구 과정에서 이미 태동되었다고 보았다.

10) 이 시기 권력투쟁과 노선투쟁에 대해서는 서동만(2005), 김연철(1996), 이태섭(2001) 등의 논문을 참조할 것. 그리고 권력투쟁과 노선투쟁을 경제잉여, 발전전략, 경제적 조정양식과 연계시켜 설명하는 것은 이 책의 3장을 참조할 것.

11) 전쟁으로 인한 산업시설의 피해에 대해서는 표 4-1-7, 표 4-1-8, 표 4-1-9와 최중극(1992)의 책을 참조할 것.

12) 홍달선(1958, 237)은 1954년 11월 대중적 단계로의 이행을 결정된 이후 1955년 시작된 협동화가 1956년까지 기본적으로 끝났다고 평가한다. 1955년에는 주된 관심이 협동경리의 내부 조직에서 사회주의적 제도와 질서를 확립하는 측면에 돌려졌다면, 1956년에는 보다 높은

생산성과의 달성으로 중심이 이동하게 되었다는 주장이다. 1955년과 1956년 협동조합의 각 도별 분포비율을 보면 그 속도를 짐작할 수 있다(표 5-1-2, 5-1-3 참조). 지역별로 차이는 있지만 협동화 비율이 1955년에 40%를 상회하더니, 이듬해에서 70%를 넘는다. 특이한 점은 개성시의 협동화 비율이 낮다는 점이다. 이는 이른바 '신해방지역'에서의 협동화가 상대적으로 느리게 진척되고 있음을 보여주는 것이다.

표 5-1-2. 1955년 도별 농업협동조합의 분포

도별	조합 총수	제 2 형태	제 3 형태	협동화 비율
평양시	48		48	28.4%
평남도	1999	11	1988	47.7
평북도	1936	96	1840	53.8
자강도	546		546	32.7
황남도	1601	114	1487	43.9
황북도	1383	210	1173	47.8
강원도	1019	9	1010	54.3
함남도	1400	336	1064	32.2
함북도	1159	394	765	48.1
량강도	379	53	326	36.9
개성시	65	49	16	11.1
계	11535	1272	10263	44.7

출처: 홍달선(1958, 240).

표 5-1-3. 1956년 6월 말 도별 농업협동조합 분포

도별	조합총수	제 2 형태	제 3 형태	협동화 비율
평양시	59		59	44.6%
평남도	4659		2659	78.3
평북도	2272	19	2254	74.0
자강도	792		792	55.8
황남도	2104	10	2094	64.5
황북도	1612	32	1580	68.2
강원도	1158		1158	71.6
함남도	2154	87	2067	81.5
함북도	1238	186	1052	63.4
량강도	582	13	509	63.7
개성시	147	33	54	42.3
계	14777	440	1337	70.5

출처: 홍달선(1958, 243~244).

13) 이 시기 이른바 '사회주의적 개조'의 변화는 다음의 통계를 통해서 확인할 수 있다(김원삼 1958, 303).

표 5-1-4. 상업의 소유 형태별 비율(%)

소유 형태별 \ 연도		1946	1949	1953	1956	1957
국가 및 협동단체 상업계		3.5	56.5	67.5	87.3	87.9
그중	국가상업	0.1	27.9	32	53.9	48.8
	협동단체상업	3.4	28.6	35.5	33.4	39.1
개인 상업		96.5	43.5	32.5	12.7	12.1
총계		100	100	100	100	100

출처: 김원삼(1958, 303).

14) 해방 이후 직업동맹으로 재편과 통합 과정에서 직업동맹의 역할에 대해서 이견이 대립한다. 오기섭은 직업동맹이 노동계급의 이해관계를 대변할 필요성을 제기한 반면 김일성은 이를 비판하면서 당에 대한 충성을 강조한다. 결국 이는 김일성의 승리로 종결되며 8월 종파사건에서 오기섭의 숙청으로 이어지게 된다. 이에 대한 정리는 정상돈(2004, 89~98)의 논문을 참조.

15) 반종파투쟁 과정에서 권력 상층부에서 다른 권력분파의 탈락 과정은 이종석(1995, 279~284)의 논의를 참조.

16) 물론 적은 내부에만 있는 것은 아니다. 외부의 적에 대한 비판이 동시에 이루어진다. 예컨대 전쟁은 남한의 북침과 미제국주의의 침략이 원인이라는 식이다. 사실 국내정치 차원에서 적의 재생산은 자본주의 진영을 제국주의 세력으로 규정하고 그들에 의해 포위되었다는 생각(피포위의식)의 연장선상에 있다고 해도 큰 무리는 없을 것이다. 결국 외부의 적(타국)과 내부의 적(반대세력)에게 실정의 책임을 전가함으로써 정치권력은 그로부터 자유로워진다.

17) 비록 이 시기에 출간된 책은 아니지만, 『주체의 인테리리론』(신언갑 1986, 130)은 '인테리의 이중성'을 경계하고 있다.

18) 신언갑(1986, 135~136)은 이러한 문제를 '오랜 인테리'의 '이중성의 문제'를 해결하고, 생산성 향상을 위해서 그들을 인입하면서 동시에 '새로운 인테리'를 육성·등용하려 했다고 설명하고 있다.

19) 전전 유일관리제에서 노동에 대한 통제의 권한은 지배인에게 있었다. 유일관리제의 전면적 실시로 인해서 오히려 직맹의 권한이 약화되었다. 전후 이것이 변화되어 직맹 및 근로단체에 의한 통제와 감시의 권한이 부여되었던 것이다. 북한에서 유일관리제의 실시과제에 대한 논의는 서동만(2005, 305~310)을 참조할 것.

20) 노동을 사회주의 사회의 의무로 규정하는 논의는 전광근(1955, 71~75)의 글을, 높은 노동생산성을 강조하는 논의로는 로병훈(1959, 72~76)의 논의를 참조할 것. 이러한 논의들은 모두 이른바 '사회주의 건설'에서 노동의 적극적 참여를 독려하기 위한 글이다. 다만 차이가 있다면 전광근이 스탈린의 교시를 기초로 했다면, 로병훈이 레닌의 이름으로 노동생산성의 중요성을 다루고 있다는 점이다.

21) 노동자의 높은 의식이 기술과 결합하여 노동생산성에 기여한다는 논의는 김왈수(1960)의 글을, 천리마 운동과 천리마 작업반 운동을 통한 집단적 기술혁신을 강조하는 논의는 한상두(1958), 허재수(1959), 김덕호(1960)의 글을, 노동생산성 진작을 위해서 직업동맹의 역할을 강조하는 논의는 리효순(1959)의 글을 참조할 것.

22) 북한의 공식 통계에 따르면 이 시기 동안도 노동생산성은 높은 성장세를 보인다(중앙통계국 1961, 31).

그림 5-2-1. 노동생산능률의 증가 추이(1949년 = 100%)

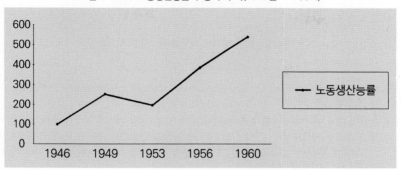

23) 북한의 공식 통계상에서 공업부문에 대한 국가기본건설투자액 가운데 경공업에 대한 투자의 비중은 1956년 16.7%, 1959년 18.4%, 1960년 19.4%로서 20%가 채 되지 않았다(중앙통계국 1961, 120). 이는 중공업과 투자비중을 고려하면 1/4밖에 되지 않는 수치이다.

24) 맹효의 논문은 대안의 사업체계가 등장하기 이전 1960년 『근로자』 7호에 기고된 글이다. 그러나 이 글은 이른바 '후방사업'의 정치적 의미가 북한사회에서 어떻게 이해되고 있는 알 수 있게 도와준다.

25) 이 시기에 경공업 부문의 투자가 확대되었다는 점은 사실 "경제적"으로는 큰 의미를 부여하기 힘들다. 산업구조의 불균형은 단기간의 제한적인 투자 확대로 해소되기 힘들다. 더욱이 1960년대 경공업에 대한 투자는 새로운 투자 없이 기존의 노후화된 설비를 재사용하거나 심지어 폐품을 다시 사용하는 형태의 문제였다.

26) 1951년 스탈린(Stalin [1951]2005)의 "소련 사회주의에서 경제 문제(Economic Problems of Socialism in USSR)"라는 글에서 발표된 가치법칙의 해석은 이미 서론에서 살펴보았던 것처럼 스탈린의 것이 아니다. 1920년대에도 관련한 문제에 대해서 유사한 해석이 이미 존재했다. 따라서 이 책에서는 스탈린의 해석이 아니라 '스탈린주의적 해석'으로 표현했다.

27) 소련에서 통계조작의 문제에 대한 지적은 슈멜레프와 포포프(Shmelv and Popov 1990, 45~55)의 논의를 참조할 것.

28) 북한의 통계조작 문제에 대한 연구는 이정식과 스칼라피노(Lee and Scalapino 1972), 서동만(2005), 이주철(2008)의 연구를 참조할 것.

29) 『김일성 저작집』에서 관료계급의 균열에 대한 이야기는 1970~80년대는 물론 1990년대에 지속적으로 제기된다.

30) 레인(Lane 1987, 226)은 다른 의미에서 계획이 통합(integration)의 역할을 한다고 보았다. 그는 마르크스-레닌주의의 이데올로기적 동기부여로 인해서 완전고용이 이루어지게 되는데, 계획이 법과 교육 등을 통한 통합이 지배적인 공산당의 가치(옮긴이: 마르크스-레닌주의)를 보호하도록 추구한다고 보았다. 레인은 계획의 이데올로기적 가치에 대해서는 논의하고 있다. 여기서 계획은 마르크스-레닌주의 혹은 마르크스-레닌주의 이데올로기의 정당성을

부여하는 가치(계급 없는 사회)를 담지하고 있는 것으로 이해하는 것이다. 물론 계획은 지배관계(*Herrschaftsverhältnisse*)의 표현이다(Damus 1978, ch. Ⅲ). 계획에는 지배권력의 의도가 반영되어 있다.

제6장 북한체제의 모순과 사회적 종합

1) 배급제 존속에 둘러싼 논의는 김일성([1954]1980, 104), 김일성([1956]1980c; [1959]1981a, 423)를 참조할 것.

2) 북한의 공식 통계에 따르면 국가예산수입에서 거래수입금(거래세)가 차지하는 비중은 1953년 27.7%, 1956년 27.0%, 1959년 52.7%이다(중앙통계국 1961, 30). 또한 공업부문에 대한 국가기본건설투자액 가운데 중공업에 대한 투자의 비중은 1954년 81%, 1956년 83.3%, 1959년 81.6%, 1960년 80.65%이다.

3) 국민소득 Y, 자본 K, 노동 L이라고 할 때, 자본계수($\frac{K}{Y}$)는 자본집약도($\frac{K}{L}$)와 노동분배율($\frac{L}{Y}$)로 구성된다($\frac{K}{Y} = \frac{K}{L} \times \frac{L}{Y}$).

4) 북한의 공식 통계에 따르면 화폐임금은 1959년 약 3.6배, 1960년 약 3.8배 상승했지만, 실질임금은 1959년과 60년 약 2배가량 상승하는 데 그쳤다(『조선인민민주의 인민공화국 인민경제발전 통계집』 1961; 31; 33).

5) 물론 북한의 공식 통계는 노동생산성의 증가를 강조하지만, 증명되기 어렵다. 이 시기 노동절약에 대한 강조는 노동생산성의 향상이 아니라 '노동예비'의 동원을 의미하는 것으로 보인다. 노동력의 비축이 발생하는 이유에 대한 설명은 김연철(1996, 111)의 논문을 참조할 것.

6) 가장 중요한 기준이 '로동생산능률'이라는 개념을 통해서 양적 성장에 대한 기여도가 평가된다. 『천리마 기수독본』(1963)에서 제시하는 모범사례는 대부분 그러한 것이다.

7) 비록 이 연구와 이론적 견해차를 보이지만 잉여생산물의 생산자, 수취자(appropriators), 분배된 잉여 수혜자(recipients)를 통해서 소련에서 계급관계를 분석하는 논의로는 레스닉과 울프(Resnick and Wolff 2005, 14~15; 2002, xi)의 논의를 참조할 것. 참고로 레스닉과 울프는 소련을 국가자본주의로 이해한다. 국문 번역본(2005)이 번역 용어상에서 필자와 견해 차이를 보이는 부분이 있어, 영어 원문(2002)과 병기한다.

8) 서휘는 1956년 『로동신문』 6월 21일자에 기고에서 직업동맹의 단체협약 문제를 거론하지만, 이후 종파적 행위이며 극단적인 자유주의 경향으로 비판받게 된다(박상홍 1957, 39). 그리고 김일성은 1964년 "근로단체 사업을 개선 강화할 데 대하여"라는 제하의 연설에서 노동조직의 자율성을 제한했다(김일성[1964] 1982, 380~382).

9) 소련과 동유럽에서 중공업 부문에 대한 과잉투자로 인한 인플레이션 압박에 대해서는 얀(Jan 1979, xⅶ)의 책을 참조할 것.

참고문헌

1. 북한문헌

1) 사전류 및 자료집

사회과학원 경제연구소. 1970. 『경제사전 1, 2』. 평양: 사회과학 출판사.

사회과학원 철학연구소. 1971. 『철학사전』. 평양: 사회과학 출판사.

당정책 해설도서 편집부 편. 1982. 『위대한수령김일성동지의 로작용어사전』. 평양: 과
　　　학백과사전 출판사.

국가계획위원회 중앙통계국. 1961. 『조선 민주주의 인민공화국 인민경제발전 통계집』.
　　　평양: 국립출판사.

조사연구실 편. 1988. 『북한최고인민회의 자료집 제1, 2집』. 서울: 국토통일원.

『조선중앙년감』.

2) 전집류

김일성. [1937]1979. "조선공산주의자들의 임무." 『김일성 저작집 1』. 평양: 조선로동당
　　　출판사.

김일성. [1946]1979. "북조선림시인민위원회 제3차확대위원회에서 한 연설."『김일성 저
　　　작집 2』. 평양: 조선로동당 출판사.

김일성. [1947]1979. "민주주의조선임시정부를 세우는 것과 관련하여 모든 정당, 사회단
　　　체들은 무엇을 요구할것인가." 북조선민전산하 정당, 사회단체열성자대회에서
　　　한 보고『김일성 저작집 3』. 평양: 조선로동당 출판사.

김일성. [1947]2004. "1947년도 북조선 인민 경제 발전에 관한 보고."『북한문헌연구』.
　　　서울: 경남대학교 출판부.

김일성. [1948]2004. "1947년 계획실행 총화와 1948년 인민경제발전 계획에 대하여."
　　　『북한문헌연구』. 서울: 경남대학교 출판부.

김일성. [1953]1980. "조국해방전쟁의 위대한 승리를 축하한다."『김일성저작집 7』. 평
　　　양: 조선로동당 출판사.

김일성. [1954]1980, "농촌경리의 금후발전을 위한 우리 당의 정책에 관하여."『김일성
　　　저작집 9』. 평양: 조선로동당 출판사.

김일성. [1955]1980a. "당원들속에서 계급교양사업을 더욱 강화할 데 대하여."『김일성
　　　저작집 9』. 평양: 조선로동당 출판사.

김일성. [1955]1980b. "관료주의를 퇴치할데 대하여."『김일성 저작집 9』. 평양: 조선로
　　　동당 출판사.

김일성. [1955]1980c. "인민경제계획을 세우는데 나타난 결함들과 그것을 고치기 위한
　　　며착지 과업에 대하여."『김일성 저작집 9』. 평양: 조선로동당 출판사.

김일성. [1955]1980d. "사상사업에서 교조주의와 형식주의를 퇴치하고 주체를 확립할
　　　데 대하여."『김일성 저작집 9』. 평양: 조선로동당출판사.

김일성. [1955]1980e. "사회주의 혁명의 현단계에 있어서 당 및 국가 사업의 몇가지 문
　　　제들에 대하여."『김일성 저작집 9』. 평양: 조선로동당 출판사.

김일성. [1956]1980a. "증산하고 절약하여 3개년 계획을 초과완수하자: 신년축하연회에
　　　서 한 연설."『김일성 저작집 10』. 평양: 조선로동당 출판사.

김일성. [1956]1980b. "로력을 절약하며 대중정치사업을 개선할데 대하여: 조선로동당
　　　중앙위원회 상무위원회에서 한 결론."『김일성 저작집 10』. 평양: 조선로동당
　　　출판사.

김일성. [1956]1980c. "조선로동당 제3차대회에서 한 중앙위원회 사업총화보고."『김일
　　　성 저작집 10』. 평양: 조선로동당 출판사.

김일성. [1956]1980d. "사회주의 건설에서 혁명적 대고조를 일으키기 위하여." 『김일성 저작집 10』. 평양: 조선로동당 출판사.

김일성. [1956]1980e. "당사업을 개선강화하기 위하여 나서는 몇가지 문제에 대하여." 『김일성 저작집 10』. 평양: 조선로동당 출판사.

김일성. [1956]1980f. "내부예비를 최대한으로 동원하여 더 많은 강재를 생산하자." 『김일성 저작집 10』. 평양: 조선로동당 출판사.

김일성. [1957]1981. "상품류통사업을 개선강화할데 대하여." 『김일성 저작집 11』. 평양: 조선로동당 출판사.

김일성. [1958]1981a. "경공업을 더욱 발전시키기 위하여." 『김일성 저작집 12』. 평양: 조선로동당 출판사.

김일성. [1958]1981b. "공산주의 교양에 대하여." 『김일성 저작집 12』. 평양: 조선로동당 출판사.

김일성. [1958]1981c. "사회주의 건설에서 소극성과 보수주의를 반대하여." 『김일성 저작집 12』. 평양: 조선로동당 출판사.

김일성. [1958]1981d. "당사업을 개선할데 대하여." 『김일성 저작집 12』. 평양: 조선로동당 출판사.

김일성. [1959]1981a. "경제사업에 대한 지도와 문화혁명 수행에서 제기되는 몇가지 문제에 대하여." 『김일성 저작집 13』. 평양: 조선로동당 출판사.

김일성. [1959]1981b. "사회주의경제건설에서 나서는 당면한 몇가지 과업들에 대하여." 『김일성 저작집13』. 평양: 조선로동당 출판사.

김일성. [1960]1981a. "새환경에 맞게 군당단체의 사업방법을 개선할데 대하여." 『김일성 저작집 14』. 평양: 조선로동당 출판사.

김일성. [1960]1981b. "사회주의적 농촌경리의 정확한 운영을 위하여." 『김일성 저작집 14』. 평양: 조선로동당 출판사.

김일성. [1961]1981a. "조선로동당 제4차대회에서 한 중앙위원회사업총화보고." 『김일성 조작집 15』. 평양: 조선로동당출판사.

김일성. [1961]1981b. "새로운 경제관리체계를 내올데 대하여." 『김일성 저작집 15』. 평양: 조선로동당 출판사.

김일성. [1961]1981c. "새 환경에 맞게 공업에 대한 지도와 관리를 개선할데 대하여." 『김일성 저작집 15』. 평양: 조선로동당 출판사.

김일성. [1962]1982a. "출판사업과 학생교양사업을 강화할데 대하여."『조선로동당 출판사 16』. 평양: 조선로동당 출판사.

김일성. [1962]1982b. "군의 역할을 강화하며 지방공업과 농촌경리를 더욱 발전시켜 인민생활을 훨씬 높이자."『김일성 저작집 16』. 평양: 조선로동당 출판사.

김일성. [1962]1982c. "대안의 사업체계를 더욱 발전시킬데 대하여."『김일성 저작집 16』. 평양: 조선로동당 출판사.

김일성. [1962]1982d. "조선민주주의인민공화국 정부의 당면과업에 관하여: 최고인민회의 제3기 제1차회의에서 한 연설."『김일성 저작집 16』. 평양: 조선로동당 출판사.

김일성. [1964]1982a. "우리나라 사회주의농촌문제에 관한 테제."『김일성 저작집 18』. 평양: 조선로동당 출판사.

김일성. [1964]1982b. "근로단체사업을 개선강화할데 대하여."『김일성 저작집 18』. 평양: 조선로동당 출판사.

김일성. [1965]1982. "인민경제계획의 일원화, 세부화의 위대한 생활력을 남김없이 발휘하기 위하여."『김일성 저작집 19』. 평양: 조선로동당 출판사.

김일성. [1966]1982. "현정세와 우리 당의 과업."『김일성 저작집 20』. 평양: 조선로동당 출판사.

김일성. [1967]1983a. "자본주의로부터 사회주의에로의 과도기와 프로레타리아독재문제에 대하여."『김일성 저작집 21』. 평양: 조선로동당 출판사.

김일성. [1967]1983b. "공화국 정부의 10대 정강을 집행하기 위한 내각의 과업에 대하여."『김일성 저작집 21』. 평양: 조선로동당 출판사

김일성. [1967]1983c. "당면한 경제사업에서 혁명적 대고조를 일으키며 로동행정사업을 개선강화할데 대하여."『김일성 저작집 21』. 평양: 조선로동당 출판사.

김일성. [1968]1983a. "학생들을 사회주의, 공산주의 건설의 참된 후비대로 교육교양하자."『김일성 저작집 22』. 평양: 조선로동당 출판사.

김일성. [1968]1983b. "조선민주주의 인민공화국 창건 스무돐을 성대히 맞이하기 위하여."『김일성 저작집 22』. 평양: 조선로동당 출판사.

김일성. [1968]1983c. "우리 당의 인테리정책을 정확히 관철할데 대하여."『김일성 저작집 22』. 평양: 조선로동당 출판사.

김일성. [1968]1983d. "사회주의 건설에서 재정의 기능과 역할을 강화할 데 대하여."『김일성 저작집 23』. 평양: 조선로동당 출판사.

김일성. [1968]1983e. "조선민주주의인민공화국은 우리 인민의 자유와 독립의 기치이며
　　　사회주의, 공산주의 건설의 강력한 무기이다."『김일성 저작집22』. 평양: 조선
　　　로동당 출판사.

김일성. [1969]1983a. "사회주의 경제의 몇가지 리론문제에 대하여."『김일성 저작집 23』.
　　　평양: 조선로동당 출판사.

김일성. [1969]1983b. "일원화계획화체계를 더욱 심화발전시키기 위하여."『김일성 저
　　　작집 24』. 평양: 조선로동당 출판사.

김일성. [1971]1984. "사회주의 사회에서 직업동맹의 성격과 임무에 대하여."『김일성
　　　저작집 26』. 평양: 조선로동당 출판사.

김일성. [1973]1984. "사회주의 경제관리를 개선하기 위한 몇가지 문제에 대하여."『김
　　　일성 저작집 28』. 평양: 조선로동당 출판사.

김일성. [1978]1987. "주체사상의 기치를 높이 들고 사회주의 건설을 더욱 다그치자."
　　　『김일성 저작집 33』. 평양: 조선로동당 출판사.

김일성. [1982]1992. "사회를 주체사상화하기 위한 인민정권의 과업."『김일성 저작집
　　　37』. 평양: 조선로동당 출판사.

김일성. [1984]1992. "주체의 경제관리 체계와 방법을 철저히 관철하자."『김일성 저작
　　　집 38』. 평양: 조선로동당 출판사.

김일성. [1986]1994a. "조서로동당 건설의 력사적 경험."『김일성 저작집 40』. 평양: 조
　　　선로동당 출판사.

김일성. [1986]1994b. "사회주의의 완전한 승리를 위하여."『김일성 저작집 40』. 평양:
　　　조선로동당 출판사.

김일성. [1986]1994c. "조선로동당 건설의 력사적 경험."『김일성 저작집 40』. 평양: 조
　　　선로동당 출판사.

김일성. [1990]1995a. "증산과 절약 투쟁을 힘있게 벌려 사회주의 건설에서 대고조를 일
　　　으키자."『김일성 저작집 42』. 평양: 조선로동당 출판사.

김일성. [1990]1995b. "우리나라 사회주의의 우월성을 더욱 높이 발양시키자."『김일성
　　　저작집 42』. 평양: 조선로동당 출판사.

김정일. [1967]1992. "정치도덕적 자극과 물질적 자극에 대한 옳바른 리해를 가질데 대
　　　하여."『김정일 선집 1』. 평양: 조선로동당 출판사.

김정일. [1971]1993. "인민경제계획화사업에 대한 당적집도를 강화할데 대하여." 『김정일 선집2』. 평양: 조선로동당 출판사.

김정일. [1983]1996. "맑스－레닌주의와 주체사상의 기치를 높이 들고 나아가자." 『김정일 선집 7』. 평양: 조선로동당 출판사.

김정일. 1991. 『주체사상에 대하여』. 평양: 조선로동당 출판사.

김정일. 1997. "우리나라 사회주의는 주체사상을 구현한 우리식 사회주의이다." 『김정일 선집 10』. 평양: 조선로동당 출판사.

김정일. [1990]1997a. "주체의 당건설리론은 로동계급의 당건설에서 틀어쥐고나가야 할 지도적 지침이다." 『김정일 선집 10』. 평양: 조선로동당 출판사.

김정일. [1990]1997b. "우리나라 사회주의는 주체사상을 구현한 우리식 사회주의이다." 『김정일 선집 10』. 평양: 조선로동당 출판사.

김정일. [1991]1997. "주체의 사회주의경제관리리론으로 튼튼히 무장하자." 『김정일 선집 11』. 평양: 조선로동당 출판사.

김정일. [1994]1999. "사회주의는 과학이다." 『김정일 선집 13』. 평양: 조선로동당 출판사.

김정일. [1995]2000. "조선로동당은 위대한 수령 김일성 동지의 당이다." 『김정일 선집 14』. 평양: 조선로동당 출판사.

3) 단행본 및 논문

강운빈. 1985. 『위대 주체사상 총서 8: 인간개조리론』. 평양: 사회과학출판사.

강희원. 1961. "1961년 경공업 부문 앞에 제기된 전투적 과업." 『근로자』. 제2호.

고봉기. 1955. "반탐오, 반랑비 투쟁과 당 단체." 『근로자』. 제7호.

고정선. 1992. "위대한 수령 김일성 동지의 현명한 령도 밑에 기계공업부문의 자동화를 실현하기 위한 로동계급의 투쟁." 『력사과학논문집』. 제17집. 평양: 과학백과사전 출판사.

『근로자』. 1953. "당중앙위원회 력사적 제5차 전원회의." 『근로자』. 제1호.

『근로자』. 1955. "계급적 교양의 강화를 위하여." 『근로자』. 제2호.

『근로자』. 1956. "질의응답: 당 사업에서 주관주의란 어떤 것인가?" 『근로자』. 제12호.

『근로자』. 1957. "권두언: 증산하며 절약하자." 『근로자』. 제1호.

『근로자』. 1962. "산업부문에서 청산리 방법의 위대한 구현." 『근로자』. 제1호.

『근로자』. 1962. "설비 리용률이란 무엇인가." 『근로자』. 제14호.

김경련. 1962. "상품 공급 사업의 가일층의 개선 강화를 위하여." 『근로자』, 제10호.

김광순, 1956, "우리 나라 인민 민주주의 제도의 확대 공고화를 위한 조선 로동당의 경제정책." 『경제연구』, 제2호.

김덕호. 1960, "우리 나라에서 집단적 혁신 운동의 발생 발전." 『력사 논문집』. 제4집. 평양: 과학원 출판사.

김란희. 2002. "사상사업에 대한 맑스주의적 견해와 그 제한성." 『철학연구』. 제2호.

김시중. 1958. "지방주의와 가족주의의 해독성." 『근로자』. 제4호.

김병도. 1959. "우리 나라에서의 사회주의적 화폐체계의 공고 발전." 『근로자』. 제3호.

김상학. 1959. "지방 산업 발전의 인민 경제적 의의와 그의 가일층 발전을 위한 몇 가지 문제." 『근로자』. 제6호.

김억락. 1985. 『국가와 법이론』. 평양: 김일성종합대학출판사.

김열. 1955. "채굴 공업에서의 선진 기술도입을 위한 몇가지 문제." 『근로자』. 제1호.

김영수. 1954. "녀성들은 우리 조국 건설의 거대한 력량이다." 『근로자』. 제8호.

김영수. 1958. "사회주의 건설의 현 단계와 공화국 녀성." 『근로자』, 제10호.

김영주. 1964. "생산 수단 생산의 우선적 장성 법칙의 창조적 적용." 『경제연구』. 제4호.

김운종. 1957. "1957년도산 량곡 수매사업의 성과적 보장을 위한 제 방도." 『경제건설』. 제10호.

김왈수. 1960. "대중의 높은 열의는 높은 로동 생산 능률을 창조한다." 『근로자』. 제5호.

김원빈. 1961. "경공업 부문에서 새로운 혁신을 이룩하기 위하여." 『근로자』, 제4호.

김원삼. 1958. "우리 나라에서의 사회주의 상업의 발전." 『우리 나라에서의 사회주의 경제 건설』. 평양: 과학원 출판사.

김원석. 1958. "사회주의 건설의 비약적 발전과 로력 문제." 『근로자』. 제11호.

김일. 1961. "조선 민주주의 인민 공화국 인민 경제 발전 7개년(1961~67) 계획에 대하여." 『근로자』. 제9호.

김종완. 1955. "전 인민적 계산과 통제의 강화를 위하여." 『근로자』. 제4호.

김종일. 1961. "거래수입금의 기능 제고를 위한 몇 가지 문제." 『경제연구』. 제3호.

김정삼. 1958. "새 발기에 대한 적극적 지지: 이것은 생산 혁신의 기본 요인." 『근로자』. 제8호.

김창만. 1959. "천리마 시대가 요구하는 인재가 되기 위하여." 『근로자』. 제9호.

김천식. 2001. 『주체의 계급리론』. 평양: 과학백과사전종합출판사.

김한주. 1954. "농촌 경리 발전은 전후 경제건설의 중요한 고리." 『근로자』. 제5호.

김황일. 1954. "생산 직장 내 근로 단체들의 역할." 『근로자』. 제8호.

김태현. 1957. "기계공업의 급속한 발전은 제1차 5개년 계획수행의 중요담보." 『근로자』. 제11호.

남인호. 1956. "인민의 복리 증진과 인민 경제의 균형적 발전에 대한 몇가지 문제." 『근로자』. 제11호.

리석채. 1957. "공화국 북반부에서의 사회: 경제적 발전의 력사적 제조건과 맑스-레닌주의 리론의 몇가지 명제들에 대하여(『인민』 1956년 11월호)에 대한 몇가지 의견." 『근로자』. 제1호.

리성욱. 2002. "사람의 활동에 미치는 결정적 요인에 대한 맑스주의유물론견해와 그 제한성." 『철학연구』. 제 2호.

로병훈. 1959. "로동에 대한 공산주의적 태도." 『근로자』. 제1호.

리국순. 1960. "흥남 비료 공장 로동자들이 걸어온 길." 『력사논문집』. 제4집. 평양: 과학원 출판사.

리기성. 1992. 『주체의 사회주의 정치경제학의 법칙과 범주 1』. 평양: 사회과학출판사.

리동신. 1957. "선진 작업 방법의 도입 일반화는 설비리용률 제고의 주요 고리." 『근로자』. 제2호.

리락언. 1959. "교육과 생산 로동과의 결합에 대한 몇 가지 문제." 『근로자』. 제4호.

리명서. 1958. "중공업의 우선적 장성과 경공업 및 농업의 동시적 발전에 대한 우리 당의 경제정책." 『우리 나라에서의 사회주의 경제건설』. 평양: 과학원 출판사.

리명서. 1991. 『사회주의 재생산의 합리적 조직』. 평양: 사회과학원출판사.

리봉학. 1956. "기업소들에서의 계획 작성에 대한 당적 지도." 『근로자』. 제9호.

리상선. 1959. "제품의 질 제고를 위한 투쟁에서의 상업의 역할." 『근로자』. 제4호.

리상준. 1960. "조선 로동당의 농업 협동화 정책과 평남도에서의 그의 승리적 실현." 『력사논문집』. 제4집. 평양: 과학원 출판사.

리석심a. 1957. "우리 나라에서의 근로자들의 사회적 리익과 개인적 리익의 결합에 대하여." 『근로자』. 제2호.

리석심b. 1957. "의식주 문제 해결에서 중공업의 우선적 장성이 가지는 의의." 『근로자』. 제7호.

리석심. 1961. "우리 나라 경제 발전의 높은 속도와 균형 문제."『근로자』. 제11호.

리일경. 1955. "경제사업에서의 유일 관리제와 당적 통제의 강화를 위하여."『근로자』. 제9호.

리종수. 1957. "외화문제의 원만한 해결은 제1차 5개년 계획 수행 보장의 중요 담보." 『근로자』. 제9호.

리종욱. 1962. "우리나라에서의 기술혁명."『근로자』. 제4호.

리종욱. [1958]1988. "조선민주주의 인민공화국 인민경제발전 제1차 5개년 계획에 관한 보고."『북한최고인민회의 자료집 제2집』. 서울: 국토통일원.

리주연. [1957]1988. "최고인민회의 제1기 제13차 회의: 조선민주주의 인민공화국 1955 년 국가예산집행에 대한 결산과 1957년 국가예산에 관한 보고."『북한최고인 민회의 자료집 제1집』. 서울: 국토통일원.

리주연. [1956]1988. "최고인민회의 제1기 제11차 회의: 조선민주주의인민공화국 1956년 국가예산에 관한 보고."『북한최고인민회의 자료집 제1집』. 서울: 국토통일원.

리천호. 1957. "우리나라 경제발전에서 화학공업이 차지하는 위치와 그의 발전전망." 『근로자』. 제5호.

리효순. 1959. "사회주의 건설의 앙양기에 있어서 직업 동맹의 과업."『근로자』. 제11호.

림수웅. 1962. "공업 관리에서의 대안체계."『근로자』. 제20호

맹효. 1960. "후방사업은 정치사업이다".『근로자』. 제7호.

명은이. 1997. "사회적 존재에 대한 맑스주의적 견해와 그 제한성."『철학연구』제3호.

문정석. 1954. "우리나라에 있어서의 공업 생산의 계획화."『근로자』. 제12호.

문치수. 1954. "로동 생산 능률의 부단한 제고는 인민경제 복구 발전의 중요한 조건." 『근로자』. 제10호.

박동혁. 1955. "당 및 국가규률의 가일층의 강화를 위하여."『근로자』. 제3호.

박민성. 1999. "맑스주의 사회주의사상이 이룩한 력사적 공적과 그 시대적 제한성과 사상리론적 미숙성."『철학연구』제1호.

박상홍. 1957. "직업 동맹 사업에서 제기되는 몇 가지 문제."『근로자』. 제7호.

박승덕. [1991]1992. "북한은 남한의 주체사상 논쟁을 이렇게 본다."『사회평론 길』. 7 월호.

박영근 외. 1992.『주체의 경제관리이론』. 평양: 사회과학출판사.

박정호. 1955. "로동 생산 능률 제고를 위하여."『근로자』. 제2호.

박창옥. [1954]1988. "최고인민회의 제1기 제7차회의: 1954~56년 조선 민주주의 인민공화국 인민경제 복구 발전 3개년 계획에 관한 보고." 『북한최고인민회의 자료집 제1집』. 서울: 국토통일원.

방호식. 1959a. "지방공업의 기술적 장비 강화를 위한 몇 가지 문제." 『근로자』. 제9호.

방호식. 1959b. "지방공업에서의 기술적 혁신." 『근로자』. 제11호.

변락주·변동근. 1958. "일제하 조선 경제의 식민지적 편파성과 락후성." 평양: 국립출판사.

변상렵. 1958. "보수주의와의 투쟁이 없이는 선진 영농 기술을 도입할 수 없다." 『근로자』. 제8호.

백금락. 1957. "엄격한 절약제의 확립을 위하여." 『근로자』. 제6호.

사회과학원 력사연구소. 1982. 『조선전사 25~32』. 평양: 과학백과사전 출판사.

서을현. 1957. "반관료주의 투쟁에서 제기되는 몇 가지 문제." 『근로자』. 제5호.

서창업. 1962. "인민경제계획은 법이다." 『근로자』. 제12호.

손전후. 1983. 『우리나라 토지개혁사』. 평양: 과학백과사전 출판사.

송봉욱. [1960]1988. "최고인민회의 제2기 제7차회의." 『북한최고인민회의 자료집 제2집』. 서울: 국토통일원.

송예정. 1956. "현계단에 있어서 우리나라 경제정책의 성격." 『경제연구』. 제 1호.

송예정. [1956]1989. "공화국 북반부에서의 사회경제적 발전의 역사적 제조건과 맑스-레닌주의 이론의 몇가지 명제들에 대하여." 『북한학계의 한국근대사논쟁』. 서울: 창작과 비평사.

심혜경. 1996. "사회주의 실현의 근본방도에 대한 공상적 사회주의자들의 견해와 그 제한성." 『철학연구』. 제4호.

신언갑. 1986. 『주체의 인테리리론』. 평양: 과학, 백과사전 출판사.

안광즙. 1957. "사회주의 공업화를 위한 자금원천." 『근로자』. 제9호.

안광즙. 1958. "제1차 5개년 계획 수행을 위한 자금 문제와 그의 해결 방도." 『근로자』. 제5호.

안광즙. 1964. 『우리나라 인민경제에서의 사회주의적 축적』. 평양: 사회과학원 출판사.

엄창종. 1960. "제1호 용광로와 해탄로의 복구 개거을 위한 황해 제철소 로동자들의 투쟁." 『력사논문집』. 제4집. 평양: 과학원 출판사.

오성길. 2006. 『사회주의에 대한 주체적 리해』. 평양: 평양출판사.

윤기복. 1956. "공화국 가격 체계와 전후 소매 물가 동태." 『경제연구』. 제1호.

윤기복. 1957. "전후 국민 소득의 급속한 장성과 인민 생활의 향상." 『근로자』. 제4호.

윤우철외. 2005. 『조선로동당의 도덕의리의 정치』. 평양: 사회과학출판사.

"조선민주주의인민공화국 사회주의헌법"(1972) 『김일성 저작집 27』. 평양: 조선로동당 출판사.

장준택. [1949]2004. "인민경제부흥을 위한 1948년 계획실행 총결과 1949~50년 계획에 관하여." 『북한문헌연구』. 서울: 경남대학교 출판부.

장 천. 1955. "인민경제 계획확의 기본과업." 『근로자』. 제4호.

조성철. 2001. 『김일성장군의 재생재건전략』. 평양: 평양출판사.

주병선. 1954. "로동자들과 과학기술 일꾼들의 창조적 협조." 『근로자』. 제10호.

전석담. 1960. "조선 로동당의 령동 하에 전후 사회주의 건설에서 조선 인민이 달성한 성과와 그 의의." 『력사논문집』 제4집. 평양: 과학원 출판사.

전영근. 1955. "로동은 공민의 영예로운 의무." 『근로자』. 제1호.

전용식. 1958. "우리나라 과도기 경제발전의 특성." 『우리 나라에서의 사회주의 경제 건설』. 평양: 과학원출판사.

전정산. 1958. "로동 생산 능률의 부단한 제고는 제1차 5개년 계획 수행에서의 중심 문제." 『근로자』. 제8호.

정두환. 1958. "대외 무역 사업에서 일대 혁신을 일으키자". 『근로자』. 제10호.

정성언. 1958. "농업현물세에 관한 보고." 「최고인민회의 제2기 제5차회의」. 1988. 『북한최고인민회의자료집』. 서울: 국토통일원.

정태식. 1957. "계획가격 형성과 관련된 몇가지 문제." 『경제건설』. 제10호.

조동섭. 1962. "대안 전기 공장에 대한 지도정신을 철저히 관철시키자". 『근로자』. 제5호.

조룡식. 1958. "우리나라 사업의 발전." 『우리나라의 인민경제 발전』. 평양: 국립출판사.

조재선. 1960. "생산능률 제고에서 근로자들의 의식의 역할." 『근로자』. 제3호.

차정주. 1966. "기본 건설 계획화에서 현물 평가 지표의 도입." 『경제연구』. 제1호.

천리마기자. 1994. "계획은 곧 법이라는 자각을 안고". 『천리마』. 제5호.

최동화. [1953]2003. "사회주의 하에서의 상품 생산 및 가치 법칙과 우리 공화국에 있어서의 그의 작용에 관하여." 『북한관계사료집』. 과천: 국사편찬위원회.

최동화. [1956]1989. "공화국 북반부에서의 비자본주의적 발전노정에 관하여." 『북한학계의 한국근대사논쟁』. 서울: 창작과 비평사.

최병현. 1958. "김한주·홍달선 저『우리 나라에서의 농업 협동화 운동의 발전』에 관하여."『근로자』. 제1호.

최윤수. 1962. "국가재정 토대의 가일층의 공고화를 위하여."『근로자』. 제3호.

최중극. 1973.『위대한 수령 김일성동지의 독창적인 재생산리론과 그 빛나는 구현』. 평양: 사회과학출판사.

최중극. 1992.『위대한 조국해방전쟁과 전시경제』. 함경남도: 사회과학출판사.

표광근. 2007. "주체철학과 맑스주의 철학과의 관계에서 계승성과 독창성."『철학연구』 제3호.

하앙천. 1959. "사회주의 건설의 고조와 인테리들의 과업."『근로자』. 제 3호.

한득보. 1992.『주체의 사회주의정치경제학의 법칙과 범주』. 평양: 사회과학출판사.

한상두. 1954. "생산 기업소들에서의 초급 당 단체 사업."『근로자』. 제8호.

한상두. 1958. "사회주의 건설을 촉진시키기 위한 집단적 혁신 운동의 발전을 위하여."『근로자』. 제6호.

한수동. 1960. "일반 교육과 기술 교육의 결합은 사회주의-공산주의 건설자 육성의 기본이다."『근로자』. 제1호.

한철주. 1994. "공상적사회주의자들의 리상사회에 대한 견해와 그 제한성."『철학연구』 제4호.

허빈. 1955.『농촌사업에 대한 군당위원회들의 지도수준 제고』.『근로자』. 제1호.

허일훈. 1958. "형식주의의 퇴치는 당 기관 지도 방법 개선의 중심고리."『근로자』. 제8호.

허재수. 1959. "우리 로동 계급의 공산주의적 발기:『천리마 작업반』운동."『근로자』. 제5호.

현경욱. 1955. "결정 집행에 대한 검열의 강화."『근로자』. 제1호.

홍달선. 1958. "공화국 북반부 농촌 경리에서의 사회주의의 승리."『우리 나라에서의 사회주의 경제 건설』. 평양: 과학원 출판사.

2. 국내 문헌

강정인. 1994. "북한연구방법에 대한 새로운 제언."『역사비평』. 계간 26호(가을). 서울: 역사비평사.

강호제. 2007. 『북한과학기술형성사 I』. 서울: 도서출판 선인.

고유환. 2006. "로동신문을 통해 본 북한변화의 이해." 『로동신문을 통해 본 북한변화』. 서울: 선인.

김근식. 1999. "북한 발전전략의 형성과 변화에 관한 연구: 1950년대와 1990년대를 중심으로." 서울대학교 박사학위논문.

김병로. 1998. "조선직업총동맹 연구." 『북한의 근로단체 연구』. 성남: 세종연구소.

김보근. 2005. "북한 '천리마 노동과정' 연구." 고려대학교 박사학위논문.

김연철. 1996. "북한의 산업화 과정과 공장관리의 정치(1953~70): '수령제' 정치체제의 사회경제적 기원." 성균관대학교 박사학위논문.

김성보. 2000. 『남북한 경제구조의 기원과 전개』. 서울: 역사비평사.

김용현. 2006. "한국전쟁 이후 중국인민지원군의 역할에 관한 연구." 『북한연구학회보』. 제10권 2호.

김연철. 2001. 『북한의 산업화와 경제정책』. 서울: 역사비평사.

노용환·연하청. 1997. 『북한의 주민생활정책 평가』. 한국 보건사회 연구원.

박석삼. 2004. 『북한경제의 구조와 변화』. 한국은행 금융경제연구원.

박순성. 2005. "북한경제와 경제이론." 『북한연구의 성찰』. 파주: 한울아카데미.

박정동. 2003. 『개발경제론: 중국과 북한의 비교』. 서울: 서울대학교 출판부.

박형중. 1994. 『북한적 현상연구』. 서울: 연구사.

박형중. 2002. 『북한의 정치와 권력』. 서울: 백산자료원.

박형중. 2004a. "북한정치 연구의 쟁점과 과제". 『현대북한연구와 남북관계』. 북한연구학회 학술대회 발표논문집.

박형중. 2004b. 『북한의 개혁·개방과 체제변화』. 서울: 해남.

송두율. 1995. 『역사는 끝났는가』. 서울: 당대.

양문수. 2004. 『북한경제의 구조』. 서울: 서울대학교 출판부.

서동만. 2005. 『북조선사회주의 체제 성립사』. 서울: 도서출판 선인.

서재진. 2002. 『북한의 맑스-레닌주의와 주체사상 비교연구』. 통일연구원.

서재진. 2006. "북한사회의 계급구조와 계급갈등". 북한연구학회 편. 『북한의 사회』. 서울: 경인문화사.

선우현. 2000. 『우리 시대의 북한철학』. 서울: 책세상.

윤철기. 2011. "인플레이션 관리의 정치." 『현대북한연구』. 제4권 2호.

이국영. 2008. "독일 내재적 접근의 한국적 수용과 오해: 북한연구에 대한 함의."『통일문제연구』.

이국영. 2005. 『자본주의의 역설: 계급균형과 대중시장』. 서울: 도서출판 양림.

이국영. 2008. "독일 내재적 접근의 한국적 수용과 오해."『통일문제연구』. 평화문제연구소.

이영훈. 2000. "북한의 경제성장 및 축적체제에 관한 연구(1954~1964년)." 고려대학교 박사학위논문.

이종석. 1995a.『현대북한의 이해: 사상ㆍ체제ㆍ지도자』. 서울: 역사비평사.

이종석. 1995b.『조선로동당 연구: 지도사상과 구조변화를 중심으로』. 서울: 역사비평사

이종석. 2000. "김정일시대의 조선노동당." 이종석ㆍ백학순 편.『김정일 시대 당과 국가기구』. 성남: 세종연구소.

이주철. 2008. "1950년대 북한 농업협동화의 곡물생산성과 연구."『한국사학보』. 제31호.

이정철. 2002. "사회주의 북한의 경제동학과 정치체제: 현물동학과 가격동학의 긴장이 정치체제에 미치는 영향을 중심으로." 서울대학교 박사학위논문.

이철수. 1995. "북한의 노동법."『통일문제연구』. 24호.

이태섭. 2001. "북한의 집단주의적 발전 전략과 수령체계의 확립". 서울대 박사학위논문.

이태섭. 2001. 『김일성 리더십 연구』. 서울: 들녘.

이희옥. 1993. "현대중국의 이데올로기 수정연구: 1988~89년 사회주의와 현대자본주의의 재인식을 중심으로." 한국외국어대학교 박사학위논문.

이희옥. 2004. 『중국의 새로운 사회주의 탐색』. 파주: 창작과 비평.

전홍택. 1999. "김정일 체제하의 북한경제."『아세아연구』통권 102호.

정운영. 1993. 『노동가치이론 연구』. 서울: 까치.

정흥모. 2001. 『체제전환기의 동유럽 국가 연구』. 서울: 오름.

차문석. 2005. "'고난의 행군'과 북한경제의 성격변화."『현대북한연구』8권 1호

차문석. 1999. "북한의 공장관리체제와 절정기 스탈린주의: 대안의 사업체계에 대한 새로운 해석." 북한연구학회.

차문석. 2001. 『반노동의 유토피아』. 서울: 박종철 출판사.

최완규. 1996. 『북한은 어디로: 전환기 '북한적' 정치현상의 재인식』. 마산: 경남대 출판부.

최완규. 2001. 『북한의 국가성격 변용에 관한 연구: '예외국가'의 공고화』. 서울: 한울.

한국정치연구회. 1990. 『북한정치론』. 서울: 백산서당.

황석영. 1993. 『그곳에도 사람이 살고 있었네』. 서울: 시와사회.

3. 번역본

江副敏生. 교양강좌 편찬회 역. 1986. 『사회구성체 이행논쟁』. 서울: 도서출판 세계.

宮川實. 이내영 역. 1985. 『경제학원론』. 서울: 백산서당.

서대숙. 서주석 역. 1990. 『북한의 지도자 김일성』. 서울: 청계연구소.

스즈키 마사유키(鐸木昌之). 유영구 역. 1994. 『김정일과 수령제 사회주의』. 서울: 중앙
　　　일보사.

Aglietta, Michel. 성낙선 역. 1994. 『자본주의 조절이론』. 서울: 한길사.

아발낀 외 지음. 배손근 역. 『현대사회주의 정치경제학』. 서울: 태암.

와다하루끼(和田春樹). 이종석 역. 1992. 『김일성과 만주항쟁』. 서울: 창작과 비평사.

와다하루끼(和田春樹). 고세현 역. 1994. 『역사로서의 사회주의』. 서울: 창작과 비평사.

Hammond, Thomas. 백태웅 역. 1986. 『레닌의 노동조합론』. 서울: 녹두.

Armstrong, Charles. *The North Korean Revolution 1945~1950*. 김연철 · 이정우 역. 『북
　　　조선 탄생』. 파주: 서해문집.

Cliff, Tony. 정성진 역. 1993. 『소련 국가자본주의』. 서울: 책갈피.

Cumings, Bruce. 김동노 외 역. 2006. 『브루스 커밍스의 한국현대사』. 서울: 창작과 비
　　　평사.

Dobb and Sweezy. 김대환 편역. 1984. 『자본주의 이행논쟁』. 서울: 동녘.

Edgell, Stephen. 신행철 역. 『계급사회학』. 서울: 한울 아카데미.

Ko ł akowski, Leszek. *Main currents of Marxism*. 2007. 『마르크스주의의 주요흐름 3』.
　　　서울: 유로.

Lankov, Andrei. 김광린 역, 1999, 『소련의 자료로 본 북한 현대정치사』. 서울: 도서출
　　　판 오름.

Lenin. V. I. 1994. 김영철 역. 『국가와 혁명』. 서울: 논장.

Linz and Stepan. 1996. *Problems of Democratic Transition and Consolidation: Southern Europe, South America, and Post-Communist Europe*. 김유남외 역. 1999. 『민주화의 이론과 사례: 이상과 현실의 갈등』. 서울: 삼영사.

Nove, Alec. 김남섭 역. 1998. 『소련경제사』. 서울: 창작과 비평사.

Mandel, Ernest. 1990. "A Theory which has not withstood the test of facts". *International Socialism*. No. 49.(Winter). 1995a. 한석원 편역. "검증을 이겨내지 못한 이론". 『마르크스주의와 국가자본주의 논쟁』. 서울: 풀무질.

Mandel, Ernest. 1992. "The impasse of schematic dogmatism". *International Socialism*. No. 56.(Autumn). 한석원 편역. 1995b. "검증을 이겨내지 못한 이론". 『마르크스주의와 국가자본주의 논쟁』. 서울: 풀무질.

Parkinson, Northcote. 1957. *Parkinson's Law*. 2002. 김광웅 역. 『파킨슨의 법칙』. 서울: 21세기 북스.

Polanyi, Karl. 박현수 역. 1997. 『거대한 변환』. 서울: 민음사.

Post and Wright. 김의곤 · 권경희 역. 1998. 『사회주의 정치경제학』. 인천: 인하대학교 출판부.

Ryndina, Chernikov, and Khudokormov. 박관석 역. 『정치경제학 입문: 마르크스.레닌주의』. 서울: 죽산신서.

Resnick and Wolff. 2002. *Class Theory and History*. New York: Routlege. 2005. 신조영 역. 『소련의 역사와 계급이론』. 서울: 도서출판 이후.

Shmelv and Popov. 이일진 역. 1990. 『소련경제의 대변혁』. 서울: 한국경제신문사.

Sweezy and Bettelheim. 박성규 역. 1989. 『사회주의 이행논쟁』. 서울: 들녘.

Weber, Max. 박성환 역. 2006. 『경제와 사회』. 서울: 문학과 지성사.

Wright, Eric Olin. 이한 역. 2005. 『계급론』. 서울: 한울아카데미.

Zagolow, 윤소영 편, 1990, 『정치경제학 교과서』. 서울: 새길.

4. 해외 문헌

Ahlberg, René. 1979. *Sozialismus zwischen Ideologie und Wirklcihkeit*. Mainz: Kohlhammer.

Altvater, Elmar. 1976. "Wertgesetz und Monopolmacht". *Das Argument*. Vol. 6.

Armstrong, Charles. 2001. "The Nature, Origins, and Development of the North Korean State." in Samuel, Kim ed. *The North Korean System in the Post-Cold War Era*. New York. Palgrave.

Bahro, Rudolf. 1977. *Die Alternative*. 1978. *The Alternative in Eastern Europe*. Manchester: New Left Review Press.

Beblawi, Hanzem. 1990. "The Rentier State in the Arab World." in *The Arab State*. London: Routledge.

Bedian and Puillips. 1990. "Scientific Management and Stakhanovism in the Soviet Union." *Internaltional Journal of Social Economics*. Vol. 17. No. 10.

Bettelheim, Charles. *Class struggles in the USSR*. New York: Monthly Review Press.

Bettelheim, Charles. *Economic calculation and forms of property*. New York: Monthly Review Press.

Bergson, Abram. 1971. "Development under Two Systems: Comparative Productivity Growth since 1950." *World Politics*. Vol.23. No. 4.

Bialer, Seweryn. 1980. *Stalin's Successors: Leadership, Stability, and Change in the Soviet Union*. Cambridge:Cambridge University Press.

Bochenski, Innocentius Marie. 1975. *Marxismus-Leninismus: Wissenschaft oder Glaube*. München, Wien: Olzog.

Brainard, L.B. 1974. "A Model of Cyclical Fluctuations under Socialism. *Journal of Economic Issues*. Vol. 8. No. 2. pp. 67~81.

Brokmeier, Peter. 1974. "Über die Bedeutung Sohn-Rethels für eine materialistische Theorie der Übergangsgesesellschaften in Osteuropa." *Übergangsgesellschaft: Herrschaftsofrm und Praxis am Beispiel der Sowjetunion*. Frankfurt am Main: Fischer Taschenbuch Verlag.

Brus, Włodzimierz. 1972. *The Market in a Socialist Economy*. London: Routledge.

Brus, Włodzimierz. 1975. *Socialist ownership and political systems*. London: Routledge & Kegan Paul.

Bryson, Phillip. 1995. *The Reluctant Retreat*. Dartmouth

Callinicos, Alex. 1990. *Trotskyism*. Buckingham: Open University Press.

Busch, Schöller, und Seelow. 1971. *Weltmarkt und Weltwährungskrise.* Bremen.

Cobeljić and Stojanovisć. 1963~64. "A Contribution to the Study of Investment Cycles in the Socialist Economy." *Eastern Economic Economics.* Vol. 2. No. 1~2. Fall and Winter.

Conert, Hansgeorg. 1991. "Überlegungen zur Analzse der Ursachen des Scheiterns der sowjetischen Perestrojka." Bodke-von Camen, Manfred eds. *Der Trümmerhaufen als Aussichtsturm.* Marburg: Arbiet und Gesellschaft Verlag.

Cullen and Pretes. 2000. "The Meaning of Marginality: Interpretations and perceptions in social science." *The Social Science Journals.* Vol. 37, No. 2.

Damus, Renate. 1973. "Planungssysteme und gesellschaftliche Implikationen." in *Probleme des Sozialismus und der Übergangsgesellschaft.* Frankfurt am Main: Surhrkamp.

Damus, Renate. 1978. *Der Reale Sozialismus Als Herrschaftssystem,* Am Beispiel Der DDR: Kritik D. Nachkapitalist. Gesellschaft. Lahn-Gießen: Focus-Verlag.

Der Spiegel. 1977. "Das trifft den Parteiapparat ins Herz: Ein SED-Funktionär kritisiert den DDR-Sozialismus." *Der Spiegel.* 35.

Djilas, Milnovan. 1985. *The New Class.* San Diego: A Harvest/Hbj Book.

Domar, Evsey. 1957. *Essays in the theory of economic growth.* New York: Oxford University Press

Dunayevskaya, Raya. 1944. "Teaching of Economics in the Soviet Union." *American Economic Review.* Vol. 34. No. 3.

Easterly and Fischer. 1994. "The Soviet Decline: Historical and Republican Data." World Bank Policy Research Working Paper.

Ellman, Micheal. 1975. "Did the Agricultural Surplus Provide the Resources for the Increase in Investment in the USSR During the First Five Year Plan?" *The Economic Journal.* Vol. 85. No. 340.

Ellman, Micheal. 1979, "Full employment: Lesson from State Socialism." *De Economist.* No. 4.

Elsenhans, Hartmut. 1994. "Rent, State and the Market: the Political Economy of the Transition to Self-sustained Capitalism." *Paper for the 10th Annual Meeting of the Parkistan Society of Development Economists in Islamabad.*

Elsenhans, Hartmut. 1996. *State, Class, and Development.* New Dheli: Dhaka.

Elsenhans, Hartmut. 2000. "The Rise and Fall of Really Existing Socialism." *Journal of Social Studies.* Vol. 87(January/March).

Elsenhans, Hartmut. 2002. "A Convoy Model vs. an Underconsumptionist Model of Globalisation." *New Orleans ISA Convention.* March 24-27.

Elsenhans, Hartmut. 2019. "Rising Mass Incomes as a Condition of Capitalist Growth. Preserving Capitalism through the Empowerment of Labor in the Past and the Present." *Journal of Post Keynesian Economics.* vol. 42. no.2

Fendler, Karoly. 1992. "Economic Assistance and Loans from Socialist Countries to North Korea in the Postwar Years, 1953~1963." *Asien.* 42(Jan.).

Fiedler, Markus. 2004. *Max Weber und der Sozialismus.* Berlin: Wvb, Wissenschaftlicher Verlag.

Friedrich, Carl. 1964. "The Unique Character of Totalitarian Scoiety." *Totalitarianism.* New York: The Universal Library Grosset.

Filho, José Eustáquio Ribeiro Vieira and Armando Fornazier. 2016, "Agricultural Productivity: Closing the Gap between Brazil and the United States." *Cepal Review.* Vol. 118.

Filtzer, Donald. 1986. *Soviet Workers and Stalinist industrialization.* London: Pluto Press.

Fitzpatrick, Sheila. 1986. "New Perspectives on Stalinism." *Russian Review.* Vol. 45. No. 4(Oct.).

Friedrich and Brezenziski. 1965. *Totalitarian Dictatorship and Autocracy.* Cambridge: Harvard University Press.

Giddens, Anthony. 1985. *A Contemporary Critique of Historical Materialism.* Vol. 2. *The Nation State and Violence.* Cambridge: Polity publisher.

Goldmann, J. 1964. "Fluctuations and Trends in the Rate of Economic Growth in some Socialist Countries". *Economics of Planning.* Vol. 4. No. 2. pp. 88~98.

Granick, David. 1954. *Management of the Industrial firm in USSR.* New York: Columbia University Press.

Gransow, Volker. 1980. *Konzeptionelle Wandlungen der Kommunismusforschung.* Frankfurt: Campus Verlag.

Hennike, Peter. 1973. "Probleme einer Kategorialen Bestimmung der Übergangs-gesellschaft". in *Probleme des Sozialismus und der Übergangsgesellschaft.* Frankfurt am Main: Surhrkamp.

Hennicke, Peter. 1974. "Preobrazenskijs Thoerie der "ursprünglichen Sozialistischen Akkumulation" and die Agrarfrage in Rußland Ende der zwanziger Jahre." *Übergangsgesellschaft. Herrschaftsofrm und Praxis am Beispiel der Sowjetunion.* Frankfurt. Fischer Taschenbuch Verlag.

Hofmann, Werner. 1969. *Stalinismus und Antikommunismus: Zur Soziologie des Ost-West-Konflikts.* Frankfurt: Suhrkamp.

Holliday, Jon. 1981. "The North Korean Model: Gaps and Questions." *World Development.* Vol. 9. No. 9/10.

Jameson and Wilber. 1981. "Socialism and Development." *World Development.* Vol. 9. No. 9/10.

Jahn, Egbert. 1982. *Bürokratischer Sozialismus.* Frankfurt am Main: Fischer Taschenbuch Verlag.

Jan, Adam. 1979. *Wage Control and Inflation in the Soviet Bloc Countries.* London: Macmillan Press.

Jan, Adam. 1982. *Employment Policies in the Soviet Union and Eastern Europe.* London: Macmillan Press.

Kalecki, Michal. 1986. *Selected Essays on Economic Planning.* Cambridge Uni. Press

Kamppter, Werner. 1997. "The Industrialized Countries as Rentier States: Complex Environments and Fertility Rents." in Boeckh and Pawelka eds. *Statt, Markt und Rente in der International Politik.* Westdeucher Verlag.

Kaple, Deborah. 1994. *Dream of A Red Factory.* New York: Oxford University Press.

Kay, Cristobal. 1989. *Latin American Theories of Development and Underdevelopment.* London: Routledge.

Khan, Mustaque. 1996. "The Efficiency Implication of Corruption." Journal of International Development. 2000. Corbridege ed. *Development 4.* London: Routledge.

Koenker, Diane. 2005. *Republic of Labor.* Cornell Uni.

Kohlmey, Gunther. 1962. Karl Marx Theorie von den Internationalen Werten. in *Probleme der Politischen Ökonomie.* Bd. 5. Berlin.

Kopstein, Jeffrey. 1997. *The Politics of Economic Decline in East Germany, 1945~1989*. London: the University of North Carolina Press.

Kornai, Janos. 1980. *Economics of Shortage*. Amsterdam: North-Holland.

Kornai, Janos. 1986. "The Soft Budget Constraint." *Kyklos*. Vol. 39. Fasc. 1.

Kornai, Mskin, and Roland. 2002. "Understanding the Soft Budget Constraint."

Kornai, János. 1992. *Socialist System*. New Jersey: Princeton unviersity Press.

Kozlov, G.A. 1977. *Political Economy: Socialism*. Moscow Progress Publishers.

Kubat, Daniel. 1961. "Soviet theory of classes." *Social Forces*. Vol. 40. No. 1

Lane, David. 1987. *Soviet Labour and the Ethic of Communism*. Colorado: Westview Press.

Lane, David. 1996. *The Rise and Fall of State Socialism*. Cambridge: Polity Press.

Lankov, Andrei. 2006. "The Natural Death of North Korean Stalinism". *Asia policy*, No. 1(Jan).

Lapidus and Ostrovityanov. 1929. *An Outline of Political Economy*. Martin Lawrence.

Lee and Scalapino. 1972. *Communism in Korea.: Part II*. London: Uni. of California Press.

Lenski, Gerhard. 1966. *Power and Privilege*. New York: McGraw-Hill Book Com.

Lewis, W.A. 1954, "Economic Development with Unlimited Supllies of Labor." *Manchester School*. Vol. 22. Corbridge ed. *Development 1*. London: Routledge.

Löwenthal, Richard. 1970. "Development vs. Utopia in Communist Policy". in Jhoson, Chalrmers. ed. *Change in Communist Systems*. Stanford University Press.

Luciani, Giacomo. 1990. "Allocation vs. Production States: A Theoretical Framework." in *The Arab State*. London: Routledge.

Ludz, Peter. 1972. *The Changing Party Elite in East Germany*. Cambridge, Mass.: MIT Press.

Ludz, Peter. 1977. *Die DDR zwischen Ost und West: Politische Analysen 1961~1976*. München: Beck.

Maćków, Jerzy. 1994. "Der Totalitarismus-Ansatz und der Zusammenbruch des Sowejetsozosialismu." *Osteuropa*. Vol. 44. no 4.

MaCormack, Gavan. 1993. "Kim Country: Hard Times in North Korea." *New Left Review*. Vol. 198. March-April. pp. 21~48.

Mahdavy, Hussein. 1970. "The Patterns and Problem of Economic Development in Rentier States: the Case of Iran." in Cook ed. *Studies in Economic History of the Middle East.* London: Oxford University Press.

Marx, Karl. 1976. *Das Kapital 1.* Frankfurt am Main: Verlga Marxistische Blätter.

Marx, Karl. 1987. *Marx Engels Werke* 24, 25. Das Kapital 2, 3. Berlin: Dietz Verlag.

Marx, Karl. 1962. "Der Bürgerkrieg in Frankreich." *Marx Engels Werke* 17. Berlin: Dietz Verlag.

Marx, Karl. 1962. "Entwürfe zum Bürgerkrieg in Frankreich." *Marx Engels Werke* 17. Berlin: Dietz Verlag.

Engels, Friedrich. 1986. *Marx Engels Werke* 20 Berlin: Dietz Verlag.

Marx, Karl. [1875]1985. "Kritik des Gothaer Programms". in *Marx Engels Gesamtausgabe* 25. Berlin: Dietz Verlag.

Mausch, Michael. 1977. "Das Problem der Erklärung des "Stalinismus"." *Das Argument.* Vol. 106.

Meek, Ronald. 1956. *Studies in the Labor Theory of Value.* New York: Monthly Review Press.

Mieczkowski, Bogdan. 1991. *Dysfunctional Bureaucracy.* Lanham: University Press of America.

Millar, James. 1974. "Mass Collectivization and the Contribution of Agriculture to the First Five Year Plan." *Slavic Review.* Dec.

Mollnau et. al. 1980. *Marxistisch-leninistische Staats- und Rechtstheorie.* Berlin: Staatsverlag der Deutschen Demokratischen Republik.

Mueller, Klaus. 1998. "East European Studies. Neo-Totalitarianism and Social Science Theory." *The Totalitarian Paradigm after the End of Communism.* Amsterdam: Rodopi Bv Editions.

Murphy, Schleifer, and Vishny. 1996. "Why is Rent-Seeking so Costly to Growth?." *The American Economic Review.* Vol. 83. No. 2.

Neusüss, Christel. 1972, *Imperialismus und Weltmarktbewegung des Kapiltals.* Erlangen.

Nove. Alec. 1986. "The class nature of the Soviet Union Revisited." *Socialism, Economics and Development.* London: Allen and Unwin.

Nove, Alec. 1971a. "A Reply to the Reply." *Soviet Studies*. Vol. 23. No. 2. pp. 307~308.

Nove, Alec. 1971b. "The Agricultural Surplus Hypothesis: A Comment on James R. Millar's Article." *Soviet Studies*. Vol. 22, No. 3. pp. 394~401.

Nove, Alec. 1986. *Socialism, Economics and Development*. London: Allen&Unwin.

Nowak, Leszek. 1991. *Power and Civil Society*. New York: Greenwood Press.

Okonogi, Masao. 1994. "North Korean Communism: In Search of Its Prototype." *New Pacific Currents*. Honolulu: University of Hawaii Press.

Olivera, J.H,G. 1960. "Cyclical Economic Growth under Collectivism." *Kyklos*. Vol. 13. pp. 229~260.

Ollman, Bertell. 1979. "Marx's Vision of Communism." *Critique*. Vol. 8.

Olsienkiewicz, H. 1969. "Entwicklungsschwankunen und Konjunkturzyklen in der Ostblokwirtschaft." *Osteuropa*. November. pp. 773~784.

Paraskewopoulos, Spridon. 1985. *Konjukturkrisen im Sozialismus*. Stuttgart: Gustav Fischer Verlag.

Preobrazhensky, E. 1966. *The New Economics*. London: Oxford Uni. Press.

Qian, Yingyi. 1994. "The Theory of Shortage in Socialist Economies Based on the "Soft Budget Constraints." *The American Economic Review*. Vol. 84, No. 1.

Qian and Xu. 1997. "Innovation and Bureaucracy under Soft and Hard Budget Constraints."

Ray, Larry. 1996. *Social Theory and the Crisis of State Socialism*. Cheltenham: Edward Elgar.

Raiklin, Ernest. 1988. "On the Nature and Origin of Soviet Turnover Taxes." *International Journal of Social Economics*. Vol. 15. No. 5/6.

Reichman, Henry. 1988. "Reconsidering "Stalinism"." *Theory and Society*. Vol. 17. No. 1(Jan).

Roland and Szafarz. 1990. "The Ratchet Effect and The Planner's Expectation." *European Economics Review*. 34.

Rosenberg and Young. 1982. *Transforming Russia and China: revolutionary struggle in the twentieth century*. New York: Oxford University Press.

Rösler, Jörg. 2005. "Massenkonsum in der DDR." *Prokla*. Heft 35. Nr. 1.

Saba, Paul. 1989. "Lenin's Conception of Socialism: Learning from the early experiences of the world's first socialist revolution." *Forward.* Vol. 9. No. 1.

Schultze, Peter. 1973. "Übergangsgesellschaft und Außenpolitik". in *Probleme des Sozialismus und der Übergangsgesellschaft.* Frankfurt am Main: Surhrkamp.

Schumpeter, Joseph A. 2010. *Capitalism, Socialims and Democracy.* London: Routledge.

Seers, Dudley. 1974. "Was heißt 'Entwicklung'?." in Senghass, Dieter. ed. *Peipherer Kapiltalismus Anlaysen über Abhängigkeit und Unterentwicklung.* Frankfurt am Main: Suhkamp Verlag.

Selucky, Radoslav. 1972. *Economic Reforms in Eastern Europe.* New York: Praeger Publishers.

Siegelbaum, Lewis. 1988. *Stakhanovism and the Politics of Productivity in USSR, 1935 ~41.* New York: Cambridge University Press.

Sohn-Rethel, Alfred. 1973. *Geistige und korperliche Arbeit: zur Theorie der gesellschaftlichen Synthesis.* Frankfurt am Main: Suhrkamp. 1978. Intellectual and Manual Labour. 황태연 역. 1986. 『정신노동과 육체노동』. 서울: 학민글밭.

Spulber, Nicolas. 1964. *Soviet strategy for economic growth.* Bloomington: Indiana University Press

Suh, Dae-Sook. 2001. "The Korean War and North Korean Politics." in McCann, David eds. *War and Democracy.* New York: M.E. Sharpe

Suh, Suk Tai. 1987. "The Theory of Unequal Exchange and the Developing Countries." in Kim, Kyung-Dong ed. *Dependency Issues in Korean Development.* Seoul: Seoul National University Press.

Süß, Walter. 1985. *Die Arbeiterklasse als Maschine.* Wiesbaden: Harrassowitz.

Sweezy, Paul. 1956. *The Theory of Capitalist Development.* New York: Monthly Review Press.

Sweezy, Paul. 1999. "An interview with Paul M. Sweezy." *Monthly Review,* Vol. 51. No. 1(May). pp. 31~53.

Szalontai, Balazs, 2005. *Kim Il Sung in the Khrushchev Era.* Washington: Woodrow Wilson Center Press.

Tchalakov, Ivan. 2004. "Socialism as a Society of Networks and the Problem of Technological Innovations." *Tensions of European-Budapest.* March.

Ticktin, Hillel. 1973. "Toward a Political Economy of the USSR." *Critique.* Vol.1. No. 1.

Ticktin, Hillel. 1992. *Origins of the Crisis in the USSR.* New York: M.E. Sharpe Inc.

Thieme, Frank. 1996. D*ie Sozialstruktur der DDR zwischen Wirklichkeit udn Ideologie.* Berlin: Peterlang.

Trotsky, Leon. 1972. *The Revolution Betrayed.* New York: Pathfinder.

Tullock, Gordon. 1967. "The Welfare Costs of Tariffs, Monopolies and Theft." *Western Economic Journal.* Vol. Ⅴ. No. 3. June. in Tollison. and Congleton. eds.

Tullock, Gordon. 1995. *The Economic Analysis of Rent-Seeking.* An Elgar Reference Collection.

Van der Linden, Marcel. 2007. *Western Marxism and the Soviet Union.* Leiden: Brill.

Vincenz, V. 1979. *Wachstumsschwnkungen der sowjettischen Wirtschaft. Berichte des Bundesinstitues für ostwissenschaftlcihe und internaltionale Studien.* Heft 15.

Volin, Lazar. 1955. "Khrushchev's Economic Neo-Stalinism." *American Slavic and East European Review.* Vol. 14 No. 4.

Weeks, John. 1998. "The Law of Value and the Analysis of Underdevelopment." *CDPR Dicussion Paper.*

Woodward, Susan. 1995. *Socialist Unemployment: the Political Economy of Yogoslavia. 1945~1990.* Princeton: Princeton University Press.

Wren and Bedian. 2004. "The Taylorization of Lenin: rhetoric or reality?." *Internaltional Journal of Social Economics.* Vol. 31. No. 3

Zaleski, Eugene. 1971. *Planning for Economic Growth in the Soviet Union 1918~1932.* The University of North Carolina Press.

5. 인터넷 자료

Frank, Ruediger. "Classical Socialism in North Korea and its Transformation: The Role and Future of Agriculture." *Harvard Asia Quaterly.* Vol. Ⅹ. No. 2(http://www.asiaquarterly.com/content/view/172/43/).

Lenin, V.I. [1901]1961. "The Agrarian Question and the "Critics of Marx"." *Lenin Collected Works*. Vol. 5. Moscow: Foreign Languages Publishing House. pp. 103~222. 2003. Lenin Internet Archive Html ed.(http://www.marxists.org/archive/lenin/works/1901/agrarian/index.htm).

Lenin, V.I. [1919]2002. "Economics And Politics In The Era Of The Dictatorship Of The Proletariat." in 1965. *Collected Works*. Vol. 30. Moskow: Progress publishers. pp. 107~117. 2002. Lenin Internet Archive html ed.(http://www.marxists.org/archive/lenin/works/1919/oct/30.htm).

Marx, Karl. [1955]1999. *The Poverty of Philosophy*. Moskow: Progress Publishers. 1999. Marx/Engels Internet Archive html ed.(http://www.marxists.org/archive/marx/works/1847/poverty-philosophy/ch02e.htm).

Mao Zedong. [1953]2004. "The Party's General Line for the Transition Period." Mao Zedong Internet Archive(http://www.marxists.org/reference/archive/mao/selected-works/volume-5/mswv5_31.htm).

Mao Zedong. [1964]2004. "On Khrushchov's Phoney Communism and Its Historical Lessons for the World." Mao Zedong Internet Archive ed.(http://www.marxists.org/reference/archive/mao/works/1964/phnycom.htm).

Stalin, Joseph. [1926]2008. "Concerning Questions of Leninism." Stalin Internet Archive ed.(http://www.marxists.org/reference/archive/stalin/works/1926/01/25.htm).

Stalin, Joseph. [1951]2005. "Economic Problems of Socialism in USSR." Stalin Internet Archive ed.(http://www.marxists.org/reference/archive/stalin/works/1951/economic-problems/index.htm).

Wikipedia, "Rudolf Behro," https://de.wikipedia.org/wiki/Rudolf_Bahro.

윤철기

성균관대학교 정치외교학과에서 학사 · 석사 · 박사과정을 마치고, 성균관대학교, 서울시
립대학교, 인하대학교, 건국대학교, 중앙대학교(안성), 서울대학교 등에서 강의를 했다.
중앙대학교 정치국제학교에서는 박사후 연구원(Post-Doc)으로, 북한대학원대학교에서
는 연구교수로 있었다. 현재는 서울교육대학교 윤리교육과(대학원 통일 · 평화 · 시민교육
전공) 교수로 재직하고 있다. 지난해에는 캐나다 브리티시 컬럼비아 대학교(The University
of British Columbia) 한국학센터(Centre for Korean Research) 방문교수로 있었다. 최근
에는 현대정치경제학이론, 북한의 정치경제, 남북한 관계와 한반도 평화(교육) 등에 관해
연구하고 있다.